献给中国战略导弹部队的奠基人和创业者

李廷富 著

长剑魂

★全国百佳图书出版单位
★国家一级出版社
中国社会出版社

导弹部队是我们国家的一把长剑。

——周恩来

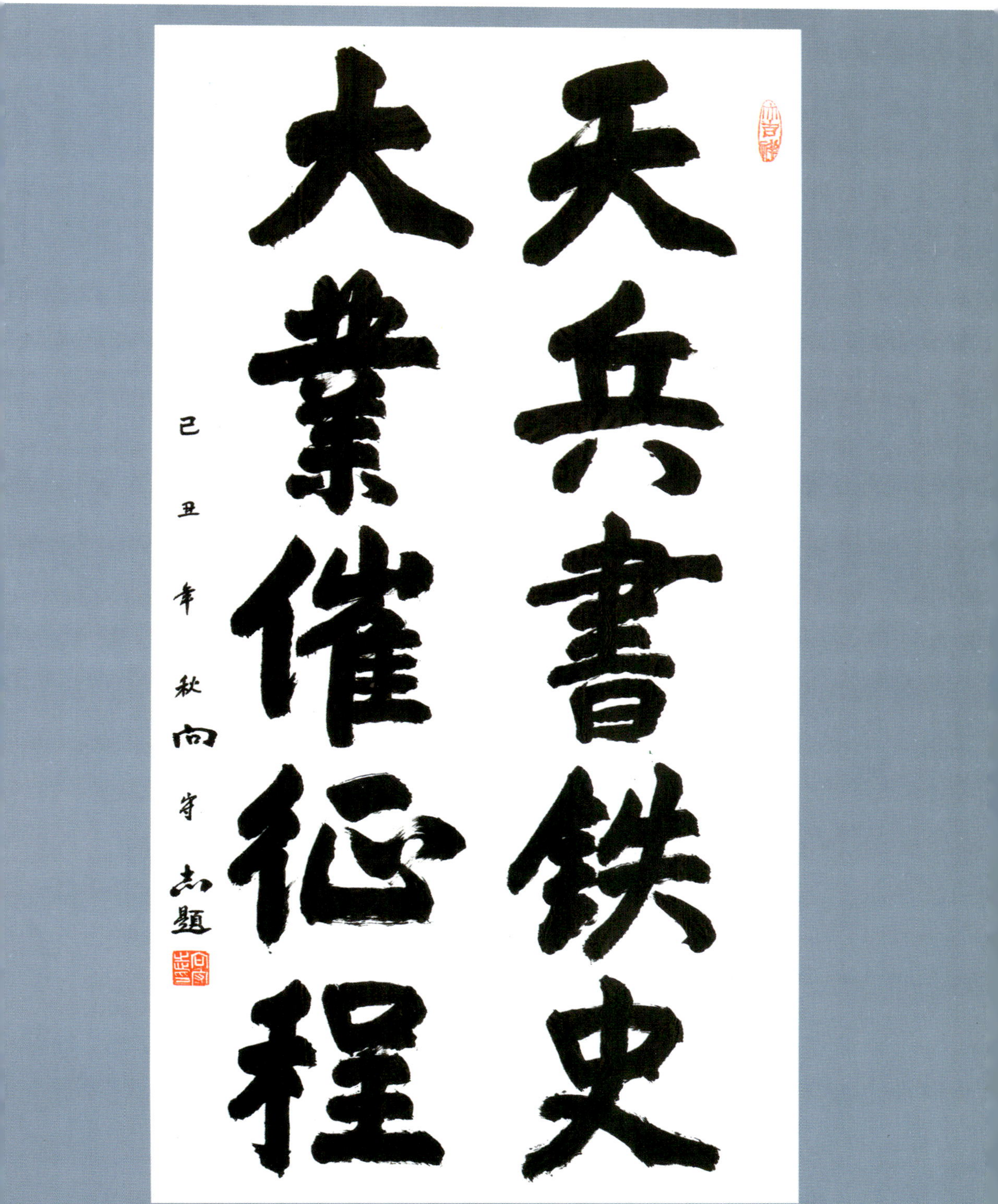

◎ 向守志首长的题词

◎ 向守志上将和作者讨论书稿

◎ 作者在武汉东湖留影

人物表

周恩来:国务院总理,中央专门委员会主任,“两弹一星”的主帅,战略导弹部队缔造者。

叶剑英:共和国元帅,中央军委副主席,国防部长,战略导弹部队建设的组织者和创始人,周恩来得力助手。

聂荣臻:共和国元帅,科委主任,专委委员,“两弹一星”主将。

张爱萍:副总参谋长,专委委员,科委副主任、主任,核爆总指挥,实施国防发展战略的主将,战略导弹部队创始人和奠基人。

向华:特种炮兵学院院长,炮兵副司令员,战略导弹部队第一、四任司令员,战略导弹部队创业者和奠基人。

叶兆林:炮兵领导人,战略导弹部队政治部主任,“左”倾路线的推行者。

李天城:总参作战部副部长,专委办公室主任.

丛荣之:特种炮兵学院副院长,雪山导弹基地第一任司令员,战略导弹部队副司令员兼参谋长,导弹基地建设的创业者和开拓者。

龚振华:特种炮兵学院副政委,雪山基地第一任政治委员,导弹基地建设的创业者和开拓者。

贺子章:雪山基地第一任副司令员,恒山基地司令员,战略导弹部队参谋长、副司令员、司令员,战略导弹部队的开拓者。

云中山:雪山基地副司令员、司令员,战略导弹部队的创业者。

张云涛:雪山基地第一任副司令员,战略导弹部队军事工作的开拓者。

姜学鹏:沙洲基地司令员,科委副参谋长,战略导弹部队副司令员。

黄国路:导弹总设计师,“两弹一星”杰出贡献者。

苏茂生:雪山基地第一任技术部部长,雪山基地参谋长,导弹学院副院长。

陆仲琦:雪山基地第一任副政委,“左”倾路线的执行者。

杨秀雄:雪山基地第一任政治部副主任,副政委兼政治部主任,“左”倾路线的执行者。

田广川:东山导弹团团长,雪山基地副参谋长、参谋长。

孙长林:东山导弹团政治委员,雪山基地政治部主任。

丁大伟:工兵团团长,雪山基地司令部副参谋长。

孙福祥:工程兵团团长,雪山基地后勤部部长。

雷宇声:大学毕业生,工程兵营长,高级工程师。

雷光电:工程兵营营长。

梁玉洁:大学毕业生,军医,雪山基地医务处主任。

冯文博：大学毕业生，技师，作训股股长，导弹团参谋长。

高署月：发射连连长，发射营营长，导弹团参谋长、团长。

王春江：作训参谋，作训处副处长，军训部副部长。

欧阳平：班长，操纵员，排长，发射连连长。

郑大林：总体设计师。

黄盈盈：技术员、资料员。

目 录

序

《长剑魂》这本书放到案头，立即引起我的关注。首先翻了翻目录和人物表，我意识到这是一部反映战略导弹部队发展史的长卷。我在战略导弹部队战斗了十几个春秋，与这支部队建立了深厚的感情，正是由于这个原因，我看到这本书感到非常亲切。我怀着浓厚的兴趣阅读了这本书，读后深受感动，准确地说是令人感奋。因为，这本书是一个题材重大、内容浩繁的系统工程，它不仅从较高层面展现了中国战略导弹部队的发展历史，而且真实地反映了那个年代火箭兵火热的战斗生活，是一部难得的军史著作。此外，作品反映的年代正是我在二炮的任职时期，书中的许多重大事件都是我亲自参加或目睹过的，当读到这些情节时，又把我带进那个激情燃烧的岁月。在那火红的年代，伟大的事业把无数建设者打造成时代的英雄，无数的艰难困苦把人们磨炼成顶天立地的好汉，一代伟业涌现了多少豪杰？我为自己参与战略导弹部队组建和建设，能为中国战略核力量的发展贡献一份力量感到无比的欣慰和自豪。我离开二炮虽然多年，但我仍然时时惦记着这支部队的发展。作者请我为本书写个序，我欣然同意，我把自己读这本书的感受记下来和读者交流，就算是为本书写的序吧。

读过《长剑魂》给我第一个感受最深的是，这本书真实生动地记述了战略导弹部队的发展历程，从军事角度看，它对研究战略导弹部队发展史和总结历史经验，具有很高的史料价值和学术研究价值。

中国战略导弹部队经过几十年的建设，早已以精干有效的形象让世界刮目相看。战略导弹部队对确保我国国防安全和维护世界和平作出了巨大贡献。但由于保密原因，战略导弹部队多年来却远离媒体，被蒙上一层神秘的面纱。随着时光迁移，导弹部队初创时期的许多往事已成为历史。近几年，反映战略导弹部队的文学作品不断问世，但迄今为止，真正系统、全面、深刻地反映二炮发展史的作品当属《长剑魂》。作者在导弹部队工作了26年，有深厚的生活积累，占据大量鲜为人知的历史资料：如为建设精干有效的战略导弹部队，以周恩来为首的一大批老一辈革命家叶剑英、聂荣臻、罗瑞卿、张爱萍等在毛泽东的领导下是怎样运筹帷幄决胜千里的，是怎样顶住国外压力排除干扰与敢为天下先的事迹；战略导弹部队是怎样紧跟党中央的部署，是怎样克服和战胜重重困难贯彻周总理关于建设导弹部队一系列指示的；国内外反动势力是怎样捣乱破坏又是怎样被粉碎的等等，所有这些世人很少知晓，读后使人耳目一新。可贵的是，作者没有只是堆积材料，而是经过深入考察，精心安排，把所发生的事件放到当时国际国内大环境中加以反映，把雪山基地发生的事件与高层决策联系起来，从而使人们真实清晰地看到了导弹部队的发展历程，读起来也更加令人信服深刻。

这里还应指出，作者用不少笔墨书写了国防科研生产部门进行武器研制试验的内容，塑造了一批优秀科技工作者的光辉形象，这似乎偏离了主题，其实不然，因为中国特色的战略导弹部队就是在周恩来“科研、生产、使用”三方紧密合作的大环境中成长发展的，它从一个侧面也反映了“两弹一星”的发展历程，因此，该书对总结“两弹一星”经验，弘扬“两弹一星”精神，也有重大研究价值。

第二点感受是，从政治的角度看，这部著作是进行以爱国主义教育为中心的传统教育的好教材，读后可以增强我们的民族自信心和自豪感。

新中国诞生不久美国侵略朝鲜，公开对中国进行核讹诈，使我国受到严重的战争威胁。在历史的关键时刻，毛泽东高瞻远瞩，果断地作出了“我们也要搞原子弹”的英明决策。根据毛泽东的提议，在周恩来的领导下，首先制定了我国科学技术发展十二年规划，经党中央批准后付诸实施，从此拉开了中国进军国防现代化的帷幕。为推进这项战略计划的实施，1962 年中央又成立了以周恩来为主任的中央专门委员会，具体策划和领导这项工作。接着，我们科技工作者以大无畏的精神挺进深山密林与大漠荒原，开始了中国国防现代化的漫漫征程。经过 10 年奋斗，我国于 1964 年爆炸了第一颗原子弹，不久又爆炸了氢弹，中国战略导弹部队也在这样的背景下应运而生。中国战略导弹部队从诞生到结束“文革”动乱，每前进一步都充满艰难困苦和政治逆流的困扰，但战略导弹部队的创业者和广大官兵没有被这些困难所吓倒，他们在周总理和军委的领导下，战胜重重艰难险阻，以胜利者的姿态为国防现代化写上了浓重的一笔。作者在书中用很多笔墨记述了火箭兵和工程兵火热的战斗生活，讴歌了一大批从士兵到将军胸怀祖国，为富国强军艰苦创业、艰苦奋斗、无私奉献的事迹和精神；同时，满腔热情地讴歌了周恩来、叶剑英、张爱萍等老一辈为民族大业敢于赴汤蹈火、识大体、顾大局、甘于忍辱负重和为人民的利益勇挑重担、鞠躬尽瘁、舍生忘死的高尚品德。所有这些，使战略导弹部队在其发展过程中积累起一批宝贵的精神财富，被喻为火箭兵的军魂，是值得后人永远继承和发扬的。在当前形势下需要对年轻一代进行历史和思想品德教育，《长剑魂》应是一部很好的教材。

第三点感受是，作者敢于直面现实。中国战略导弹部队的创建时正值中国十年“文革”动乱时期，由于林彪“四人帮”的干扰和破坏，军队建设受到极大的冲击，不仅军事工作受到极大削弱，部队的组织建设和思想作风建设等也受到很大影响，不少同志甚至受到迫害。这在文学作品中是一个敏感问题，许多人不敢触及它。但作者打破顾虑，把政治与军事的冲突作为推进故事发展的主线，并用尖刻的手法鞭挞了一些阴谋者的嘴脸。应当说，正是由于作者正确地把握了这对矛盾，使作品所反映的生活显得更加真实和丰富多彩，使得正面人物的形象显得更加高大，从而也使故事的发展产生了跌宕起伏与高屋建瓴的效果。

历史已进入21世纪，面对人类社会以信息技术为牵引的新一轮社会迅猛变革的大潮，中华民族特别是共和国的新一代军人，需要继承和发扬前人创造的成果，全面推进中国特色的军事变革。为此，希望当代军人尤其是战略导弹部队官兵应当好好读读这本书，也希望所有关心国防建设的人们读一读，读后一定能够受到历史的熏陶、精神的鼓舞和智慧的启迪，一定能进一步激发出爱国热情和迎难而上的锐气，鼓舞人们向着中华民族的伟大复兴奋勇进发。作者就是怀着这样的愿望创作本书的，愿《长剑魂》化作一道彩虹，留在人们的视野里，感动前者，激奋后人，这也是我的心愿。

向守志

二〇〇九年十二月

第一章

西域群雄吟惊雷　北国精英创新军

1

1964 年 10 月 16 日 14 时。

我国西部地区的罗布泊，万里无云，蓝天与大地的交界处竖立着一个塔架。在塔架顶端固定着一个球形物体。在球形体一侧有三个人紧张有序地工作着，他们在为我国即将爆炸的第一颗原子弹进行最后的检查。

此刻，一台吉普车由远及近，在距塔架 200 米处停下来。从车上下来两位军人，一位是上将军衔，一位是上校军衔；下车后，他们向四周望了望，径直地向塔架走来，最后在距塔 50 米处站定。上校军官把挎着的望远镜取下来递给上将，将军举起望远镜向塔顶望去，塔顶发生的一切清晰地映入眼帘：塔上的三个人正用仪表测量相关参数，另外一个人把测得的结果记录下来；测完参数，又对球形连接状态进行最后的查看。他们检查完毕，站起来，其中一人看看表，在检查记录上签了字，然后，他们向塔下瞭望。

塔上的人看到塔下的将军，负责测试的军官迅速从塔架上下来，跑步上前向将军报告："核爆试验总指挥、张爱萍副总长：核装置测试检查完毕，参数符合要求，工作状态良好，可以安装起爆装置了，请指示！"

张爱萍上将果断地命令："安装爆炸装置是最后一个动作，要稳妥可靠，万无一失！"

"是！"报告人转过身，面向塔上操作手下达："安装爆炸装置！"

"安装爆炸装置"操作手复诵后，准确可靠地插上起爆雷管，随后为爆炸插头打上保险，最后报告："爆炸装置安装完毕！"

指挥员在确信已可靠地完成全部动作之后，命令塔上操作人员迅速撤离现场。

张爱萍上将并没马上离去，他久久地凝望着塔顶的核装置，思绪万千：祖国的重托，国人的梦想，华夏的声威，皆系于此呀；此刻，千万双眼睛都盯着这里，千万颗心在紧张地跳动，都在期盼着一个伟大时刻的到来。

张爱萍看看表，时间是 14 时 30 分，核爆炸的计划正在分秒不差地进行着；张将军又向天际瞭望片刻，然后又转向塔架，缓缓地举起右手，庄重地向塔架行上一个军礼……

和将军同行的是张爱萍的办公室主任李天城，他也举起右手向塔架行礼。

15 时。

罗布泊传出惊天动地的轰鸣声，伴随着轰鸣产生巨大的冲击波；那轰鸣声持续很长时间，冲击波所到之处犹如摧枯拉朽……

顷刻，一个红色的球团从声源处升起，球团很快变成一个尘柱，然后又慢慢地形成白色的蘑菇云，那蘑菇云如同一个擎天的巨柱，定格在人们的视野里。

隐藏在山丘后的军人、科技工作者早已按捺不住心中的激情，跃上山冈，淌着激动的眼泪、欢呼、跳跃、热烈地拥抱，一伙军人把帽子高高地抛向空中，大声呼喊着“中国！中国！……”

北京。

人民大会堂，党和国家领导人在观看东方歌舞团演出，毛泽东、朱德、周恩来等为精彩演出热烈鼓掌。

这时，一位值班员匆匆地来到总理跟前，轻声报告道：“总理，张爱萍将军的电话，有重大消息向您报告。”

周恩来快步走进指挥间，拿起电话：“我是周恩来，是张爱萍同志吗，请讲！”

远方传来张爱萍将军的报告：“张爱萍向总理报告，第一颗原子弹爆炸成功了！爆炸时间 15 点整。”

周恩来十分兴奋，追问道：“是否真爆？主席很关心，一定搞准确！”

张爱萍核实后再次向总理报告：“我们的测量仪器已测得准确的数据，是真爆！”

在确信是真爆后，周恩来代表党中央、毛主席向全体参试人员表示最热烈的祝贺。

周恩来回到观看大厅，向毛主席报告了第一颗原子弹爆炸的喜讯，毛泽东高兴得不可自抑，提议道：“这么大的喜讯应告诉大家，让大家一起分享快乐！”

周恩来在人民大会堂宣布了第一颗原子弹爆炸的喜讯，顿时，人民大会堂沸腾了……

2

古城西安火车站。

扩音器在播发发车通告，检票口人们排着长队急着上车。

站内停着待发的列车。

在卧铺车厢前，三十多名军人和几名妇女为两位将军送行。

被送行的将军看上去都在50岁上下：一位身材高大，稍瘦，头发已经斑白，但精神炯然，他是特种炮兵学院副院长丛荣之；另一位四方脸，大眼睛，中等个头，他是特种炮兵学院副政治委员龚振华。

送行人员中也有两位将军：一名身材魁梧，浓眉大眼，他是特种炮兵学院院长向华；另一名矮个清瘦，戴着眼镜，他是特种炮兵学院政委王伯钧。送行的妇女，一位是向华的夫人佟玲，一位是丛荣之的夫人谢桂芳（桂姐），一位是龚振华的夫人路大姐，其中还有一个十二三岁的小女孩，她是丛荣之的女儿丛小红。

丛荣之、龚振华与送行人员一一握手，不停地讲着："谢谢！谢谢！"

丛荣之和送行人员握过手，走到桂姐和小红身边，握着桂姐的手说："我这一走，家里的事全由你一个人承担，难为你了！"

桂姐望着丈夫深情地说："放心地走吧，家里的事情我能安排好。北方天冷，你刚做过手术，要学会照顾自己！"说着眼里充盈了泪水。

丛荣之点点头说："放心吧！"

小红眼泪汪汪地拽着爸爸的手："爸爸，您要保重身体。"

丛荣之看着懂事的小女儿，手抚着她的头说："爸爸记住了！你也记住，放了学早点回家，莫让妈妈担心！你妈还要上班，要学会帮助妈妈做事。"

小红哭着回答："爸，我长大了，我能让妈放心。"

最后，丛荣之、龚振华向向华、王伯钧敬礼告别："院长、政委同志，我们向你们辞行，请指示。"

向华还过礼，语重心长地说："炮兵在山城组建雪山工程指挥部，你们到那里任职，这项任务非同寻常，你们将重任在肩，祝你们同心协力，大显身手，为国防现代化做出更大的贡献！"

丛荣之和龚振华立正，说："是，牢记院长指示。"

王伯钧补充道："学院还是你们的家，有啥事尽管讲！"

丛荣之和龚振华异口同声说："谢谢院长、政委的关怀！"

向华又转向桂姐和路大姐说："学院是老丛、老龚的家，更是你们的家，一家人不说两家话，有什么困难就直接找我和王政委。"

桂姐和路大姐笑着应道："谢谢院长政委的关心。"

发车的铃声响了。

丛荣之、龚振华的警卫员已把行装摆放停当，站在车门口等候着。

丛荣之和龚振华登上列车。

列车徐徐开动，丛荣之和龚振华隔着车窗向送行的人招手致意。

列车穿过市区，进入起伏的田野，丛荣之隔窗而望：社员还在收割庄稼，呈现在眼前的是一派深秋的景象……

第二天清晨。

软卧车厢门被轻轻地敲了两下。

门打开了。服务员为从荣之和龚振华送上早餐和当日的报纸,说:“请首长用餐!我是3号服务员,有什么事可以直接唤我。”

从荣之高兴地说:“谢谢!”

从荣之和龚振华正要用餐,被列车广播的重大新闻惊呆了,列车广播的是我国原子弹爆炸的新闻公报。

从荣之放下筷子,侧耳倾听;龚振华眯着眼,比从荣之更加入神。过了一阵,服务员来取碗筷,见饭菜未动,提醒道:“首长,快吃饭吧,饭要凉啦!”

龚振华吃着饭,神色凝重,像在思索什么,过了一会,转向从荣之发问道:“老从,雪山工程指挥部地处山城,那里是山区,不知我们受领的是什么任务?”

从荣之吃过饭在看报纸,那报纸全是原子弹爆炸的消息,听了龚振华的发问,慢条斯理地答了一句:“我估计和原子弹爆炸有关。”

龚振华觉得有道理,脸上溢出兴奋的神情,说:“我也在想,能是真的?”

从荣之好像成竹在胸,说道:“是不是,今天就知道了。”

从荣之把一叠报纸递给龚振华,说:“给,好好看一看!”

龚振华接过报纸,是10月17日,《人民日报》的《号外》,在头版刊登着我国第一颗原子弹爆炸的照片,从画面上人们看到的是争购《人民日报》纸的场面,龚振华看着照片陷入美好的遐想……

3

北京。

军委炮兵办公大楼。

在一个小会议室内,炮兵司令员吴国华、政委齐成、政治部主任叶兆林接见从荣之、龚振华。

吴国华说:“为了更有效地开展国际间的政治斗争,经党中央批准,中央军委决定在北方军区辖区内组建我军第一个导弹作战基地。为了做到隐蔽保密,第一个导弹作战基地对外暂称雪山工程,隶属炮兵序列。考虑你们双双参加过第一个导弹试验基地的勘察和建设,参加过我国自己研制导弹的发射,你们既有建设导弹基地的经历,又有导弹学院育人的经验,经炮兵党委研究,决定由你们二人领导雪山基地的建设;从荣之同志拟任雪山基地司令员,龚振华拟任政治委员。召你们进京,是打招呼,也算是受领任务,今天听听你们的意见。”

从荣之和龚振华听到这一任命十分兴奋,站起来,说:“上级把如此重要的担子交给我们，是炮兵党委和军委对我们的信任，也是我们的荣幸，我们服从命令，愿意挑起这副担子。”

齐成接着说道：“毛主席指出：为了防止帝国主义的侵略，必须建立强大的国防。我们不仅要制造更多的飞机、坦克和大炮，我们还要拥有原子弹。主席讲，原子弹这个东西就这么一点儿，但在今天的世界上，没有它你说了不算。为此，早在新中国成立初期，党中央就作出了我们也搞原子弹的决定。当时毛主席预见，中国搞原子弹大约需要十年时间，然而，由于党中央的正确领导，经过我国科技工作者的艰苦努力，不到十年时间就成功地爆炸了我们自己研制的原子弹，继美、苏、英、法之后使我国成为第五个掌握原子技术的国家。1945 年，美国向广岛投下第一颗原子弹，顷刻间，使广岛变成一片废墟，数十万民众惨死在蘑菇云下。从此，这种大规模杀伤武器就成了霸权主义者威吓革命人民的‘魔宝’。在过去的十多年间，霸权主义者曾用核大棒要挟我们，企图使我们向他们屈膝投降；如今我们拥有了原子弹，中华民族任人宰割的时代再也不复返了。我国政府向全世界宣布，我们研制核武器是为了自卫，是为了打破敌人的核垄断，最终是为了消灭核武器；我们绝不首先使用核武器，但是，如果有谁敢于对我国使用核武器，中国将从自卫立场出发，对敢于玩火者以应有的还击，我国政府的这一立场是坚定不移的。”

吴国华说：“然而，原子弹要成为我国重要的战略威慑力量，还必须解决核弹的投掷方式问题，不然，有了原子弹也不能发挥应有的威慑作用。就是因为这个原因，在我国爆炸第一颗原子弹之前，党中央就不失时机地作出了组建战略导弹部队的决定。你们将挑起建设第一个导弹作战基地的重任，这项光荣而伟大的使命就要历史地落在了你们的肩上。”

从荣之和龚振华无比兴奋，他们站起来向祖国宣誓：“我们将牢记党的重托，同心同德，努力工作，把第一个导弹基地建设好！”

吴国华说：“为了有计划地展开雪山基地的建设，军委炮兵决定，第一步在山城地区建立雪山工程指挥部和临时党委。指挥部临时党委暂时有七名同志组成，他们是：中原炮兵学校校长贺子章，西北炮兵学校校长云中山，83 军副政委陆仲琦，辽河炮兵学校政委王子芳，总参编制部副部长张明辉。贺子章、云中山任副司令员，陆仲琦任副政委，王子芳任政治部主任，张明辉任参谋长。总政治部已向有关大单位发出了调令，雪山基地的拟调干部近期将陆续前往山城报到；雪山工程筹备处的前期准备工作已基本就绪；北方军区及当地政府也都接到通知。现在是万事俱备只欠东风了，我们时下最要紧的任务是要把雪山基地的领导班子尽快地建起来。两日后我们将赴山城主持指挥部的成立，宣布有关领导的任命，你们二人要立即赶往山城。”

齐成说：“中央军委已转发了张爱萍副总长关于组建第一个导弹基地的报告和工程部署方案，总参同时还下发了导弹基地的编制方案。

吴国华指出：组建雪山基地是根据周总理的提议，经军委首长多次讨论之后，在国务第198次会议上确定的。为了选择恰当的地点，周总理责成张爱萍副总长领队，跑遍了祖国的大江南北和长城内外，经充分论证后向军委写出组建第一个导弹基地的方案和建议。此后，周总理又组织各方人员进行多次研究，对第一个导弹基地迠设作了一系列指示，并确定了组建导弹基地的方针和原则。下面我向大家介绍一下周总理决策第一个导基地建设时的情景——

1964年2月。

四台黑色轿车进入中南海，在紫光阁门前停下。

张爱萍、杨俊山、吴国华、陈浩声四位高级将领在总理秘书引导下进入紫光阁客厅。

周总理从里间走出来，热情地迎上去，说："各位将军好！"

四位将军向总理敬礼，说："总理好！"。

周总理与各位一一握手，招呼他们落座，说："今天把诸位召来，要议一件大事！"总理的语气坚定而严肃，"关于我国导弹作战基地的建设问题。"

四位将军听了表情立即严肃起来。

总理接着指出："目前，美苏争霸世界，国际形势动荡不安。在南边，美国侵越战争有升级的趋势，战火有可能烧到我们的南大门；在北边，苏联在我边境地区陈兵百万，不断挑起事端。苏联和美国加紧勾结，企图南北夹击，搞垮我们，我们国家面临着巨大的战争威胁！"

周总理讲到这里停顿了一下，然后以自豪和坚决的口气说道："面对新的国际形势，毛泽东主席不失时机地提醒全党，要从思想上和组织上做好反侵略战争的准备。遵照毛主席的指示，我们在国民经济很困难的情况下进行了具有战略意义的'三线'建设和战略武器的研制，我们的国防现代化已经有了长足的发展。过去，超级大国总是拿核大棒威胁我们，现在不行了！运载工具我们早就有了，核弹头已在掌握之中，给导弹安家解决藏、走、打的问题已经是弓上箭引而待发了。"

四位将军听得入神，脸上浮起兴奋的神情，一起鼓掌。

接着，周总理起身走近大比例军用地图，介绍道："为积极稳妥地推进我导弹基地的建设，中央和军委确定，计划用两年时间先建一个导弹团的阵地，待取得经验后再全面铺开。为此，张爱萍、吴国华同志跑遍了江南塞北，最终，建议把第一个导弹基地建在北方的莽莽林海之中。军委向党中央呈报了这个报告，毛主席已圈阅批准。今天请你们来，就是要讨论第一个导弹作战基地怎样布局和建设的问题。"

总理转过身，用红笔在图上重重地划了一个圈，说："第一导弹作战基地准备建在这里，这个点选的怎么样？怎么建？请大家发表意见。"

四位将军立即聚拢，围在地图前仔细审阅，尔后各抒已见。

杨俊山说："把第一个导弹基地建在这里，从部署上看符合军委确定的'靠山、隐蔽'的原则。"

陈浩声说："从图上看这里地势险要，交通便利，不知水利资源如何？"

吴国华说："大坳山山高林密，水利资源丰富，那里可以藏龙卧虎。"

随着讨论的深入，四将军又提出一些具体问题，周恩来都认真地记下。

待四将军充分发言后，周恩来根据大家提出的问题，作了重要指示。

周恩来说："建设导弹作战基地这是第一例，也是百年大计。第一个团的阵地具有试点的性质，怎么建设需要继续论证。我考虑，首先要贯彻隐蔽疏散的原则，要避开大城市，靠近中小城市；其次，在工程设计上要从中国的国情出发，即既要考虑防护的要求，又要坚持勤俭办一切事业的原则；此外，要在力所能及的情况下方便群众生产，为发展地方经济服务。以上几点，可以看作是导弹基地选址、定点、设计时应遵循的方针和原则。"

座谈会持续了整整半天时间。

会议结束前总理再次询问道："有没有不同意见？"

四将军齐声答道："没有了！"

最后，周恩来指示道："张爱萍、陈浩声同志，请你们会同炮兵马上组织力量进行勘察设计，中国导弹作战基地的建设就从这里开始，这是第一炮，一定要打响！"

张爱萍、陈浩声立正回答："是！"

从荣之和龚振华听完吴国华的讲述，站起来再次向炮兵首长表示："我们将牢记总理嘱托，一定打响第一炮！"

4

一列高速行驶的列车。车身挂着"朝阳——山城"的牌子。

在卧铺车厢里从荣之和龚振华望着车外，铁路两侧的山上白雪皑皑，龚振华惊叹到："这就是毛主席诗词中讲的北国风光呀！"

从荣之感慨地说："我们已经进入林海雪原！"

过了一会儿，龚振华问道："贺子章你熟悉吗？"

从荣之说："在南京军事学院基本系学习时，我们是同学，炮兵院校工作会议见过几次面。他个子魁梧，抗美援朝时是炮兵师参谋长，参加过上甘岭战役，炮兵游击战就是从他开始的；他精通参谋业务，对司令部建设很有研究，是位治军治学的好手。"

龚振华说："云中山和张明辉呢？"

从荣之说："云中山任西北炮兵学校的校长，我们接触不多，在两次会议上听过他的发言,有头脑有思路。张明辉当年是王树声大将的部下,新中国成立后一直主管编制工作,有丰富的机关工作经验。"

龚振华说:"陆仲琦和王子芳也是参加过抗美援朝的老同志,有多种经历和丰富的政工经验,都是精英呀!"

从荣之说:"这是一个新的兵种,我们没有经验,担子可不轻呀!"

龚振华说:"是呀! 我们要有迎接各种挑战的准备。"

起伏的山峦,茂密的森林,大山深处一座四面环山的城市。

从高处看去,有一条铁路、三条公路与外界相连,一条S形的河道把市区划成几大块;江上有两座大桥,桥上人员车辆熙熙攘攘;虽然山城地貌地物都在冰雪覆盖之下,但在阳光照射下依然清晰可见。

在铁路道桥不远处坐落着一个小院,前后有三栋平房,这是山城军分区招待所,如今门前新立了一块牌子:"雪山工程筹备处"。

拟任指挥部副司令员的贺子章正组织接收军分区送来的物资。

贺子章说:"王参谋,组织人把这些物资尽快清点登记!"

戴着眼镜的参谋王春江应道:"是!"

又有战士抬着几张桌子进来:"首长,桌子放在哪里?"

贺子章指示王春江把桌子放在会议室。

王春江正要走,贺子章又叫住王春江说:"另外,向军分区报告,从司令和龚政委明天8点到,请把接站车辆安排好!"

王春江回答:"是!"

5

山城车站。

在站台上停着三台吉普车。

"北京——山城"的列车徐徐驶进火车站。

在吉普车旁站着两名军官,一位是贺子章,另一位是山城军分区司令员吴凯。吴凯看看表,讲了一句:"正点到达!"

贺子章目不转睛地盯着卧铺车。

从荣之和龚振华走下列车。

贺子章快步走上去向从荣之报告:"我是贺子章,欢迎司令员、政委顺利抵达山城。"

从荣之还了礼,回答道:"贺子章同志,辛苦了!"两人双手紧紧地握在一起。

寒暄过后,贺子章把吴凯介绍给从荣之。从荣之、龚振华和吴凯握手互致问候。

贺子章把司令政委让上车。三台吉普车一起开出山城站。

吴凯陪从司令坐头车,他们边走边谈。

吴凯主动介绍道:“军区指示我们,由军分区负责接待和协助首长做好设营工作,有什么需求请首长不要客气。此外,军区值班室让我转告从司令,军区曾国强副司令参加雪山指挥部的成立,中午到达。”

从荣之说:“我们初来乍到,人地生疏,那就有劳军分区同志多多帮助。”

吴凯说:“军区陈司令有指示,如果安排不周,拿我是问。”

从荣之哈哈笑起来:“陈司令把我们当成客人了!”

6

山城军分区招待所会议室。一个军事会议在这里召开。

参加会议者有炮兵司令员吴国华,北方军区副司令员曾国强,拟任雪山基地司令员从荣之、政委龚振华,副司令员贺子章、云中山,司令部参谋长张明辉,政治部主任王子芳。

吴国华说:“为适应国防现代化建设的需要,经党中央批准,中央军委决定在北方军区辖区内组建我军第一个导弹作战基地,下边宣布中央军委命令,全体起立!”

“军委命令:‘任命从荣之为雪山工程指挥部司令员;任命龚振华为雪山指挥部政治委员”。

“军委炮兵党委决定:

一、为加强对雪山工程的领导,在山城成立雪山工程建设指挥部和临时党委。龚振华任党委书记,从荣之为副书记。临时党委的任务是:完成阵地工程的勘察定点,接收和安置施工部队,组建导弹团,做好工程开工准备,在上述任务完成后工程建设指挥部即转为基地的领导机关。

二、雪山基地党委要坚定不移地贯彻党中央和中央军委关于第一个导弹基地建设的方针和原则。在阵地部署上要坚持靠山、疏散、隐蔽的原则;在工程建设上要贯彻周总理批示的‘因地制宜、就地取材、因陋就简、质量第一’的方针;在时间要求上要争分夺秒,如期完成计划。

三、根据总参关于雪山基地工程保障由北方军区负责的通知精神,在阵地工程建设阶段雪山基地建立双重的请示报告制度,同时接受北方军区的领导。”

吴国华最后指出:“第一个导弹基地的建设是在我国‘三年经济困难’刚刚好转的情况下组建的,你们将面临严峻的挑战:就眼前而言,你们一无营房,二无装备,是在物质条件极差的情况下起步的。然而,我相信,被选调组建第一个导弹基地的干部都是从各大单位挑选的精英,你们一定能挑起时代赋予你们的重担。希望你们发扬我党我军艰苦创业和自强不息的革命精神,战胜困难,把雪山基地建设好,用最好的成绩向祖国和人民交上一份合格的答卷。”

会议室爆发出热烈掌声。

随后，龚振华代表临时党委表态："我们向祖国宣誓：我们要大力弘扬我党我军艰苦奋斗和自强不息的革命精神，团结奋斗，带领全体官兵战胜一个个困难，用最好的成绩向祖国和人民汇报。"

吴国华说："请军区曾副司令讲话。"

曾国强说："军委把第一个导弹基地建在北方军区是军委对我们的信任，也是我们的荣幸，建设雪山基地我们有义不容辞的责任，我们将遵循总参指示精神尽好地主之谊，当好雪山基地的后盾。"

掌声。

7

清晨。

山城的天空飘着小雪，雾蒙蒙的。

三台军用吉普车从山城市出发，沿着白雪皑皑的山间道路向大山深处开进。

第一台车上坐着军区副司令员曾国强和军分区司令员吴凯；第二台车上坐着炮兵司令员吴国华和从荣之、龚振华，第三台车上坐着雪山基地临时党委的其他成员。

中午时分。

天气变晴，白雪发出刺眼的光芒。

三台车在一个竖着高大烟囱的院落前停下。

吴国华、曾国强、从荣之、龚振华下了车，在山城军分区司令员吴凯引导下巡视大院。展现在眼前的院子是残垣断壁，房舍半塌，乱石成堆。

吴国华指着院子介绍道："这座大院建于1958年，是'大跃进'年代的钢铁厂。张爱萍副总长确定阵地部署时曾到这里考察过。计划把大本营建在这里，选在这里考虑有三：一是这里地处阵地部署中心位置，便于靠前指挥；二是远离城区有利于保密；三是钢铁厂有场地厂房等物质条件。当然，远离市区也会带来诸多不便，眼前已大雪封山，要把大本营很快建起来是有很多困难的。请你们来看看，目的是征求你们的意见，如果不成，就把指挥部建在山城。"

从荣之说："我们回去讨论一下，然后向首长报告。"

从荣之和党委成员察看大院，在几座房前讨论，参谋长张明辉指示王春江绘制了大院的草图。

8

上午。曾国强在山城宾馆设宴招待吴国华和雪山基地临时党委的主要成员。

从荣之和吴国华同车前往。路上,吴国华问:“大本营设在哪里研究了没有?”

从荣之答:“研究了!”

吴国华问:“什么意见?”

从荣之答道:“临时党委讨论后认为,首长的三点考虑是正确的,还是把大本营设在大梁镇钢铁厂好,一步到位。”

吴国华说:“眼前的条件如此之差,要很快进住几百号人能做到吗?”

从荣之说:“经过计算,修房子、做门窗、砌围墙、平场地等,正常情况一个工兵连要干两个月。现在是非常时期,如果物资保障及时,我们准备官兵齐动员,搞一个安家大会战,争取在严冬到来之前安排停当。”

吴国华问:“什么要求?”

从荣之答:“立即给我们下拨 40 顶帐篷,200 件机工具,一台发电机,一台电锯,还有铺板、草垫等物资……

从荣之的决心使吴国华如释重负,说:“还是从司令员有敢打硬仗的气派,不变更部署我就放心了。”吴国华随后指示从荣之:“我和曾副司令员马上去军区,你们去一名领导带上安家物资保障计划,和我们一同前往。”

从荣之答:“好!”

一辆黑色轿车在山城宾馆前戛然停住。

从荣之、龚振华走下轿车。

市委、市政府的领导迎上去和他们握手,然后把一行人引进大厅。

吴国华在曾国强的陪同下步入餐厅。

当地党政各界负责同志起立,热烈鼓掌。

山城军分区司令员吴凯致祝酒词。

9

筹备处灯火通明。

一台吉普车开进招待所大院。

从荣之、龚振华下了吉普车。正欲进屋,从后边走过来两个年轻军官,其中一个戴眼镜的问道:“请问首长,这里是雪山工程接待处吗?”

从荣之看了他们的着装,回答道:“这里就是,是来报到的吧?”

戴眼镜回答:“是!”

另一个军官自我介绍道:“我们是军区工程兵调来的,通知我们昨天报到,因为工作交接来晚了一天。”

从荣之客气地说:“不晚,不晚!”紧接着问道:“你们是搞什么专业的?”

戴眼镜的回答:“他叫霍冬生,土建专业。我叫洪剑飞,是搞水暖工程的。”

从荣之说:“好！欢迎！欢迎!”

贺子章从屋里走出来,从荣之招呼道:“贺副司令,给你救驾的人才上门了,他俩都是搞营建工程的。”

霍、洪说:“这是我们的调令”,说着把调令交给了贺子章。

贺子章指示王春江把两人领进接待站的房间。

从荣之又叫住贺子章说:“请党委的其他成员到政委的房间来,开一个碰头会。”

贺子章回答:“是。”

10

山城的夜晚。

寒风呼啸,房上不时发出劈啪劈啪的响声。

在龚振华的房间,临时党委在开会。

从荣之说:“我和政委已经向上级报告了我们的决心,指挥部就建在大梁,机关要靠前指挥。上级首长很赞赏我们的决定。时下我们最急迫的任务是:趁严冬还没到来,首先要搞好安家扎营,让指挥部马上运转起来。”

龚振华说:“我们现在是一穷二白,又是寒冷的冬天,打好安家会战这一仗,肯定会遇到许多难以想象的困难!”

从荣之说:“这项工作关系几百人能否安全过冬,是件大事,我们党委要和大家一起打好安营这一仗。”

11

山城火车站。

在出站口的右侧立着一个牌子“雪山工程接待处”。

旁边站着几位年轻军官,不停地望着火车站的出口处。

从朝阳开来的火车进入山城站。

车站出口涌出几十个背着背包的军人,接站的年轻军人迎上去和他们打招呼,他们看到牌子一起涌向接待处。

在军分区招待所内,接待人员忙得不可开交。一名女服务员一边擦汗一边自言自语道:“一下进来百十人,谁能立马安排好,挨批评多冤枉!”

从荣之正从那里经过,闻之问道:“姑娘,你干的挺好,谁批评你啦?”

服务员转过身看到是位领导,红着脸答道:“首长,我不是对你们有意见！我是——。”

这时,招待所长又领着一群军人走过来,说:“首长,又有二十多名同志前来报到。”

从荣之与他们一一握手，说："我叫从荣之，欢迎！欢迎！"然后告诉所长，"带他们到后边，让贺副司令安排。"

服务员领着二十多名军人向后院走去……

从荣之正欲走开，贺子章走过来，说："从司令员，指挥部安家施工的物资计划已经拟好，多亏来了两位搞营建的，这是修改后的保障计划，请您审定。"

从荣之接过保障计划，只简单翻了翻，说："不必细抠了，专业人员提出的计划必有一定的科学性。"随之在请领计划上写到："这是安家的急需物资，请军区首长审定。从荣之。"

从荣之告诉贺子章说："又到了二十多名同志，有空你过去看看！"

贺子章说："王春江正在安排。"

12

北京。

军事工程研究院。下午4点。

在一个设计室内，一名年轻的工程师正在修饰图纸。

办公室响起急促的电话铃声。

年轻军官拿着图纸接电话，问："喂，哪里？我是雷宇声。啊，陈处长呀，有事请指示！"

陈处长说："图绘好没有？请你到我这来一趟。"

雷宇声说："绘好了，我马上过去。"

雷宇声放下电话，关上保密柜，把图纸装进文件袋，匆匆来到陈处长的办公室。

雷宇声说："处长，我把图纸带来了，请你审查。"

陈处长接过图纸，并不急着看图，示意雷宇声坐下。

雷宇声有点纳闷：到下班的时候了，处长怎么还不急？

雷宇声坐下，问道："处长，还有什么事情吗？"

陈处长说："有件事征求你的意见。今年上半年你随张爱萍副总长和陈司令员搞工程勘察，副总长很满意，指示要把你调到炮兵去，我代表院里和你谈谈，听听你对调动的意见。"

雷宇声听了很兴奋，说："这是国家的重点工程，我服从组织的决定。"

陈处长说："但是你要想到，这不是一般的调动，有可能影响你的一生。到炮兵很可能要长期呆在基层，你要考虑好。"

雷宇声说："首长和上级不是经常教育我们吗？要到艰苦的地方去，到国家最需要的地方去，我是党员，我不会挑肥拣瘦。"

陈处长说："我想你不会有问题，倒有一个人我替你担心。"

雷宇声问："谁？"

陈处长说:“刘虹。”

雷宇声说:“刘虹是党培养的新一代文艺工作者,她不应该反对吧?”

陈处长说:“我是刘虹的舅舅。据我所知,你们已经照了结婚照,到了要成家的时候了。刘虹没有父亲,和妈妈相依为命,她们把支撑这个家的希望都押到了你的身上。你如果离京远去,长期战斗在山区,刘虹一定很难接受。”

雷宇声思索片刻,表示道:“国家利益高于一切,我不会因为家庭婚姻问题向上级讨价。”

陈处长问:“你能处理好和刘虹的关系吗?”

雷宇声回答:“能!”

陈处长说了一声:“好!”,拉开抽屉,取出总政的调令,交给雷宇声。

雷宇声接过调令,一行醒目的文字映入眼帘:“11 月 25 日前赴山城雪山工程筹备处报到。”

雷宇声算了算,距报到还有十天时间。

陈处长站起来,伸出手和雷宇声握手,说:“你是我得力的助手,真不想放你走,但国家需要,我不能阻拦。”

雷宇声把调令揣到怀里,向处长敬礼,出了处长办公室,推上自行车,向刘虹家奔去……

13

在一个大四合院里,住着四户人家。

东厢房的两间是刘虹的家。

刘虹的妈妈正在厨房做饭,刘虹在收拾房间。刘虹把她和雷宇声的结婚照夹到镜框内,擦了擦灰尘,小心地放在箱子上。

刘虹的妈妈做好了两道菜,招呼道:“小虹,打开饭桌,把菜端上去!”

刘虹乖乖地答道:“是!”

刘虹展开桌子,端上做好的菜盘,刘虹看出是雷宇声爱吃的菜肴,兴奋的表情挂到了脸上。

刘虹再返回厨房,雷宇声走进房间。

雷宇声手里提着点心,进门一股香气扑鼻而来,嚷道:“什么菜?好香呀!”

刘虹见雷宇声进来,大声道:“妈!宇声回来啦!”

刘妈接话道:“宇声,你先坐,马上就好!”

雷宇声放下点心,脱去外衣,刘虹接过衣服,挂在衣帽架上。

雷宇声发现箱子上的结婚照,走近前高兴地说:“刘虹,你瞧你像谁?”

刘虹高兴地说:“你说像谁?”

雷宇声说:“简直是年轻的秦怡和白杨。”

刘虹高兴地红了脸,说:“净说好听话!”

雷宇声说:“实事求是,就是漂亮嘛!”

这时刘妈端着两盘菜走进来,说:“快!准备吃饭!”

须臾间,刘妈上齐了菜,又拿出一瓶红酒,吩咐道:“小虹,把酒打开,全家都喝点,我们热闹热闹!”

刘虹说:“是呀!无酒不成席,咱们都喝点。”

雷宇声从刘虹手里夺过酒瓶:“我来启!”

雷宇声敞开瓶塞,先给刘妈斟上一杯,然后给刘虹斟上,最后给自己斟上并端起杯来说:“阿姨,谢谢您对我的多方关照,您很不容易,我和刘虹祝老人身体健康!”

刘虹也搭讪道:“妈,祝您健康幸福!”

刘虹妈是在苦水中长大的,平生很少遇到这样的场合,她望着即将成双的一对儿女,激动得流下泪来,说:“妈不会讲话,为了你们,我把它喝下。”

三口人碰杯,每个人都喝下大大的一口。

不大工夫,刘妈足足喝了三两酒,酒助人兴,刘妈的话多了起来,说:“宇声啊,妈心里有许多话想给你说!”

雷宇声说:“您老有啥就讲吧!”

刘妈说:“我们是孤儿寡母,天天盼着小虹长大,你们都是二十好几的人了,在乡下,早该儿女满堂了,今天,我想让你当着我的面,把结婚的日子定下来。”

雷宇声看着刘虹,刘虹有点不好意思,说:“你讲讲!”

雷宇声说:“我和刘虹商量过,准备春节结婚,但现在又遇到新情况,不知道能否结成?”

刘虹用惊讶的目光盯着雷宇声,说:“什么新情况?”

雷宇声从怀里掏出调令,递给刘虹。

刘虹看过调令,责问道:“你准备怎么办?”

雷宇声如实地讲了自己的想法。

刘虹又问道:“你这一走,就意味着放弃城市,十年八年是没有尽头的。”

雷宇声说:“组织上讲,要做好扎根山沟的准备。”

刚开始刘妈没有听明白,以为又要出差,这会儿听明白了,雷宇声要调离北京,到边远的山区去,室内气氛立刻凉了下来。

刘妈变得紧张起来,说:“这哪行?你呆在深山老林,我和刘虹怎么办?”

雷宇声说:“我也为这事犯愁呢!”

刘虹说:“给你舅讲讲,换别人不行吗?”

雷宇声说:“正是舅舅找我谈的话。”

刘虹闻听此言,无法抑制地呜呜哭了起来。

雷宇声在一旁规劝，说："刘虹，你冷静点，咱是军人，让邻居听到多不好。"

刘妈也劝道："小虹，你别哭，明天咱找你舅去，这个忙他得帮。"

14

上午。

雷宇声在清理保密资料。他对着交接清单，一本本的点验。点验完毕，雷宇声关上保密柜，抱着图纸资料向陈处长办公室走去。

雷宇声正欲敲门，陈处长办公室的门"哗"的一声拉开了。

陈处长见雷宇声抱着资料，高兴地："我正要找你，请进！"

雷宇声把要上交的资料放在陈处长的案头，汇报到："处长，应当上交的资料都在这里，这里有一个清单，请您看看，还有什么问题！"

陈处长说："不忙，先放下！"劈头就问："昨天谈的怎么样？"

雷宇声说："让您说中了，阻力不小，不仅刘虹的妈妈不能接受，刘虹也想不通，刘虹和她妈可能要找你。"

陈处长说："电话已经打了。"

雷宇声忧虑地望着处长。

陈处长知道雷宇声在想什么，追问道："如果刘虹和她妈妈都反对，你准备怎么办？"

雷宇声恳求道："请处长帮助我做好她们的工作。"

陈处长说："她们马上就到，你回避一下，你要有思想准备，我也不一定能够做通。"

雷宇声抱着图纸资料到保密室办理注销手续。

须臾，刘虹领着妈妈来到陈处长的办公室。

陈处长见姐姐和刘虹进来，赶忙起身让座说："姐姐亲自出马啦，先谈谈你的想法。"

刘虹扶着妈妈坐下。

刘虹妈说："我是无事不登三宝殿，今天找你，就是为了雷宇声调动的事。孩子们春节就要结婚了，在这节骨眼上，你把宇声调离北京，这不是要拆散他们吗？"

陈处长接过姐姐的责问说："姐，话不能这么说，宇声的调动是上头定的事，不是我让他去的。"

刘虹妈说："不管是谁调的，你就不能找个理由？你手下那么多人，哪一个不能去？"刘虹妈语调缓和地说："你就通融通融嘛。"

陈处长说："姐姐，你是懂事理的，宇声要去的地方是国家的一项重点工程，关系到国家的安危，去年宇声随张爱萍副总长勘察设计，是副总长看中的，是上头点的将，我能抗吗？”

陈处长又转向刘虹说：“小虹，雷宇声的走留可是一件大事，这是国家大局和你们小家的冲撞，作为雷宇声是他的一件幸事，作为军人，他是必须执行的，你说，舅舅和宇声应当怎么办？”

刘虹的脸刷的一下子红了。

没待刘虹作答，刘妈抢着说道：“蛋儿（陈处长乳名），你别跟我打官腔，我是来求你的，让你设法把雷宇声留下来。”

陈处长耐心地说：“姐，我理解你的苦衷，刘虹很小就失去父亲，你为刘虹吃了很多苦，受了很多累，你需要有人能为你遮风挡雨，宇声又那么优秀，你肯定舍不得，但如果把家事放到国事的大局上，我们应当怎么办？用一个共产党员的话回答，一切要服从组织的安排；用一个军人的话回答，要服从命令听从指挥。刘虹也是一个军人，这个理你俩都明白。类似这样的情况有的是，人家怎么办？希望姐姐能以大局为重，不要扯雷宇声的后腿。”

刘虹妈对弟弟的话一点也听不进去，她怒不可遏：“我不听你这些大道理，我告诉你，如果雷宇声调离北京，他和刘虹的婚姻断不能成，我只问一句，这个忙你到底帮不帮？”

陈处长：“我是刘虹的舅舅，舅亲如父，她你有困难我都要帮；但要看是什么忙，如果和国家需要相违背，我帮不了；具体说，雷宇声要奔赴国防前线，我没有权力扣着他不让他走。”

刘虹妈见弟弟没有一点松口的意思，放声哭了起来。

她哭了几声，突然止住，愤愤道：“好吧，你既然不认我这个姐姐，我也没你这个弟弟！”刘虹见妈妈太激动，拉了拉妈妈，刚想张口，妈妈已转向她：“走！你没这个舅舅。”说罢，拉着女儿就往外走。

陈处长把刘虹母女送出门外。

刘虹扶着妈妈，含着泪，回头望着陈处长：“舅舅，请你再想想办法。”

陈处长望着她们远去的背影，摇了摇头，长长的“嗨”了一声。

15

北方军区招待所。

吴国华在下榻的房间正洗漱，招待员为吴国华倒水冲茶。

吴国华刚洗漱完毕，房间的门被“当、当、当！”地敲响。他正欲开门，房门被推开了。军区副司令员曾国强走进来，邀请他参加会议。

吴国华在曾国强的陪同下进入会议室。

军区陈司令员高兴地迎上去和吴国华握手：“欢迎吴司令员到军区来。”陈司令员请吴国华就座，并把他介绍给与会人员。

吴国华坐定，谦逊地说："这次我到军区来，是专程向军区首长汇报雪山工程建设问题的。关于雪山基地建设总参有明确的指示，一期在两年内完成，工程建设所需物资由军区负责保障。目前，国家还处在困难时期，我们的军费本来就很紧张，总部又把工程保障交给军区，这给军区要增添不小的负担，怎样尽快展开雪山基地的建设，必须依靠军区首长机关。"

陈司令员说："我们已经接到总参的正式通知，对军区应当承担的任务我们已经明确。今天，吴国华同志又专程到军区来，共同研究雪山基地的建设，我代表军区表个态：

"一、军委把第一个导弹基地建在我区，是军委和总参首长对我们的信任，也是我们的光荣，我们一定配合炮兵把雪山基地建设好。

二、雪山工程建设是国家的大事，也是军区的大事，军区各部门要积极认真地做好各种保障。凡是雪山指挥部提出的问题，不讲困难，不问为什么，要想办法去做，并且一定要做好。如果和我们的工作发生矛盾，一切为雪山工程让路。

三、对雪山指挥部设营的急需物资，请副司令责成后勤部、工程部马上落实。其他问题待指挥部建成后，请炮兵和基地做出计划上报军区，然后我们再作出安排。"

吴国华说："关于雪山工程建设的有关重大问题，怎么做，陈司令已经讲得十分明确了，按照陈司令员的指示去做，雪山基地将会赢得最佳的工作环境，对炮兵来说我们是背靠大树好乘凉。我相信，在军区和陈司令员的领导下，一定会实现周总理的希望：'第一炮，一定能打响！'为此，我代表炮兵党委对军区首长及机关表示由衷的感谢。"

16

深夜。刚刚入睡的从荣之被风打窗的声音惊醒。他好像忽然想到了什么，立即掀开被子坐起来。

他打开灯，穿上衣服在房间里来回走着。过一会儿，他侧身把耳朵贴近窗户，呼啸的寒风直灌耳底，他禁不住打了个寒战。

从隔壁龚振华的房间传来响声，从荣之推开门，看到政委房间的灯还亮着，就关上门走了过去。

在龚振华的房间。政治部主任王子芳在汇报工作。从荣之推门进来。

龚振华问道："老从，还没睡呀？"

从荣之说："睡不着呀！"

龚振华说："着急也没用，要注意休息！"

从荣之说："时不待人呀，多一天将给施工增加一份难度。从近期天气预报看，将有一个大的降温过程，设营物资不知什么时候能到，真急人哪！"

龚振华说:“军区首长已经批示了,机关各部门都在筹措。目前报到人员已超过 120 多人,等物资到了,再把失去的时间抢回来。王主任汇报干部情况,你也听听?”

从荣之刚坐下,隔壁传来电话铃声。

从荣之快步回到房间,迅速拿起电话:“喂!哪里?我是从荣之!”

对方传来清晰的话音:“我是北方军区值班室赵参谋。从司令员,军区首长让我转告您,安家急需物资明天早晨起运,大件物资由军区总库直接保障,部分物资由山城军分区筹备,所需车辆也由山城军分区配属。我们已经通知了军分区,他们会马上落实。为便于联络,您的代号是雪山 1 号,龚政委为雪山 2 号,使用这个代号,能和我们快速取得联系。”

从荣之说:“谢谢!谢谢!好!请问赵参谋,贺子章副司令员在哪儿?”

赵参谋答道:“贺副司令员到仓库检查发车去了,明天带队一起回去。”

军区某仓库。

停着七八辆大卡车,几十个官兵忙着往汽车上搬运各种物资。不远处停着一台吉普车,贺子章在不停地走动,看官兵们装车……

从荣之放下电话兴奋不已,又回到龚振华的房间,说:“好啦!物资明天就能发出,老贺亲自押运,后天上午到!”

龚振华笑着长出一口气,说:“那你可以睡觉了!”

从荣之以笑回之:“那配备干部的事不让我听啦?”

龚振华说:“目前报到人员已过半,政治部按照司政后技四部制提了一个编配方案,明天召开党委会,把机关各部、处的头头任命定下来,召开筹备指挥部成立大会,号召大家全力以赴投入安家大会战!”

从荣之说:“好!我完全赞同!”

一对好搭档会意地笑了。

17

下午。雪山工程筹备处会议室坐满了前来报到的营以上干部。会议室鸦雀无声,像是等待一个神圣时刻的到来。

从荣之和龚振华最后走进会议室,全体起立,与会人员热烈鼓掌。

从荣之、龚振华在中间位置站定,龚振华宣布:

“同志们:经中共中央批准,我军第一个导弹作战基地即雪山基地诞生了。在此,我代表雪山工程指挥部党委,对远道而来的同志们表示热烈欢迎!”

会议室传出热烈的掌声。

“根据中央军委关于雪山工程的批复精神和军委炮兵的指示，雪山工程指挥部的编制序列目前采取四部十八处制，即工程指挥部下设司令部、政治部、后勤部、技术部。请从荣之司令员宣布各部部长和处长的任命。”

从荣之宣布人事任命。

从荣之宣读完任命，龚振华发表了简短的讲话：

“同志们：雪山工程指挥部今天正式成立了！

雪山工程指挥部是经党中央和毛主席批准的我军第一个导弹作战基地。它的诞生标志着我国国防现代化迈出了新的步伐，它对提高我国在世界上的国际地位具有重大的意义。为了新兵种的诞生，我们从祖国的四面八方来到大坳山下，我们将挑起建设第一个导弹基地的重任。这是一项伟大的事业，我们为祖国能够选中我们而自豪，我对大家能成为雪山基地的创业者表示热烈的祝贺！”

与会者热烈鼓掌。

从荣之接着说道：“从今天开始，我们的指挥部就要正式运转起来。但是，每个同志都要清楚，我们是在物质条件极差、是在一片废墟上起步的。时下，我们既无营房又缺少资金，我们将在冰天雪地上安营扎寨，将面临许多无法想象的困难。党委希望每个同志都要牢记祖国和人民的重托，勇敢地挑起时代赋予我们的重担。我们将战胜一切困难，把第一个导弹作战基地建设好，向祖国和人民交出一份合格的答卷。”

与会人员报以热烈的掌声。

18

上午。军分区招待所。

军人出征前的一派忙碌景象：雪山指挥部人员正忙着打背包，收拾房间，清点物资用具，做出发前的最后准备。

忽然传来汽车阵阵轰鸣声。只见五台解放牌汽车开进了招待所大院。军分区朱参谋长跳下汽车。

后勤部蒋部长迎上去和朱参谋长紧紧握手，说：“你们动作真快，两天功夫就备齐了。”

朱参谋长说：“这是分区吴司令员下的令！”

蒋部长和朱参谋长一起去见从司令员。

从荣之的房间里，从荣之、龚振华、张明辉正在议事。从荣之见蒋部长陪同分区朱参谋长进来，忙着站起来。

分区朱参谋长向从荣之敬礼，然后说道："按照军区通知要求，分区的保障物资已全部准备好，其中三台车上装着安家的物资。这是物资清单，请首长阅示。"

在从荣之看清单时，蒋部长补充道："为配合这次行动，分区还派出一个接力通信排，人员器材都已到位待命。"

从荣之边看清单，边点头，然后评论道："你一定设过营，或是老作训。"

朱参谋长说："这是分区吴司令员亲自交待的。你们人地生疏，又刚刚起步，会发生许多预想不到的情况，吴司令员要我参与设营，随时听候从司令员的调遣！"

从荣之说："太感谢啦！有分区做后盾，我们一定能战胜各种困难！"从荣之握住朱参谋长的手，久久没有松开。

从荣之转过身，对党委成员说道："按照预定方案，王主任、蒋部长留在这里，协助政委继续执行接待工作；我和云副司令员带第一梯队，随行设营任务；贺副司令员到后，张参谋长和贺副司令随第二梯队进山。"

从荣之又交待："我们许多同志过去生活在南方，对严寒缺乏思想准备，要防止冻伤，行车要注意安全"。

从荣之走出招待所，招待所长为他送行。

从荣之走上前和所长握手长告别："感谢所长，有机会我再来看你！"

五台汽车和一台吉普车开出招待所的大院。

龚振华、贺子章和留下的人员向从荣之挥手送别。

一个车队在山间蜿蜒的公路上行进……

中午时分。车队在大梁钢铁厂门前停下。

钢铁厂的大门口站着几个人，为首的是一位身材魁梧的东北汉子，50 来岁，满脸胡须，他是大梁镇的镇长潘振武。潘振武看到军分区朱参谋长走下汽车，主动迎上去，说："我们接到分区电话，在这里等候多时了。"

朱参谋长说："来！来！我给你们介绍一下！"指着从荣之，"这是炮兵的从司令员。"指着潘振武等，"这是大梁镇镇长潘振武，這是張書記。"

从荣之和潘镇长、张书记、治保主任、派出所长一一握手，说："我们奉命要在这里长驻，进行国防工程建设，以后咱们就是邻居了，请多多关照！"

潘镇长说："国无军不安，解放军进驻大梁是我们老百姓的福分，需要我们时请不要客气。"

朱参谋长说："那好，请治保主任协助我们买些蔬菜，准备几百斤木柴，主食我们自己解决。另外，部队今天就在这里宿营，请你们组织一批除雪工具，时间要快！"

潘镇长说："没问题！"

从荣之和朱参谋长踏着积雪商量宿营部署，王春江在图上做着标记。

不大工夫，从大梁镇涌出一群人，有扛锹的，有抬筐的，有的扛着扫帚，有的推着车子，黑压压地向钢铁厂走来。

从将军到士兵，从镇长、书记到群众，一起除雪刨冰，军民携手拉开了安家大会战的序幕。

炊事班用砖石砌炉灶，有的担水洗盆，有的抡着大斧劈柴，有的淘米……

不长时间，炊事班做好了饭菜。

炊事班把碗筷抬出来，大家拿碗排队打菜、打饭。

警卫员刘晓兵拿着毛巾、端着一盆温水让从司令洗手。不少人抓一把雪，使劲儿搓几下，把手上的水甩一甩，然后狼吞虎咽地吃饭。

19

夕阳西下。

这时天气骤变，寒风夹着鹅毛大雪纷纷扬扬飘落下来，转眼之间，道路变得模糊不清。

在山城市至大梁镇的山间，一支有十多台解放牌汽车、吉普车组成的车队缓慢地行进。吉普车排在最后，显然是负责收容的。贺子章在车里不停地看表，看上去神色有些焦虑不安。

从前边传来请示："暴雪袭击，无法行进！"贺子章下了车，在风雪中下达命令："选择有利地形就地待命。把车堰好，要定时发动车辆，防止管路结冰！"几分钟后，车队停了下来。

外部世界被纷纷降落的大雪遮没了，两米以外任何东西都无法看到。须臾间，贺子章的帽子、肩上积了厚厚的雪。他清楚，现在什么也不能做，于是他又钻进吉普车，只得耐心地等待。

暴雪还在下，不到半小时，路上的积雪已接近膝盖深。

指挥部大院也被大雪覆盖了。

帐篷上压着厚厚的雪，只有帐门和窗户还清晰可见。一阵大风卷起帐篷顶的积雪，满天的雪花在空中飞扬。

在一顶帐篷里，从荣之坐立不安，他看着地图问云中山和朱参谋长："你们认为车队受阻在什么地方？是在岭上还是岭下？"

云中山略有所思，说："我估计车队受阻于鸵腰岭下。车队是午后 1 点出发，雪地行车平均速度每小时不会超过 25 公里，在暴雪到来之前车队开出了 3 小时，走出的路程不会超过75公里，从山城到岭上是85公里，车队就受阻于鸵腰岭下，准确的位置应是……”

朱参谋长摊开地图指了一下，说：“就在这一段，距大梁约有45公里。”

从荣之说：“如果不采取救援措施，车队能顺利抵达吗？”

朱参谋长说：“汽车配发了防滑链，具备雪地行进能力。但雪下的实在太大了，要是强行开进会发生严重后果，必须对上级提出营救请求。”

从荣之说：“如果向军区求救，能采取什么样的措施？”

朱参谋长说：“几年前我们经历过类似的情况，相信军区能拿出有效的营救办法。”

从荣之稍加思索指示云中山：“组织设营人员乘汽车朝鸵腰岭方向踏道，设法营救被困车队；同时向军区发一份求救电，请军区采取措施打通山城至大梁镇的通道，位置要准确；尽快与车队联络上，确保人员装备安全，并把这里的情况报告龚政委。”

云中山叫：“林处长！”

林处长跑步上前，“到！”

云中山说：“立即组织人员、车辆，带上除雪工具，向鸵腰岭踏道！”

林处长答道：“是！”

暮色苍茫的大梁镇。

一支踏雪清路的车队缓缓开出大梁镇：走在前边的铲雪清路，后边的人把车上的沙子撒在路面上。大伙干劲十足，有的人脱下军大衣，卷起棉帽护耳，在车灯照耀下脸上冒着热气。云中山不停地走动，借着灯光可以看出他焦急的神情……

夜色渐渐暗下来，灰白的雪在车后形成两道雪墙，随着官兵努力奋战，雪墙逐步向前延伸……

第二章

天兵破冰扎营寨　党政军民齐支援

1

晚。北方军区作战值班室。

军区参谋长坐镇指挥，气氛严肃紧张。

值班参谋在指挥机上问："是装甲旅作战值班室吗？"

"是！我是装甲旅值班室！"对方回答。

值班参谋说："请宋旅长接电话，3号首长有指示。"

宋旅长快步走进值班室，拿起电话说："喂，我是宋远成，3号首长请指示。"

军区参谋长说："雪山工程指挥部设营人员一行三十余人、十几台运输车辆被暴雪困于鸵腰岭下，情况非常危急。军区首长决定：你旅立即出动装甲车，快速打通鸵腰岭至大梁镇的通道，保证人员车辆安全地抵达目的地。"

宋旅长："是！保证完成任务！"

鸵腰岭上。手电筒的光柱一晃一晃，闪露出除雪的人影。

贺子章副司令员组织人员用铁锹、木板清除路上的积雪。官兵们也奋战了几个小时，清出的路面仅有三四公里。

有几个人在议论："这里距大梁镇还有几十公里，照这个速度，天亮也到不了。"

贺子章叫来参谋长和几名干部，研究怎样尽快走出困境……

这时，从山下传来马达轰鸣声，由远而近，已能见到晃动的灯光。

张明辉参谋长说："听，是援军来了吧？！"

贺子章和张明辉踏着没膝的雪，用力向路边高处攀爬，贺子章不小心摔了一跤，参谋长立马上前扶起他，浑身沾满雪的贺子章顾不得整理，继续向前登上高处，他在朦胧中看到两个庞然大物向山上爬来，他兴奋地说："我们有希望啦！"

大约七八分钟后，一台履带式装甲车在车队的后面停下，从车上跳下两个人，"是贺副司令员吗？"来者问道。

贺子章说："我是贺子章！您是？"

来者自报家门："报告首长，我是军区装甲旅旅长宋远成，奉军区首长命令前来救助，请首长指示。"

贺子章说："谢谢军区首长的关心，你们是雪中送炭呀！"

贺子章、张明辉和宋远成查看了地形和路况，宋远成说："贺副司令员，我准备这样作业，我带坦克压道，装甲车在前头开路撒沙，你们的车队随后跟进。"

贺子章说："好！"

坦克车、装甲车发出阵阵轰鸣声在夜空中回响，车队缓缓向前移动……

远远望去，由十几台车灯光汇成的情景如同火龙在蠕动……

2

在大梁镇至鸵腰岭的路上。

雪山指挥部设营人员还在用人车结合的办法踏路。已近零点时，踏出通道八九公里，前进的速度比先前慢了许多，大家的确太累了。

朱参谋长向从荣之建议："前方山越来越陡，让大家休息一会儿吧！"

从荣之也感到难以支持，说："林处长，让大家休息，把大衣都穿上！"

从荣之刚刚坐下，隐约听见从鸵腰岭方向传来轰鸣声，他马上站起来向那边望去，只见盘山道上闪烁着移动的灯光。

从荣之惊喜地说："一定是装甲车带着我们的车队在开进！"

刚刚坐下休息的官兵一听，都兴奋地站了起来，欣喜的喊着："车队过来了！"

20分钟后，两支队伍在鸵腰岭下会合。

贺子章、宋远成从装甲车上跳下来。

从荣之大步走向前去，问："车队都好吗？"

贺子章说："多亏装甲旅支援呀！"转身介绍道，"这是装甲旅的宋旅长，这是我们从司令员。"

从荣之双手紧握宋旅长的手说："感谢兄弟部队大力支援，雪山官兵将永远铭记装甲旅雪地救援这一幕。"

宋旅长说："首长太客气了。我们是奉命执行任务，雪夜行军对部队也是一次考验和锻炼。"

从荣之说："宋旅长，你们连续颠簸了好几个小时，辛苦了，请到我们指挥部暂作休息。"

宋旅长说："谢谢司令，任务完成了我们要立即返回，好向军区首长汇报。"

从荣之、贺子章、云中山与宋旅长握手告别。

3

天蒙蒙亮。

忙碌一夜的官兵们刚刚宿营完毕，从帐篷里传出阵阵呼噜声，他们没有床铺，每人一块草垫，只能席地而卧。有的因为过于疲劳居然戴着棉帽，穿着大头鞋入睡了。

经过一天一夜的劳累，人员和物资终于平安抵达，但从荣之此时毫无倦意。他悄悄地走了几个帐篷，看着熟睡的官兵心头涌起一种难以名状的感情：既有欣慰的感觉，又有很多的遗憾。

回到帐篷，警卫员小刘马上站起来报告："首长，这是参谋长送来的宿营报告，请您签发。"

从荣之翻开文件夹，才看了几眼，从大梁镇传来鸡鸣声，天快亮了。

4

上午。雪山工程指挥部大院内热闹非凡：有扫雪的、抬筐的、搬石的、平路的。从荣之、云中山、贺子章分到各部和大家一起劳动。

张明辉参谋长拿着一份图纸向从荣之快步走来，后边跟着参谋王春江，说："司令员，烟囱爆破已准备就绪，请您指示。"

从荣之来到爆破现场，爆破队长上前向从司令员汇报情况。

从荣之提出几个问题，爆破队长都一一应答。从荣之觉得准备工作做得很细，于是命令道："9 点整实施爆破！"

参谋长："是！"

张参谋长指示作训处："所有人员撤到距烟囱百米以外，每个路口都要派出警戒哨！"

9 时。

一阵紧急隐蔽的哨声响过，爆破手合上三个电闸开关，目不转睛地盯着烟囱。

"轰！轰！轰！"随着三声巨响，烟囱朝着设定的方向轰然倒下，地上扬起一片尘埃，与此同时百米之外传来喝彩的掌声。

王春江吹响解除警戒的哨声。

大家顾不得尘土扑面，径直冲了过去。几个青年军官高兴得嚷道："乖乖，真不少哇，这可是天上掉下的金砖啊！"

从荣之脸上也现出微笑。

不大工夫，由十几个人组成的捡砖队走近倒下的烟囱，挥动手中的锤头、铲子，铲掉砖上的灰泥，码成垛……

又有一批人抬着筐把砖运到不同的作业点……

从荣之和云中山抬着装满砖块的筐子，健步如飞，这时，警卫员跑步来到从荣之的面前说："首长，王主任的电话。"

从荣之放下杠子，走进帐篷，拿起电话："喂，王主任，什么事？"

王子芳以得意的口气报告："军区调拨的第二批物资明天发出，两天后到达指挥部。又报到了一批同志，有十几名大学生，工程专业五人，医疗卫生九人，其中有五名女孩子；还有山城市政府支援我们一台柴油发电机，一起随车运回。"

从荣之高兴的心情溢于言表，连说："好！好！"

5

晚上。

在从荣之的帐篷里点着两支蜡烛。从荣之在烛光下和张参谋长、后勤部蒋部长、营房处长一起讨论危房改造方案。

蒋部长说："从目前的情况看，今冬只有两栋房子能解决水暖问题，其它的房子只能砌火炕。要解决两百人的居住取暖问题，大多数同志要睡通铺火炕，如果这个方案可行，我们马上动工。"

从荣之问："参谋长你是什么意见？"

参谋长说："我走访了几家农户，在目前情况下砌火炕是挺过今冬的唯一办法。"

从荣之说："就按这个方案做。明天开个会，向大家讲清楚，同志们是能够接受的。还有什么问题？"

蒋部长说："砌炕需要两万多块砖，烟囱爆破后解决了万把块，还需再买一万块。"

从荣之说："砌炕是项技术活，砌不好取暖效果差，我们自己砌能行吗？"

营房处长说："我们从镇上请了两名有经验的师傅，让他们讲解示范，然后自己干！"

从荣之说："这个主意好！立即行动！"

这时，王春江走进来，说："司令员，第二批物资已经到了，随车来了十多名报到的。"

从荣之扭头对参谋长说："走！咱们看看去！"

院子里，有人站在帐篷门口张望，不少人出于好奇，围着物资车转，看又运来什么好东西。

营房处长请示参谋长："准备把柴油发电机安装在 3 号库房西边，机器是否直接卸到那里？"

参谋长说："行！王参谋！"

王春江应声"到！"

参谋长说："给营房处派公差，卸发电机。"

王春江答:“是!”

参谋长说:“霍处长,清查零部件,登记造册,发电机要尽快安装。”

营房处长答:“是!”

参谋长随从司令员来到值班室前,那里站着十几名军人,地上凌乱地放着背包、藤条箱、装着脸盆的网兜,还有几个棕黑色帆布手提包。从荣之走上前和他们握手,说:“欢迎! 欢迎!”

那十几名军人看着从荣之的装束,知道是自己的上级,就向从荣之敬礼问好。

从荣之握着一个高个子的手,问:“你叫什么名字”

大个军官说:“我叫雷宇声。”

从荣之说:“哪个宇? 哪个声?”

雷宇声回答:“宇宙的宇,声音的声。”

从荣之说:“这个名字很气派,雷声震环宇。”

从荣之风趣的评论引起在场人的欢笑。

从荣之走到一个个头较高的女军人跟前,她主动介绍:“我叫梁玉洁,军医大学毕业。”

从荣之说:“好雅的名字,白衣天使们到了。”

从荣之又和一名戴着眼镜、皮肤白嫩的大学生攀谈,他叫佟岩,从荣之鼓励道:“你的名字也很好,红岩的谐音,含义深刻。”

随后,从荣之指着几名女兵告诉参谋长:“她们是雪山工程的花朵,安排好,给她们增加点保温措施。”

参谋长说:“好的!”

参谋长叫来管理员,说:“把新来的男同志安排在8、9号帐篷,五名女同志安排在棉帐篷,另外再配给她们一套炉具,安排司机和刚来的同志吃饭!”

管理员把梁玉洁等五名女同志领进棉帐篷。帐篷里边黑糊糊的、冷飕飕的,在帐篷的一边摆放着几块草垫。

常彩霞“啊”了一声:“我的妈呀! 就这呀?”

刘茹红说:“没有床怎么睡?”

管理员略显不悦,说:“你们的待遇和司令员、政委一样,别人还没这些呢!”

梁玉洁忙搭话:“谢谢首长关心,管理员,这炉子怎么烧? 请教教我们!”

管理员说:“过会儿公务员给点火,教会你们怎么烧。”

梁玉洁招呼大家放下背包,收拾东西。

常彩霞赌气地说:“我今晚背着被包睡觉!”

梁玉洁笑着说:“那你就在帐篷门口站岗吧!”随即安慰道,“快! 把背包放下来。”梁玉洁帮常彩霞取下背包,把自己的被子铺在边上,把年龄最小的腊月安排在中间……

警卫员通知梁玉洁吃饭，她们缩着身子走进就餐的帐篷。

用木条拼成的餐桌上放着两个铝盆，一个盆里是高粱米饭，一个盆里是土豆炖白菜，此外，还有一盘黄豆拌海带，佟岩用惊奇的目光望着餐盆，说："就吃这呀？！"

梁玉洁说："在北方军粮就是高粱米，老百姓还吃不到呢！"

佟岩摇了摇头，叹了一口气，盛了半碗饭，他试着吃了两口，伸着脖子咽不下去，又吃了两口菜，端着饭盒走了出去。

军营里吹响了熄灯的号声。

山林在呼啸。在一顶帐篷里佟岩戴着皮帽和衣而睡。他瞪着眼睛望着帐顶，眼前浮起城市幸福美满的生活，他在想：选择来这里难道是一大错误？……

6

白天。

指挥部官兵正在紧张劳动。

梁玉洁和常彩霞像男兵一样抬着箩筐运石头，两鬓的秀发已被汗水浸湿粘贴在脸上。男兵们看到为她们喝彩，也铆足了劲儿干活……

佟岩、刘茹红、雪尚梅往箩筐内装碎石，刘茹红奚落佟岩道："看把梁姐累的，你不心疼啊？"

佟岩前去替梁玉洁抬筐，梁玉洁拒绝，佟岩抢过常彩霞的木杠，和梁玉洁一起运石。

佟岩说："玉洁，别逞强了，这是男人干的，别累坏了身体！"

梁玉洁说："我是纸儿扎的？这是给咱自己建家，干点活怕啥！女的就比男的差？"

佟岩每次都把筐的重心悄悄地往自己这边拉。但没抬几筐，只见他满脸冒汗。佟岩咬牙坚持着，突然，扔掉木杠，捂着肚子蹲了下去，他脸色苍白，一副很痛苦的样子……

梁玉洁急忙问："佟岩，怎么啦？"

佟岩说："肚子疼……"

梁玉洁和常彩霞把佟岩扶回帐篷，给他做了体检，这时卫生队长樊德禄进来。

梁玉洁说："可能是急性阑尾炎，得住院！"

从荣之得知佟岩需要住院治疗，对樊德禄说："用我的车把佟岩送到医院，不要耽误！"

樊德禄说："是！"转身告诉梁玉洁，"快准备住院用的东西！你和我一起去！"

梁玉洁、常彩霞忙着为佟岩准备东西……

一台吉普车沿着冰道从大梁镇驶出，向鸵腰岭奔去……

吉普车穿过一道道山冈，进入山城市，拐了几道街，进入山城驻军医院。

佟岩被送进急诊室。

片刻，接诊医生告诉他们："患者是急性阑尾炎，需要急诊手术！"

7

一周后。

雪山工程指挥部营区大变样儿。围墙已经修复，大门口新建了一个岗楼，发电机安装调试顺利通电，解决了照明问题；营区的西南角搭起了简易电锯房，电锯发出刺耳的尖叫声，一边堆放着一墩原木，一边是新锯好的成材。危房不见了，新修好的房子里里外外都很整洁。在一栋房子顶部几个战士正在上瓦。

从荣之站在院子中间和参谋长研究工作。天突然暗了下来，接着一阵大风向这边袭来，残雪夹杂着尘土飞扬着。从荣之抬起手放在额前遮挡风沙，快步向在房顶上铺瓦的几个战士走去。

在房上，几个铺瓦的战士被大风吹得不敢动弹，其中一个战士险些被风卷下来，挣扎了几下趴在房脊上。"注意安全！"从荣之大声喊道。

从荣之指挥几个战士，说："把在房顶干活的同志接下来。"

天空飘起雪花，大风掠走了房顶的积雪，扬向天空，把空间搅得灰蒙蒙的……

从荣之走到后勤部蒋忠臣部长的帐篷外，听见："对对！先按200套准备，收旧工作只能以后进行。"

从荣之进了帐篷。

蒋忠臣见从荣之进来，捂上话筒："司令员，请坐！马上好！"接着说道："我们明天去人！好！好！谢谢，再见！"

蒋忠臣放下电话，问："从司令员，有事吗？"

从荣之说："服装问题解决得怎么样了？现在是一半人员没有北方棉衣，本来天就冷，帐篷又不御寒，北方人还能抗一阵，南方来的可就受不了，要尽快解决！"

蒋忠臣说："冬常服已解决了，分部破例给我们做了准备，军需处的人明天一早出发，后天就可以把服装领回来！"

从荣之说："那好。皮大衣呢？"

蒋忠臣说："皮大衣也凑齐了，可能衣号不全。"

从荣之说："能御寒就行。"

云中山副司令员的帐篷里。

阵地工程勘察人员有的坐在炕边，有的坐在长条凳上，也有人垫块木板就席地而坐。帐篷里没有插脚的地方。

云中山首先宣布了勘察人员的组成与分工，传达了计划："上级要求我们：到明年2月底完成一期工程的勘察定点，这是关系工程建设进度的一项硬指标。虽然安家工作还没有结束，阵地勘察也要展开。鉴于多数同志以前没做过勘察工作，明天，也就是第一步，先集体作业，在取得经验的基础上，再分组进行。明天的作业带有示范性，从司令员等领导也要参加，请工程处雷工做好准备，包括车辆保障。"

8

翌日。

晴空万里。大坳山银装素裹。

三台吉普车在鸵腰岭上蜿蜒行进。打头的车上坐着云中山、参谋王春江、罗海涛和负责引路的大梁镇镇长潘振武……

三台吉普车下了鸵腰岭，又前行了一段路程，拐向右边的山路。这是条山间小道，吉普车颠簸慢行了近一个小时后在一个山村旁停了下来。

潘振武跳下车，向下了车的从荣之、云中山介绍："这个村就叫牛头沟村，再往里走就是牛头沟，沟底距这里大约十公里。"

山里孩子没见过吉普车，边跑边呼喊着围了上来，一个小男孩好奇地问："这是啥车?"

司机小武装着一本正经地答道："这不叫车，叫电驴!"

小男孩说："不! 不对! 三个轮的才叫电驴呢，你骗人!"

潘振武把从荣之等人领进一个院子。这是一个典型的北方山区农家院。三间正房，坐北朝南，房檐下挂着成串的红辣椒，院内东厢是低矮简陋的厨房，西厢是玉米楼子，里面盛满金黄色的玉米。

看到有生人进院，两条狗狂叫着围上来。

老潘头喝了一声："嘿! 去!"狗停止了叫声。

从屋里走出一个极像潘振武的老汉，看上去将近60岁，面色红润，体格健壮，说："哎呀，是潘镇长，什么风把你吹来啦?"

潘镇长说："老孙大哥，来来! 我来介绍介绍。"潘振武把从荣之等人一一作了介绍。老孙头听了非常高兴说："俺这穷山沟儿，能让国家看上，是俺村的福分啊! 欢迎! 欢迎!"

潘振武转向从荣之说："老孙大哥叫孙安邦，祖上是从山东逃荒过来的，到他这已是第四辈了。老孙头是这个村的老治保主任，熟悉这里的一切，进来一只新狍子他都能认出来!"

从荣之说："以后我们要在这里长期驻下去了，从今天起我们就成邻居了，往后还靠乡亲们多多帮助呀!"

老孙头还是那句话:“欢迎!欢迎!”

老孙头让从荣之等人屋里坐,云中山说道:“孙大哥,今天我们先进沟看看,汽车能开进去吗?”

老孙头说:“不行!眼下冰天雪地开不进,就是夏天开进去也很难。”

潘振武在一旁插话道:“就没别的招儿了?”

老孙头明白潘镇长的意思,反问道:“让部队的领导坐爬犁行吗?”

潘振武说:“什么行不行,只要稳妥就好!”

潘振武又转向从荣之,说:“这是山沟里最好的交通工具,首长敢不敢坐?”

从荣之笑着答道:“那就劳驾老乡,把我们送进去!”

在通往牛头沟的雪地上。三挂牛爬犁向沟里行进。老孙头手拿鞭子甩着鞭花,吆喝着号子,牛爬犁发出吃吃声。从荣之感到新奇,他们有说有笑,有的评论着。

从荣之、云中山一行下了爬犁,云中山对老孙头说:“老孙大哥,谢谢了。我们要在这里大概得呆半天时间,你们先回去吧,到时我们步行回去。”

老孙头说:“这大雪快没膝盖了,十几里山路,到天黑也难摸出去,这样吧,估摸个时间,我来接你们。”

云中山听了,看看表已9点40分,回答道:“我们大约午后1点多回去,那就再麻烦你们了。”

老孙头说:“客气啥!就这么定了。”转身招呼另外两个人赶着爬犁回去了。

9

在兴隆山坡上。王春江、罗海涛背着图板和测绘器材在前,从、尹二人在中间,雷宇声带其余人员背着器材在后,向山根处吃力地走去,身后留下一串深深的足迹。

雷宇声和王春江展开作业图板和测绘器材,随后由王春江下达作业内容。

王春江说:“今天作业的内容是:现地对照。实地确定每个工程要素的位置。通过实地测绘采集每个工位的有关数据。最后判定该地是否符合建设阵地的战术技术要求。”

王春江又讲解了作业程序和方法,问道:“大家都明白了吗?”

作业人员答道:“明白!”

大家架稳三角架,展开图板,进行各点位的方位角连测,并将结果记在记录本上。王春江在测绘区来回跑着,指点作业。

雷宇声在各点位手持小锤砸石取样……

从荣之和云中山每人捡了一根棍子继续向山上爬去,突然,一群野鸡从头上飞过;接着,几只狍子从他们前面跃出,向山下跑去,云中山惊呼道:“黄羊!”

从荣之纠正道:“那是山狍子!”

云中山评论道:“大坳山真是物产丰富呀!”

从荣之和云中山爬到山顶,向远方望去,若有所思……

中午时分。

在山根一块平整的雪地上,勘察组架起水壶在烧水。

勘察组围火而坐,罗海涛给从荣之和云中山倒水,雷宇声向大家分发干粮。

云中山风趣地说:“我们要搞野炊了!”

王春江说:“眼下这里大雪封山,我们在这里野炊充满了诗情画意,这情景使我感受到边塞诗的美妙,真是‘火烤胸前暖,风吹背后寒’。”

罗海涛纠正道:“火烤胸前暖不错,背后虽寒,但这里没有风呀!”

王春江抢白道:“那就请你罗大参谋给改一改。”

罗海涛说:“这诗我可改不了,要改除非从司令。”

从荣之说:“嗨,罗海涛还将我的军,这兴隆山已有名人赋诗,让我改不是班门弄斧!”

罗海涛说:“司令员,这里也有典故呀?”

从荣之望着雷宇声,说:“你把张副总长兴隆山赋诗的故事给大家讲一讲!”

雷宇声听了从荣之的指示,满怀激情地讲述了半年前随同张爱萍勘察兴隆山的情景——

1964 年 5 月。

大坳山脉千山披绿,在春风中舞动,但在阴面山角上还清晰可见片片残雪。

一支车队在大坳山间穿行。首车是负责警卫的开路车。第二台车上坐着两位将军:一位是张爱萍,一位是北方军区副司令员曾国强。第三台上坐着炮兵副参谋长杜国华、张爱萍办公室主任李天城。

张爱萍问曾国强:“怎样概括大坳山区的气候特点?”

曾国强不假思索地答道:“这里属高寒地区,冬长夏短,无霜期不足 150 天,冬季平均气温在零下 22 度上下,最冷时气温低至零下 43 度;夏天,六月底才能着单衣,过了‘八一’就得穿绒衣,要不就得挨冻了。”

张爱萍说:“年降水量和农业情况呢?”

曾国强说:“冬季山上积雪平均厚达 60 公分;夏季多雨,这里常有山洪爆发。这里的农作物是玉米、大豆、水稻、高粱,少有旱灾发生,我在北方军区十几年了,记得只有两年出现旱情。”

车队行进途中,不时有赶牛车的、扛着镐头、锄头的老乡驻足观看。在一个岔路口,头车缓缓停下,警卫人员下车向老乡问路,然后又向大山深处开去。

张爱萍一行拄着拐杖，沿着山间小道爬上半山腰，在一株硕大的松树下停住，张爱萍向四周望了望，转向李天城，手指前面山头，说：“查一下，这个山叫什么名字，高程是多少？”

李天城看了看地图，准确干练地答道：“这座山叫兴隆山，海拔1652米，山谷底部高程765米。”

抬头看，兴隆山峭壁陡立，大树参天；半山腰，红黄点缀，百花争艳；山谷中，鸟儿啼鸣，流水潺潺。张爱萍一行被眼前的景致深深地吸引了。

曾国强评论说：“好个世外桃源，太美啦！”

张爱萍接着说道：“比喻不妥，把这里喻为花果山更贴切。待阵地建成后，这里不仅有山，还有洞，那洞就是水帘洞。我们不学陶渊明，回避现实，我们是革命者，待到我们的天军进来，我们也要耕田，但我们更重的任务是要学孙猴子，大闹天宫。现在兴隆山还不够兴隆，我相信，20年后，这兴隆山一定能够兴隆起来。”

李天城和吴国华为张爱萍的议论鼓掌。

李天城道：“副总长你讲的真是诗情画意，应当填首词留作纪念。”

张爱萍微微一笑：“好，我吟首诗赠给你们。”

雷宇声讲到这里停了下来。

罗海涛追问道：“诗呢？”

雷宇声回忆道：“张副总长仰首构思，正要唱吟，一群野鸡‘扑扑楞楞’落在人群前的枝头。”

张爱萍惊问道：“什么鸟？”

曾国强高声道：“野鸡群！”

张爱萍欣喜地望着前方的枝头。

李天城明白首长的想法，从车后取出猎枪，递给张爱萍，说：“请首长展示一下枪法，让我们改善改善伙食。”

张爱萍面带微笑，接过枪，快速扬起，“叭！叭！”两响，两只野鸡应声落地，枪声在山谷中回响。

司机跑过去把两只野鸡拎过来。

晚上，张爱萍正在审阅李天城的标图，杜副参谋长把炖好的野鸡端上餐桌，说：“张副总长，野鸡宴可以开始了！”

张爱萍看着杜国华得意的样子，走到餐桌前，俯下身子一闻，高兴地说：“野鸡炖蘑菇，开宴！”

曾国强等七八名同志围上来，张爱萍看了看觉得人头不够，问道：“司机呢？”

杜国华说：“他们在另桌，就不过来了。”

张爱萍说：“叫他们都过来，大家一起吃。”

杜国华把战士喊过来,十来个人围桌吃饭……

曾国强取来一瓶酒,管理员为每人满上一杯。

曾国强提议:“张副总长到我区勘察,连日奔波,首长辛苦了,我们一起敬首长一杯。”

张爱萍幽默地说:“俗话说无酒不成宴,来,大家为导弹基地干杯!”

满桌人共同举杯。

勘察组人员个个听得津津有味。

10

指挥部阵地勘察组办公的一个帐篷内。

王春江把地图拼贴在黑板上。他把采集的数据依次标定在地图上。然后,王春江把他记录的数据和标号校对一番。他对几个标号稍微修饰了一下,最后,拿起毛笔在地图的上方写上了:“牛头沟阵地工程布局图”。此时,王春江感到惬意,哼着小调,显得从容轻松。

这时罗海涛进了房间,说:“春江,云副司令员让你带图去一趟。”

王春江拿着图纸来到云中山的住处,报告后,进了副司令员的帐篷:“今天的图纸标好了,请副司令员审查。”

云中山说:“这是勘察定点的第一份作业,要搞成一个范例,从司令员精通参谋业务,还是让他审定吧!”

王春江把布局图送到从荣之的住处。

从荣之正在审阅《首长机关住房分配方案》,见王春江进来,说:“王参谋,有事吗?”

王春江说:“今天是第一份作业,云副司令员说请您审定!”

从荣之说:“好! 放下吧!”从荣之又询问王春江:“爬了一天的山,累吗?”

王春江说:“不累,不累。”

从荣之说:“第一份作业是个教案,大家都学习一下,标图是很重要的参谋业务,司令部参谋都必须学会。”

王春江说:“是!”走了出去。

从荣之看完住房分配方案,签署了意见。然后,取出放大镜,审查阵地工程布局设计图。

这是一份1:5万的地图。从荣之拿着放大镜在地图上滑动,然后在一个坑道标号下停下来,反复核对,好像发现了什么,然后头也没抬,喊到:“刘晓兵,去把王参谋叫来!”

小刘回答:“是!”转身走出帐篷。

不一会儿,王春江来到从荣之的房间。

从荣之说道:“王春江,你把这份图纸再审查一遍,看看有无差错!”

王春江接过图纸反复核对,发现一个标号中心正好偏高点位1厘米。王春江立即意识到问题的严重性,心里紧张起来,说有个标号标偏了。

从荣之没有发火,语重心长地说:“办事准确是对参谋工作的基本要求,看来你在这方面需要很好地努力呀!‘差之毫厘,谬之千里’,这句话用在导弹部队作战上更加贴切。图上差1厘米,实际偏出500米,按照你标定的位置,这条坑道应在半山腰开口,如果按照你标的图纸施工,岂不铸成大错?要格外当心呀!”

王春江深知司令员话语的分量,感到无地自容,头上渗出了汗水,说:“首长,我一定牢记这个教训,绝不再发生类似的错误!”

王春江回到宿舍躺在床上,司令员的教诲在他耳际反复回响:“办事准确是对参谋工作的基本要求,要格外当心呀!”

11

经过整修的雪山指挥部面貌一新,修缮后的营房整整齐齐,每栋房的后边的小烟囱冒着青烟,操场和道路清扫得干干净净……

在仓库前,营房处正忙着分发床板草垫,梁玉洁和刘茹红抬着一个草垫,一摇一摆地说:“指挥部的官兵要走出帐篷乔迁‘新居’了”。

警卫员小刘查看了司令员的房间,管理处安排得井井有条,暖气把室内烘得热腾腾的。

小刘乐滋滋地为司令员收拾行李。

从荣之对小刘说:“去把管理处长找来,我先不搬!”

小刘莫名其妙,乖乖地找来赵处长。

赵处长来到司令员的帐篷,请示道:“首长,有什么指示?”

从荣之吩咐道:“机关住房要作些调整,我和政委合住一栋,把分给我的那一栋让给卫生所。”

管理处长一时不知道说啥,半天冒出一句:“司令员,这样变动不好吧?”

从荣之说:“咋不好?卫生所是大家看病的地方,房子要大点,暖和一些才行,我看挺好。”

管理处长再三解释,从荣之道说:“别婆婆妈妈的,就这样定啦!”

管理处长又找到政委。

政委提醒他:“军人以服从命令为天职,司令员是军事首长,他定的事可要坚决执行哟!”

管理处长无可奈何地走去。

午饭后。

大家都在忙着搬家，唯独卫生所的人员按兵不动。从荣之有点不解，向卫生所的帐篷走去，只见医生、护士都坐在背包上，脸上表现出“不满”的神情，她们见从荣之过来，都站起来向司令员敬礼。

从荣之问道：“你们咋不行动呀？”

所长樊德禄解释道：“大家听说要搬进的是司令员的房子，谁都不肯去。你是司令员，年纪大，身体又不够好，大家不忍心。”

从荣之听了微微一笑，解释道：“同志们，我理解你们的心情，首长住大房住好房谁也不会有意见。可现在是困难阶段，我们指挥部的干部大都来自南方，对寒区适应要有一个过程，肯定会有不少同志闹毛病，总不能在冰冷的房间看病吧！这房子是给病号准备的。你们的任务很繁重，官兵的健康都寄托在你们身上，为了更多同志的健康，我代表基地党委请你们搬进去！”

梁玉洁、刘茹红等被司令员的一席话感动得热泪盈眶。

从荣之命令道：“樊德禄，执行命令！老兵带头！”

樊德禄表情严肃，立正答道：“是！我们搬！”

营区呈现一片繁忙的搬家景象，抬床板、草垫、背背包、拿脸盆……

从荣之从卫生所出来，迎面进来一台解放牌汽车，车上装有物资，还坐着十几名前来报到的干部，从荣之上前和他们握手问好。

12

熄灯后。

从荣之审完图纸，喝了几口水，伸了伸胳膊，往室外走去。

走廊里炉火正旺，炉子发出“噼噼啪啪”的响声。

从荣之走出宿舍，看到几个房间还亮着灯，他拉上门，向着亮灯的房间走去。

在政治部的房间里，几名干事睡在地上的草垫上，另外几名干事坐在炕上唠嗑。

从荣之走进房间，唠嗑的干部下了炕向司令员打招呼。

从荣之问：“这是怎么回事？”指着躺在炕下的同志发问。

年轻干事甲说：“他们享受不了热炕头，就躺地下了。”

躺在下边的几名干部听到动静，起来向司令员问安。

从荣之说：“睡火炕要有个适应的过程，习惯了就好了。土改时有句最流行的话，‘三十亩地一头牛，孩子老婆热炕头’，这是当年一部分人追求的目标呀！”

睡在下边的几个人“嘿嘿”笑了起来，有人说：“昨天我烙了一夜饼，都快糊了，这才想到睡地上。”

从荣之说：“睡炕要注意防感冒，一热一冷容易出毛病！”

当丛荣之了解到他们几个来自福建，问道："北方和南方气候差别很大，能适应吗?"

年轻干事乙说："刚接到通知谈起东北，说刚下笼的馒头还没吃到嘴里就冻成了冰团，室外解手大便带锯子、小便带棒子，可玄了。现在雪也下了，也没用上锯子、棒子呀!"其他几人轰然笑了起来。

丛荣之说："时下，还没到最冷的季节，每年的一、二月，是这里最冷的季节，到那时，气温有时在 -40℃以下，河里的冰都能冻炸。扎根雪山，要有充分的思想准备呀!"

年轻干事丙说："司令员您不也生在南方吗？您能适应，我们也可以。"

丛荣之鼓励他们，说："好！咱们一起在寒区建功立业!"

几名干事把司令员送到门口。

丛荣之又走进工程处的房间，房子里冰凉，几名参谋都是和衣而睡，罗海涛戴着皮帽，丛荣之喊醒了程处长，说："你们怎么这样睡?"

程处长答道："今天上山回来晚了，都很累，炉子没有点着就倒下睡觉了。"

丛荣之自责道："都怪我安排不周，让你们受冻了，明天我派人给你们烧炕!"

窗外，北风呼啸，丛荣之为参谋搭被盖衣。

在女兵的宿舍内，梁玉洁和常彩霞在低声谈话。

常彩霞问："佟岩什么时候出院?"

梁玉洁答道："半个月吧。"

常彩霞问："他的情绪怎么样?"

梁玉洁答道："他想调回北京。"

常彩霞问："你什么态度?"

梁玉洁答道："我不走，要走他自己走。"

常彩霞问："佟岩能同意吗?"

梁玉洁答道："那是他自己的事。"

常彩霞问："你们处了那么长时间了，别为这事闹崩了。"

梁玉洁说："佟岩太自负，不能吃苦，总把自己的想法凌驾于人，我们的关系……"

13

起床的军号声划破了黎明前的寂静，外部世界白茫茫的。

丛荣之坐起来，觉得睡得很香，被窝里也比平时暖和了许多。他伸手摸了摸床铺，觉得身下厚厚的，掀开褥子发现下边铺着一张狍子皮，问："小刘，这狍子皮哪来的?"

刘晓兵答道："你昨晚出去查铺时政委送来的，说是配给你的，让我给你铺上。"

从荣之说："小鬼，你又犯傻了，哪有配发狍子皮的？我不能铺，政委年龄大，拿去给他铺。"

龚振华在外面正好听到司令员和小刘的对话，道："老从，就别谦让了，你刚做过手术，不能受凉。"龚振华又提醒警卫员，"这张狍子皮就是给司令员铺的，丢了拿你是问！"

警卫员小刘打了一个立正："是！"

14

雪山指挥部会议室。基地部以上领导召开工作碰头会。

政治部王主任说："从我们掌握的情况看，虽然条件十分艰苦，绝大多数同志的情绪是高的，他们都为能在尖端部队工作而自豪。存在的问题主要有三：一是没想到新建部队的条件这么差，对长期住山沟心里有些发怵；二是进山以来每天是海带黄豆，吃不上新鲜菜，长期如此怎么行？三是山沟封闭，文化生活枯燥单调。以上问题表明，如果没有长期艰苦奋斗的思想准备，将会影响首长机关的稳定。"

蒋部长说："我们新组建，供给关系虽然打通了，但我们毕竟没有家底，目前连购买过冬菜的钱也没有，到明年蔬菜下来还有6个月，这是一个很严重的问题。目前气温最高温度-10℃，即使有钱采购冬菜也成了问题。我们已向军区后勤部作了汇报，希望他们为我们代购或调剂一些蔬菜。此外，我们也和大梁镇取得联系，请他们设法采购一些，以解燃眉之急。"

张参谋长说："勘察装具也是一个需要解决的问题。工程作业量大，一出去就是一天，上山一身汗，下山全身凉，要解决他们御寒和换洗衣物问题。"

张参谋长发言时，机要参谋送来两份电报，龚振华首先看了电报，是对指挥部两次电报的回复。

从荣之阅后和政委交换意见："应传达到全体干部。"

龚振华说："好！"

15

雪山指挥部会议室。从荣之传达炮兵电报指示。

群工处处长风风火火地闯进来说："报告司令员、政委，省军区慰问团已到大门口，请首长迎接！"

从荣之有点恼火："怎么现在才报告？"

群工处长："我是3分钟前接到的电话。"

从荣之、龚振华带领各部门的领导走出会议室。

慰问团已走近营区；值班室发出紧急集合的哨声，各部门的同志都拿着腰带跑出来,列队鼓掌欢迎慰问团。

从荣之迎上前去向郑书记和曾国强敬礼。

曾国强还了礼,向雪山指挥部的领导解释道:“我们是突然造访,没有事先通知你们,现在请慰问团长、省委郑书记讲话。”

郑书记说:“同志们,为了建设现代化的国防,你们怀着对党和人民的一片赤诚,告别了条件优越的大城市,千里迢迢来到大坳山下,白手起家、艰苦创业,在很短时间内便完成了安营扎寨,很快就投入了施工训练准备,你们不怕困难、敢打硬仗的英雄事迹,为我们树立了艰苦奋斗的楷模。国务院指示我们,雪山工程是国防重点工程,一定要协助部队克服各种困难,把雪山工程建设好。省委、省政府驻军十分关心你们这支新诞生的部队,特委派我们代表省委、省政府、军区和全省人民,向你们表示崇高的敬意和亲切的慰问!同志们辛苦了!”

指挥部的官兵报以热烈的掌声。

郑书记接着说:“春节快到了,我们带着全省人民的祝福来慰问你们,祝愿雪山指挥部全体官兵新春快乐!”

大家又一次热烈鼓掌。

龚振华说:“遵照军委的部署,我部进驻大坳山地区安营扎寨,在安家的过程中得到了各级政府和人民群众的热情援助,有物资上的,有精神上的,今天省委郑书记又带领慰问团顶风冒雪亲临大坳山看望我们,这是省委、省政府、军区和全省人民对我部官兵政治上的最大的关怀,我代表雪山工程指挥部党委、机关和全体官兵对慰问团的到来表示最热烈的欢迎,对省府和全省人民表示最衷心的感谢!”

大家热烈鼓掌。

“我们决不辜负党和人民的重托,不辜负全省人民的关心和期望,尽快展开工程建设,早日投入训练,为国防现代化作出应有的贡献。我们要大力发扬我军拥政爱民的光荣传统,和驻地群众搞好共建,为发展地方经济作出自己应有的贡献,以实际行动感谢全省人民对我们的关怀!同志们有没有决心?”

官兵们齐声回答:“有!”

那铿锵有力的声音回荡在大坳山的上空。

慰问团与站在前排的干部一一握手,在从荣之、龚振华陪同下接见了列队的官兵。

从荣之、龚振华陪同郑书记、曾国强视察营区,进入官兵宿舍。只见条件简陋却非常整齐,被子方方正正,挎包、水壶一排排挂在墙上,脸盆、牙缸并排放在地上……

郑书记为官兵艰苦创业的精神所叹服。

郑书记握着从荣之的手激动地说:“我没有参加过两万五千里长征和延安的大生产运动,但从你们身上我看到了延安精神,使我找到了中国军人为什么能无坚不擢的答案，我向你们表示深深的敬意。我们接到国务院的指示，雪山工程是国防重点工程，要领导出面，及时解决工程用地、用电和军事禁区划定等问题。我这次带来了民政、公安、林业、电业部门的领导，就是落实国务院的通知。你们需要地方解决的重大问题，请提出来一起研究，尽快定下来。”

从荣之：“感谢郑书记对我们的鼓励与支持。”

这时，两名军人走过来向曾国强报告：“省政府和军区的送货车到了，怎么安排请指示。”

曾国强转向从荣之说：“从司令员，省政府得知你们没有菜吃，从特支费里批了1000元购买了一些新鲜蔬菜，用保温车送来了。还有，驻军听说你们白手起家，给你们送了些办公用品，也用车送来了。东西不多，只能表表心意吧。”

龚振华向郑书记敬礼：“感谢省委、省政府和军区对雪山官兵的关心和厚爱，我们一定把省政府和驻军的关怀化作动力，搞好军政军民团结，把雪山工程建设好，把大梁山地区建设好。”

在场的指挥部官兵热烈地鼓掌。

第三章

张爱萍三下山城定大计　大梁镇军民联欢迎新春

1

军委炮兵办公大楼。叶兆林在办公室看文件。

电话铃声响了。

叶兆林拿起电话，“喂！哪里？啊！啊！”叶兆林毕恭毕敬，“楚部长呀，您有什么指示？”

来电话的是总后负责人楚天佑。

楚天佑说：“我家姑爷杨秀雄在叶办给首长当秘书，叶群同志有意让他下去锻炼锻炼，他想到炮兵去，兆林同志你看能给安排吗？”

叶兆林说：“欢迎！欢迎！不知您有什么打算？”

楚天佑说：“年轻人不能整天蹲在大机关，要到艰苦地区体验一下，人不吃苦难成才呀！雪山基地不是刚组建吗？龚振华跟秀雄的妈妈是老战友，让他到哪里行吧？”

叶兆林迟疑片刻，说“雪山基地部以上干部已经任命了，正职位置都满了。”

楚天佑说：“我看让他从副职干起更利于成长。”

叶兆林说：“好！那就让他明天来报到吧！”

楚天佑说：“不用明天了，过会儿就到！”

一台黑色轿车在炮兵办公大楼前停下。一位身材魁梧、皮肤白净、面目清秀的军官走下轿车，门卫敬了礼，他直奔叶兆林办公室。

年轻军官敲了敲叶兆林的办公室大门，报告：“叶主任，我是杨秀雄，前来报到。”

叶兆林热情地招呼，说：“快请进！进来！”

叶兆林待杨秀雄坐定，主动说道：“楚老打过电话，他的意思是让你到雪山基地。这是一支尖端部队，是锻炼的好机会，你先担任政治部副主任吧。先干着，待人员变动时再调整，看你还有什么想法？”

杨秀雄说:“我一定做好工作,绝不辜负首长一片苦心。我到雪山基地应注意一些什么问题?”

叶兆林说:“要紧跟军委首长的部署,政治嗅觉要敏感,当前,要把关于突出政治的大讨论和批判资产阶级路线作为政治工作的中心内容。雪山基地党委主要成员都是老资格,司令员、政委都是老红军,要依靠他们做好工作,这也是你岳父的想法。”

杨秀雄说:“是! 今后,请叶主任多多关照!”

叶兆林说:“让干部部给你开个报到通知书,我再给雪山基地打个电话! 下周就可以去报到。命令随后下达,你看这样行不行?”

叶兆林送走杨秀雄,拿起电话说:“接雪山基地,找龚振华政委。”

雪山工程指挥部会议室。

桌子宽窄、长短不一,椅子有高有低。在这简陋的房间里指挥部正召开工作会议。

龚振华说:“今天会议的议题是传达军委炮兵电报精神,部署下阶段的工作。首先宣布炮兵党委的任命,即任命张云涛同志为雪山工程指挥部副司令员,任命杨秀雄同志为雪山工程指挥部政治部副主任,以上两名同志均增补为党委委员。

“张云涛同志到任前为某军参谋长,这个军是全军群众大练兵的先进单位,在去年的大比武中张云涛同志受到毛主席的亲切接见;杨秀雄同志到任前是军委首长的秘书,在政治工作研究方面颇有成绩,我们热烈欢迎两位同志到我部任职!”

大家鼓掌。

张云涛、杨秀雄站起来向与会者敬礼。

张云涛,42 岁,中等个头,清瘦,但精神焕发。

杨秀雄,38 岁,一米八的个头,白皮肤,很英俊。

龚振华说:“下边请从荣之同志传达炮兵电报指示,部署下步工作。”

从荣之走到会议桌前,坐下。

从荣之说:“炮兵党委在电报中指出:在设营安家的战斗中你们发扬了我党我军艰苦奋斗和敢打硬仗的精神,战风雪、斗严寒,用极短的时间完成了设营任务,炮兵首长对于你们所表现的创业精神深表钦佩。希望你们再接再厉,总结经验,把后续工作做得更好。”

“工程建设关系基地建设大局,务于翌年二月前完成一期工程的勘察定点。在进行一期工程勘察定点的同时,按照‘经济、适用’的建设方针制定明年的工程建设计划,做好开建的各项准备。要及时与军区和当地政府联系,及早确定军事禁区占山、用地、用电等问题。根据总参通知精神,原北方军区的东山导弹团划归雪山基地,望你们主动与军区联系,做好导弹团接受和后续训练的准备。”

从荣之继续说道："根据上级指示精神，常委研究后认为，为使基地各项工作有一个明确的目标，要用较短的时间制定出基地三年建设规划，常委成员都要深入下去，搞好调研……"

2

山城火车站。从荣之为龚振华和张云涛送行。

从荣之说："着眼基地的长远发展，必须把阵地建设与训练配套问题同时解决。你们要向军区陈司令员解释明白，争取把龙山训练场一并接受过来。此外，东山团接收之后，云涛可以在那里多待几天，顺便把东山团今后的训练问题和他们研究一下。"

张云涛说："您放心，有政委在，陈司令员会给这个面子的。"

话外音：张云涛的回答是有这样一个背景：当年在粉碎蒋介石对陕北重点进攻的战役中，陈司令所在师（陈是师长）的电台全部被炸毁，同中央失去联络，被国民党围困，情况十分危急。龚振华奉命带领电台一个分队突破敌人封锁支援该师，不仅很快恢复了同中央的联络，而且还破译了胡宗南与蒋介石的来往密电。从而使陈师长掌握了战局的主动权，并消灭国民党一个师，取得了反围剿的胜利。陈司令员说：龚振华对他有救命之恩。

龚振华说："老从，工程任务繁重，你一定要注意身体！"

从荣之说："放心吧，没问题！"

从荣之与龚振华，张云涛握手告别。

北方军区某会议室。

军区军务部曲部长说："根据总参的通知，军区首长办公会议进行了专题研究，其中包括雪山基地的训练、后勤保障等问题，现将办公会议确定的问题向雪山基地首长作以汇报。

"一、东山导弹团归属雪山基地，军区已经做好了交接的准备。东山导弹团的前身是东山导弹营，组建于1961年。目前全团官兵齐装满员，各种装备40余台件，部队思想稳定，专业技术基础较好，多次完成点火训练任务。

二、军区工程兵可以抽调出一个工兵团配属雪山基地，所需其他兵力请雪山基地上报炮兵解决。"

三、调一个通信营携装备归属了雪山基地，实施通信保障，其他保障分队请雪山基地在组建部队时自行解决。"

四、关于后勤和医疗保障、工程建设的物资保障，炮兵吴司令员来时已经明确，即由军区负责保障。"

陈司令员："还有什么问题请基地的同志提出来。"

龚振华说："雪山基地是在军区首长、机关的全力支持下诞生的。我代表基地党委对陈司令员、军区首长和机关表示衷心的感谢。还有几个具体问题由张云涛副司令员汇报，如有不周，请首长、机关谅解。”

张云涛说：“基地党委研究过，认为，东山导弹团划归基地后，要尽快形成实战能力，相应的配套建设也要跟上，比如实装操作训练的场地问题，请军区首长考虑，能否把龙山训练场随东山团一起划归基地。另外，请帮助我们解决部分生产用地问题。”

陈司令员说：“能从长远建设提出问题，说明你们已经进入角色。训练场地和农副业生产用地是两件大事，军区研究后给以答复。此外，由司令部给基地调配几台工作用车，以解决交通工具问题。”

与会者热烈鼓掌。

3

金川镇。

一个地处海防的重镇。城镇四周是起伏的丘陵地。这里交通便利，是这一带的经济活动中心。

通往金川镇的公路上，两台军用吉普车快速行进。坐在第一台车上的是军区曲部长和张云涛，第二台车上坐着龚振华和炮兵赵部长。

吉普车径直开进镇东的一个欧式建筑的军营大院，这是东山导弹团营区。哨兵验看了司机的证件，吉普车向团部开去。

东山导弹团团长田广川、政委孙长林已在门口等候。

龚振华一行下了车，田广川、孙长林向龚振华等人一一敬礼。

赵部长将龚振华、张云涛介绍给他们，指示田广川：“先看营区，然后召开营以上干部会议，宣布命令。”

孙长林留下做会议准备。

田广川陪同龚振华一行视察营区。

赵部长指着眼前的欧式房屋告诉龚振华：“这是苏军在二战结束时建的营房，当时部署苏军一个炮兵团。苏军撤走后由军区接管，1961 年在这里组建了东山导弹营。营区占地面积很大，营区内还有个十余亩的果园。”

赵部长介绍说：“这里出产的苹果全国闻名，皮簿、个大、口感好，这可是一块风水宝地呀！”

龚振华一行又来到装备场，几十台装备整齐地停放在车库内，虽然陈旧，但很干净。

龚振华一行回到团部会议室，孙长林起立报告：“赵部长同志：东山导弹团营以上干部到齐，实到 42 名，请您指示！”

赵部长向在场的全体干部敬礼，问好，然后郑重地宣布："我国第一个导弹作战基地经中央军委批准，已在大坳山区正式组建，为使这个基地快速发展，根据总部决定，东山导弹团从即日起归建雪山基地。"

赵部长带头鼓掌。

赵部长接着说："请雪山基地龚振华政委宣布新的任命。"

龚振华宣布道："经雪山基地党委研究并报请炮兵批准，任命田广川同志为东山导弹团团长；任命孙长林同志为东山导弹团政治委员；任命姜树勋同志为东山导弹团副团长；任命狄文疆同志为东山导弹团参谋长；任命田云同志为东山导弹团政治处主任；任命黄敬生同志为东山导弹团后勤处处长。"

全体人员热烈鼓掌。

东山团设宴招待赵部长和龚振华一行。

赵部长斟上一杯酒高高举起，说："东山导弹团归属了雪山基地，表明战略导弹部队的发展将进入一个新的发展阶段，祝愿东山导弹团在雪山党委领导下早日成为导弹部队的一支劲旅！"

田广川说："谢谢军区首长机关对我们多年的关怀和培养，我们将记住部长和军区首长对我们的期望！"

龚振华说："对，谢谢军区首长机关的关心和鼓励！"

全体碰杯……

4

三台吉普车在大坳岭盘山道上行进。

前台的车上坐着从荣之、雷宇声、王春江。从荣之目不转睛地望着远方。

第二台车上坐着云中山，工程处程处长、作训参谋徐良城。

第三台车上坐着技术部长苏茂生、工程参谋杜刚。

三台吉普车转过山冈在一开阔处停下。

从荣之、云中山、苏茂生下了车，说了些什么，然后三台车向不同方向驶去。

从荣之乘坐的吉普车绕过一个大岭进入宽阔地带。

从荣之转头问王春江："王参谋哪个学校毕业的？原来干什么？"

王春江说："我中学毕业考入陆军参谋学院，毕业后分配到军委炮兵总部，当过两年的绘图员。首长说组建雪山基地绘图业务量很大，就把我调来了。"

从荣之说："参谋工作很重要呵，有些同志只重视连队建设，对机关建设重视不够，这是片面的。陈毅元帅讲过，一个好参谋能顶几个连队。是在强调领率机关的智能作用，年轻有为，好好干。"从荣之接着问，"导弹专业学过没有？"

王春江说："在总部听过一点。"

从荣之说："当导弹部队的参谋，导弹专业知识可得懂，要不就参不到点子上。"

王春江说："是！我要多学专业知识。"

从荣之说："爱人做什么工作。"

王春江回答："在老家教学。"

从荣之说："教书育人，好！有孩子了吗？"

王春江愣了一下，不知道怎么回答这个问题，想了想，支支吾吾地："还……还没有。"

从荣之说："做我们军人的妻子可不易呀！除了工作，还得挑起家务，跟着我们吃苦受累，当前，基地处在起步阶段，随军的问题还不能列入日程，要多写信安慰她。"

王春江说："是。我们能做好这方面的工作。"

5

在大坳山的半山腰。

三位身着军装的军人拄着拐棍向山顶攀登：一位是司令员从荣之，一位是作战参谋王春江，一位是工程师雷宇声。

雷宇声看着司令员攀登吃力，不时回过头拉司令一把，王春江也过来从后边推上一把。

三个人终于登上山顶。向前看雪山回转，如无数玉龙盘绕；抬头看蓝天白云，晴空万里；俯首看，山城小镇，青烟缕缕。

从荣之触景生情，一边擦汗，一边打问："王春江，熟读毛主席的诗词吗？"

王春江："读过，不过能背下的不太多。"

从荣之说："看到此情此景，可见毛主席胸怀博大，洞察深邃。你看那缠绕的山峦，不就是'飞起玉龙三百万'的写照吗？'千里冰封，万里雪飘'，多么壮观，今天虽是晴空万里，我们仍能想见那'万里雪飘'的境界。"

王春江说："司令员，听说您擅长诗词，书法也很好，此情此景何不吟上一首？"

从荣之说："我军的许多将帅都是文武双全，他们是著名的诗人，又是书法家，就说咱们张爱萍副总参谋长，那草书堪称一绝，许多书法家都很推崇他，我那两下犹如皮毛，哪敢出手！"

但从荣之没有拒绝王春江的建议，随吟诗一首："朵朵白云肩头转，条条玉龙脚下盘；可见十万八千里，不觉豪情破九天；挽弓射天抒壮志，何惧创业举步艰？忽见山头红旗乱，不堪回首忆当年。如若不是兵天坠，与君并肩壮河山。"

王春江一下子看透了从荣之的内心世界，赞叹道："好诗，好诗！"

从荣之自谦到："不行，不行！如同白话，没有意境。"

王春江说："诗言志，可谓情景交融，怎么没有意境？不过，我对后两句不理解，为何'不堪回首忆当年'？这里是否还有什么典故？"

从荣之的神情慢慢变得沉重起来。

向他们讲述了当年红军过雪山时一段不寻常的经历——

一支队伍人人背着行装和武器，手拄木棍在攀登一座雪山，步履艰难地行进着；他们互相鼓励，体强者接过体弱者的枪，搀扶着弱者艰难地行进；他们从一个个高坡爬上了更高的山峰，高山缺氧使许多战士喘着粗气。

一个军人在担架上不停地咳嗽，像是在生病，一个军官走上来，躺在担架上的军人抓住他的手，上气不接下气地说："从营长，把我扔下吧，我恐怕过不了雪山啦，不要因为我牵连大家。"

从荣之说："老谢，你这是干啥？你是指挥员，是党的财富，怎么能把你扔下？从荣之不能没有你这个搭档。"

从荣之命令警卫员名叫大牛的战士："把行装扔掉，背教导员过山，你们在教导员在，如果教导员有什么闪失，我拿你们是问。"

两个战士背着教导员艰难地行进……

部队到达了雪山的顶部，山顶上一片沸腾，教导员的脸上也现出微笑……

两名战士扶着教导员下山，突然，发生了雪崩，三人被卷进雪团向山下滚去……

从荣之和战士们紧紧追下来，看到警卫员在哭泣，教导员和大牛牺牲了，教导员紧紧地抱着大牛，满脸的血迹。

从荣之号啕大哭："天哪，不应该发生呀！"

从荣之从往事回忆中回到现实。

从荣之说："教导员叫谢振国，我们是一起参加革命的。我们始终在一起，我当连长他任指导员，我当营长他任教导员。他参加过红大的集训，工作能力很强。我们在一起打过好多仗，配合默契，受到刘邓首长的表扬。几十年过去了，每当看到大雪，这段往事总是不自觉地涌现在眼前。"

王春江被这个故事感动了，眼里泛起激动的泪水。

山下传来喊声："雷－工－，吃饭喽！"

雷宇声答道："知道喽！"

从荣之停下讲述，看看表："哟，1 点了！"

从荣之拄着木棍同雷宇声、王春江回到车前。

雷宇声上车取食品袋准备吃饭，看着食品袋愣住了，说："不好啦！"

从荣之说："怎么啦？"

雷宇声说："苏部长和我们分手时忘带干粮啦，吃的东西都在我们车上。"

从荣之说："我们赶快过去，不然，他们要饿肚子啰！"

6

在另一个阵地上。

苏茂生部长坐在马扎上，拿着地图与实地对照。

工程参谋杜刚和司机正在山沟里砸冰，用汽车摇把撬石头。

杜刚把抓到的蝲蛄放进司机张着的口袋里，从水沟里不时传来两人的惊喜声。

杜刚捡了一抱木柴，在一个隐蔽处点着火，然后把蝲蛄扔进火堆里，从火堆里发出噼噼啪啪的响声，片刻，蝲蛄变红了。

杜刚说："苏部长，快来吃呀！"

苏茂生边吃边称赞："还真香，赶上国宴了！给司令员留两只！"

杜刚捡了几只肥大的装了起来。不一会儿，从荣之和雷宇声、王春江赶到了。

雷宇声急着把食品袋拿出来，歉意地说："苏部长，对不起，让你们饿肚子了！"

苏茂生笑着说："我们不饿，我们刚吃过'国宴'！"

从荣之感到不解，问："这寒冬腊月吃什么国宴呀？"。

苏茂生说："俗话说靠山吃山，靠水吃水，这里是百宝山，还能饿肚子？"

这时司机把鲜红的蝲蛄递给从荣之。

从荣之看了看手里的鲜红的蝲蛄，又看看苏茂生和杜刚，说："噢？这个就是'国宴'呀？"

苏茂生笑着点点头："对！"

从荣之一边吃一边称赞："不错！还真香！国宴上还真找不到这道菜。"

山沟里传出欢快的笑声。

7

夕阳西下。

三台吉普车通过鸵腰岭。

雷宇声回到帐篷已是晚上 6 点。

他急忙从帐篷外抱来一捆木柴，加进炉内。炉火脱烧了，木柴一时不能起火，冒着缕缕青烟，雷宇声取过一把扇子扇风，被烟呛得连连咳嗽……

这时罗海涛端着饭盒走进来，说："宇声，没饭了，炊事班要做，我怕你等不及，要了两个窝窝头，在炉上烤烤吧！"

雷宇声说："好！对付一顿也没啥。"

罗海涛把窝头放到炉盖上，突然说道："你看，我差点忘了，北京来信了。"说着从口袋里取出一封信，把信交给雷宇声。

雷宇声接过信，一看地址和笔迹知道是刘虹写来的。雷宇声并不急着看信，把信塞进了口袋里。

罗海涛大雷宇声两岁，关切地说：“你看信，我来烤！”

雷宇声说：“不着急，刘虹的信，已经写了两封，内容大同小异。”

罗海涛说：“宇声啊，我想过，像她家的情况确实让人同情，一个单身妈妈养大一个女儿多不容易，人家满心盼着你支撑门面，你却远走高飞，换了谁也难以接受呀！”

雷宇声说：“早知道有今天，也不该定这门亲，现在是骑虎难下，让人犯愁呀！”

罗海涛说：“要不这样，先把刘虹稳住，你在这里干几年，找个机会调回去！”

雷宇声说：“你说咱堂堂男子汉，向党宣过誓、举过手，再提出回去，我能开了那个口？”

罗海涛也没了主张，说：“那你们就做牛郎织女吧！”

窝头发出糊味，罗海涛急忙抓起烤糊的窝头，窝头烫手，他把窝头在空中抛了几下，把没糊的递给雷宇声，说：“吃吧，又是一餐。”

罗海涛到处长那里送图纸，帐篷里只有雷宇声。

雷宇声拆开刘虹的信，一行行热辣辣的语言，把雷宇声搅得坐立不安。

“宇声：

自从北京一别，妈妈大病不起。我几次让舅舅劝说她，每次都把舅舅骂得狗血喷头，说舅舅无情无义，不认他这个弟弟。春节你的来信我一遍遍地读给她听，她就是听不进去。妈妈告诉我她要的是人，不要好话安慰她！可以理解，你在妈妈心中的地位太重了。说实在的，我对你爱的太深了，也到了难以割舍的程度，为了我们的爱情，我多少次从梦中哭醒。你也是有血有肉的人，难道你希望发生黛玉葬花的悲剧？宇声，求你再好好想一想，还是回来吧，千万不要把我们的婚姻推向可怕的深渊。……”

雷宇声正在看信，梁玉洁背着药箱走了进来，还没进帐篷就高声地喊起来：“有人吗？巡诊了！”

雷宇声匆匆地把信收起，站起来，说：“梁医生，您好！我们这里没病号，到别处去吧！”

梁玉洁假装生气地说：“雷工，你好大的架子，常言道‘先生门前过，无病请进门’，我们送医上门，你连让我们坐一坐都不让。”

雷宇声迎出帐篷，自责道：“对不起，梁医生，请坐，请坐！”

梁玉洁哈哈地笑起来，说：“别介意，我跟你开玩笑。”

雷宇声夸奖道：“梁玉洁同志您是否注意到，咱们基地首长非常器重你，你刚出校门就担起了副所长的重担，努力吧，前途无量。”

梁玉洁:“算了吧,我咋敢和你比,司令员到哪都要带上你,你是基地首长的大红人,司令员当着我的面,多次夸奖你。”

梁玉洁和雷宇声谈了一阵,要到别处巡诊。

雷宇声把梁玉洁送到帐外,待梁玉洁走远了才回到帐篷。

雷宇声好久没有安静下来,刘虹和梁玉洁的话在他耳边反复回响。

8

夜晚。林涛呼啸。

从荣之卧室里灯火通明,火炉里不时传出“噼啪”、“噼啪”声。

从荣之伏在灯下审阅工程部署的设计方案和明年的工程预算,他不停地咳嗽……

警卫员刘晓宾提着热水瓶走进来,放好水瓶,然后把一封信递给从荣之:“首长,家里来信啦!”

从荣之抬起头看了看小刘,接过那封信。

从荣之认出是女儿小红写的,兴奋地拆开信封,信只有一页,他连续看了几遍。

“爸爸:

首先告诉你一个好消息,今年期末考试我取得了好成绩,被评为‘三好学生’。数学100分,语文92分,物理90分,平均分数94分,在班上排名第三。妈妈说只要我在班上进入前十名就要奖励我,我已经超额了。

爸爸,我好想你啊,常常在梦中见到你。有一次你拧我的鼻子,好疼啊,我哭了,醒来是个梦,我自己感到好笑。还有一次,我梦见你拄着拐杖,不停地咳嗽,我心里好难受,你身体好吗?妈妈时常念叨你‘不知道爸爸的身体怎么样?’另外,还要告诉你,妈妈总说胸疼,严重时头上冒汗,让她到医院看看,妈妈总说没事,我很担心妈妈的身体。这事妈妈不让我告诉你,她说‘给爸爸写信,就说家里一切都好,不让写坏消息’,这事你要为我保密,要不妈妈就要骂我了。

春节快到了,你能回家过年吗?真的好想你!女儿小红”

从荣之看着女儿的信,很快由兴奋转向不安,他和桂姐生活的许多往事一幕幕浮现在眼前——

1944年。延安大生产的劳动场面。

在生产大军中,从荣之挥镐刨地,汗流浃背。他的铁镐刨到石头上,由于用力过猛,没能站稳,右脚正巧落在董小虎镐头的下方。董小虎来不及收镐,镐头落在从荣之的脚上,只听“啊!”的一声,从荣之的袜子上立即冒出鲜红的血液。董小虎愣了一下,哭着背起营长向医院跑去……

清秀漂亮的外科护士谢桂芳协助医生为从荣之处理伤口……

病房里，谢桂芳帮助丛荣之更换病号服。

丛荣之不好意思地说："我自己来。"

谢桂芳说："不要动，这是我们的责任。"

丛荣之伤口感染发烧，谢桂芳为丛荣之打水、端饭、换药……

半月后。

谢桂芳扶着丛荣之练习走路。

丛荣之问："谢护士，我能出院吗？"

谢桂芳说："卢院长有指示，不痊愈不能走，你就安心休养吧。"

卢院长看望丛荣之。

卢院长看出谢桂芳对丛荣之有好感，在他的撮合下，二人建立了恋爱关系。

一月后，丛荣之出院，谢桂芳一送再送……

半年后，丛荣之和谢桂芳幸福地结合了。

不久，丛荣之随大军挺进中原，桂姐为他送行。

1948年淮海战役，丛荣之晋升为团长，指挥战斗，攻克徐州……

谢桂芳随战地救护团南下，和丛荣之在徐州会面，在战地叙说分别后的情景。谢桂芳告诉丛荣之："我们的儿子已经三岁了，寄留在房东家。你讲过，生个儿子叫岩松，女儿叫小红，是按照你的意见取名的。"

1955年，谢桂芳主动向组织要求转业，从此挑起了家庭生活的重担……

1963年丛荣之做胃癌手术……

丛荣之躺在病床上，谢桂芳拿着水杯倒水。

丛荣之愧疚地拉着谢桂芳的手说："桂姐，咱家上有老下有小，又没有个帮手，这些年真难为你啦！"

谢桂芳说："老丛，你身强体壮是我们全家的福分，只要你能健康工作，我心甘情愿！"

刘晓宾走进房间为丛荣之摊被，说："首长，该休息啦！"

丛荣之的思绪回到现实中。

丛荣之说："你也休息吧。"

丛荣之脱去外衣，躺下去，久久不能入睡……

窗外山风呼啸，林涛阵阵。

次日清晨。

从荣之起床后翻看日历，日历上显示的农历是十二月十三。

从荣之若有所思，匆匆地洗了脸，穿上外衣，向政治部王主任的住处走去。

王主任正在洗脸，见司令员进来忙着让座。

从荣之说："你洗，别急！"边说话边坐到马扎上。主任的房间放着一个简易的书架，上边整齐地摆放着各种书籍。

王主任匆匆地洗了脸，用毛巾一边擦脸，一边问："司令员有什么指示？"

从荣之说："春节快到了，这是中国人的传统节日。新春佳节最讲究阖家团圆，基地正处在初建阶段，路远的恐怕不能回家过年了。指挥部的春节怎么过？你们政治部是否及早考虑，拿出一个意见，要让大家热热闹闹过个年。"

王主任说："关于如何过好第一个春节，宣传处提了个方案，部里还没有讨论，司令员有什么想法？"

从荣之问："宣传处是怎么打算的？"

王主任从文件筐里拿出方案，安排是：（一）请山城军分区电影队放两场电影；（二）举办一场春节联欢会，自编自演一些小节目；（三）组织扑克和棋类比赛；（四）组建一个秧歌队，和驻地军民搞一次联欢活动。

从荣之说："不错，目前条件虽差，经过努力可以做到，还有什么打算吗？"

王主任说："请司令员指示！"

从荣之说："我们到这里好几个月了，家里都不知我们干什么，我考虑以组织的名义发封慰问信，对家庭表示慰问，这对我们爬冰卧雪的官兵也是一个安慰呀！"

王主任说："好！我马上安排。争取春节前让所有家庭都能收到慰问信。"

收操的号声响了。

从荣之走出王主任的房间。

迎面走来出操归来的队伍，带队干部向从荣之敬礼，从荣之还礼，官兵的脸上都冒着热气……

机要参谋送来一份电报，从荣之阅后在上边签了字："请政委阅。"

9

雪山工程设计队。

设计队的房间内放着用木板拼成的长案。长案上摆着几块绘图板，上面堆放着设计图纸。设计队长徐总工程师手持放大镜正在审图。

从荣之和云中山走进设计队的房间。

徐队长见两位首长进来，放下放大镜，非常礼貌地说："司令员您好，有什么指示？"

云中山回答道:“炮兵来电通知,总部首长要看工程设计方案。要我们先会审一遍,从司令员过来就是想和你商定这件事。”

徐队长请从荣之和云中山坐下。

徐队长介绍道:“截至今天,所有阵地的工程已全部设计完毕,什么时候会审,怎么组织,请基地安排。”

从荣之说:“会审从今天下午开始,基地是部门以上的领导参加,你们这里审谁的设计谁参加,力争三天完成。”

徐队长说:“好!我们全力以赴!”

10

一个专列在朝阳至山城间高速行进,铁路两旁的村庄、山冈的树木从窗外一闪而过……

在专列上,几位将军围桌而立,桌上摊着布满军队标号的地图。他们是副总参谋长张爱萍、炮兵司令员吴国华、炮兵副司令员周瑞廷、北方军区副司令员曾国强,还有张爱萍的办公室主任李天城。

张爱萍问:“吴司令员,此次雪山之行我们怎样行动?”

吴国华说:“到山城先听听从荣之的汇报,然后再实地勘察,行不行?”

张爱萍说:“好!我们的行动由你安排。”

吴国华说:“张副总长,这是三下山城,你能给我们留下点什么纪念?”

张爱萍风趣地说:“送你们两句诗,‘踏遍青山人未老,风景这边独好’”

车厢里传出欢快的笑声。

山城军分区招待所。

大门口站着哨兵。

在一间大会议室的墙上挂着大坳山地区地形图,地图的上方标着雪山基地阵地部署图。

图前坐着几位将军:副总参谋长张爱萍、炮兵司令员吴国华、副司令员周瑞廷、北方军区副司令员曾国强、雪山基地司令员从荣之、政委龚振华,张爱萍的办公室主任李天城。

从荣之首先汇报了雪山一期工程的勘察定点经过以及每个阵地的具体情况。张爱萍频频点头。

从荣之汇报之后,张爱萍手持放大镜审看了几个阵地的地形和标高,然后又后退两步,望着地图评论道:“从图上看这个部署方案符合军委关于‘隐蔽疏散’的原则,也考虑了交通机动的问题,余下的就是要审查每个阵地工程的布局是否合理,地质条件能否保证构筑的要求,这两个问题解决了,雪山工程就可以定案了。”

周瑞廷："张副总长这次来山城，是要对雪山工程进行最后审定。关于视察的行动计划我们已经作了安排，请参与这次考察的同志做好准备。"

李天城把行动计划分发给与会者。

11

银装素裹的大坳山发出耀眼的光芒。

七八台军用指挥车从大坳岭山顶鱼贯而过。

车队穿过一道道山岭，在一个小山村旁停下。

从第一台车上下来的是军区保卫部的警卫人员，他们迅速地迎上后面的吉普车，打开车门，几位将军走下吉普车。

从荣之走上前来说："副总长，车只能开到这里了。"

张爱萍说："那就换乘11号车行进吧。"

周瑞廷、从荣之等会意地笑了。

从荣之从车上取下事先准备好的拐杖——稍加修理的木棍，每人一根。

张爱萍把棍子在雪地上捣了捣，说："这管用！"

一行人踏着积雪向山间行进，积雪接近膝盖，他们行动的很缓慢。

在半山腰下从荣之展开地图，地图上标着阵地工程的各种符号，从荣之一边在图上指指点点，一边比划具体的位置与走向。

张爱萍看得很认真，随着从荣之的汇报不停地点头，时而又停下来提出问题。待从荣之汇报完毕，张爱萍指示道："这项工程是核心工程，一定要保证质量，防护能力要能抗住大当量原子弹的攻击。"

张爱萍接着又问了一些问题，然后对着周瑞廷说："到山顶看看！"

张爱萍拄着拐棍大步登山，周瑞廷、李天城等紧随其后。

从荣之突然感觉肚子疼痛剧烈，头上冒着汗，他一只手压着疼处，一只手柱着拐棍奋力追赶。

登上山顶，展现眼前的是一派银色世界。张爱萍触景生情，感慨万千，他用木棍指着不远处的座座山头说："银盔银甲立山间，飞起玉龙三百万，看那座座山峰，多像待命出征的将军啊！"张爱萍兴奋地朗诵起毛泽东的十六字令：

"山，快马加鞭未下鞍。惊回首，离天三尺三。"

后边的人员赶上来，大家跟着一起朗诵："山，倒海翻江卷巨澜。奔腾急，万马战犹酣。山，刺破青天锷未残。天欲坠，赖依拄其间。"

那恢弘的吟唱在大坳山间回荡。

12

夕阳西下。

张爱萍一行在另一个阵地上视察。

周瑞廷说:"张副总长,该下山了!"

张爱萍点头转身下山。

他们拄着木棍,小心翼翼地往山下行进。一名随行人员滑倒了,满身是雪的站了起来,张爱萍风趣地说:"小伙子,涉水要懂水性,爬山要懂巧门,雪地行走必须踏实,急了就要摔跤了!"

山下停着三挂狗爬犁,周瑞廷向张爱萍介绍道:"他们来接我们了,这是深山沟最好的交通工具,体验一下?"

张爱萍笑眯眯地说:"好!"

张爱萍一行坐上狗爬犁。驭手唱了几声号子,狗爬犁在雪地上轻盈地飞驰,山间响起欢快的笑声……

13

站在附近制高点可以俯视雪山指挥部的全貌。几排营房,干净的操场,官兵正在清理积雪。

这时,一个车队由远及近向指挥部开来。

指挥部一阵紧急集合的哨声,队伍集合在清扫过的路边,从荣之、龚振华站在队伍的前头。

车队在指挥部门前停下。

几位器宇轩昂的军人从车上走下来,径直地向营区走去。

从荣之跑步向前停下来敬礼,说:"张副总长,雪山基地指挥部全体官兵列队,欢迎总部首长来我部视察!报告人:雪山工程指挥部从荣之"

张爱萍向从荣之还了礼,在军区和炮兵首长陪同下向指挥部官兵挥手致意:"同志们辛苦了!"张爱萍向官兵问好。

"为人民服务!"

"祝同志们身体健康,工作顺利!"

"向首长学习,向首长致敬!"

张爱萍在从荣之等首长陪同下参观了官兵的住处和食堂,询问了官兵思想和生活情况。

最后,在简易礼堂,张爱萍向雪山指挥部全体干部发表了鼓舞人心的讲话。

"同志们:

"毛泽东主席在十年前指出,在今天的世界上原子弹还是要有一点,不然,你说了不算。毛主席的论述深刻地指明了发展尖端武器的重要性。当时毛主席预见,搞原子弹大约十年时间,至今天还不到十年,我国的科技工作者通过自己辛勤的劳动,提前实现了毛主席的预言,霸权主义者挥舞核大棒威吓中国的时代已经过去了！”

从荣之、龚振华十分兴奋，为副总长的精彩讲话带头鼓掌。

张爱萍接着讲道：“当前，国际形势十分复杂。我国第一个导弹基地的建设对于提高我国的国际地位，防止世界战争的爆发，具有十分重大的意义。你们是第一个导弹基地的奠基者、拓荒人，我代表总部对第一个导弹基地的创业者表示亲切的慰问与祝贺！”

会场爆发出热烈的掌声。

张爱萍说：“我国导弹核武器的发展是在国家物质基础薄弱的情况下起步的。国家不可能拿出更多的钱用于军队建设，所以，我国第一个导弹基地的建设绝不能走美苏的老路。我们要从中国的国情出发，建设具有中国特点的导弹部队。第一个导弹基地的建设具有试验性，在建设的过程中要注意总结经验，为建设毛泽东式的导弹基地而奋斗。”

张爱萍的讲话赢来暴风雨般的掌声，那掌声持续了很长时间。

14

山城宾馆。

吴国华在下榻的房间召见从荣之和龚振华。

吴国华说：“张副总长这次视察雪山基地，对你们几个月的工作给予了很高的评介，他说从你们身上又看到了爬雪山过草地的长征精神，相信你们一定能把第一个导弹基地建设好。雪山基地的第一代建设者是从全军挑选的优秀人才，炮兵党委深信，你们会不辱使命。后天我们要返回北京，今天召你们军政一把手过来，主要想议一议雪山基地今后的建设方向问题。”

从荣之说：“首长提出的这个问题正是我们党委在思考的问题。我们认为，张副总长的讲话全面深刻地分析了国内外的客观形势，体现了党中央、毛主席、周总理以及中央军委对我国导弹基地如何建设所作的一系列指示的精神，建设毛泽东式的导弹基地，概括地讲应是：我们不能走美苏发展核力量的老路，必须从国情出发，建设有中国特点的核武装力量。”

龚振华说：“这个中国特点就是，不搞洋大全，简称以‘经济、适用’为原则。具体对我们来说，就是要艰苦创业，自力更生，勤俭施工，勤俭办一切事业。”

吴国华说：“建设有中国特点的核武装力量有着广泛深刻的内容，高至发展道路、建设方向，从细处讲，阵地建设样式、作战基地编成、编制的设置，教育训练的模式等等，都要有自己独到的做法。龚振华同志提出发扬我党我军艰苦奋斗、艰苦创业的革命精神，这也是中国特点，要教育全体人员牢固树立长期吃苦的思想。”

从荣之说：“我们党委研究，准备制定一个雪山基地三年发展规划，指导基地的全面建设，使上下有明确的奋斗目标。”

吴国华说："凡事'预则立、不预则废'。"根据军委和总参首长的一系列指示，你们的三年规划也好，两年规划也好，有一个基本目标要明确：第一，两年内要完成一个团的阵地工程建设，取得经验，为后续阵地建设做好准备；第二，东山团要在两到三年内达到独立发射的水平，要储备一批专业技术骨干，为导弹部队发展起到'种子团'的作用。"

从荣之说："首长提出的要求，我们将在三年发展规划中细化分解，力争两年之内见成效！我们讨论机构设置时有一个问题吃不准，即要不要设置技术部的问题。一种意见认为，导弹部队专业多、技术复杂，应设立技术部；另一种意见认为，这样做是抄袭苏军的做法，设立技术部怕犯方向路线错误。"

吴国华说："毛主席讲过，自力更生与借鉴国外先进经验并不矛盾，编制是由武器装备的特点决定的，好的编制，有利于作战能力的形成，至于导弹基地机关怎样设置可以研究。"据我所知，张副总长是挺力主张设技术部的。

15

晚饭后。

梁玉洁往炉子里加煤球，常彩霞、刘茹红在洗衣服。

常彩霞说："梁姐，看你这几天忙的，快把你衣服拿来，我给你洗洗。"

梁玉洁说："不用，过会儿我自己洗。"

这时佟岩来找梁玉洁，说："玉洁，方便吗？出来一下。"

常彩霞和刘茹红见是恋人相约，马上说道："小刘，肥皂没了，陪我去趟服务社。"说着向刘茹红使了个眼色，拉起她就走。

佟岩很有礼貌地说："彩霞，打扰你们了！"

常彩霞说："不客气，你们谈吧。"

梁玉洁问："什么事呀？"

佟岩看常彩霞她们离去，拿出了一张纸，很得意地说："玉洁，我们的调令来了，我找了从司令和龚政委，他们同意让我们走。"

梁玉洁看了看调令，上面写着她的名字，佟岩喜滋滋望着梁玉洁，等着她的答复。梁玉洁淡淡地说："你住院时提的这个问题我不是不同意吗？也不跟我商量商量？"

佟岩觉得有些尴尬，说："这，我还不是为你好嘛，我一个人走了，能忍心把你丢在这荒山沟里？"

梁玉洁生气地说："从北京来的时候，我们是怎么约定的？我们都讲过，要把自己的青春和知识献给雪山基地，难道你忘了？"

佟岩说："你讲的这些，是知识分子常犯的'热冷病'，一旦时过境迁就会后悔的！"

梁玉洁说："我不赞成你这种说法，中国的知识分子不都像你说的。"我是共产党员，向组织做过保证，我不明不白的走了，其不是自食其言？

佟岩焦急地说："调回北京多难啊！多少人挖门倒洞都没办成。多亏爸爸找人疏通，好不容易把调令整来了，机不可失呀！你怎么一点都不珍惜？"

梁玉洁用温和但又带有通谍性的语言回应说："佟岩，我俩要是还想继续处下去，你应该尊重我的意愿，珍视我们最初的选择，留下来，我们在这里一起干。"

佟岩向外挪了一步说："那不可能！我决心已定，回北京去！"

梁玉洁也毫不示弱的说："那好吧，人各有志，谁也别勉强谁，你回你的京城，我要留在这里！"

佟岩生气地说："梁玉洁，你怎么这么固执？难道你看不出我是真心对你吗？"

梁玉洁提高了声音说："我知道；可是我们有言在先，要互相尊重，谁也不能把个人意愿强加于对方。"

佟岩无奈地说："算我自作多情！你好自为之吧！"说完把调令装进怀里，愤然离开梁玉洁的帐篷。

夜深了。

佟岩翻来覆去，久久不能入睡……

梁玉洁也没有睡，回想下午她和佟岩的争论……

常彩霞听到梁玉洁的叹气声，低声问道："谈的怎么样？"

梁玉洁说："他要调走，还要我跟他一起走。"

常彩霞问："那你？"

梁玉洁说："我们谈崩了。"

常彩霞说："佟岩自小生活在大城市，条件优越，过不惯艰苦生活，走就走吧，但错过这个机会，真可惜呀！"

梁玉洁说："你也动员我离开这儿？"

常彩霞说："不！不！我不是这个意思。"

梁玉洁问："那你想走？"

常彩霞说："我早就发过誓，开弓没有回头箭，我得干出点成绩来，遇到这点困难就打退堂鼓，那不是常彩霞！"

梁玉洁："说得好！我们就要干出点成绩来。"

16

早饭后。

从荣之在他的办公室看材料，龚振华走进他的房间。

从荣之放下手中的材料问道："有事吗？"

龚振华说："佟岩出院了，昨晚找我，要调回北京，他说你同意，是吗？"

从荣之说："是。"

龚振华说："雪山基地需要大批知识分子，你怎么轻意放走了？"

从荣之说："你还没看透，他是铁了心要走的，留了人留不住他的心，建设雪山基地必须是心甘情愿的，没有这一点是呆不下去的，所以我同意了。"

龚振华说："他今天就走，我们送一送？"

从荣之说："好！"

卫生队门前站着十几个人为佟岩送行。

佟岩有点惭愧地说："对不起，我为你们丢脸了。"他一边讲，一边和送行的人员握手。

佟岩和梁玉洁握手，说："玉洁，请你再认真考虑考虑。"

梁玉洁没有回应，这时，从荣之和龚振华走了过来。

从荣之问佟岩："还有什么困难吗？"

佟岩拘谨地看着司令员，说；"首长，我身体不好，很遗憾，不能为雪山基地效力了！"

从荣之说："你在这里时间虽然不长，但也参加了创业的战斗，我们会记住你的，祝你在新的岗位上发挥聪明才智，为国家多作贡献！"

佟岩不好意思的说："首长，我还有一个请求，您能不能动员梁玉洁回北京，她是我们学校的高材生，到大医院会有更好的发展。"

从荣之没有想到佟岩能在这种场合提出这样的问题，他又想，这也许是梁玉洁的想法，自己又不好说，让佟岩提出来。

从荣之转过脸盯着梁玉洁，说："噢，梁医生，你……"

梁玉洁顿时像受到莫大的羞辱，气愤地抢着说道："司令员，那是佟岩个人的意见，我不走，雪山基地就是我的家！"

众目睽睽之下，佟岩感到无地自容，他慌忙向从荣之、龚振华敬礼说："首长，保重！我走了。"

从荣之、龚振华与他握手，说："上车吧，佟岩，祝你一路顺风。"

佟岩猛地抬起头，一股内疚感和难舍难分的复杂心情向心头涌来，他含着眼泪，向从荣之和龚振华深情地敬上一礼，然后登车离去。

一群大学生望着从荣之，久久没有散去，从荣之的包容大度深深地打动了在场的每一个人。

17

古城西安，炮兵学院家属院。

从荣之的家：从岩松在打扫卫生，拖地板，擦玻璃；从小红在洗刷餐具；谢桂芳正在准备过年的点心，看上去有些憔悴。

谢桂芳问："小红，餐具洗完了吗？"

小红高兴地说："妈，有事么？"

谢桂芳说："洗好了到你路阿姨家去一趟。"

小红问："干什么？"

谢桂芳说："奶奶从乡下捎来的黄米糕，城里很少见，还有红枣、核桃给路姨送一点，顺便把部队寄来的慰问信送过去。"

谢桂芳把包好的东西和信放在桌子上。

从岩松听了走上来，用惊喜的目光盯着桌上的东西，说："妈，我最喜欢吃奶奶做的黄米糕，用油一煎又香又甜，什么时候让我们尝呀？"

谢桂芳听了高兴地说："先干活，该让你尝时自然让你尝。"

谢桂芳和孩子讲话的工夫门外传来叫门声："谢阿姨，向院长和王政委来看你们啦！"

谢桂芳撩开门帘向外走去，这时向院长、王政委、院务部长等五六个人已来到院子里。"哎呀！院长政委来啦，快请进屋，请进！"

向华说："还要去几家，就不坐了。要过年啦，我和政委看看你们，还有什么困难没有？"

桂姐说："没啥困难。老从也来信了，孩子都在家，过年的东西也都准备了！"

王政委说："听说前段你身体不好，现在怎么样？"

桂姐说："到门诊部看过，说是胸膜炎，打了一段时间的青链霉素，已经好了。"

院务部长说："今年咱们农场又是丰收年，这是院里分给你们的东西，十斤白面，十斤大米，另加一块猪肉。"

送东西的战士问："阿姨，放在什么地方？"

桂姐说："人都调走了，还分……"

向华说："忘了？老从走时王政委不是讲了么，'学院还是你们的家'！有困难找我们。"

桂姐很感动，说："感谢院领导的关心！"说着喊孩子们出来。

从岩松和小红走出房间向院首长鞠躬敬礼："伯伯、叔叔好！"

向华走上来摸着从岩松的头，说："小子长高了，高几啦？"

从岩松："高二！"

王政委说："小岩松有出息，听说年年都是三好学生。"

从岩松不好意思地低下头。

向华看着从小红，说："你呢？"

从小红有点害羞，说："我不如哥哥！"

向华说:“今年春节老丛是不能回来了,过年还去乡下吗?”

谢桂芳说:“要去的,还没定哪天走!”

王政委说:“我们再到路大姐那里看一看。”

“不用去了!”话音刚落,路大姐已走进院子。

向华说:“说曹操曹操到,我和王政委要去给你拜年呢。”

路大姐笑着抢白道:“有人说人一走茶就凉,院长、政委倒比以往热乎了,谢谢,谢谢! 我也给领导拜年了!”

院务部长说:“大姐,还有米面呢! 怎么也得去一趟。”

路大姐说:“院里一片盛情,得领呀! 好,那我带路。”

路大姐又转向桂姐说:“桂芳,过会儿我来找你。”

桂姐说:“你等一等,这里有部队给你家的慰问信,拿回去。”

向华与桂姐一家告辞:“桂姐,祝你和孩子们春节快乐!”

从岩松说:“伯伯、叔叔再见!”

18

除夕之夜。

雪山工程指挥部的大门挂着大红灯笼,院里是灯火辉煌,喜庆洋洋。

从小礼堂和一些宿舍内传出锣鼓声、二胡声和说唱声,指挥部官兵在排练文艺节目。

在从荣之的房间,从荣之和警卫员小刘正在包饺子。

龚振华和警卫员小徐端着面粉和饺子馅走进来。

龚振华大声喊道:“老从! 咱们一起包吧?”

从荣之微笑着。

小刘从政委手中接过饺子馅。

从荣之问两个警卫员:“你们说说政委要和我们一起包饺子是什么意思?”

两个警卫员有点莫名其妙,小刘答道:“在一起包饺子象征着团结一致!”

从荣之问小徐:“你说呢?”

小徐不知道怎样回答,红着脸,说:“刘晓宾说得好!”

从荣之哈哈一笑,说:“小鬼,告诉你们,你俩谁也没答对,政委不会包饺子,他要借我们的光!”

从荣之向他们讲述了龚振华当年下饺子的故事:“水还没开,政委就把饺子下锅了,煮了一锅片汤。政委生气了,找到炊事班长,‘怎么包的? 一锅饺子全烂啦!’”

龚振华和两个警卫员都乐了。

这时,梁玉洁背着药箱巡诊进来,说:“这儿怎么这热闹?”

从荣之指指龚振华,说:“请政委给你解释。”

龚振华说:“从司令在取笑我,说我不会包饺子,要借他的光。你来的正好,帮我们擀皮!”

梁玉洁洗手擀皮,动作很娴熟。

龚振华说:“梁玉洁你行呀!”

这时,杨秀雄进来,说:“正好两位首长都在,春节晚会七点开始,请首长及时莅临。这里有一个节目单,请首长审定。”

龚振华看了看节目表,说:“我看挺好!”

杨秀雄又转向从荣之。

从荣之手里拿着饺子,说:“政委认为行我就不看了,你们安排吧!”

杨秀雄转向梁玉洁,问:“梁玉洁,你们‘五朵金花’合唱《红梅赞》,准备好了吗?”

梁玉洁很自信地回答:“准备好了!”

杨秀雄转身出了房间。

礼堂内灯火通明。

报幕员走向台前,宣布:“春节联欢晚会现在开始! 第一个节目山东快书《挺进大坳山》,表演者:雷宇声。”

雷宇声快步上台,站定:“霹雳一声震寰宇,在西域,蘑菇云擎起一片天。九州大地齐欢庆,胜利的凯歌惊四海。我们伟大的新中国,1964 年,爆炸了自己的原子弹。我们的敌人帝修反,拍着脑门子打颤:‘中国真是不得了,怎么搞的这样快!’

“还有人,曾预言:过不了三五年,中国的火箭兵就要建起来。到那时,中国就要变强大,谁想再整中国要玩完。我说先生你慢发言,说不准了要遭人白。你的预言落后了! 西天的蘑云还未消,中国火箭兵先头部队已经挺进大坳山。”

“你且看,在昨天,这里还是冰天雪地一片白。到今天,在这里,安扎的营房冒青烟。你切听,在远处,冬天为何响惊雷? 原来是,炸掉烟囱取新砖。白手起家建新舍,自力更生建家园,自力更生建家园。”

“你再看,大院内:全体官兵齐上阵,刨的刨,铲的铲;推的推,抬的抬,这里的气温是零下 20 度,官兵一致斗严寒。瞧! 男兵的脸上染银须,女兵的额头冒热汗;年轻人挑担一溜跑,老同志搬石走的更稳健;他们都把壮志装心里,干活的热情冲破了天,冲破了天。”

“不多日,指挥机关建成了,各项建设要展开:司令员领着选阵地,政委忙着搞整编;参谋长忙着写报告,后勤部长忙着拿方案;政治部忙着人分配,技术部开始组织编规范。他们都有一股劲:准备大军开进来,准备大军开进来。今后的路子还很长，暂表安家这一段。”

从荣之、龚振华带头鼓掌。

报幕员：“第二个节目，《红梅赞》，演唱者梁玉洁、常彩霞等”

梁玉洁五人一起走上台前合唱《红梅赞》。

“五朵金花”的歌声高亢悠扬，使人振奋，唱完，会场热烈鼓掌。

从荣之演唱京剧《智取威虎山》打虎上山选段。

从荣之唱得很投入，博得了热烈的掌声。

远处传来鞭炮声。晚会还在进行……

19

清晨。

雪山工程指挥部院内鞭炮齐鸣，全体官兵团拜。

龚振华致词：“今天是中国的传统节日——新春佳节，我代表基地党委向指挥部全体官兵拜年，首先祝你们的家人幸福安康，祝愿你们工作顺利！（掌声）祝愿大家在新的一年取得更大的成绩！”（掌声）

龚振华话音刚落，乐队敲起了锣鼓，秧歌队进入操场。

秧歌队又走出营房，和大梁镇的秧歌队汇合在一起，梁玉洁和常彩霞、刘茹红身着彩装，十分引人注目，部队首长和地方群众互致新春问候，把喜庆欢乐的节日气氛推向高潮。

第四章

丛荣之点响开山炮　张云涛谋训走金川

1

上午。

金川火车站。站长室内，张云涛和孙长林在谈话。

张云涛说："东山团是雪山基地的第一团，把东山团建设好对基地的发展有重大意义。你们是第一代火箭兵的建设者，任重而道远呀！"

孙长林说："搞好导弹部队建设我们没有经验，还要靠首长传帮带！"

张云涛说："我还是导弹部队的一个新兵，怎么能"传帮带"？但我有决心，要尽快掌握专业知识，力争早日成为内行！"

这时值班站长和军事代表走进站长室，说："首长，专列马上进站。"

张云涛说："好！接车去！"

张云涛、孙长林走出站长室。

一个由多节棚车、一节自备车组成的专列缓缓驶进金川站。

车停稳后，佩戴着梯队长袖标的值班员跳下专列，哨声长鸣，组织人员下车。

值班员跑步至张云涛跟前，敬礼："报告首长，新兵专列顺利到达，请首长指示！"

张云涛说："按计划组织下车！""是！"值班员吹响了下车的号令。

田广川走出车厢，向张云涛敬礼，说："副司令员您好！"

张云涛说："你们辛苦了！"

田广川说："还好，一路上挺顺利！"

张云涛和接兵团领导一一握手。

接站人员举着牌子，牌子上分别写着一大队、二大队、三大队、四大队、五大队；新兵背着背包在指定位置集合。

望着千余名新战士，张云涛脸上浮现出满意的微笑。

田广川和张云涛乘车回营。

张云涛问道："新兵总体素质怎么样？"

田广川说："兵员质量不够理想。"

张云涛问："怎么不理想？"

田广川说："当地对应届毕业生有限制，三个县的新兵中高中生不足 50 人，只有新兵总数的 4.5%；初中生也不多，占 49.5%；小学文化程度的接近一半，这将使以后的专业训练难度加大。"

张云涛说："我这次来就是研究导弹团军事训练问题的。基地党委要制定三年发展规划，对你们团的要求是，在 2－3 年内要达到能独立发射的水平，并为部队扩建储备干部，发挥好种子团的作用，这就需要你们这些有经验的老同志拿出成套的办法来。"

田广川知道张云涛来团的目的，很坦率地说："部队划归基地时副司令员已经给我们作了指示，要尽早考虑导弹团怎么组织训练的问题。我们遵照副司令员的指示，已研究过几次，方案很快就能拿出来。"

张云涛高兴地说："你们已经着手做了，很好，大概什么时候拿出来？"

田广川说："很快！"

张云涛说："好！方案拿出后再组织有经验的同志讨论讨论，力争完善合理，讨论时通知我。"

田广川回答道："是！"

2

东山团会议室。

田广川主持召开导弹团训练问题座谈会。

与会代表除了张云涛和两级机关的有关人员，还有营长秦广远、连长高署月，老大学生、技术干部代表余刚、冯文博、徐子清。

狄文疆发言说："根据基地对我团的要求，我们草拟了东山导弹团三年军事训练规划。这个规划有三部分：第一部分是目标：即通过三年训练，东山团各营都要达到独立发射的水平，并为部队扩建储备一批专业骨干。

"第二部分是安排：是按三年一个周期安排的，第一年训练注重打好基础；第二、三年加深提高；第三年达到独立发射的水平。

"第三部分是措施：讲的是条件和保障。

"这个规划草案会前我们已发到与会人员的大多数手里，希望大家讨论，使之更合理、更完善。"

田广川说："基地首长对今天讨论的问题很重视，张副司令员亲自到会，先请张副司令员给我们作指示。"

大家鼓掌。

张云涛说："我这次到东山团，要和大家一起研究基地今后三年的军事工作规划，但我首先要向大家学习。在座的都有多年的训练经验，而我是刚刚接触这个专业，如果让我讲，我只能讲讲今天讨论的问题的意义和希望。"

张云涛停顿片刻，然后说道："今天我们讨论的问题不是一个单纯的专业问题。对于新建的导弹团，几十个专业，训什么，怎么训，实际揭示的问题是训练的路子。老的兵种建设几十年，有成套的训练大纲，导弹部队是新兵种，没有现成的东西，目前只能自己编写。搞好这个规划不仅要回答你们团当前怎么训练，对今后全基地、乃至整个导弹部队建设都具有重大意义。我希望同志们要站在这个高度认识问题，带着一种使命感讨论好。"

田广川说："三年规划是一个重大课题，怎样少走弯路，怎么提高训练效果，这有很大的学问。基地首长已向我们打过招呼，明年我们团有两个营要执行实弹发射任务，而今年的兵源情况又不十分理想，因此，我们要按基地首长的指示，把训练规划讨论透、研究好。"

秦志远说："我认为这个草案总结和借鉴了东山营几年来的训练经验，对今后的训练有指导意义。鉴于新兵文化素质偏低，应增加文化补习的内容，补习内容学好了，学习专业就具备了基础，这叫磨刀不误砍柴功。"

高署月说："我认为，这个规划对专业理论训练内容的设置是合理的，体现了由浅到深、由简到繁，较好地处理了打基础与深化训练的关系，但我觉得规划忽视了一个很重要方面，即如何解决操作训练没有拿出完整的办法。虽然提出了制作教具和模拟器材，模拟器材能起到练手法、熟悉规程的目的，但娴熟的操作技术还必须靠真装实弹，不解决这方面的问题，独立的发射能力不可能实现。"

作训股长说："高连长提出的问题很重要。没有真装实弹是练不出硬本领来的，但问题是，我们手头没有那么多装备，我们没有相应型号的导弹，所以，这方面我们无法写。"

张云涛转向田广川，说："如何解决缺装少弹是关键，这个矛盾进场前就要拿出解决的办法来。"

田广川说："请大家围绕这个问题发表意见。"

余刚、冯文博、徐子清听着他们议论，若有所思，但没有发言。

田广川说："冯文博、余刚，还有徐子清，你们谈谈！"

余刚有点不好意思，说："计划制定得不错，秦营长和高连长提出的问题也有道理。"

田广川说："我不是让你发表评论，是让你出点子、想办法。"

冯文博说："是否可以让明年担负发射任务的营多派些人进厂学习。"

田广川摇摇头，说："还是不能解决实际操作的问题。"

张云涛看出，冯文博等人思想上有顾虑，没把真实想法讲出来。

3

晚饭后。

田广川陪着张云涛在营区散步。

张云涛望着含苞欲放的桃树在园边停下，说："田团长，金川是个好地方，面临大海，果园成阴，你们自己还有这么多桃树，真令人羡慕呀！"

田广川说："我们在这里已经住了四年，这些果树和我们结下了不解之缘。东山营组建时正赶上三年自然灾害最严重的时候，吃不饱肚子，全营五六百人，有一半官兵得了浮肿病，为了渡过难关，我们就在桃园内开荒种菜，对桃树精心管理，那两年，年年蔬菜丰收，解决了好大的问题。"

张云涛说："和我们的作战阵地相比，真是天上人间，反差太大了，将来我们进驻阵地，这个反差可能会对我们官兵产生巨大的冲击。"

田广川说："副司令员看得远，肯定会产生冲击，部队在这样的环境下生活的太久，有可能产生追求安逸的思想。"

张云涛说："基地指挥部组建时，张副总长和炮兵党委提出：我们各级领导必须树立长期艰苦奋斗的思想，我们军事干部不仅要抓军事，也要政治建设，只有两个方面都抓住，才是合格的指挥员！"

张云涛又转了一个话题，说："今天讨论训练规划，冯文博几个大学生好像有情绪？"

田广川迟疑了一下，笑了笑，说："冯文博这几个人对参谋长有成见，今天是您在，要不，他们会横挑鼻子竖挑眼，他们常常争得面红耳赤。"

张云涛说："有争议是常事，有什么大不了的事能产生成见？"

田广川说："这事说起来，还要从东山导弹营组建时开始。"

1962 年。

东山导弹营组建时配发了一枚 1059 教练弹，随弹有一套老型号的地面设备，除此之外，一无教材，二无教具。当时上级要求我们经过一年训练要达到"点火"水平。

那时干部绝大多数是从炮兵、通信兵调过来的，谁也没有见过导弹，更不用说授课了。当时，参谋长狄文疆是副营长兼参谋长，调入前他学过一段专业，营里分配他抓训练。训练开始前，他找了几个大学生当教员，简单地分了分工，把一个营的官兵集中到礼堂上大课。那时，新兵中中学生很少，多数是小学文化程度，记得余刚讲第一课，讲着讲着讲不下去了，在课堂上有的睡觉，有的交头接耳，参谋长见了火气大发，当着全营的官兵骂了起来，差点收不了场。

第一节课结束后参谋长找田广川告状，说："营长，这训练我组织不了，教员累得口干舌燥，下面就是不听，交头接耳，睡大觉。我批评他们，他们说听不见、听不懂，气死人了！"

田广川说："文疆，别着急，咱们谁也没有干过这一行，又没做过教员，学着来，我看不如找他们几个大学生研究研究，也许能找到解决的办法。"

那天下午。

田广川、狄文疆召集全营的大学生开会，讨论如何搞好专业教学的问题。

会上，多数大学生不发言，凡发言的都说，没搞过教学，很少有人提出批评或怎么改进的意见，唯独冯文博发表了言辞激烈的发言："这哪像教学？这不是搞队列训练，一个兵示范大家看，然后跟着练。导弹是尖端武器，教学有要充分准备，教材呀、教具呀、教案呀，都得有，我们把几百个人堆在一起，文化水平差异那么大，能成吗，是听天书还是放空炮？"

冯文博这一下可捅了马蜂窝，狄文疆毫不客气地回应了他："冯文博，少狂点，有办法提出来，有能耐使出来，不要阴阳怪气的！"

冯文博在大学生中是大家公认的"黑嘴"，别看他平常讲话有点结巴，争论起问题来常能先声夺人。冯文博觉得副营长奚落了他，就以退为进，说："看来狄副营长想听好话，咱不会说，咱就只好闭嘴了！"把副营长搞的十分难堪。

田广川调解道："冯文博，狄副营长跟你一个样，讲话黑了点，但他心里没啥，是着急呀！你们是大学生，有的当过教员，但起码知道课是怎么讲的，听说你还在七机部工厂实习过，改进教学法就是要靠你们呀！不要耍脾气，专业怎么搞还是谈谈你的意见吧。"

冯文博见营长讲的诚恳，就如何搞好专业教学，提出几条很有价值的意见。田广川听后认为冯文博的意见可行，当场宣布采纳。

冯文博的意见是：在专业训练没有准备好之前，部队先进行共同课目训练，为实施专业训练打好基础；立即把大学生组织起来，明确每个人的授课内容，为解决教材教案问题，这些教员分赴炮兵学院或工厂搞好教学调研，在见习期间每个人编写出分工课题的教材和教案；专业教学要借鉴大学实验室的教学法，要制作教具和训练器材，把教学搞得直观形象，通俗易懂。

会后。

全营展开新兵队列训练。

余刚率小教员赴炮兵学校学习……

冯文博率十余名小教员进工厂参观见学，编规程、写教案……

一月后。

派出人员满载而归，营里把他们收集的资料整理成教材，重新制定了专业训练计划，东山导弹营的专业训练有了依据。

那年冯文博又自制了一件陀螺仪，他结合教具示范了如何开展直观教学。对推动全营的训练起到了很好的引路的作用。当年，军区组织教学法比赛，冯文博被军区树为“优秀教练员”称号。

冯文博对训练作出重要贡献，营党委为他评了三等功，冯文博一下子成了名人。

张云涛问：“冯文博对训练作过这么大的贡献，为什么没有得到重用呢？”

田广川“嗨”了声，说：“一言难尽呀！”

张云涛问：“还有什么问题？”

田广川说：“当时我们营党委讨论过他的使用问题，后来发生一件事，他的提升问题泡汤了。”

张云涛问：“什么事？”

田广川说：“冯文博途经省城回家一趟，把保密教材丢失了，返队后受了处分；他的女朋友得知他受了处分，和他断绝了恋爱关系。”

张云涛听到这里，插话说：“冯文博还有这么一段经历呢！后来怎么样？”

田广川说：“这件事对冯文博刺激很大，有很长一段时间抬不起头来，许多干部评论说：‘冯文博夹着尾巴做人啦！’”

张云涛插话问：“后来呢？”

田广川笑了笑，说：“后来？后来冯文博因祸得福了！”

张云涛问：“什么福？”

田广川说：“冯文博立功受奖的事很快传到了他的母校。冯文博原来对象叫冯如燕，她妹妹叫冯如雪。冯如雪找到她的姐姐，告诉她：‘冯文博在部队立功啦！喜报都送到了家，他现在还没对象，你还要不要？’

冯如燕犹豫不决。冯如雪就追上了冯文博。冯如雪是有名的校花，冯文博也没拒绝。到冯如燕想和冯文博修复关系时，冯文博已经深深地爱上了冯如雪。前年，他们已经结婚了！”

张云涛听得津津有味，说：“冯文博受了处分，坏事变成了好事。立了功，媳妇也找回来了，他和狄文疆还有什么成见？”

田广川说：“当年，冯文博大大咧咧，他是优点突出，毛病出头，1963 年参观‘争气弹’发射，冯文博又受了一次处分。”

张云涛问：“因为什么？”

田广川说：“那次是兄弟营发射，我们派出十几人参观见习，由狄文疆带队。按照场区规定，参观人员应在发射前 30 分钟撤离阵地。冯文博为了看得真切，撤场时他偷偷地隐蔽在发射装备的掩体内，导弹刚刚离开发射台，冯文博就从掩体里钻了出来。后来这件事让领导发现了，指出冯文博严重违反了靶场安全规定，要求我们对冯文博严肃处理。回来后狄文疆如实向营里作了汇报，冯文博受到了严重警告处分。这事，狄文疆没有错，但冯文博还是认为狄文疆和他过不去，就这样结下了疙瘩。"

张云涛听后乐了，说："简直可以写一部冯文博传奇了！"

田广川说："冯文博是个人才，他有经历，有知识，懂训练。"

张云涛说："晚上我再找他们谈谈。"

4

张云涛邀请冯文博、余刚、徐子清共进晚餐。

田广川明白张副司令的用意，加了两个菜，还上了两瓶酒。

张云涛先端起酒杯，说："毛主席说过，没有文化的军队是愚蠢的军队。我平生最喜欢和有知识、有学问、有见解的人打交道，今天有幸结识你们，来，干了这杯酒！"

张云涛这番话使几个大学生有些受宠若惊。他们也有所耳闻，眼前的这位身材不高却干练睿智的首长，曾以全军大比武而闻名全军。他们三人双手举杯站了起来，看到副司令员喝完也都一饮而尽。

张云涛摆摆手说："都坐下，我们边吃边谈，不要拘束。"

三人坐下吃饭，谁也不肯先开口说话。

沉默了一会儿，冯文博站起来，双手举杯，说："副司令员这么看得起我们，我非常感动，我敬首长一杯酒，也表个态，在训练中一定尽全部心力，我先干为敬！"

张云涛说："好！痛快，痛快！"说着也干了。

张云涛接着道："冯文博，听说你很有见地。谈论问题常常先声夺人。可今天会上你吞吞吐吐，讲的也不像真心话，好像有什么顾虑，能不能向我谈一谈？"

冯文博站起来，说："副司令员，我讲话爱激动，嘴黑，弄不好就伤人。"

张云涛趁势又紧逼一步，说："我张云涛也是这个性格，不喜欢阿谀奉承，喜欢有人和我争论。"

冯文博没想到眼前这位首长如此豪爽，自己好像找到了知音，话匣子渐渐地打开了："副司令员，你把我们的心事看透了。参谋长传达了你的想法，我们几个就嘀咕，和咱这些'灰色干部'有什么好谈的？以前开座谈会，我们提过不少建议，大多都被毙了，所以……"

张云涛说："所以从此就徐庶进曹营，一言不发啦？"

余刚和徐子清望着冯文博，无所顾忌地笑了起来。

张云涛转向余刚和徐子清，说："咱们基地的主要领导包括司令员、政委，他们都做过院校工作，深知专业人才来之不易，最近报到的大学生已超过30人，司令员、政委和每个人都谈了话。在党委会上多次强调要重视发挥知识分子的作用，纠正对知识分子的偏见。基地准备专门开一次知识分子工作座谈会，动员他们为基地建设发展献计献策。”

听到这儿，三个年轻人像打了兴奋剂，精神立即振作起来。

余刚表示道：“我们早都做好了走的准备。”

张云涛说：“谁也不能走，要准备挑重担！”

徐子清说：“气顺了还走啥？说句心里话，学这个专业的，谁不想亲自发射导弹上天啊！”

张云涛说：“好！有志气！”

冯文博说：“副司令员，我们言归正传吧！”

张云涛说：“不！现在吃饭，改时再谈。下边我对你们提出一点希望。”

冯文博说：“首长请讲！”

张云涛说：“你们要打消走的念头，要准备为导弹部队建设奋斗终生，要把你们的业绩载入导弹部队的史册。”

余刚激动地流出了热泪，三个人和张云涛碰杯，然后一饮而尽。

5

晚上。

张云涛进了冯文博的房间。

张云涛直接点明了找他的目的：“我找你们谈过，但总感觉你们讲的不到位。你们团长给我讲，冯文博是个人才，只要抓住你，一定能找到好的办法来。”

冯文博谦虚起来，说：“副司令员，团长太抬举我了。我是当过教员，但哪有把握一个团的本领？”

张云涛说：“听说你和现在的苏部长是炮兵教导大队第一期的同学，还混了个外号683，是怎么回事？”

冯文博听到这几句话，知道张云涛一定深入考察了他的情况，出自对张云涛的信任和尊重，他敞开思想畅谈了他鲜为人知的往事。

1957年冬天。

冯文博接到通知，炮兵特招他应征入伍。

冯文博穿上军装，戴上红花，告别父母，登上送兵的列车，师生们打锣敲鼓为他送行……

不久，到达长辛店，进入一个军营大院：这是中国第一个训练导弹专业人才的学校，炮兵教导大队。

1958 年 1 月 11 日。

教导大队举行开学典礼。

这是炮兵教导大队第一期集训。102 名教官来自苏军。苏茂生、冯文博、郑大林等都是这一期的学员。因为学员共 683 名,683 的绰号就是从此而来。

冯文博回忆到:中央军委对学员集训很重视,炮兵参谋长、第五研究院(导弹研究院)院长钱学森,都出席了开学典礼并发表了振奋人心的讲话。不久,国防委员会副主席贺龙、陈毅、聂荣臻元帅和总参谋长黄克诚、副参谋长张爱萍也陆续视察教导大队,听汇报,看操作,作指示。陈毅元帅鼓励大家:这是我军当前最先进的技术,你们务必学习好,要熟练掌握。毕业后,你们要走向不同的岗位,将来,要靠你们带出导弹新军。

第二期集训是从 1958 年 8 月至 1959 年 3 月。

第一期集训班结束后,苏联的教官全部撤回。

为了解决教员不足,冯文博等 30 余名学员留队担任教学任务。第二期学员 728 人(以后号称 728)。

当时总参对第二期集训下达了五项任务:(一)为军委炮兵培训练习分队和专业技术人才;(二)为导弹研究院培养实验技术人员;(三)为哈尔滨军事工程学院培养技术人员;(四)为即将建立的导弹试验基地培养专业人才,其中包括练习分队;(五)为炮兵组建中等导弹学校培养教员和专业人员。

在二期集训期间三总部领导也来队视察,检查教学。

第二期集训结束后。

炮兵教导大队撤销,改为第五研究院教导大队。

学员毕业后,冯文博等两百多人分配到炮兵部队;郑大林等人分配到第五研究院,其他的都按照当初的集训计划回到原建制单位。

炮兵教导大队取消后,遂于长辛店组建了炮兵导弹营,苏茂生任营长,号称东风第一枝。导弹第一营从长辛店调到西北后,改为导弹第二营,作为西北炮校的练习分队。

1959 年底西北炮兵学校成立。冯文博等一部分被分配到西北炮校任教员。现在的发射连长高署月、团参谋长狄文疆都是冯文博教出来的学生。

1959 年 6 月,西安特种炮兵学校成立。

这是中国第一所中等导弹学校,向华任校长。1960 年校改院,向华由校长改为院长。为配合炮兵学院解决实装操作问题,组建了第二个导弹营,序列排为第一导弹营。

1961年，炮兵又成立数个导弹营。冯文博从西北炮校调出，同狄文疆、高署月被分配到东山导弹营。

张云涛听了冯文博的一番讲述，欣慰地说，你和苏部长是同学关系，和狄文疆、高署月是师生关系啦？

冯文博笑了，说："这是我军的传统，官教兵，兵教官嘛！"

张云涛一本正经地提出："从你的经历看应当是老导弹了，是第一辈，这七八年给你留下的最深的感受是什么？"

冯文博说："这七八年给我留下最深的感受是：

"第一，办教导队对导弹部队的诞生、成长、发展起了重大作用。现在我们导弹部队的一些领导、机关的部分管理人员、学校的教员、研究机构的一些人员，都是从这两期集训班走出来的。集训时间虽然不长，但对掌握武器，迈开导弹部队建设的步子起了很大的作用。

"第二，中国导弹部队建设训练的路子是我们自己一步步闯出来的。现在有些人认为我们走的是苏联人的路子，那是不对的。苏联的教官给我们引了路，但他们教我们的时间很短。"

"第三，中央和军委对人才培养极为重视，这是导弹部队建设发展的关键。从炮兵教导大队组建到导弹第一营的建立、武威炮校和西安炮院的建立，不足三年，有多少将帅深入学校考察、视察，解决导弹教学训练问题。"

张云涛说："你的经历很特殊，应当总结一下，有什么值得借鉴的？"

冯文博说："值得借鉴的很多，联系今天，起码有这几个方面：

"第一，办教导队或集训队，是解决专业人员培训的重要途径。

"第二，当年艰苦奋斗、自力更生、自己动手制作训练器材解决缺装少弹的矛盾也值得借鉴。我想，我们有装备，有模样弹，不是可以开发吗？"

"第三……"

冯文博整整谈了三个小时，他提出多项重大建议。

最后，张云涛给冯文博一支烟，说："听君一席话，胜读十年书。文博，我想交给你一项任务，行吗？"

冯文博站起来，说："副司令员，请指示！"

张云涛也站起来，说："按照你的思路，帮助我，为东山导弹团，为雪山基地提出一个完整的导弹团的训练方案来。这个方案既考虑长远也要考虑眼前，要把解决当务之急的措施提出来。"

冯文博说："好！我接受这个任务。"

6

东山导弹团三营。

教导员温玉泉在讲课，战士们坐在马扎上全神贯注听课，温玉泉在黑板上写上："第一讲：我军的性质和宗旨"。

温玉泉说："同志们，你们穿上了绿军装，已经成为一名光荣的中国人民解放军的战士。但是，你们要成为一名真正的军人还有一定的距离。你们不仅要学军事，掌握打仗的本领；你们还需要学政治，造就一个军人应有的理想和品质。今天，我讲入伍第一课：我军的性质和宗旨。"

有的战士在笔记本上记录着。

温玉泉说："讲解这一课的目的就是要使每个战士都懂得，人民解放军是一支什么性质的军队，这支队伍是干什么的。"

温玉泉提出一个问题："你们读过毛主席的《为人民服务》吗？读过的请举手！"

"唰"的一声都举起了手。

"请放下！谁能背诵？"

这次举手的不太多，只有十几名中学生举了手。

温玉泉点名："欧阳平。"

欧阳平起立回答："到！"

温玉泉说："请你背一下。"

欧阳平站起来大声背诵："我们的共产党和共产党所领导的八路军、新四军，是革命的队伍。我们这个队伍完全是为着解放人民的，是彻底地为人民的利益工作的。……"

"请坐下！"温玉泉招招手。

温玉泉说："欧阳平同志背得很好。毛主席这一段话准确地回答了我刚才提出的问题。在共产党领导下的人民军队，这就是它的性质。它是干什么的？是全心全意为人民服务的，是彻底地为人民的利益工作的，这就是人民军队的宗旨。"

联系新战士各自不同的想法，温玉泉说："为保卫国防而当兵是正确的，那些'当兵是为了找出路'、'名誉好'、'图享受'等不正确的想法都是非无产阶级的思想反映，要树立全心全意为人民服务的世界观，必须逐步克服这些不正确的想法。"

温玉泉的讲话深深地打动了每一个人。

新兵坐在马扎上以班为单位组织讨论，欧阳平发言……

黑板报上写着新战士入伍第一课的感想。

墙报上"决心书"一栏，贴满了新战士的决心书。

早饭后。

欧阳平和黄玉栋练习打背包。

黄玉栋问欧阳平:“欧阳,教导员的课讲得真棒,比咱语文老师讲的都精彩。”

欧阳平说:“嗯! 主要是道理讲得透彻,解决思想问题。”

欧阳平动作娴熟,不到一分钟就把背包打好了。

黄玉栋面露难色。欧阳平笑了起来。

集合的哨声响了。

新战士边跑边扎腰带,争先恐后。

“面对我,成连横队集合!”值班排长下达了集合的口令。

各排迅速带到指定位置。

值班排长喊口令:“立正! 向右看——齐!”“向前——看!”“稍息! 立正!”

值班排长向连长报告:“连长同志,全连集合完毕,请指示。”连长高署月还了礼,并令其“入列”。值班排长入列后,新兵三营营长站在操场一侧,下达口令。

各连将新兵带入操场。

值班连长向营长报告:“营长同志,全营新兵集合完毕,请指示。”

营长还了礼,并令其入列,值班连长入列后下达训练科目:

“科目:队列训练。内容:向左向右转、向后转、齐步走。方法:以连为单位统一讲解示范,然后分班练习。时间:2 小时。成训练队形带开!”

各排长几乎同时下达口令,带走各自的队伍。

顿时,操场上口令朗朗,新战士生气勃勃……

7

雪山指挥部会议室。墙上挂着雪山阵地工程部署图。

机关四大部领导、机关处以上干部和前来报到的三个工兵团的领导,都集中在这里。

龚振华说:“我代表雪山工程指挥部党委、机关对前来领受国防施工任务的三个工兵团的领导表示热烈的欢迎。”

大家热烈鼓掌。

龚振华接着说:“雪山工程是我军要建的第一个导弹作战基地,阵地工程分三期完成。一期工程一个团的阵地要求在两年内完成就是。眼下天寒地冻,滴水成冰,时间紧迫,任务繁重。但我们相信,你们三个团队都是有着光荣传统的部队,你们一定能逢山开路,遇水架桥,攻坚克难,不辱使命。”下边请丛司令员向你们分配任务。

大家热烈鼓掌。

从荣之说："下边我讲讲你们的部署和任务。"

从荣之手持教鞭走到地图前，在大坳山地形图上画了一个大圆："你们三个团的工程就在这个数万平方公里的范围之内。你们的部署和任务是：

"311 团部署在大马河地区，三个营分别部署和完成 101#、103#、107#阵地工程。

"319 团部署在大熊沟地区，三个营分别部署和完成 203#、208#、209#阵地工程。

"320 团部署在大龙湾地区……"

从荣之讲完具体任务后，接着说："最后，我对你们的要求是三句话：施工进度要快，质量要高，要安全保密。"

龚振华说："我们敬爱的周总理对这项工程的建设有一系列指示，他要求我们，这是第一炮，一定要打响。"

三个团的军政领导立正，同声答道："牢记总理指示，一定打响第一炮！"

8

下午。

驼腰岭上停着一台吉普车。从荣之司令员、工程处长程仪远和王春江参谋站在车旁。

从荣之看看表，已是午后 3 点，好像有些着急，说："按推算应该到了，怎么还没有动静？再过两个小时天就要黑了。"

程处长站到一块巨石上，用手遮着阳光向远处眺望，能看到的只是乡村的牛马车，说："该到了，怎么？……"程仪远又回到从荣之的身边，说："再等一会儿吧！"

过了一会儿，王春江又站到那块巨石上，发现远处有成队的黑点在移动，取出望远镜望去，一支车队清晰可见，他激动地喊到："司令员！车队来啦！"

从荣之问："确切吗？"

王春江说："千真万确！"

从荣之说："好！下来吧！"

王春江回到从荣之的身边，从荣之吩咐道："车队到了我坐他们的头车，程处长和王参谋小车带路，在几处险路地段放上警示牌，一定保证车队安全通过驼腰岭。"

程处长说："还是我坐头车吧，您和王参谋……"

从荣之打断了程处长的话说："我是想在车上见见丁大伟，抓紧时间了解一些情况，到了目的地黑灯瞎火的还要急着设营。"

程处长和王参谋坐上吉普车向山下开去……

车队爬上了驼腰岭，坐在头车的丁大伟发现了司令员，对司机说："慢！从司令员在这里等我们呢!”

丁大伟打开车门想下车,从荣之伸出手,说:“把我拉上去!”丁大伟把从司令员拉了上去,问:“司令,怎么您一人在这里?”

从荣之说:“程处长他们前面开道去了。”

丁大伟的车内还坐着工兵二营营长雷光电,介绍道:“雷光电,这就是我向你们讲过的从司令员。”

雷光电说:“司令员好!”

从荣之说:“欢迎你们来!”说罢和雷光电握手。

雷光电坐回原处后继续说:“丁团长给我们讲了您很多传奇。能担负雪山工程任务我们很荣幸。”从荣之看了一眼丁大伟,说:“丁团长,你向他们说我什么了?”丁大伟笑了笑说:“司令员,我没说什么呀!他们想知道您的情况,我就把从战友那里听到的讲了讲……”

车队缓缓驶下驼腰岭……

丁大伟说:“雷光电。”丁大伟向前方指着,“下了这个坡,前行5公里往左拐是夹皮沟,你们营就部署在那里。”

雷光电接过团长手中的部署图,问“我们营离团部有多远?”

丁大伟说:“不远!不到20公里!”

车队在丁大伟的指挥下向左拐,进入一个宽大的山沟,在距沟口七八公里的一个小山村停下来。

从荣之、丁大伟和雷光电跳下车,雷光电指挥车队靠边停下。

这么多汽车和军人的到来,使这个封闭的小山村骤然热闹起来。老人和孩子们一起围上来,用惊奇的目光看着。其中一个大一点的孩子问丁大伟:“演电影吗?”

丁大伟拍拍孩子的头,应道:“等着吧,往后有的是电影看。要卸车了,孩子们站远点儿!别碰着你们。”

几个老太太问:“你们要在这儿长住啊?”

丁大伟说:“是呀大娘,往后咱就喝一个井的水喽!”

老太太说:“好好好!那咱这山沟就热闹了。不过,你们可喝不上井水,这里没有井。”

丁大伟笑了笑,说:“大娘,放心吧,往后一定能喝上井水!”

程仪远和王春江也过来了。从荣之把他们介绍给丁大伟:“你们设营还有什么问题,有问题就找他们!”

雷光电和程仪远、王春江寒暄了几句,把几位连长召集起来,和他们一起察看地形,确定每个连的宿营地……

工兵二营很快展开机械。

推土机铲雪，平整场地，战士们把背包、工具、盆子、行军锅整齐地放在一旁，忙着卸车。

连长何强走过来，对铲雪的战士说道："武虎生，你们班不要除雪了，先把炊事班的帐篷支起来。然后卸工程机械。"

班长武虎生答了一声"是！"，然后招呼全班战士卸车。武虎生和老战士胡俊山动作麻利地爬上车，他们娴熟地配合，把已经分解的帐篷大包小卷卸下，抬到指定的位置……

武虎生组织架设帐篷。

从荣之和丁团长走了一圈，问："有富余的帐篷吗？"

丁大伟不知道司令员的想法，随口答道："有！机动两顶。"

从荣之说："给我架一顶，过两天开完会，我就搬过来！"

丁大伟听了十分惊讶，说："司令员，那可不行！现在雪还没化，条件这么差，我可不敢让你跟我们一起住，万一您身体出了毛病，咋指挥部队呀？"

从荣之略想了一下，说："就这么定，提前给我准备好！"

丁大伟见司令员一本正经，很勉强地答了一个"是！"

从荣之说："雷宇声，走，我们去那两个团看看。"

画面：工兵二营六连工程作业。一排长指挥卸工程机械，从车上滑下一个很重的钢架正好打在牛排长的头上，他当场昏倒过去。

雷光电给基地作战值班室打电话求救……

梁玉洁带上一名护士乘救护车紧急出动。

救护车鸣着警笛快速开进，在丁字路口和老牛车相撞，梁玉洁受伤。

老牛被撞伤了。主人要求赔偿。梁玉洁把手表押给牛主人，说："老乡，我们急着救人，回头再说……"

梁玉洁等赶到事发地已过去两个小时了。

雷光电非常生气，冲着梁玉洁吼道："如果发生意外，我一定追究你的责任！"

梁玉洁忙着检查伤者的病情，没有过多理会，立即把牛排长送往医院……

9

雪山基地党委开会讨论三年规划。

云中山说："阵地工程的建设目标是：用两年时间完成一期工程建设和第二、三期阵地的勘察与设计，为第一个导弹团担负战备值班任务打下基础。第三年，二期工程起好步，争取完成全部计划的35%。几个工程部队都是能打硬仗的团队，团的主官表示，只要施工时间和物资保证能够跟得上，按期拿下一期工程没问题。”

张云涛说：“对导弹团来说，要认真探索专业训练的路子，抓好文化补习和专业理论训练，创造条件搞好实装操作训练，坚信经过两到三年的努力，可以使东山导弹团达到具备独立发射的能力，并为后续部队的发展储备骨干的目标。”

贺子章说：“后勤工作的重点一是要抓好物资、油料的供给，保证施工计划顺利进行；二是抓好基地医院和团卫生队建设，同时抓好营建及农副业生产，使全体官兵包括工兵部队的物质生活得到初步改善，确保中心任务的完成。”

陆仲琦说：“政治工作的根本任务是，响应中央军委号召，用毛泽东思想指导部队建设，深入开展群众性学习毛主席著作活动，武装官兵头脑；大力开展‘向雷锋同志学习’的活动，培养和造就大批又红又专的革命战士；全面开展‘四好连队’活动，批判资产阶级建军路线，保证部队坚定正确的政治方向。”

准备闭会了，龚振华又习惯地向大家发问：“大家还有什么意见吗？”

这时杨秀雄站了起来：“我想补充一点看法，请党委考虑。”

龚振华：“请讲。”

杨秀雄说：“我认为我们的三年规划对怎样突出政治研究不够，应对怎样突出政治进行深入的讨论。”

龚振华没有想到杨秀雄会在会议结束时提出这样的问题，龚振华看了看从荣之，从荣之问道：“杨秀雄同志能否谈得具体些，你认为怎么才算突出政治？”

杨秀雄清了一下嗓子，提高了声调说：“我认为突出政治应从三个方面去体现，一是在安排各项工作时，必须坚持政治第一的原则，再忙，也不能把政治放在从属的位置；二是我们各项工作的着眼点和落脚点必须坚持政治工作的统帅作用和思想领先的原则；三是从时间分配上，要保证政治教育的落实，教育要像训练一样，必须有足够的时间，现在军政时间比例是7:3，政治占3太少了。”

杨秀雄提出的问题使龚振华和从荣之很是为难，因为这是当时最敏感的问题。其他委员也面面相觑，但无人发言。

杨秀雄见无人接茬，略停一下又接着说：“我认为，全年政治教育时间不应少于80天。”

从荣之感到了问题的严重性，如果按杨秀雄的意见安排工作，一期工程必然泡汤。于是，他把话接了过来：“杨秀雄同志讲的关于突出政治问题，是个原则问题，必须贯彻到训练和施工的全过程。按照惯例，全年军政教育只能按10个月安排，二月份马上就要过去了，我们今年可用时间充其量还有9个月，扣除党团活动，每月军政时间只有20天，9个月是180天，扣除80天，施工和训练的时间满打满算只有100天，如果这样安排那将是个什么结果呢？”

从荣之看了看云中山和张云涛，二人表情严肃，然后发问道："中山同志，如果按100天安排，工程进度会是什么样？"

云中山说："军政时间按7∶3安排，今年的施工所需时间应是126天，如果按100天安排，净工作日要减少26天，就相当于毛时间一个半月，这样必将影响整个计划的完成。"

从荣之看了一眼张云涛，张云涛明白司令员的用意，他说："目前部队兵员文化水平普遍偏低，政治教育安排80天，军事训练要减少25天，我看明年执行发射任务有点儿悬。"

从荣之意识到，这个问题处理不好就会引起不必要的争论，他对政委建议道："吃饭时间到了，这个问题抽时间再议吧。"

龚振华明白从荣之的用意，附和道："好！暂时休会，关于军政时间比例问题在军事会议开会时再定。"

从荣之最后补充道："请司令部起草一份电报，把这次会议讨论的问题和准备召开军事工作会议的安排，向炮兵和军区报告一下，欢迎上级首长机关前来指导。"

参谋长回答："好！"

10

龚振华办公室。

龚振华正在阅读文件。

从荣之敲了敲龚振华的房门，推门进来。

龚振华放下手中文件，站起来道："老从，有事吗？"

从荣之答道："炮兵不来人了，让我们把会议开好。"说着，把电报放到桌子上。

龚振华看了电报，抬起头，问："军区来不来人？"

从荣之说："军区值班室通知我们，军区首长赴各地检查工作，来不了，军区副参谋长负责山城军分区，如果能挤出时间就参加。"

龚振华说："那我们就按原计划进行？"

从荣之说："会议是否由贺子章同志主持。三年规划和今年的工作计划由云中山同志传达，咱们俩最后作总结讲话。"

龚振华说："可以。还有什么要强调吗？"

从荣之说："我看有两个方面要强调：一是要把艰苦奋斗叫响。部分干部反映出畏难怕苦的情绪，这是最值得注意的。二是，我们的人员来自五湖四海，要强调团结。此外，杨秀雄提出的军政时间比例问题要处理好，不然，容易引发争论，影响大局。"

龚振华说："这次会议仍然以艰苦奋斗教育为主题，倡导发扬我军光荣传统，倡导红军长征精神，把团结问题叫响，关于军政时间比例我也考虑了，还是按军委的规定执行，杨秀雄那里我做工作。”

雪山基地小礼堂传出热烈的掌声。

从荣之说：“通过对三年规划的深入讨论，我们明确了今后两年的任务和目标，明确了实现目标的途径和措施。我相信，只要充分发挥我们各级党委、党支部的战斗堡垒作用，大力发扬我党我军艰苦奋斗、艰苦创业的革命精神，我们一定能够战胜前进道路上的各种困难，把雪山基地建设好，圆满完成党和国家赋予我们的光荣使命！”

丁大伟、孙福祥、田广川、孙长林都笑容满面，热烈鼓掌。

11

在大山深处的工地上，顶顶帐篷门口的炉筒里散着白烟。自打施工部队进沟，路也平坦了，鸟也似乎多了，整天叽叽喳喳叫个不停。千百年来，这沉寂的山林日夜不停地喧闹着，偶尔还有爱唱歌的战士来上一嗓子，深山沟如今充满了生气。

从荣之在帐篷里看资料。

丁大伟团长走近帐篷，打了一个报告。

从荣之说：“进来！”

丁大伟进了帐篷，从荣之让他坐下。

丁大伟没有坐，说：“司令员，开工庆典马上开始，请您给剪彩！”

从荣之望着丁大伟，显得很兴奋，站起来，说：“走！”

从荣之在团长丁大伟的陪同下进入工地。

在工地上。

工兵二营官兵身着作业服，头戴安全帽，手中握着施工工具，列队在路边，俨然战士出征的模样。

营长雷光电看到头戴安全帽的司令员走过来，跑步迎上去，说：“报告司令员同志，工兵311团二营开工准备就绪，请首长点响第一炮。报告人二营营长雷光电。”

从荣之还了礼，走近导火索的端头，拿起点火器，庄严地点燃了第一根导火索，“嗤嗤”发响的导火索喷着火舌、托着一道烟雾向山根奔去。

顷刻，山脚下响起了“隆隆”的炮声。

雷光电凝神静气地数着，“一炮、两炮、三炮……正好是六炮，全部爆破。”那炮声振荡着山谷，也震撼着人们的心灵。

工地上响起了经久不息的掌声。

从荣之走到队前，说："同志们，新的战斗打响了，我代表指挥部党委、机关表示祝贺！艰巨的任务和困难还在后面，但在工程兵面前没有战胜不了困难！祝你们旗开得胜！"

掌声如潮。

施工机械轰鸣，官兵们挥镐舞锹，一派紧张繁忙的施工场面……

12

在工兵营长的帐篷里。

一张行军床，白色床单，大衣在下，绿色军被在上，叠得整整齐齐。地中央摆着几张拼起来的桌子，上面摆放着电话、台灯和施工图纸，帐篷边上挂着挎包、安全帽、丁字尺、三角尺，显然这里既是营长的宿舍，又是营部集中开会、办公的地方。

雷宇声和雪光电正在研究施工图纸。

雷宇声是随司令员一起蹲点的。他住在营部，行使工程师的职责。因为他和雷营长同姓，比雷营长小两岁，二人一见如故。

雷光电说："雷工，我是个大老粗，修个路、盖个房还凑合，看图纸我还真打怵。你是科班出身，搞过多年的设计，你可得帮帮我，司令员在这儿蹲点，千万别让我出洋相。"

雷宇声说："你有实践经验，我从学校到机关，实践经验少，还要向你好好学习。"

雷光电说："你不知道哇，司令员在二营坐镇指挥，我心头像压了一块大石头！"

雷宇声看着图纸，漫不经心地回答："不要有压力，司令员对人要求虽严，但平易近人。"

雷光电说："你说得轻巧。吃、住条件这么差，万一照顾不周，出了毛病，我怎么向上边交待。"

雷宇声说："司令员可嘱咐过，生活上不搞特殊化，他要与战士实行'三同'！你可别超出范围，惹他不高兴！"

雷光电说："听说司令员给刘帅当过作战参谋，参与过好多大的战役，精通参谋业务，立过很多战功，在炮兵学院当副院长，是治学治军的行家里手！"

雷宇声说："这你说对了。再复杂的图纸在他眼前一过，一点差错也逃不过他的眼睛。第一份阵地勘察图一个坐标标错了，过了几道关谁也没有发现，到了司令员那里他一眼就看出来了。"

两人谈得正火，从荣之走进帐篷，两人转身看着两鬓花白的首长，心里肃然起敬。

从荣之说："你们说啥呢？这么热乎。"

雷宇声说："说点施工上的事儿。"

从荣之说:“我看二营花名册时就捉摸,‘雷光电’有啥讲究?”

雷光电笑呵呵地答道:“没啥讲究,我原来叫雷光殿,殿堂的殿,俺爹盼俺日后能当个官,可接兵干部文化不高,不会写这个殿字,就写成了闪电的电,一来二去,就这样叫了下来。”

从荣之说:“这个接兵干部,一字之差,误人前程。”

雷光电说:“我当了营长,我爹说俺家祖坟冒了青烟,真的出了这么大官儿。”

从荣之说:“过去带兵打仗,而今带兵打坑道,等我们的导弹飞上天的时候,电闪雷鸣,你雷光电可就更荣耀啦!”

雷光电说:“有首长坐镇指挥,我们二营一定按时拿下工程。”

13

在二营的工地上。

一阵排炮响过,从山脚下升起灰黄色的烟柱。安全员确认炸点全部起爆没有哑炮之后,挥动红旗,战士们一起涌上去,挥镐舞锹,清理石渣。

从荣之穿着作业服,戴着安全帽,和战士们一起施工。

雷宇声穿着作业服戴着安全帽,和营长雷光电越过碎石堆,来到新炸出的岩石断面处,查看岩石结构,确定炮眼的位置,他们议论比划着,用粉笔划上记号。

碎石清理完毕。两个风钻手抬着一台钻孔机按指定的位置打炮眼,为了加快进度,有的战士抡着大锤,砸钢钎打炮眼,发出“锵锵”的响声,那响声震撼着山体,在山谷中回响。

14

深夜。

从荣之睡不着,一种职业习惯促使他走出帐篷,他看到有个帐篷门开着,径直走了进去。几个战士戴着皮帽卷曲着身子睡着了。从荣之看了看温度计零下3℃。他心中不免一沉,略想了一下,弯腰给战士掖了掖被子,走出帐篷,又把门帘堵严实。

雷宇声和雷光电住在一顶帐篷。两人在推心置腹地谈话:“光电兄,冒昧地问一句,你都30岁了怎么还没有成家?是不是人长得太帅挑花了眼?”

雷光电说:“那你可就冤屈我了。我初中毕业当兵,那年19岁,我们校长的女儿看中了我,我们一直保持恋爱关系.后来她上了高中又考上了大学,我们天各一方,一晃七年过去了。我提干后曾经提出结婚的事,她说‘上大学不能结婚’。等她毕业了,我到学校接她,发现她和别人打得火热,对我不冷不热。我和她商量结婚的事,她说以前太幼稚,不懂得什么是爱情,我们没缘分,还是分手吧!”

雷宇声说:“太荒唐了,就算完啦?”

雷光电说："我气愤之极，真想给她两个嘴巴子，心想，我们是军人不能动粗。后来我们又谈了几次，谈不通。捆绑的夫妻不甜和，我就放弃了。后来家里又提过几次亲，不是我不中意，就是人家嫌我职业不好。施工一紧张，一年回家一次，住不了十天半月，这不就拖下来了。"

雷光电转头问道："宇声，你呢？"

雷宇声叹了一口气，说："家家都有一本难念的经。"

雷光电说："你也有难？"

雷宇声说："我大学毕业后分配到工程设计院。经人介绍，三年前我和士兵歌舞团的演员刘虹建立了恋爱关系。刘虹早年丧父，和妈妈相依为命。她家里缺少劳力，每逢节假日我总抽空帮助他干些体力活。刘虹母女对我特别好，经常帮我缝缝补补，洗洗涮涮，有了好吃的总是想着我。经过几年交往，我们建立了深厚的感情。我们本打算春节结婚，因为我调入雪山基地，要到山沟来，我们的爱情出现了波折。"

雷光电问："刘虹不干了？"

雷宇声说："不是刘虹不同意，是她妈妈坚决反对。"

雷光电说："好好做做老妈的工作嘛！"

雷宇声说："整整谈了三天，什么都讲了，谈不通。"

雷光电说："那下一步怎么办？"

正说到节骨眼上，从荣之走了进来，打断了他们的谈话。

雷光电、雷宇声见司令员进来，马上坐起来。

从荣之说："光电，我走了几个住处，看来防寒问题还是没有解决好。有的帐篷里的温度还在零下，不少战士戴着帽子睡觉，这怎么行？战士干一天活休息不好是要出毛病的，要研究研究。"

雷光电说："首长，现在有两个矛盾没解决好：一是白天劳动一天，都很累，烧火影响休息，有的图省事，用火烘一烘就睡了。二是战士害怕烧久了煤气中毒，也不敢久烧。"

从荣之说："得想办法解决这两个矛盾！"

雷宇声插话道："反正夜里需要站岗，干脆组成一个烧火警卫班，一个卫兵负责两三顶帐篷，他们白天休息，晚上站岗烧火。"

雷光电好像受到启发，说："这个法子可以试一试。"

15

清晨。

帐外飘着雪花。

从荣之正在洗脸，营部通信员送来了早餐，主食是大米饭，菜是一盘炒榨菜和一盘炒鸡蛋,还有一个汤装在小保温桶里。

从荣之见通信员进来,招呼他,说:“小鬼,放下吧,我自己来!”

从荣之洗过脸看着眼前的早餐欲动又止。他掀开门帘,向战士的帐篷走去。

战士们正在吃早饭,主食是高粱米,菜是咸菜和黄豆拌海带。

从荣之问几名新兵:“能吃饱吗?”

新战士起立,说:“报告首长,能吃饱,挺好的!”

从荣之示意他坐下吃饭。

从荣之又问一位老战士,老战士回答道:“当工程兵就得吃得这份苦,时下国家困难,咱革命军人要为国家担着点儿!”

从荣之心想,多好的战士,初到部队,就能体谅国家的难处。

从荣之走进雷光电的帐篷。

雷光电和雷宇声正在吃早饭,和战士一样:高粱米饭,黄豆拌海带、咸菜。雷光电见司令员进来,急忙站起来喊了声“首长”,再不知道说啥好。

从荣之说:“雷光电,我是来蹲点的,要蹲点就得‘五同’,最少是同吃同住同劳动。干部战士施工一天,劳动强度那么大,他们吃高粱米啃咸菜,却给我做大米饭、炒鸡蛋,我能吃下吗?今天我不批评你,记住,以后战士吃啥我吃啥,谁也不搞特殊化。”

从荣之的一席话令雷光电特别感动,急忙解释说:“您年龄大,不能和我们比!”

从荣之说:“国家经济困难,我们都要为国家分忧。现在的物质生活条件还很艰苦,官兵一致是战胜困难的法宝,给我搞特殊,我能吃下吗?”

雷光电放下手中的饭碗说:“下不为例!”

从荣之说:“就从这顿开始!把给我做的饭送给病号。”

雷光电说:“是!”

16

在二营的工地上。

口部开挖已告结束,口部上方及两侧用成排的原木支撑着,伪装网严严实实地从上面罩下来。

排炮发出沉闷的响声,接着从洞口冲出一股股的硝烟。

烟尘没有完全散尽,安全员便吹响了哨子。

从荣之和雷宇声、雷光电迎着带有浓烈硫磺味的烟尘钻进坑道,坑道内黑糊糊的。

坑道内没电,雷光电指示战士点燃松树明子,坑道内顿时亮了一些,但亮度不够。

从荣之问:“电还没送上?”

雷光电说："发电机出故障了，正在修理。"

从荣之返回帐篷给工程处打电话："程处长吗？103 工地急需用电，想办法从地方借一台发电机。如果借不到，就把指挥部的拆下送来。"

程处长说："我立即去办！"

两小时以后，罗海涛参谋带车送来一台柴油发电机。又过了半小时，坑道内灯火通明。

罗海涛告诉从荣之："省电力局已向市电业局发出通知，市局马上派人来，解决施工用电问题。"

17

六连轮休。

从一班的帐篷里传出了二胡的声音。虽然拉的不太上调儿，但也有一点儿韵味。从荣之循着二胡声走了过去。

在帐篷外，有的战士正在劈柴，有的在修理工具，还有的洗衣服。

见司令员过来，所有战士放下手里的活儿，立正站着，喊到："首长好！"

从荣之说："你们忙吧。"径直走进一班帐篷。

战士都站起来敬礼。

从荣之说："坐下！坐下！"

这时班长武虎生走进帐篷。

从荣之问："谁是班长？"

武虎生答道："报告首长，我是，我叫武虎生。"

从荣之指着拉二胡的战士问道："小同志，你叫什么名？"

拉二胡的战士说："报告首长，我叫胡俊山。"

从荣之又问："拉的不错，学多长时间啦？"

胡俊山腼腆地答道："一年多了，没师傅教，瞎拉！"

从荣之说："嗯，不要小看自学成才，各行都有自学成才的名家。二泉映月的曲子听过吗？那个作者就是自学成才。"

从荣之向他们讲述二泉映月的故事。

战士们听得津津有味。

从荣之正在讲故事，营部通讯员闯了进来，他见了司令有点发怯，用不太流畅的话向司令员报告："首长，基地云副司令来电话，请您接话。"

通讯员的扭捏引起全班一阵哄笑。

从荣之回到账蓬拿起电话，说："老云呀，我是从荣之，什么事？请讲。"

云中山说："省电业厅设计院来了一名工程师，关于阵地配电输变电方案已经拿出来了。在这个方案中，动力线从103号进入阵地，明天要进行实地勘察。此外，工兵二营的军事禁区也标出了。我想明天或后天一起现场办公，把这两个问题定下来，想听听你的意见。”

从荣之说：“你的想法很好，一箭双雕，就这样办，都哪些人参加？”

云中山说：“地方的除了电业厅的工程师，拟邀请的有县林业局的局长、林场的秦场长、大梁镇潘镇长、我们机关作训、工程各去一人，工兵团丁团长、二营雷营长，我带队，你看行不行？”

从荣之说：“一切由你安排，勘察时告诉我。”

云中山说：“丁团长由我通知，你就不要费心了。”

从荣之说：“好！”

18

103号阵地被群山包围着。

在群山中最高的那座山叫鹰头岭，海拔1975米，因为山高坡陡，山上还有一片原始森林保留着。虽然已进入6月，山下百花盛开，山上的树枝才刚刚吐出新芽，好像不是一个季节。

云中山领着勘察人员在山腰树间作业。

王参谋展开地图进行现地对照，然后讲道：“郭工，按照你们的设计图纸，第十二个高压线塔架应当设在这里，这里地势平坦，你看行不？”

郭工拿图纸看了看，说：“蛮好，就定在这里。”

云中山指示丁团长：“高架线通道就从这里通过，请你记下来。”

丁团长说：“雷光电，把这棵风倒树锯下，记下标记。”

雷光电让随行的战士砍树，战士好像没有力气，砍得很慢。雷光电见状，从战士手中夺过大斧，不几下，就把直径30公分的死树砍倒了。

从荣之和云中山看着雷光电发笑，说：“这小子要是参加长征，让他劈山开道一定是好样的。”

到了中午时分，勘察人员登上山头。

云中山向司令员建议：“司令员，大家一定很累了，咱们在这儿休息休息吧？吃点干粮、垫吧垫吧。”

从荣之说：“那咱就找个山头野炊吧！”

雷宇声从背包里取出面包和咸菜分发给每个人。

镇长老潘头微笑着凑过来，说：“我也献上一份，让大家尝尝鲜。”

老孙头交上一个军用水壶，从背包里取出一个布巾包着的饭盒。

云中山笑着，说：“老潘头，你带的什么宝？”

老潘头说:“这是我们镇自己酿的高粱酒,这一盒是新出锅的野猪肉、野鸡肉、野兔肉!”

云中山风趣地说:“老潘头,你要是再多带上几样,我们就可以上演坐山雕大摆百鸡宴了!”

云中山的话引起大伙一阵欢笑。

老潘头把肉分发给大家,说:“都尝尝!”

老潘头打开水壶盖,送给从司令员说:“从司令员,你官最大,你先喝。”

从荣之笑了笑,说:“老潘头,我享不了这个福呀!”

云中山把酒壶接过来,说:“司令员不喝酒,我打头。”云中山扬起脖子喝了一大口。

接着,你传我,我传你,传到雷光电,雷光电笑着问:“老潘头,我能多喝一点吗?”

老潘头说:“你喝吧,我和从司令员那一份都让给你。”

雷光电扬起脖子像喝水一般,咕咚咕咚连着喝了几大口,停下来,说:“好酒!好酒!”

大伙为雷光电叫好。

大伙吃了干粮后,就仨俩一伙,边唠边休息。

19

夕阳西下。

云中山一行沿着陡峭的山坡缓慢下山,这里大树参天,阴森森的。

过了一段山坡稍平缓些,老潘头向云中山介绍道:“这鹰头岭是最有名的野猪林,将来你们可要小心,这东西成群下山祸害村民,特别是种包米的,再加上黑熊撇棒子,弄不好颗粒难收。”

雷光电和王春江、雷宇声因为标图拉在人群的后边,他们便走便谈。

王春江说:“这里古木参天,一定是盛产元蘑的地方。”

雷宇声说:“什么圆蘑方蘑,海拔这么高能长蘑菇?”

王春江说:“外行了吧? 元蘑也叫冬蘑,就产在高处的枯树上,热天还不长呢,要不还称什么冬蘑!”

从荣之和云中山边走边谈工作,没想到触目惊心的一幕发生了。

在沟对面的山坡上,一只肥大的狗熊在拍打枯树,它像是听到了这边的动静,停下来望着对面的不速之客。

从荣之和云中山、郭工有些紧张起来,丁团长掏出手枪,把从荣之和云中山推到背后。有经验的老潘头马上制止,说:“不能打,站着不要动,你不攻击它,它不会攻击我们。”双方对峙着。

过了一阵，黑瞎子看着没有动静，大摇大摆地走了。

没想到，拉在后边的雷光电几个人，他们没有发现眼前发生的一幕，谈笑着闯了过来。六连的文书走在最前边，他发现了狗熊，惊呼一声“狗熊！”忘记了脚下，一不小心，随着陡坡滑了下去。那狗熊以为有人攻击它，转过身向文书扑去，文书被黑熊压在身下，情况十分危险。

雷光电发现文书被狗熊打倒，捡起文书丢下的板斧，呼喊着向狗熊冲去，雷光电选择一个有利地形，一板斧向狗熊的脖子砍了过去。

那一板斧很重，但没有砍到致命的地方，狗熊呼地跳起来扑向雷光电，雷光电头脑清醒，始终处在狗熊的上方，借机就是一斧……

看着雷光电和狗熊搏斗，急坏了丛荣之。丁团长拔出手枪要射杀狗熊，老潘头制止，说：“你莫动，由我来。”

雷光电和狗熊会战了二十多个回合，已经精度力竭，但受了伤的狗熊也难以跃动了，老潘头绕到雷光电的背后，伸出枪管，勾动扳机，“叭”的一声，大狗熊晃了几晃倒下了。

雷宇声等七手八脚把雷光电背下山。

救护车鸣着警笛将雷光电送进医院……

第五章

重人才训练辟新径　讲科学施工虑长远

1

东山导弹团营区一角传来庆祝的锣鼓声。

在一栋工子房的大门口摆着桌椅，张云涛在田广川和孙长林陪同下为集训队成立举行揭匾仪式。

大门前站着几十名官兵，张云涛把“总字八〇一部队集训队”的门牌挂上门边，官兵们热烈鼓掌。

张云涛转过身，然后发表了热情洋溢的讲话：“同志们：八〇一部队集训队成立了。这是雪山基地军事训练中的一件值得庆贺的事情。办集训队是我军的传统，在战争年代我们没法办学校，只能靠办集训队训练干部。实践表明，这是一个很有效的途径，我军现在的许多高级干部就是经过这种集训，在战争中成长起来的。我相信，我们集训队的成立将解决专业人才的培训问题，一定能培养大批的专业人才，在今后的军事工作中发挥应有的作用。为此，我代表基地首长、机关表示热烈的祝贺！”

揭匾仪式结束后，张云涛听取东山导弹团训练准备汇报。

狄文疆说：“按照基地三年规划和副司令员指示，东山导弹团从以下方面进行了准备：

“一是发动群众，讨论和提出了各专业的训练大纲，初步明确了分队训练的内容和要达到的目的；二是为提高训练效果，提出和制定了‘五个一套’的训练准备制度。这“五个一套”是：要有一套安排周全的训练计划；要自编一套适应官兵实际的训练教材；教员要有一套内容完整的教案；要有一套结合教学的教具；培养一套能讲会做的教员，这项工作已进入实施阶段；三是在完成专业训练之后，组织一批专业骨干集训，然后再进厂学习两个月。”

张云涛听着狄文疆的汇报，脸上泛起一层笑容，但没有听到他特别关心的模样弹的改装问题。没待狄文疆讲完，张云涛就急着问道：“模样弹改装是怎么计划的?”

田广川知道张云涛要提这个问题,补充汇报到:“模样弹改装问题不少,恐怕要专题研究。”

张云涛问:“都是什么问题?现在不能研究吗?”

田广川见副司令员追得很紧,把目光转向冯文博,说:“冯队长,请你把具体情况汇报汇报。”

冯文博难为情地看着大家。这个方案是他提出的,经过调查困难很大,作为条件极差的部队要实现是很难的。因此,这个问题一提出来就遭到集训队长余刚的反对。余刚指出,一旦不能实现,集训队和他们这一批知识分子就会威信扫地。冯文博也意识到,他已把自己推到进退两难的地步。但事已至此,冯文博也只得强打精神,底气不足地讲道:“我们队里几个同志讨论过,这发模样弹可以改装成训练弹,现在看问题真是不少,靠我们自己的力量是很难实现的。”

张云涛用诧异的目光看着冯文博,说:“讲详细点儿。”

冯文博说:“经过调查,这发模样弹的改装需要解决九个方面的问题:一是弹上仪器不配套,缺少十多个仪器要解决;二是弹上电缆网没有全部焊接,改成02批状态需要大批的图纸;三是地面测试设备需要重新装配;四是没有必须的调试手段……”

田广川说:“这么说来,改装的事我们干不成了?”

冯文博说:“不是干不成了,主要是上述这些东西的来源不好解决。”

张云涛说:“能否分分类,所需的东西哪些我们自己可以解决,哪些需要外部解决,列出一个明细表,看看上级能否帮你们找到解决的办法来。”

张云涛话音刚落,冯文博从他的保密箱内取出一份材料,递给团长。

田广川接过材料,这个材料的题目是“模样弹改装训练弹需要解决的问题”。

田广川意识到今天的会议不可能提出具体的计划,他把材料转给张云涛:“副司令员,今天可能讨论不了这个计划,我们是否先看看材料,然后再议。”

张云涛简单地翻了翻材料,共计十几页,他望着冯文博难为情的神态,表态道:“好,万事开头难,能把问题提出来,这项工作也算迈出了第一步,不过我提醒大家,模样弹改装我们绝不能放弃,请集训队和冯文博同志继续考虑,争取早一天拿出解决问题的办法来。”

2

集训队几位领导对模样弹改装问题进行专题讨论。

余刚沉着脸说:“大家知道,我对改装模样弹是持反对态度的,不是我看不到它的意义,而是我们不具备改装的条件。文博把问题捅出去了,不仅惊动了全团,连基地领导都晓得了。今天,老冯抛出了改装的九大问题,仔细掰一掰,有几样是我们自己能够解决的？就说制作器材的机工具哪里来？我们买不起呀！但这件事领导已经定了，只能上不能下，大家讨论讨论，看看我们怎么办？"

冯文博听得明白，余刚哪是在想办法，分明是在发牢骚，还在埋怨他。

冯文博的气已经憋了几天，机会来了，他以尖刻地语言对余刚进行了回击："老余，改装的建议是我提出来的，但在此之前我可征求过你的意见，你说有实现的可能性，一旦提出来，你是拧着脖子唱反调，你有能耐，团长、司令员在时咋不说？"

徐子清说："老余呀，事情已经到了这个地步，行不行，上不上，就不要争论了。基地领导这么看得起我们，把开拓训练局面的重任交给我们，我们也该做成几件像样的事情来，我们应当齐心协力，把模样弹改装的任务挑起来。"

教导员说："老余，子清讲的对，我们应当协助文博把这件事做好，为导弹部队建设作点贡献，也为咱们知识分子争口气，增点光。"

冯文博说："不少人天天骂我们'臭老九'、'白专生'，我就想干成几件事给他们看看，也出一口心里的闷气。"

余刚态度有了转变，说："我在这里表个态，我虽然担心这件事搞不成，我心里希望能办成，改成了，我们每个人都光彩，这件事已列入团的训练日程，又集中了几十人的骨干集训，现在是只能上不能下，我一定当好改装的总后勤，凡是需要我出面出力，我都不会推脱。"

徐子清说："文博，这件事能不能想法和外部取得联系，你的老同学不是在七机部研究所工作吗？把我们的困难提出来，看看他们能不能帮上忙？你提出的九个问题，我看七八个都得求他们。再就是，你和导弹学院有关系，能否用上？"

徐子清的发言使冯文博眼前一亮，他立即想到了他的同学郑大林、许化南，冯文博拍了一下脑袋，说："对呀，怎么没有想到这些呢？"

余刚说："我看徐子清同志的思路可以考虑。"

3

田广川办公室，他正在看《基地军事工作三年规划》。

张云涛敲敲门走进来。

田广川站起来，说："副司令员，中午您没休息一会？"

张云涛说："冯文博的建议让我睡意全无，怎么也放不下。走！咱俩到导弹库房看看。"

田广川给参谋长打了电话，让他通知集训队做好准备。

二人乘车向集训队驶去，过了集训队就看到了库房。

张云涛到了库房，发现库房的门半掩着，田广川推开门，从库房里射出灯光……

田广川和张云涛一起进入库房，看见作训股长拿着手电往躺着的导弹仪器舱照亮，另一个人的上半身钻进了仪器舱。

田广川看了看张云涛，说："有比我们还着急的呢！"

作训股长听见团长的声音，转头又看见了张副司令员，连忙喊道："冯文博，停下来！张副司令员和团长来啦！"

冯文博从仪器舱退出来，理了理上衣，走到张云涛跟前说："首长好！"

张云涛笑着问："情况如何？"

冯文博说："股长带我们对照随弹资料，先进行弹体查看，把技术状态尽快搞清楚，然后再提出具体的改造方案。"

张云涛说："好！"

田广川陪同张云涛围绕弹体转了好几圈，张云涛不断发问，冯文博一一解答。

张云涛问："什么时候能拿出详细报告？"

冯文博说："我还要和余刚讨论一下，我想最迟后天拿出方案。"

张云涛说："好！我等着你的消息。"

夜深人静，时针指向 12 点。

冯文博的房间还亮着灯，桌子上零乱地放着一堆资料、图纸和直尺、角尺，他在翻阅随弹资料，边看边记录着……

过了一个小时。

冯文博房间的灯还亮着，他手握尺子正在制表……

余刚轻手轻脚地走进来，倒了杯水，放到冯文博的面前，冯文博示意放在一边，继续埋头划线制表。

余刚说："已经一点多了，休息吧！明天再搞！"

冯文博头也没抬，答道："没关系，再有两小时就差不多了。"

余刚走出房间，冯文博继续工作……

凌晨 3 点。

余刚端着一碗热气腾腾的面条走进来，说："老冯，饿了吧？来，吃碗面条！"

冯文博兴冲冲地说："知我者，余刚也，真有点饿了。"边说着接过碗，大口大口地吃起来，但眼睛还盯着放在桌上的图纸。

余刚不好意思地说："老冯，白天我的态度不好，别往心里去！"

冯文博笑着答道："老余，我就那么大的心眼？太小看我了！"

余刚笑着答应："俗话说宰相肚里能撑船，文博的肚里能装导弹，我想你也不至于记恨我。"

两人哈哈笑了起来。

4

早饭后。

冯文博把教练弹的改装计划交给了余刚。

冯文博说道："经仔细查看，对制作器材所需的机工具已经统计出来，怎么解决这些问题以及怎么改装我都提出了具体意见，请你看看。"

余刚知道冯文博办事一向有把握，用不着浪费时间再讨论，他简单地翻了一下说："我们马上向团里汇报。"

冯文博说："咱们一起去？"

余刚说："走，一起去！"

在田广川的办公室里，张云涛和田团长在讨论冯文博的建议。

张云涛说："炮兵技术学院搞过教练弹改装，从司令员对这事很感兴趣，他要我们下工夫把这件事办成。据了解，学院改装教练弹时，教授、讲师都上了，还干了八九个月，我们力量薄弱，困难肯定不少。"

这时，门外传来"报告"声。

田广川应了声："请进！"

余刚和冯文博进入团长办公室，见张云涛在，他们向副司令员敬礼。

张云涛热情地说："说曹操曹操到，你们来得正是时候，请坐！"

田广川问："是不是导弹改装的事？"

余刚说："正是！"

田广川说："张副司令员一直在等你们的报告呢，来，详细地谈一谈。"

冯文博详细地把改装方案以及需要上级解决的问题讲了一遍。

张云涛听着，面部渐渐露出喜色，问道："是否能得出这样的结论：这枚弹可以改装，配套的东西缺不少，只要按图纸配套，我们能改装成功。"

冯文博说："是这样！"

张云涛问："都哪些问题需要解决？"

冯文博把要解决的九大类问题作了说明。

田广川说："工厂能帮助我们解决这些问题吗？"

余刚说："我实习时发现，工厂和七机部研究所，他们存有不少例行试验品，这些产品放在他们那里也没啥用，要是把这些东西搞过来，就成宝贝了。"

冯文博说："沙洲基地曾经搞过一个实验室，所用的设备和仪器都是七机部留下的试验品。"

张云涛问："这些消息可靠吗？"

冯文博说："我的一个同学叫郑大林，他是研究所的工程师，我和他联系了，他说东西都在，用于训练没问题，但必须经过主官部门同意。”

田广川问：“那我们怎么办？”

冯文博说：“我想，基地机关能否找有关部门联系一下，再给我们出具个证明信，我们到北京跑一趟！”

田广川问：“不知副司令员有何考虑？”

张云涛高兴地说：“就按冯文博的意见办，介绍信我来搞，要抓紧行动，争取把这批器材搞过来。”

田广川说：“训练队骨干培训和教练弹改装照常进行，冯文博你准备去北京。”

冯文博说：“是！”

5

饭后。

从荣之正在收拾东西。

警卫员刘晓宾问道：“首长，被装怎么带？”

从荣之说：“把我的马褡子拿出来，把被褥装进马褡，其他零散东西放进手提包。”

刘晓宾从床铺下抽出马褡子，把被褥装进去，又问道：“到工兵团多长时间？我也去吧？”

从荣之说：“也许三两个月，你就不去了，下连蹲点还带着警卫员不让人家笑话？”

刘晓宾说：“来时谢阿姨再三交待，让我一定把您照顾好。您胃疼都多长时间了，我还是跟您一块去吧。”

从荣之说：“团里有人照顾，我已经告诉管理处长了，下月汽训队开学，你学车去，不能老当警卫员呀！”

电话铃声打断了他们的谈话。

从荣之拿起电话：“喂！哪里？我是从荣之。云涛呀！你讲！”

张云涛说：“关于模样弹改装问题经初步论证，改成的可能性很大，但缺少一些东西需要机关帮助解决。”

从荣之说：“缺什么？”

张云涛说：“主要是弹上仪器、地面电缆网及测试设备，还有改装调试所需的机工具、电工仪表。”

从荣之问：“准备怎么解决？”

张云涛说：“据余刚和冯文博讲，七机部研究所有不少例行实验品，他们也不用了，如能得到生产单位的支援，那胜算的把握就大了。”

从荣之问：“需要我做些什么？”

张云涛说："有几点考虑想得到司令员的帮助。"

从荣之说："你讲。"

张云涛说："一是请你给七机部研究所的朋友写封信，请求他们支援。"

从荣之说："我认识好几位所长，没问题，第二呢？"

张云涛说："第二是，听说技术学院搞过教学弹改装，学院有人才，能否请学院帮我们一把？具体讲就是人员和调试所需要的各种仪表。"

从荣之说："你能否搞一个明细表，然后我和他们联系？"

张云涛说："我们没搞过，明细表不一定很准确，你把原则告诉学院，搞过的人就知道带什么。"

从荣之说："好，这件事我帮你落实，还有什么？"

张云涛说："改装一枚导弹需要好多工种作保证，除了电工、仪表、机加工外，焊接工作也不少，还必须自己购置一些设备，如台钻、电焊机、车床等，东山团恐怕也没有这个力量，基地能否帮他们一把？"

从荣之说："这个问题你要容我考虑考虑……"

从荣之顺便问道："训练队组建得怎么样了？"

张云涛说："人员已经到位，模样弹改装任务就交给训练队，把骨干集训和改装结合起来搞。"

从荣之说："这样好。一举两得。我给学院打电话，信写好后派人给你送去。"

张云涛说："好！"

从荣之说："我要到 319 团蹲几个月，有事就打到 319 团找我。"

张云涛说："多注意身体！"

从荣之说："谢谢关心，没问题。"

从荣之放下电话告诉刘晓宾："上午不走了，通知雷工，告诉他下午两点出发。"

刘晓宾转身出去了。

从荣之拿起电话说："我是雪山一号，请给我接特种炮兵学院，找训练部周部长。"

从荣之放下电话，耐心地等着，张云涛的电话还在他耳边回响："如果得到他们的支持，那胜算的把握就大了。"

6

6 月。

在金川至龙山训练场的公路上，两台吉普车快速开进。

坐在前面车上的是东山导弹团团长田广川、参谋长狄文疆、团作训股李参谋。

坐在后边车上的是张云涛、作训处参谋王春江。

张云涛问道："王参谋，龙山的地图带没带？"

王春江说:“带了。”

张云涛问:“多大比例?”

王春江说:“1:50000。”

张云涛问:“你到现场看过了吗? 有没有腹案?”

王春江说:“腹案已经标在图上了。”

张云涛说:“好!”

两台吉普车下了公路向右边一拐,进入一条刚够会车的砂石路。不时,龙山训练场展现在眼前。

龙山是一座青石山,除了山顶和部分山坡有草木植被,山根处大都是陡立的峭壁。龙山由大小十几个山头组成,面积近10平方公里。站在山顶眺望,丘陵起伏延绵,远处大海清晰可见。因为龙山地处海防,地势险要,军事价值很高,所以,在这个10平方公里的区域内,同时部署着几个军事单位,其中军区移交雪山基地的龙山训练场就在这里。

龙山训练场四面环山,高差300米,中间是一块椭圆形的平地,在山口处有一座中型水库,进山的道路从水库一侧绕过,是导弹部队理想的训练场。

两台吉普车进入龙山训练场,在一块平整地停下。

张云涛下车向四周看了看,指示王春江:“把地图拿来,让我们看看你的方案。”

王春江从图夹里取出地图,只见图上有七八块被标着各式各样的符号。

张云涛说:“大家过来,王参谋你来介绍。”

大家随即聚拢过来。

王春江抬头看了一下所处方位,把标图调了调角度,然后说:“我们是按同时进驻两个发射营及相应的保障分队考虑的。按其功用性质分三大块。”王春江用手指着地图,“这一区域处在山脚最高处是导弹测试区,其中包括导弹转运场;中间这一区域处在山沟中部作为发射场;最后这片区域是生活区;靠水库的一角是加油站和氧气、氮气生产区。这样配置是否正确合理,请首长们批评指正。”

张云涛边听边用眼睛瞭望王春江指示的方位,等王春江讲完了,他对田广川说:“田团长,你是行家,又是东道主,看这个预案是否可行?”

田广川把目光从标图上移向王春江,笑着说:“真不愧是上级机关的高参那!图标得干净利落,非常专业。只是兵力配置过于密集,以前我们点火训练住一个营,两个营配置在一块是否太挤了?”

狄文疆说:“这片生活区不足一万平米,同时部署两个营,还有直属分队,再加上指挥所,是有些拥挤,从长远考虑,生活区应向外再扩展一些。”

张云涛说:“还有什么补充?”

田广川说:“总体不错!”

张云涛说:“把田团长的意见加进去,就照这个方案实施。”

张云涛一行顺着小道向高处走去……

这时，乌云从海边压了过来，紧接着雷声大作，一阵大风挟着暴雨劈头盖脸地打下来，大家赶紧跑进车里。

张云涛风趣地说："东海龙王有意见了。"

车里的人都笑了起来。

雨停了。

张云涛、田广川乘车返回营区。

张云涛刚刚走进招待所的大门，基地政治部副主任杨秀雄和孙长林热情地走过来说："张副司令员，辛苦了！"

张云涛问："什么时候到的？"

杨秀雄说："刚到！"

张云涛问："基地情况怎么样？听说司令政委都下部队了！"

杨秀雄说："是！他们都下部队了。司令、政委下部队前召开了一次机关干部会，要求各部门尽可能了解第一手材料，我就选中了东山团。"

张云涛和杨秀雄一起走进房间，张云涛问道："准备待多长时间？"

杨秀雄说："东山团是我们政治部政治教育试点单位，今年大部分时间都要在这里。"

张云涛说："好，有政治工作作保障，东山团的训练和发射任务就没有问题啦。"

杨秀雄说："只要政治挂帅，思想领先，什么困难都能克服。我缺少部队工作经验，还望张副司令员多多指教！"

这时孙长林走进房间说："副司令员，晚饭准备好了，吃过饭再谈吧？"

张云涛说："好！走，吃饭去！。"

张云涛、杨秀雄、孙长林一起向食堂走去。

7

在通往训练队的路上。一队提着保密箱的队伍，唱着嘹亮的歌曲在行进。

在控制专业的教室内，坐满了听课的战士。在讲台上放着约60公分高的导弹模型，黑板上写着：第一课 PA2 导弹概述。

新兵专业第一课由训练队余刚担任，余刚走到台前，说："同学们，我给大家讲解第一课，导弹概述，先讲第一个问题：导弹的概念。

"装有弹头和动力装置并能制导的高速飞行器，就叫导弹。导弹有弹头、弹体两大部分组成，弹体部分也称火箭或运载工具……

"要说火箭大家并不陌生。在我们乡下，过年时常放一种烟火，当地人叫'起火'，有些地方叫'钻天猴'，用纸包上火药，捆上芦苇秆，用手轻轻捏住，头朝上，点了捻,‘嗖’的一声上了天。这种起火就是最早的火箭。火药是中国四大发明之一,有了火药才有了烟火,由此我们可以说,是中国人最早发明了火箭,中国是研制火箭的老祖宗。”

战士们聚精会神地听讲,他们目视着余刚的一举一动。

余刚说:“但今天的导弹和几千年前的火箭已大不相同了。那时的火箭肚子里只装着火药,只能朝着一个方向飞行;现在的导弹肚子装了许多精密的仪器,能控制导弹拐弯飞向我们指定的目标,如果再给它装上弹头,可以打几千公里以外的目标。因此,导弹在军事上有极大的军事价值。我们是导弹部队,是我军一支重要的战略力量,因此,我们一定要学好发射导弹的技术,为保卫祖国、维护世界和平而努力!”

学员为余刚热烈鼓掌。

在发动机专业的教室内。

讲台上放置着发动机的模型,在黑板一端墙上挂着由红、黄、蓝三色绘成的动力系统示意图。黑板的另一端写着:第一课:动力系统的功用和组成,在大标题之下写着:一、动力系统的功能;二、动力系统的组成。

教员在讲解动力系统的工作过程。

在发射专业的教室内。

墙壁上贴满了装备的照片和液压系统的示意图。教员正在示意图上讲解动力系统的工作过程。

又回到控制专业教室。

余刚正结合电动示意图讲解导弹的飞行过程:“按下点火按钮,发动机点火,燃气流作用在舵机上,当达到一定的推力导弹离开发射台;导弹垂直起飞8″,程序机构发出程序飞行指令,这个信号放大后,送给执行机构(舵机),控制燃气舵转过一个角度,使导弹按预定弹道飞行……”

欧阳平瞪大眼睛,听得十分入神,他身边坐着的是他高中的同学黄玉栋。

下课的铃声响了。

余刚说:“概述课就讲到这里。为了使大家增强感性认识,下一课我们将结合模样弹进行讲解,学习和了解导弹各大部的组成及各部的功能。下课。”

欧阳平和黄玉栋走出教室,脸上荡漾着笑容,评论着教员。

带队干部说:“不准讲话!”

在高墙围成的一栋库房内灯火通明。

库房的中央水平横卧着一枚墨绿色的庞然大物，这是一枚东风导弹。在弹体的一侧教员正组织新战士参观和复习功课。

教员说："这是一枚模样弹，电缆网没有安装，不能通电操作，但它的外型结构和真弹是一样的。现在我结合实物，向大家讲解导弹的大部组成和导弹的战术技术性能。"

8

从集训队方向传来鞭炮声。

经过紧锣密鼓的准备，东山导弹团模型队正式成立。房前，有摆桌放椅的；有安装和调试配电设备的；还有一伙人，从解放汽车上在卸机械工具的……

冯文博忙得不可开交，他一边擦汗，一边吩咐桌椅怎么摆放，机工具怎么安装，电线怎么走向……

这时，余刚陪着张云涛来到工作现场。

冯文博见张云涛过来，赶紧迎上去向副司令员报告。

张云涛笑着道："我们的导弹改装厂要成立了，我前来祝贺呀！"

冯文博也笑着回答："副司令员这么关心我们，我们一定完成好任务，不辜负首长对我们的期望。"

张云涛说："告诉你们一个好消息，应你们的请求，丛司令员给七机部的朋友写信了，明天派人送过来。此外，也和特种炮兵学院联系了，学院将派出有经验的教员支持我们。"

冯文博高兴地说："谢谢基地首长对我们的支持与关心。"

张云涛说："不要客气，如导弹改成了，解决了操作训练问题，基地要给你们请功，全基地都要感谢你们呢！"

冯文博、余刚一起笑了起来。

9

8 月。

大坳山郁郁葱葱，山间流水潺潺。

山间绿草丛中开满了红、黄、白各色野花，把大坳山点缀的富有诗情画意。

四台指挥车在山间行进。

首车坐着丛荣之和雷宇声，随后几台是各工兵团的团长、参谋长和工程股长。

检查团在 311 团的工地上停下来。呈现在检查团眼前的是：场坪护坡已修建完毕。战士们正进行坑道作业。雷宇声顺着石渣堆观察取样，了解坑道掘进过程中的石质变化。

过了一会儿，雷宇声走进场坪，眼前的情景令他十分惊讶，该营把石渣倾倒在邻近场坪的河沟里，上面人走车压成了一条路，雷宇声摇摇头。

雷宇声找到张营长说："张营长，你是否考虑过这样作业的后果和危害？"

张营长说："老雷，什么事情那么严重？"

雷宇声说："大坳山夏季雨量很大，一旦山洪发生也是势不可挡，你把千百年来自然形成的水道给填平了，还高于场坪，等到山洪下来那将是什么样的情景？"

营长开始有点儿惊愕，过了片刻又不以为然，说："老雷，你别吓唬我，水泥结构还害怕冲？"

他们还在争论，孙团长招呼检查团吃饭。

饭桌上摆着四菜一汤：土豆炖豆角、烧茄子、黄花菜炒肉、山芹菜炒肉，盘儿大上尖。

从荣之说："张营长，这些新鲜菜哪买的？"

张营长说："报告司令员，今天吃的菜除了肉是从商店买来的，别的都是自产的。我们营开了三亩多菜地，除了辣椒不结，土豆、茄子、芹菜都长得很好，黄花菜是从山上移栽在房前路边的，既美化了环境，还能尝到新鲜。"

孙团长："二营是团里农副业生产先进单位，其他几个营也许因为沟深日照少茄子不挂花，大头菜不包心，他们的菜地平时弄的精心长势也好。"

从荣之听着点头称道，他打心里佩服二营官兵，他们没有临时观念，而是以山沟为家、阵地为家，不但坑道进度快、营区建设、农副业生产也走在前面。他对身边的云中山说："让后勤部过来一个人，把农副业生产也作为检查的内容。"

云中山说："好！"

从荣之又转向张营长说："交给你一个任务，把你们种菜的经验总结一下，在全基地推广。"

张营长站起来说："是！"

饭后。

检查团正要出发，突然满天黑云向大山扑来。

不大工夫，电闪雷鸣，大山在震动。片刻，大雨如注，雨点打在车窗玻璃上啪啪作响。

从荣之说："通知各车，雨过了再走。"

雷宇声把头探出车外招呼一声，一群人呼啦一下钻进张营长的帐篷里。

丁大伟和孙团长开玩笑说："老孙，听说你在的沟里产王八，怎么又到二营下崽啦？"

孙团长说："丁大伟你是属龙的，龙王跟着雨头跑，你到哪里那里准下雨，有了水王八就钻了出来，按说王八还是老丁下的崽儿！"

两人斗嘴引起一阵哄笑。

暴雨不停。

山洪挟着枯枝、杂草如同脱缰的野马渲泻而下，发出阵阵吼声。

水越来越大，通向场坪的道路渐渐被淹没了。

从荣之不安地看着表，已是下午两点半了。

雷宇声从下雨开始紧皱眉头在思索，几次想说什么但欲言又止。

从荣之看在眼里，说："雷工，有话就说！"

雷宇声说："司令员，我担心二营修建的场坪难以经受这场暴雨的考验！"

从荣之有些惊诧说："是吗？何以见得？"

雷宇声把他和营长讨论的问题讲了一遍。

雨停了。

从荣之、云中山和检查团重返场坪。

展现在他们面前的景象是：上午来时的路不见了，在场坪的一侧冲出一条二十米宽的河槽，洪水虽然下去许多，仍然卷着激流咆哮着；场坪的一角被冲垮，坑道口部淤满了泥沙。

眼前发生的一切让从荣之心里沉甸甸的。

从荣之问雷宇声："其他的阵地是否会发生同样的问题？"

"可能还会有。"雷宇声谨慎地答道。

从荣之深知，作为领导者如果违背了自然规律，决策失误和指挥失当，几个月的艰辛努力就可能毁于一旦，不仅浪费了国家的巨额投资，官兵的血汗也要白流了！

从荣之叫来云中山说："阵地建设是百年大计，为防止类似问题发生，应对所有施工方案重新进行审查，要召开专门会议进行论证，把可能发生的问题解决好。"

云中山说："司令员的决定很重要，我们尽快制定方案，抓好落实。"

晚饭后。

从荣之和龚振华沿着门外的小道散步。

雨后的山区空气十分新鲜，从不远的山林里传来鸟儿的阵阵鸣叫。

从荣之把阵地发生的险情讲给龚振华，并谈了召开工程技术研讨会的意见。

龚振华说："这件事给我们敲响了警钟，使我们看到了知识和经验的重要性。雷宇声是个思想和技术都很强的干部，应该好好使用。"

从荣之说："我有个想法，雷宇声晋升为高级工程师职称，行政级别先调为营级，然后到工兵团代职。"

龚振华说："同意你的意见，通知政治部，提交党委研究后任命。"

从荣之说："告诉你一个好消息，向华院长调任军委炮兵任副司令，主管导弹基地建设，他到任的第一站要到我们这里来，了解一期工程的进展情况，研究二期建设规划。”

龚振华说：“由他主管阵地建设我们就更有依靠了！”

从荣之说：“此外，北京已经来电，东山团发射任务协调会下周在京召开，通知基地管训练的首长和东山团的团长参加会议。我已把电报批转张云涛和东山团。东山团的训练云涛抓的很紧，已迈出了可喜的一步，总的看，今年工作势头不错。”

10

北京。

七机部某招待所。

冯文博在房间看资料。他不时地看看表，已是下午 6 点。他推开窗户，看看街上的行人来来往往，但不见他要寻找的目标。冯文博又回到床前，继续看已经看了几遍的内容……

“当当当！”房间的门响了两声。

冯文博起身快速开门，门外站着是一个三十多岁的男子。

冯文博“呵”了一声，说：“郑大林呀，让我等的好苦啊！”

郑大林说：“文博，你不知道，现在我们下班搞政治学习，什么燕山夜话，批判资产阶级，不参加就会被扣上不关心政治的帽子。”

冯文博说：“快坐下！”

郑大林说：“别坐啦，找地方去吃晚饭吧！”

冯文博说：“好吧，这地方你熟，到哪儿你定。”

郑大林说：“咱也不摆阔，你爱吃面食，到街口吃开封灌汤包怎样？”

冯文博说：“好吧。”

二人出了招待所，来到包子铺，在一个偏角坐了下来。

郑大林点了 8 两包子，两盘菜，外加一瓶北京二锅头，他俩边吃边谈。

郑大林说：“清单我看了，你们所需要的东西这里大部分都有，不过不放在一个地方。据我了解沙洲试验基地也想要，我们所长还表了态，反正放着也没用，给部队教学用也是一件好事。”

冯文博一听有些着急，说：“沙洲基地也要，那怎么办？”

郑大林说：“给谁我们所长说了算，能说通黄所长，就看你的本事了。”

冯文博说：“那我怎么才能见到黄所长？”

郑大林说：“我可告诉你，黄所长这人很倔，必须一次谈成，谈不成就没有第二次。”

冯文博说：“我是不是要给所长送些礼？”

郑大林说："不行！不行！你可千万别送礼，送礼准砸锅。黄所长是留学归来的高材生，是我国几个型号的总设计师，他为人正直，最看不上送礼办事儿的人。"

冯文博有些为难……

郑大林说："最好——"说到这里郑大林停了一下。

冯文博问："最好什么？"

郑大林说："最好，让部队有一定身份的领导给他递个话，事情还能有转机。"

冯文博突然眼前一亮，说："我来时，我们基地的丛司令员给一位姓黄的所长写了一封信，让我来找他，是不是就是这位黄所长呀？"

郑大林说："拿来我看看。"

冯文博把信递给郑大林，郑大林看到信封上写着"呈交七机部黄国路所长收。"

郑大林说："对！是他！有门儿了。明天8点，我带你面见我们所长。"

冯文博给郑大林倒上满满的一杯酒，说："感谢老同学帮忙，来，干杯！"

郑大林端起杯，两人碰了一下，一饮而尽。

七机部某研究所资料室，黄盈盈正在整理资料。

一个很英俊的军人在郑大林陪同下走进资料室。

郑大林向黄盈盈介绍说："这位是东山导弹团的欧阳同志，该团要把一发模样弹改成训练弹，需要装备电缆网的图纸，黄总同意给部队一套，已经批示了。"

黄盈盈看了黄总的批示，又打电话给黄总核实了批示。黄总的回答是："有这事，请按批示办理！"

黄盈盈打开了一个资料柜翻了又翻，找不到他们需要的那份资料，有点着急。

郑大林安慰道："别着急，慢点找！"

黄盈盈扬着头思索了一会儿，马上翻开资料借阅登记，抬起头解释道："郑工，这份资料被金大中借去了，如果要用，得找金大中。"

郑提示黄："人家千里迢迢来到北京，怎么也得帮他解决！"

黄盈盈："那，我给大中打个电话，让他们还回来。"

郑大林笑着说："对，对！这样好。"

黄盈盈给金大中打了电话。

金大中说："这份资料不用了，但我正在开会，不能马上送过去。"

黄盈盈说："那样吧，我去取，你把材料准备好。"

黄盈盈骑着自行车走出研究所的大门。

她沿着门前的水泥路骑了一段，向右转了一个弯。进了一个工厂的大门，这时已到了快要下班的时间。她径直走进一个办公室。

金大中正在整理资料，见黄盈盈进来自谦道："小黄。不好意思了，劳你的大驾，还让你亲自跑一趟。"说着把一个装好的资料袋递给黄："请您点点"。

黄盈盈点了点资料，把借阅登记簿翻开，记上了归还的时间，说："请看，登记的借阅已注销。"然后把资料装进挎包。

金大中笑了笑，说："好！"

黄盈盈骑上自行车返回研究所。

路上行人很多。正要进研究所大门的时候，一件意想不到有情况发生了：一个着红装的男子骑自行车撞翻了黄盈盈。她的挎包掉在地上。黄盈盈还没反应过来，那男子拎起挎包跨上自行车飞也似向前方奔去。

欧阳平站在研究所的门口，他目睹了事件发生的经过。他立即冲过去，骑上小黄的自行车，拼命地追赶抢包的人，200 米、150 米、100 米、50 米很快就要追上了。

那抢包的男子扭过头看到有人追赶，急转弯向一条胡同拐去。

欧阳紧追不舍。

欧阳追上了男子，用力一推，那男子被重重地摔在地上。

男子意识到不妙，立即从地上跃起，拔出匕首向欧阳扑来。欧阳身体健壮，头脑清醒，几次躲过了歹徒的进攻。歹徒因用力过猛，失去了平衡，欧阳借势握住了歹徒持刀的手腕，用力一扭将歹徒的胳膊反剪了过去。

这时，几名不明身份的青年人涌上来，为歹徒解围，说："唉！怎么回事？怎么打人呢？"

欧阳说："他拦路抢劫！"

欧阳没有想到这几个人是歹徒的同伙，几个人像劝架一样并夹杂着拳脚把欧阳挤到了路边。欧阳平反应过来，紧紧地抱着材料，极力挣脱……

黄盈盈带着警卫从后边追了上来。

歹徒们看见警卫，立即四散而逃，消失在小巷里……

黄盈盈扶起欧阳平，见保密材料完好，感激地说："谢谢你欧阳同志，是你保住了国家机密。"

欧阳平说："不客气，你本来是为我们办事的。"

黄盈盈回到家里，把事情告诉了妈妈和爸爸黄国路。

黄妈说："多悬，幸亏遇到了解放军，要不……"

盈盈说："谢天谢地，真有点儿后怕。"

黄国路说："那个战士叫什么？得好好谢谢人家。"

晚上，黄盈盈怎么也睡不着，欧阳平见义勇为的情景不停地浮现在她的眼前……

11

"金川至北京"的列车穿过起伏的丘陵在山间奔驰……

卧铺车厢内张云涛和田广川在谈话。张云涛的脸上浮现着微笑，说："昨天的示范教学直观明了，把很深奥的道理讲得通俗易懂。事前我看了陀螺仪一章，讲陀螺有定轴性和进动性，通过定轴和进动测角，我百思不得其解，昨天教员一演示，我一下明白了。这种运用教具的授课方法，直观形象把抽象的原理讲得通俗易懂。北京开会回来要很好总结一下，给基地写个报告。"

田广川说："好！我们也有这个打算。"

稍停了一会儿，张云涛说道："这次北京的协调会，我们要少报喜多报忧。我们毕竟是新组建的部队。搞好实装训练是发射准备的关键一步，我们自己想办法，也要呼吁上级关注支持。"

田广川很认真地听着，不住地点头，待张云涛说完，补充道："我想，这次会上要把骨干进工厂见习的问题提出来。"

张云涛说："对！另外还要和试验基地搭上关系，他们有丰富的实弹发射经验，我们要向他们很好地学习。"

北京。望江楼宾馆。

张云涛和田广川在炮兵训练部部长陪同下签到，领取会议证和材料，然后进入他们的房间。

田广川把会议材料交给张云涛，提示道："会议室在四楼，安排我们第四个发言。"

张云涛望着炮兵训练部长，说："我们是第一次进京赶考，有几个问题我们准备向会议提出来，不知是否妥当，请部长同志帮助斟酌斟酌！"

田广川把要说的问题讲了一遍。

训练部长说："这些问题很现实，没什么不妥的，我们领导机关也有责任帮你们呼吁。"

张云涛说："谢谢您的理解和支持。"

张云涛、田广川交谈着步入会议大厅，会议厅很大。会标上写着：202 发射协调会。桌上摆着会议代表的名牌。代表们都在寻找自己的座位。张云涛找到他的号位后坐下。

在张云涛的对面坐着试验基地司令员姜学鹏。姜学鹏很魁梧，络腮胡，声如钟鸣。

训练部长与姜学鹏握手问好后，给张云涛介绍道："这是沙洲试验基地的姜司令员，他们是这次发射任务的组长单位，发射总指挥。这位是我们雪山基地副司令员张云涛。"

张云涛站起来和姜学鹏握手，说："久闻姜司令员大名。我们东山团刚刚组建，各方面都很薄弱，还望你们多多赐教！"

姜学鹏说："93 军以大比武闻名全军，你的大名早已如雷贯耳，你有大练兵的经验，导弹部队掌控在你的手里，很快就能训练好。据我了解，东山团还是有些底子呢。"

张云涛说："谢谢姜司令员的鼓励！"

科委席国勋局长宣布会议议程："一、讨论科委提交的风二导弹抽检试验计划；二、研究和确定发射任务的日程安排；三、协调试验发射中的重大问题。"

会议展开讨论。

第二天。

国防科委席国勋局长宣读会议纪要：

经过充分讨论协商，参试各方就风二导弹抽检发射达成一致意见，特纪要如下：

"一、会议经过讨论协商确定了试验领导小组的组成。科委沙洲试验基地是组长单位，全面负责此次任务的计划和发射过程中的组织指挥；七机部试验队、雪山基地为副组长单位，七机部担负发射过程的技术保障，雪山基地东山团实施发射。

二、会议通过讨论决定把抽检发射定在 1966 年的第二季度，按照这一时间的安排，七机部三发弹的准备应在今年年底前完成，其中拟发射的两发弹应在 1966 年的 3 月底前转入试验基地。

三、鉴于发射部队组建时间短，需要进行较为充分的训练，七机部同意发射部队在接装前两个月，派出一批人员赴工厂参观见学的要求；会议还决定，发射部队于明年第一季度进入试验基地，使用试验基地的发射场坪进行两个月的实装操作训练……"

会议在热烈的掌声中结束。

会议结束时张云涛来到七机部总师黄国路的座前，说："黄总，我代表从荣之司令员感谢您和七机部对我们雪山基地的关照。"

黄总年近花甲，一派学者风度，微笑着应道："我没特殊关照什么呀！"

张云涛说："您忘啦！前几天我们基地从您那儿拉走一批试验仪器设备！"

黄国路想起来了，说："是有这么回事。这是应该的，你们是一线部队嘛，支援你们，把官兵教会是总理对我们的要求。"

张云涛说："这套设备真是雪中送炭呀！太感谢了！"

黄国路说："你们改装调试还有什么困难？说一声，我们尽力支持！"

张云涛连说："谢谢！谢谢！"

12

雪山基地会议室。

主席台上方悬挂着“雪山基地工程技术研讨会”的横幅，基地各部门的首长在前排就座。

云中山宣布：“雪山基地工程技术研讨会现在开始！”

与会代表热烈鼓掌。

云中山说：“这次会议经过准备，共收到论文和经验材料二十三篇，计划十三篇提供会议交流和讨论，这十三篇材料是：第一篇是《大坳山自然灾害对阵地工程的危害与预防》，作者，雷宇声；第二篇是《大坳山岩石结构的特点与爆破掘进的方法》，作者，工程师罗海涛；第三篇是《大坳山植被特点与隐蔽工程的铺设》，作者，张照然；第五篇《五种岩石结构与不同的支护方法》，作者，丁大伟……

“下边请雷宇声发言。”

雷宇声整了整军容，从容地登上讲台……

雷宇声发言：“大坳山冬天多雪、夏季多雨，冬季历史最低气温零下 43 度，夏季最高气温 39 度，从对历史气象资料的分析研究，由低温等自然因素作用形成的暴雪、洪水、滑坡和落雷等，可对阵地工程建设和作战行动造成灾害性影响。”

雷宇声话音刚落，“咔嚓”一声霹雳在窗外炸响，室内电灯闪了一下，全部熄灭，室内一片昏暗。

变电所发生落雷，会议被迫停了下来。

电工检修，恢复了供电。

雷宇声继续发言：“大坳山山高地湿，容易形成落雷环境。我们所用的高压线、变压器又是诱雷物体，所以，防止雷击是必须考虑的，特别是输变电系统是预防的重点，设计和施工方案如果没有这一项，应重新考虑。”

从荣之和龚振华点头称赞：“嗯，有见识，有价值！”

这时，军务参谋走进会场来到龚振华面前，小声说：“政委同志，93 军苗政委电话！”

龚振华快步来到值班室拿起电话：“苗政委，我是龚振华，有事您请讲！”

“龚政委您好，请您转告张云涛参谋长，他爱人病重住院了，需要他回来一趟。不过，不要担心，军里已派人在医院护理。”

龚振华说：“云涛同志正在北京开会，我会马上通知他，我代表雪山基地和云涛谢谢苗政委和93 军的同志们，如果有事联系请发山城 15 号信箱 2 号。”

13

雪山基地小会议室。

基地召开专题会议，部署发射任务，田广川列席参加。

张云涛面前放着一堆文件、材料，他翻开笔记本，汇报会议情况，谈了自己的设想。

从荣之说："这是基地组建后的第一次发射，第一仗一定要打好。为加强对这次任务的领导，基地成立前进指挥所领导这次发射：张云涛任总指挥，田广川任副总指挥，指挥所要尽早成立，成立后马上展开工作。"

张云涛说："我打算带一个工作组去东山团，不知司令政委有什么意见？"

龚振华说："我和司令研究过，工作组要派，但你不去，你当前的任务是休假。"

张云涛感到意外，说："目前正处在节骨眼上，怎么让我休假呢？"

从荣之从口袋里掏出一封电报递给张云涛。

张云涛接过电报，上写着："妈病重，接电速回。张智"落款时间是两天前。

张云涛看着电报眉头紧锁，说："怎么这个时候生病？"他深感目前的责任重大，向政委说道："我给孩子打个电话，让他们照顾好妈妈，过些天我再……"

从荣之没等张云涛讲完，抢先说道："东山团的训练已经安排就绪，有田广川他们在，你就放心回去吧。政委已和93军的领导联系过，苏凤琴的病确实很重，孩子们小拿不了主张！"

政委接过来说："明年一季度执行任务，到年末你就更难脱身了。"

从荣之从口袋里掏出一张车票，说："晚上9点的火车，快回去准备准备吧。"

龚振华说："回去请代表我们对家人问好。"

张云涛说："谢谢司令、政委的关照。"

14

东山团四营八连。中午。

司机陈玉林洗完车，正欲回宿舍休息。

老战士陈宝生和张世水朝陈玉林这边走来。陈宝生热情地说："大热天，你咋不休息？"

陈玉林说："指导员告诉我，从明天开始给机关拉水，我把车整了整。"

陈宝生问："拉什么水？"

陈玉林说："机关的那口井，军地共用，老干，要到镇外拉水吃。"

陈宝生问："拉水的地方选好了吗？"

陈玉林说："还没呢。"

陈宝生说："海边，大水塘有一口甜水井，过去我们常到那里拉水，要不，现在我俩陪你走一趟？"

陈玉林说："不行，连里有规定，不经上级批准，不准私自出车。"

陈宝生笑了笑，说："新兵蛋子死脑筋，办正事，另当别论。"说着，打开车门上了车。

陈玉林说："班长，不行，不行，你别让我为难，就是去，也得跟指导员请示。"

陈宝生说："你不知道？指导员去团里政治集训了，为了一趟车，还值得到团里找？"

张世水见陈玉林没了主意，劝说道："就咱哥仨，快去快回，走吧，没问题。"

陈玉林很不情愿地上了车，向海边驶去……

汽车在一个水库旁边停下。

陈宝生和张世水向四周望了望，悄悄放下一串鱼钩，然后，就跳到水中游泳去了。

陈玉林看到这一切，明白了他们的动机，不安地站在边儿。

"陈玉林，下来游一会儿，真舒服！"陈宝生呼喊道。

陈玉林说："我不会游泳，我不敢！"

张世水说："我也是刚学会，下来吧，让陈哥教教你！"正说着，张世水突然"啊"了一声，只见他在水里挣扎起来。

陈玉林看得清楚，急忙呼喊道："陈哥，张世水沉水啦！"

陈宝生从水中钻出头来，问："什么？"

陈玉林指指正在挣扎的张世水。

陈宝生扭头一看，感觉不妙，连忙游了过去，但就在要接近时，张世水已沉了下去。

陈宝生紧张起来，立即扎进水里寻找，连续几次，都没找到。陈宝生大声喊道："陈玉林，快喊人，救人！"

陈玉林这时醒过神来，转身对着村庄大声呼喊："救人呀！救人呀——！"

一群年轻人听到呼救声，向水库跑来，边跑边脱衣服，迅速跳入水中。

大约过了三五分钟，张世水被举上了水面，大家七手八脚把他抬上了岸。其中一位年轻人是体育教师，懂得溺水急救，他们把张世水抬到一块大石头上，让他趴下，拍拍后背，吐出几口水后，放平他，进行人工呼吸，大约 10 分钟后，张世水恢复了心跳，又过了一会儿有了呼吸，睁开了眼睛。

体育老师吩咐："快，把他送医院去！"

陈宝生和陈玉林把张世水背上车，又怕暴露行踪，连招呼也没打，急忙开车离去。

由于车速过快，途中躲闪不及与拖拉机相撞，造成水箱报废，停在了路边，陈宝生也身受重伤。

陈玉林截了一台车，把他们送进了医院。

东山团集训队。

杨秀雄正在讲课。黑板上写着"第三讲：红军时期党内两条军事路线的斗争。"

杨秀雄:“经过古田会议,对各种非无产阶级思想进行了纠正,是不是政治建军的问题就解决了呢？后来的历史证明:不是的。两种不同思想的对立和斗争一时一刻也没有停止过,资产阶级的军事思想不断地变换形式,成为党内两条路线斗争的重要内容……”

杨秀雄正讲的起劲儿,军务参谋急冲冲地进来,报告后,径直来到孙长林身边,说:“政委,八连出事了,消防车与地方拖拉机相撞,车损人伤,需要指导员马上回去。”

孙长林向杨秀雄请假,杨秀雄不耐烦地:“这是政治之外的事,由军事干部去管吗!”

孙长林解释道:“团长到基地开会去了,副团长在抓施工,参谋长也不在家。”

孙长林征得杨秀雄同意,和指导员宋军祥一起走了出来。

孙长林边走边问道:“具体情况怎样?”

军务参谋说:“是头外伤,正在医院抢救;消防车水箱报废了。”

孙长林说:“你和宋军祥抓紧调查,弄清事故原因,写出报告,同时报告基地值班室!”

军务参谋和宋军祥说:“是!”

15

早饭后。

雪山基地值班室,正在进行首长交接班。

值班参谋简洁地汇报:“工兵团,309 团参观万人坑,进行阶级教育;其他两个团施工,出勤率平均70%,安全无事故。东山导弹团分队搞专业训练,政工干部办集训班,专业骨干 46 人参加集训。东山团报告,昨天 14 时发生一起消防车撞车事故。司机受重伤,水箱报废,此事故正在调查中。直属分队正常训练,安全无事故。”

从荣之听完汇报,神情严肃起来,问:“这是东山团的第三起事故了吧?”

参谋回答道:“是!”

从荣之接着分析道:“东山团连续发生了事故,严重程度逐步升级,该引起重视了！是什么原因？要尽快找出,部队要加强安全防事故教育,杜绝类似事故发生。”

龚振华说:“司令部要派人到东山团,查清原因,写出报告,然后转发工兵部队。”

参谋长说:“是！我们尽快派人到东山团。”

从荣之说:“田广川开会还没有走,让他来见我,我亲自给他讲一讲。”

值班参谋说:“是!”

从荣之办公室。

从荣之和田广川谈话，了解部队行政管理情况，分析事故原因。

田广川说："我团接连发生事故，不是偶然的。我分析，今年东山团的工作有一个新的特点我们没有认识到，没有把握住。"

从荣之问："什么新特点？"

田广川说："今年，我们的许多管理骨干因各种集训不在位，管理工作削弱了。除了一营一个连到农场生产，剩下的几个营，参加专业集训的有120多人，到工厂学习的几十人，还有政工干部集训二十多人。政工干部和大批骨干不在位，我想，这是造成管理工作松懈，发生事故的重要原因。"

从荣之说："你分析的有道理。这种情况以后年年都会出现，我们的管理工作要适应这种特点。"

田广川说："是！我们要研究新情况，解决新问题。"

这时，值班参谋前来报告："报告司令员，东山导弹团又有新的报告，昨天，四营的一名战士私自下河游泳，溺水身亡。"

从荣之问："什么时候发现的？"

参谋说："今天早晨才发现。"

从荣之好像受到很大刺激，带着责备性的口气说道："我们是导弹部队，不是只学技术就行了。技术性越强越要加强管理，没有严格的科学管理，技术再好也要出问题的。你们一定要重视管理工作，要培养适应导弹部队特点的优良作风。这个问题要像抓训练一样，从一点一滴做起。"

田广川有些紧张，说："是！我回去一定认真落实首长的指示，要大力加强作风建设。"

从荣之补充说道："你们的军事工作三年规划订得很好，要很好地贯彻落实，现在看，应当把作风建设加进去。张副司令员休假还没回来，他回来后，我会给他讲。但抓管理不能等，要结合事故处理对部队进行教育。"

从荣之和田广川谈话的时候，龚振华推门进来。

田广川把司令员加强作风建设的指示和回去怎么贯彻落实陈述了一遍。政委听了若有所思，说："你回去，请转告杨主任和孙长林，要注意处理好集训与日常管理的关系；政治教育除注重从理论上提高，更重要的是联系部队实际，有针对性地做好思想政治工作。"

田广川记下政委的指示，说："好！我回去后向杨主任和团党委的同志把两位首长的指示一并传达下去，贯彻落实情况而后再向基地报告。"

第六章

顾大局抵制冲击论　识大体党委意志坚

1

“南京至北京”特别快车在京沪线上高速行驶。

在软卧车厢内，张云涛端坐在茶几旁，神情有些焦躁。北京开发射协调会的情景，家庭问题，一起涌入脑海。

张云涛在病床前向苏凤芹喂药。

苏凤芹骨瘦如柴，她一边吃药一边唠叨：“你们做男人的为了事业，撒手走了不说，成年连封信也不回，我们天天惦念你，你知道吗？我这身体一天不如一天，我如果撒手走了，几个孩子怎么办？”

张云涛愧疚地安慰苏凤芹：“凤芹，对不起，你吃苦受累了，请你再坚持一段，待我们那里建设好，我很快会接你们过去，到那时就好了。”

苏凤芹说：“不知道我能不能熬到那一天。”

张云涛说：“会的！会的！”

全家正准备吃午饭。

小儿子张智扎着腰带、戴着红袖章，大大咧咧地闯进来，在他的衣服上有点点的血迹。

苏凤芹担心地问：“怎么回事？衣服上的血哪儿来的？”

小红说：“一定又和人家打架了。”

张智辩解道：“‘造反派’要砸学校的图书馆，我们不让，双方就打了起来，我们是保护国家财产。”

晚上。

苏凤芹告诉张云涛：“这半年，张智常和社会上的一些小混混混在一起，你不在家没人管，我真担心这孩子走歪路。你把他带走，让他当兵去吧。”

开饭了。

苏凤琴看着满桌的饭菜，提醒孩子说："张智，拿酒来，给你爸倒酒，部队工作忙，他得马上回去，你们都在家，也算给爸爸送行吧！"

张红生气地说："爸，才休半月你就走？"

张云涛说："你妈刚出院，本应在家多住几天，我从北京开会接受了一项特别任务，得赶紧回去，希望你们替我多关照妈妈！"

张智倒上满满一杯酒双手端起来，说："我敬爸爸一杯，祝您工作顺利，身体健康！"

张云涛第一次喝儿子敬的酒，心里格外高兴，说："好，我喝下！"说罢，一饮而尽。

张红望着刚刚出院身体还很虚弱的妈妈，斟上酒，流着眼泪说："爸！北方天冷，您自己多保重，有我们，你就放心走吧！"

女儿一番话，出乎张云涛的意料，他心里一阵辛酸，感情激动地说："孩子，爸只顾工作，对你们关心得太少了，爸爸向你们道歉！"

张云涛还在沉思，列车长敲敲门走了进来。

列车长笑容可掬地站着向张云涛报告："首长，您要求转乘的事我们安排了。到了北京站，我派一名列车员送您上去山城的列车。那个列车的车长是我的同学，他见了便条，会给您作出合适的安排。"

张云涛高兴地说："那就谢谢列车长了。你的帮助，为我争取了一天多的时间。"

2

从荣之、参谋长陪张云涛共进晚餐。

桌上摆着四菜一汤，还有一瓶西凤酒。

张云涛说："为我破例不好吧？"

参谋长说："这酒是从司令来时带的，找不到会喝酒的主儿，放心吧，不犯规矩！"

张云涛喝了大大的一口，赞扬道："好酒！正宗西凤！"

从荣之说："你是提前归队呀！苏凤琴的身体恢复得怎么样？"

张云涛说："多亏93军的同志关照，治愈出院了，恢复得不错。凤琴说我人在家，心在部队，硬是把我赶回来！"

从荣之说："家庭的重担她一个人扛着，够辛苦啦，快写封信报个平安！"

张云涛说："我们男人太粗心，忙起来就忘了给家写信，这次我回家才知道，孩子老婆天天念叨我们，在她们眼里，家书抵万金呀！应该跟我们的干部讲清楚，不要因为怕泄密就连家信也不写了！”

政治部主任接过话题说：“导弹部队建设是我们的头等大事，干部的家事也不是小事儿。家庭问题处理不好，后院起火，干部也不能安心，我们人人都应当注意。”

从荣之说：“你来得正好，东山团最近接连发生事故，两人重伤，消防车报废，田广川压力很大。东山团的训练和发射准备也到了关键时刻。基地这边正在进行工程质量大检查，我暂时去不了，又得辛苦你了。”

张云涛说：“常委分工是我主抓东山团，出了事故我有责任，我马上赶回去。”

大家正谈着，龚振华推门进来。

张云涛见政委从外地回来，起立致意：“政委您好！”。

龚振华走上前和张云涛握手，说：“云涛，你怎么这么快就回来了，凤琴好了吗？”

从荣之把张云涛探家的情况简要地讲了一遍。

龚振华听罢很有感慨，说：“真是难为我们的家属了！和我们军人结婚，总过牛郎织女的生活，连孩子也得不到照顾！”讲到这里龚振华的表情有些沉重。但他的脸上很快又浮现出欣慰的神情，接着说道：“不过天各一方的日子不会太久了。我们刚刚接到通知，军区拨款，要在山城给我们盖一个家属院，要求近日到市里选址，到明年这个时候我们的孩子老婆就可以团聚了！”

从荣之说：“这可是个好消息。来！也为这个好消息干一杯！也算送行酒吧！”

龚振华说：“好吧！接风送行一杯酒！干！”大家共同举杯，干。

3

地处海滨的金川地区一片苍黄，海风阵阵，凉意袭人。

一台吉普车直奔龙山。张云涛坐在车上，车绕过一个山口，龙山水库呈现在眼前。

龙山比四个月前发生了很大变化：从发射场坪向外三个方向修筑了可并排行驶汽车的砂石路。这三条路，一条绕过水库和山口与外界相连；一条伸向沟里生活区；一条成之字形通向半山坡的测试库房。在阵地北面半山腰上用白色石块镶着“提高警惕，保卫祖国”八个大字，望上去非常醒目。在生活区，新建了两栋房，在平房的一侧还有临时搭起的帐篷。

发射阵地上，一枚墨绿色的导弹竖立在发射台上。

此时虽然是初冬时节，但战士们练兵的热情异常高涨：在发射场的左侧，一班战士在一个模拟弹体上练习对接加注器，随着指挥员“一……二……三”的协同口令，准确快速把加注管连接在“导弹”上。

发射阵地的右侧，电站轰鸣，发射台配合瞄准班正在练习方位瞄准。

在控制车上，欧阳平聚精会神地观察操纵台上信号的变化，正在进行导弹测试……

张云涛面对这热火朝天的练兵场面，欣喜无比，他大步朝发射阵地走去。

发射阵地的入口处。

营长秦志远和连长高署月穿着冬季作训服站在哪里。他们看到张云涛走进发射场坪一起迎上去向首长敬礼。

张云涛用力握着秦营长的手，关切地问：“天气很冷，战士们适应吗？”

秦营长说：“战士们一心想着发射，劲头十足，上了阵地一练一身汗！”

张云涛说：“一热一冷，要注意防止感冒！”

秦营长：“我们进行了防病教育，对换装有严格要求。”

张云涛说：“好！好！战士练兵情绪越高越要保护好积极性。还得把伙食搞好！”

秦营长说：“我们在营区两天一顿细粮，在训练场一天一顿细粮，今年我们营的农副业生产也不错，都补在训练上。”

秦营长陪同副司令员把所有的训练点都看了一遍。

正走着，张云涛似乎发现了什么，停下来问秦营长：“机关的人在哪儿？怎么没见一个政工干部？”

秦营长迟疑了一下，说：“机关在搞政治学习，讨论政治与军事的关系，政工干部都去团里参加学习班了。”

张云涛听罢，一阵怒火涌上心头，他现在开始意识到，政治与军事的争论已经明朗化了。他真的搞不明白，难道把军事训练扔在一边不管，整天在匣子里学习讨论就“突出政治”了吗？

张云涛回到住处。那是靠山的一排瓦房，东头是一个大间，西头是带走廊的小房间。训练时，这里是机关办公的地方，张云涛被安排在东头的一间。

房间里，靠窗摆着一张床，床上叠放着整齐的军被。在床的一侧放着一张桌子，桌边放着几把折叠椅子，桌上放着一部电话。靠门口处还摆着一个小方桌，上边放着暖水瓶和茶具。

正在打扫房间的公务员见首长回来，连忙要去倒水。

张云涛：“你忙去吧！”

待公务员退出房间，张云涛立即拿起电话说：“接你们团长！”

田广川刚进办公室，正向狄疆交待工作。

电话铃响了。

田广川拿起电话:"喂!哪里?"

从电话里传来张云涛的声音:"田广川吗?请你和孙长林一起到训练场来见我!"

田广川说:"是!马上到!"

田广川看看参谋长,说:"首长发火啦!"

田广川放下电话来到会议室,杨秀雄副主任在讲话:"去年,东山团出了几起事故,有些人把责任推到试点不联系实际上,这是对政治工作的公然否定。今年……"

田广川走近杨秀雄,请示道:"主任,张云涛副司令员有事,请我和政委去一趟训练场,我是来给政委请假的。"

杨秀雄有些不耐烦,但碍于领导关系,并阴阳怪气地说:"去吧,副司令员有事哪能不去!"

4

龙山训练场。张云涛住处。

张云涛立在窗前,一脸怒气。

窗外,一台吉普车在张云涛门前停下。

田广川和孙长林下了车快步走进张云涛的房间。

田广川敬过礼红着脸道:"副司令员,我们有什么不周,请批评!"

张云涛怒气不退,批评道:"发射在即,没想到你们竟是这样抓训练!我到训练场走了一圈,一个机关干部也不见。全训练场好几个连队,政工干部竟然只有几个副指导员,你们要干啥?训练场机关干部就得和战士滚爬在一处,如果天天浮在上边搞学习,训练能搞好吗?"

田广川和孙长林第一次看到张云涛发怒,火气是那样的大,语言是那样犀利。

田广川见副司令员真的生气了,不敢再解释什么,连忙说:"是我们的工作没有做好,我们改正。"

孙长林作为政治主官,他想的跟团长不一样。他自己没有能力顶住杨秀雄集中办班的决定,今天受到首长批评,心中不免感到冤枉。于是他鼓起勇气说:"杨副主任在这里办班,要求全团教导员、指导员都参加,训练场政工干部是少了点。"

孙长林的话让张云涛感到自己的判断是正确的,他隐约地感到,他和杨秀雄的争论也许才刚刚开始。

在团临时指挥所内。

团长田广川、副政委陆林、参谋长狄文疆、秦营长在开会，研究训练问题。秦营长正在讲活。张云涛端着茶杯走进来。与会人员站起来行注目礼。

田广川说："副司令员，我们在研究您提出的关于如何加强全面训练的问题，机关和各营的领导都参加啦，请首长指示。"

张云涛招呼大家坐下，说："我是外行，你们讲我听。"说着，便坐在田广川让出的位置上。

田广川说："大家接着讲吧！"

秦营长说："目前测地计算分队、气象保障分队、通信分队，还有加注分队，都没有参加野营，分队间的协同问题就无法解决，现在不抓，到发射时就是大问题。"

参谋长说："秦营长讲的很对，野营不能只抓发射分队，只有全面训练才能符合发射要求。我们考虑的意见是，加注分队的训练必须跟上，加注介质可以考虑用蒸馏水代替，在蒸馏水里加盐解决导电问题；测地计算、通信、气象分队马上进场，把保障分队训练加进来，搞好协同训练。"

秦营长和狄文疆发言后，营连的其他同志也发了言，意见大同小异。

张云涛感到他对东方团的批评有了回声，心里舒坦了许多，特别是大家提出的改进训练的意见也使他受到启发，他不自觉地也参与了讨论。

张云涛插话道："田团长，前天我到发射阵地，看到一个班绕着一个圆架子搞训练，我有些纳闷，他们干啥呢？一问才这道，他们做了一节模拟弹，是在练习往导弹上对接工作台。装上几个管头代替导弹，练得蛮认真，说协同问题解决了。我在想，这是一个创造，用代训器材解决了缺装的不足，是否应在全团推广？"

陆林副政委说："团长，副司令员提出的问题是训练中涌现的新生事物，团里可否在发动机班开个现场会，让他们现场表演表演，对改进训练一定能起到引路的作用。"

田广川说："陆副政委的意见很好。参谋长，请司令部做好准备，尽快召开现场会，所有野营人员和全团的营长、连长也都要参加。"

参谋长说："好，我们尽快作出安排。"

最后，田广川请张云涛作指示。张云涛只讲了一句话："祝东方团训练步步深入。"

第二天下午。

在龙山训练场导弹已竖立在发射台上，操作分队在发射场坪上列队待命。

在发射阵地的看台上摆着两排座椅。8 时，张云涛副司令员、叶兆林副主任、田广川团长、孙长林政委、陆林副政委前排就座，机关和营连干部坐在后排。

待首长坐定，秦营长集合好队伍，向参谋长敬礼报告："参谋长同志，发射三营操作准备完毕，请指示。"

狄文疆还了礼，说："稍息！"营长入列。

狄文疆以非常洪亮的声音下达口令："全体起立！立正！"

然后跑至张云涛前约十米处，说："副司令员同志，东山导弹团发射三营实装操作表演准备完毕，请您指示！"

张云涛说："按计划进行！"

狄文疆说："是！"

狄文疆转过身下达口令："实装操作开始！"

发射营长说："各连成训练队形——带开！"

发动机班迅速进入训练位置，其他专业的战士在发动机班的三面呈环形席地而坐。

发动机班长说："科目，实装操作训练。内容：一、在模拟器材上进行操作训练：二、在导弹下进行模拟加注训练。时间，40分钟。要求：树立练为战的观念，认真地体会动作，练一次有一次的收获。"

台上台下鸦雀无声，人们全神贯注地观看发动机班的操作训练。

班长稍有停顿，然后下达到："准备对接工作台！"

各号手迅速跑步到操作位置："1号好！""2号好！""3号好！""4号好！"

班长说："对接工作台！"

三个号手抬着工作台，以整齐的步伐走近模拟弹体，缓了缓手，其中一个号手下达协同口令："一……二……"，工作台在两三秒内被举到空中，稳稳地靠近"导弹"，4号手紧紧地握住工作台，把工作台挂环准确无误地挂在"导弹"的挂钩上。

4号手说："工作台对接完毕！"

发动机班长命令号手撤收工作台，又从头到尾演练一遍。

发动机班完成第二遍操作，紧接着在导弹上进行模拟加注训练，也是反复两遍。

张云涛细心观察官兵的每一个细微动作和口令，他看到，东山导弹部队的训练已初见成果：分队操作动作干净利落，配合协调一致，口令简短有力。张云涛脸上流露出满意的微笑，对身边的团长田广川说："这个班长素质不错，要好好培养！"

田广川点头同意。

发射营完成操作，列队听候讲评。

田广川转过身向参观者讲话。

田广川说："今天，我们召开这个现场会，请你们各营、连干部都来参观操作表演，目的是想研究在缺装少弹的情况下，怎样提高实装操作水平。今天发动机班的表演并不复杂，但它给我们指出了一条路子，利用模拟器材可以取得在实装上相同的训练效果。”

“目前,我们不少专业受到装备器材不足的制约,不能放开手脚搞操作,通过发动机班的表演,是不是可以受到启发,利用代训器材可以弥补装备的不足。希望大家都行动起来,学习发动机班的做法:搞好训练革新,拓宽训练路子。这就是我们今天召开这次现场会的目的。”

田广川讲完,大声说道:“现在请张云涛副司令员作指示。”

张云涛走下看台,说:“同志们,我看了今天的操作很兴奋,因为,我从发动机班的操作中看到,在我们的官兵中蕴藏着巨大的积极性和创造性。请不要小看今天的表演,这是一次意义重大的探索。在模拟器材上训练不受次数的限制,对延长实弹寿命也有重大意义。导弹部队是一个新兵种,没有现成的经验可以借鉴,怎么办?就要靠我们自己去闯。我们是第一代导弹兵,这是我们的历史责任。我希望东山导弹团的每一个专业都要学习发动机班的创新精神,要广开思路,为提高部队训练效果,创造出更多的训练办法来。”

官兵热烈鼓掌。

5

张云涛请杨秀雄、田广川、孙长林在训练场吃午饭。

在张云涛的住处,桌上摆着对虾、螃蟹、蚬子,另有几样荤素菜。

杨秀雄、田广川、孙长林走进张云涛房间,管理股长给大家斟酒。

杨秀雄看到桌上的海味高兴地问:“是谁请客呀?”

管理股长说:“海味和酒是张副司令员出的钱,应当说是副司令员请客。”

张云涛说:“杨秀雄同志到海边来一趟不容易,不尝尝海鲜,以后会遗憾的!”

小屋里传出欢快的笑声,接着,他们相互敬酒。

饭后,张云涛留下杨秀雄,田广川和孙长林起身告辞。

杨秀雄今天很开心,问:“副司令员您有什么指示吧?”

张云涛说:“杨秀雄同志,我多年来一直做军事工作,对政治问题缺少研究,我想和你探讨几个问题!”

杨秀雄说:“副司令员,您无论资历、年龄您都是首长,您何必客气?”

张云涛说:“新中国成立以后,特别是近几年,军队不停地进行军事与政治关系的争论,这场争论提到了大是大非的高度,争论不休,根源在哪里?现在我们进行的政工试点,是否离实际远了点?”

杨秀雄说:“副司令员既然提出了这个问题,我就谈谈自己的看法,不对的也请您批评指正!”

张云涛说:“我们共同探讨!”

杨秀雄说:“我讲两点意见,第一,这场关于政治与军事关系的大讨论,是两种不同建军思想斗争的反映。我们战胜了世界上最强大的敌人，我们有自己成熟的经验，我们应对这些加以继承与发展。但有人偏要照搬外国的，这要统一，那要统一，一切都要搞正规化，这是有违反毛主席的建军思想的，也是对我军成功经验的否定。推行这一套每个时期都有代表人物，不同时期的代表人物其做法也各不相同。所以，以不同形式与内容进行着不同的争论。这场争论也反映了军队上层的政治斗争，人换了，那个思潮没有变，所以会不停地争论，正像您说的，是大是大非问题。”

“第二，关于政工试点，我从一开始就和你们有分歧。政治教育如同学习军事技术，要具备基础知识。基础知识学好了，官兵的理论水平提高了，实际问题就能迎刃而解。搞政工干部集训就是这么考虑的。林彪同志指出，毛泽东思想学好了，就会一通百通。所以，我认为，试点大方向是正确的。不研究理论问题，只注重实际，岂不成了实用主义？”

张云涛说：“东山团的政治工作也要面对目前的实际，如果政治干部不深入训练第一线，不了解官兵在想什么，能发挥思想政治工作的战斗作用吗？如是这样，怎么谈起政治的灵魂和统帅作用？”

张云涛和杨秀雄交谈了很长时间，谁也未能说服对方。

张云涛和杨秀雄握手告别，初次交锋就这样结束了。

夜间。

山风呼啸。

张云涛躺在床上久久不能入睡。他还在回顾与杨秀雄的谈话。杨秀雄对他的指责还在耳际回荡：“是军事第一，还是政治第一，是两种根本对立的建军思想。你受资产阶级军事思想的毒害很深，你应当注意呀，不然，难免要犯方向路线错误！”

6

北京。

炮兵招待所会议室。挂在墙上的横幅上写着：政治工作座谈会。

叶兆林讲话：“同志们：政治工作座谈会明天就要结束了。这次政治工作座谈会，传达和学习了毛主席的‘五·七’指示，传达和学习了林副主席突出政治的五项基本原则。通过学习座谈，同志们深刻认识到毛主席的‘五·七’指示对促进我军的革命化建设，对于防修反修具有重大的战略意义。在此基础上，大会又讨论了关于如何加强政治工作的意见，通过讨论，对今后的政治工作怎么搞更加明确了。

“林办看了我们的简报，听取了我们的汇报，叶群同志对会议取得的成果来电表示祝贺。林办指示我们，当前必须认清思想战线的严重形势，要深刻领会毛泽东同志关于防修反修的一系列指示精神，以及开展‘文化革命’的伟大意义。要积极响应林彪同志的号召，把群众性学习毛主席著作的运动推向新阶段，把军队办成毛泽东思想的大学校；要高举突出政治的大旗，积极参加批判资产阶级的斗争，把人民解放军变成“防修防变”的钢铁长城。叶群同志的指示是对这次会议主题的肯定，是对我们政工干部的极大鼓励，也是对今后政治工作的殷切希望。希望参加这次会议的同志，积极行动起来，创造政治工作的新局面。”

与会人员热烈鼓掌。

陆仲琦和杨秀雄回到宿舍，收拾东西。

陆仲琦对杨秀雄说道：“进京一次不容易，回家住两天吧！”

杨秀雄说：“贯彻会议精神，回去还要准备，我得回去！”

陆仲琦说：“不要想得那么简单，在雪山基地工作，要认识政治工作的艰难性，不会一帆风顺的！”

杨秀雄怔了一下，他从陆仲琦的话里好像悟出什么，说：“好！那我就在京再住几天。”

这时，叶兆林走进陆仲琦和杨秀雄的房间。

杨秀雄见叶兆林进来，马上迎上去，说：“叶主任您好，请坐！”

叶兆林说：“雪山基地是新建的技术部队，会议期间你们提出一些问题，因为时间紧，未能很好讨论，回去贯彻这次会议精神，还有什么问题？”叶兆林说明来意，和陆仲琦一起坐下来。

陆仲琦说：“这次会议研究的问题都很重大，听后受到很大震动，有两个问题请主任指教。”

叶兆林问：“什么问题？”

陆仲琦说：“第一，这次会议提出要继续开展突出政治问题的大讨论，批判文艺黑线，批判资产阶级军事路线，这些都具有很强的政治性和理论性，基层连队没有材料，没有骨干，很难深入下去。”

叶兆林问：“第二个问题？”

陆仲琦说：“我们是刚刚组建的部队，施工和训练任务非常繁重，虽然林副主席提出了要增加政治教育时间，但没有形成命令，仅凭政治部门提出要求，在安排工作时不一定行得通。”

叶兆林说：“你提出的两个问题实际是三个问题，一个是材料问题，一个是骨干问题，一个是时间问题。我个人的想法是，材料我们帮助解决；教育骨干问题可以通过办集训班自己解决；时间问题可以以政治部的名义向党委提出要求，自己争取。据悉，军委正在起草文件，改革教育训练时间很快就会下达。”

陆仲琦记下了叶兆林的答复。

叶兆林又转向杨秀雄，问：“秀雄同志，你是搞政工的，你有什么意见？”

杨秀雄很谦虚地说:“主任讲得很全面,陆副政委提出的问题也是我关心的问题,都有答案了,回去后我们一定认真抓好落实。”

7

早饭后。

龚振华正在审阅陆仲琦送来的材料:《关于加强政治工作的几点意见》。龚振华看后闭目静思,脸色沉重,好像遇到了十分为难的事情。龚振华站起来在室内来回踱步,他突然向从荣之办公室走去。

从荣之正在看工兵团的汇报材料,他的桌上放着一支红蓝铅笔,对他关注的问题都用红笔圈下。

龚振华敲了一下从荣之的门,没待从荣之回应就推门而入。

从荣之见龚振华进来,抬起头,问:“有事吗?”

龚振华把陆仲琦的材料放在桌上,推过去,说:“你看看吧,北京政治工作座谈会又有新材料;陆仲琦和杨秀雄又提出了加强政治工作的新建议,他们提出的措施和要求正好和我们要研究的问题顶牛。”

“陆仲琦和杨秀雄的意见,要害问题还是时间问题。如果接受他们的意见,将大大缩减训练、施工时间,真要讨论,必然形成对立,造成混乱。”

从荣之把材料细细地看了一遍,抬起头反问道:“你想怎么办?”

龚振华说:“我在想,陆仲琦和杨秀雄的意见要不要提交党委讨论?”

从荣之说:“人家是贯彻上级会议精神,陆仲琦和杨秀雄同志又是党委成员,他们写给党委的报告怎么能不讨论?”

龚振华说:“陆仲琦和杨秀雄要求对等安排军事训练和政治教育,军事干部是不能接受的。”

从荣之说:“这个问题是无法回避的,达不成一致意见也要讨论,现在是怎么做好工作,预防可能发生的冲突。”

龚振华似乎有些为难,停了一会儿,说:“要不这样,会前把这个意见发机关党委成员,让大家酝酿一下,你再做做军事干部的工作,我再找陆、杨谈一谈。

从荣之说:“这样也好。”

龚振华回到他的办公室。

让秘书通知陆仲琦和杨秀雄到他办公室研究问题。

陆仲琦和杨秀雄来到龚振华的房间,龚振华招呼他们坐下。

龚振华开门见山说:“你们起草的关于加强政治工作的意见我看了,而且我也和军事干部交换了意见,意见涉及的内容没有什么,只是时间要求恐怕执行起来比较困难。基地建设刚起步,施工、训练任务十分繁重,如果政治教育用过多的时间,怕是要影响计划的完成。我是分管政治工作的，从大局出发，我建议你们在时间问题上作出让步。”

杨秀雄耐不住性子了，说：“北京政治工作座谈会的重要精神就是要为政治工作争地位、争时间，没有时间就谈不上地位，怎么让呢？再说这也是上头的精神，我们为什么不能贯彻？”

龚振华耐心地说：“政治教育只是政治工作的一部分，更是整个军事工作的一部分，政治教育要保证各项工作的落实，如果带头和军事工作争时间，肯定要影响其他工作的完成。”

杨秀雄说：“政治教育也需要时间，没有时间能行吗？如果压了政治教育的时间，不是要削弱政治工作吗？”

龚振华有些耐不住性子，说：“战争年代，政治教育除了休整集中教育，都是见缝扎针进行，政治工作不是照样发挥了战斗作用吗？何况现在比过去多多了，怎么就说是削弱政治工作？”

杨秀雄还要争论，龚振华让陆仲琦发表意见。

杨秀雄万万没有想到，陆仲琦此刻却采取了折中主义。

陆仲琦不紧不慢，说：“改变传统做法需要一个过程，还是接受党委的安排吧！”

他们在不愉快中结束了谈话。

杨秀雄回到办公室，把笔记本往桌上一摔：“机会主义！”

8

雪山基地值班室，首长交接班正在进行。

值班参谋说：“这一周，工兵团安全无事故，但 311 团掘进连续发生塌方，流沙一直没能解决，丁大伟团长非常着急。”

从荣之说：“接通丁大伟的电话，我和他讲话。”

值班参谋接通 311 团，叫出丁大伟：“丁团长吗？从司令员和你讲话。”

从荣之接过话筒：“丁大伟，二营的工程进度存在什么问题，是怎么一回事？”

丁大伟说：“报告司令，你从二营工地走后第五天，以后接连发生问题，先是塌方，后是泥石流，一炮下来，泥石流有上百方。我们采取了许多措施，还是堵不住。”

从荣之说：“我和雷宇声马上过去，要尽快解决！”

办公楼下，雷宇声提着保密箱站在花池前。

一台吉普车停在楼下，从荣之也同时来到花池前，说：“雷宇声，上车，给我到 311 团二营去。”

吉普车离开办公大楼，从荣之急着向雷宇声了解工程情况。

雷宇声说：“最近半个月，事故不多，进展也算顺利。”

从荣之说:“二营的坑道总发生泥石流,堵不住,不知是什么原因?”

雷宇声说:“我查了许多资料,这是地质结构本身引起的,待分析后,才能下结论。”

从荣之又问了一些别的情况,然后话锋一转,说:“雷宇声,你和刘虹的关系现在怎么样了?”

雷宇声说:“首长还掂着我的事。现在我们还保持通信联系。刘虹还没有最后下决心,但已对我失去了过去的热情,怎么发展还不敢预料。”

从荣之说:“请告诉刘虹,如果她同意,可以调到基地宣传处,我们也有文艺宣传队,需要台柱子,有她的用武之地。”

雷宇声说:“这个方案我和她商量了,她不同意,关键是她妈妈,说这样选择会误了她一生的前途。”

从荣之说:“因为我们的工作拆散了你们的家庭我于心不安,要不你还回工程研究院吧!”

雷宇声说:“我是学工程专业的,在雪山我找到了用武之地,我怎么能轻易离开呢!再说,我受党培养多年,总不能因为家庭问题放弃自己的事业。”

9

在工兵二营的工地上。

团长丁大伟和二营的干部在研究问题。

雷光电说:“类似这样的工程问题我们从来没有遇见过,我讨教了其他工兵部队的同志,都说没有遇见过。”

丁大伟说:“再研究研究,实在没法了再向上级报告。”

“让我和雷宇声听听,看还有没有办法!”从荣之接上了话。

丁大伟见司令员来了,一起站起来向从荣之敬礼。

从荣之说:“详细地讲一讲。”

雷光电说:“我们遇到一种奇怪的灰岩层,这种岩层在封闭状态下保持稳定,但遇到风就氧化,遇到水就膨胀,即使采取钢筋水泥也无法加固。我们团的技术人员研究试验了好多次都失败了,团里找了工程‘专家’也没有找到好办法,不尽快解决要影响大局了。”

从荣之看了看雷宇声,说:“雷宇声,你和他们一起研究。”

雷宇声先询问了试验情况,仔细触摸岩石粉末,很谨慎地谈了自己的看法,说:“从大家反映的情况和试验结果看,问题好像就发生在‘风’字上,岩层暴露时间越长被覆效果越差,如果把受风的时间缩短到最短,能否找到解决的办法?”

丁大伟眼前一亮,说:“雷工的看法有道理,我们做些封闭试验看看怎么样。”

从荣之说:“怎么做?具体点。”

雷宇声说应如此如此……

从荣之在丁大伟的陪同下一起视察作业现场。

甲班在外露数天的岩层被覆；

乙班在外露半天的岩层被覆；

丙班在雷宇声的指导下在新掘岩面下做快速封闭试验……

10

晚饭后。

天上飘起雪花，气温已降到零下5度，各班都忙着烧火取暖。

从荣之正在帐内翻阅工程构筑书籍。翻了半天，找不到二营遇到的现象，索性把书籍扔下，去找雷宇声。

雷宇声也在看书，见从荣之进来，忙站起来，说："司令员，还没睡？"

从荣之说："白天讨论的问题我翻书看能否找到答案，翻了半天对不上号。"

雷宇声说："这的确是少见的情况。"

从荣之问："你找到线索没有？"

雷宇声说："没有。"

从荣之安慰道："别着急，慢慢来，总能找到办法。"

从荣之见帐篷内只有雷宇声，问道："雷光电呢？"

雷宇声："他是夜班，上工地了。"

从荣之停了一会，突然提出一个问题："你看梁玉洁怎么样？我看你俩挺般配。"

雷宇声笑了笑，说："梁玉洁的喜糖很快就要吃了，您还不知道呀？"

从荣之惊讶地问道："什么？要吃喜糖了？和谁？"

雷宇声把梁玉洁与雷光电恋爱的经过简要地讲述了一遍："二营安家时牛排长砸伤了，雷光电求基地支援，梁玉洁执行救护任务。在路上，救护车撞了牛车耽误了时间，雷光电不问原故把梁玉洁训了一顿，梁玉洁为此大哭了一场。一天，梁玉洁找我诉苦："那个营长叫啥？那么凶。他不分青红皂白就训人。我们在路上撞了牛车，险些丢了小命，没人疼我们，让他训了一顿。"我说"雷光电是抗美援朝下来的人，对部下亲如兄弟，他是救人心切发的火，你应当理解他。"这么一讲，梁玉洁消了气，还对雷光电产生了敬仰之情。

"雷光电后来知道错怪了梁玉洁，让我代他向梁玉洁道歉。我说，你自己闯的祸您自己消。后来，雷光电到卫生所登门向梁玉洁道歉。他们见面后都给对方留下深刻的印象，于是，经常来往。过了两个月，发生了雷光电战狗熊舍身救战友的英雄事迹。雷光电被送到医院。打了安神镇定针，一直处于昏睡状态。为防止意外，医院对雷光电采取特别护理，要求护士家属轮流坐班。梁玉洁看望雷光电，医院误认梁玉洁是雷光电的妻子，安排她参加护理，梁玉洁没有解释，没有推托就接受了。

“雷光电一直昏睡了两天。苏醒后，护士长告诉他：“你爱人刚走，为照看你她彻夜未眠，你应当好好感谢她。”

雷光电哭笑不得，说：“我是光棍一个，那有什么妻子？”

雷光电知道了真相，买了一条头巾去看梁玉洁，再三道谢。

梁玉洁收下头巾，用深情的目光瞪着雷光电，问：“还训人吗？”

雷光电摸透了梁玉洁的心思，随后，他们的感情迅速升温。

雷宇声很感慨地说道：“他俩结合可称得上是英雄配美人！”

从荣之听得入神，说：“真是不打不成交，也算是雪山基地的一段佳话。”

这时，从帐篷外很远的地方传来了二胡和笛子的声音。那曲子悠扬向上，从荣之赞道：“小北京的二胡大有长进！”

雷宇声说：“比来时强多了。”

11

清晨。

从荣之早早地起来，沿着山间散步。

他走了一段又折回，向工地方向走去，他心里此刻惦记的是昨天岩层封闭试验的结果。

当他接近坑道时，上夜班的官兵已经走出洞口，何连长看到司令员，迎上去敬了礼，问了声：“首长好！”

从荣之还了礼，问道：“你们营长呢？”

何强说：“他和技术员去看试验结果。”

从荣之说：“你带我到里边看看！”

何强让指导员带队回去，陪着司令员返回山洞。

洞内灯很亮，把坑道照得如同白昼。

当从荣之快到试验点时，只听那里评论着：“时间长的不行，马上封闭行！”雷光电在认真地观察每一处的试验结果。

从荣之走上去，问：“结果怎么样？”

雷光电见司令员进来，迎上去，说：“报告司令员，试验结果出来了，如果采取快速封闭技术难题就能解决了。”

从荣之走上前，对三处试验逐一察看：岩面已经暴露数天的鼓了起来，一天的稍有膨胀，马上封闭的已经凝为一体，十分坚固。从荣之指示道：“回去吃饭，上午找雷宇声马上研究总结!”

雷光电说:“是!”

12

上午。

龙山训练场。

两天前这里下了一场小雪,山上的积雪随处可见。山坡上由云石堆成的“提高警惕,保卫祖国”八个大字,在白雪掩盖下变得模糊了。

田广川把一架望远镜递给张云涛。张云涛通过望远镜观看各号位的操作,张云涛转过身对田广川说道:“这次比前两次强多了,部队操作已经有了模样!”

田广川说:“训练部队看来不抠不行,抠一次进步一次,抠得越狠部队进步越快。”

张云涛说:“这就是严师出高徒的道理。”

这时,一辆吉普车停在看台前。

团机要参谋送来一份电报。

张云涛翻开电报夹,仔细地阅读。看后签署了意见:“请东山团按基地要求认真准备,并送叶副主任阅。”

张云涛把电报递给田广川。

电文是:东山导弹团,基地定于12月25至26日召开1966年军事工作会议,届时,由团军事主官向大会汇报1965年军事工作,望你们认真总结训练经验,找准当前存在的薄弱环节,提出搞好明年训练的思路和建议。材料拟成后报张云涛副司令员阅示,于会前报基地司令部。从荣之。

田广川看过电报抬起头转向张云涛,说:“从司令员又给你加压了。”

张云涛拿起望远镜看远处操作,顺口补充一句:“菜谱好定,这菜做得好坏就要看你田广川了!”

13

杨秀雄办公室。

杨秀雄在看东山导弹团的总结报告,他看着那刺眼的一页,怒气顿生。

他喊来宣传处长,说:“去,把孙长林找过来,你和他一起到我办公室。”

宣传处长和孙长林一起走进杨秀雄的房间。

孙长林见杨秀雄满脸怒气,很谨慎地问道:“主任,有什么指示?”

杨秀雄火辣辣地责问孙长林:“你们团的总结报告你看了吗?”

孙长林说:“看啦,有什么问题吗?”

杨秀雄说:“你们团去年发生多起事故,分析原因,认为主要是思想政治工作不够落实,还说‘政治工作联系实际不够’,这不把主要责任推给政治部门吗?”

孙长林说:“我们没有把工作做细,虚心接受主任的批评。”

杨秀雄说:“孙长林,这总结可不是就事论事,这关系到对政治工作的评价,如果同意这个观点,岂不是对基地政工试点的否定?”

孙长林说:“主任,这点我们倒没有这样想,找存在的问题是党委一班人的意见,我也得尊重大伙的意见。”

杨秀雄说:“这么说你也认账了?”

孙长林不再解释。

杨秀雄问:“张副司令员是怎么阅示的?”

孙长林说:“他认为我们找问题挺客观。”

杨秀雄说:“孙长林同志,我提醒你,你的命运掌握在政治部的手里。我发现,你在政治试点与军事训练的关系上采取的是折中主义,严重点说是两面派手法。路线斗争没有调和的余地。雪山基地存在着两种建军思想的斗争,总有一天要爆发。这场冲突很可能就在眼前。下一步,你站在哪一边,何去何从,这对你是一个考验。怎样做自己考虑吧!”杨秀雄下了逐客令。

孙长林说:“我会很好考虑主任的批评。”

14

下午。

雪山基地会议室内坐满了开会的党委成员。

龚振华说:“下午继续上午的会议。内容是审定四个会议文件。请党委成员发表意见。”

龚振华征求丛荣之的意见。

丛荣之点点头,说:“行!希望大家畅所欲言。”

龚振华等待委员发言,几分钟过去了,没人响应,多数党委成员面色沉重。

龚振华感到意外,说:“往日党委开会,气氛热烈,今天怎么冷场了?”

龚振华只好点名了:“请各团的党委成员先讲,丁大伟、田广川,你俩先说!”

丁大伟:“首先我同意基地对工程建设的评价。去年一年,实际是九个月,我们在极端困难的情况下完成了一期工程的50%。我们能取得这么大的成绩,是由于广大官兵树立了勇为国防献身的信念,发扬革命英雄主义精神的结果,我觉得这是问题的一个方面;另一方面是基地领导正确,保障得力,如果没有这个条件,不可能达到50%的指标。

“对明年的规划,只要能从时间上得到保障,生活得到一些改善,拿下余下的百分之五十,问题不大。有一点提请首长明确,政工指示和工程规划规定的时间不一致，一个是7∶3，一个是5∶5，到底执行哪个？”

田广川说：“我同意基地对1965年军事工作所作的评价。我们在基地党委首长的领导下，没有条件创造条件，迈出了可喜的一步，总结了一些经验，培养了一批骨干，为执行发射任务打下了基础，对1966年军事工作的计划与安排我们认为是可行的。”

田广川从正面发表了自己的看法，他有意避开了当时最敏感的“时间”问题。

杨秀雄插话说道：“田广川同志对1965年军事工作存在问题是怎么认为的？你们去年出了好几起事故，是管理问题还是政治问题？”

田广川说：“对主任提的问题我个人是这样认识的，主要是管理没有跟上，也和思想政治工作不够落实有关。不能简单地把责任归谁不归谁。我是东山团的军事主官，主要责任在我，我要为这些事故负责，如果追究责任我愿意接受上级的处分。”

龚振华觉得杨秀雄的发问极不恰当，为使会议保持一个好的气氛，龚振华把话引了过来：“孙团长你有什么看法？你谈一谈呀！”

孙团说长：“我同意丁大伟的发言。只要时间有保障，搞好生活，再加强思想政治工作，完成计划没问题。”

龚振华从上边发言已经闻到了“火药味”，张云涛还没发言，他讲话历来尖锐，为避免争论，龚振华没让张云涛发言，先点了性格较为平和的云中山，说：“中山同志，谈谈你的意见！”

云中山说：“提交会议的四份文件我都看了，我个人认为，基地对去年军事工作的评价还是比较客观的，不论是国防施工、军事训练、政治建设、后勤建设都取得了可喜的成绩，我们能取得这些成绩是大家在上级党委的领导下，认真贯彻基地党委决议的结果，今天回过头看，当时我们决定的一些问题都是正确的。”

“丁大伟和孙团长提出的时间问题要考虑。工程兵开山放炮都是硬活，没有时间保障是不行的。关于怎样分配时间，一年来有争议，会议应作出决定，使下边有个遵循，我对四个文件无异议，只要把时间统一了就行了。”

龚振华请张云涛发言。

张云涛看透了形势，这次他却表现得相当克制，说：“四份文件我都看了，都写得很好。我是抓军事训练的。我同意中山同志的分析，一年来我们在各方面都取得了可喜的成绩，迈出了坚实的一步。上级对我们期望很高，我们的任务很繁重，我作为党委成员，在工作中要认真贯彻党委的决议，向部队学习，向实践学习，把军事训练抓好。”

龚振华追问了一句：“完啦？”

张云涛说：“完啦！”

龚振华说：“你们搞政工的讲一讲！孙长林，高国军！”

孙长林摆摆手，说："没有意见，我们执行党委的决定。"

高国军说："我看政工指示写的挺好。是否再加上一条，要把使命信念教育和发扬艰苦奋斗的传统教育很好地结合起来。我们工程兵能在极其艰苦的环境下生活施工，靠的是什么？精神支柱是使命感和忠于祖国的信念。我们工程兵的官兵把一砖、一瓦、一炮、一锹的工作都和建设伟大的国防联系起来，认为这是最直接的贡献。根据我的体会，抓好这些教育特别重要。这一环抓好了，再把生活保障抓好，工程兵就能形成很强的凝聚力和战斗力。"

龚振华说："杨秀雄同志你过去是搞政治研究的，谈谈你的想法。"

杨秀雄说："我认为，这次会议应对两个问题加以讨论：第一，当前雪山基地建设存在的主要问题是什么？第二，怎样分配教育训练的时间，政治教育的时间要不要增加？"

龚振华："请杨秀雄同志能否谈得具体些。"

杨秀雄说："我认为，当前或者说从组建以来，我们基地建设中存在的主要问题是：首先没有摆正军事与政治的关系。资产阶级军事路线所表现的单纯军事观点、军事第一的思想仍然占支配地位。军事训练同政治教育发生矛盾不是给政治让路，而是和政治教育争时间、挤压政治教育，把政治工作排到次要的位置，我们必须改变这种状况。"

"第二，为了突出政治工作的地位，建议党委调整军政教育的时间比例由7:3改成6:4，使全年政治教育时间不少于80天。"

丛荣之说："按照杨秀雄同志的说法，一年多来雪山基地党委执行的是错误路线，是犯了方向路线性的错误喽？"

杨秀雄说："可以这样说。"

龚振华说："杨秀雄同志认为基地从组建以来存在的最大问题是没有摆正军事与政治的关系，是犯了方向路线性的错误，这是个大是大非问题，党委必须有一致的认识，希望同志们围绕这个问题继续讨论。"

杨秀雄的发言如同一枚重磅的炸弹，使平静的党委会骤然紧张起来。

张云涛再也按捺不住压在心头的愤怒，发言说道："对杨秀雄同志发言我不能认同。"

"第一，说我们组建以来犯了方向路线错误这个判断不成立。雪山基地的建设方针和原则是中央军委确定的。我们基地的决议是贯彻军委意图的具体表现。因为时间急迫，雪山基地从实际情况出发，采取了'边组建、边施工、边训练'的方针，我们的各项工作都是交织在一起进行的，而所有这些都是和军委的要求相吻合的。就东山团的情况说，因为要执行发射任务，训练是安排得多了点，但从时间的分配上也没超过7:3的比例，怎么能说没有摆正二者的关系呢？"

"第二，杨秀雄同志总是过多地强调时间分配，把时间分配作为衡量是否摆正关系、是否突出政治的标准,这是不正确的。我和一些老政工讨论过,他们认为,政治教育是需要时间,但不能把时间强调到不恰当的程度。过去战争年代,天天行军打仗,除了休整,哪有那么多时间搞教育?政治工作是见缝插针,有时是在行军的路上进行的。我们的政治工作不是同样发挥了很强的战斗性,提高了官兵的觉悟,增强了内部团结,鼓舞了战斗的势气,保证了战斗的胜利吗?所以,绝不能把时间的多少作为衡量是否突出政治的标准。

"第三,目前我们执行的军政教育时间是中央军委规定的,作为下级部队的党委自己没权随便改变。当前,国防施工任务十分繁重,训练也需要争分夺秒,没有足够的时间是绝对不行的。这是我们的中心工作,是建设的大局,怎么能够随便改动呢?

"简言之,教育训练的时间比例不能变。"

杨秀雄说:"林彪同志指出,'当前必须大大地突出政治,当军事工作和政治工作发生矛盾时,要给政治让路。'还说'军事训练、生产等需要占用一定时间,但不应冲击政治。相反,政治可以冲击其他。'首长的指示讲得很清楚,突出政治,首先就是要保证政治教育的时间。张云涛同志说军队在任何时候都要以军事训练为中心,不是和林彪同志唱反调吗?"

从荣之说:"杨秀雄同志,我们是开党委会讨论问题,不要把争论问题和政治立场联在一起。张云涛同志在东山团的讲话我看过,他是代表雪山党委讲话的,如果他的讲话有问题,那也是党委的责任!"

杨秀雄说:"对不起,我讲话是激烈了点,但我要指出,时间问题也是政治问题。张云涛同志反对纠缠时间问题,总是强调施工训练是时间紧、任务重、是硬指标,突出政治,防止党和国家改变颜色,难道是软指标?"

党委会陷入僵局。

龚振华问:"其他党委成员有什么意见?"

多数成员支持张云涛的意见,孙长林和田广川没有表态。

从荣之预感到这场场争论不会有任何结果,建议龚振华休会。

龚振华说:"同志们,为期一天的党委会,围绕一系列重大问题展开了讨论,虽然有些问题有分歧,但在一系列重大问题上,党委的大多数意见和看法还是一致的。这就是,当前的国防施工是基地工作的中心任务,各项工作要围绕中心任务展开,要保证中心任务的完成。关于军政时间比例问题暂不改变,仍然按照军委原定的比例执行。新一年的部队工作,就按这个基调安排。"

15

雪山基地临时招待所内。

在通炕上新铺了床板草垫,多数代表已经入睡,室内传出熟睡的鼾声。

在杨秀雄的房间里,杨秀雄在台灯下奋笔疾书,在起草一份材料,题目是:《从党委争论看雪山基地两种军事思想的斗争》。

在龚振华的房间，龚振华和从荣之在谈话。

从荣之说："对今天的争论杨秀雄是不会服气的，在明天的会议上他会不会做出新的举动？一旦发生就会使会议陷入混乱。"

龚振华说："我也考虑了这个问题，我估计他明天不会做越格的动作，如果那样他将使自己陷于更大的孤立，我们就更有理由否定他。"

在会议筹备处，打字员正忙着打字，司令部的多名参谋在分装会议材料。

16

从雪山基地礼堂内传出热烈的掌声

在礼堂的舞台上摆着数张条桌，基地党委成员在主席台就座，在条桌的后上方悬挂着会标：雪山基地一九六六年军事工作会议。

在台下，会议代表按照划分分坐在条椅上，聚精会神地听着从荣之讲话。

"同志们！

"1966年的任务很繁重，是基地建设非常关键的一年。在新的一年里，我们要广泛深入开展群众性的学习毛主席著作活动，把学雷锋活动引向深入，为培养和造就更多的雷锋式战士而努力；在军事训练方面，我们要继续发扬勇于探索的精神，摸索更好的训练形式，培养更多的'三活'技术能手，以优异的成绩完成实弹发射任务；在国防施工中，我们要深入开展爱祖国、爱国防和革命英雄主义精神的教育，周密计划，严密组织，科学施工，敢于拼搏，用高质量完成1966年的施工计划。东山导弹团要执行实弹发射任务，这是雪山基地建设史上的一件大事，基地上下要齐心合力抓好部队的训练，要高水平地完成军委下达的任务，以优异的成绩为雪山基地建设写下光辉的一页。"

掌声。

第七章

首次发射遭失败　沙场点兵铸军魂

1

1966 年 3 月。

北京炮兵招待所会议室。

会标上写着:“导弹基地工程建设会议”。

向华主持会议,宣布:“请中央军委委员、科委副主任、导弹作战基地建设领导小组组长、张爱萍副总参谋长作指示。”

张爱萍向与会人员招手致意。

张爱萍首先问候与会代表,然后发表了重要讲话。

张爱萍指出:“最近,在周总理的主持下中央专门委员会连续开会,讨论国防科技第三个五年计划怎样贯彻执行的问题。这个规划经党中央、毛主席批准,从今年起将付诸实施。周总理指出,到 1965 年我们已经提前两年实现了 50 年代制定的科学技术十二年规划。通过十年的努力,我国已建立了比较完备的工业体系,为国防工业发展打下了可靠的基础;我们不仅成功地爆炸了原子弹,其他国防科技也取得了世人瞩目的成就。但我们目前的水平与规模还和我们的大国地位很不相称。为此,毛主席在听取‘三五’计划汇报时两次做了‘原子弹要有,氢弹要快’的指示。主席的意图很明显,为了加强我们的国防,在第三个五年计划内,要把我国战略核武器发展到一定的规模,使中国进入核大国的行列。根据主席的意图,周总理提出,我导弹部队要在 1970 年前做好准备,如有战争就能够用上。第三个五年计划体现了主席和总理的指示精神,我们必须坚决贯彻落实。我们要努力工作,早日实现‘三五’计划提出的目标,在‘三五’计划完成后,使我国的战略核打击力量形成近、中、远相结合的火力体系,使中国战略核力量在遏制核战争、维护世界和平中发挥重大作用。”

与会人员神情振奋,热烈鼓掌。

在丛荣之的房间里,向华和丛荣之在谈话。

向华说:“你们是第一个导弹基地,在“三五”计划结束时,要求你们有数个导弹团形成实战能力。形成实战能力有三个基本条件,一是装备,二是阵地,三是训练有素的部队。现在看,对你们来说,阵地建设和部队训练仍是主要矛盾。你们准备怎么贯彻这次会议精神,还有什么困难需要上级解决?”

从荣之回答道:“这次会议很重要,我们回去研究后要作出进一步的部署。不过,……”从荣之欲说又止。

向华问:“不过什么? 有什么就讲嘛!”

从荣之解除了顾虑,发问道:“炮兵政治工作会议您参加了吗?”

向华说:“我在南方勘察没有参加,会议精神我知道。”

从荣之说:“那个会议把军政时间的比例要调为4∶6或5∶5,说是林彪同志提出的。施工任务这么重,政治教育如果占用过多的时间,按期完成工程计划简直是不可能的。陆仲琦和杨秀雄拿着林彪同志的讲话向我们要时间,很难处理呀!”

向华的表情也严肃起来,说:“据悉,林彪同志是这么讲的,我也在想,军委如果真是改动军政时间,对国防施工肯定会产生重大影响,不过,目前没有传达。”

从荣之说:“基地研究工作时,党委以没有正式通知为由否定了杨秀雄的要求,他不服气,说我们这样做‘将付出沉重的代价’。”

向华说:“取消军衔制,批判教条主义和洋奴哲学,否定大比武,好像都是有所指的。转告老龚,政治工作一定要讲究策略,尤其是你们两个,要保持政治上的敏感性,要团结一心,互相帮助。你们要有思想准备,即便军政时间改了,工程建设的时间表也不能变,这是中央军委的决策,是周总理确定的。”

这时,贺子章来找从荣之,向华和贺子章握手,互致问候。

贺子章转向从司令,说:“车票送来了。晚上9点。另外佟大姐(向华的妻子)派人捎了十斤挂面,让你带回去,她说深山老林没吃的,饿了好垫补垫补。”

从荣之说:“向司令员,是不是你的主意?”

向华说:“我不知道呀! 她送你就收嘛,你不收佟玲会生气的。”

从荣之说:“好,收下! 请老院长代我谢谢佟玲。”

向华说:“好,这个话我能带到,祝你们一路顺风!”

从荣之送向华下楼,二人握手告别。

从荣之返回下榻的房间,看到雷宇声领着一位年轻的女军人站在门口。从荣之判断:一定是雷宇声的女朋友刘虹。从荣之近前几步,很热情的打问道:“宇声,有客人?”

雷宇声红着脸介绍道:“这是士兵歌舞团的刘虹,听说司令员来了,要来看看您。”

雷宇声话音刚落,刘虹落落大方地向从荣之敬了一个军礼,上前和他握手,说:

"从司令员您好,宇声在信中经常提到您,见到您,果然不凡。"

从荣之哈哈一笑,说:"看过你的演出,这么说咱们也算熟人拉?!"

从荣之把刘虹让进房间,接着进门前的话题,说:"江姐这个人物被你塑造得十分逼真,再加上你动人的歌喉,看了催人泪下,如果让基层官兵看看,一定会引起更大的反响。"

刘虹有点不好意思,说:"谢谢司令员的夸奖,我缺少英雄人物的经历,还有不少败笔之处。我一定把司令员的意见转告领导,我们歌舞团应当深入连队,为战士服务。"

从荣之知道雷宇声和刘虹的关系正处在紧要关头,主动把谈话引向家庭问题。

从荣之接着说道:"雷宇声同志是个难得的人才,他为雪山工程作出了重大贡献。我们部队需要大批科技人才,将来,雷宇声在我们这儿一定会大有作为。你的情况我们也了解,你是歌舞团的台柱子,在家里还是一位孝女,你们交往,我们一百个赞成。"

刘虹没想到从荣之这么了解情况,又是这样直率地评价他们,很快拉近了她和从荣之的距离,刘虹有许多想法想向从荣之叙说,但又觉得难以启齿,不可自抑地淌出了伤感的眼泪。

雷宇声劝说道:"刘虹,从司令员平易近人,警卫员的事他都过问,你有什么想法就讲吧。"

刘虹擦干眼泪,说:"从司令员,讲了不怕您笑话,我演英雄却迈不开英雄的脚步。因为家庭问题,要拖累宇声。我和宇声都领过结婚证,本该结婚了,宇声到山城,妈妈死活不同意。妈妈只有我一个女儿,又不能撇开不顾。我和宇声本是情投意合,现在不得不天各一方。"

从荣之听明白了刘虹的来意,很策略地回答了刘虹提出的问题,说:"家家都有一本难念的经。你家的情况我了解,你父亲也是一位军人,为革命牺牲了。你妈妈为你颠沛流离,什么样的苦都吃了,她把生活的希望都寄托在你身上,这是可以理解的。再说,你是搞艺术的,山沟里没有舞台,对你的选择我们也能理解。你看这样好不好,我们共同努力,看能否找到双方都能接受的办法来。"

刘虹听出了从荣之话里的含义,也算达到了来找从司令员的目的,随即站起来告辞,说:"我知道,司令员特别忙,打扰首长了。"

从荣之仍然很热情地说:"希望有一天,能在山城看到刘虹同志的演出。"

刘虹和从荣之握手,说:"我也很期待。再见!"

旁白:不久,刘虹给雷宇声寄来了离婚协议,一对情侣因为去向问题最终分手了。

2

3 月。

火箭城杨柳青青。

在沙洲试验基地铁路专用线的站台上站着十几位军人，为首的是沙洲试验基地司令员姜学鹏，旁边站着测试站站长钟武、发射团团长苗健奎、作训处处长杨国栋、副总工程师刘枫山等。

军列徐徐开进专用线，稳稳地停下来。

张云涛、田广川动作迅速地走下车厢，快步向前来接站的姜司令走去。

田广川紧走几步，向姜司令员庄重地敬上一礼说："姜司令员，雪山基地东山导弹团在张云涛副司令员率领下，携带装备经铁路输送行程4500余公里，安全抵达沙洲基地，请司令员指示。团长田广川。"

姜学鹏满面春风，回应道："我代表沙洲试验基地首长、机关欢迎张云涛副司令和东山导弹团参试人员到达试验基地，你们一路辛苦了。"

前来接站的人员热烈鼓掌。

张云涛走上前向姜学鹏敬礼问安。

姜学鹏紧紧握着张云涛的手好像故友重逢，说："云涛，途中辛苦了。"

张云涛说："人未到，我的心早已飞到这里了。"

张云涛和接站人员握手。

礼毕，狄文疆走过来，向张云涛和田广川汇报设营方案。

张云涛听了频频点头，然后指示田广川："组织卸车！"

田广川说："是！"

张云涛陪着姜司令员视察卸车，一边走一边交谈。

姜学鹏说："我们这里不是没有房子，为什么偏让部队住帐篷？"

张云涛说："古人云，天降大任于斯人也，必先苦其心志，劳其筋骨，饿其体肤。我是想尝尝古人育人的道理。"

姜学鹏抬起头望着张云涛，说："云涛同志，你是治军的好手。"

张云涛说："还望姜司令员多多关照。"

不到半小时，东山团已经卸载完毕，装备车辆很有秩序地撤离专用线。

姜学鹏望着干部指挥车辆的手势和动作，连连评论道："不像第一次发射，这支部队训练有素。"

张云涛抢着说道："姜司令员，您可不能光说好话，您得让您的部下帮助我挑毛病，找问题。"

姜学鹏说："这卸载动作确实不错，也不让夸？！"

张云涛和姜学鹏会意地笑了。

姜学鹏说："你们设完营，我陪你走一圈，看看场地，后续训练请你们自己作出安排。展开训练还有什么需求和困难提出来，然后我开个专门会议定一定。"

张云涛说:“好！少不了要添许多麻烦。”

张云涛与姜学鹏握手告别。

3

在通往沙洲试验基地的公路上,两台吉普车快速行进。头台车上坐着张云涛和苏茂生,第二台上坐着田广川和冯文博。

沙洲试验基地机关都是三层楼的建筑,建筑虽然不雄伟但很规整,这里虽然没有都市的繁华,但在戈壁深处已是耀眼的明珠了。

张云涛一行在姜司令的陪同下走访了试训处和技术部,参观了指挥控制中心,会见了相关人员,张云涛虚心讨教。

总工程师刘枫山为张云涛的谦虚所感动,他十分坦诚地谈了自己的看法,说:“从卸载看你们的部队已具备很好的素质,部队很有生气,经过战前训练,一定能完成发射任务。”

张云涛说:“这对我们是一个新课题,希望你能给我们讲一课。”

刘枫山望望姜学鹏。

姜司令员说道:“你就答应吧,不过你可知道,张副司令员可是1963年全军大练兵的佼佼者,组织训练我们还得向他学习呢。”

张云涛谦虚地摆了摆手。

刘枫山说:“听命不如从命,不过,讲得不好,首长可得指教批评。”

张云涛与刘总握手,说:“好！一言为定!”停顿了一下,说:“我们该回去了。”

刘枫山说道:“姜司令员已备好了午饭,你恐怕走不了啦!”

张云涛风趣地说:“我们是来拜师学艺的,先生收徒弟,不收学费还管饭,教书先生可要赔本儿了。”在场的人都笑了。

张云涛在总工刘枫山的办公室,非常虔诚地要求:“刘总,你是导弹专家,有丰富的发射经验,又是这次任务的技术组长,请谈谈像我们这样新组建的部队怎样能更好地担负起发射任务?”

刘枫山没想到张云涛会提出这么大的课题,不知从何说起,很谦虚地说:“首长,这个题目很大,请给我点时间,让我想想。”

张云涛也意识到自己提的问题有些唐突,笑着说道:“好,不慌！不慌！早晚都行。”

张云涛握住刘枫山的手,两人都笑了。

沙洲试验基地招待所。

姜学鹏说:“七机部试验队明天到,二机部工作队后天到,计划后天下午召开第一次领导小组会议,把第一发弹的测试和发射的初步日程定一定,云涛,你还有什么意见?”

张云涛说:“我是来当学生的,一切听从姜司令员的安排。”

姜学鹏说:“七机部试验队明天进场,黄总师随队一起到,明天我们一起接接他?”

张云涛说:“好!”

通信分队正忙着检查线路,指挥员通过电话向各点发出指示:“2 号 2 号! 我是龙山! 龙山开设好,请回答!”

在发射阵地,指挥机传来龙山的呼叫声。

指挥员打开送话开关:“我是 2 号,2 号准备就绪!”

计标分队从发射营长处领取发射卡片。

在距发射场约 200 米处停着两排大体积的加注设备。化验员穿着白大掛戴防毒面具进行模拟取样化验。

化验员将结果交计算分队,计算分队进行紧时的计算。

在控制车上,欧阳端坐在操纵台前,聚精会神地操作,排长站在他的身后目不转睛地盯着控制台上的仪表。

欧阳完成操作动作后报告:“系统测试进行完毕,现象正常,参数符合要求!”

控制排长接通连长署月的电话,说:“报告连长,控制系统测试完毕,现象正常,参数符合要求!”

署月转过身,接通加注分队长的电话,命令道:“加注车辆占领阵地!”

哨声……

加注车辆慢速进入发射场地,展开加注队形,连接软管,进行气密性检查。

计算员向营长递交发射卡片。

营长将发射卡片交给加注连长。

加注分队模拟加注。操作动作整齐,简洁准确……

看台上的人走进发射场坪,为加注分队的操作叫好。

张云涛说:“请司令员多多指教。”

姜司令员说:“不错! 不错! 有大比武示范表演的味道。”

4

沙洲试验基地会议室传出热烈的掌声。

试验任务领导小组第一次会议在这里召开。

姜学鹏主持会议,说:“本次会议讨论和通过了第一发弹测试发射的实施计划。从明天开始进行第一发弹水平测试,发射阵地进行最后一次全区性合练,请参试各方按实施计划进入发射准备。”

张云涛、黄国路点头支持。

上午。

营房四周杨柳青青，成群的山雀在枝头打闹，火箭城充满生机。

东山导弹团发射营驻地。

在营房的院子里集合着队伍。从高处看是一个不大的方队。在方队的前边摆着几张桌子。副司令员张云涛和前指人员在桌前就座。在他们的背后悬挂着一个横幅，上写着“发射动员誓师大会”八个大字。

参加发射的东山团官兵和基地直属分队人员，他们端坐在马扎上。发射三营营长、教导员坐在队伍的最前列，他们兴奋而严肃，在他俩的背后是秩序井然的队伍，战士的脸上也呈现兴奋的表情，他们盼着不寻常时刻的到来。

陆林整了整军容，稳步走到队伍的前面，用洪亮有力的声音宣布：“202 任务发射动员誓师大会现在开始”。

院子里响起热烈的掌声。

“大会第一项议程，全体起立！唱国歌！”

唱国歌的场面。

唱完国歌，陆林宣布：“第二项议程，宣读雪山基地党委祝贺信！”

张云涛及执行 202 发射任务的全体官司兵：

获悉你们已经完成战前突击训练和第一发弹的水平测试，甚为欣慰，望你们在试验领导小组的领导下，严密组织，精心操作，以高度的责任感，扎扎实实地做好每一个动作，祝你们首战告捷，圆满完成发射任务。

会场再次响起热烈的掌声。

陆林说：“大会进行第三项，代表发言表决心！”

高署月代表发射连表决心：“首长和同志们，我们盼望已久的发射任务是神圣而光荣的。我们发射连全体官兵要努力做到：一切为了发射，一切想着发射，精心指挥，精心操作，要高质量地完成每一个动作，圆满完成发射任务，为东山导弹团争光，为发射三营争光，为发射五连写出光辉的一页。”

高署月大声发问：“发射五连能不能做到？”

发射五连齐声喊：“能！保证完成任务！”

掌声。

加注分队代表发言：“首长和同志们：我们盼望已久的实弹发射就要到来，我们怀着十分激动的心情向上级表决心，我们的决心和誓言是：用最安全的要求搞好操作，用最精确的数据搞好加注，用最圆满的结果完成任务，用最优异的成绩写好加注分队光荣历史的第一页，为东山导弹团争光！请首长和同志们检查我们的行动。”

掌声。

控制专业代表欧阳平发言:“我们的决心和誓言是:一心想着发射,一切为了发射,不下错一个口令,不操错一个动作,不放过一个异常现象,圆满完成发射操作,请领导和同志们检查我们的行动。”

掌声。

5

翌日。

沙洲试验基地测试库房。

库房的四周设有岗哨,门口有值勤人员检查进入库房人员的证件。

在库房内:大厅中躺着要发射的导弹,库房的一侧是一排单元测试间,东山团的测试人员提前到达,进行测试准备。

技术部部长苏茂生和田广川、冯文博(阵地技术组成员)迎接测试人员,和技术阵地的领导小组、七机部的科技工作者热情握手。

技术阵地领导小组组长是沙洲试验基地技术部王大吉科长,他和阵地技术组成员查看每个部位。

东山团的测试人员已经到位,宣布测试可以开始。

七机部测试人员在各测试台前就座,冯文博和欧阳坐在测试人员的后面,穿白大褂的女同志刘愈萍和冯文博、欧阳握手,然后并排坐下。

欧阳很客气地说:“请多多赐教!”

刘愈萍说:“祝你们顺利!”

操作手接通电源,高速旋转的变流机里发出聩耳的鸣叫声。

在其他房间,同时展开操作。

在仪表组,单元操作手动作娴熟地操作,口齿清晰地报告测试结果,副操作手复读着填写测试记录……

测试台上两个仪表突然抖动了一下,操作手报告道:“Ⅱ、Ⅳ表有抖动,现象异常!”

冯文博和刘愈萍交换意见后,命令道:“断开电压!分析原因!”

在讨论时,冯文博和刘愈萍意见发生了分歧。

冯文博说:“Ⅲ号表有瞬间断电现象,可能有重大隐患,建议更换Ⅲ号表。”

刘愈萍说:“可能是电缆线路接触不良,不一定是仪表本身的质量问题,建议再复测几遍,如果现象不再复现,就不要更换。”

经三次复测Ⅲ号表一切正常,确定Ⅲ号表可以参加发射。

6

沙洲试验基地东山团驻地临时会议室。

会议室的门前贴着醒目的标语："向专家师傅们学习致敬！"

会议室的会场是用折叠桌子围成的，桌子上摆着茶具。

参加会议的是发射营的干部、操作员、技师和参观见习人员。

张云涛和田广川提前进入会场，参加会议的人员站起来向张云涛行注目礼……

一台轿车驶向东山驻地，通过门卫时哨兵向车敬礼。

车辆进入大院，黄总下车时张云涛出门迎接。

张云涛陪同黄总进入会场，在座的人员起立鼓掌。

田广川安排黄总等人就座。

张云涛说："作为发射部队能和参试研制人员坐在一起，这是难得的求教机会。今天黄总一行到东山团传经送宝，请对我们尊敬的客人表示最热烈的欢迎！"与会人员鼓掌表示欢迎。

张云涛说："请黄总讲话！"热烈鼓掌。

黄总说："昨天，田团长找到我，说张副司令要开一个发射问题座谈会，还出了几个题目。我们是武器生产部门，你们使用单位是主人，我们向你们介绍情况是我们的义务。今天，我带了几个工程师向你们介绍一些情况，我们是丑媳妇不怕见公婆，但愿我们的介绍对你们掌握武器能起到一点作用。"

黄总朴实的话语得到了与会人员的掌声。

7

沙洲试验基地会议室。

会议室内坐满了人，他们是参试各方的代表，试验领导小组的成员围桌而坐，其余人员都坐在有靠背的椅子上。

姜司令员说："今天的会议有三项议程：第一项，由技术阵地领导小组汇报第一发弹测试的结果；第二项，传达国防科委关于任务的批复电报；第三项听取天气形势汇报，确定第一发弹的发射窗口。"

技术组组长详细汇报了第一发弹的测试经过。对第一发弹的结论是："第一发弹的测试组织是严密的，记录是详实可信的，技术参数符合技术要求，可以转往发射地。"

气象室主任汇报长期天气预报，分析了近期的天气形势，建议将发射窗口的选在5月上旬。

姜司令员说："技术组刘枫山同志汇报了第一发弹的测试结果，认为可以转往发射阵地；气象室分析了近期的天气形势，建议把发射窗口选在5月上旬，请领导小组成员发表意见。"

领导小组同意上述分析和建议。

姜司令员说："请办公室把此次会议确定的问题写成纪要，迅速起草和下达第一发弹的发射命令。"

8

上午8时。

大戈壁晴空万里。

前方指挥所升起三发信号弹。

在龙山指挥所，指挥参谋正在和各号位联络。

8时30分，姜学鹏、张云涛、黄国路总工程师来到指挥中心，坐在指挥席上。

前方指挥所开设完毕。

田广川坐在指挥席上，等待发射时刻的到来。

发射场坪四周：彩旗飘扬。在场地的一侧摆着十几张桌子和椅子，七机部、二机部的试验队人员都聚集在这里。

在阵地外东山团发射分队装备车辆排成长队停在开往发射阵地的路上。从车队的前方走来两个人，在每台装备前都要停一下，这是秦营长和温教导员做巡视鼓动工作。

教导员温玉泉走到控制车窗下微笑着询问欧阳平："欧阳平，怎么样？"

欧阳平说："很激动，有点紧张，"

温玉泉用温和的口气安慰道："欧阳平，你的担子很重，点火按钮胜过万钧雷霆，到发射时，全连全营全团全区都关注着你，你不能紧张呀！要胆大心细，心平气和才能不出差错。"

一股温流涌上欧阳的心头，欧阳点点头表示道："营首长请放心，我一定把心态调整好，把操作水平发挥到最佳状态。"

秦营长看看表：8点55分，他接通发射连长高署月的电话，说："向发射阵地开进！"

9时，前方指挥所升起两颗信号弹。

车辆轰鸣，装备车辆有秩序地进入发射场地。首先进入发射场地的是发射台车，它沿着事先绘出的红线缓缓地行进。当到达发射点时，发射班将发射台准确地放下去，几乎正对0位。

发射台很快调整完毕。

起竖车与发射台对接。

起竖车对按完毕，结合弹头。这时，二机部的科技人员围上来，对弹头结合的情况进行认真地检查。

9点40开始起竖导弹，导弹慢慢的抬起头来，10°、20°、30°……50°、90°，然后准确地放在发射台上。

高署月呼叫前方指挥:“前方! 前方! 2 号报告,导弹起竖完毕,可以进入测试,请指示!”

指挥参谋说:“2 号,2 号,我是前方,准备好可以进入测试。”

“2 号明白!”

发射站耿站长看看表又看了看发射进度表,比计划提前了 20 分钟。

在发射场上。瞄准班正在进行方位瞄准。

15 分钟后,加注车辆进入阵地,展开设备,进行加注推进剂的准备。

50 分钟以后,控制排完成对导弹的测试,欧阳报告:“综合测试完毕,现象正常,参数符合要求。”

高署月向指挥所报告请示加注。

指挥员说:“明白,等待命令。”

姜司令员说:“可以提前,要把动作做准做好!”

指挥员说:“明白!”

指挥员说:“前方! 前方! 请注意,可以提前,操作动作要做到稳准可靠。”

高署月说:“2 号明白!”

5 分钟后,加注分队向导弹加注推进剂。加注完后,加注车辆撤出阵地,发射排正在进行最后的方位瞄准。

在发射场区。

参试的科技人员撤出发射阵地,几个人进入发射场坪现场检查。

高署月和有关人员绕发射台进行撤出发射场的最后检查。

导弹屹立在发射台上。可以听到弹上仪器的工作声。

高署月登上控制车,其他人员进入疏散位置。

发射进入最紧张的时刻。

前方指挥所向控制车发出指示:“5 分钟准备!”

“东海提示观测分队:进入 5 分钟准备!”

“30 号明白!”“40 号明白!”“50 号明白!”

在控制车上,控制排长下达“指令”:“接通舵机! 检查系统参数!”

欧阳接通舵机开关。看了看电流表、电压表,“舵机工作!”

控制排长:“1 分钟准备!”

40 秒,30 秒,20 秒……

控制排长下达指令:“转发射!”

欧阳将控制开关转到“发射”位置。

控制排长下达指令:“点火!”

欧阳平屏住呼吸,重重地按下点火按钮。

几秒后,导弹的尾段现出巨大的火球,接着,导弹被黄色的烟尘淹没了……

约8秒钟，发射场坪传出惊天动地的轰鸣，导弹徐徐离开发射台，直插蓝天，……

20秒后田广川和耿志豪走出指挥所。

田广川借助望远镜观看飞行的导弹，当他看到导弹由大变小时，内心升起无限的欣慰。

田广川继续观看飞行的导弹，50秒飞行的导弹突然变成一个火团。田广川惊呆了，望远镜从他手中脱落到地上。

站在他身边的耿站长说："不好！导弹出事了。"

从附近的山地上传来庆祝发射成功的锣鼓声。

田广川立即返回指挥所，指示指挥参谋："接东海！"

指挥员正要呼叫东海，东海传来讯息："前方指挥所，50秒目标消失，发射失败。请立即退出发射，封存测试记录，保持发射状态，技术组全体14时赶往3会议室分析失败原因，领导小组全体人员旁听分析。"

前方指挥所回答："明白！"

9

在距发射场一公里外的山岗上，彩旗飘飘，人山人海，这是看发射的地方。

导弹刚刚离开发射台，他们已按捺不住成功的激情，顿时锣鼓喧天，他们跳跃着，呼喊着庆祝胜利……

教导员温玉泉也在欢呼的人群中，脸上洋溢着甜蜜的微笑。

这时，前方指挥所升起两发红色信号弹，刚开始他以为是成功的信号，但仔细看上去是发射失败的信号。

温玉泉心里咯噔一下，脸沉了下来，他叫上连队的干部向发射场奔去。

在发射场上，雪山基地前指的领导和团长田广川正在巡视发射场，只见，发射台操作窗的护盖吹没了，堆压电线的土袋不见了，发射电线被甩出去老远。田广川和作训参谋在记录现场情况，所有人们表情都很严肃。

温玉泉看着团长严肃的神色预感到情况不妙，他向团长敬了个礼，谨慎地问："团长，什么情况？"

田广川带着遗憾的表情告诉温玉泉："发射失败了。据龙山指挥所通报，导弹飞行49.43秒自毁爆炸，是什么原因还不清楚。我和秦营长要马上去参加失败原因的分析会，你把队伍带回去，首先做好稳定部队情绪工作。"

温玉泉回答："是！"

10

参加发射失败原因分析会的人员，从不同的方向快速地向3号会议室汇合，有乘轿车的，有乘吉普车的，也有乘坐解放牌汽车的，3号会议室陡然间忙碌起来。

刘枫山、冯文博、高署月搭着田广川的车前往。冯文博拿着发射记录，表情木然。当他们走进会议室时姜学鹏示意他们坐下。

最后进入会议室的是遥测站的站长。

遥测站站长坐定，姜学鹏立刻宣布开会。

冯文博代表技术组汇报了发射测试情况，结论是："各项检查参数均符合要求，没有发现任何异常情况。"

刘枫山作了补充发言："我同意冯文博同志的看法，从测试发射的过程看似乎没有问题。"

各观测站汇报了他们的观测结果，他们所能提供的是导弹自毁的时间和场景。

最后发言的是遥测站的站长。他在发言前和刘枫山交换了意见，说："遥测系统工作状态良好，记录显示清晰，从胶圈判读看，导弹自毁是在起飞后49、43秒发生的，在导弹自毁的前5秒，Ⅲ号表电源电压出现零电平，我们判断，导弹自毁的原因是Ⅲ号表瞬间停电引起的。这是放大后的胶圈，请专家们审查。"遥测站长说。

黄国路看了胶片，思考片刻，然后作出肯定的结论说："我同意遥测站所作的分析，这次发射失败的原因是Ⅲ号表瞬间断电引起的。是一起仪表质量事故，与发射部队指挥操作无关。"

东山团发射营驻地。

这里失去了往日的生气，既没有歌声，也没有忙碌的景象。

炊事班为发射准备会餐的饭菜很丰盛，可是没有一个班前来就餐。连长、指导员逐班做工作，就是做不通。指导员没办法，向营教导员作了汇报。

温玉泉来到发射连把部队集合起来，没等教导员讲话，从队伍的后面传来了抽泣声，这抽泣声似乎有很大的感染力，站在队前的也跟着抽泣起来，顷刻，呜呜声汇成一片。

温玉泉心情也很沉重，但眼前的场面要求他必须振作精神。他大声说道："同志们，你们的心情我非常理解，为了发射，全营上下刻苦训练了好几个月，许多同志不顾小家顾发射，还有许多同志带病坚持训练，大家为了什么？就是为了尽快掌握尖端武器，也为我们连队争光。但倒霉的事摊到了我们头上。这种结果谁都不愿发生，但它还是发生了。怎么办？毛主席教导我们：'我们的同志在困难的时候要看到光明，要提高我们的勇气'。我宣布：党员和准备入党的要挺起腰杆，擦干眼泪，准备吃饭！"

温玉泉一席语重心长的讲话立即产生了效果。战士们擦干眼泪望着教导员，好像在问："我们应当怎样办？"

这时，三台吉普车开进大院，停在距三营官兵很近的地方，姜学鹏、张云涛、七机部黄国路走下车，向三营官兵走来。

温玉泉见上级首长前来看望部队，马上整理队伍迎上去，向首长报告："姜司令员，东山团发射三营正在进行要正确对待失败的思想教育，请首长指示。三营教导员温玉泉。”

姜司令员向温玉泉还礼，说道：“试验领导小组刚刚开完会议，找到了失败的原因，我代表领导小组向大家通报情况，请稍息！”

温玉泉转向队伍，说：“欢迎姜司令员讲话！”队伍里响起了热烈的掌声。

姜司令员走前几步，用和蔼而激扬的语气说道：“我们刚刚开了领导小组会议。分析和讨论了发射失败的原因。领导小组已经认定这次发射失败是技术故障引起的，与发射分队的操作无关。发射虽然失败了，但谁也不能抹杀你们已取得的成绩。在前段工作中，你们谦虚谨慎，虚心好学，积极主动地和友邻协同，严格要求自己，把困难留给自己，把方便让给别人，你们的优良作风给大家留下了很深的印象。任务领导小组希望你们放下包袱，重新振作精神，把后续任务完成好！”

姜司令员的讲话极大地安慰了三营的官兵，官兵爆发出热烈的掌声。

姜司令说：“下边请我们的黄总师给大家讲话！”掌声。

黄国路说：“看到此情此景，使我想起了一件往事：那是1959年，我国的导弹技术刚刚起步，这本是苏联人的援建项目，但苏联人背信弃义，撤走专家，撕毁合同，他们连一张图纸也不给我们。我们中国人是有志气的。我们靠自己的努力，仅用了一年多时间就研制出我国自制的第一枚导弹。当时，我们给这枚导弹起了个名字叫‘争气弹’。这枚‘争气弹’偏偏不争气，升空不远就爆炸了。这对发射部队的官兵和我们研制人员打击太大了。大家涌向发射场，整个发射场一片哭泣，如同今天的情况。

“我们研制人员立即被召回京。

“周总理和军委的同志听取我们汇报。

“我感到无限的愧疚，头都抬不起来。可我们的总理却微笑着安慰我：“黄总，你可不能泄气呀！这很正常嘛！美国、苏联发展导弹技术，他们都经历过无数次的失败，苏联的火箭兵司令毙命试验现场。这正如恩格斯所言，在科学的道路上是没有坦途的。掌握现代科技，要准备经受无数次的挫折和失败。我相信，只要我们找到了原因，突破一个个技术上的难题，就一定能够生产出质量可靠的‘争气弹’。我回到研究所，向全所职工原原本本地传达了周总理的指示，全体职工感动得又放声哭了起来。”

“受到教育的科技人员奔赴戈壁深处，为查找失败的原因，我们顶着风沙酷暑，在沙漠中艰难地搜索，终于找到了导弹发动机爆炸落下的残骸，经化验分析，我们很快找到了失败的原因。接着全所同志日夜奋战，改进发动机的用材，很快生产出新的导弹，第二次发射一举成功。”

黄国路讲到这里停顿了一下，然后大声地讲道：“通过这件事使我悟出一个道理，有一种哭泣潜藏着巨大的能量，就像原子弹要爆炸一样，一旦这潜藏的东西释放出来，一定能变成无坚不摧的力量，这力量足以使我们战胜种种困难，包括挫折和失败。我相信，我们发射部队的官兵一定能够重新振作精神，化悲伤为力量，像总理教导的那样，认真总结经验教训，扎扎实实地做好每一个动作，迎接我们的一定是胜利的曙光！”

队伍里传出感奋的掌声。

11

晨雾笼罩下的雪山基地。

山边的道路上传来了机关官兵出早操的口号声。

从荣之沿着道路快步行走，脸上冒着热气。

收操了。从荣之正在洗漱，机要参谋挟着机要包走进司令员的房间，说：“司令员，前指电报，请您阅示。”

从荣之很快地结束洗漱，披上衣服，用急切的眼光看着报文，从荣之的表情慢慢地沉重起来，他反复看了几遍，报文几乎一字不漏的记下了：

雪山基地从司令员、龚政委：

第一发弹于昨日14时发射结束，导弹飞行49.43秒自毁。经遥测判定是Ⅲ号表在飞行中瞬间停电所至。首战失败对部队情绪影响极大。试验领导小组于当日下午看望了发射部队，宣布与发射操作无关。经教育部队情绪稍有好转。

根据试验领导小组的安排，前指党委决定，利用一周的休整期，在发射分队开展一次群众性的查思想、查作风、查纪律的活动，目的在于清除影响发射的思想障碍，重新树立必胜的信心，把官兵的积极性统一到完成后续发射任务上来。

在部队休整时，前指也要对自己的工作进行检查和反思。

从荣之思索片刻，在电报上写了：请政委阅示，建议党委开会时议一下，给前指一个回复。

早饭后，利用首长交接班的机会龚振华转达了前指的报告，说：“建议以基地名义给前指一个回复，要求他们正确对待首发失利，要认真总结经验教训，重新振作精神，把后续任务完成好。”

党委成员多数同意政委的意见，只有杨秀雄提出异议，说：“应向前指指出，他们要在政治与军事的关系上进行反思，‘一切想着发射，一切为了发射，一切要给发射让路’，这个口号是错误的，是典型的单纯任务观点，单纯任务观点就是单纯军事观点。”他阴阳怪气地说了这段话。

党委其他成员一言不发。

从荣之看出龚振华有难言之隐，把这个事岔了过去，说：“我看前指的事党委就不要议了,电报也不要回了,前指在任务领导小组领导下工作,又有炮兵机关在场,我们说三道四,不是要否定人家的领导吗?如果是两个声音也使前指为难。”

党委其他成员都支持丛荣之的意见。

龚振华说:“电报还是要发的。请司令部起草一个电报,要肯定部队训练取得的成绩,不能因首发失败丢掉士气。告诉他们,基地党委关心他们、信任他们,希望他们总结教训,重新振作精神,把后续任务完成好。”

参谋长说:“好,我们马上起草。”

这时,值班室电话铃响了。

值班参谋拿起电话:“雪山基地值班室,您是哪里?在!请等一下。”值班参谋把电话递给丛荣之,说:“司令员,炮兵向副司令员电话。”

丛荣之接过电话,说:“喂!我是丛荣之。向副司令员,您好,请指示。”

向华说:“你立即进京,和我一起去沙洲看望发射部队。”

丛荣之说:“好!我马上出发!”

丛荣之转过身,指示道:“电报不要写了,我要陪向副司令员去沙洲看望部队。”

12

晚饭后。

一男一女绕着试验队的大院漫步。男的是欧阳平,女的是黄盈盈。

黄盈盈说:“约你来走走怎么那么难?真的没时间?”

欧阳平说:“盈盈同志,对不起,我是班长,真是不好脱身。”

黄盈盈说:“自从北京一别,发生的那件事时常涌上心头,你的形象总是在我的眼前出现,我要好好感谢你!”

欧阳平说:“你们给我们那么大帮助,凡是有一点良知的人,都会这样干,这不是什么惊天动地的事。”

黄盈盈说:“首发失败对你刺激不小吧?现在怎么样?”

欧阳平说:“事情刚发生时,脑瓜简直要炸了,吃不下饭,睡不着觉,噩梦一个接一个,觉得没脸见人,完了。试验队承担了责任,通过教育,思想的弯刚刚转过来。不过,我仍然感到不安和内疚。”

黄盈盈说:“试验队都承担责任了,你不安内疚什么?”

欧阳平说:“技术阵地测试时,故障表就发生过瞬间断电的现象,我发现了,也提出了自己的看法,但碍与面子,没有坚持更换。听说这表是她设计的,怕伤了刘姐和我们两家的和气,这件事对我刺激很大。”

黄盈盈说:“事情都已经过去了,吸取教训就行了,不能老放在心上。”

欧阳平点点头,说:“谢谢你。”

欧阳平看着天色已晚,提出告辞,说:“我该回去了,晚上还要开班务会,我不能缺席。”

黄盈盈用深情的目光盯着欧阳，说：“能经常出来见面吗？”

欧阳平有些为难，又不好拒绝，回答道：“争取吧。”

欧阳平和黄盈盈挥手告别。

黄盈盈看着欧阳远去的背影，久久地站在那里。

13

一架军用飞机从南苑机场起飞。

飞机穿过云霄在浩瀚的云海上飞翔……

向华和从荣之坐在飞机的头等舱内，向华扭头看着从荣之：“知道不知道为什么让你同行？”

从荣之说：“部队在困难的时候第一把手应当出现在他们面前，鼓励下属向前看。”

向华说：“你只答对了一半，告诉你，周总理出国访问，回来时要专程看望发射部队，我们是要接受总理的检阅。”

从荣之听了感到振奋，说：“这是极大的荣幸啊！”

向华说：“周总理日理万机，还时刻想着导弹部队的建设。”

飞机在沙洲试验基地附近着陆。

姜学鹏、张云涛、刘部长等在机场迎接他们。

向华和从荣之走出机舱。

前来接机的姜学鹏、张云涛迎上去向向华敬礼。

向华和接机人员一一握手，说：“你们辛苦了。”

张云涛带着负疚感回应道：“很遗憾，没圆满完成首长交给的任务。”

向华说：“不要这么说，试验本身就有很多未知数，如果发发成功就不用试验了。不要把失败都看成坏事，要善于从失败中总结出成功的经验。”

张云涛点点头，说：“是！”

从荣之和姜学鹏互致问候，然后乘车离去……

向华看望七机部黄国路及试验队全体同志，然后下榻沙洲试验基地招待所。

姜学鹏以东道主的身份设宴招待向华，黄国路作陪。

席间，宾主相互敬酒，宴会充满了深情厚谊。

最后，向华向在座各位敬酒，借机说道：“我向大家宣布一个特大消息，周总理明天出国归来，并专程来这里视察发射，我祝愿发射部队、试验基地、七机部试验队密切合作，打好明天发射这一仗，以优异的成绩向总理汇报，向祖国汇报！”

向华语惊四座，你看看我，我看看你，每个人的脸上都露出了意外的惊喜。

在场的人员把酒杯举起，撞在一起："干！"

14

发射场彩旗飘飘，气球高悬。

东山团发射三营及全体参试人员集合在发射场外，在队伍的后面停着待发的导弹。官兵们情绪饱满，斗志昂扬，等待着重要时刻的到来。

这时，一支由轿车组成的车队向发射场驶来，在队伍旁边停下。

向华、从荣之、姜学鹏、黄国路下了车向队伍走来。

向华大声问候："同志们好！你们辛苦了！"

"首长好！为人民服务！"

向华："同志们：

"第二发导弹发射马上就要开始了。

"我怀着十分激动的心情，向你们宣布一个特大的喜讯，我们敬爱的周总理今天将到这里专程看望导弹部队，亲自视察我国新型导弹的发射。党中央、毛主席十分关心导弹部队的建设，我希望你们认真实现自己的决心，要精心组织、精心操作，圆满完成发射任务，以优异的成绩向祖国汇报，向总理汇报！"

发射场响起热烈的掌声。

姜学鹏看看手表，8 时 58 分，他拿起报话机下达命令："东海指挥所、前方指挥所、发射指挥系统、测试系统，9 时整进入发射准备程序。"

姜学鹏下达命令，发射场外车辆轰鸣，导弹被牵引着缓缓进入发射场……

一架银灰色大型客机降落在沙洲机场。

周恩来总理走出机舱向向华等亲切招手。

周恩来和向华握手时停下来，问："是哪个部队执行发射任务？"

向华回答道："雪山基地东山导弹团。"

周总理问："几时发射？"

向华回答道："最好的发射窗口是 14 至 16 点，如无意外情况定在 15 点。"

周总理说："好！我来看看我们的导弹部队，要亲自看看发射，顺便对参试部队和武器研制单位的同志表示慰问。"

接机车队离开机场，消失在戈壁深处……

15

在发射场上，一枚墨绿色的导弹屹立在发射台上，加注车辆已摆开加注队形，准备向导弹加注推进剂。

这时，周总理在向华、姜学鹏、从荣之陪同下车到发射场，他们绕场一周，最后召来发射营长了解情况。

发射营秦营长介绍了情况,周总理频频点头,说:“发射导弹涉及许多部门和单位,协调性强,技术要求高,要使部队懂得,要大力协同才能做好这项工作,只有严肃认真、周到细致、才能万无一失。”

秦营长说:“是! 我们一定牢记总理教诲。”

向华看看表,向总理建议道:“总理,马上要进入1小时准备,我们到观察所去吧,”

周总理说:“你是导弹专家,听你的,走!”

东海指挥所。

张云涛坐在指挥机旁,指挥机传来前方指挥所的报告:“东海! 东海! 前方指挥所报告!”

东海回答:“请讲! 请讲!”

前方报告:“控制系统检查完毕,现象正常,参数符合要求,加注车辆已经做好加注准备!”

东海下达命令:“开始加注!”

前方下达命令:“发射阵地,请注意,向导弹加注推进剂!”

发射营长接到命令,向加注连长下达指示:“加注推进剂!”

加注分队迅速展开操作,泵车号手打开加注阀门,向导弹加注推进剂…

在距发射场四百米的观察所,周总理和向华坐在桌案前交谈。

周总理说:“发射完毕你马上回北京,找张爱萍同志,看看导弹部队第三个五年发展计划准备得怎么样了,要早点出手,时不待人呀!”

向华说:“好! 发射后我马上回去向张副总长汇报,传达您的指示。”

姜学鹏把一架望远镜交给丛荣之,说:“丛司令员,请你看看东山团加注分队的操作,整齐划一,很利索。”

向华把另外一架望远镜递给总理,说:“总理,现在是向导弹加注推进剂,请您看看。”

周总理、丛荣之举起望远镜观看操作:加注号手密切协同,操作准确稳妥,动作整齐划一,总理高兴地说:“操作的好! 操作的好!”

东海指挥所。

指挥所下达命令:“各号位注意! 5分钟准备!”

发射阵地前方指挥所升起三发信号弹。

周总理问:“这是什么信号?”

姜学鹏:“5分钟准备。”

周总理点点头，深邃的目光注视着前方。

前方指挥所。

田广川坐在指挥席上，手中握着一块秒表，又看了看手表，命令道：“1 分钟准备！”

指挥参谋：“50 秒！40 秒！30 秒！牵动！”

在控制车上，署月向操纵员下达命令：“接通舵机！”

操作员欧阳平接通舵机开关，报告道：“现象正常，参数符合要求！”

高署月命令：“按点火！”

欧阳平按下“点火”按钮。

导弹尾部发出一阵白光，顷刻，导弹尾段喷出白色的火焰，发出震撼大地的轰鸣……

周总理目不转睛地盯着发射场上的导弹。

导弹加速飞行，挟雷带火，直插苍穹，拐弯，消失在天际……

周总理鼓掌祝贺。

16

在发射场坪上搭起了庆捷的舞台，锣鼓喧天。

发射部队，七机部和二机部试验队，沙洲试验基地营以上干部集合在舞台前。

姜学鹏宣布：“同志们，我们已经收到了末区的报告，导弹已准确地进入靶区，各参试单位都收到了可信的跟踪信号，本次发射圆满成功！”话音刚落，就响起了暴风骤雨般的掌声。姜学鹏示意掌声渐渐停下，说“我们以无比喜悦的心情，欢迎敬爱的周总理讲话。”掌声雷动。

周恩来健步走到台前，向大家鼓掌致意。

“同志们：

“我代表党中央、毛主席、国务院和中央军委向参加这次发射的指战员、向参加武器研制生产的工人和科技人员表示最热烈的祝贺，并通过你们向战斗在尖端科技战线的所有同志表示亲切的慰问。这次发射，是由作战部队、试验基地和武器研制部门共同参与下完成的，这对我国尖端武器的发展具有重要的实践意义。我们发展导弹核武器走的是自力更生的道路，我们靠自己的努力，从无到有，从小到大，今天我们已经有了近中程导弹，不久，我们将拥有远程导弹和洲际导弹。导弹部队是保卫国家安全的重要的战略力量，是防止核战争的重要手段，我们要一起努力，把导弹部队建设好！”

周总理的讲话激励了每个人，掌声雷鸣，多少人激动得热泪盈眶。

周总理欣喜地和大家热情握手，合影留念。

第八章

抢时间组织大会战　保进度敢扬逆风船

1

一列军列从火箭城发出，穿过浩瀚的戈壁，连绵的山丘，在广阔的平原上北进。

在军列的中部是两节连着的卧铺车厢，在卧铺车内张云涛和田广川亲切地交谈。

张云涛很兴奋，说："去年的今天，张副总长视察基地时要求我们，要用两到三年的时间形成独立发射能力，那时我在想，几乎是白手起家，没有装备，导弹是什么样还没有见过，怎么达到呢？没想到，在一年的时间里我们竟发射了三枚导弹，中国强大了！"张云涛颇有几份自豪感。

田广川有着相同的心态，感叹道："毛主席讲的好，我们中华民族有自立于世界民族之林的能力。我今天才更深地感受到，只有国防强大了，我们的腰杆子才能硬起来。"

张云涛说："东山团组建到今天，你们没有很好地休息过，历史不应忘记你们。"

田广川说："一年过去了，你蹲在东山团，没人见您休息过，东山团的官兵也不会忘记你。"

张云涛说："不不，这是分工，成绩可不能记在我一个人的身上，咱们的丛司令员比我辛苦得多！"

田广川点点头，然后说道："丛司令员这次看发射在给我们作指示时，有段话好像另有含义，不知副司令员注意没有？"

张云涛说："哪段话？"

田广川说："司令员讲，当前进行的'文化大革命'和批判资产阶级军事路线的斗争必然会反映到我们的工作中，你们会听到各式各样的说法，对于这些，大可不必理会他。"

张云涛说："你不会想到吧？第一发弹发射失败，有人说是不突出政治的结果。如果不是领导小组承担责任，会有人跟我们秋后算账呢。"

田广川听了有些惊讶："我就纳闷，现在能干实事的人为啥总挨整？"

张云涛说:“这就是空头政治家的能耐,不整人他们就要失业了。”

列车在高速开进,石家庄、天津站从车窗外闪过……

画外音:张云涛和田广川不会想到,一周后,他们二人议论的问题再次发生:雪山基地党委扩大会讨论工程建设进展缓慢的原因,当涉及政治教育与施工关系时发生了更为严重的争论。

2

云中山办公室。

云中山和工程处长研究工作。

云中山指着工程进度表问道:“半年过去了,仅完成了工程计划的40%,照这样发展下去,明年一季度怎么竣工?进展缓慢的原因是什么?”

工程处长说:“我们和工兵团的领导交换过意见,主要原因……”

这时,云中山的电话铃响了。

云中山拿起电话:“喂!我是云中山,司令员,您有什么指示?”

电话传来从荣之的发问:“阵地工程报表看了吗?形势不妙呀!是否研究一下?”

云中山说:“我和程处长正在研究这个问题。”

从荣之说:“龚政委、贺副司令员都在我这里,你们过来一起讨论吧!”

云中山放下电话,指示程处长:“走,到从司令员那里去,司令、政委都在研究这个问题。”

程处长带上工程进度表和云中山来到从司令员的房间。

从荣之招呼他们坐下,没待云中山坐稳就发问道:“全年过去了大半,只完成了计划的40%,是什么原因?”

云中山示意程处长先谈,程处长毫无顾忌地谈了自己的看法。

程处长说:“造成工程进度缓慢的原因,一是六七两个月各工地连续发生塌方事故,因处理塌方影响了进度;二是工程机械陈旧,工作效率低;三是搞军政对立,因施工要给政教让路,造成施工停顿和返工;四是……”

程处长一口气讲了好多原因。

龚振华说:“对第三条能举出例子吗?”

程处长说:“这样的事太多了。314团工兵四营营长和教导员干仗就是最好的例子:工兵四营担负坑道被覆任务,两车水泥刚刚拌完浆,团里通知了,陆副政委要讲政治课,要求全体干部参加,施工要暂时停下来。刘营长问停多长时间?教导员说两天或三天。刘营长一听就火了:‘停三天,水泥都成了疙瘩啦,能停吗?’教导员很严肃地说道:‘老刘,政治教育可是雷打不动,我们可不能不执行。’刘营长说:‘我向团里请假,不能停,如果停下来,会发生严重的质量问题。’刘营长不听教导员的劝阻,向团里请假,团里不仅没批准,到了会上还把他批了一顿,说单纯军事观点又回潮了!"

从荣之问:"后来怎样了?"

程处长说:"工兵四营和全团同步学习了三天,第四天上班时,水泥砣成一块,全部报废了,把失效水泥处理掉,重新搅拌,等于误工三天。"

程处长讲完这个例子,从荣之转向云中山说:"你谈谈!"

云中山说:"目前工兵团就是这么个情况,军事干部还是怕字当头,有的发牢骚说:'现在是政治教育时间要多少给多少,施工时间剩多少算多少,政治教育是硬指标,施工变成了软指标。'"

龚振华说:"贺子章同志还有什么看法?"

贺子章说:"现在施工中存在不少矛盾,是否开个会,统一一下思想,不然,要推迟竣工时间,如果这样,问题就严重了。"

龚振华说:"竣工时间是军委确定的,这个目标不能变。"龚振华转向从荣之,说:"老从,是不是开个专门会议研究研究?"

从荣之说:"我同意贺子章的意见,这个会要马上开。"

3

雪山基地首长会议室。

党委扩大会讨论如何加快阵地工程建设。

龚振华说:"目前,阵地一期工程建设时间过半,但工程计划的进度却不容乐观。当前,工程进度缓慢,有可能影响按时竣工,如果发生这种情况,就说明雪山党委没有按时完成中央军委下达的任务。这是一个事关大局的问题,我们必须采取措施,把工程抓上去,把时间抢回来。"

从荣之说:"我们是向上级立过军令状的,如果拖延军委部署时间,我们就是历史的罪人。"

龚振华说:"因此,基地党委提出,必须加快阵地工程建设的步伐。上午,各工兵团汇报了工作,分析了工程进展缓慢的原因,归纳起来有四个方面的问题:一是军事干部是'怕'字太多,怕抓多了被扣上单纯军事观点的帽子;二是塌方和不可预见的事故多,这些事故的发生给施工增大了作业量;三是工程机械陈旧,工作效率不高;四是当政治教育和施工发生矛盾时处理不当,影响了进度。但影响进度的关键问题是什么?应当怎么解决?希望党委成员继续发表意见。"

云中山说:"影响工程进度的原因很多,关键问题还是怎样摆正施工与其他各项工作的关系。国防施工是不是工程兵的中心工作?是不是当前基地建设的重中之重?当施工和其他工作发生矛盾时,是保施工,还是保其他?现在许多干部包括政工干部是'怕'字当头,不敢理直气壮地抓施工,出了问题绕着走,如果不解决这对矛盾,阵地工程还会继续拖下去。"

孙福祥说:"我同意云副司令的分析,要抓主要矛盾。"

丁大伟说:"我和孙团长有相同的看法。"

龚振华说:"中山同志,怎么解决这对矛盾,谈谈你的意见。"

云中山说:"我建议党委对加快阵地工程建设作出新的决议,要重新明确:(一)当前的阵地工程仍是基地建设的中心任务,是工作的重中之重,中心位置没有变;(二)各单位要科学地安排工作,当施工和其他工作发生矛盾时,必须保证国防施工能正常进行;(三)……"

云中山一口气讲了五条意见,一下子点破了问题的要害,他讲的问题是当前最敏感的政治问题,他的发言引起了更激烈的争论。

龚振华说:"请政工干部谈一谈。"

杨秀雄首先发言:"我不同意云中山同志的五点建议。"

他指出:"这五条建议和当前政治建军的总形势不相符合。

"一、阵地建设是基地的一项长远建设,但不是重中之重,重中之重是政治。当前,在全军范围内开展的对资产阶级建军路线的批判,是关系到军队命运的头等大事,一个基地的工程建设比这个头等大事还大吗?

"二、政治是统帅,是灵魂,政治工作是一切工作的生命线,难道只是保障工作任务的完成吗?

"三、在谁给谁让路的问题上违背了林彪同志的指示。林彪同志最近指出,当其他工作和政治工作发生矛盾时,要给政治工作让路,其他工作不能冲击政治,相反,政治可以冲击一切。五点建议提出政治教育要给施工让路,有悖于林彪同志的指示精神。"

从荣之有点坐不住了,提问道:"杨秀雄同志,你说应当怎么办?"

杨秀雄说:"我的意见很明确,我在各种场合表达过,我们应当重新审查党委的思想政治路线,我们要摆脱资产阶级建军思想的影响,把突出政治放在各项工作的首位,在时间上要以政治教育为中心统筹安排工作。"

从荣之说:"关于阵地工程建设是当前基地建设的重中之重的提法,这不是我们自己提的,军委首长在不少场合和文件中都是这样提的,我们应当怎样对待上级的指示呢?"

杨秀雄说:"那就要看谁讲的正确,难道林彪同志的指示我们也能动摇吗?"

龚振华说:"陆仲琦同志谈谈你的意见。"

陆仲琦说:"我们争论的话题是当前的大是大非问题。我认为杨秀雄同志的观点比较准确地表达了军委首长(林彪)关于部队建设的基本方针,阵地建设要搞,那也是军委的部署,怎样调整好这些矛盾,我们应该很好地考虑,比如军政时间要不要改,怎样改,这就是很现实的问题。"

陆仲琦的发言使龚振华和丛荣之处于进退两难的地位，再争议不会有什么结果。龚振华和丛荣之交换了意见决定暂时休会。

这时，值班参谋来到会场，说："丛司令员，有重要情况向你报告：铁路军代室电话通报，张副司令员的专列已通过山海关，明日凌晨到达山城镇，上午9时专列进入雪山铁路专用线，需要三台解放牌车接站。所用车辆参谋长已作出安排，请示首长还有什么指示？"

丛荣之看看龚振华，说："这是基地的第一次发射，我们接一接？"

龚振华："这是雪山基地建设史上的一件大事。我建议为他们举行一个隆重的迎接仪式，要去军乐队，机关处以上领导全部参加。"

丛荣之指示值班参谋："转告参谋长、主任，按政委的意见作出安排。"

参谋复述政委指示。

龚振华点点头，说："对！"

4

一列军列在山间的晨曦中穿行……

在卧铺车上张云涛向田广川交待工作。

张云涛说："基地首长要在专用线为我们举行欢迎仪式，要传达到列车的每一个人，要把首长机关的关心化为动力，善始善终做好卸载宿营工作。"

田广川说："是，我马上安排！"

在铁路专用线上，彩旗飘飘。

宣传处长和军乐队长在布置欢迎仪式。

两台吉普车和一台大轿车来到专用线。

丛荣之和龚振华走下吉普车，丛荣之看看表，说："还有10分钟！"

9时，专列缓缓进入专用线。

宣传处长指挥军乐队演奏，专用线顿时锣鼓喧天。

张云涛神采奕奕地走下卧铺车。

丛荣之和龚振华看到张云涛走下专列，大步迎上去："张云涛同志，首长机关处以上干部代表机关全体欢迎你们凯旋。"

张云涛向丛荣之龚振华郑重地敬上一个军礼，说："我代表执行任务的全体官兵感谢首长机关的关怀，我们行程4500公里，安全无事故，无一掉乘，实现了首长善始善终的要求，请司令、政委作指示。"

机关处以上干部热烈鼓掌，以示欢迎。

龚振华和部门首长又走上前和田广川及东山团的领导握手。

5

雪山基地会议室。

党委会继续讨论阵地建设问题。

龚振华说："今天党委会继续讨论工程建设问题。讨论之前，首先由张云涛同志简要汇报一下东山导弹团发射情况。"

张云涛说："关于执行发射任务的情况有专题报告，这里就不细讲了。我主要谈谈我执行这次任务的几点感受：

第一，对于我们领导干部来讲，要想获得指挥发射的领导权，必须学军事、学专业。这次发射前我是心中没数的，但我们自始至终抱着求学的态度，虚心向试验基地和工厂的专家师傅学习，通过学习我们逐步地入了门，取得了一定的发言权。

第二，建设现代化的导弹部队必须建立一支庞大的专业骨干队伍。这支队伍要懂原理、有经验，遇到疑难问题能分析排除，关键时刻能为首长提供拍板定案的意见。

第三，党中央十分关心战略导弹部队的建设。在我们发射受到挫折，感到茫然时，周总理在百忙中看望部队，作指示，使参加发射的全体人员受到了极大的鼓舞。他号召部队要向科研单位学习，大力培养协同合作、周到细致的作风，把导弹部队建设好……"

张云涛汇报之后，从荣之和龚振华就当前工作重心问题发表了意见。

画外音：为统一党委一班人的认识，会前，龚振华、从荣之和各党委委员交换了意见，最后，雪山党委以举手表决的方式通过了《关于加快阵地工程建议的决议》。

这个决议仍然坚持：阵地工程建设是当前基地建设的重中之重，要围绕这个中心统筹安排好部队的各项工作。军政教育时间仍能原来规定的军政比例为七比三执行。决定后四个月组织工程建设大会战。雪山党委提出的口号是："使命记心，树立全局观念，党委成员到第一线去，采取有效措施，会战百日，拿下全年。"

从荣之宣读过党委的决议，大多数热烈鼓掌，陆仲琦神情木然，杨秀雄面呈愤懑。

6

雪山基地值班室。

从荣之和龚振华正面对地图议事。

从荣之说："我到丁大伟那里，你去孙福祥那里，由参谋长在家主持日常工作。"

龚振华："就这样定。"

电话铃响了

值班参谋拿起电话："请讲，贺副司令员有什么指示？司令员就在这里。"

从荣之接电话时，张云涛来到值班室，问："司令员、政委找我？"

龚振华点点头，示意张云涛坐下，说："稍后，司令员给你讲。"

从荣之接过电话，说："我是从荣之，子章，请讲！"

贺子章说："基地给军区的报告已经批了，让军械处来两个人，带上15个司机到军区办理机械交接手续。"

从荣之说："好，我马上派人！好！"

从荣之放下电话兴奋地望着龚振华，说："军区给我们拨了一批工程机械，下步的戏好唱了。"

从荣之又转向张云涛，说："我和政委研究，决定让你休息，把搬家问题安排安排。"

张云涛说："我想把发射总结搞出来再休息。"

从荣之说："不行，你再不会有休息的，明天就走。"

张云涛笑笑，说："那就执行命令。"

从荣之又补充一句："这次回去和家人商量好，做好搬家的准备。"

深夜。从荣之在灯下审阅工程处送来的材料，小刘给从荣之冲了一杯牛奶，说："司令员，喝杯牛奶吧。"

从荣之头也没抬，说："好！放在这吧。"

从荣之看完材料，打了个哈欠，脱了衣服很快进入梦乡：这时一阵工程机械的轰鸣声传入从荣之的耳朵，他隔窗望去，贺子章带着一个车队出现在他的窗前，从荣之高兴地喊了一声："老贺！"突然醒来，原来是个梦。

7

清晨。

从荣之正在洗漱，杨秀雄敲敲门走进从荣之的房间，从荣之见杨秀雄进来，示意他坐下。

从荣之很快完成洗漱，一边擦手一边和杨秀雄讲话："杨秀雄同志有事吗？"

杨秀雄很难为情似地："司令员，正当工作吃紧的时候，又给您添麻烦了。"

从荣之说："什么事，莫客气。"

杨秀雄从口袋里掏出一份电报交给从荣之。

电报的内容是："父病重，请接电速回。楚冬梅。"

杨秀雄待从荣之看完电报补充道："我想请半月假回京一趟。"

从荣之问："政委知道吗？"

杨秀雄："我向政委作了汇报，他请您安排。"

从荣之说:“您到基地一年多了,还没有休息过,也该休息几天了。那你安排一下就放心去吧,至于时间,如果不够可以延长几天。”

杨秀雄说:“谢谢司令员,我下连蹲点的时间要推迟了。”

从荣之说:“没关系,我在那顶着。”

从荣之握着杨秀雄的手:“向家人问好”

杨秀雄对从荣之的礼貌没有反应,像在思考问题,从荣之问道:“还有什么事?”

杨秀雄说:“您是老革命,在官兵中享有很高的威信,我也很尊敬您,我想讲一个问题,不知道当不当讲。”

从荣之说:“欢迎啊,欢迎。”

杨秀雄说:“我感觉我们雪山基地党委在政治上很麻木,我们所作出的决定总是与形势不合拍。目前,‘文化大革命’席卷全国,这场革命关系着党和国家的生死存亡,批判资产阶级路线在报纸上整版整版地出现,这是严重的路线斗争,我们却认为是学术之争,还把大比武作为练兵的基本方针,我担心有一天我们的党委会犯错误。”杨秀雄用征询的目光看着从荣之。

从荣之点点头,说:“讲!”

杨秀雄说:“在党内您虽然是副书记,但您德高望重,能对基地建设产生决定性的影响,我从个人感情出发,劝告您很好的思考这个问题,千万别犯政治错误。”

从荣之笑了笑,说:“我很感谢你对我的信任,你讲的这席话是发自内心的,我一定很好地思考。您放心的走吧,以后我们有时间讨论这个问题。”

从荣之送走杨秀雄,仔细地品味他的话,一种无形的压力向他袭来。

在从荣之思考问题时,机要参谋送来电报请他阅示。

从荣之接过电报,只见:“鉴于目前总部开展‘文化大革命’,计划中的工程大检查暂缓进行,阵地工程建设关系战备大局,望切实加强领导,如期竣工,保证工程质量。”

从荣之在电报上批示:“请党委成员阅。从荣之。”

8

北京。

一处四合院,院内,公务员正在打扫卫生。

一辆黑色轿车停在四合院的门前,轿车喇叭响了两声,大门打开了,轿车一直开到院内。

杨秀雄提着背包走下轿车。一个女军人打开门帘从房里走出来,问:“秀雄,火车正点吧?”杨秀雄的爱人楚冬梅接过杨秀雄手里的东西。

进了房间,杨秀雄脱去军装,楚冬梅给杨秀雄送上一杯水,关切地问:“饿不饿,是不是先吃点东西?”

杨秀雄看看表时间指向10点，说："下车前刚吃过饭，中午一起吃，爸爸怎么样了？"

楚冬梅笑了笑，说："没啥事。"

杨秀雄说："电报不是说爸爸病重吗？"

楚冬梅说："现在军内两条路线斗争激烈，'文化大革命'恐怕要发展到军队，爸爸怕你站错队，让你回来一趟。"

杨秀雄和楚冬梅正在谈话，一辆红色轿车开进院内。

楚冬梅说："爸爸回来了。"

杨秀雄和楚冬梅一起走出房间。

杨秀雄走向前打开车门，楚天佑由于太胖，手把着车门半天才走出轿车。

杨秀雄说："爸爸好。"

楚天佑说："几时到家？"

杨秀雄说："刚到。"

楚天佑说："好，进屋说。"

楚天佑脱下军装，喝了一口水转过身问道："饭做好了没？下午没空，边吃边聊吧。"

厨房内，厨师正在炒菜，火苗蹿得老高。楚冬梅走进伙房，问"刘师傅，几时吃饭？"

刘师傅说："再等10分钟，杨主任爱吃的汽锅鸡马上就好了！"

楚冬梅看着盘中的鱼，说："糖醋鲤鱼可是刘师傅的绝活！"

刘师傅说："上酒吧，首长也回来了，让杨主任陪着首长喝几杯。"

楚冬梅笑眯眯地走出厨房，正好和妈妈撞了个满怀，"疯丫头，冒冒失失地！"楚妈高兴地责备着。

楚冬梅说："秀雄回来啦！"

妈妈说："知道！"

杨秀雄和楚天佑向客厅走去，看到岳母回来了，马上走上前去，握着老太太的手："妈，你回来了，身体好吧？"

楚妈说："好！好！工作顺利吧？"

杨秀雄说："托爸的福还可以。"

楚冬梅站在客厅门口催促道："快，！快！饭做好啦！"

楚天佑说："走，吃饭去！"

楚天佑一家边吃饭边聊，不觉半小时过去了。楚天佑还在打听发射的事，楚冬梅耐不住性子了，说："爸爸，说正经的吧，谈哪干啥？"

楚天佑不紧不慢地问道："部队'文化大革命'搞得怎么样了？"

杨秀雄简单作答："部队不搞'四大'，主要是正面教育，学学文件，搞搞批判。"

楚天佑:“《五一六通知》指出,这次运动的重点是整那些混进党内、政府里、军内的资产阶级代表人物,你对这段话是怎么理解的?”

杨秀雄说:“吃不准,请爸爸赐教!”

楚天佑很得意而且带有几分神秘:“这段话讲的是这场运动的性质,斗争的方向,明确地告诉我们,走资本主义道路的当权派不仅在党内、在政府里、军队里也有。现在是先整党内和政府内的走资派,然后再揪军内的走资派,军队内的‘文化大革命’早一天晚一天也会搞起来。”

杨秀雄听得很入神。

楚天佑说:“随着对罗端聊问题的处理,林彪同志在党内的位置越来越重要,军委办事组和‘中央文革’的关系越来越密切。军内有一股力量反对林彪,和‘中央文革’对着干,反对把‘文化大革命’引向军队,如果不解决这些矛盾,文化大革命就无法深入下去,混进军队里的资产阶级分子也不能揪出来。”

杨秀雄说:“军队框框多,必须在各地党委的领导下进行,不搞‘四大’,很难深入下去。”

楚天佑说:“混进军队内部的资产阶级分子都是当权派,如果不打破框框,都在各级党委的领导下进行,群众能发动起来吗?”

杨秀雄问:“军队也可以像地方一样,向军内走资派造反?”

楚天佑说:“你是叶群同志很关心的干部,要多和她联系,时刻把握斗争的大方向,要学会审时度势。”

杨秀雄说:“去年,关于突出政治问题我向他们写过情况反映,他们连个话也没回。”

楚天佑说:“书生气十足。现在不是讨论问题,而是要揪人,你反映的问题不疼不痒,有什么用?叶群告诉我:‘小雄那里也是一个方面军,要紧跟首长,干出点成绩来,要学会动脑筋!”

楚天佑稍停片刻,接着说道:“可以到几所军队院校走一走,长长见识。”这时,炊事员进来送菜,打断了他们的谈话。

杨秀雄在灯下,看楚冬梅收集的小字报和楚天佑的《情况通报》、《林彪同志委托江青同志召开的部队文艺工作座谈会纪要》、《林彪同志五月十八日在中央政治局扩大会议的讲话》。

楚冬梅催促道:“杨秀雄,快睡呀! 10 点半了!”

杨秀雄“哼”了一声还在看。

楚冬梅走向杨秀雄,挎着他的脖子撒娇,说:“雄! 睡吧! 人家求你了!”

杨秀雄放下手中的材料,抬起头望着妖艳妻子,一股激情在脑海中涌动,他紧紧地抱住冬梅……

9

在1号工程的工地上。

团长丁大伟检查二营的施工情况。

丁大伟有些激动，话中既有鼓励也带有几分指责，说："你们所担负的工程是团的重点工程，团党委把这项任务交给二营，是党委对你们的信任，而工程的进展情况却很不乐观；时间已经过半，而工程进度仅仅完成了整个工作的三分之一，我真发愁啊！去年我批评你们进度慢，你们说时间不够用，这次基地重新明确了军政比例，时间上有了保障。此外基地拨给我们10台工程机械，团里配发给你们4台，学习班也办了，应当说搞好施工的条件已经很好了。二营的施工能不能搞上去？"最后一句丁大伟挑高了嗓门。

"能！"二营的工地上发出了洪亮的回响。

丁大伟说："雷光电！"

雷光电答："到！"

丁大伟说："你表个态吧！"

雷光电说："只要时间有保证，拖延的时间抢回来，完不成任务提头来见！"

雷光电一时激动说走了板，引起部属一阵哄笑。

丁大伟说："惩处够不上这个档次，完不成任务就地免职！"

雷光电说："是！"

丁大伟说："军中无戏言！"

雷光电说："是！"

丁大伟说："另外再宣布一个命令，为加强二营的领导力量，基地工程处雷宇声同志到工兵二营代职，行使技术副营长的职责，大家欢迎。"

雷宇声从队伍中站出来向鼓掌的官兵敬礼。

雷光电握着雷宇声的手，说："欢迎你！"

队伍里发出"欢迎！欢迎！"的呼喊声。

雷宇声面对着信任的呼唤激动得眼含热泪，向战士们再次敬礼。

10

在3号工地上。

一派紧张施工的场面：从掘进的坑道内传出放炮的震动和闷雷般的响声。不大工夫，排渣机把堆堆石渣排到洞外，接着施工的人们把石渣装到车上，运往渣场……

从荣之的吉普车和运渣车在山间相遇，运渣车的司机向从荣之鸣笛致意。开吉普车的小刘也按了两下喇叭，向碴车司机还礼。

在3号工地的一侧有几十名官兵正在搬石砌坡。团长孙福祥和营长抬着筐稳步行进，又慢慢地放下来。

“团长！路滑，小心点！”砌坡的战士关切地提醒到。

从荣之的吉普车停在工地外，下了车，向施工点走去。

孙团长看到从荣之，放下抬石头的杠子迎上去，向从荣之敬礼。

从荣之还了礼，问道：“情况怎么样？还有什么问题吗？”

孙团长说：“基地会议结束后，回来的第二天把动员大会的精神、基地的决定传达给连以上干部，一个也不漏，干部普遍反映这个决定有力度，大家热情很高，从近三天的统计看，排渣量是过去的三倍，掘进的速度比过去翻番，形势很好。”讲到这里孙团长已经有些兴奋。

从荣之又询问了安全和生活方面的情况。

孙团长说：“去年基地农场给我们拨补助粮1.2万斤，生活获得很大改善，平时二米饭，两天一顿细粮，各连队发挥山地优势发展养猪业，每连都养八九头猪，平均每人每天能吃到一两肉，生活得到改善。”

从荣之所到之处都是紧张施工的场面。

从荣之走到一位满身泥水、看不清面容的风钻手跟前，问道：“小同志，多大了？”

战士说：“报告首长，十九了！”

司令员问：“哪里人哪？”

战士说：“四川人。”

从荣之问：“嗬，你叫什么名字？”

胡俊山报告道：“他叫朱刚，是刚入伍的新兵，你不认识他。”

从荣之说：“累吧？想家吗？”

小战士有点不好意思，说：“累，我能挺得住。也想家，我每月都给家里写信。”

司令员说：“好，好。你最大的心愿是什么？”

小战士停了一下，说：“我最大的心愿是给我几天假，让我痛痛快快地睡上几天。”

司令员顿时觉得眼眶有些发热，走上前去，攥住那位战士的双手：“好同志，工程兵很苦，很累，你们是基地建设功臣啊！历史会记住你们。”

孙海祥陪着从司令走出抗道，从荣之又问了一些情况，最后说道：“这次我是跑面，不在你这呆了，再去311团看看。”

从荣之乘坐的吉普车在青山绿水间穿行……

工程指挥所临时会议室里，从司令员从头上取下安全帽。

从荣之说：“丁团长，讲讲情况吧！”

丁大伟说："现在正是攻坚阶段，情况不很顺利。关键是2号坑口，施工中遇上了岩石中罕见的泥石流。一炮放下来，上百立方米的泥石流就会顺着坑道流出几十米，又是泥又是水，清除出去，再放一炮，又流得遍地都是，掘进速度受到很大影响。"

雷光电说："我们不怕打恶仗、打硬仗，就怕打这没有战果的消耗仗。"

从荣之说："还没有找出解决的办法吗？"

工程处长说："我们已先后多次请一流的地下工程爆破、治水堵漏专家、技术人员到现场会诊，正在采用向坑道四周注浆法，使周围凝固之后，再进行掘进，效果还不错。"

从荣之说："开山打洞也要讲科学、讲技术，还要发挥群众的创造性。要组织技术人员讨论分析，尽快找到解决的办法。工期要赶上去，还要保证质量。"

丁大伟说："我们要认真落实司令员的指示，发动群众解决技术难题，保证工期，保证质量。"

从荣之和丁大伟告辞。

丁团长起立向司令员敬礼，刚刚抬起右手，却见司令员面色苍白，满脸冷汗，一只手压着胸部。丁团长见状不好，扶住司令员，对着雷营长大声喊道："快叫车，送司令员去医院！"

一台救护车鸣着开路的警报从阵地上开出来，很快消失在山间的弯道上。山路的两侧枫叶已经变红，一片秋天的景象。

山城市街头，两支游行队伍呼喊着不同口号；救护车鸣着警笛，缓慢地穿过游行队伍，拐了几个弯进入驻军医院……

11

山城市的一角，一个三层楼的小院，大门口新立了一个牌子：山城市军事管制委员会。

龚振华和陆仲琦乘吉普车进入市区，过了一架大桥，拐了几个弯，在军事管制委员会门前停下。

龚振华和陆仲琦下了车，两人握手告别，龚说："老陆啊，地方情况很复杂，各种矛盾交织在一起，一定按党委会提出的要求，坚决贯彻军委八条，多调查，不要轻易表态，任务很艰巨，相信你能够做好。"

陆仲琦说："请政委放心。只要我们紧跟中央的部署，就一定能完成上级交给我们的任务。"

龚振华说："要注意总结经验，你对其他三支两军的单位还有指导任务。"

陆仲琦说："明白！"

12

93军家属院。

在一栋楼的门前，张云涛正在修理几张木椅子。

张云涛的爱人苏凤珍推着自行车向住处走来，她走得很快。

苏凤珍见张云涛摆弄椅子，有点不耐烦，说："4点多了，孩子们都快回来了，快点帮我做饭，摆弄那些破玩意干啥？"

张云涛很得意地应道："破玩意？我修好了能坐，都来了你让他们站着吃饭？"

张云涛夫妇正在谈话，他的小女儿张红风风火火闯进来，张红很久没有见到爸爸了，她紧紧抱着爸爸，说："爸爸，你总是不回来，人家好想你！"

张云涛高兴地直捏女儿的耳朵，说："想我干什么？"

张红说："爸爸回来，我们就能吃到好东西。"

张云涛说："就是为了吃？"张红哈哈地笑起来。

张红进厨房帮助妈妈做饭。

张云涛继续收拾桌椅。这时，儿子张奎和张智也都回来了。

张奎身着蓝制服，张智身着绿军装，两人一起走过来向爸爸、妈妈问好。

张云涛问张智："离家这么远，你是咋回来的？是不是请假回来的？"

张智说："我们团长到省城办事，坐他的车回来的，营里给我三天假！"

父子三人讲话的工夫，张红端出一道菜。看到张智回来了问道："咋来的？"

张智瞪了张红一眼，瞟瞟爸爸，意思是爸爸不高兴了别提这个了，张红看到爸爸不悦，于是大声讲道："我宣布，都来摘菜，包饺子。"

晚6点，张云涛家摆着丰盛的晚餐。

张红又给张云涛满上酒，劝爸爸吃菜，苏凤珍也提醒大家多吃菜。

张云涛难得和孩子们一聚，看着孩子们长大了心里很高兴。他很想了解他们的情况，首先从老大开始，"张奎，你们学校的'文化大革命'怎么样？听说还戴高帽动手脚？"

张奎说："那是群众运动，难免。"

张云涛问："你打过人？"

张奎说："那倒没有，我是反对武斗的。"

张云涛说："行！不能搞武斗，你自己要把握好！"

张云涛又把话题转向张智，"你呢？"示意张智把回家的事再补充一下。

张智说："爸爸，我声明，我这次回来是想见见你，但不是搞特殊化，我在车站等车，我们团长去接站看到我，顺便带我回来的。"

张云涛问："你在营里当战士，团长咋会认识你？"

张智说："爸，你要这么说就不对了，我是团里比武的尖子，是大家公认的技术能手，团长给我戴过红花，听过我的发言，如果连我都不认识那团长不成了官僚主义了吗？"张智得意的一笑。

张智还没说完，张红就抢了过来，说："自吹自擂，你受奖怎么没有你的证书和奖章？"

张智说："懂个啥？三等功以上才能得奖章，不懂就别瞎掺和！"

张云涛说："这么说张智的兵没有白当，能评上技术能手也不简单。"

苏凤珍给张智夹菜，瞪着张红，说："你呢？不好好读书瞎起哄。"

张红见妈妈将她的军，站起来，说，"爸爸没问我！你尽多操心！"

张云涛笑了笑。

深夜了，张云涛夫妇还在说话。

张云涛说："这两年你够累了，我很担心孩子们不争气，从今天说话情况看他们的情况还可以。"

苏凤琴说："你还说可以？张奎常常和一些不三不四的混在一起，没人管，我很担心这孩子将来出问题！"

张云涛说："是吗？都是什么人？"

苏凤琴说："一群不爱学习、打架斗殴的混世魔王。"

张云涛感到意外，说："如果是这样，那可要当心。"

苏凤琴说："除了担心孩子，我也担心你呀！"张云涛问："担心我什么？"

苏凤珍说："从北京传来消息，说罗瑞卿被打倒了。大练兵你老夸罗瑞卿，练兵出风头，当心人家给你扣上罗瑞卿分子的帽子。"

张云涛心里咯噔一下，因为他的忧心事竟被妻子言中了。张云涛不止一次地思索过这个问题，他把许多情况连起来，感到有一种不利的情况会在他身上发生。张云涛从感情上总想拒绝它，回避它，但却回避不了。

"山雨欲来风满楼"的感觉使张云涛久久不能入睡。

13

深夜。

雪山基地小会议室正在召开常委会。

龚振华说："目前阵地工程建设正处在关键阶段，如果正常进行，有实现按时竣工的可能，而在这时中央军委下发了改革军政教育时间的决定，按照决定的要求施工时间要大大缩短，同竣工的要求形成尖锐的矛盾，我们应当怎么办？我们必须作出新的抉择。"

云中山说："今年的工程计划，如果时间不变，实现计划是有把握的；如果按《决定》的要求去做，施工时间将减少一半，要按期完成计划是绝不可能的。《决定》是中央军委作出的，我们又必须执行，两者都能做到的方案是没有的，只能有所取舍。”

王子芳说：“通过在工兵团蹲点调研，我个人认为目前的工程在时间保证的情况下，还必须采取一定的组织措施，不然，仍然存在不能如期交工的可能。我最担心的是时间能否有保证。《决定》没有出台之前有人就急着改时间，现在《决定》提出了明确要求，这些人有了尚方宝剑，可以堵住我们的嘴巴，不改将会被扣上‘反对林副主席’、对抗军委的帽子。”

龚振华说：“按期完工是军委提出的要求，我们能看着推迟吗？这也是大是大非！”

云中山说：“目前没有别的办法，我建议为了保证工程计划如期完成，今年后几个月仍然执行原先的规定，对《决定》暂缓执行。同时要学习兄弟单位的经验，立即成立工程会战指挥部，组织工程大会战，确保工程按时完成。”

龚振华问：“王子芳同志的意见呢？”

王子芳说：“以上各常委对形势的分析都很到位，我也认为两者不可兼得，没有时间保证完不成计划。阵地完工这是国家大事，对此我们绝不能马虎。我认为可以采纳中山同志的建议，搞好年末工程大会战。”

龚振华说：“常委意见一致，本次常委会作出如下决定：

（一）鉴于目前国防施工急迫，我们作出暂缓执行《规定》的决定。在适当的时候召开党委扩大会，对下作出说明，如果发生乱子，我们常委负责。

（二）鉴于从荣之同志近期不能主持工作，由云中山同志主持日常军事工作。

（三）根据大家的提议，成立工程会战指挥部，由张云涛担任大会战的总指挥，采取措施，如期完成施工计划。”

王子芳说：“这么大的事，是否给上级发一份电报，说明暂缓执行的理由。此外，是否给张副司令员发份电报？让他马上回来。”

龚振华说：“好！”

14

北京站。

拥挤的人群。许多戴着红卫兵袖章的学生争着上车，站内站外乱哄哄的……

在站内的月台上停了一台黑色轿车，杨秀雄、楚冬梅从车上下来，他们提着两只很大的箱子，吃力地登上卧铺车。

楚冬梅对了对铺号，把一个箱子塞到了铺下，杨秀雄把另一个箱子放置在行李架上。

杨秀雄擦着汗，说：“你还有事要办，回去吧！”

楚冬梅理了理头发，说："祝你工作顺利，那里你几乎是孤军奋战，当心呀！"

杨秀雄说："放心吧，我会的！"

火车鸣着长笛，慢慢向前滑动。杨秀雄与楚冬梅隔窗相望。

杨秀雄说："再见！"

楚冬梅说："再见，别忘记打电话！"

15

三天后。

两台吉普车沿着大坳岭的盘山道行进……

山道两边的枫叶呈现鲜红的颜色。

第一台车上坐着副司令员云中山、后勤部长王紫云、工程处长程仪远。

第二台车上坐着政委龚振华、副司令员张云涛。龚振华的表情有些沉重，望着车外的景色感叹道："时光飞逝，又是一个秋天！"

张云涛说："政委你可要保重身体，这些具体工作我们干，你放心就好。"

龚振华说："不当家不知柴米贵，我们是立了军令状的，我们要调动千军万马，能放心么？任务这么重，从司令员又住院，多亏有几位像你这样的助手，敢碰硬，勇挑重担，难得呀！"

张云涛说："我们走得正，站得直，我就不信邪能压正，困难虽然很多，我相信，车到山前必有路，柳暗花明又一村。"

龚振华说："看得出，你还是个乐观主义者。"

吉普车下了大岭，向路右边的山路驰去……

在 2 号阵地上。

团长丁大伟、政委高志勇在等候龚振华一行的到来。

两台吉普车停在工地旁，龚振华等一行下了车，向工地走去……

丁大伟、高志勇等迎上去向政委一行敬礼……

龚振华说："找个地方，向你们通报一些情况，传达一下基地常委会最近的几项决定。"

丁大伟指着工地边上的一顶帐篷说道："到帐篷里吧！"

帐篷内摆着一张桌子，上面放着热水瓶，茶杯里放着茶叶。

龚振华等走进帐篷说道："嘿，还有准备呀！"

高政委说："这是丁团长老家的土特产，喝起来蛮有味道，也请首长品尝品尝。"说着，给各位首长的杯里都倒上了水。

龚振华说："时间紧迫，我们还要去另外几个团，就开门见山了。大家知道，从司令病了，恐怕要治疗一个阶段。目前我们工程吃紧，上级又下发了改革军政教育时间的通知，总之，任务很重，矛盾很多，为了保证施工任务如期完成，基地常委会经过研究作出以下三项决定：

“一、为了保证施工计划的完成，基地常委决定暂缓执行《决定》，把执行时间推到明年的一月，这个我们已向二炮打了报告。

二、在丛荣之司令员住院治病期间，由云中山同志主持基地军事工作，行使司令员的职权。

三、为加强年终工程会战的领导，基地决定成立阵地工程大会战指挥部，总指挥张云涛。你们几位工兵团的团长是副总指挥。总的设想，要把这场会战当作一个战役来打。

原来设想开一个党委扩大会传达，考虑时间紧迫，就决定现场传达。”

龚振华最后转向张云涛，说：“你是新官上任，发号施令吧！”

张云涛说：“我当这个总指挥是常委分工决定。目的只有一个，采取组织措施加强对施工的领导。指挥部的任务是：根据各工程的进展情况，科学地使用工程机械，组织人力，攻克重点、难点。所以，要求你们各工兵团的首长要胸怀全局，我的指挥部不是固定的，第一步准备设在丁大伟团，第二步到你们这里，丁团长是副总指挥，我们要保持经常联系。”

丁大伟说：“明白，我们拥护基地的决定，服从总指挥的指挥。”

龚振华说：“就这样。请你们做好准备。我们走。”

两台吉普车沿着山道原路返回……

16

在204号坑道的山坡上。

沿着山根竖着八块标牌，上写着：苦战百天，拿下全年。

标牌下方一块开阔地上，新支起两顶帐篷。

在帐篷的一侧耸立着一块牌子，上写着：雪山工程会战指挥部。

帐篷西侧百米处立着接力机天线，顺着电缆走下去是接力车，通讯人员都在紧张地工作，接发报机发出；嘀嗒、嘀嗒的声音……

帐篷里，张云涛总指挥正和丁团长以及有关技术人员在施工图纸前研究攻克4号坑道的方案。

张云涛用力地一拍桌子，说：“行，就按这个方案执行。采取对口掘进的办法，拿下4号坑道后，我为你们摆宴请功！”

与会人员全体起立，报以热烈的掌声。

张云涛说：“为搞好这场会战，还要特别注意以下几个问题：

“一、这里岩石结构复杂，可能发生意想不到的情况，现场指挥要得力，必须确保安全。

“二、初期作业场地受地形限制，力量可能展不开，怎样才能取得比较高的作业效果，这个问题要解决好。

“三、我在这里坐镇，但不干扰你们的决心，我也不需要特殊照顾，希望你们放开手脚。”

丁团长、高政委双双起立敬礼，说：“坚决完成任务！”

17

龚振华办公室。

龚政委正在低头看文件，门外响起了敲门声。

龚政委说：“请进。”

副主任杨秀雄拎着一个纸包走进龚振华的办公室。

龚振华站起来很客气的迎上去，说：“回来啦！家属和首长都好吧？”并示意杨秀雄坐下。

杨秀雄说：“家里一切都好。冬梅她爸还多次提到您，讲了您不少长征的故事。让我转告他对您的问好，还让我给您捎了一包茶叶。”

龚振华和杨秀雄聊了一会儿家事，然后，把杨秀雄休假一月来的基地工作的进展情况、发生的大事以及常委会决定的重大问题告知杨秀雄，并提示道：“从司令员住院了，工作压力很大，希望你更多的支持工作。”

杨秀雄听了龚振华的介绍，表现出让人无法捉摸的表情，还不住地摇头，似乎有难言之处。

龚振华说：“杨秀雄同志有话要讲？说吧，不要客气，怎么想就怎么说。”

杨秀雄说：“政委您是老革命了，在您面前我不敢说三道四，但出于对您的敬重，有几个情况我要向您汇报，希望您能重视。”

龚振华说：“请讲！”

杨秀雄：“我离京的时候冬梅她爸让我提醒您，目前党内、军内两条路线、两个司令部的斗争异常激烈，张爱萍问题很严重，上头对他在我们这里定点要进行调查，希望您保持清醒头脑，不要站错队。

“第二，改革教育训练的时间比例是中央军委决定的，再具体点，那是林彪同志决定的，我们怎么能够擅自改变，怎么还要作出暂缓执行的决定？你不怕别人抓辫子、打棍子？这是大是大非问题。”

龚振华说：“杨秀雄同志，天地良心，我很难呀！限定我们明年年终阵地完工。不能完工就会拖延军委的部署。我们如果不干、不把工程拿下来，我们不也是历史的罪人吗？我考虑再三，当前我们只能这样做。”

杨秀雄说：“您是有难处，既然这样决定了，就这样干吧，上级如果追究我们再改正。”

龚振华说："你能理解我的难处使我得到很大安慰，希望你多提建议，为党委排忧解难。"

龚振华把杨秀雄送出办公室，摇摇头，出了一口长气。

18

陆仲琦和杨秀雄在他的办公室研究工作。

陆仲琦说："你休假期间发生的情况你可能都知道了。过去，我们争政治教育时间，他们不同意，理由是要按军委的规定执行；现在军委发了新的规定，加大政治教育时间，他们又借口施工任务重，要暂缓执行。这分明是挤压政治工作，却美其名曰执行军委的部署。你不在，我孤掌难鸣，今后怎么办？我想听听你的意见。"

杨秀雄说："我休假回来，向政委表明了自己的看法，他还在叫苦，说是不得已而为之，但他暂缓执行军委决定的决心没有变。"

陆仲琦说："龚振华是政委，他是我们政治工作的领头人，他却始终站在从荣之和张云涛一边，使我们无所事事，你说我们怎么办？"

杨秀雄说："他一意孤行，我们只能向上级反映。"

陆仲琦说："我正是这样考虑的。要反映这个问题，以个人的名义不好，是否以政治部的名义写，叶主任多次批评我们工作不力，再也不能继续下去了。"

杨秀雄说："好，这件事我来办。"

陆仲琦又转了一个话题，说："这次回家，有没有聆听楚老的教诲？北京的形势怎么样？"

杨秀雄估计到陆仲琦会提出这个问题，很策略地回应道："爸爸很忙，很少看到他，见到他也没机会谈及这些问题。目前的北京红卫兵从学校走向社会，从'破四旧、立四新'发展到批判资产阶级反动路线，除了刘邓，许多老家伙都受到了批判。毛主席接连接见红卫兵，斗争来势凶猛。"

陆仲琦问："和部队相关的问题呢？"

杨秀雄说："无产阶级文化大革命从学校到社会，也烧到了军营。全国的军事院校也停课了，军队'造反派'和红卫兵汇在一起，不少军事机关受到冲击。在武汉7·20事件之前，军委对部队的要求是不表态、不介入。武汉事件之后，毛泽东提出要支持左派，根据中央的指示，军队要担负'三支两军'工作。"

陆仲琦说："关于导弹部队建设有什么新动向？"

杨秀雄说："军委已做出了组建导弹部队领导机关的决定，对导弹基地的领导要逐步从军委炮兵分离出来，定名第二炮兵，向华和李天魁已奉命组建领导机关。"

陆仲琦说："我们政治工作有什么新精神？"

杨秀雄说："现在，上边机关都分成了两派，只强调"'三支两军'"，别的没听说什么？"

陆仲琦说："我们军以下机关怎么办？"

杨秀雄说："对这个问题中央军委和中央文革态度不一致。以叶剑英为首的'老人派'坚持军队要稳定，军以下机关不搞'四大'，文化革命必须在党的领导下，有组织地进行。'文革派'认为，不搞'四大'就无法揪出混进军队内的资产阶级代表人物，所以，双方很不协调。"

陆仲琦说："上级要求我们要紧跟党中央的战略部署，怎么才算紧跟呢？我对这个问题吃不准，你从北京来，谈谈你的看法。"

杨秀雄说："关于这个问题，我请示过首长，首长没有明确回答，她说这个问题值得研究，不介入是不可能的，问题是偏向哪一边？是支左还是支保？还特别指出，绝对不能把军营变成'走资派'的'防空洞'。"

陆仲琦说："关于'三支两军'的文件我们已经收到了。地区的'文化大革命'我们要介入。党委要讨论，在派出人员前要作出决定，我真不知应当怎么表态？今天听了秀雄的一番高论，心里明亮了许多。"

杨秀雄说："哪里！哪里！我只是瞎说说。"

旁白：陆仲琦听得很认真，通过这一番交谈，双方好像有了共同语言，进一步拉近了双方之间的距离。在以后，陆仲琦和杨秀雄在许多问题上一唱一和，给龚振华出了不少难题。

深夜。

杨秀雄在灯下写材料。材料的题目是《关于雪山基地组织工程大会战和暂缓执行军委决定的情况反映》……

画外音：不日，叶兆林收到杨秀雄的情况反映，叶兆林立即在这个报告上写下大段的批示："雪山基地的做法是典型的无组织无纪律的行为。要联系过去的实际对雪山党委的政治路线进行整顿审查。"老红军龚振华又面临更为严峻的挑战。

19

雪山基地机关食堂。

雪山基地为贺子章举行送行晚宴。

参加晚宴的除机关党委成员还有各工兵团的军政一把手。

待大家坐定，由龚振华致词："同志们，首先宣布一个好消息，根据部队发展的需要，我军又有数个导弹基地相继成立。为适应发展的需要，战略导弹部队的领导机关已经成立，代号第二炮兵，向华同志任司令员，李天魁任政委。贺子章同志授命组建嵩山基地。贺子章同志今晚就要启程了，我代表雪山基地党委、首长机关和导弹团、工兵团广大官兵，对贺子章同志表示热烈的祝贺！"掌声。

"贺子章同志是雪山基地组建时的党委成员之一。他分管后勤和工程物资供应，在组建雪山机关的过程中，他胸怀工作大局，身先士卒，忘我地工作，为首长机关顺利建成作出了突出贡献，受到张爱萍副总长的亲切表扬。贺子章同志是基地创业的功臣，我们要记住他对雪山基地的贡献！”

“为此，我提议，为贺子章同志走上新的工作岗位，为贺子章同志未来的工作顺利，身体健康，也为战略导弹部队的发展壮大，干杯！”

与会者与贺子章碰杯祝贺……

第九章

大会战英雄显身手　救战友营长献青春

1

雪山基地作战值班室。

龚振华和云中山、张云涛、张明辉研究工作。

张云涛说:“从目前情况看,可能推迟竣工时间的工程主要有三项,一是孙福祥团的 103 号工程,地质复杂,不断地发生塌方;二是丁大伟团二营的 204 号工程,和 103 号工程情况很相似;三是横跨各点的输变电工程。主要是变电所的电器安装还没有着落,地下电缆的铺设尚未进行,目前据上级的竣工要求不足五个月,能否顺利拿下,主要取决于这三个工程的进展。”

云中山说:“工程会战任务十分艰巨,不行就把后续工程勘察暂时放一放,我们都参加会战。”

龚振华说:“后续工程的勘察设计不能停,会战一结束二期就要上马,设计出不来怎么行?关于下段工作我有这样的想法,张云涛同志在负责全面会战的同时,重点抓 204 号工程,我抓 103 号工程,云中山同志在勘察的同时兼顾输变电工程,参谋长在家处理日常工作。”

云中山、张云涛点头同意政委的分工。

2

早饭后。

龚振华让秘书把行李装上吉普车,交待道:“我下部队去,不是重大的事,找参谋长就行了。”

秘书说:“是!”

龚振华和张云涛坐上吉普车。张云涛吩咐司机:“我们先去 319 团,政委在那里蹲点,然后到 311 团!”

吉普车开出大梁镇,在山间公路上行进,酷霜打过的大坳山万紫千红。张云涛说:“政委呀,贺子章调走了,丛司令员又生了病,你可要注意身体呀!”

龚振华说："没关系！我的身体素质好，多年啦，没有闹过病。"

张云涛说："一些营长教导员向我打听您的情况，知道您是当年红军中的红小鬼，都希望有机会能听听您的报告。"

龚振华说："还讲什么？有人已经批评我了，说我吃老本，政治上糊涂，还会有号召力？"

张云涛说："我不这么看，你是顾全大局。"

张云涛的评论好像点中了龚振华的要害，龚振华回过头惊讶地看着张云涛，说："听说，你对我许多发言有看法，说我是和事佬，怎么改变了？"

张云涛说："我最近才懂得'难得糊涂'的意义！"

龚振华和张云涛到了103号工地。

团长孙福祥和政委张自秀正在开会。

孙福祥迎上去向龚振华行礼，说："政委同志，319团正在召开排以上干部工程会战动员会，请首长指示。"

龚振华还了礼，说："我要到你们那里蹲点，是不是也让我和张副司令听一听？"

张政委说："欢迎首长到我团指导工作。"

会场里响起热烈的掌声。

张云涛说："把你们研究的施工方案向政委汇报一下，我也听一听。"

孙福祥说："目前影响3号工程进度的客观原因是两口部狭窄，兵力展不开。为解决这一矛盾，决定把两口扩大，集中兵力搞好口部会战。为提高工作效率，准备实行'三班倒'工作制。我们召开了誓师大会，各营连间提出了开展'五赛'的倡议，即：赛思想，看谁毛泽东思想用得好；赛干劲，看谁工作效率高；赛技术，看谁的工程质量好；赛作风，看谁落实制度好；赛安全，看谁发生事故少。"

张政委大声问道："团长讲得好不好？"

会场大声回应："好！"

张政委问："各连能否做到？"

会场上回答："能！"

孙福祥说："欢迎基地首长作指示！"

龚振华示意张云涛先讲。

张云涛说："请政委作指示吧！"

龚振华说："同志们：听了你们团长的介绍和大家表的决心，我很感动。我再次感受到，担负雪山工程施工的部队拥有一批血气方刚的硬汉子。我相信，经过你们的努力，一定能实现你们的口号，'奋战百日，拿下全年'。"

张政委说："同志们：龚政委是参加过长征的老同志，他要和我们实行'五同'，这对我们是一个巨大的鼓舞，我们要向首长学习，发扬长征精神，把我们的工程任务完成好。”

会场再次爆发出热烈的掌声。

3

龚政委决定进驻一连。

一连在沟内住的全是帐篷，而且有棉有单。

一连指导员把一班的棉帐篷腾出来给龚政委住。

龚振华知道后告诉指导员说：“我身体好，就住单帐篷，棉帐篷留给战士住。”

指导员说：“首长，全基地都靠着您，天这么冷，冻着您我可负不起责任呀！”

龚振华说：“指导员同志，我是为你们助阵的，不能因为我影响战士。你们常年这样，我临时住几天有什么不可呢？现在也算是非常时期，我们应该把最好的条件让给冲锋陷阵的战士。”

一班的战士围上来，说：“首长，我们是自愿的，您住这顶帐篷我们心里不安，您是老前辈，我们请求首长住进棉帐篷。”

龚振华哈哈一笑，说：“有这么多深明大义的战士，真让我高兴，你们看，我的身体很棒，我住在这里就是要体验体验工兵部队的官兵是怎样生活和工作的，希望同志们支持我，别争啦，好不?!”

指导员无奈，打电话给教导员，说“教导员，龚政委要睡单帐篷，这怎么行?！我们劝他住棉帐篷，他说啥也不住，你是否帮我做做老首长的工作，请他住进棉帐篷。”

教导员说：“你这个忙我帮不了，还没看明白，那是老政工在做传帮带！”

指导员放下手中的电话，仔细地品味着教导员的话……

龚振华身着作业服，头戴安全帽在施工的行列中……

龚振华同战士一起吃饭，业余时间和官兵们唠家常……

4

半月后。

大坳山万紫千红，丛林尽染。

龚振华正在接电话。

龚振华说：“向司令员，我是龚振华，请指示。”

向华说：“你们的请示我收到了。前时不在北京，对你们的请示迟复了。我们同意你们的三项决定。总参和军委对工程进展极为关心，这是大局，一定要把工程收尾抓好。我们暂时不能离京，希望你们自己把它抓好。你们会遇到一些麻烦，但认准了的事就要干下去，并且要干好，我口头通知你们，就不专门批复了。”

龚振华说：“有首长支持我们心里就有底了。我们一定把工程搞上去，以优异成绩感谢首长对我们的支持。”

向华说：“此外，要转告丛荣之，一定要把病治好。第二步的检查和治疗到总院去，你要亲自过问，不能由他！”

龚振华说：“请首长放心，我一定安排好。”

5

山城驻军医院。

在医院的小会议室内，雪山基地常委听取医院院长关于丛荣之司令员病情汇报，确定治疗方案。

院长说：“入院后我们组织全院的骨干对首长的身体状况进行了全面检查，结果是：他身患两种疾病，一是胸膜炎，二是初步诊断胃癌。

“关于首长的治疗方案我们有如下建议：

一、目前患者身体虚弱，长途颠簸会给病人带来很大痛苦，胸膜炎可留我院治疗，我们院的条件虽然不是很好，但对胸膜炎的医治还是有把握的。

二、待胸膜炎治愈后，再到军区总院确诊，转入第二阶段治疗。”

画外音：雪山基地常委接受了医院院长的建议。丛荣之留医院治疗胸膜炎。

龚振华、云中山、张云涛、王子芳在院长陪同下探视丛荣之。

丛荣之正在输液。

丛荣之见龚振华等进来想坐起来，龚政委马上制止，说“别动，别动！”

龚振华说：“经驻军医院诊断，你身患多种疾病，已经暴发的疾病是胸膜炎，其他的疾病有待进一步诊断。本来打算送你到总院治疗，考虑长途颠簸怕你遭罪，再加上该院对治疗胸膜炎比较有把握，决定先留在本院治疗。等身体恢复一些，再到军区总院作全面检查，不知你有没有意见？”

丛荣之说：“正在节骨眼上，真不该生病呀！我尊重你们的意见，就在这儿就近治疗吧，离阵地不远，我还可以一边治疗，一边工作。”

龚振华说：“向司令员也来电话了，要求一定要彻底治疗，这回你既来之要则安之吧。”

丛荣之说：“谢谢，向司令员还讲了什么？”

龚振华说：“他说我们写的报告他看到了，同意我们的意见，口头通知我们，就不批复了。”

丛荣之说：“我病了，你们的压力会更大！目前阵地工程处在关键时刻，又有那么多的干扰，以后你们会更加困难。我们是雪山基地的创业者，我希望大家能团结在政委周围，同舟共济，挺过眼前这一关。我最关心的是工程能否按时完工，这是大局呀！”

云中山说：“放心吧，我们一定支持政委的工作，把工程大会战抓好，希望你安心治病。”

张云涛说:“这是我们的共同心愿。”

从荣之说:“好,我答应你们。”

6

在另外一个工地上。

北方电力局的工程技术人员正在安装输变电设备。

张云涛一行在安装处停下,找到陈队长了解情况。

电力工程队陈队长说:“按照设计要求,雪山工程所需要的电器设备已经准备就绪,部分输变电设备已运抵阵地附近,我们的安装工作可以在两个月内完成。问题是,安装场地准备不到位,电缆铺设工程没有列入日程,这方面的工作如果做得不好,就会把安装调试后延很长时间。因此,建议指挥部领导采取有力措施、把电器安装调试的前期准备尽快做好。”

张云涛说:“还有什么问题?”

陈队长:“将来吊装是个大问题,变压器都是十几吨、几十吨重,事先必须准备好,包括运输的拖挂车。”

张云涛:“你的建议很好。我们将从人力和物力上配合你们,祝输变电工程早日投入运行。”

张云涛紧紧握着队长的手,说:“谢谢你们!”

张云涛转向工程处长,说:“把这件事记下来,早作安排。”

工程处长说:“是!”

张云涛说:“陈队长,我们要检查地下电缆的铺设,请您指导。”

陈队长迟疑了一下,应道:“好! 我陪司令走一走。”

张云涛拉上陈队长,驱车向不远的风火岭驰去,放眼望去,大坳山已经变得一片苍黄。

天空突然变暗,飘起了雪花。

在4号阵地的半山腰处,士兵们挥镐舞锹在挖沟,铁镐碰到石头发生“铛咚,铛咚”的响声,他们还穿着单衣但挥汗如雨……

排长黄玉栋抬起头望了望天空,然后号召道:“要变天了,同志们加油呀!”

郑营长陪着张云涛进入施工现场。

张云涛说:“你们最少还得干一个月,天气冷了,越冬的被装带齐了吗?’’

郑营长说:“带齐啦! 来的时候我们做了越冬的准备。”

张云涛说:“挖电缆沟不比专业训练,是苦力活,战士们吃得消吗?”

郑营长说:“刚来的时候不行,现在练出来啦,小伙子都长了满身的力气,不过饭量都比过去翻番了。”

张云涛问:“战士能吃饱吗?”

郑营长说:“伙食肯定是超了,以后慢慢补吧!”

张云涛说:“你们打个报告,基地设法给你们搞一点补助。”

郑营长说:“好!”

张云涛发现了正在埋头挖地沟的黄玉栋,停下脚步问郑营长:“他是不是叫黄玉栋?”

郑营长说:“是呀,副司令员认识他?”

张云涛说:“他不是搞过模型吗,和三营一起参加发射。”

郑营长说:“现在提升为排长了。”

郑营长对身边的一位战士说:“去,把你们排长喊来,首长要见他。”

黄玉栋跃出地沟,擦了擦满头的汗水,拍了拍手上的土,向张云涛敬礼,说:“首长好!”

张云涛说:“当排长了? 干这活吃得消吗?”

黄玉栋说:“我是农家子弟,常干活,没关系。”

张云涛说:“军人四海为家,什么样的事都可能遇上,军人要有很强的适应能力,好好干。”

黄玉栋说:“请首长放心,我们一定把任务完成好!”

张云涛说:“你们施工,专业训练要受影响,明年你们可能有任务,专业可不能丢下啊!”

郑营长说:“将来我们抽时间补上这一课。”

张云涛说:“工兵团会战任务多,我不能常来,希望你们搞好独立作战,电缆沟的深度不能变,完工的时间不能变,必须保质保量按时完成任务。”张云涛握住郑营长的手,说:“好! 听你的喜讯。”

雪山工程指挥部。

张云涛顺手拿起办公桌上的电话,说,“参谋长吗,请到我这里来一下。”

参谋长很快进到帐篷里面。

张云涛说:“请马上着手办好三件事:一是请司令部向东山团发出调令,支援工程会战的兵力即日出发,五日内进入阵地。二是请后勤部向省军区、军分区再请领30顶帐篷,也要在五日内运抵阵地。三是关于大型吊装机械包括拖挂车辆向军区写一个专题报告,好让军区早有准备。”

参谋长说:“是!”

7

工兵团二营所在的4号坑道内。

昏黄的灯光下。官兵们有的在用风钻打眼，有的在往翻斗车上装石渣。

连长何强正在坑道内巡视安全。

何连长走到安全员的身边，说“小张啊，一定要提高警觉，千万不能有丝毫的麻痹，全营官兵的安全都掌握在你们四个安全员的身上。”

安全员说：“放心吧，连长！”

在这节骨眼上，通信员跑进洞内，对着连长大声喊：“连长，嫂子来啦！”

连长用右手捂着耳朵，问：“什么？你大声点！”

通信员大声说：“嫂子来啦！”

何连长一听，火冒三丈，说：“这娘儿们，也不打个招呼就跑来了。”

何连长对通讯员挥挥手，说：“去，给娘俩找个住的地方，顺便告诉她们，我这里很忙，一时还顾不了她们……”

通讯员无奈，把这事报告了指导员。

指导员和通讯员把何强媳妇安排到简易家属房。

指导员向何妻解释说：“目前上级正组织工程大会战，何连长坐镇指挥，请嫂嫂先住下，何连长下班就过来。你看，我们这里条件很差，请嫂嫂包涵。”

通讯员把带来的米面放下，说：“嫂嫂，还缺什么，有什么事要办，可以随时告诉我。”

深夜，窗外不停地刮着西北风，不时还传来野狼的号叫声。

简易的临时家属房里，餐桌上整齐地摆放着做好的饭菜。

女儿小灵一边玩着手里的玩具，一边抬头问妈妈：“妈妈，都快 7 点了，爸爸怎么还不回来呀，我都饿了？”

妈妈说：“乖女儿，再等会吧，爸爸一会儿就会回来的。”

深夜 2 点。女儿紧紧地依偎在妈妈的怀里，说：“妈妈，我怕！”

妈妈说：“乖女儿，不怕，有妈在，爸爸忙，很晚才能回来。”

女儿依在妈妈的怀里睡着了。

何强妻子无言地靠在椅子上，眼角流下了辛酸的泪水。

8

坑道口部。

雷光电向团长丁大伟汇报双向作业方案。

雷光电说：“如果没有意外，力争三日后全洞贯通，团长还有什么请指示。”

丁大伟说：“在对接时要把最后的爆破组织好，装药后检查、撤出、起爆、进入坑道都要统一指挥，不得有任何的疏漏。”

雷光电说：“是！”

丁大伟说:“可以展开作业了!”

雷光电叫:“六连长何强!”

何强说:“到!”

雷光电说:“你们连于10点前做好南段坑道的炸药安装,检查无误后向我报告。”

何强回答:“是!”

雷光电叫:“二连长刘通!”

刘通回答:“到!”

雷光电说:“你们连负责北段坑道的炸药安装,要求检查无误后向我报告。”

刘通回答:“是!”

雷光电说:“各连按计划展开作业。”

9

在南段的坑道口。

何强命令一排长合上探照灯的电闸,漆黑的坑道霎时间白光如昼。

六连官兵进入坑道,按分工展开作业:有被覆的,有在坑道壁上凿眼安装托架的,有清运石渣的……

武虎生的班负责打眼放炮,他们身着单衣,抱着风钻在作业,因为没有佩戴防尘面具,满脸沾着石灰……

何强看到武虎生班的战士没戴防护面具,大声顺道:“武虎生!”

武虎生抱着风钻作业没有听到,小北京扒了扒武虎生,说:“班长,连长叫你呢!”

武虎生回过头看到连长,立马停了钻,站起来,问:“连长!有事吗?”

何强说:“风钻作业为什么不戴面具?你是违规作业!”

武虎生知道错了,解释道:“今天就剩这几个炮眼了,马上就完,我们想争取一点时间。”

何强命令道:“不行,马上把面具戴上,如再违规我就处分你。”

武虎生纠正了自己的做法,命令风钻手戴上面具。

这时,雷光电和六连指导员一起来到这里,何强见营长过来,主动地迎上去。

雷光电劈头问道:“何强,听说你老婆孩子到了,怎么不向我报告。”

何强有点不好意思,说:“营长很忙,还没顾上向您报告呢!”

雷光电问:“听说人家来了两天了,不见人家,是怎么回事?”

何强说:“怎么没见!她们母女我都作了安排。”

雷光电说:“我知道你回去了,你回去就呆了两个小时,还和人家吵了一架,要把人家赶回去。”

何强说："团里有要求，大会战期间干部不休假，家属不来队，我是一连之长，要带头响应团里的号召。"

雷光电说："我以为你喜新厌旧，要做陈世美呢！"

何强说："哪能呢！我们也是老夫老妻了。"

雷光电说："人家几千里来到这里，冰天雪地，多不容易，不准冷落她们，下了班我和你一起看看她们。"

这时，一排长走过来向何强报告："炮眼全部打好，准备装药，请连长检查。"

何强看着营长，雷光电说："走，过去看看。"

检查后，何强命令爆破班装药，并下令："无关人员撤出坑道！"

雷光电看了看手表，距爆破时间还有15分钟，然后，和指导员一起撤出坑道……

10

在临时来队家属的帐篷里。

何连长的爱人在为女儿煎药。女儿灵灵不停地咳嗽。

女儿说："妈！我想爸爸，让爸爸回来吧！"

何妻把煎好的药倒在碗里，耐心地哄女儿，说："你爸是个连长，管一百多人，他很忙，等着吧，爸爸会回来看你的。"

何妻在为女儿喂药。

雷光电和何强朝帐篷走来。

何妻听到外边有动静，扬开门帘，看到丈夫和一个高个的陌生人，迎上去，说："老何，他是？"

何强说："这就是我给你常常提到的雷营长，听说你们来了，营长过来看看你们。"

雷光电说："弟妹，你和孩子从几千里之外来看何连长，很不容易呀！何连长最近特别忙，对你们照顾不周，我代表营里向您和孩子检讨，希望您能理解何连长，要怪就怪我，别怪何连长。"

何妻听了雷光电的一番话心里热乎乎的，对老何的气一下子没有了，说："不知道你们在搞会战，我和孩子来了让老何分心，又给你们添麻烦。"

何强把营长让进帐篷，何强的女儿又是一阵急促的咳嗽。

何强急忙走过去，痛心地握住女儿的手，说："灵灵，怎么啦？"

灵灵搂住爸爸的脖子放声哭了起来。

何强感到女儿在发烧，摸摸女儿的额头，惊呼道："灵灵烧得厉害！"

雷光电问："什么时候发烧的？"

何妻说："两天了！"

雷光电走上前摸了摸，灵灵额头热得烫手，提醒何强说道："孩子发高烧，必须马上治疗，说不定还得住院！"

何强两口没了主意，很难为情地说："这里！……"

雷光电知道他们想什么和要说什么？用商量的口吻讲道；"你们看要不这样，把灵灵和弟妹先送到大梁，让梁玉洁照顾治疗几天，然后再把她们接过来。"

何强夫妇很感激雷光电的决定。

雷光电给团长丁大伟要了一台吉普车，同何强一起星夜将灵灵母女送到大梁。

11

大梁镇。

高大妈的家里。晚上。

梁玉洁在灯下织毛衣。可可玩了一会儿小汽车玩具，要找高奶奶。

梁玉洁在专心织衣，从院外传来吉普车的声音，接着高奶奶家的黄狗又叫了起来。

梁玉洁开了房门，在灯光中认出雷光电，惊讶地说："怎么这个时候回来了？"

雷光电说："何连长的孩子生病了，发高烧，你赶快给她看看！"

雷光电与何强夫妇把灵灵抱进里屋的炕上，梁玉洁急忙找出一支体温计，给灵灵测体温，用听诊器给灵灵听诊。

雷光电和何强夫妇在边上用心地看着。

何强爱人说："嫂子，这么晚了打扰你，给您添乱了！"

梁玉洁说："可别这么说！我们都是一家人！光电，快给何连长两口子倒水，都别站着了，快请坐！"

何强夫妇坐到炕沿上。

雷光电给何强两口子送上水杯。

梁玉洁听诊后又取出体温计，看了看39度5，梁玉洁问何妻："弟妹，孩子发烧多长时间了？"

何妻说："两天了！"

梁玉洁说："灵灵得的是肺炎，必须输液治疗。"

何强夫妇急不可待地问道："到哪输？"

梁玉洁急忙补充道："就送到卫生队吧，到别处吃住都不方便。"

雷光电对着梁玉洁说："这两天工程会战正处在关键时刻，我和何连长都不能离开现场，让灵灵母女在这里住几天，病好了再接过去。请你多多关照，代我照顾好远路的客人。"

何强抢上一句："给嫂子添这么多麻烦，真不好意思！"

梁玉洁说："何连长，你和光电放心地走吧，我一定把灵灵的病尽快治好，照顾好弟妹，你们就安心工作吧！”

可可看到爸爸，跑着扑向雷光电，叫了声“爸爸！”

雷光电抱起可可亲了又亲，问：“想爸爸了吗？”

可可羞怯地说：“想！”

梁玉洁收起听诊器，对雷光电说道：“你爷俩好好亲一亲，我和何连长把灵灵送到卫生队，安排安排，完了再来接你们。”

雷光电说：“那我代表我们营先谢谢您和你们卫生队！”

梁玉洁说：“雷光电什么时候学会谦虚啦！”

雷光电转向何强妻，说：“你千万别着急，有什么想法就告诉你嫂子，她要是待你们不周，我们工兵营给她提意见。”

何强妻满脸堆笑，说：“我给孩子算过一卦，说孩子今年有灾，但不可怕，遇灾时定有贵人相助！我们算是遇到贵人了！”说着眼里泛起激动的泪花。

雷光电送走何强夫妇，脱去上衣，和可可在炕上闹了起来，可可骑在爸爸的身上，高兴地做着赶马的动作，可可的行为逗得雷光电开心大笑。

高大妈听到雷光电父子逗乐，从对面房间走过来，说：“光电呀，两个月没有回来了，看把你们父子乐得！”

雷光电坐起来，说：“大妈身体好吧，孩子在这儿一定给你添了不少麻烦！”

高大妈说：“老年人喜欢小孩，玉洁在这给我增加了不少的乐趣，可可一天不进我那屋，就像缺点啥似的。”

12

在 103 号工地上。

龚振华和工兵团官兵正在清理石渣。

一台吉普车停在工地的边沿。

张云涛走下吉普车，径直地向龚振华走去。

龚振华发现张云涛向他走来，把铁锹插到石渣上，迎上去，说：“云涛同志，辛苦啦！”

张云涛庄重地向政委行礼，说：“政委呀，你太辛苦了，我来看看你，顺便看看施工情况，向您汇报一下面上的工作。”

龚振华问：“事情多吗？要不要回帐篷去？”

张云涛说：“不必了，汇报后看看工程，我还要赶回去。”

龚振华说：“都有什么事，讲一讲。”

张云涛说：“工程会战全线都深入下去了。丁大伟的 204 号工程双向爆破，明后两天就能接通，然后就可全线被覆安装；最担心的电力工程都有了着落，电缆沟可望在元月初完工，最大的变压器很快就能到位了；前段又出现新矛盾，坑道所需的管道供不上，要影响工程进度，中山同志已深入修配厂，着手解决这个问题。”

张云涛向龚振华汇报工作时，孙福祥从坑道里出来了，走向前向张云涛敬礼，说：“副司令员，您好！”

张云涛向孙福祥还了礼，问：“怎么样？工程顺利吗？”

孙福祥说：“不算顺利，发生几次不大的塌方和流沙，都算解决了。政委到我们团蹲点对全团触动很大，官兵们的精神状态很好。大家听了政委作的红军爬雪山过草地的回忆报告，编成顺口溜鞭策自己：‘要问生活苦不苦，想想红军二万五；要问施工累不累，想想革命老前辈。想到红军二万五，生活再苦不觉苦；想到革命老前辈，施工再累不觉累。’官兵们以苦乐为荣，产生了很大的推动力。”

龚振华插话说：“孙福祥，你越讲越玄啦！张副司令员还要看看工程，还有什么困难提出来！”

孙福祥说：“从施工进度考虑，安装工程的材料应列入日程，据了解修配厂工程能力有限，几十条坑道需要加强的构件、托架需求量大，这些构件加工不出来，工兵掘进完成了也会影响进度。”

张云涛说：“这个问题已经注意到了。云副司令员已去修配厂解决这个问题，还有什么？”

孙福祥说：“连队的生活保障是我们很担心的问题。因为施工任务繁重，战士的饭量增加很多，全团十几个连队伙食口粮都超支，工兵生活本来就艰苦，如果吃不饱肚子，问题就严重了。我向后勤处下了命令：大会战间必须保证战士填饱肚子，吃不好拿后勤处是问。伙食标准是死的，我这样要求真是有点难为他们。”

张云涛说：“兵马未动，粮草先行。这是大事，希望上下一起努力把生活问题解决好。”张云涛提出到施工点看一看。孙福祥给张云涛要了一顶安全帽，陪张云涛一起走进坑道。

孙福祥陪同张云涛走进坑道，坑道内一片繁忙景象……

张云涛在一个作业点停下来了解战士的生活情况。

连指导员匆匆地走过来。指导员向张云涛敬了礼，说：“副司令员，龚政委有急事找你，请你马上回去。”

张云涛走出坑道，龚振华迎上去，说：“工兵团张政委来电话，他和张团长前来汇报工作，你和我一起回去，听听他们的汇报。

13

驼腰岭下。

坐落着一个很规整的大院，高大的烟囱冒着青烟，房子已经用红砖白灰整修完。在院内存放着工程机械，看上去像座工厂。厂内有不少军人来来往往，有搬运钢材的，有的在焊接东西。

画外音：这不是工厂，这是雪山基地刚刚改建而成的修配厂。阵地安装需要的排风管道都由他们加工……

天上飘着雪花，一台吉普车直接开到院内，从车上下来的是雪山基地副司令员云中山。

在车进院的当儿，修配厂厂长孙德功匆匆走出办公室迎接云中山。

孙德功向云中山敬礼问好，随即把云司令员引进会议室。

在会议室内坐着几个车车间主任，像是在研究工作，云中山走进会议室，八九位军人起立向云中山敬礼问好。

云中山很热情地招呼他们坐下，然后说道："路不好走，让你们久等了。孙厂长，我来的目的大家知道吗？"

孙德功说："知道了！"

云中山说："目前一期工程的大会战进入关键阶段，坑道安装的排风管供不应求，这个矛盾不解决将影响工程按时竣工。今天我到这里来，要和大家座谈一下，看怎么解决这个矛盾。"

孙德功说："这个矛盾从半个月前我们已经感觉到了。工兵团的车辆等着装货，我们就是加工不出来。为了解决这个矛盾，我们已经采取了三项措施：第一是增加作业班次，原来是一个班，现在是三个班；第二是增大每班作业量，实行'小包干'，每班必须保证生产计划的完成；第三是增加作业点，提高工作效率。各班组为了完成计划常常加班加点，争着超额完成计划，但是，仍然供不应求。"

云中山说："你们采取这么多措施还不能满足需求，大家想想办法，怎么进一步提高工作效率？"

孙德功说："请你们几个车间主任回答副司令员提出的问题！"

焊工主任说："目前的主要矛盾不是管道焊接跟不上，而是钢管连接法兰盘的加工跟不上，一根钢管的焊接10分钟可以完成，而法兰盘的加工需要一个多小时，如果把这个问题解决了，能大大提高工作效率。"

钳工主任说："我完全同意张主任的分析，此外解决弯钢生产也是关键。"

云中山说："怎么解决这个矛盾？"

张主任说："我们焊工车间送工厂培训焊接工30人，可以完成焊接任务的不下28人，可以再组成几个作业班。

钳工主任说："我认为，增加班组是个办法，而最主要的是怎么解决弯钢生产。"

云中山插话道："有什么办法，能否说得具体些？"

焊工主任说："目前全是手工作业，要解决这个矛盾必须采用机械化作业。"

孙德功说："没有机械咋搞机械化作业？！"

张主任说："我们钳工班班长是个老钳工，他搞了一个革新图，想搞一套机械工具，改手工作业为机械作业。我们讨论后报到厂里，厂里不知道什么原因，一直没有结果。”

云中山望着孙德功，问：“孙厂长有这回事么？”

孙德功说：“有这回事，没有支持他们搞主要有几点想法，一是机械工具的核心部件在市场上买不到；二是当时对作业量估计不足，考虑八九个焊接组，即使手工作业也能跟得上，没想到……”

云中山打断了孙德功的讲话，问道：“张主任，你们革新的核心部件能搞到么？这项革新能否搞起来？”

张主任说：“曾为我们培训钳工的师傅是山城市机械制造厂的八级钳工。我们在他那学习时见过，但现在还有没有不清楚，需要到机械厂走一趟。”

孙德功说：“机械厂文化大革命分成两派，经常停工停产，这是一年前的事情了，现在还不知道是个什么局面呢！”

云中山说道：“搞技术革新，提高机械化作业程度，是解决功效矛盾的根本出路，你们应把这项革新作为当前工作的突破口。我建议你们，马上把图纸找回来，请张主任跟我到山城机械厂走一趟，如果能找到那个核心部件，我们就有指望了。”

孙德功说：“副司令员我陪你去，我和他们的几个车间主任很熟，比他们有力度。”

云中山说：“你们准备一下，我们马上出发。”

云中山和几个车间主任一一握手，说：“谢谢你们，帮我找到了办法！”

14

孙福祥带上马主任、王班长驱车来到山城机械厂。

机械厂的门前张贴着不同内容的标语和大字报：“抓革命，促生产，是毛主席的指示！”“打倒刘少奇！”“要文斗，不要武斗！”

孙德功的车在机械场门前停下，门卫看见军车从警卫室走出来，不太客气地问：“找谁？”

孙德功说：“我们到三车间找刘主任和马师傅。”

门卫说：“他们都不在，刘主任没上班，马师傅住院了。”

孙德功说：“马师傅不是身体很好么？什么病？在哪里住院？”

门卫说：“马师傅被‘造反派’打成了骨折，在人民医院外科，你找到那儿去。”

孙德功又驱车到了人民医院。

张主任又买了一兜水果和奶制品，由王班长提着走进外科楼层，在护士指引下找到马师傅的病房。

马师傅伤势很重，正在生气。

张主任走进病房看见马师傅沉重的表情，走到病床前轻轻唤道：“师傅，我们厂长和你的徒弟来看你了！”

马师傅睁开眼，见是几位穿绿装的军人，感到惊讶，挣扎着要坐起来，但因伤势太重未能坐起。

班长小王上前劝阻道："师傅！你躺着，没关系。"说着流下同情的泪水。

小王扶马师傅躺在靠被上，马师傅急切地问："孙厂长，你和虎子（小王奶名）怎么知道我住院啦？"

小王说："我们有问题向你请教，找到厂里，是门卫告诉我们的！"

马师傅"嗨"了声，叹着长气。

小王给马师傅倒了一杯水，拿了一个水果，马师傅很感动地说："虎子毕了业，回到部队，我以为你就远走高飞了，你还想着师傅，师傅高兴呀！"

小王说道："师傅，到什么时候我也是你的徒弟，咋能忘了呢！"

马师傅说："有什么事找我？"

小王欲答，孙厂长劝阻道："马师傅正在养伤，晚几天再说吧！"

马师傅一本正经地说："不！现在就说，部队的事一定是大事。"

于是，张主任把小王搞技术革新的事向马师傅说了一遍。

马师傅精神焕发起来，说："把图纸给我，让我看看！"

小王取出图纸，展开，托在手上呈给师傅。

马师傅仔细地审视图纸，脸上露出得意的神色，评论道："可以，这个方案很可行，什么时候干？"

小王脸上露出为难的表情，说："这………还有！………"

马师傅急了，说："还有什么？有啥困难就直说，怎么吞吞吐吐？"

马主任说道："虎子这个方案有一道难题，弯曲的核心部件找不到，想请教师傅怎么解决。"

马师傅听了嘿嘿一笑，说："虎子记性真好，你记得师傅仓库里有这个东西？"

小王红着脸，说："师傅，我不是非要你那个东西，你能解决难题就行。"

马师傅说："别啦！战备是大事，你们厂长都出来了，你需要的部件我那里有两套，现就在车间的仓库里，我给厂里讲，你们就拿去用吧！"

孙厂长说："我代表我们厂，也代表我们云副司令员，谢谢马师傅！"

孙厂长、马主任、小王班长一起向马师傅敬礼。

15

锻工车间。

炉火通红，小王在主任陪同下日以继夜地试验，连续工作了六昼夜。

炉火把他们烤得汗流浃背，他们脱去绒衣，身着单衣干活。

装好，试车，失败了，坐下来集体讨论分析，一次又一次。

他们把床铺移到车间的一角，轮流工作。因为疲劳，有的人手中拿着工具躺在地上睡着了。

厂长表扬了钳工班的事迹，炊事班得知被感动，把饭菜送到车间，深夜，给他们送上一盆面条。

第六天，试车成功，终于生产出精度很高的法兰盘，3 分钟加工一个法兰盘。钳工车间沸腾了，全班高呼着："成功了！成功了！"小王班长和战士们抱在有一起"呜呜"地哭了起来。

孙德功将这一喜讯报告云中山副司令员。

云中山驱车到修配厂，革新机具在运转，管道焊接速度提高了二十几倍，焊成的管道被快速地装上汽车，奔向急需的工地，看着眼前的情景，云中山感动得双眼泛起激动的泪花。

云中山在队前宣布：我厉行我的承诺，向基地为你们报功！

话外音：钳工车间革新的事迹迅速传遍雪山基地，修配厂为小王记了二等功，小王被树为基地学习毛主席著作积极分子。第二炮兵表彰了他们的事迹，后来小王在工程部队作巡回报告，受到毛主席的接见。

16

一阵哨声，"集合！"连值班排长发出口令。

两分钟全连集合好，值班排长向连长敬礼报告："连长同志，全连集合完毕，请指示！"

连长何强还了礼令其入列，走到队前："点名！"队伍"唰"地一声成立正姿势。

何强下达："稍息的口令后"，队伍成稍息姿势。

何强："同志们，明天就要进行 104 号工程双向施工的合拢作业，这是关键的一仗，这一仗打得好了，很快就能看到竣工的曙光，因此，具有特殊的意义。营里经过研究，决定把这一光荣任务交给我们六连，希望我们向全连讲清它的意义，组织好，上下齐努力，要安全可靠地打好这一仗。请指导员讲话。"掌声。

指导员说："我们工兵六连是一个有光荣传统的连队，我们以'敢打硬仗、优质快速'受到上级的多次嘉奖。明天的这一仗对我们六连又是一次考验，我相信，我们全连官兵在党支部的领导下，一定能够出色地打好这一仗。希望各班要很好地落实营里和连长的要求，认真细致地做好各项准备。"掌声。

晚饭后，各排在集体读报，收听新闻联播。

在远离帐篷的河边传来了二胡的声音……

"小北京"坐在一块巨石上，专心致志地摆弄自己喜爱的二胡，拉完一曲《二泉映月》后，又一曲《念故乡》从手中流出，琴声一会激昂流畅，一会低沉婉转……

指导员听着琴声，悄悄地接近"小北京"。

指导员慢慢地坐在"小北京"的身边，轻声地问道："胡俊山，有心事？跟我说说!”

“小北京”立即站起来,说:“随便拉一拉!”

指导员说:“晚饭你吃的很少,一定有心事。”

“小北京”说:“我看到二排长家的电报说‘父病故、母病危、接电速回’,不就想到刚刚去世的母亲,父亲供妹妹上学,多不容易呀!”

指导员说:“听说你想复员?”

“小北京”说:“是有这个想法,爸爸不同意,告诉我,要做铁血男儿,要在部队这个大学校干出样子来!”

指导员说:“爸爸是对的,不要辜负了他老人家的期望。你是咱连的骨干,希望你在国防建设中发挥更大的作用。”

“小北京”说:“指导员放心吧,我会好好干的,为爸爸争光!我正在写入党申请,接受组织的考验。”

指导员说:“好,回去休息吧,施工任务很重,要自己照顾好自己!”

“小北京”用感激的目光望着指导员,用力地点点头!

17

初冬。北国的山林,树叶飘落满地,一派凄凉景象。

雷光电营所在的4#坑道正在实施两洞对接双向爆破。

洞内,两边的爆破组正在同时组织装填炸药。

洞外山坡上,张云涛、丁大伟、雷光电及工兵团有关人员望着山下,谈着工作。

丁大伟说:“总指挥,从图上作业看,两洞中间还有3至5米的距离,两边同时作业,估计三组排炮全洞即可贯通。”

张云涛说:“会不会发生偏离,对不上口?”

丁大伟说:“这个问题雷工和雷光电计算过好多遍,即使偏差也差不了50厘米。”

张云涛满意地笑了,说:“好哇,如果今天爆破成功,全洞打通,被覆安装就可以开始了。距竣工还有两个半月的时间,按时交工没啥问题吧?”

丁大伟说:“总指挥放心,被复安装最多两个月就可完成。”

张云涛说:“有把握?”

丁大伟说:“在爆破作业的同时,安装的前期准备我们已经着手准备了,我心里有数。”

这时,雷光电手中的对讲机传出了各组准备情况的报告声。

“报告营长,一号爆破组准备就绪,装药组全部撤出,可以爆破!”

“报告营长,二号爆破组准备就绪,装药人员全部撤出,可以爆破!”

雷光电说:“请各组再检查一遍,确保所有施工人员全部撤到安全地带。”

几分钟后,各组又传回了检查完毕的报告声。

雷光电说:“报告总指挥,各组准备完毕,是否爆破?”

张云涛严肃地说:“按计划执行!”

雷光电向四周望了望,吹响了紧急隐蔽的哨声,他看着手表,命令道:“10、9、8、7、6、5、4、3、2、起爆!”

10 秒钟刚过,山洞里传出一阵阵闷雷般的响声,大山开始抖动,接着一股股黄烟从洞口涌出,向天空散去……

5 分钟后,洞口的烟尘散尽。

雷光电吹响了解除警戒的哨声。

二营的官兵身着作业服、戴着安全帽、肩扛工具,列队进入坑道……

连长合上照明灯开关……

雪亮的灯光把整个坑道贯通,聚在洞口的官兵立即欢腾起来,呼喊着……

张云涛高兴地招呼丁大伟:“走,到现场瞧瞧去!”

洞内,官兵们正在热火朝天地工作,有的在排险,有的在往轱辘车上装石渣,有的在往外推土……

在两洞接口处,炸开了一个如同月门的大口。在口的上方悬着十多块相互齿合的巨石。

营长雷光电、副营长雷宇声和连长何强正在研究排除险情的作业方法。

雷光电说:“这是坑道施工最危险的情况之一。弄不好会发生连环塌方,接近作业非常危险,若发生巨石滚动,人都来不及跑,后果不堪设想。”

雷宇声说:“我们没有自动作业的机械,人工排险太危险。”

正在他们议论的时候,张云涛和丁大伟走到了现场。

丁大伟抬头观看了一会,神色突变,用很严肃的口气问道:“雷营长,这地方太危险了,必须尽快排除悬在头上的危石!”

张云涛说:“有解决的办法吗?”

雷光电说:“我们研究过了,如人工就近作业将面临危险。我们没有自动作业机械,只能把外边的卷扬机架到洞内,用钢丝绳系住上空的一块巨石,用卷扬机慢慢拉动巨石,这块巨石如果能够拉开,悬空的巨石就会随着落地,难题就解决了。”

丁大伟望着雷宇声,问:“雷工怎么看?”

雷宇声说:“雷营长有经验,我同意他的分析,他提出的解决方案我觉得可行。”

丁大伟转过身向张云涛请示道:“我们目前条件有限,只能采取雷光电的办法,是否可以这么做?”

张云涛说:“既然大家认为可行,就这么做,要把可能发生的危险都想到,一定要保证安全!”

丁大伟说:“是!”

雷光电向连长布置了任务,工兵连按照雷光电的指示很快做好了准备。

18

二营按照雪山指挥部的命令,将施工人员全部撤出洞内,只留下一个突击排开展排险工作。

官兵们把卷扬机移到距排石点很近的洞口。

几名战士把一盘很重的钢丝绳滚动着引向排石点。

按照雷光电的吩咐,小北京胡俊山把钢绳头系在腰上,登着人工砌好的基石往高处攀,他想把钢丝绳穿进一个很大的石缝,但举不上去,摇摆着从基石上跳下来。

班长武虎生见状立即走上去,说:"把绳给我!"

胡俊山有点不好意思,还想再试一下。

武虎生说:"时间紧迫,我来干!"

武虎生攀上巨石,动作灵便地把钢丝绳穿过石缝。钢丝绳从另外一侧露出了头,但没拉出多长就被石缝卡死了。

胡俊山走上前去帮忙。

武虎生跳到巨石的另一侧,用力拉动钢丝绳。被捆的巨石丝毫没有移动,临近的一块石头却滚了下来,正好砸在武虎生的身上,把他从石堆上打了下来。

站在一旁的雷宇声立即冲上前去,试图接住滚落的武虎生。不想,更严重的险情发生了:雷宇声头上的石头发生下滑,雷宇声对此毫无觉察。

雷光电意识到严重的险情发生了,大喊着冲了上去,喊道:"老雷,快躲开!"

话音未落,洞顶就向撕破的口袋,一百多方石流呼啦而下。

雷宇声被雷光电一掌推出两米以外,雷光电、武虎生却被埋在了石流中。

"营长、虎生……"战士们哭喊着扑向石堆。

战士们一边流着泪,一边拼命地用双手扒石渣。扒啊扒啊,十个指头全磨破了,指甲盖磨掉了,鲜血直流,终于将雷光电和武虎生救了出来。

"小北京"因头部被巨石砸裂已壮烈牺牲,雷光电七巧流血,已奄奄一息。

闻讯赶来的丁团长紧紧地将雷光电搂在怀里,含着泪说:"光电,你千万要挺住啊,我一定要救你……"

救护车拉着警笛飞速地沿着盘山公路往医院驶去。

躺在丁团长怀里的雷光电已无力回答,只微微地睁了一下眼睛,几分钟之后,头一歪,永远地走了。

雷宇声摇晃着雷光电的身体,大声着哭喊道:"雷营长,雷营长,你醒醒,你不能走啊!"

雷宇声失去了理智,用手擂着救护车的铁板,被刺伤了的手溅出一摊鲜血。

救护车在峡谷中传出撕裂心肺的呐喊。

19

下午。

梁玉洁陪着何强妻子给灵灵输液。

何强妻说:“老何多次向我们夸赞雷营长,讲他抗美援朝的事,讲他关心部下的事,你俩都是军人,多幸福。”

梁玉洁说:“何连长也很优秀,听老雷讲,他爱兵如子,深受官兵的爱戴,你们也是很好的一对。”

何强妻说:“不怕梁队长笑话,我们的婚姻并不美满。何强当兵时家里四口人,父母亲,还有一个比他小四岁的妹妹。入伍不久赶上三年困难,他父亲得病无钱医治,不到50岁就去世了。父亲去世后,他妹妹又出嫁了,家里只有母亲一个人。老太太也经常生病,身边没儿没女真可怜。那时我当妇女队长,就常去她家照顾她。有一天老太太对我说:‘爱菊呀,你要是我的儿媳妇就好了。’我听了这话为之一动,因为打心里我很仰慕何强。但这时何强和邻村的一个姑娘正谈着。我说:‘大婶,何强已经有对象了,不可能。’老太太说:‘菊,你要同意,我保媒!’我不好意思地走了。后来,何强回去探亲,他母亲就逼着儿子和我结婚。何强是个孝子,没办法只好答应了。但何强心里却揣上一个疙瘩。我比何强大三岁,他说我们没有共同语言,和我很疏远。后来我看他很痛苦,和他商量离婚。这事让婆婆知道了,把儿子痛骂了一顿。第二年我们生了一个儿子,后来又生了女儿,他的心才算踏实了,感情渐渐好起来。”

梁玉洁说:“你们是先结婚后恋爱,将来一定很幸福。”

这时,一台快速行驶的吉普车“嘎”的一声,停在了卫生队门前。

秘书处王处长跳下车直奔治疗室。

梁玉洁见王处长急急忙忙,刚想询问,王处长就急不可待地催促了,说:“工兵二营出事了,首长指示,请你和我一起赶往现场。”

梁玉洁预感到有重大情况发生,问道:“要不要带救护器材和药品?”

王处长说:“都安排啦,和首长的车一起出发了。”

梁玉洁向护士作了交代,和王处长匆匆上了车。

吉普车以最快的速度向工兵二营工地驶去……

梁玉洁问:“什么大事?惊动这么多人?”

王处长说:“详细情况我不清楚,听说光电伤势很重。”

梁玉洁心里一阵紧张,催促司机道:“把车再开快点。”

司机说:“梁医生,这已经是最高速度了,我必须保证你们的安全。”

20

靠村不远的松树林里。

灵棚下，停放着雷光电和“小北京”的遗体。

军医和雷宇声在为雷光电清洗血迹，团长丁大伟和高政委正在研究善后工作。

高政委说：“通知家属了吗？”

丁大伟说：“通知了，估计梁玉洁很快就会到。”

高政委说：“‘小北京’呢？”

丁大伟说：“已通知营里了，给他家里发了电报，‘小北京’没有妈妈，家里只有爸爸和妹妹。”

在丁大伟和政委说话的工夫，梁玉洁乘坐的吉普车已接近灵棚。

梁玉洁没待小车停稳就打开车门跳了下来，跑步奔向灵棚，问：“怎么啦？怎么把人放在这里？”

丁大伟迎上去，说：“梁玉洁同志，请您不要过于激动，雷光电同志在塌方中牺牲了！”

梁玉洁如雷贯顶，哭喊着扑向雷光电。

梁玉洁看到雷光电如同酣睡，她感觉雷光电还活着，她停住哭泣，摇动雷光电，一边喊道：“光电！光电！我是玉洁呀，你醒一醒！”、

雷光电还是安静地躺在那里。

梁玉洁看他没有反应，把耳朵贴在雷光电的胸前听了听，立即又放声痛哭起来，说：“光电呀光电，家里都盼着你回去，你怎么不吭就走了，你让我和可可怎么办？”

梁玉洁那撕心裂肺的呐喊感染着在场的每个人。

雷宇声无法控制自己，也放声痛哭起来。

丁大伟说：“雷宇声，这不是你哭的时候，劝劝梁医生。”

雷宇声止住了哭声，欲劝梁玉洁又泣不成声，说：“嫂子，你不要过于悲哀，光电是为了救我被巨石挤压牺牲的，事发后，团里组织了很及时的抢救，但因伤势过重……”讲到这里，雷宇声又哭了起来，说：“嫂子，我对不起你和可可！”

梁玉洁说：“天哪！怎么会这样？”又号啕大哭起来。

高政委说：“玉洁同志，我代表工兵团党委对您和家人表示深深的歉意，雷光电同志是为抢救战友和部下而牺牲的，他把自己的生命献给了国防建设，生的伟大，死得光荣，希望你能节哀顺变。”

梁玉洁哭着说：“光电呀，你走了，我可怎么办？”

丁大伟说：“玉洁同志，和光电一起牺牲的还有‘小北京’，他是个没妈的孩子，希望你能坚强起来，为我们工程兵家属树立榜样。”

梁玉洁止住哭声，掀开“小北京”脸上的白盖布，瞻仰了他的遗容，说道：“‘小北京’你是好样的！”

一阵大风刮来，山林发出号天的呼啸。

第十章

叶公清算大会战　将军无私心地宽

1

雪后的大坳山。

晴空万里,放眼望去是一片白色的世界。

雪山基地会议室里在召开党委会,气氛严肃。

龚振华说:“我们认真地讨论了工兵团的报告,在此之前,我们深入作业现场,进行了实地调查,听取了工兵团二营有关同志的目击说明,让我们清晰地看到:在这个事件中,各级领导对可能发生的危险是有透彻分析的,而且研究了防止事故的措施和办法,但没想到会在穿绳这个细小的环节上发生问题。在事故发生后,连营团的领导都亲临现场指挥,组织措施也是落实的,不追究领导责任。

“通过讨论,本次党委会作出如下决议:

一、发生在12月18日的事件(简称12・18事件)是一场舍己救人的英雄壮举。营长雷光电是这个英雄集体的代表人物。建议为他追记一等功,追记为革命烈士,请政治部整理他们的事迹,向上级报告。

二、给二营申请集体二等功,号召基地全体官兵向工兵二营学习。

三、为了表彰二营的光辉事迹,基地为雷光电同志举行隆重的葬礼。把他葬在大坳山朝阳岭下。出殡那天举行吊唁仪式,在家的全体党委委员为雷光电同志送行。

四、任命雷宇声同志为工兵二营营长。追认胡俊山为中国共产党党员。”

大家鼓掌报以赞同,杨秀雄没有鼓掌,神情不满地坐在那里。

团长丁大伟激动得流出了泪花……

2

杨秀雄在办公室打电话,向叶兆林请示工作。

杨秀雄说:“基地党委的决议,向上级写了报告,你看到了吗?”

叶兆林:“你们基地的报告我看了。军委下发的文件,你们竟然不执行,还作出了暂缓执行的决定。那是按林彪同志的指示下发的文件,你们真是吃了豹子胆,这次亡人事件是重大事故,是雪山基地对抗军委决定的结果,不要就事论事,要把一切提到路线斗争的高度去认识,如果提到这个高度,还能立功宣扬吗?”

杨秀雄说:“谢谢首长指点,这里有什么情况我再及时向首长报告。”

3

大梁镇高妈家。

梁玉洁在炕上边哭边为雷光电做衣服。

常彩霞围在前后,一边照顾可可,一边规劝梁玉洁,说:“梁姐,别哭了,人死不能复生,你饭不吃,水不喝,伤了身体,可可怎么办?”

常彩霞说着说着她自己也“呜呜”哭了起来……

可可搂住常彩霞的脖子,拘谨地说:“阿姨,不哭,不哭。”

梁玉洁见可可在劝彩霞,抹了抹眼泪,坚强地说:“彩霞,不哭了,光电一出事,让你们跟着伤心。今天,可可奶奶应该到了。老人家没出过远门,我们也没见过面,光电这事怎么和她说? 老人家能经得起这个打击吗?”

常彩霞想了想,提出:“梁姐,接大娘的事,我去办,让尚护士帮你料理其他的。”

梁玉洁说:“那你就代替我去接吧。”

常彩霞说:“没见过老人,怎么接呀?”

梁玉洁想了想,说:“这样,你带着光电的照片,见着老太太就问。”

常彩霞拿着照片,说:“行。”

“北京—山城”的火车高速奔驰,在一个车厢内,两个互不相识的老人,坐在相邻的座位上,老太太身边还坐着一个十七八岁的大姑娘。

过了一会儿,那位老大娘试探性地打问老大爷:“大兄弟,你知道山城15号信箱在什么地方吗?”

老大爷惊奇地问道:“什么? 你也去15号?”

老大娘说:“我儿子在那儿当兵,儿媳妇打电报让我过来,说是儿子有病。”说着,把电报拿了出来。

老大爷看了看老大娘的电报,把手伸到口袋里摸了摸,也拿出一份电报,他和老大娘的电报比了比,相同的地址,发报的时间只相差几分钟。

“我俩是去一个地方的,我儿子胡俊山也在那里当兵,他们是一个部队的?”老大爷猜测地说道。

老大娘听了一阵欢喜,说:“唉,我们正愁找不到地方呢。”

老大爷问:“你们几个人?”

老太太说:“我和闺女,当兵的是他大哥。”说着指指身边的姑娘。

姑娘和老大爷笑着点点头,又转头看着窗外的白色世界……

列车的喇叭响了:“旅客同志,本次列车的终点站到了,请您……”

姑娘机灵地站起来:“妈,到站了。”说着站起身,从货架上取下一个背篓,看上去很重。

老大爷说:“姑娘,这东西挺重吧,来,我替你背。”

姑娘说:“没事,大爷,我能行。”

下了火车,三人一边张望着一边慢慢向外走着。

火车站外,两个当兵的一男一女,男的是工兵二营的战士武虎生,向里边张望着;女的是常彩霞,看见老太太,就拿出照片对照,结果很失望。

三人走出火车站,常彩霞立即围了上来问:“大娘,您认识照片上的人吗?”

老太太看了眼前一亮,欣喜地说:“姑娘,你认识我儿子?你是?”

常彩霞握着老大娘的手,说:“大娘,我是您儿媳妇的同事,她委托我来接您。”

雷妈说:“谢谢啊,给你添麻烦了。”雷妈又指指老大爷,说:“姑娘,这个大爷也是到你们部队看儿子的。”

常彩霞说:“大爷您找谁?”

老大爷说:“胡俊山,你认识他吗?”

常彩霞连忙说:“认识,认识。”转身喊道,“虎生,过来!接到了。”

武虎生走过来,常彩霞介绍道:“这是你营长的妈妈和妹妹,这是胡俊山的爸爸。”虎生和他们打了招呼,接过行李放在了解放车上……

4

梁玉洁做好了衣服。呼叫女儿:“可可,一会儿奶奶和姑姑就到了,你听话,自己玩,妈妈做饭去。”

可可“嗯”了一声。

厨房里传出炒菜的声音,不大工夫,梁玉洁炒好了几个菜,并用碗扣住盘子。

屋外传来两声汽车喇叭声,梁玉洁马上走出屋门。

常彩霞正扶着雷妈慢慢地下车,司机和光娣往下取东西。

梁玉洁赶忙迎上去,常彩霞道:“梁姐,大娘接来了。”

梁玉洁喊了一声:“妈!”就拉住了雷妈的手。

雷妈仔细打量着儿媳妇,夸赞道:“比照片上还好看,真是祖上积德,摊上这样的好媳妇。”

梁玉洁说:“妈,路上辛苦了,累了吧?”

雷妈说:“我们上了车就遇上了好人,几个当兵的看我和光娣没座,就给我们让座。路上有吃有喝，一点儿也没遭罪。”转身招呼：“光娣，过来见见你嫂子。”

雷光娣有些羞怯地说：“嫂子好。”

梁玉洁拉上光娣的手，说：“光娣，长得真好看！妈，咱们进屋吧。”

雷妈说：“好。”

大家进了屋，梁玉洁招呼可可认奶奶和姑姑。雷妈高兴得合不拢嘴，抱着可可亲了又亲。

梁玉洁说：“妈，一路辛苦了，快洗洗，咱们吃饭。”

雷妈和光娣洗完来到炕前，梁玉洁刚刚摆完六双筷子。

光娣说：“嫂子，多了一双。”

雷妈明白儿媳的用意，拍了一下光娣，说：“还有你哥呢。”

饭后常彩霞和光娣收拾洗刷。梁玉洁请来了房东高大妈和婆婆相认。

高大妈，说：“大妹子，你光荣呀；梁医生在这个镇上没人不夸，给镇上老百姓做了许多好事；你家光电舍身救人，是个英雄啊！”

雷妈没听明白，雷光娣听着不对，忙问：“高大妈，你说什么？我哥哥咋回事？”

梁玉洁见高大妈说走了嘴，岔开光娣的话，说：“光娣，你哥病了，你帮可可穿衣服，过一会儿咱们去医院，营里和团里的领导还等着咱们呢！”

雷妈原本没想到另外的意思，梁玉洁一插话，心里也嘀咕起来，问：“这老大姐说的话什么意思？我儿子到底怎么了？”刚想细问，梁玉洁来到跟前，问：“妈，我和光电结婚两年了，结婚至今也没回过家。依照规矩婆婆第一次到来，我应当拜拜老人，好让婆婆认下我这个儿媳妇，是不是？高大妈？”

高大妈明白了她的用意，连忙应声道：“对！对！是应当补上。来，来！”说着拉过椅子，让雷妈坐下。

雷妈说：“我们那儿可没这规矩，我孙女都两岁了，哪有不认的理儿。”

梁玉洁说：“我是要补上，要不等以后您不认我怎么办？”雷妈别不过她们，只好接受。梁玉洁向雷妈磕了三个头，喊道：“娘”，她强忍着，眼泪没有流下来。

雷妈笑着拉起她，说：“娘认了！快起来！快起来！”

这时，屋外响了两声喇叭。

梁玉洁提醒大家，说：“快穿衣服，接我们的车来了。”

5

在松树林前。

放着雷光电和胡俊山待封口的棺材。

工兵团的领导很早就来到这里。

丁大伟看看表已是九点一刻，有点儿着急，说：“烈属怎么还没到，十点半告别仪式,首长很快要到了。”

话音刚落,一台救护车在离灵棚五十米远的地方停下来。

雷宇声首先下车,梁玉洁一家、胡俊山的父亲先后下了车。

雷妈疑惑地看看四周,心里紧张起来。工兵团领导马上迎上去,和雷光电的母亲、胡俊山的父亲握手问好。

政治处主任说:“雷大妈、胡大叔,我怀着悲痛的心情告诉你们,雷光电和胡俊山同志在施工中因为排险塌方光荣牺牲了,今天是第四天……”

雷妈一下愣在了那里,少顷,她焦急地问:“什么?不是说有病吗?”

政委:“对不起,大娘、大叔,我们担心老人家承受不了打击,没敢把实情告诉你们。”

雷妈仍然不能接受这个事实,摇摇头,说:“不!我儿子不会死,儿子你在哪儿?”在场的人无不落泪。梁玉洁和雷光娣搀扶着雷妈向灵棚走去。

灵棚外站着两位哨兵,向走过来的亲属敬礼……

守灵的战士推开灵柩的盖板,雷光电和胡俊山的遗容显出……

雷妈颤抖着一步一步地靠近灵柩。

看到雷光电后说:“儿子!你在这儿!别躺这里!快起来!”说着要去拉雷光电。

雷光娣一边哭着一边告诉母亲:“妈,我哥牺牲了。”

雷妈十分惊愕,摸着儿子的脸蛋,号啕大哭:“儿呀,你年纪轻轻,怎么不等妈就走了?你走了,让妈怎么过呀……”

那边胡师傅流着眼泪,看着儿子,说:“儿子,你是好样的!爸爸为你骄傲!你放心走吧,不用担心我和妹妹……”

梁玉洁流着泪,哽咽着劝婆婆,说:“妈,您节哀吧!过一会儿,基地的首长就来了,官兵们还要和光电告别呢,让可可看看爸爸。”

雷妈懂大礼,哭着走到了一边。

梁玉洁抱着可可看光电。可可看看爸爸,又看看周围的人,她不明白为什么大家都在哭。

梁玉洁压抑着尽量用平和的语气,说:“光电,你再看看女儿吧……”说到这里,已泪眼模糊。

可可突然像明白了,一手搂着妈妈的脖子,一手伸向光电,哭喊着:“爸爸!我要爸爸!我要爸爸!”

参加追悼会的队伍已在灵棚之外肃立。

胡师傅劝导雷妈:“老姐姐,我们的儿子都是好样的,基地首长和团领导都来给他们送殡,这是我们的荣耀,我们要坚强,让儿子安心地走吧。”

雷妈点点头,哽咽着“嗯”了一声。

附近村庄的群众和民兵在老村长的带领下赶来吊唁。

附近林场的职工在崔兰花的带领下也赶来,向烈士致哀。

工兵连的官兵列队,默默地肃立在灵前……

数台吉普车来到灵棚前停下,从荣之、龚振华、云中山、王子芳等基地首长、各工兵团的领导来到灵前。

基地王子芳副政委主持追悼会。

王子芳说:"雷光电、胡俊山烈士追悼会现在开始!奏哀乐,为烈士默哀。"

随后,张云涛副司令员致悼词。

张云涛说:"我们怀着十分沉痛的心情悼念雷光电和胡俊山同志。雷光电同志是工程兵优秀的指挥员,他为雪山基地的工程建设作出了重大贡献,为抢救战友英勇牺牲。胡俊山同志是党培养下的一名优秀战士,在国防施工中勇挑重担,不辞劳苦,不怕风险,为排险掘进壮烈牺牲。雷光电和胡俊山把自己的生命献给了我们的国防建设,他们的牺牲是雪山基地的重大损失,他们的死比泰山还重,他们的英灵与大山同在,他们的精神与日月永存,他们永远活在我们的心中,雷光电和胡俊山烈士永垂不朽!"

王子芳宣布:"起灵!"

送殡的队伍沿着山路缓缓行进。雷宇声抬着雷光电的灵柩,流着悲伤的眼泪……

梁玉洁、胡师傅站在墓前看着下葬。

指导员快步走到胡父的面前,把一把崭新的二胡交给他,说道:"胡师傅,这是全连官兵凑钱买的,我们把他生前用的二胡存放在连队的展室了。"

胡师傅接过二胡走到坑前,把二胡轻轻地放到墓穴里,说:"俊山,二胡是你的心爱之物,你就把它带去吧,闷时就拉一拉……"

此时胡师傅再也按捺不住悲伤,趴在那里悲痛地哭了起来……

送殡的队伍里传出了哭声。

从荣之、龚振华带着大家向新坟鞠躬默哀。

此时响起了雄壮的抒怀歌曲《工程兵向党抒情怀》:

"风雨骤,路漫漫,工程兵向党抒情怀;我把祖国装心里,不怕生活苦,不怕举步艰;我把汗水洒工地,万里长城添新砖,万里长城添新砖!

"风雪骤,路漫漫,工程兵向党抒情怀;我把祖国装心里,不怕征途累,不怕作业险;我把青春献国防,万里海疆换新颜,万里海疆换新颜!

"天苍苍,路漫漫,工程兵向党抒情怀;我把祖国装心里,披荆斩棘勇向前,披荆斩棘勇向前!"

6

北京至山城的火车在夜幕下奔驰。

在软卧车厢内,炮兵工作组胡组长和白组长在谈话。

白:“胡主任,我们这个工作组向华是否知道?”

胡:“他到南方勘查阵地去了,不知道。”

白:“为了一场会战的事值得如此兴师动众?”

胡:“这事有背景,关系到一种权威……”

白:“什么权威?不就是给杨秀雄撑腰壮胆吗?”

胡:“我们还有另外一项任务。对首脑工程要进行调查,他们搞洋、大、全,和主席的建设方针对着干,要知道,这是一枚重型炸弹。”

白:“杨秀雄这个人怎么样?”

胡:“没多大本事,还不是靠着岳父楚天佑。”

列车在行进……

山城火车站内。

龚振华和杨秀雄站在月台上,在他们的身后停着两台军用吉普车。

北京至山城的火车缓缓驶进山城车站。

胡组长、白组长一行五人走下列车。

龚振华走上前和他们握手,说:“欢迎工作组到雪山来!”

杨秀雄和他们一一握手,说:“雪山条件不好,委屈你们了!”

他们分别乘上两辆吉普车离开山城车站……

吉普车停在雪山基地小招待所。

杨秀雄把他们领进他们下榻的房间。

龚振华设便宴为工作组接风。

席间,龚振华请教工作组怎么开展工作。

胡组长:“首长看了群众的反映材料后认为,雪山工程最近连续发生重大事故绝不是偶然的,这和不认真履行中央军委的决定,不把政治工作放在应有的位置,思想政治路线不端正是密不可分的,这次我们到雪山基地就是要解决这方面的问题。”

7

炮兵工作组在各处调查座谈……

龚振华到医院看望从荣之,向他通报了工作组进驻雪山基地的情况。

龚振华介绍道:“工作组给张云涛送了一个谈话提纲,让他做好准备。提纲的内容是:你对林彪同志提出的一切要给政治让路是怎么认识的?你是怎么执行的?你是大会战的指挥者,你对这个决策是怎样认识的?你犯没犯错误?是什么性质的错误?

“工作组也为我写了一个汇报提纲，内容是：雪山党委在中央军委作出关于改革军政教育时间的决定之后，作出暂缓执行的决定是什么性质的问题？你身为党委书记应负什么责任？雪山基地在中央军委作出决定之后又决定组织工程大会战，酿成一连串重大事故，你对此是怎样认识的？雪山基地从组建到今天摆没摆正军事与政治的关系？你们突出政治了吗？请你作个结论。”

龚振华又补充道：“据工兵团反映，工作组还对首脑工程设计进行了调查，说这项工程是典型的洋大全。在官兵的思想中已经造成混乱。”

从荣之听了龚振华的介绍，心情十分沉痛，说：“你和云涛要有充分的思想准备，雪山基地可能要遭受一场劫难。请转告云涛，对可能发生的问题千万不要冲动，要学会克制，对工作组不要争辩，必要时做点自我批评。”

龚振华说：“你对此不必过于忧虑，这样的风风雨雨我们经历多了，错误的东西最终不是都被纠正了吗？我会向云涛转达你对他的关心，我也会尽力保护他。”

从荣之说：“千斤重担都落在你的身上，要保重呀！”

两个搭档的手紧紧地握在一起。

8

雪山基地党委会议室。

党委整风会从荣之抱病参加。

会议由王子芳同志主持。

会议的议程是：（一）通过工作组写给上级的《关于雪山党委组织工程大会战及若干重大问题的报告》；（二）雪山基地党委成员讨论这个报告，开展批评与自我批评，最后形成决议。

王子芳说：“请工作组组长胡主任同志宣读《报告》。”

胡主任说：“工作组根据群众反映的情况，深入基层进行了细致地调查，与许多当事人交换了看法，工作组对雪山基地党委几年来的工作作出如下评价：雪山党委两年来发扬我党艰苦创业的优良传统，在阵地建设和军事训练方面取得了较好的成绩，但在一系列重大问题上犯有方向和路线性错误：

一、雪山党委在计划和安排工作时不能坚持政治第一的原则，他们以‘国防施工事关大局’为由把政治工作放在次要的位置。当政治与施工训练发生冲突时，总是坚持抓施工、抓训练，同政治争时间。由于没有把政治工作放在首位，导致许多重大事故接连发生。更为严重的是，当中央军委《关于改革军政教育时间的规定》下发后，雪山基地党委不仅不认真贯彻落实，还作出了《关于暂缓执行〈规定〉的〈决定〉》，公然违背中央军委的意图。

二、经调查确认，雪山基地组织的冬季工程大会战是由少数人倡导、得到党委错误支持的。‘大会战’以施工对抗突出政治，转移了对资产阶级军事路线批判。

张云涛同志一贯搞单纯军事观点，反对突出政治，龚振华不认真看书学习，路线觉悟不高，使张云涛的错误主张成为雪山党委的决议……”

工作组传达《报告》之后，请雪山党委表态。

会议长时间处于沉默。

龚振华说：“我是党委书记，还是我先讲，我对若干问题的检讨如下：

（一）由于自己政治理论水平低，分不清什么是正确路线与错误路线，通过工作组帮助，认识到只重施工训练不重政治教育是犯了方向路线错误。（二）在中央军委作出《关于改革军政教育时间的规定》之后，基地又作出暂缓执行的《决定》，是非组织行为，违反了下级服从上级的原则。（三）雪山党委做出这些‘错误’的决定与其他成员无关，与张云涛同志的建议无关，作出这些决定是由于自己政治水平不高形成的，我为这些承担政治责任。”

龚振华检讨后又是很长时间的沉默。

胡组长说：“张云涛同志谈谈你的认识。”

张云涛说：“工作组给我列了个提纲，那我就讲一下：（一）林彪同志提出一切要给政治让路，我理解是强调政治工作的重要性。（二）大会战是一种形式，是群众路线的体现，大会战是为了完成军委要尽快建成阵地的任务，应当得到肯定。（三）关于暂缓执行军委关于改革军政时间的规定我是这样理解的。事先谁也不知道《规定》要出台，我们的工作计划是按没有这个规定安排的。如果马上‘刹车’就不能完成当年的施工计划，这样就要拖后军委要尽快部署兵力的要求。我们暂缓执行《规定》是从大局出发，动机是积极的，我们虽然没有马上执行，但向上级写了报告，也没有违背党的组织原则，应当说不算错。”

张云涛相当克制，看来从荣之的忠告好像起了作用。

胡组长阴阳怪气地问道：“这么说张云涛你什么也没错，你还是正确的？”

张云涛回答道：“我不认为我讲的都对，但我起码不赞同龚振华同志的说法，我们的大会战不是非组织行为，也没有方向路线性的错误。”

胡组长被张云涛不软不硬的发言搞得颇为狼狈。

杨秀雄这时耐不住了，指责道：“张云涛同志，你对工作组的态度是错误的。雪山基地出了这么多的乱子，都和你的主张有关。你到处讲军队在任何时候都必须以军事训练为中心，今天怎么连这点都不敢承认？大会战明明是对抗《决定》，对抗文化大革命，你就是不认这个账。”

张云涛按照从荣之的忠告本着忍耐和‘不争论’，他在前面的发言基本做到了，但他面对杨秀雄的指责又把从荣之的忠告忘记了，他把帽子一摔反驳道：“杨秀雄，你算什么东西。我们俩讨论政治与军事是心平气和，我们讲过，讨论问题不扣帽子，不打棍子，你把咱俩的谈话搬出来，是什么意思？我搞大会战是落实中央军委的部署，你污蔑我们对抗军委，对抗文化大革命，纯属放屁。”

至此，整风陷入混乱，王子芳和工作组已经控制不了局面。

从荣之大声喝道："张云涛同志，为何那样冲动？我们是开会，不是骂街！"

张云涛见从荣之呵斥自己，他知道从荣之要袒护他，坐下来不吱声了。

从荣之继续说道："关于大会战和暂缓执行军委关于改变军政时间的决议我是同意的，龚振华同志征求过我的意见，我投了赞成票，上级如果认为我们的做法是错误的，要追究责任，请把我也列进去。以上所发生的这一切，我和党委书记负责，请不要追究其他成员。当时我们承诺过，如果错了，我们军政一把手承担责任。"

工作组在从荣之义正词严的发言面前感到为难，只好宣布休会。

9

晚饭后。

龚振华命令梁玉洁："你用一台救护车，把从司令员送回医院，救护车要鸣笛开道，不得有误！"

梁玉洁眼珠转了转，回答道："政委请放心，保证完成任务。"

龚振华命令新来的警卫员和两名护士把从荣之架上救护车。

机关上上下下探出头，互相发问："怎么了？"

"从司令员犯病啦！"不知是谁大声回答道。

杨秀雄来到胡组长的住处，神情沉重地报告："从荣之犯病了，很严重。下步的整顿怎么办？"

胡组长："张云涛态度很恶劣，从荣之对责任大包大揽，让我们工作组很难办，看来想整垮龚振华、拿下张云涛很难做到。"

杨秀雄似乎有些泄气："如果什么结果都没有，那工作组岂不无获而归？那等于雪山党委没有错，请首长考虑。"

胡组长："杨秀雄同志，请你放心，我们既然来了，就要给上边一个交待。"

在山城医院的病房里从荣之在输液，梁玉洁陪护着。

从荣之对梁玉洁说："我总认为，一个人的命运总和国家的命运联系在一起。国家的命运变好了，个人的命运也会变好。总体上是这样，但个人的命运有时常常会碰上意想不到的捉弄。你和光电是多么好的一对，不幸却摊到了你的头上。"

梁玉洁说："可以看出，你为光电的牺牲心事很重，您大可不必这样。光电为救战友而死，死得其所，死得伟大，我能承受这个打击。和你们这些老革命在一起，我觉得生活得很充实，很开心，很有意义。"

从荣之说："雷光电和雷宇声亲如兄弟，他俩感情特殊，光电牺牲了，雷宇声受到极大的刺激，至今还在痛苦的折磨中。"

梁玉洁说："雷宇声很高尚，我很敬重他。"

从荣之说:“说句不该说的话,当初我是想促成你和雷宇声的婚姻的,没想到阴差阳错,你和光电结合了。”

梁玉洁说:“司令不知道?我和光电的婚姻是宇声牵的线,他说这也是你的意思。”

从荣之说:“哦!当初雷宇声为工作丢了媳妇,我想做个月老,挽留他。”

梁玉洁说:“我身边有不少很好的女孩子,我会……”

这时护士进来换药,打断了他们的谈话。

10

工兵团二营的工地上。

靠山新加了几个标语牌:“化悲痛为力量,发扬雷光电精神。”

在坑道内,官兵正在进行被覆作业。

雷宇声身先士卒,他把一铲一铲搅拌好的水泥泥浆糊在洞壁上……

武虎生命令一位战士,说:“去!把营长的抹板夺过来。”

那位战士走上去握住营长的手:“营长,你该歇会儿了,我来干。”

雷宇声把那个战士支开,继续抹泥……

11

雪山基地会议室。

基地党委整风总结会议正在进行。

王子芳说:“请胡组长宣布党委整顿的结论和上级决定。”

胡敬山说:“雪山基地党委在工作组的领导下经过半个月的整顿,在许多重大问题上逐步统一了认识,现在把这次整顿所作的结论和决定宣布如下:

一、雪山基地党委在中央军委《关于改革军政教育时间的规定》下发后,不认真学习贯彻,未经上级批准擅自作出了暂缓执行军委规定的决定,严重地违背了党的‘下级服从上级,地方服从中央’的政治纪律,是严重的无政府主义,从即日起撤销这个决定。

二、目前正在开展的无产阶级文化大革命和全军对资产阶级建军路线的批判是关系党和国家存亡的大事,雪山党委没有深入开展关于无产阶级文化大革命的教育,没有认真组织对资产阶级军事路线的批判,而是把群众的视线引向阵地施工大会战,雪山党委的这一做法在客观上干扰了无产阶级文化大革命在部队的深入进行,犯了方向路线性的错误。

三、对雪山党委所犯的上述错误,党委书记龚振华同志应负领导责任。此外,张云涛同志是大会战的倡导者和指挥者,在工程会战中不突出政治,对推行错误路线起到了推波助澜的作用。为从这些事件中吸取教训,责成龚振华和张云涛同志在雪山处以上干部中公开检查，承认其所犯的错误和所犯错误对工作造成的危害，使更多的同志经受两条路线斗争的教育。

四、为了加强雪山党委的战斗堡垒作用，对雪山的领导班子作出如下调整：（一）任命杨秀雄同志为雪山基地政治部主任，进党委常委；（二）王子芳同志改任副政治委员，进党委；（三）免去张云涛党委常委职务，保留委员职务。

五、以上决定和结论传达到团以上领导干部，工兵团传达到营以上干部。”

12

山城驻军医院。

在一个高干病房内，云中山向从荣之汇报工作，龚振华与他同往。

云中山说：“工作组要全面否定我们的工作。责成党委书记在群众中检查，要承认犯方向路线错误，今后还怎么开展工作？

“目前工作很重：一期工程竣工验收、组建新团队、组建医院、东山团的发射、后续工程的定点设计、部署调整。”

龚振华说：“您住院本不该打扰您，可不行呀，一些重大的问题你得知道。”

从荣之沉思良久，讲道：“我说过这场浩劫是无法避免的。我们雪山基地的创业者不能趴下去。关于今后的工作我谈几点想法供你们参考：

“一要努力恢复党委的核心领导作用。振华不能失去信心。要看到，虽然班子作了调整，人员还是那些，团结的基础没有变。机关和部队对我们仍然有信心。

二、鉴于目前党委内部存在重大分歧，党委必须明确分工，必须把分工负责制严格地建立起来。强调人自为战，每个人做好自己分管的工作，这样可以减少分歧和摩擦。

三、要注意做好对杨秀雄的团结工作。他这个人总想独树一帜。我们和他搞好团结不是无原则迁就，是要设法消减他的副作用，使基地的工作少受损失。”

龚振华说：“你这些意见可以考虑。”

从荣之继续说道：“我建议在我转院之前召开一次党委扩大会，把各团的军政一把手都集中上来，向大家重申雪山基地的建设方针，要让所有的一把手自己品味，究竟什么是错，什么是对。”

龚振华说：“好！我按你的建议作出安排，到时通知你。”

从荣之说：“明年任务很重，在新的一年到来之前，要提前规划好，到时我为你喝彩。”

云中山说：“从司令员，请您多多保重。”

龚振华、云中山一起握着从荣之的手，凝视着对方。

13

南京至北京的特快列车在大平原上奔驰……

列车所经过之处是一片初冬的景象。

在列车的包厢内向华和随行人员谈话。

向华说："刘部长，雪山基地一期工程验收的时间不变，春节过后立即进行。阵地验收要组织一个队伍，机关应把验收大纲马上搞出来。回到北京，机关（工程部、技术部）应立即组成一个工作组前往雪山基地，和部队一起把验收实施计划详细地作出安排，这个工作组由你带队。"

刘部长说："是！到京后我们马上组织。"

向华说："恒山基地的部署方案春节前也要准备好，上报时间可以放在节后。"

刘部长说："明白！"

列车在大平原上奔驰……

军委炮兵总部。

向华办公室内。向华在拨打电话："请接雪山基地龚振华政委。对！对！"

向华等了片刻没人应答，话务员回话："首长，对不起，龚政委不在他的办公室。"

向华说："继续要，找到他，把他的电话接过来！"

向华扔下电话开始翻阅压在案头的文件。这些文件多是关于'文化大革命'的。向华翻阅林彪的讲话，这时电话铃声响了。

向华拿起电话，说："喂！龚振华同志，哪去了，这么慢？"

龚振华听了向华的发问不知道怎么回答，支支吾吾的。

向华说："怎么啦？有啥讲呀！"

龚振华说："我正在机关批判会上作检查，是机关的同志把我找来的。"

向华不解地问："怎么啦，什么批判会？"

龚振华说："雪山基地的事您不知道？……"

向华放下电话，立即给刘部长打电话，说："请你到我办公室来一下。"

刘部长来到向华办公室。

向华说："这次你到雪山基地要完成三项任务：一是对雪山工程的阵地验收做出安排；二是了解雪山基地党委整顿的实况；三是雪山基地的批判会是怎么一回事？要了解清楚。首脑工程是雪山基地的核心工程，那是张爱萍副总长确定的，是军委首长点头批示的，为什么批判？要转告雪山党委，按期完工是中央军委的战略部署，对工期的要求是不能改变的。"

刘部长说："都明确了。我们尽快完成任务。"

14

三日后。

五台解放牌汽车停在雪山指挥部的大院内。车上装着大米、面粉和过节的年货。打头的车上插着彩旗,还有敲打的锣鼓。

一阵哨声吹过,首长机关约三十余人背着背包,在车前集合。

副参谋长苏茂生整理队伍,向站在队首的龚振华报告:"政委同志:首长机关赴工程部队春节慰问团三十六人集合完毕,准备出发,请首长指示。"

龚振华走到队伍前向列队人员深深地敬上一礼,随后作了简短的动员讲话。

"同志们:春节就要到了。这是亲人团圆的节日。然而由于工作的需要,你们要打上背包到最艰苦的工程兵的连队去,遵照党委的要求,和工程兵的官兵同吃、同住、同劳动,去完成雪山党委极为关注的任务。到一期工程竣工还有两个月的时间,我们尽管进行了紧张的大会战,因为发生了意想不到的情况,不少工地还看不到胜利的曙光,党委为此忧心忡忡。这最后完工的时间是总部下达的,关系到军委战略部署的落实。我们绝不能当儿戏,我们必须采取坚决的措施保证工程计划如期完工。

"我们来到雪山基地的第一个春节是在草垫和火炕上度过的,我们第二个春节大多数还是在火炕上度过的,我们第三个春节又要回到最初的草垫上。请你们记住,在若干年之后,在我们回首往事的时候,大家会感到这是一段极不寻常的经历。你们和工程兵部队官兵同吃、同住、同劳动,在他们眼里你们给他们送去的不是一般的物质,你们给他们送去的是温暖、是信心和力量。我代表基地党委感谢你们,望你们用自己的心去体验生活,用自己的行动塑造雪山基地首长机关的形象。"

列队中传出热烈的掌声。

苏茂生站在队伍前高声宣布:"蹬车!"

首车敲响了开路的锣鼓,车队缓缓开出雪山指挥部的大院,向驼腰岭驶去,车上传出雄壮的歌曲《我们的队伍向太阳》。

梁玉洁和几名医护人员坐在首车上,尽管她们穿着大衣,仍然冻得不停得跺脚。

梁玉洁发现司药高小虹没穿大衣,责问道:"这么冷的天气咋不把大衣穿上?"

高小虹支支吾吾,说:"梁医生,我,我不冷。"

梁玉洁发现高小虹的大衣里裹着装着液体的药盒,顿时眼里泛起了泪花,心里想:"多好的战友,多么高尚的敬业精神。"梁玉洁脱下大衣捂到了高小虹的身上。

高小虹不从,又把大衣推给了梁玉洁。

梁玉洁说:"我是队长,穿上!执行命令!"

高小虹也洒下了激动的眼泪……

15

在工兵319团团部的帐篷里。

孙团长在大发雷霆："你这个后勤处长是怎么当的？距春节还不到半月，这个连没粮了，那个连要断炊，全团十几个连队没有不超支的，工程会战这么紧，这年怎么过？退一步说，不要求好，总得让干活的人填饱肚子呀！"

后勤处长说："团长同志，我不是争辩，这伙食问题确实是一个大问题。这个月任务紧，同志们体力消耗太大了。不少连队的司务长都反映：包饺子每人发一斤面不够吃，饭量小的少不了也得两碗二米饭。每人一天 1 斤 6 两的标准，还不够两顿吃，各连的司务长都想了不少的招数，说到底还是'巧妇难为无米之炊'。"

孙团长不耐烦地说："得啦！得啦！研究补救的办法吧。基地首长要下连过年，如果听到战士连肚子都填不饱，问我你这团长咋当的？你说我怎么应答？"

后勤处长正要回答这个问题，值班参谋匆匆进来，说："团长，基地慰问团到了，还来了几台车，政委请您去。"

孙团长摆摆手，说："走！迎接慰问团！"

值班参谋吹哨集合队，云中山、苏茂生等已下了车向团部走来。

孙团长快步上前敬礼，说："欢迎首长光临！"

云中山说："孙团长，工兵部队为雪山工程建设立下了汗马功劳，新春将至，我们慰问团受基地党委的委托，对战斗在工程第一线的官兵表示亲切的慰问。目前，物质条件差，首长办公会研究决定给工程兵部队一定的生活补助，顺便也给同志们带点春节慰问品，请你们把慰问品卸下车，怎么分配你们自己安排。此外，苏副参谋长和机关的同志留下，下到班排和战士们实行'五同'，和基层官兵共度春节，我还带了两名医生为官兵巡回检查。"

一向性格开朗的孙团长被此情此景所感动，他眼里泛着泪花，说："太及时了！太及时了！我代表团党委和全团官兵对首长机关表示感谢，我们将把党委、首长送来的温暖化作无穷的力量，准时完成一期工程计划。"

在场的工兵团的官兵的激情也被点燃了，从干打垒的小营寨爆发出撼山的口号声："向首长机关学习！向雪山党委致敬！感谢党委对工兵的关怀！"

后勤处长组织工程兵卸车，年货有大米、白面、豆油、猪肉……

小营寨响起了迎春的鞭炮……

锣鼓声震撼着群山……

梁玉洁等机关的同志兴奋得扭起秧歌……

这锣鼓声惊动了附近的村民，他们成群结队地涌过来，把小营寨围得水泄不通……

一位年过六旬的老头看着这动人的场面，说："多好的部队！部队多好！"

16

晚上。

苏茂生副参谋长正在洗脚。郑营长走进来。

苏茂生让郑营长坐下，说："还没休息，有事吗？"

郑营长说："我们接到上级通知，变电所的变压器明天起运，让我们派人接车。几十吨的东西要翻山越岭难度肯定很大，明天我组织，不知首长有什么指示？"

苏茂生听后感到任务繁重，会有不少艰险，表示到："家里的事你安排一下，我与你同往。"

郑营长听到苏茂生要与他同往，讲道："首长亲自出马不行，这事如果让团长知道了还不骂我。"

苏茂生说："这么大的行动，机关也应参与，我代表机关还不行？"

郑营长说："好！有首长压阵我就踏实多了。"

山城火车站。

车站内停着数台铁路平板车，车上装的都是电器设备。其中一个平板车上放置着一个庞然大物——40 吨重的变压器。

苏茂生、郑营长、军代表一起研究卸载方案。

军代表说："目前我们没有吊车能起吊 40 吨的东西，只有一个办法，在平板车与托车间铺上枕木，把变压器的一边撬到枕木上，然后一点一点地向前移动。"

苏茂生说："郑营长，卸这样的大物有好办法吗？"

郑营长说："洋法没有，就得用军代表同志提议的土办法。"

苏茂生说："就按军代表的意见干。"

四个战士手持撬杠，把变压器撬起来，后边四名战士用力推着变压器，由于配合不好变压器没有移动，郑营长喊着号子："注意！我喊撬，你们撬，负责推的同志同时用力，来！试一下！一二，撬！一二，撬！"四个持杠人把变压器的一边撬了起来，后边的几个战士同时用力，变压器移动了，随着"撬！推！"的号子变压器一点一点移动，用了半天的时间终于把变压器移到了公路平板车上。

郑营长的脸上显出胜利的微笑。

苏茂生向军代表致谢……

在两台履带车的牵引下平板车慢慢离开火车站。

苏茂生乘吉普车在前边引路，一个车队向大山进发……

车队走出山城约 10 公里，一条小河横在前边，这是进山的必经之路。

郑营长等都下了车，指挥司机过河，拖车刚刚爬上河岸，一台牵引车突然熄火。

司机跳下车排除故障，怎么也找不到原因，天那样寒冷，两名司机的头却冒着汗……

郑营长在一旁急得团团转……

苏茂生蹲下来提醒司机："别着急！冷静点！"

其中司机甲好像受到启发，问司机乙："是不是牵引车在外面冻的时间长了，管路的柴油凝固油路不顺畅?”

司机乙说:“有可能。”

司机甲说:“把底盘下露着的油管用喷灯烤一下?”

司机乙取来喷灯开始烧烤油管。

司机甲登上驾驶室,约两分钟,司机乙说:“试一下!”

司机甲踩下离合器,牵引车发动了。

郑营长的脸上又露出了微笑,命令道:“上车! 走!”

两台牵引车都发动起来了,两台车加足了油门,车下被卷起一道道沙尘,但平板车像钉在地上似的一动不动……

郑营长等又下车检查,发现车轮和地面已冻在一起。

怎么办? 用镐刨冰试了多次不行,时间又过去了一个小时……

郑营长把司机召集在一起研究怎么办……

最后,想了一个很笨的办法:他们取来帐篷把整个拖车罩上,封闭起来,然后在拖车下生上炭火,并对轮胎处额外加温。

此时夕阳西下。

车队在这里度过了难忘的一夜……

苏茂生的车回到山城,为车队购买了食品。

郑营长等已经十几个小时没有吃饭了。

苏茂生为他们送上食品,他们手也不擦抓起来就吃……

早饭后从帐内传出惊人的喜讯:“轮胎化开了!”

车队又开始了缓慢地行进……

第二个夜晚来临了。

他们马不停蹄,如果停下来就会发生过河时的情景……

这天夜里又下起了小雪,呼啸的北风无情地肆虐着车队。

苏茂生、郑营长坐在吉普车内,他们都目不转睛地盯着前方不言不语,但没有丝毫的倦意……

第三个夜晚来临。

第四天东方升起了霞光。

车队终于到达了目的地。

两个司机从车上跳下来抱在一起,号啕大哭……

郑营长见此情景也流下了激动的泪水……

连队的战士发现营长的车队回来了,一起涌出干打垒,向营长和战友问好,小营寨立即欢腾起来。

几个战士搀着司机进屋，没走几步，司机甲昏倒在地上，战友们马上把他抬进草房内……

苏茂生指示郑营长："给梁玉洁打电话，紧急救护！"

一台吉普车在草屋前停下。

梁玉洁跳下车，急切地问道："病号在哪里？"连指导员把梁玉洁领进草屋，看到卫生员已在这里，梁玉洁简单地询问了情况，知道司机没有危险，也松了一口气。只见躺着的司机鼾声如雷。梁玉洁取出听诊器为司机诊断，她反复检查后说道："心脏呼吸都很正常，是过度劳累。怎么这么疲劳？"

指导员告诉梁玉洁："执行运输变压器的任务，因为在途中不能停顿，60个小时没有休息，咋能不困呢！"

梁玉洁以惊讶的目光看着指导员，说："60个小时？简直不可思议！"

指导员说："苏副参谋长跟班作业，也是60个小时没有休息，咱们去看看他吧。"

梁玉洁和指导员走近苏副参谋长休息的草屋，里面传出惊天动地的鼾声……

梁玉洁说："别打扰他。让他好好睡吧！"

17

雪山基地卫生队所。

雷宇声从一台解放牌汽车上下来。

雷宇声很急切地问一个卫生员："周虹在哪里？"

卫生员往里指了指，说："从里边数倒数第二间。"

周虹和雪尚梅正在收拾器械，见雷宇声进来，很惊喜地问："什么风把雷大营长吹来啦？"

雷宇声说："别逗！我马上要走，梁玉洁有件事要你们帮办。这个包袱是梁医生给妈妈和小可买的过年衣服，另外她让我转告你们，工兵连队病号多，春节可能赶不回来，如果赶不回来过年就把衣服送回家，除夕那天请你们给老妈包点饺子送过去，这是玉洁带的钱。"说着把一个信封塞到周虹的手里。

周虹是梁玉洁的贴心朋友，她信以为真，说："放心吧，准能做到，告诉梁姐请她放心，我们会把雷妈、小可照顾好的。"

雷宇声说："那我代表梁玉洁谢谢你们了。"

他们握手告别。

18

除夕之夜。

雷宇声、梁玉洁、常彩霞正在包饺子。

梁玉洁说:“宇声,平时你在家干活么?”

雷宇声说:“不是吹,家务活一般难不倒咱!”

梁玉洁说:“那你擀皮!”

雷宇声说:“好!我擀皮!”

雷宇声动作麻利,皮擀得又薄又圆。

梁玉洁说:“彩霞你擀皮,让雷宇声包。”

雷宇声把擀面杖递给了常彩霞,捡起皮就包,他包的饺子馅多肚圆。他包了三个梁玉洁才包了两个。

梁玉洁显得很高兴,说:“没想到,雷营长还有一手家务。”

雷宇声说:“你看,彩霞擀得蛮好嘛。”

雷宇声托着饺子皮,薄厚不均,中间快透了。

常彩霞有点不好意思红了脸……

雷宇声说:“小常别介意,我是逗你队长的。”

这时副教导员洪如海走进来,说:“营长,晚会的场地已经准备好,来了许多群众,怎么办?”

雷宇声说:“来就来吧,军民共欢不好吗?咱们的节目照样演,告诉老村长,他们得出两段二人转。”

雷宇声、梁玉洁、常彩霞一起走进演出场。在演出场的四周是十多堆燃烧的高丽明子,十几堆火把整个山村照得一片通明。

雷宇声把村里的几位高龄老人请到前边,演出开始了。

副教导员洪如海主持晚会,并宣布:“军民春节联欢晚会现在开始。第一个节目,鼓乐合奏,《喧闹的山村》。”几十名青年男女涌入会场,边唱边舞,整个山村喧闹起来。

梁玉洁看着身边的老人想起了家中的老娘:“妈妈和小可在干什么?她们好吗?”

19

在大梁镇的房东高大妈家。

卫生队护士周虹、雪尚梅来到高大妈家的门前。

房东家的大黄狗叫了起来。

房东高大娘赶紧走出房间,看到两个女孩站在门口,对着狗喝了一声:“别叫!”那黄狗顿时不叫了。

高大娘把两个女孩让进院,那黄狗围着她俩打转转,摇头摆尾以示欢迎。

周虹和雪尚梅走进屋，径直走进梁玉洁的房间，周虹道："大娘，我们来给您拜年啦！"

雷妈正逗可可，见卫生队的护士进来，喊道："可可，看！你的阿姨们看咱们来了。快！快叫阿姨！"说着下了炕。

周虹和雪尚梅把东西放在靠窗的桌子上，把一个包袱放在炕的一边。雪尚梅一边开包一边说："梁姐随首长下部队回不来，她给老人和可可买了点东西让我们送过来，这肉和饺子是卫生队送的，孝敬老人家……"

雪尚梅把一身红衣服给可可穿上，小家伙高兴得只拍手，但突然哭了起来，说："妈妈！妈妈！我要妈妈！"

雷妈马上抱住小可，安慰道："妈妈明天就回来，好乖乖听话。"小可不哭了。

周虹问雷妈还有什么需要帮办的。

雷妈说道："今天是除夕，按照乡下规矩要吃团圆饭，喝辞岁迎新酒。玉洁不在家，你们的家也远在千里，家里的老娘也会思念你们。我有一个心愿，咱把这些饺子煮了，和房东高大娘一起，咱们也过一个团圆年，好不好？"

房东高大娘听在耳里动在心上，说："这个主意好！"说着也凑过来。

周虹和雪尚梅无法推托也就同意了。

高大娘动作麻利地端上几个盘子，盘子里装着榛子、核桃、葡萄、松子、瓜子，还有一盘自制的糖果……

待一切准备就绪，周虹提议以汤代酒，高大娘连说："行！行！"

周虹拉来雪尚梅站在炕前，郑重地说："两位妈妈在上，孩儿周虹和雪尚梅给老人行礼了。"说着深鞠一躬，接着道："祝两位老妈新春快乐，身体健康！"

房东高大娘高兴得合不上嘴……

周虹再也抑制不住内心的感情泪流满面……

高大娘从口袋里掏出两个红包，说："孩子，这是乡下的规矩，别嫌少，老妈祝你们岁岁平安！"

雪尚梅不知怎么办好，望着比她长几岁的周虹；周虹理解雪尚梅的意思，很诚恳地说："这是老妈的心意，收下！"

雷妈事先没有准备，高大娘看看雷妈："给！这是给你准备的！"

雷妈接过来，把两个红包塞到了小周、小雪的手里。

周虹和雪尚梅一起说："谢谢雷妈！"

两个老娘和两个孩子流着泪紧紧地抱在一起……

第十一章

竣工验收传佳讯　工兵转场故事多

1

军委炮兵办公大楼。

向华的房间传出清脆的电话铃声。

向华拿起电话，问："哪里？我是向华。啊，张副总长，请指示。"

张爱萍说："雪山基地一期工程验收的准备工作怎么样？总理对一期工程很关心，我需要知道这方面的情况。"

向华说："报告副总长，一期工程验收文件都制定好了，我正在审阅，再过两天就可以给您送去。"

张爱萍说："竣工验收一定要动真的，要把验收看成是一次实战的演练，方方面面都要正规，要把固定作战的规律找出来。"

向华说："张副总长想的很高，我们将通过验收研究未来作战问题，再见。"

向华放下电话，又拨了一个电话，说："请接技术部刘部长，让他来我办公室一趟。"

刘部长快步来到向华办公室。

刘部长刚刚进门，向华就吩咐道："一期工程验收方案我已签发，马上打印，后天，直送张副总长一份。"

刘部长说："好，知道了。"

向华说："这里还有云中山发来的电报，关于一期工程验收工作，他提了不少很好的建议，你拿去看一看，如果可行，把验收问题快点定下来。"

刘部长说："云副司令员的电报内容我知道，来电前他和我们作了沟通，我们赞同他的意见。"

向华说："那好。机关组成一个一期工程验收领导小组，我任组长、你和云副司令员任副组长，你带上几个筹备人员赶赴雪山，尽快安排出详细的验收实施计划。"

刘部长问："副司令员还有什么指示？"

向华说："要向基地发出指示，把这次竣工验收看作是一次实兵演练，要结合验收，研究固定阵地作战的工作规律，研究未来作战的行动问题。”

刘部长安排了文件打印后回到办公室。

刘部长立即接通云中山办公室的电话。

云中山在他的办公室和苏茂生参谋长研究工作，电话响了，他动作敏捷地拿起电话说：“喂，我是云中山，呵，刘部长，有事请指示。”

刘部长说：“别客气，我向你通报情况，传达向副司令员的指示。”

云中山从笔筒里取出一支铅笔，展开记事本，说：“刘部长，请讲。”

刘部长说：“你发来的电报向副司令已经批示了，同意您的建议，验收方案也通过了，都有明确具体的要求。向副司令员让我带一个筹备组马上赴‘雪山’，由我们俩对验收作出具体的安排。”

云中山说：“好，您什么时候到？”

刘部长说：“票还没定，定了通知你。”

云中山问：“还有什么需要我们准备的？”

刘部长说：“向副司令员要求，要把验收当作实兵演练，要结合验收研究未来固定作战的行动问题。”

云中山说：“明白，我们早作准备。”

2

雪山基地首长会议室。

云中山、苏茂生会同刘部长一行讨论一期工程验收计划。

云中山说：“刚才，刘部长传达了炮兵首长关于一期工程竣工验收的指示，使我们明确了竣工验收的内容和要达到的目的。根据刘部长的提议，在座的同志都是验收筹备小组的成员，现在我宣布一期阵地工程验收筹备小组正式成立，并马上展开工作。”

与会人员鼓掌通过。

云中山说：“请苏茂生参谋长和王春江留下，你们的任务是：（一）制定竣工验收实施计划，对每项工程作出具体安排；（二）制定和提出固定作战的演练课题。一项一项的搞出来，供验收时演练使用。其他同志随我一起登车。”

云中山一行七人，分乘两台吉普车，云中山坐在第一台指挥车上，向大坳山腹地奔去，望远山白雪皑皑……

3

雪山基地新建的营区。

在一个中型会议室一个集训班在开课。

在宽大的黑板上用粉笔书写着：“祝阵地工程技术学习班顺利开课”；在课桌的

座位上坐满了东山团和直属分队的阵管人员，他们精神饱满，为即将接收新建成的作战阵地而心花怒放，又为管理好、实用好阵地急需要学习更多的知识。

副参谋长苏茂生陪同云中山副司令员走进教室。

全体学员起立以注目礼迎接首长到来。

苏茂生走到讲台前，说：“雪山基地第一期阵地工程技术学习班开课。”全体鼓掌。

苏茂生接着下达“立正”的口令，全体学员立正。

苏茂生转过身向云中山敬礼，说：“副司令员同志，雪山基地第一期阵地工程技术学习班实到学员七十六名，请首长指示。”

云中山还了礼，说：“坐下！”

苏茂生下达口令：“坐下！”

云中山走上讲台，巡视了一下，笑容可掬地开始了他的动员讲话：

“同志们：

今天的学习班是雪山基地组建以来的第一个学习班，不知道是什么原因，我百感交集，有一些掏心的话想讲给同志们，说是期望也行，说是指示也罢。

第一，阵管人员要充分认识阵管工作的重大意义。据我了解，有的同志对做阵管工作不乐意，说导弹兵看坑道太没出息了，我要告诉大家这种想法是错误的。在现代战争中，导弹部队必须在预设的阵地上作战，没有坚固的阵地连生存都是问题，阵地是形成战斗力的基本条件，做好阵地管理工作就是储备战斗力。你们要把自己的工作提到这个高度去认识。

第二，要看好管好我们工程兵用生命和血汗换来的成果。为建设这块阵地，工程兵数千名官兵在这里战斗了七百多个日日夜夜，夏天，他们战酷暑挥汗如雨；冬天，他们爬冰卧雪斗严寒，洞内一身水，洞外一身冰，有时是在饿着肚子的情况下度过的。使我们永远不能忘怀的是，我们的工程兵有十几名同志献出了宝贵的生命。我们工程兵有着很高的觉悟，他们把自己所做的一砖一瓦、一稿一锹的劳动都和为国防作贡献联系起来，我们应把工程兵的遗志接过来传下去，让先烈们的英灵得到宽慰。”

掌声。

接下来，苏茂生把学习班的实施计划、要求和目的等作了详细介绍。

4

北京至山城的火车上。

在软卧包厢内坐着炮兵验收团全体人员。向华和刘部长在谈话。

向华说：“和北方军区沟通没有？他们是怎么安排的？”

刘部长说：“北方军区很主动，曾国强副司令员亲自挂帅……”

山城火车站。

广场四周布满了岗哨，在广场的中央停放着挂军牌的十余辆小轿车和两台大客车；在站内，北方军区副司令员曾国强、雪山基地政委龚振华在谈话，在他们背后停靠着三台黑色的小轿车。

龚振华说："雪山基地能有今天，全靠军区和地方政府的大力支持，没有军区和政府的支持这里还会是原来的模样。"

曾国强说："我看了你们艰苦奋斗的事迹十分感动，在你们这里充满了延安的精神，愚公移山的精神和雷锋的精神，丛荣之就是活着的焦裕禄……"

北京至山城的列车徐徐驶进山城车站。

列车还没有停稳，曾国强、龚振华等就迎了上来。

第一个走下列车的是迎车的云中山。

云中山向曾国强和龚振华寒暄了几句，立即取出乘车和住宿方案，交给苏茂生，然后回头迎接向华和工作组的同志下车……

向华穿着风衣走下列车。

曾国强和龚振华迎上去给向华敬礼……

向华紧紧地握着曾国强的手，说："我们多年没见面了！老曾您好！"

曾国强说："五年多了，向司令风采依旧！"

向华哈哈大笑，说："老曾啊老曾，你真会开玩笑！陈司令员他们都好吧？"

曾国强说："他们都好，他们请我代他们向您问好！"

向华说："谢谢军区首长、机关对雪山基地的厚爱！"

由十余台大小轿车组成的车队在两台警车的引导下驶出山城车站，向雪山基地刚刚落成的新营区驶去……

5

雪山基地新落成的营区。

要害部位布设了哨兵。

在刚刚启用的大礼堂内进行着隆重的集会。

在主席台上摆着两排考究的条桌，桌上铺着绿色的军毯，向华、曾国强、雪山基地党委常委在桌前就座……

在他们背后的上方悬挂着会标："雪山一期工程竣工验收预备会"。

主席台下一排排可以折叠的座椅，整个礼堂座无虚席。雪山基地代司令员云中山主持会议。

云中山走到主席台前庄严宣布："雪山基地一期阵地工程竣工验收预备会议现在开始！全体起立！唱国歌！"

礼堂响起洪亮的义勇军进行曲……

唱完国歌，云中山宣布："大会进行第二项，请雪山基地政治委员龚振华同志作会议致词！"

龚振华健步走到演讲席，他回过身向主席台的上级首长敬礼，然后转过身向与会代表敬礼。

龚振华说："尊敬的炮兵向华副司令员，尊敬的北方军区曾国强副司令员以及与会的全体代表，在雪山一期工程即将验收之际，我代表雪山基地党委、机关和基地全体官兵对验收团的到来表示最热烈的欢迎！并向你们致以最崇高的敬礼！"

龚振华向主席台贵宾敬礼。掌声。

龚振华说："两年前的今天，由副总参谋长张爱萍同志亲自勘察定点的雪山工程，已由当年的蓝图经过工程兵艰苦卓绝的奋战已经变成现实，一条新的'地下长城'已经在大坳山区胜利落成，在完成竣工验收之后，我们的'国宝'将有了栖身的地方，中央军委所关心的要尽快部署兵力的目标就要实现了。"

会场响起热烈的掌声。

"雪山工程的一期工程是在一九六五年开建的，工程兵三月进点，五月大坳山响起隆隆的炮声，数千名工程兵在这里奋战了七百多个日日夜夜……先后有十多名官兵献出了宝贵的生命……

"雪山工程能得以胜利实施，一个很关键因素是得助于北方军区和地方政府无私援助……在这里，我代表雪山基地全体官兵对北方军区首长、机关和地方政府表示真诚的感谢！预祝一期工程验收取得圆满成功！"

掌声。

云中山："请炮兵技术部刘部长代表上级首长、机关致词！"

刘部长走到演讲席前向与会代表敬礼。

刘部长说："周总理和中央军委十分关心的雪山一期工程，在雪山基地党委的指挥和领导下，经过工程兵广大官兵两年艰苦卓绝的努力，在总部要求的时间内已经按期完工了，在竣工验收来临之际，炮兵首长、机关对雪山工程指挥部和为之作出重大贡献的工程兵广大官兵，表示最热烈的祝贺！……"

6

向华下榻的房间。龚振华请示汇报工作。

向华说："我知道你心里有很多话要说，今天你可以畅所欲言。"

龚振华说："一年多来我们总觉得上下关系不顺。上边好像是两个声音两股劲，一股劲是加快步伐，一股劲和这个相反，谁要是大干就要挨鞭子，就要被扣上五花八门的帽子。这是为什么？我们的上级机关不能自已理顺吗？"

向华心里明白龚振华的用意，但他本身正处在两股劲的焦点上，这个时候他不能作出明确的回答，向华很策略地回答了龚振华提出的问题。

向华说："毛主席说，党内不同思想的对立和斗争是经常发生的。过去这样，现在这样，将来也是这样。比如怎样建设现代国防，认识就不一致吗，有什么值得大惊小怪的？"

龚振华说："如果是正常的争论，不足为怪，而现在的情况不正常嘛！比如上级对我们大会战，不考虑我们的处境，也不允许我们说明情况，一大群人向我们兴师问罪，干工作不突出政治，我们辛辛苦苦地工作，不讲也就算了，还说我们执行的是错误路线。"龚振华越说越激动，几乎到了生气发火的程度。

向华知道龚振华提及的是当前最敏感的政治问题，不宜和下级深谈，但面对和他多年共事的老同事又不能敷衍了事，向华经过考虑回答了龚振华提出的问题。

向华说："雪山基地发生的事情不是孤立的。有些人要打倒张爱萍副总长，要罗列他的罪状。雪山基地是他定的点，免不了要沾上政治问题。有些人要批判核心工程，说它是洋大全，目的就是否定张爱萍。"

龚振华问："那您呢？有人传言，说您……"

向华打断了龚振华的话，提醒道："不要问得太多，还是回到雪山基地的话题吧！你有什么想法和要求可以提出来，在我的权限范围内我把它处理好。"

龚振华："这次首长能否为我们正名平反？"

向华说："上级工作组整顿雪山党委是政治机关派出的，结论是他们做的，无论错对，他们代表一级组织。我可以在一定的时机和场合为雪山基地正名，也为张云涛同志正名，但平反要留在以后，需要组织部门来完成。"

龚振华还有不少疑虑想讲出来，考虑向华有难言之隐也不再提问："您一路劳累，打扰您了，您该休息了。"站起来欲告辞。

向华说："没关系，你多坐一会儿，我还有事要听你的意见。"

龚振华重新坐下，二人一直谈到深夜。

7

雪山基地新建营区。

向华在新建作战值班室听取关于演练问题的汇报。

向华、曾国强、云中山坐在长案的一侧，在他们的对面墙上悬竖着由板块拼成的雪山基地军事部署图，图上用红笔标着不同的符号……

苏茂生参谋长汇报验收演练方案：

"演习课题一：防敌突袭。

演练的题目是：（一）进入紧急战备状态，开设指挥所；（二）下达防突袭指示，作战部队进驻坑道，非作战部队组织隐蔽疏散。"

苏茂生指着地图说着……

苏茂生让作战参谋推出一块新图板。

苏茂生说："演习课题：核反击作战准备。演习题目是：(一)下达预先号令和核反击作战准备指示；(二)弹头准备；(三)弹体准备；(四)推进剂准备；(五)诸元计算准备……"

8

驼腰岭上。

虽然已进仲春，但大坳山仍然银装素裹。

一个有十几辆车辆(有大轿车、吉普车)组成的车队缓缓通过驼腰岭。在车队的前边是两台开路的警车。向华和龚振华同乘一台车，他们处在中间的位置；尾随他们的吉普车上坐着北方军区副司令员曾国强。

这个车队沿着山间公路行进……

云中山和刘部长同乘一车，紧随警车之后。他俩是车队行动的总指挥。在车队的最后边是辆面包收容车，保卫处长和卫生队的救护组同乘一车，梁玉洁、常彩霞、尚雪梅都在这辆车上。

车队翻过驼腰岭，向华和龚振华的小车在警车的引导下脱离车队，向左方丁大伟的工兵团二营的工地上拐去。

在阵地的变电所前站着一群人，在他们身边停着两辆车。

在车旁站着孙团长，他在观看通信兵调整调度电话。

电话兵说："3号、3号！18号呼叫，3号调试好请回答！"

"我是3号，3号明白，9点30送电，做好准备！"

"3号，3号！20号呼叫，20号准备好！"

"20号，20号！3号明白，9点30送电，做好准备！"

"20号明白！"

"3号，3号！32号呼叫，32号准备好！"

"32号，9点30分送电，做好准备！"

"32号明白！"

一支车队向变电所方向开来，停在距变电所不远的地方。

云中山和刘部长走下吉普车。

孙团长迎上去向云中山敬礼。

云中山向孙团长介绍："这是验收团的刘部长，是我们的主考官。"

孙团长向刘部长敬礼，说："欢迎首长检查指导工作！"

刘部长说："云副司令员是总指挥，一切听他的！"

云中山看看表(9点25分)，征求刘部长意见，说："还有5分钟，今天你剪彩！"

刘部长说："你指挥！你指挥！"

云中山推托不下，走到调度机前拿起话筒，说："各阵地各号位注意，9 点 30 分进行送电检查，无关人员要远离供电装置，准备好请报告。"

云中山依次接到各阵地的报告。

云中山看到变电所电工已手持高压推杆做好操作准备，看了看表说道："10、9、8、7、6、5、4、3、2、1，送电！"

电工用力推上万伏的高压电开关。

顷刻，变电所传出变压器运行的"嗡嗡"声……

电工又接通一台电机，电机的马达发出阵阵尖鸣……

两分钟过后，各阵地传来了喜讯。

"101 号阵地供电正常！"、"103 号阵地供电正常！"……

云中山在收到 303 号阵地报告之后宣布："热烈祝贺雪山输变电工程一次送电成功，谢谢参试的全体同志！"

变电所前和电话里传出热烈的掌声。

云中山说："欢迎验收团刘部长讲话！"

刘部长显得很兴奋，他走到调度机前，手持话筒，说："同志们：雪山输变电工程是千里方阵的命脉，输变电一次试运成功是一个良好的开端，预祝雪山工程捷报频传，谢谢参试的全体同志！"

掌声。

云中山接过话筒宣布："输变电工程通过验收，请各阵地按计划分组进行坑道通风和配电系统的运行验收，上午验收到此结束。"

验收团登车离开变电所。

孙团长向验收团挥手致意……

9

在雷光电的工地上。

工程兵二营全体官兵列队在平整的场坪上。

三辆吉普车径直开上场坪。警卫人员走上前开车门，向华、龚振华、曾国强从吉普车上下来，向着队伍走去。

丁大伟整好队伍，跑前几步向向华敬礼，报告："军委炮兵向副司令员，工程兵 311 团二营全体官兵列队等候首长检查工作。报告人：工程兵团团长丁大伟。"

向华还了礼走上前说道："同志们辛苦了！"

队伍中发出："为人民服务！"

向华说："炮兵验收团听取了关于工程兵二营事迹的汇报，使我们受到一次极为深刻的教育。工程兵二营全体官兵为了按时完成上级赋予的任务，克服了物质上的无数困难，在生活极其艰苦的条件下战天斗地，战胜一次次塌方，出色地完成了上级交给的任务。在这个过程中涌现出一大批英雄模范人物，做出许多可歌可泣的事迹，尤其是你们英雄的营长雷光电，还有优秀战士的代表胡俊山，为国防建设献出了宝贵的生命。工程兵二营是一个有着光荣传统的连队，是一支非常能战斗的集体，我以非常崇敬的心情向工程兵二营全体官兵致敬！（向华向官兵敬礼）我代表炮兵党委对二营官兵表示最亲切的慰问！”

二营官兵：“向首长学习！向首长致敬！”

向华走到队伍前，和团领导及前排的官兵握手。

随后，向华在丁大伟的引导下进入坑道。

坑道内灯火辉煌……

向华很细致地视察坑道内的每一个工作单元……

当走近中间部位时向华停下脚步，说：“雷光电牺牲的地方是否就在这里？”

雷宇声马上走上前，指着前方约三米处说：“是！就在这里！”向华问：“你是？”

雷宇声说：“报告首长，我是雷宇声，现任工程兵二营营长，雷光电同志就是为救我牺牲的。”

向华惊奇地望着雷宇声，说：“请你讲一讲当时的情景。”

雷宇声把那场事故从头到尾讲了一遍。

向华听后叹道：“可惜呀！一个意想不到的细小环节夺去了英雄的生命。”

向华看完坑道又驱车前往雷光电的墓地，向雷光电的墓碑献上一束鲜花，向英雄默哀……

10

向华视察防突袭演练和核反击作战准备。

雪山基地指挥部，云中山接收“进入紧急战备指示”，他在机要参谋送来的文件上签字。紧急指示指出：据可靠情报，在我原子弹爆炸后，美苏加紧勾结，密谋对我导弹基地等重要战略目标实施核突袭，企图将我核打击力量消灭在幼年时期；在我中苏边界，苏联陈兵百万，不断挑起事端；在我南疆，美国在越南战争升级，把战火烧到了我国的南大门；中国面临巨大的战争威胁。为防敌突袭，总部指示我导弹部队立即进入紧急战备状态，切实做好防敌突袭的各项准备。

云中山看完电报，向苏茂生下达命令：“立即开设指挥所，向所属部队下达紧急战备指示，按照总部要求做好防敌突袭的各项准备。”

苏茂生指示参谋沟通联络，向各部队下达紧急战备指示。

工程兵部队乘车向疏散地区开进，在乡村隐蔽待命；

向华视察雪山基地指挥所，检查参谋作业情况……

发射部队在夜幕下公路行军、进入阵地，在阵地上忙着卸车，卸运铺板草垫，炊事班在野外做饭……

向华视察发射营坑道防突袭准备，和官兵交谈。

向华问一名战士："在坑道里生活了两天，有什么感受？"

战士说："太潮，闷得慌。"

向华和干部座谈，说："通过演练初步可以看出，将来在防突袭阶段坑道防潮和如何解决好生活是大问题。现在还是春天，坑道内还不是很潮，到了夏天，防潮问题很突出。请大家继续研究，要找到行之有效的办法……"

向华视察发射阵地，了解推进剂储备情况。

向华提醒云中山，说："我估计，能否顺利加注是个重要的环节，这个环节如果能顺利通过，其他问题可能就不大了。实际加注推进剂一定要通知我，我要亲自看一看。"

云中山说："好！"

11

夜晚。

大梁铁路专用线站满了军人。在专用线300米处布满了警戒哨，公安和保卫人员不停地检查。

近前看，吊车挂着一个黑色的庞然大物，横在拖车的上空。

指挥员用灯光和哨声指挥操作，庞然大物被慢慢放下……

庞然大物落在拖车上，指挥员果断地下达口令："固定导弹"……

不大工夫，高署月向田广川报告："团长同志，导弹转载完毕，固定可靠，可以出发了！"

田广川征询张副司令员的意见，张云涛说道："冰雪路，又是夜里行军，要严格控制速度，落实预防措施，确保行军安全！"

田广川说："是！"然后命令高署月："出发！"

车队消失在雪夜中……

导弹安全进入阵地。

苏茂生召集田广川、狄文疆、秦营长、高署月研究问题。

苏茂生说："实际加注推进剂是竣工验收的关键环节，向华副司令对此很关注，要亲自看一看。要很好地搞好预想预防，对可能发生的问题都要采取预防措施。"

秦营长说："我们提前做好准备。"

12

下午。

雪山基地向华下榻的房间。

向华在听取云中山关于二期工程准备情况的汇报。

向华问："刘部长对二期工程计划有什么意见？"

刘部长说："我赞同，请首长作指示！"

向华说："二期工程建设总的方针原则不变。有两个方面的问题应当注意：一是要提高核心工程的防护能力，防护能力应是综合性的，除了增强抗力还要注意软杀伤的防护，这在设计时就要考虑到。二是要总结和吸取一期工程的经验和教训，尤其是营区和阵地的关系一定要处理好。一定要把布局搞得更合理些，组织计划更科学些，工程质量再好些。"

云中山说："为了更好地搞好二期工程，基地党委研究决定，在工程兵进入二期阵地前召开一个一期工程总结表彰大会，这个大会和英模事迹报告会合在一起，把学习毛主席著作的经验交流和表彰先进有机地结合起来，我们已筹备就绪，准备近期召开，目的也是落实上级关于要注意总结经验的指示。"

向华问："这个会议能否马上召开？"

云中山说："可以！"

向华说："验收团的同志们也参加会议，大家一起接受教育。"

云中山说："好，我们尽快作出安排。"

13

夜。

东山导弹团三营的阵地上灰蒙蒙的。竖着的导弹，黑糊糊的像一支高大的柱子。在场地的四周竖着十六个标语牌，上写着："严肃认真，周到细致，稳妥可靠，万无一失"。现在这十六个字虽然看不清楚，但已铭记在操作手的心里……

在导弹的尾端，手电筒像萤火虫似的在闪动，不时能听到指挥员的口令声。

在导弹的两侧，加注推进剂的工作台已经架好，加注的泵车和导弹已经连接完毕，操作手穿着防护衣，在夜幕下更难看到"庐山真面目"。

在发射台的一侧，发射营长向加注分队下达任务，讲解异常情况的处置方案。营长问道："程序方法是否明白？"加注分队说："明白！"

营长下达口令："各号手就位、准备加注！"

加注分队摸黑操作，他们准确地找到了自己的工作位置，完成相应的动作后报告："3 号好！""4 号好！""5 号好！"

加注排长下达命令："向导弹加注氧化剂！"

泵车号手迅速推上启动开关，流量计工作，显示数字，弹上操作手把脑袋贴在导弹上，听到"嗵"的一声，说："活门工作，加注正常！"

加注排长打着手电筒，死死地盯着流量计，500、700、900、1100……1700，加注很顺利,排长发出“加注正常”的报告。

向华、丛荣之、张云涛、云中山等站在场坪之外的消防车一旁,时间久了,向华提议:“咱们到里边看看?”

向华一伙来到泵车边,借着微弱的灯光可以看到数字表在转动,云中山问这问那。

加注排长向田广川敬了礼,然后说道:“首长,加注接近尾声,这时是加注事故的易发段,请首长离开发射场。”

田广川马上向向华报告:“副司令员,现在是加注专业事故易发段,请首长撤离加注现场。”

向华说:“老丛呀,撤,咱们得遵守纪律!”

向华等首长撤出发射场,预防中的事故果然发生了:导弹上部突然一声“爆”响,被加冒的“液氧”顺着导弹喷流下来,正好落在操作号手的脑门上,导弹很快被银色的蒸气淹没了。

发射营长立即命令消防车救护,消防员持着水枪消防……

“银雾”驱散了,导弹岿然不动。

经检查是补加量超标,氧化剂泄出活门,这是一种技术故障,也算正常现象。

指挥员确认上述问题后,操作转向“加注燃烧剂”,而燃烧剂的加注也不顺利。

当“燃烧剂”加注到中途时,流量计卡死,排除后再次卡死。

最后请来“加注专家”,经反复试验确认,是“燃烧剂”储罐与场坪高差过大,使吸力超过了泵的抽力所致。

经研究,决定增加一台泵车倒罐,采取措施后加注正常……

加注完“燃烧剂”已到凌晨4点,天蒙蒙发亮。

观看分队操作的向华看了一个“全过程”,云中山靠近向华,说:“加注不顺利,让首长遭罪了。”

向华却高兴地回答:“这是千金难买的财富,这对工程设计施工是一个教训,对作战部队是宝贵的经验。所有发射阵地都要进行实际加注,要彻底清查工程设计上存在的问题,为以后的阵地建设提供有益的经验。”

云中山说:“这类问题我们要向上级写出专题报告。”

向华说:“对,就这样!”

14

雪山基地大礼堂传出悠扬的乐曲,礼堂内正在进行授奖仪式。

英雄模范人物在台上站成一排,团长孙福致、营长雷宇声、班长武虎生及革新能手等依次露面,他们精神抖擞,容光焕发。

向华、曾国强、龚振华、云中山、王子芳、苏茂生、杨秀雄为英模发奖,合影留念,台下热烈鼓掌。

陆仲琦走到台前招招手说:“请军委炮兵向华副司令员讲话,作指示。”

向华走到台前,向与会人员致意:

“同志们:中央军委十分关注的雪山一期工程,在雪山党委的领导下,我们的工程兵连续奋战了七百多个日日夜夜,经过验收大部工程质量优良,能满足作战使用的要求,向祖国和人民交出了一份合格的答卷。雪山一期工程的竣工不仅为导弹团提供了可靠的作战依托,也为后续导弹阵地的建设提供了宝贵的经验。为此,请允许我以军委导弹基地建设领导小组的名义,以军委炮兵首长的名义,向雪山工程指挥部和担负施工任务的广大的工程官兵,表示最热烈的祝贺和亲切的慰问,对为雪山工程作出贡献的英雄模范人员致以崇高的敬礼。”

向华向官兵敬礼,台下报以热烈的掌声。

向华指出:“雪山工程是雪山基地的创业者和广大的工程兵在极端困难的条件下,在极其恶劣的环境中用血汗拼出来的,有十多名官兵为了抢时间、赶进度,在施工中献出了宝贵的生命,让我们以无比敬仰的情感缅怀我们的烈士,为他们致哀。”

全体为烈士默哀。

默哀后,向华接着指出:“一期工程能如期建成,取得80%的优质工程好成绩,要归功于军区的大力援助,归功于雪山党委的坚强领导,归功于当地政府和人民群众的大力支持。我以军委导弹基地建设领导小组和军委炮兵首长的名义,对军区、雪山党委、当地政府和人民群众表示由衷的感谢。”

向华特别指出:“工程指挥部成立以来,雪山党委牢记党和人民的重托,在领导基地建设的进程中,不怕艰难困苦,发扬了我党艰苦创业、艰苦奋斗和敢打硬仗的优良传统,带领群众战胜了无数的艰难险阻,谱写了一曲曲动人的凯歌。比如,为按时竣工组织的‘百日工程大会战’就是一个伟大的创举!”……

最后,向华号召雪山基地:“要认真总结经验,乘一期工程验收的东风,把以后的阵地工程建得更好,为强大我们的国防作出更大的贡献!。”

向华的讲话引来热烈的掌声

向华讲完话,礼堂内灯火熄灭,从大幕后射出红光。

报幕员快捷地走到台前宣布道:“士兵歌舞团庆祝雪山一期工程落成验收慰问演出开始”

“第一个节目,大合唱《我们是祖国的工程兵》。”

帷幕拉开,合唱团已排好演出队形,被熄灭的灯重新燃亮。

合唱团的背后银幕上的布景是白雪覆盖的大坳山风景图。在风景图中,可见几处片片青松和一片片茅草房,还有一顶顶的帐篷,在房舍的背后冒着缕缕青烟,看上去十分壮观!

指挥走上指挥台,随着指挥的动作,乐声骤起,洪亮的歌声在礼堂荡漾。

歌词是:

(一)

我们是祖国的工程兵,建设国防责任重,嗨!建设国防责任重/。工程兵时刻听从党召唤,天南海北逞威风/。逢河会架桥,遇山能打洞/。我们的足迹遍天涯,走到哪里哪里炮声隆/。我为大军筑方阵,大军有了方阵更威风,有了方阵更威风。

(二)

我们是祖国的工程兵,建设国防责任重,嗨!建设国防责任重/。工程兵时刻听从党召唤,南征北战建奇功/。艰难踩脚下,危险往上冲/我们的足迹遍天涯,走过哪里哪里坦途通/。我把青春献国防,祖国大厦上刻着咱的名,大厦上刻着咱的名。

第二个节目:"诗朗诵《林海之歌》"

一位男演员一边朗诵着一边从幕后走向台前。

莽莽的林海,暂停了嚎天的呼啸/。山雀在林中喳喳,雉鸟发出奇怪的惊叫/:"山下何时建成那多新舍?一座座帐篷冒着缕缕青烟"/。山雀答道:"那可不是普通的村舍,那是军人搭起的营寨/。雪山人挺进大山深处,要挑起那神圣的未来。"

[背景显示雪山基地安营扎寨、工程兵进驻山林的画面……一位女演员朗诵着从幕后走向台前。]

莽莽的林海,又恢复了往日的喧闹/。林涛企图淹没所有的声音,怎能压得过那开山的排炮/?隆隆炮声驱走了传说中的"恶魔",害人的野兽从这里纷纷遁逃/。这里要成为龙的世界,起舞的山林掀起大海的波涛/。工程兵举起那劈山的大锤,把林海震得地动山摇。

[背景图上闪出爆炸的火光、传出隆隆的炮声、工程施工的场面……]

又一位男演员朗诵着从幕后走出。

莽莽的林海,没有都市的繁华/。这里没有花前月下,这里缺少亲情的拥抱/。这里有的是泉边的篝火,有的是大雪纷飞、骤雨狂暴/。渴了,饮上一捧泉水;饿了,采点山果野篙/。我们的工程兵,并未感到寂寞,卫国的理想在胸中熊熊燃烧。

[背景图:官兵在篝火旁谈心、勘查人员吊锅煮菜充饥的画面……]

又一位女演员朗诵着从幕后走出。

莽莽的林海,你走过了多少个春秋/?你经历过多少次突变?你记录下多少个传说/?面对往日那屈辱的历史,莽林无对,山神羞愧难答/。雪山人七百个日日夜夜,这里传出多少动人的神话/?雪山工程落成了,那“地下龙宫”赛过那参天的大厦。

[背景显示雪山人和工程兵庆祝胜利时的欢乐场面……]

观众席爆出热烈的掌声……

第三个节目是红梅赞。

刘虹化妆后的江姐成了观众最关注的角色,“江姐”一登场就引起轰动的掌声。

刘虹演的十分投入,那优美的歌声,动人的表演,很快撩起了观众的激情,演唱一结束,台下响起了暴风雨般的掌声。

刘虹要退下舞台,观众不允,掌声经久不息。

刘虹向观众频频施礼,又演唱了两段才得以下场。

雷宇声作为英模代表陪同向华、曾国强、龚振华蹬上舞台向演员献花。

雷宇声祝贺刘虹演出成功,刘虹羞红了脸,无言以对,雷宇声以愧疚的情感安慰刘虹。

刘虹羞愧地说:“宇声,你没有错,我为您的辉煌而高兴!”刘虹流出愧疚与委屈的眼泪。

15

深夜。

张云涛的房间亮着灯。张云涛在写工作日记。

时间:1967 年 4 月。

参加基地《雪山一期工程总结表彰暨英雄事迹报告会》。工程验收团参加了会议,向华同志发表了重要讲话。他肯定了受到批判的一期工程大会战,称这场会战是“阵地工程建设史上的伟大创举”……

杨秀雄的房间也亮着灯。

他在起草一份材料《雪山基地一期工程总结表彰暨英模事迹报告会情况反映》……

龚振华房间的灯也亮着,卫生队樊队长在汇报工作。

樊队长说:“总院电话通知,从司令的手术下周二做,希望基地首长和家属到场。从司令员家属孩子在西安,怎么办?

龚振华听了樊德禄的汇报似乎有些为难:“这事待我安排好再通知你。”

樊德禄说:“好!”然后离开政委的办公室。

龚振华思考良久,叫通总机,说:“我是2号,请接西安特种炮兵学院004。好!我等着。”

龚振华在房间踱步,好像有点焦急,这对龚振华是少见的。

电话铃响了。

龚振华拿起电话,说:“喂,老路呀,你和孩子都好吧?”

路大姐听出是丈夫龚振华的声音,回道:“你咋舍得来个电话?你工作忙,还能顾上这些?”

龚振华说:“老路啊,别刺我,我有重要的事要你帮忙。”

路大姐说:“什么事?”

龚振华说:“从荣之最近要做手术,要求部队领导和家属到场,前时我听你说桂姐家事很多,不知她能否抽身,目的是要不要通知她。”

路大姐说:“老龚,老从家的事很糟呀!”

龚振华说:“怎么着?”

路大姐说:“老从的父亲重病几个月了,卧床不起,家里没有人伺候,桂姐已两月不在西安了。小红也生病了,也在住院。桂姐怕老从分心,家里的事全瞒着他。”

龚振华问:“小红什么病?”

路大姐说:“开始发烧头疼,卫生所按感冒治了半个月不见效,孩子尽说胡话,送到医院说是脑膜炎,很厉害。”

龚振华预感到情况不妙,最后告诫老伴:“我给你讲的情况不要外传,请你多跑几趟,桂姐家有啥事立即电话告诉我。”

16

雪山基地卫生队。

梁玉洁和常彩霞穿着白大褂正忙着器械装箱。

箱子打装好后,梁玉洁对常彩霞说道:“过来,休息一会,我有事问你。”

常彩霞走过来坐在一把椅子上,问道:“什么事?”

梁玉洁问:“你和雷宇声的事怎么样了?”

常彩霞说:“春节过后我们没有联系。”

梁玉洁问:“为什么?看不上人家?”

赏彩霞说:“我感觉雷宇声对此不热心?”

梁玉洁说:“何以见得?他可经常夸你。”

常彩霞说:“我和雷宇声接触包括打电话,他总是谈工作,从来没有感情方面的表示;他有过感情方面的流露不在我而有你,他说雷光电为他牺牲了,使你和可可变成孤儿寡母,对不起你和孩子,他讲这话的时候心情似乎很沉重。”

梁玉洁听了若有所思，说道；“工程兵马上要转场了，今晚我请他吃饭，我要问个究竟，你来不来？”

常彩霞说：“感情的事不能勉强，如果人家不同意，你当着我们的面提出来岂不使人难堪？”

梁玉洁说：“不来也好，我再摸摸他到底是怎么想的。”

17

晚上。

梁玉洁和雷光娣正在准备饭菜。雷妈领着可可在玩。

雷光娣在炕上摆好了菜，问梁玉洁：“嫂嫂，喝啥酒！”

梁玉洁说：“雷宇声酒量不行，上瓶红酒吧！”

雷光娣取来红酒：正在摆放筷子，雷宇声提着一个提包走了进来。

雷光娣见雷宇声进来忙迎前一步，说：“宇声哥你来啦！”

雷宇声问道：“妈妈和小可呢？”

雷光娣说：“这边做饭怕她闹，妈妈和小可在高妈的房间，我去叫她。”光娣又喊道：“嫂嫂，宇声哥来啦！”

梁玉洁走出厨房给雷宇声打招呼，说：“先坐一下，几分钟就好。”

雷宇声环视房间，房间收拾得干干净净，但她和光电的合影不见了。

雷宇声审视房间的时候雷母领着雷可可回到房间。

雷母见了雷宇声犹如见到自己的儿子，很兴奋地问道：“宇声过来啦？”

雷宇声迎上去握着雷母的手，问：“妈妈，身体好吧？”

雷宇声在和妈妈讲话的同时抱起可可。

雷母提醒可可：“喊叔呀，你穿的花衣服不是叔叔买的吗？”

可可乖乖地搂着雷宇声的脖子……

梁玉洁端着两盘菜走过来，提醒可可：“怎么老让叔叔抱着，叔叔不累么？快快下来！”

梁玉洁请妈妈、宇声各就其位。

梁玉洁为雷宇声、雷母和光娣斟上红酒，客气地说道：“宇声，早该请你过来坐一坐，吃顿饭，这是我的想法，也是妈妈和光娣的心愿。”

雷宇声接过梁玉洁的话提议道：“玉洁，这是一个家庭聚会，第一杯酒应先敬妈妈，我提议为妈妈健康快乐干杯。

梁玉洁深知雷宇声讲的肺腑之言，马上随和道：“好！那就先为妈妈的健康快乐干杯！”

梁玉洁、雷宇声、雷光娣举杯为妈妈敬酒，雷母的手开始颤动了，眼里含着热泪，说道：“孩子们，妈妈理解你们，妈妈虽不会饮酒，但这酒我喝下，宇声呀，你就是活着的光电。”说罢,把半杯红酒饮下大半。

梁玉洁、雷宇声、雷光娣也把杯中酒饮下。

梁玉洁马上给婆婆夹菜,说:“妈,这是你爱吃的糖醋鱼,请吃菜!”

说着把大大的一块鱼肉夹到婆婆的碟子里。可可看着没人管她,嚷起来:“奶奶,我吃肉!”

雷母自责道:“哎呀,怎么把俺可可忘啦!夹肉吃,夹肉吃!”雷母把鱼刺剔净,送给可可。

可可高兴得只拍手。

这时,光娣为雷宇声斟上酒,提议道:“妹妹敬哥哥一杯。”

雷宇声非常高兴,端起酒,答道:“光娣的酒我饮下,我祝妹妹学习进步。”说着一饮而尽。

他们吃了一会,可可闹着下炕,雷母随着可可离开饭桌。

梁玉洁让光娣下饺子,酒桌上只剩他们两人。

梁玉洁:“听说刘虹找你了?你们都谈了什么?是不是要破镜重圆?”

雷宇声:“是,她有这个意思,但结果是很确定的。”

梁玉洁:“对不起,能讲给我听听吗?”

雷宇声:“这没什么。刘虹找我,向我反复解释,我们分手她是迫于家庭的压力而做出的。然后谈起她现在的家庭,她的丈夫是她爸爸战友的孩子,是她妈妈一手包办的,她丈夫是个老实人,对她很好,但她没有一点儿幸福感,讲到这里,她痛苦地哭了起来。”

梁玉洁:“于是她提出了破镜重圆的要求。”

雷宇声:“是的。我劝了他很长时间,她还是提出了出人意料的想法。”

梁玉洁:“啥想法?”

雷宇声:“她想调到雪山基地来,问我这里能不能接受她?”

梁玉洁:“你是怎么回答的?”

雷宇声:“我心里很清楚,破镜重圆是不可能。为了不伤害刘虹,我向她讲了四点:第一,雪山基地干部已经满编,能调过来的可能性不大。第二,你是文工团的台柱子,他们也不会放你的。再说,在这里没有你的用武之地,还是留在北京好。第三,你的母亲需要你,你也离不开你的母亲。第四,我现在有了新的意中人。”

梁玉洁问:“她死心了吗?”

雷宇声说:“我彻底堵死了她的念头。”

梁玉洁说:“光电在世时讲过你婚姻的不幸,你和刘虹分手后她曾几次要求我,让我替你操操心找一个。可我给你介绍已经两个了,她们都不差,怎么你都相不中?”

雷宇声知道这里不是他回答这个问题的地方,建议说:“玉洁,今天不便讨论这个问题，移防前我给你一个明确的回答。”

这时光娣下好了饺子，她端着饺子叫嚷道：“吃饺子喽！”

梁玉洁点点头，说：“好，转场时我去送你。”

18

雪山基地卫生所门前。

停着一辆解放牌汽车。卫生队全体忙碌着装车搬家。

梁玉洁像男兵一样找扛着一个箱子。

一位男卫生员急忙赶过去：“副队长，这太重，我来扛吧！”

梁玉洁说：“没问题，我可以。”

老队长樊德禄走过来，说：“梁玉洁，停下来，有任务！”

梁玉洁问：“什么事？”

樊队长说：“军区总院来电话，这两天从司令员做手术，龚政委让你带上一个卫生员与他同往，你准备一下，马上出发。”

梁玉洁觉得有些突然，犹豫了一下。

樊队长问：“有困难？”

梁玉洁赶紧回上一句，说：“没困难！没困难！我是想有些事情咋处理？”

樊队长问：“什么事咋处理？”

梁玉洁说：“谁跟我去？”

樊队长说：“护士、卫生员随你挑！”

梁玉洁略加思考说道：“让王良伟跟我去吧。”

梁玉洁换了衣服，将要带的东西列了个清单，趁王良伟准备之际匆匆赶回家里。梁玉洁给妈妈取出50元钱，告诉妈妈：“我随政委去省城出差，从司令员要做手术，让我去照顾照顾。我给卫生队作了交待，如果有急事就找常彩霞。另外宇声如果来告辞，你就转告他，我出差很急，不能送他了。”

雷母说：“你放心走吧。可可我能照顾好，你自己要当心，照顾老首长一定要细心些。”

梁玉洁说：“妈，你放心吧，你也要照顾好自己。”

梁玉洁亲了亲可可，急急忙忙回到卫生队。

王良伟看到梁玉洁回来，迎上去说道：“要带的药品、器械全部准备好了，都放到政委的车上了。司机说让我们在这儿等着，过会儿来接我们。”

梁玉洁和卫生员来到政委的住处，云中山、张云涛、王子芳、杨秀雄在为龚政委送行。

云中山说：“政委你放心走吧，我们按分工会把各自的工作做好，请带我们向从司令问安，祝愿他手术顺利、早日康复！”

龚振华说："我会把你们的问候转达给丛司令员，你们在家辛苦了！"

龚振华和他们一一握手。龚振华和杨秀雄握手时补上一句："地方文化大革命已经进入关键阶段，大联合、建立革委会，派性斗争很厉害，军区昨天通知了，'三支两军'人员要马上到位，请你和市'三支两军'办取得联系，尽快组织。"

杨秀雄说："政委放心吧，我一定把这件事办好。"

梁玉洁和卫生员上了车，吉普车从大梁向山城驰去……

19

小山村。

装满帐篷和施工机械的十几辆汽车成一线停在路旁。

工程兵二营的官兵正在打扫街道。

村民看出部队要撤离山村，都从家里走出来奔走相告："部队要走了！"

老村长找到丁大伟，问："丁团长，你们要走？"

丁团长说："我们接受新的任务，马上要走了，我们在这里住了两年，不知道有无违犯群众纪律的事情？如有我向乡亲们道歉了！"

老村长说："你们在这里两年给全村做了多少好事，担水、劈柴不说，还帮助村上种田收庄稼，生了病也不要跑到十里外看病了。就说村上的张二拐的病，硬是让你们的卫生员天天扎针治好了。"

正说着张二拐扛着一条黄狗走了过来，丁大伟惊奇了，问："张二哥，你这是干什么？"

张二说："解放军对我的恩情张二无能力回报，我把家里的黄狗杀了，送给二营的官兵，哪怕是分上一碗汤，补补身子，张二也就心安了。"

雷宇声付张二的狗钱，张二火了，说："我张二不是卖狗，我是以心换心，你们这么做分明看不起我！"

雷宇声说："张二哥，这是军队的纪律呀，你要是不收不是逼着我们犯错吗？"

老村长也为难了。

雷宇声被张二的真诚感动了，应道："咱们礼尚往来好不好？"

张二问："怎么礼尚往来？"

雷宇声脱去外衣，露出一件棕色的马夹，雷宇声把马夹脱下，托在手里，说："请张二哥接下，这是雷宇声的一片心意。"

张二知道是雷宇声御寒之物，拒绝道："这马夹是雷营长的御寒之物，我哪能这样做？"

雷宇声说："我也是以心换心呀！"

张二含着眼泪，说："好，我收下！"

在张二和雷宇声你推我让的当儿，附近林杨的十几名职工在场长的带领下来到小山村，他们为工程兵二营送来一面锦旗，旗上锈着："威武之师，文明之师。"

村民看到林场场长为二营赠送锦旗，热烈鼓掌……

在张二的影响下，村民有送鸡蛋的，有送鸭的，还有送蘑菇的，其中一个年过七旬的老汉拿出一支山参献给丁大伟，说："听说丛司令员住院身虚，我把这支山参送给他，希望他早日康复。"说着流出了深情的眼泪。

20

在村头，崔兰花找到了武虎生。

崔兰花问："虎生，你想好没有，是不是我配不上你？"

武虎生说："兰花你想哪里了。不是你配不上我，是我不敢答应你。我们部队有纪律，战士不能在驻地找对象。再说你是林场的正式职工，你嫁给我以后怎么过？我家比你们这里穷得多，跟着我不是害了你？"

崔兰花不能说服虎生，呜呜地哭了起来……

这时，一辆吉普车在村前停下来。

丁大伟从车上走下，对着雷宇声问："你们转场还有什么问题？"

雷宇声说："就是村民送东西的太多，不好处理呀！"

丁大伟问："我看村头武虎生和一个女的拉拉扯扯，是怎么回事？"

雷宇声说："我也正为此事为难呢！"

丁大伟问："你为什么难？"

雷宇声说："你刚才看到的那个女的是林场的职工崔兰花，爱上了武虎生，发誓非武虎生不嫁。我们要转场，她就追了过来。"

丁大伟说："给大家讲清啊，战士不准在驻地附近找对象，这是纪律。"

雷宇声说："她和武虎生的情况有点特殊，真让人同情！"

丁大伟问："怎么特殊？"

于是，雷宇声把武虎生和崔兰花的曲折经历讲给团长听……

那是我们进场后的第五个月……

午后。

刚刚睡醒的武虎生打着哈欠下了床。他看看帐篷内挂着的时钟，下午两点，招呼道："起床了！下午活动活动。"

战士们听到班长的命令，都迅速起了床，很快整理好内务。

这时指导员走进一班的帐篷，他见大家已经起床，吩咐武虎生："一班长，连里的点火柴马上用完了，这半月本该八班负责，但八班有几个人生病了，下午你们班捡点柴吧。"

武虎生听了指导员的话，很愉快地答道："行！没问题！"

指导员夸奖道："你们班是争作贡献的标杆班，个个都是好样的！"

武虎生当着指导员的面向全班下达："动作要快，一小组胡俊山负责，带上镰刀和绳索，戴水壶，穿高腰胶鞋。"

指导员看着这一切满意地走出帐篷。

武虎生带着全班登上阵地一侧的大山，风倒树比比皆是。他们哼着小调干活，不大会儿工夫，每人打了大大的一捆。他招呼大家："都过来，休息一下。"

全班十几名战士围到班长身边坐下，其中一个叫铁蛋的战士说："班长，听说这山上长人参，我们如果能采到的话该多好啊！"

胡俊山接过来说："做梦娶媳妇——尽想好事！"

铁蛋说："咱可比不上胡组长，高中生，有文化，追他的女孩有的是，咱是大老粗，没人理，苦啊！"说完做了一个鬼脸，惹得大家哈哈大笑。

武虎生说："铁蛋，别灰心，常言道自古英雄配美人，你去年立了三等功，喜报到了家，周围的姑娘知道了，准能把你家的门槛踩平。"

铁蛋有点儿不好意思，过了一会儿问道："班长，听说追你的姑娘特漂亮，你不马上和人家结婚，人家还要通牒你呢！"

武虎生听了心里一动，应道："胡扯淡，哪有那回事。"

另一个战士补充道："班长，我也听说了，咋回事讲给咱兄弟们听一听！"

武虎生经不起全班弟兄们的忽悠，把他的家事和盘托出。

武虎生说："我的对象还是一个中学生呢！我当兵的第二年立了功，周围几个村的老乡知道了，还没待我回去，就有十几人上门提亲。我妈顶不住了，寄来几张女孩的照片让我挑。第三年我回家探亲，定下一个。"说到这里，武虎生把对象的照片拿出来，全班战士争抢着看。铁蛋看着照片不停地咂嘴，说："咱班长有福气，这女孩真好看！"

胡俊山追问道："后来怎么样？怎么还要通牒你呢？"

武虎生满脸沮丧，叹了一声长气："可惜呀！这张照片马上就得退回去！"

铁蛋问："为什么？"

武虎生说："我们约定去年春节结婚，家里结婚的房子都盖好了，因为工程任务紧，我不能回去，女方家里和我家大闹一场，说我家不守信用，告吹了。"

全班全神贯注地望着班长，都为他惋惜。

武虎生带领全班扛着柴捆下山。

快到施工的场坪了，两个行踪紧张的女人突然出现在他们面前。

武虎生马上放下柴捆进行盘查："你们是干什么的？"

其中一位挎着相机的女孩落落大方地说："我们是林场的职工，我们搞山林普查，迷了路，闯到你们这里了。"

武虎生说："这里是军事禁区，你们知道吗？"

“知道,我们迷了路,不是有意的!”女孩显出生气地样子。

武虎生说:“那不行,你得跟我们走一趟!”

女孩问:“上哪?”

武虎生说:“林场派出所。”

武虎生命令几个战士取出手绢,蒙住两个女孩的眼睛,把她们送到了林场派出所。

那两个女孩是林场的技术员,一个叫崔兰花,一个叫刘芳,派出所长是兰花的姐夫。

派出所长又找到秦场长,证明了她们的身份,误会解除了,但武虎生的做法在两个姑娘的心里却埋下了“怨恨”。

武虎生离开林场时崔兰花冲着他说道:“文盲,有眼无珠,哪有那么多的特务?”

丁大伟问:“兰花怨恨虎生,怎么又搞上了对象?”

雷宇声又把六连林场救火的事讲给团长听。

初冬。

六连熟睡的官兵被一阵紧急哨声惊醒。

“林场失火了,全连救火,马上行动!”指导员大声地呼喊。

六连官兵登上汽车,沿着山间冰道向林场驰去……

林场的办公楼大火冲天,黑烟滚滚……

林场的人正向楼外抢救东西,但也有人站在门口畏缩不前。

只见,崔兰花和秦场长把一个箱子抬出来,大火已经烧糊了他们的衣服。崔兰花放下箱子还要往里冲,被秦场长制止住了,说:“不行,不能再进了,楼顶随时都有坍塌的危险。”

崔兰花说:“场长,柜里的文件是林场二十年的资料,很珍贵,怎么也得抢出来!”兰花挣脱场长,再次闯进火海。

秦场长往身上浇了一盆冰水,也闯了进去。

秦场长又从火海里扛出了一捆东西,但不见兰花出来。秦场长焦急地问:“兰花呢?兰花出来没有?”

在场的职工说:“兰花还在楼里,没出来。”

秦场长高声呼喊:“兰花,快出来!”

秦场长呼喊时,担心的事情发生了,楼盖“轰”的一声坍塌了。

这时,六连救火的官兵赶到了。

秦场长向六连简单介绍了情况,指导员向全连下达了救火命令。武虎生把棉衣浇上水,第一个冲进火海,他按照秦场长指定的方位,摸着坍塌的楼梯向二楼爬去,并且不停地呼叫:“崔兰花、崔兰花!”

武虎生听不到回应，继续往上爬，他进入了二楼的通道，通道里黑烟滚滚，被呛得不停地咳嗽，武虎生用湿毛巾捂住嘴，向场长指出的房间爬去……

武虎生终于找到了崔兰花，她被一根冒烟的木梁压着，已经被烟呛昏了。武虎生推开木梁，把兰花背起冲出火海，随即，兰花被送进了医院……

一周以后。

兰花伤愈出院，父母告诉她是解放军的一个班长救了她，但班长叫什么名字，谁也不知道。

在工兵团的帮助下，林场重建办公楼。

为感谢工程兵部队，林场办公楼落成时，林业局在林场举办了一场"军民共建拥军爱民联欢会"。

刘芳和副场长演唱二人转《救火》，感谢亲人解放军。二人演得有声有色，赢得热烈的掌声。

武虎生指挥战士唱歌，刘芳和崔兰花在一旁观看。刘芳认出了武虎生，扯着崔兰花，惊呼道：

"兰姐，那个指挥唱歌的大个军人就是你的救命恩人！"

崔兰花和刘芳近前细看，原来是几个月前把他们当成特务的"仇人"。

一瞬间，武虎生在兰花心目中的形象全部改变了：在她眼里，武虎生是那样帅气，那样高大。

一周后，崔兰花家里宴请武虎生，秦场长和兰花的姐夫作陪。兰花在谢恩的同时，向虎生表达了爱慕之情……

尽管虎生以各种理由拒绝兰花，但兰花决心已定：非虎生不嫁，虎生到哪她都愿意终生伴随。

丁大伟听了雷宇声的介绍，很受感动，感慨地说："我们要想办法成全这桩美好的姻缘。"

画外音：云中山到工程兵二营宣布了上级决定，工程兵二营六连扩编成阵地管理营，接管一期阵地工程。武虎生因表现突出被提拔为排长。几个月后，武虎生和崔兰花携手步入婚姻的殿堂……

第十二章

从荣之术后重上阵　金川镇征前大点兵

1

金川营区。

基地训练大队门前鞭炮齐鸣。

张云涛为雪山基地训练大队揭匾。

余刚被任命为训练大队的队长，他红光满面，和全体教职员，学员热烈鼓掌。

张云涛讲话："同志们，雪山基地训练大队正式成立了，这是基地军事工作中的一件大事，请允许我代表基地党委、首长机关，代表参加首次集训的全体同志表示最热烈的祝贺！办训练队培训干部是我军的优良传统。在战争年代我们没有条件办军校，只能利用战斗间隙训练人才。我军的许多高级干部大多没有进过军校，都是经过短期集训加以提高；然后，又经过战争的磨练逐步成长起来。目前，我们还缺少导弹学校，部队所需的大多数干部还不能进军校进行培训，只能采用过去办集训队的办法加以提高。我相信，我们的集训队在培训导弹专业人才方面一定能够发挥应有的作用。训练大队成立后的第一期集训是首长机关集训，预祝第一期集训取得丰硕的成果！"

教员、学员为张云涛的讲话热烈鼓掌。

张云涛话音刚落，机要参谋来到训练大队。机要参谋向张云涛敬过礼，把一份基地转发的电报呈交张云涛，电文是：

"定于本月二十五日于北京望江楼召开发射任务协调会，请张云涛和田广川同志于二十四日前到军委炮兵训练部报到。"

张云涛看后在电报上批道："请政委阅示后转送田广川阅。二十三日出发，请做好相应准备。"

2

军区陆军总院。

在从荣之的病房内，从荣之和军区曾国强副司令员在谈话。

曾国强说："我来时见过陈司令员，他让我向您转达他的问候，祝您早日康复。有什么想法和要求？讲罢！"

从荣之说："听院长讲，我出院得经过您批准，我想出院，所以才劳驾副司令员。"

曾国强问："恢复的怎么样？"

从荣之站起来，展了展双臂，说："你看，挺好的！"

曾国强说："不是我要卡你，是向华副司令员交待的，他说，从荣之是拼命三郎，手术过后他就会闹着走，医护人员可能都拿他没办法，你给医院下命令，只有确实恢复了才能出院。这是向副司令员的原话，你说怎么办？"

从荣之说："曾副司令员你知道，今年任务特别重，二期工程要开工，要组建北方导弹团，东山导弹团执行发射任务，部署要进行较大的调整，贺子章又调走了，党委成员对问题认识不一致，政委的压力太大了。说真的，我在这里很着急，真是度日如年。"

曾国强说："你的情况我向院长了解了。我请示了陈司令员，再休养二十天，到那时放你出院。"

从荣之很满意，又征询道："能否再宽限一下，半个月。"

曾国强说："老从呀，真应上了向华副司令员的话，谁也拦不住你！"

从荣之说："谢谢军区首长的关照。"

曾国强说："现在文化大革命进入了夺权阶段，造反派冲击军队的事时有发生，山城那个地方也很乱，你们又担负那里的'三支'任务，龚振华确实够辛苦。你回去要有思想准备。一方面抓住军委下达的任务不放，确保阵地工程的进展，同时，还要关注地方的文化大革命。你们还有导弹发射任务，是够忙的。祝你们大获全胜！"

从荣之像新兵一样，立正："是！"

曾国强哈哈大笑。

3

北京。

军委炮兵办公大楼。

在办公大楼的小会议室内炮兵首长向雪山基地部署发射任务。

向华说："明天召开协调会议，机关通知你们早到一天，目的是首先搞好内部的协调。这次发射打二备三，弹头要进行搭载实验。以往试验发射是科委拍板定案，我们是大树底下好乘凉。这次要我们拍板定案，要求很高。为培养基地和团的指挥能力，炮兵只派出一个工作组，不干预你们的指挥。你们要考虑，有什么困难需要提交协调会讨论。我要参加一个会议，不陪你们了。”

向华转向刘部长说：“请你们记下，这次我们是组长单位，基地提出的要求能做到的都要帮到。”

刘部长点点头。

北京望江楼。发射协调会在一个中厅召开。

主持会议的仍然是国防科委的席局长。与会人员由炮兵总部代表、科委代表、七机部、二机部的代表、雪山基地的代表，总参派人参加会议。

席局长宣布：“经过一天的会议，发射任务协作会取得圆满结果，现将有关问题纪要如下：

“一、根据这次任务的性质，军委炮兵是此次发射任务的组长单位，负责整个任务的计划和组织指挥；国防科委和二机部为副组长单位，科委负责此次任务的配属保障工作；二机部负责弹头的技术保障工作。

二、为给发射部队较为充分的准备时间，发射部队九月上旬进场，进行为期三周的训练，保障分队于部队进场前一个月进入试验基地对口学习，请科委试验基地作出安排。

三、根据发射部队的要求，七机队部同意发射部队派出相关人员进厂学习，请七机部作出安排。”

席局长宣读过会议纪要后，会议代表热烈鼓掌。

之后，炮兵刘部长讲话：这次，把发射的组织指挥交给作战部队，目的是锻炼部队，使作战部队尽快具备独立发射能力；但我们自己清楚，我们组建时间短，没有指挥发射的经验，我们一定要虚心地向试验基地学习，向所有参试单位学习，把这次发射任务完成好。”

掌声。

散会后，张云涛和姜学鹏司令员热情握手。

张云涛说：“炮兵要赶鸭子上架，到时候还得靠姜司令员指教。”

姜学鹏说：“张云涛出马，一定会马到成功。”

张云涛说：“祝你一路顺风！”

姜学鹏说：“靶场见，我为你接风！”

两人的手又紧紧地握在一起。

4

雪山医院会议室。

孙院长主持召开防区疫情分析会，后勤部长参加。

梁玉洁说：“从调查情况看，我防区内患大骨节病的比较多，严重地区高达千分之五；五年前在某地区发生过两起出血热病例，除此未发现其他特殊的地方病。从水源调查的情况看，一期工程区域水源较好些，但有害物质也严重超标。二期工程有害物质比限标超过几十倍。从饮食卫生角度看也存在一定问题，有些施工点的厕所设在水源上方，存在污染水源的问题。我们的结论是：饮水有害物质严重超标是工程兵部队肠道发病率高的根本原因，从预防学的角度要求，最根本的措施是解决饮用水有害物质的超标问题。”

孙院长问：“关亚南和胡大海同志有什么补充？”

胡大海说：“以后对部队进行防病教育，防止鼠疫、出血热和大骨节病也应成为一个课题。”

梁玉洁又补充道：“人员的粪便管理、食堂的卫生问题，都是需要采取有效措施。”

孙院长说：“请部长指示。”

蒋部长说：“你们半月之行很有收获，在极短的时间内搞清了防区疫情，弄清了危害部队健康的因素，从预防疾病的角度提出了很好的建议。希望你们在调查的基础上起草两份报告，一个是阵地水源分析报告以及解决水源有害物质超标的建议，一份是今后预防地区疾病的宣传教育材料。这两份材料都要上报基地，为首长决策提供依据。”

孙院长正欲作总结时，值班员匆匆来到房间，说：“院长，龚政委电话！”

孙院长快步走进值班室，拿起电话，说：“政委，我是孙德祥，请指示。”

龚振华说：“丛司令员后天要出院，请你们安排好。我的想法，前期是梁玉洁陪去的，她去最合适。”

孙院长说：“明白，我一定安排好！请政委放心。梁玉洁出发时我让她先到你那里报到。”

龚振华说：“好！就这样！”

孙院长回到房间把政委的电话精神向蒋部长作了汇报。

蒋部长说：“就按政委的指示办。”

孙院长转向梁玉洁，说：“梁主任，后天丛司令员出院，由您办理出院手续，中午赶到司令部，政委要亲自给你交待任务。”

梁玉洁站起来，说：“是”！

5

朝阳火车站。

朝阳至山城的火车像一条长龙横卧在车站内，旅客忙着上车。

在软卧车厢前，丛荣之和送行的人握手告别。

丛荣之向送行的曾国强司令员敬上一礼，说：“谢谢军区首长多方关照！”

曾国强说:“身体是革命的本钱,工作要抓,但不能老是拼命三郎!”

从荣之说:“谢谢首长的指教! 今年的发射是我们自己指挥,届时请军区首长指导。”

曾国强说:“如果可能,我一定看一看,不看导弹发射将是一生的遗憾。”

从荣之说:“好! 到时我一定向军区发出邀请。”

从荣之登上列车和送行人员挥手告别……

朝阳至山城的火车在山间飞驰……

从荣之望着窗外的青山很有感慨地说:“青山绿水,多好的季节! ……

山城火车站。

朝阳至山城的火车徐徐进站。

龚振华站在站内盯着进站的列车。

列车停稳后,梁玉洁照顾从荣之下车,把从荣之手中的提包夺过来。

从荣之说:“我这不挺好吗? 哪有那么娇贵?”

从荣之走下列车。

龚振华如同见到久别的战友,大步走上前去,说:“老从!”

他们双方都很激动,热情地拥抱……

梁玉洁在身后望着两位老搭档如此动情,脸上荡起动人的微笑。

从荣之和龚振华乘坐黑色的轿车驶出车站向青岗开去。

龚振华问梁玉洁:“来往顺利吗?”

梁玉洁说:“总院和军区首长很关照,出院前作了全面检查,一切都恢复得很好,离开时曾副司令员亲自为我们送行。”

黑色轿车在新的雪山指挥部停下来。

从荣之和龚振华下了车,龚振华建议道:“先认认你的办公室!”

从荣之全神地望着新的营区,五层高的办公大楼坐北朝南,靠东侧的是司政的办公楼,两侧是礼堂和住宿区,中间是一个宽大的广场和一个很大的花坛,由串红和步步高等多种花卉把整个花池遮盖的严严的,如同一盆大火。

从荣之高兴地感叹道:“蛮像个现代化的营区!”

龚振华把从荣之领到他办公的房间。

从荣之的房间是一个套间,里间摆着写字台、书柜和一张支着蚊帐的大床,外间摆着木质的茶几和沙发,这是会客谈话的地方。

龚振华问:“满意吗?”

从荣之很高兴,说:“是否有点奢侈了?”

龚振华:“你是雪山基地一把手,老住平房和‘干打垒’能行吗?”

从荣之又看了看他的书架，书架上摆着他爱看的书，还有一套精致的文房四宝。从荣之评论道："为了我的房间，你费了一番苦心呦！"

龚振华说："这文房四宝是我送你的，将来请你还我一幅好字！"

从荣之开心地笑了起来，说："如果不嫌丑，一定！"

梁玉洁和司机把从荣之的行装送上楼，放好，然后向龚振华报告道："政委，你交给我的任务我已经完成了。这是司令员的出院通知书，这上边有出院后巩固治疗的建议。建议没有别的，除了忌烟酒就是不要太劳累，注意休息。这建议能否做到我们医生是没有办法的。"

龚振华说："明白了！梁玉洁不是在向我汇报工作，是在向我下达任务，意思是让我管住从司令员，太累了可不行！"

梁玉洁笑着作答："两位首长还有什么指示？没有，我该回院了。"

龚振华说："你回去转告孙院长，你们写给基地的两个报告，首长办公会议通过了，最近就批转下去，你们刚刚建院就显露出它的作用。"

从荣之问："什么报告？"

龚振华把两个报告的内容向从荣之作了简要的介绍。

从荣之说："军兵种的医院要比一般的部队更明确，必须坚持为部队、为战备服务的方向，我们部队的军事训练有一个很叫响的口号，将来仗怎么打，现在兵就怎么练。对军种医院讲，就应该做到：将来打仗有什么要求，今天卫勤保障就应当怎么准备。"

梁玉洁说："你讲的和政委在建院时的讲话几乎是一模一样。"

从荣之很高兴地说："那才是英雄所见略同。"

6

从荣之办公室。

龚振华说："你离开基地已经13个月了，情况变化很大，为便于你尽快了解情况，要不要召开一个首长办公会，让各个口汇报汇报情况？"

从荣之说："大多党委成员都在下边，不要为了我召开专门会议，我们俩谈一谈，然后我再分头了解。"

龚振华说："也好，你想先了解什么你就问我吧！"

从荣之说："工程进展如何了？"

龚振华说："一期工程验收后，工程兵团全部于三月转场，二期工程开工还算顺利，事故也不多，目前，最好的完成全年计划的40%，差的仅在35%。"

从荣之问："全年时间过半，进展怎么那样缓慢？"

龚振华说："从组织领导检查，贺子章调走后物资保障不如以前得力，因材料供应不及时影响进度。再一个原因是军政比例由原来的7:3调整为6:4，施工时间减少了。第三个原因，对资产阶级建军路线的批判，使不少干部染上了怕字，不敢理直气壮抓工程。"

从荣之问："军事训练呢？"

龚振华说："军政教育时间改革后，东山团四营执行发射任务，张云涛蹲在第一线盯得很死，四营的训练效果还不错，其他的营由于整理营区、农副业生产、助民劳动、'三支两军'的影响，训练效果差一些。有一点应该肯定，东山团的骨干集训是抓住了，知识分子在训练中发挥了很好的作用。"

从荣之问："三支两军情况怎么样？"

龚振华说："基地党委是陆仲琦同志负责。我们先后派出近300人担负'三支两军'任务，对部队建设训练拖累很大。"

从荣之问："有些地方因为掌握政策有偏差，军队与地方的关系很紧张，发生了造反派冲击军事机关，我们这里怎么样？形势稳定吗？"

龚振华说："我们这里也很玄。上头好像说法不一，现在对支左的政策有分歧，主要集中在支左与支派的问题上。按照军委八条和后来的总政通知，军队不介入派性，后来主席提出要支持左派群众，执行起来问题很多。我们是坚持军委八条，对两派群众不轻易表态，不许支一派压一派，这是党委的一条纪律。"

从荣之说："出院时军区首长特别指示这一点，要求我们一定要掌握好政策，耐心地做好群众工作，搞好大联合，建立三结合，保证地区稳定，防止'造反派'冲击部队机关，这么说，我们的三支工作还不错。"

龚振华说："现在也有许多让人担心的地方。"

从荣之问："担心什么？"

龚振华说："陆仲琦和中央文革的联络员有关系，他说我们对毛主席一定要支持左派的指示理解不正确。他认为一个单位分两派、三派总不能都是左派，都支持就是压制左派。他几次要求改变党委的决定，都被我们制止了。"

从荣之说："运动的发展表明，哪个单位支一派压一派，哪个单位就不得安宁，我们的做法是正确的，一定要把握这个原则。"

从荣之又转了一个话题，问："后勤和营房建设怎么样？"

龚振华说："医院已经建好，已经搬进去准备开业了，进驻后就研究了不少问题，如防止地区病的问题，解决饮用水的问题。"

从荣之说："这两个问题都很重要，关系到官兵包括家属及子女的以后的健康问题，要切实地解决好。"

龚振华说："关于执行发射任务和部署调整问题，中山和云涛已经准备了一个意见，北京正召开发射协调会，待云涛回来再一起研究吧！"

从荣之说："好。"

龚振华突然又转了一个话题，说："还有一件事等着你定，部以上的家属房已经建好，张云涛几户已经搬家了，看我们什么时候搬。你已经两年零八个月没有休息了，该安排安排个人的事了。听老路说，桂姐负担不轻，老人孩子，你也该顾顾她们了。”

丛荣之若有所动，说：“是，是该安排安排了，咱们号召大家安心山沟，咱们的家都留在大城市，群众会说我们是讲给别人听的。我们把家搬过来，群众会说，党委首长都搬来了，要真安心山沟了，从这个意义上讲，我们的家事也成了公事，是基地建设的一部分。”

龚振华问：“我们什么时候搬？”

丛荣之说：“我刚出院，许多情况要熟悉，我想参加东山团的发射任务，是否等发射任务之后再搬。”

龚振华说：“也好，那就按这个时间准备。”

7

雪山基地首长会议室。

召开例行的首长办公会议。

丛荣之在讲话：“刚才听了各个口的工作汇报，我深深感受到，在我住院这十四个月里，基地的建设有了长足的发展。按时实现了一期工程的竣工验收，80%的工程取得优良成绩；军事训练在摸索中取得了新的经验，专业骨干队伍在扩大，为完成独立发射任务进行着更全面更严格的训练；我们的后勤工作有了很大进展，指挥部搬家，医院落成，家属院建成交付使用；我们派出300人参加‘三支两军’工作，对贯彻毛主席“抓革命，促生产”的方针，维持地方稳定起到了重大的作用。很遗憾，我却因为住院没有发挥一把手应有的作用。在此，感谢大家对我的关心与支持，今后，我要很好地向同志们学习，努力工作，用实际工作补偿这段损失。”

与会人员为丛荣之鼓掌。

丛荣之说：“下半年还有四个月，任务很繁重，我建议，党委要再分分工，重点抓好五件事：一是要采取措施改变工程进度缓慢的问题，二是集中骨干力量搞好独立发射，三是稳妥地做好作战部署的调整，四是加强‘三支两军’工作，保证中央战略部署在地区的落实，五是做好干部随军安家工作。此外，要把饮水和山区防病问题作为一件大事来抓，要尽快弄清情况，找到解决的办法。”

8

在第二期工程阵地上。

工兵二营正在进行紧张的施工：推土机，排渣机在工作，在石渣旁停着汽车，战士们忙着装车。

雷宇声在装车的人群中，满脸汗水，额头上粘着一片泥灰……

这时，一台面包车停在工地的一侧。从面包车上下来三位军人，两女一男：女的是雪山医院的医务主任梁玉洁，化验室主任苏亚南，男的军医胡大海。

雷宇声看见梁玉洁把铁锹插在渣堆上，快步迎过去，说："玉洁，好稀罕，那阵风把你吹来啦？"

梁玉洁说："我刚从总院回来，听说工程兵连队今年病号特多，是什么原因？医院派我们进行一次巡回调查。"说着把苏亚南和胡大海介绍给雷宇声。

雷宇声说："欢迎！欢迎！说着和两人握手。"

梁玉洁问："你们营的疫情如何？"

雷宇声提议找个地方坐下来。

梁玉洁说："我们还要搞专门调查，你简单谈谈。"

雷宇声说："我们营有三分之一的同志闹过毛病，多是肠道疾病。有些同志拉肚子，吃了止痢药也没效。"

梁玉洁："我们这次下来要搞疫情和地区病调查；对你们的饮水源进行化验分析，从饮食卫生方面提出防病措施。中午在你们这里就餐，请给以安排。"

雷宇声说："那好办，吃住都没问题。"

郑亚南在营部卫生员的陪同下调查水源；胡大海在刘指导员陪同下走访当地社员。安排就绪，梁玉洁提议雷宇声沿着河道走一走。

雷宇声答应了梁玉洁的要求，顺手折了一根树枝送给梁玉洁，说："拿上，这山里有蛇！"

梁玉洁接过树条，他们沿河道走去……

梁玉洁说："你们搬家时我答应送你，因为临时任务没有送成，失信了！"

雷宇声说："我从云副司令员那里得知，从司令员做手术需要你护理，那不算失信，从司令员怎么样？"

梁玉洁说："早期胃癌，手术很成功，目前恢复得很好。"

雷宇声说："从司令员是我们的楷模，一定要把他的病治好。"

梁玉洁说："上次你向我表示，关于你个人的事转场时向我表明态度，今天是不是可以谈谈了？"

雷宇声虽早有准备，但当梁玉洁提出这个问题时又不知从何说起了。

雷宇声笑了笑，说："好！"

梁玉洁说："你是否还等着她（指刘虹）？"

雷宇声说："刘虹的离婚协议早签了，还等她？"

梁玉洁说："彩霞是个好女孩。人家从心里追求你，可你怎么没有明确态度呀？"

雷宇声说："你真的不明白我的心思吗？我把光电的母亲当成了自己的母亲，把可可看作是自己的女儿，怎么还说我态度不明确呢？我答应了彩霞，你们娘俩怎么办？”

梁玉洁被雷宇声的回答震撼了。

她停下脚步，用很严肃的目光看着雷宇声，发问道：“宇声，这是你的真心话？”

雷宇声反问道：“你说呢？”

梁玉洁动情地说：“宇声，你是否认真地思考过，我值得你那样吗？我上有老，下有小，负担很重，我不希望拖累你！”

雷宇声情真义切地说：“光电牺牲后，使雷妈失去了儿子，使你和小可变成了孤儿寡母，每当我看到和想到这些，都会感到无限的内疚，我的心一天也没平静过。光电生前我们亲如兄弟，他为我牺牲了，他的女儿应当得到我的呵护，我也应当担起赡养雷妈的责任。我想负起这个责任，和你们一生一世在一起。”

梁玉洁十分感动，真情地问道：“你考虑过吗，建立在感恩基础上的爱情能够稳固吗？”

雷宇声说：“玉洁，志同道合是有志青年建立家庭的基础，你我的婚变就是最好的例子。当我们涉世不深的时候常常看重的是婚姻的外表，把一时的情感看得高于一切，甚至海誓山盟。一旦步入生活才发现，不同的生活追求会使情侣变成同床异梦，不少看似美好的，最后还是破裂了。而我们是志同道合，奋斗目标是一致的，再加上那浓厚的感恩之情，我们一定会组成美好的家庭。”

梁玉洁被雷宇声高尚的情操感动了，不自觉地泪如泉涌，她紧紧地抱着雷宇声，放声地哭了起来。

雷宇声轻轻地抚摸着梁玉洁的头发，他们的脸紧紧地贴在了一起……

“营长，开饭喽！”

雷宇声说：“知道了。”

雷宇声扶着梁玉洁向山下走去……

9

东山导弹团大礼堂。

在主席台的上方悬挂着会标：“雪山基地金川军事比武考核现场会。”

在礼堂的会议席上坐无空席，东山团和北方团在拉歌……

在礼堂的两侧架着36块黑板，黑板上粘贴着白纸。

会议由苏茂生参谋长主持，他摆摆手，拉歌停止了。

苏茂生宣布雪山基地军事比武考核现场会开始：“大会进行第一项，默画三路图，参赛选手东山团连排干部10名，战士8名，北方团连排干部8名，战士12名。默画时间为30分钟，参赛选手、计时计分员和裁判组各就各位。”

参赛选手、裁判员、计时分员迅速到位后。

苏茂生宣布:“默画三路图开始!”

整个大礼堂鸦雀无声,他们都盯着自己单位的选手。

看,那参赛的选手左手娴熟地划动着手中的直尺、拐尺、指挥尺,右手握着的水笔铅笔沿着直尺、拐尺、指挥尺快速准确地滑动……

从荣之看了一阵转过身询问田广川:“全团干部战士能默画三路的有多少?”

田广川说:“真正能画下的不足20%。要达到“三活”,只靠正常的训练时间不行,还需要吃小灶。”

从荣之说:“如果真有20%能达到“三活”也很不简单。这些画三路的在他们的专业内是否就具备拍板定案的水平?”

田广川说:“不尽然。会三路只能说明专业理论是掌握了,但还不一定就具备解决重大技术问题的能力,解决复杂的技术问题常常需要理论和经验的良好结合。”

从荣之说:“专业人才的培养除了加强理论训练,还必须提供足够的实践。”

田广川说:“是这样。”

从荣之问:“你认为一个发射营独立执行发射任务,大致需要多少能拍板定案的人?”

田广川说:“真正管用的不需多,有十几个人就行了。”

半小时过后,苏茂生宣布:“考核时间到,请裁判组审查评分。”

苏茂生请丛司令员和东山团、北方团的领导下台巡视“三路”默画成果。

每位选手站在自己的试卷旁接受考评组和首长的提问审查,考评组给选手打分……

从荣之、龚振华、云中山在张云涛、田广川、孙长林、肖百川等陪同下走下舞台,观看“活电路”、“活液路”、“活气路”,和选手握手……

此时喇叭放着比赛进行曲。

10

下午。

东山团大礼堂。

首长机关人员从台上调到台下,在观众席前两排就座,被考人员分坐在主席台的两侧,考核组人员坐在主席台的中央。

苏茂生宣布:“雪山基地军事比武现场会继续开会,下面进行第二项,首长机关参谋业务知识问答考核。这次参赛规定,每个被考组共有9人组成,作、侦、通、军的股长必须参加,另各选一名参谋人员,由参谋长或副参谋长带队。现在坐在主席台左侧的是北方团的代表队,坐在主席台右侧的是东山团代表队,他们已经做好了准备，请考核组出题考核。”

作训处副处长王春江是考核组的组长，机关考核由他主持。

王春江说：“请东山团作训股长做准备，问，叶剑英元帅提出参谋工作要练好‘六会’基本功，‘六会’是哪‘六会’？它的基本要求是什么？”

东山团作训股长说：“叶帅提出的参谋‘六会’是指‘会写、会读、会算、会传、会画、会记’，其基本含义是……”作训股长准确地回答了提问。

王春江说：“请考核组为王股长打分。”

王春江接着宣布：“请北方团侦察股长做准备……”

11

由吉普车、大轿车组成的车队沿金川至龙山训练场的公路开进。

在公路的两旁是一块块的包米地和一片片金黄色的稻田，果园里桃子、苹果挂满枝头。丛荣之望着车外的景色感叹道：“金川是个好地方，依山傍海，是名副其实的水果鱼米之乡啊！”

张云涛说：“这里和大坳山相比，可为人间天堂。”

丛荣之问：“东山团在这里驻军多年了，和当地的军民关系怎么样？”

张云涛说：“金川所在县是全国的拥军先进县。二战前一直是日军占领着；日本投降，苏军进驻这里。这里的老百姓经受过日军的殖民统治，民族仇恨很深。苏军虽然是这里的解放者，但他们的纪律很差，在群众中的形象不怎么好。东山团组建后比较重视和地方的关系，每年播种收获季节都开展助民劳动，每个连队都有自己的挂钩单位，虽然发生过一些问题，但总的军政军民关系是好的。”

丛荣之问：“发生过一些什么事？”

张云涛说：“这里的姑娘特别喜欢当兵的。免不了会发生谈情说爱的事。说起来有不少挺逗人的事！”

丛荣之说：“讲一讲，我听听！”

张云涛把最近发生的一个故事讲给丛荣之听：我们一个战士担任护青任务，让个姑娘看上了。那个姑娘变着法子和小伙套近乎，要找他谈对象，被这名战士拒绝了。一天，那个姑娘钻到部队的田间撇包米，让战士逮住了。战士责问她：为啥撇部队的包米？那姑娘用动情的眼睛望着小伙，回答道：“我今年十八啦！”小伙不解姑娘的用意，呵斥道：“十八岁还偷，不嫌丢人？”姑娘说：“笨蛋！”。我们的战士还没有听出意思，回答道：“我笨，笨蛋怎么逮住了你？”战士火了，要拉她到镇上评理，这一拽不要紧，被姑娘讹上了：“你调戏我，必须和我谈对象，要不我到部队告你耍流氓。”小伙回到连里，第二天就病了，要辞去护青任务。连长觉得反常，再三追问，才明白了事由。连长哈哈大笑，说：“哎哟，多亏你还是个男子汉，让人家一个小姑娘给吓住了！”

从荣之听完这个故事笑了，说："多么天真老实的战士！"

12

龙山训练场。

在通往训练场的道路上停着发射营的车队。

考核团的车辆从另一条绕山道进入训练场，从荣之在张云涛的陪同下走上看台，机关其他人员也在观看台上依次而坐。

苏茂生走到从荣之的桌前请示道："司令员，开考还有三分钟，是否按时开始？"

从荣之说："按计划进行。"

苏茂生说："是！"

张云涛和苏茂生走到观看台前。

发射营营长跑步至看台前报告道：

"副司令员同志：发射一营实装操作考核准备完毕，请您指示。营长高署月。"

张云涛说："按计划进行！"

营长说："是！"。

营长向张云涛敬礼，转过身，吹了一声长哨下达命令："占领发射阵地！"

随着一声令下，顿时车辆轰鸣，从入口处鱼贯而入……

发射班将发射台平稳地放下，操作手持撬杠，配合默契，班长下达口令指挥号手操作，三五下就把十几吨重的发射台调到了"0"点位……

控制车、电源车、电缆车在配置位置精确停下，操作手在班长指挥下协调一致地展开电缆，器材摆放得十分整齐……

起竖车在排长的指挥下对接发射台，"左打轮，右打轮"

观察号手喊到"好！"起竖车立即刹住了车……

从荣之和张云涛走下了看台，站在离操作手很近的地方，看着分队娴熟的操作，从荣之脸上浮出微笑。

40 分钟后，导弹起竖在发射台上，控制系统开始测试。

张云涛转向从荣之，说："能看到的暂时告一段落，放松一下。"

从荣之在田广川等人的陪同下参观野营分队内务卫生，所到之处，被子叠得周正，物品摆放整齐化一，从荣之看了不住点头。

从荣之向田广川提出一个个问题，田广川一一作答。

从荣之从一顶帐篷走出来，一位年轻干部走上前拦住去路，他向从荣之敬了礼，迫不及待地讲道："首长，我是八连的指导员宋军祥，我有重大冤情向您汇报，您能和我谈谈吗？"

从荣之有些惊愕,问道:“怎么回事?”

田广川立即走上前,说:“宋军祥,基地首长正在考核,有时间我先和你谈谈。”

从荣之意识到其中必有缘故,对宋军祥说:“我还要在这里呆几天,改时间再谈好不好?”

宋军祥说:“我担心首长忙起来把我的事忘掉!”

从荣之说:“放心吧,不会的,我和政委都在,一定和你见面。”

宋军祥向从荣之敬礼,说:“我相信!”

从荣之一边走一边问田广川:“怎么回事?”

田广川说:“宋军祥是杨秀雄主任树立的学习毛著积极分子,他在一个中型机械厂支左。这个厂的厂长是一名老军人,工作很出色,是几届的劳动模范,造反派说他推行修正主义路线,要夺他的权,老厂长不干,就和造反派发生了冲突。这个厂的群众分成两派,一派保一派打,后来双方发生了武斗。党委发现宋军祥支一派压一派,让他改变做法。宋军祥不听,于是党委把他撤了回来。宋军祥不服,几次找政委理论,要我们给他平反。”

从荣之听了田广川的汇报,讲道:“很有典型性,不能回避,‘三支两军’需要专门研究一下。”

从荣之重新回到看台。

这时加注车辆正在占领阵地,操作手指挥车辆的动作如出一人,从荣之评论道:“操的好!操的好!”

从荣之把高暑月叫到身边。

从荣之问:“听说正规化训练是从你们三营开始的,你们是怎么做的,有什么体会?”

高暑月说:“前年野营结束时,张副司令员提出要搞实装训练考核,因为没有统一的标准,评分时众说纷纭,半天评不出成绩来,还考出不少矛盾。为解决这个问题,团里给我们下达了一项任务,我们按‘五定六化’的要求搞一套各专业的实装考核标准。”

从荣之问:“使用情况怎么样?”

高暑月说:“考核标准编成后,团里又组织了教练员集训,要求每个专业按考核标准要求进行备课。我营今年是团的示范分队,是按标准要求组织的,效果就是现在司令员所看到的。”高暑月的脸上泛起得意的神情。

从荣之对这个话题很感兴趣,继续说道:“搞正规化训练是要遇到阻力的,你们的情况怎么样?”

高暑月说:“刚开始阻力很大,多数人认为是形式主义。为解决认识问题,张副司令员组织我们学习毛主席关于正规化建设的论述,使大家明白,建立革命化、战斗化的部队，正规化是不可缺少的条件。根据张副司令员抓典型的指示，我们先集中精力抓了两个专业，一个是发动机专业，一个是控制专业。待两个典型抓好了再组织观摩教学。营要求每个教练员，通不通都得这么做，见了成效，逐渐提高了对正规化的认识。”。

从荣之说：“现在人们的认识怎么样？”

高暑月说：“有转变，但一部分人心里还是在嘀咕，有同志编了一个顺口溜：‘搬梯子，叠篷布，立正稍息加跑步’，这就是正规化？”

从荣之说：“今后怎么办？”

高暑月说：“我们向全营宣布，正规化训练是方向，必须坚定不移地贯彻，有的同志暂时不理解要在实践中加深对正规化的理解和认识。”

从荣之说：“对，正规化训练是方向，要坚定不移地贯彻。”

从荣之说：“通过正规训练部队发生哪些变化？”

高署月说：“经过正规化训练，大家形成的共识是：部队军人的气质明显地提高了，自由散漫的现象得到有效地克服，完成操作的时间缩短了，事故和事故苗头减少了，兵好带了。”

从荣之转向田广川，说：“你们的训练经验有普遍意义，应当加以总结和推广。”

高署月说：“谢谢首长的鼓励，我们要继续探讨！”

从荣之又转向张云涛，说：“三营的经验要在全基地推广。”

张云涛说：“是！”

13

一辆白色轿车在海边停下。

苏茂生在车上宣布：“下午两点半继续考核，现在是 12 点 10 分，14 点返回，请同志们掌握好时间，注意安全！”

梁玉洁等十几个人是第一次见海，早已按捺不住高兴的心情，“下车”的口令还没喊完，她们就急不可待地推开车门，跳下车，向海边奔去。

大海正处于涨潮过程，海浪在风的推动下扑向岸边的礁石，形成无数的浪花喷向空中，产生巨大的轰鸣。

梁玉洁和常彩霞蹲下去从海水中打捞海带。一个大浪扑来，把梁玉洁和常彩霞的衣服溅湿了，两个人“呵”了一声，站起来往后急退，海浪又落了下去……

从荣之在张云涛等人的陪同下沿海边漫步。从荣之望着无垠的大海，感到心旷神怡。

张云涛提示道：“听说司令员很喜欢游泳，怎么样，我陪你游一阵？”

从荣之说：“没做准备呀！”

张云涛唤来狄文疆，说：“把你的游泳衣拿出来。”

狄文疆从手提兜里顺手取出两件送给丛荣之、张云涛。

丛荣之说："嗬！早有准备呀！那咱就游上一段。"

为保证首长安全，狄文疆把团里的几名游泳"健将"都叫了过来，同丛荣之一起下水，游在丛司令员的左右……

丛荣之在江边长大，水性颇好，他在水中一会立泳，一会仰泳，一会狗刨，得意自如……

丛荣之和张云涛向大海深处游去。

狄文疆害怕了，忙迎上去，说："丛司令员，海浪太大，往回游吧！"

丛荣之说："放心吧！"

一排巨浪由深海向岸边涌来，狄文疆大声喊道："司令员注意！"在呼喊的同时狄文疆和几名"游泳健将"向丛荣之身边扑来。

丛荣之向狄文疆挥挥手，说："知道了！"

丛荣之又提醒张云涛："云涛，注意！"

丛荣之迎着巨浪，用娴熟的动作闪过海浪的扑打……

14

丛荣之和考核团又回到龙山训练场。

但这里的格局同上午大不相同了：看台被移到半山腰处；在发射场的四周升起十几个彩色气球；场坪外多了一辆接力通信车；原看台成了计算班工作的场地和发射营的临时指挥所……

丛荣之刚刚坐下，梁玉洁送上杯开水，打开一个药袋取出几片药让丛荣之服用。

丛荣之问："还吃药？"

梁玉洁说："是呀！出院时带的药你没吃？"

丛荣之因忙把吃药的事忘了，他怕梁玉洁责怪，马上答道："吃啦！吃啦！我是说现在也吃呀？"

梁玉洁说："是吃呀。"

丛荣之接过药端起水杯把几片药一口吞服下去。

梁玉洁问："司令员，训练场四周放那么多气球干啥？"

丛荣之说："不明白了吧？那粉球黄球是制造气氛的，那红球是气象观察员工作用的，将来发射导弹需要很多保障，如通讯保障，侦查保障，后勤保障，工程保障，防化保障，还有你们的卫勤保障，气象保障很重要。"

梁玉洁问："不是说我们的导弹可以全天候发射吗？为啥还要气象保障？"

丛荣之说："是全天候发射。但全天候并不是不要气象保障。在试验阶段，发射导弹要观测导弹飞行情况，天气差不行，要选择能见度最好的天气，这就离不开气象预报。此外,对于液体导弹,补加量确定需要考虑当时的环境温度、风力等因素,也需要气象分队提供准确的数据。”

梁玉洁似乎听明白了,说:“还挺复杂呢!”

随着“砰!砰!砰!”三声巨响,发射阵地升起三颗信号弹。

梁玉洁又有些惊奇了,问:“这是干啥?”

从荣之笑了笑,说:“这是演习开始的信号。”

张云涛走过来把一架望远镜送给从荣之,说:“想看操作手的动作就用一用。”

从荣之说:“好!放下吧!”

顷刻,加注车辆完成加注,开始撤出阵地……

瞄准班架上经纬仪开始瞄准……

发射营长接通东海电话:“长江!长江!3号报告!”

长江:“我是长江!请讲!”

发射营长下达命令:“加注完毕,一切正常,瞄准完毕,可以进入5分钟准备。”

长江:“长江明白!等候指示!”

张云涛转向从荣之,说:“今天真点火,马上要清场了,咱们走吧!”

从荣之和张云涛重新回到半山腰的看台。

他们刚要坐下,发射场又升起了三颗彩色信号弹。

梁玉洁问从荣之:“这是什么信号?”

从荣之说:“5分钟准备!”

梁玉洁问:“5分钟准备是什么意思?”

从荣之说:“意思是距发射还有五分钟,今天是点火。”

梁玉洁说:“导弹发射蛮好看的!”

从荣之说:“这是模拟,真正发射更壮观。”

梁玉洁问:“发射时能否让我们也参加?”

从荣之说:“你当我们带你来让你游山玩水呀?就是让你们了解发射的情况,早一点进入角色,回去准备吧,今年发射梁玉洁你得去!”

梁玉洁问:“张副司令同意我去吗?”

张云涛说:“欢迎!欢迎!不过得有个条件!”

梁玉洁问:“什么条件?”

张云涛说:“你得告诉我们,什么时候能再吃你的喜糖?”

梁玉洁顿时红了脸,说:“你们首长也拿我开心!”

张云涛觉得自己的话讲得有些唐突,忙道歉道:“对不起,言重了!”

从荣之在一旁加言道:“对!不告诉我们不让她去!”

这时梁玉洁倒平静了,说:“我办喜事请首长喝酒,你们去不去?”

从荣之说："雪山基地的'金花'邀请，哪有不参加的道理？"

梁玉洁说："一言为定？"

从荣之说："一言为定！"

扬声器传来东海洪亮的口令声："1 分钟准备！"

发射营长："1 分钟准备！"

控制车排长看着秒表："30 秒！——20 秒！——10 秒！9、8、7、6、5、4、3、2、点火！"

操作员按下了"点火"按钮。

导弹的尾端喷出白炽的火焰，火焰向四周射开，爆发出撕耳的轰鸣……

在半山腰参观发射的官兵欢呼起来。

从荣之站起来鼓掌，脸上浮现出满意的微笑……

15

从荣之、龚振华在肖百川、许海涛的陪同下看望了北方团的全体官兵。

然后又到基地训练大队。

余刚在门口已恭候多时，从荣之一行刚到门前余刚就迎上去，说："报告司令员，两个集训班正在上课，欢迎首长检查指导。"

从荣之问："一个卫训队，还有一个什么班？"

余刚说："导弹专业学习班，北方团新分来的一批大学生。"

从荣之说："多少人？"

余刚说："32 名！"

从荣之说："这可是一批宝贝呀，看看去！"

余刚引导从荣之、龚振华来到集训班，大声宣布道："基地从司令员、龚政委前来看望大家，大家欢迎！"

这批大学生都站起来为从荣之、龚振华鼓掌。

龚振华说："同志们：建设现代化的导弹部队需要大批有志气的知识分子。从司令员听说你们是刚到部队，特意来看望大家。我们热情欢迎你们到雪山基地来，希望你们能在未来的工作中发光发热，扎根于导弹部队，挑起建设现代化火箭兵的重担。"

大学生为龚振华的讲话热烈鼓掌。

余刚请从司令员作指示。

从荣之说："龚政委的讲话表达了我的想法，希望你们成为雪山基地的脊梁。"

大学生又是一阵热烈的鼓掌。

从荣之、龚振华又看望了卫训队，孙院长和梁玉洁正在抽查集训情况。卫训队为丛荣之、龚振华的到来热烈鼓掌。

丛荣之说："卫生勤务保障是建设现代化导弹部队不可缺少的组成部分，希望你们为建设适应导弹部队特点的卫勤保障而努力。"

鼓掌。

16

东山团招待所的小会议室灯火通明。

丛荣之听取张云涛、田广川、肖百川执行发射任务的实施方案和出发准备情况的汇报。

田广川说："为适应独立发射的需要，我们准备将去年执行发射任务的骨干组织起来，在执行任务之前再派到工厂学习一个月，然后组织起来作为我们解决复杂技术问题的'参谋团'；目前部队情绪很高，完成任务的信心很足；装备经过野营的考核，心中也有了底数。"

张云涛说："为落实基地'一弹多用、要练出两套人马'的要求，基地机关和两个团组成一个临时党委，以临时党委为基础组成发射任务指挥部，指挥部下设指挥组、政工组、后勤组、装备组。北方团的同志充实到相应岗位参观见习，为北方团扩建创造条件。"

丛荣之问："肖团长还有什么讲的？"

肖百川说："我们是'小学生'，基地怎么定我们怎么做，我们力争少给东山团添麻烦，不干扰他们指挥，我希望东山团能把他们的好思想、好作风、好技术多多地传授给我们，感谢基地和东山团能为我们提供这样一个好的学习机会。"

丛荣之说："听了你们的汇报，感觉你们考虑得很全面，各项准备也比较扎实。通过这次任务，东山导弹团要达到能独立发射的水平，首长机关要达到会独立组织发射的水平，要培养一大批专业人才，为北方团扩建做好准备。"

田广川、肖百川向丛荣之告辞。

田广川刚刚走下招待所的楼梯，保卫科长就迎了过去。

保卫科长说："团长，有紧急情况，政委在他的办公室请您马上过去。"

田广川看看手表已经是夜里 11 点 50 分，说："好！咱们去！"

孙长林办公室亮着灯光。

孙长林和副政委温玉泉、政治部主任姜拥勤在商量事情。

孙长林说："这样好，通知所有'三支两军'人员到团会议室开会，动作要轻，不要惊动任何人。"

姜主任离开孙长林的办公室下达通知。

田广川和保卫科长来到了孙长林的办公室。

温玉泉站起来向团长问好。

田广川劈头就问:“什么事?”

孙长林说:“你坐下,温副政委反映一个紧急情况,需要马上采取应对措施。”孙长林示意温玉泉。

温玉泉说:“我接到机械厂两派群众的报告,红旗兵团的头头已经开了两次会议,趁基地在这里开大会,要为八连副指挥员采取游行请愿活动,强烈要求宋军祥回厂工作,部队如果不答应,他们就冲击军营。随后我找红旗造反兵团了解情况,说确有此事。行动时间定在明天上午 10 点。”

孙长林说:“你把延安派的动向也谈一谈。”

温玉泉说:“延安兵团了解到这一情况,派人给我们送来了情报,并表示:如果红旗派冲击军营,他们将组织群众进行抗议游行,要和解放军站在一边。”

孙长林说:“温玉泉同志反映的情况一旦发生,将会是一个严重事件,这个事件不仅会干扰基地的现场会,还会对地区正在进行的大联合造成不良的影响,要不要向基地首长报告?”

田广川没有马上回答,他认真思考后提出自己的意见。

田广川说:“我们不要急着向上级报告,首先要研究出应对的办法。如果我们能化解这个事件就自己处理,处理不了再报告。”

孙长林说:“我和副政委议过了,要化解很困难。红旗派采取这个行动目的很明确,就是要取得军队对他们的支持。我们顺应他们的要求,恢复宋军祥的工作,就等于我们承认犯了错误。我们不会顺从他们要求的,冲突很难避免。”

田广川说:“是这个道理。但我们必须主动工作,设法化解这场矛盾,不能让延安派卷进来,弄不好两派发生冲突,到那时情况就严重了!我们要采取措施阻止他们冲击会场,保证现场会顺利进行。”

温玉泉,说:“是不是可以这样处理?”温玉泉发表了他的意见。

田广川说:“我赞成温玉泉同志的主意。”

孙长林说:“是否把我们的安排通知北方团,好使他们也有所准备。”

田广川说:“好!”

17

早饭后。

东山团、北方团、训练大队除执勤人员列队进入礼堂。

基地考核人员乘大轿车进入营区,在礼堂前下车……

丛荣之、龚振华乘车进入营区,警卫向他们敬礼。

礼堂内正在拉歌,气氛十分热烈……

孙长林走进警卫室,温玉泉从凳子上马上站起来。

孙长林问:“情况怎么样?”

温玉泉说:“昨晚出去做工作的同志都已经回话了。红旗派的五个头头三个坚持不变,要请愿,两个有些动摇,说要研究研究,还是要做应变的准备。延安派头头接受我们的劝告,不采取行动,但要派出代表表明他们的态度。我们和当地派出所取得联系,他们掌握了领导闹事的坏头头的一些新情况,答应配合我们的行动。”

孙长林说:“好!我让通信连给礼堂架了一部电话,有什么情况马上告诉我。”

8 点 30 分。

拉歌停止了。

苏茂生宣布:“大会进行最后一项议程:表彰和会议总结,请张云涛副司令员宣布考核结果。”

张云涛矫健地走到台前,宣布道:“雪山基地金川军事考核比武现场会组织了东山团、北方团司令部参谋业务知识竞赛,组织了东山团发射一、三营综合操作汇报表演,结合发射营的合练组织了模拟发射的演练。此外,考核团还组织了金川地区部分队内务秩序的检查评比,经过考核评比,这次现场会共评选出优秀技术能手十二名,‘六会’优胜参谋五名,训练先进单位(连)两名,优秀教练员八名,内务卫生先进单位(连)三名,现公布如下……”

孙长林和田广川全神贯注地听着。

礼堂后台的电话响了。

保卫股长拿起电话,说:“我是保卫股长陈旭,找政委?好!”

陈旭悄悄走近孙长林,说:“政委,温副政委电话。”

孙长林走过去拿起电话,说:“我是孙长林,请讲。”

温玉泉把刚刚接到的情报报告给孙长林。

孙长林,说:“好!估计那时大会就要结束了。继续坚持,保持联系。”

温玉泉,说:“好!”

苏茂生走到台前宣布道:“大会进行第二项,发奖。请按宣布的顺序依次上台领奖,十二名优秀技术能手上台。”

会场奏出悠扬的乐曲……

苏茂生宣布道:“请优秀教练员、指挥员高署月、徐子清、彭连柱……上台领奖。”

高署月和彭连柱走上舞台。

从荣之和云中山手持红色证书为高署月、徐子清和彭连柱等发奖。

从荣之握着高署月的手,说:“再接再厉,继续努力!”

高署月说:“谢谢首长鼓励!”

苏茂生宣布:“请基地丛司令员讲话作指示。”

丛荣之走到台前,全场热烈鼓掌。

丛荣之说:“同志们:“这次现场会是雪山基地成立后的第一次盛会。老实说,这次会议事先是没有准备的,是我们看了张副司令的电报之后临时决定的。虽然准备工作不充分,但却取得了很好的成果。这说明,我们前期的训练是扎实的。借这个会议讲几句话,请机关和团的同志考虑。

一、要大力发扬你们已经表现出来的探索精神。建设现代化的导弹部队对我们来说是前无古人,我们没有现成的经验,必须自力更生,自己探索。我们要探索的问题很多,如装备怎么管,阵地怎么建,训练怎么搞,队伍怎么带,等等。这些工作不是一朝一夕就能完成的,可能需要三年五年或者更长的时间。我希望同志们,都能成为军事工作的促进派!”

鼓掌。

“二、要把正规化建设问题提到军事工作的议程。毛主席和中央军委早已指出,建设强大的现代国防,必须把物质的现代化和管理的正规化有机地结合起来,物质的现代化是条件,管理的正规化是形式和基础。只有把两者结合起来,现代化武器才能更好地发挥作用。但这几年发生一些思想混乱,认为正规化是‘教条主义’,是崇洋媚外,这种认识是不对的。常言说,没有规矩不成方圆。你们在实装操作训练中提出‘六个统一’,很好,但是还要加上统一计划,统一方法,这就是比较完整的正规化的思想,希望同志们发扬壮大。

最后,预祝东山团和北方团共同努力,创建更好的军事成就!

预祝东山团今年的实弹发射圆满成功!”

全体起立,热烈鼓掌。

18

丛荣之、龚振华等基地首长在田广川、肖百川的陪同下走出礼堂。孙长林从外边走过来,请基地首长从侧门离开,丛荣之感到惊讶,问:“怎么啦?”

孙长林说:“机械厂的‘造反派’对我们撤回宋军祥不满,听说上级首长来了,他们要为宋军祥请愿,要我们恢复宋军祥的工作,不然要冲击军营。”

从荣之问:“怎么处理的?”

孙长林说:“我们在做工作,请首长放心。”

在军营大门口,温玉泉在和门前的人群对话。

温玉泉说:“我提醒红旗派的同志们,你们这样做是不对的,至于撤不撤宋军祥是我们部队内部的事情,请你们自己说,这样做是请愿还是给我们施加压力?”

“造反派”头头说：“我们要求部队首长让宋军祥回我厂工作。”

温玉泉说：“我已经明确，这不是解决问题的方式，要谈你们选出代表，其他人马上撤离这里。”

“造反派”不听劝告，开始向大门涌来……

警卫排的战士形成一堵人墙不许他们前进……

双方对峙，眼看要酿成重大事件。

温玉泉夺过一个战士手中的扩音器大声呵道：“停！”

要冲军营的群众真的被温玉泉宏大的呵声镇住了。

温玉泉当即劝告道：“同志们，我向你们郑重声明，中央军委八条是经毛主席批准下发的，冲击军事机关是违法行为，我要正告大家，鼓励你们闯军营的人是别有用心的，在你们身后有坏人唆使，你们如果不明真相，以后也是会后悔的。”

贾卫东喊道：“请你讲清楚别有用心的人是谁？坏人是谁？”

温玉泉问：“你真要问是谁吗？”

贾卫东说：“请你讲清楚，讲不清楚就是污蔑造反派！”

温玉泉说：“好！让公安局的同志宣布吧！”

公安局张同志亮出一个逮捕令，当众宣布道：“通过调查取证，现已查明，发生在机械厂的火烧档案室事件系贾卫东所为，他为了能进革命委员会，唆使张玉辉、马三火烧档案室，并栽赃对立面组织，他还向张、马许愿，如果他当了革命委员会主任，每人一个科长，张玉辉、马三对此供认不讳。”

在张同志宣布之后，两位警察给贾卫东戴上手铐。

贾卫东拒捕抗争。

温玉泉又乘机宣布道：“同志们，贾卫东纵火事件是个人行为，与延安兵团广大群众无关。毛主席教导我们，‘在工人阶级内部没有根本的利害冲突’，为什么非要形成势不两立的两大派？如果你们不能尽快地联合起来，天天陷于派性斗争，我们的国营大厂将永无宁日，毛主席强调要‘抓革命、促生产’，你们这样斗下去，停工停产，符合党中央和毛主席的要求吗？”

“造反派”群众开始松动了……

19

晚饭后。

从荣之、龚振华和孙长林、温玉泉谈话。

从荣之了解了温玉泉的情况，表扬道：“今天的事件处理得不错，温玉泉同志的政策观念很强，也很有策略，你负责团里的‘三支两军’工作，有什么感受和建议吗？”

温玉泉说：“谢谢司令员的鼓励，我是按常委会的决定行事的，应把成绩归功党委，归功我们团长、政委。”孙长林说：“司令、政委是想让你回答，怎么才能做好‘三支两军’工作？”

温玉泉说：“党委让我分管‘三支两军’，处理了几个工厂和学校的问题，通过这段工作我感受到：要做好‘三支两军’工作要把握好一个原则，支左不支派。一个单位不管是哪一派，那里的基本群众都是热爱党、热爱社会主义的，都是拥护党中央和毛主席的，都是关心国家大事和关心集体的，他们的大多数对停工、停产、停课很痛心，他们说‘工人不生产，学生不上课’，这样长久下去，国家不完了吗？这就是支左为什么不能支派的原因。”

“其次，认真宣传和落实党的政策，求大同存小异。……”

这时，团长田广川领着地方几位老工人走进来……

田广川说：“司令员、政委都在，这是国营三厂的几位同志，他们是来请我们‘三支两军’的。”

从荣之说：“坐下！坐下！怎么回事？请谈一谈。”

工人代表说：“我们是国营三厂的，我们那里也是闹派性，停工停产，听说松江机械厂军队派了代表，很快就大联合了，恢复了生产，厂里的老同志都坐不住了，委托我们找部队，能否也给我们厂派几个解放军，大家希望尽快地联合起来。”

龚振华说：“还是我们的老同志有觉悟，关心国家和集体的事，我们答应你们的要求，让孙政委给你们派人去。”

孙长林说：“你们放心吧，我们上级的首长都答应了，我们会尽快满足你们的要求！”

几位老工人高兴得站起来，说：“那我们代表我们厂的老同志，谢谢部队首长的关心了！”

从荣之、龚振华也站起来，说：“祝你们早一天恢复生产！”

这时，机要参谋送来一份电报，直接交给从荣之，说：“司令员，云副司令员发来的急电。”

从荣之接过电报，一条惊人的消息跃然纸上：“据可靠消息，造反派近日要冲击基地机关抢枪，请接电速回。云中山。”

从荣之把电报转给龚振华，说：“看一看，山城的造反派也在闹，要马上通知云中山采取防范措施，尤其是枪支。”

龚振华看了电报，说：“我们应立即回去，通知老云做出安排，枪你别担心，早让我关入坑道了，但也要加强警戒。”

从荣之说：“请苏参谋长给云副司令员打个电话，把我们的想法告诉他。”

苏茂生说：“是！”

第十三章

“三支两军”保大局　独立发射奏凯歌

1

从荣之、龚振华结束金川之行乘火车回到山城。

从荣之、龚振华的轿车刚刚驶出山城火车站，山城至青岗镇的道路就被游行的队伍堵塞了。

游行队伍高喊着不同的口号：“老保不投降就叫他灭亡！”“砸烂彭章全的狗头！”“彭章全是破坏大联合的罪魁祸首！”

从荣之问秘书：“发生了什么事？”

秘书说：“山城市工厂正在酝酿成立革命委员会，因为席位问题，两派互不相让，谈判解决不了，就上街抗议游行。”

从荣之说：“我们家里怎么样？”

秘书说：“‘造反派’围住了基地办公大楼已经六七个小时了。”

从荣之说：“云副司令怎么样？”

秘书说：“云副司令把机关和直属分队组织起来，组成人墙，把造反派’拒之大门外。”

从荣之说：“他们为什么冲击我们？”

秘书说：“从掌握的情况分析，‘造反派’冲击我们有两个目的，一是抢枪，要文攻武卫；第二个目的，逼部队支持他们。”

从荣之说：“陆副政委负责支左，这些情况他知道吗？”

秘书说：“知道。陆副政委也参加了接待工作。”

一个急刹车，从荣之没有防备，头顶到了车的挡风玻璃上。

从荣之说：“怎么回事？”

司机答：“有人截车。”

秘书迅速跳下车走上去问：“干什么？为什么截车？”

两个佩戴袖标的‘造反派’说道：“我们是矿山机械厂的无产阶级革命派，有行动，请解放军同志原谅，此路暂时停止通行。”

秘书说：“车上是部队的首长，正是前往处理此事，请让开，误了大事你负不了责！”

“造反派”听秘书讲话有来头，往车里望了望说：“好吧，放行！”

从荣之、龚振华拨开围攻办公楼的群众，走进办公楼。

云中山听说司令员、政委回来了，也走出作战值班室下楼迎接，与司令员、政委在楼梯相会，从荣之道：“老云，你辛苦了！”

云中山说：“阿弥陀佛，总算把你们盼来了！”

云中山和司令、政委回到作战室，龚振华急不可待地道：“谈谈情况，看怎么处理！”

从荣之问：“陆副政委呢？”

云中山答：“可能在他的办公室吧！”

龚振华说：“喊他过来！”

在作战室内，龚振华召集在家的党委委员开了党委紧急会议。

云中山把“造反派”围攻办公大楼的始末经过、发生的情况向党委作了汇报。

之后，龚振华向云中山和陆仲琦提出三个问题：“‘造反派’群众围攻办公大楼的动机是什么？他们为什么不和你们谈判、非要等我和司令员回来？他们围了办公楼为啥不采取行动？”

云中山和陆仲琦谈了他们的看法，但未作出确切地判断。

从荣之说：“围攻办公大楼的许多人不像街上的‘造反派’，我看他们的举止挺有分寸。”

龚振华说：“老从，你的意见怎么样？”

从荣之道：“我们先接见他们，看看他们在想什么。”

陆仲琦说：“我看参加围攻的多是矿山机械厂的‘保皇派’，司令员、政委接见时要注意。”

从荣之感到陆仲琦的提醒很意外，但对他的建议没做任何反应。

从荣之和龚振华走下办公大楼，由龚振华和围攻群众对话：“我是这个部队的政委叫龚振华，这位是我们的司令员从荣之，你们不是要和我们两个对话吗？我们刚从外地回来，现在和大家对话。”

龚振华话音未落，围攻的群众热烈鼓掌。

从荣之感到惊奇，这和金川“造反派”的形象“判若两样”。

从荣之补充道：“听说同志们已经站了六七个小时，还没吃饭，是否这样，大家选出代表，先吃饭，吃过饭我们和你们的代表一起谈。”

对从荣之的建议围攻群众默默不语，你看看我，我看看你，其中一个中年男子走上来说：“首长，你不是糊弄我们吧？我们来一趟不容易。”

众人道：“对，部队首长不能糊弄我们！”

龚振华说："矿山机械厂是我们部队的共建单位，我们负责那里的'三支两军'，怎么能糊弄大家？你们先吃饭，不放心可以在这里等着。"

这时，管理处送来了面包，管理员大声宣布："矿山机械厂的工人师傅，我们司令员、政委刚从外地回来，听说大家六七个小时没有吃饭，我们买了一些面包，大家将就着吃点吧，每人两个，一块咸菜，请大家就餐！"

中年男子看到这个场面，好像受到了感动，转过身对围攻群讲话："部队首长这么诚恳地对待我们，我们听司令员、政委的话，我提议，我们八个车间，每个车间一个代表，吃过饭，一起向部队首长报告情况。"

人群中发出一声呼应："好！"然后，热烈鼓掌。

2

龚振华、丛荣之简单地吃了一个面包，喝了几口水，一起走向会议室。

矿山机械厂的代表已经坐在会议室，见司令员、政委进来，都站起来，注视着司令员、政委的一举一动。

龚振华热情地招呼大家坐下："怎么样？咱们书归正传，你们想谈什么问题，就谈吧。"

丛荣之道："大家可以畅所欲言，不打棍子，不抓辫子，不整黑材料。"

几位代表"嘿嘿"地笑了。

代表甲站起来道："我们受'工联派'广大群众的委托，向首长反映我厂'文化大革命'的情况。"

丛荣之说："你们厂分成几派？你们和天联派是什么关系？"

代表乙说："我们厂的群众组织分两大派，'天联派'和'工联派'，'天联派'是我们的对立面。"

丛荣之问："你们那里是不是发生了武斗？"

代表丙答："已经发生几起了，不少职工受了伤！"

龚振华道："你们要反映什么情况，请讲吧。"

代表丁答："我们厂是三万多人的大厂，是省工业学大庆的先进单位，老厂长兼党委书记彭章全是多年的劳动模范，曾经受到毛主席和周总理的接见。'天联派'说彭章全是走资本主义道路的当权派，要坚决打倒；还说我们厂是一面工业学大庆的'黑旗'，一定要'砍掉'。"

代表甲插言道："彭章全是抗美援朝下来的战斗英雄。我们厂生产的矿山机械在全国是有名的，我们获得过很多证书和奖章，我们厂是山城的利税大户，这些都是彭章全的成绩，连这样的好干部都要打倒，还有没有是非？"

代表甲道："他们不仅批判彭章全，还给他戴高帽子，游街，坐飞机。他们动不动就打人骂人，我们看不上，就成立了'工人联合行动司令部'，和'造反派'对着干。厂里发生几次武斗,都是为了保护彭章全引起的。这是我们工人的自发行动,‘天联派’却诬蔑彭厂长是挑动群众斗群众。后来,陆政委到我们厂支左,我们盼望着大家能消除派性,实现大联合。可陆政委说我们是保皇派,彭章全也不能进‘三结合’,我们对此不服,最后大家商定,上访。”

从荣之问:“你们其他同志还有什么要讲的?”

代表乙答:“我们盼望部队首长到我们那里看一看。”

龚振华问:“毛主席号召‘抓革命,促生产’,你们厂是怎么贯彻的?”

代表乙答:“彭章全讲话不灵了,现在工厂名义上在上班,实际是出人不出力,月月完不成计划,还总出质量事故。”

从荣之道:“你们厂是我们的‘支左’单位,向我们反映情况是正当的。通过对话可以看出,你们对工厂的命运是关心的。我向你们表个态,矿山机械厂的事我们会尽快研究解决。”

龚振华说:“你们回去要向你们的同志宣传,不‘抓生产’只搞运动,那不符合毛泽东思想,你们应当带头‘抓革命,促生产’。”

十名代表站起来:“谢谢部队首长,我们一定按照首长要求去做。”

从荣之和龚振华送走了矿山机械厂的上访人员。

龚振华对从荣之道:“真让你言中了,是我们‘三支两军’有问题。”

从荣之说:“必须纠正目前的偏差,不然,发展下去会发生难以想象的后果。”

龚振华说:“马上召开党委会。”

3

雪山基地首长会议室。

党委会在讨论“三支两军”工作。

龚振华说:“上午,我们以党委的名义召开了‘三支两军’工作座谈会。这次座谈会,围绕‘三支两军’中带有普遍意义的问题展开了讨论,客观上起到了总结和交流经验的作用。会上形成两种对立的观点:一种观点认为,‘支左’就是支持‘左派’,如果什么组织都支持,就失去了‘支左’的意义;另一种观点认为,任何一个单位的基本群众都是关心集体、关心企业,都是热爱党热爱社会主义的,如果支一派压一派,这个单位就很难安定下来,即使联合了还会垮掉。党委决定把这个问题提交党委会讨论,作出决议。”

王子芳说:“无产阶级‘文化大革命’已经进入大联合、建立新生政权的阶段,消除派性是一个重大的问题。不清除派性就不可能走向联合,新生政权的建立也没有基础,我们必须停止支一派疏一派的做法。”

云中山说:“我认为王子芳同志的观点符合毛泽东思想。毛主席指出,对干部队伍要有一个基本估计，他说百分之九十五以上的干部是好的，坏人只是极少数；还说，在工人阶级内部没有根本的利害冲突，为什么非要形成势不两立的两大派组织？团结和联合是当前的最高要求。现实已表明，支一派压一派必将走向反面。”

孙长林说：“根据我们在金川地区的经验，必须坚持毛主席的两个估计，既要相信我们的干部、广大的群众绝大多数是好的，又要相信坏人或者是有问题的只是极少数，有了这两个基本估计，才能不为派性所干扰。松江机械厂，我们的宋军祥支一派压一派，另一派不服，都上街游行，还发生武斗。我们撤了宋军祥，重新派了干部，新派的干部贯彻党委的要求，从清除派性入手做好双方的说服教育工作，很快促成了大联合，成了地区的典型。”

龚振华说：“陆仲琦同志，大家对你的观点提出了批评，要纠正‘支左必支派’的观点，你对此有何想法？”

陆仲琦答：“中央提出，解放军一定要支持左派群众，左派在许多时候是少数派，但他们代表发展方向，我仍然认为，放弃支持左派群众就失去了支左的意义。”

从荣之说：“我们得到消息，目前矿山机械厂正在酝酿着更大的冲突。据说，‘天联派’在秘密打制武器，如果不能实现自己的目的，他们将挑起武斗，煽动停工停产，以此唤起外界的支持。矿山机械厂是地区最大的企业，这种情况一旦发生，不仅会给国家带来重大的经济损失，对地区的大联合、‘三结合’也会造成不良的影响。我们必须立即停止支一派压一派的做法，用中央的大联合的精神宣传群众、组织群众。”

陆仲琦道：“如果这么做，那就等于宣布我们支左的大方向是错误的，‘工联派’有可能一翻到底，引起更大的混乱。”

从荣之道：“在群众面前敢于承认错误、修正错误是有信心有力量的表现。这样做不仅不会降低我们的威信，相反，会使更多的群众拥护我们。据我了解‘工联派’的群众都是基本群众，他们渴望大联合，他们只会叫好，不会做出妨害大局的行动。”

4

陆仲琦回到家闷闷不乐。

陆仲琦的妻子胡月琴看在眼里，问道：“老陆，瞧你闷闷不乐，遇到什么烦心的事了？”

陆仲琦叹口气说：“我在矿山机械厂支持‘造反派’，党委说我搞偏了，让王子芳出山，把我换下来了。”

胡月琴说：“时下，‘三支两军’能呼风唤雨，把你拿下来，总得有个说法！”

陆仲琦说：“基地党委有一个规定，支左不支派，这是军委八条的规定。可毛主席指示解放军要支持左派群众，怎么算对？他们还把山城群众斗群众的责任扣到了我的头上。”

胡月琴说:“既然毛主席这么指示,为什么不抗争?”

陆仲琦说:“我在党委是少数,大多数不支持这个意见。”

胡月琴说:“小琦马上要回来,听听外边的情况,如果对就和他们斗。”

陆仲琦夫妇正在对话,儿子陆小琦背着一个背包推开门进了房间。

胡月琴一阵惊喜,说:“小琦,我和你爸正在说你呢,才说你回来,你就进家了。”胡月琴边说边走向前帮儿子取下背包。

陆小琦一米八的个子,他是军区警防营的排长,陆小琦放下背包,向陆仲琦问道:“爸爸好吗?”

陆仲琦看到儿子回来了,心情好了许多,但仍是不冷不热地回了一句:“好,还算行吧!”

陆小琦觉得爸爸神色不对,问:“怎么啦?有什么事?”

胡月琴抢先道:“你爸爸‘三支两军’,辛辛苦苦,被人家拿下了,在生闷气呢!儿子,你在省城,了解上边的情况,你帮你爸爸拿拿主意。”

陆仲琦道:“小琦刚回来,先吃饭,吃过饭再说。”

吃过晚饭,胡月琴忙着收拾东西,陆小琦追着陆仲琦谈问题。陆仲琦把他支左受挫的前前后后向儿子讲了一遍。

陆小琦听了父亲的陈述,劝慰道:“爸爸不要灰心,你遇到的情况是一个普遍问题。我听过我们副政委的讲话,他是中央首长的联络员,他就讲过,支左必须旗帜鲜明,如果不偏不倚,那还叫支左吗?我建议你给联络员写封信,反映一下基地的情况,你可能会得到肯定和支持。”

陆仲琦很早就有上访的想法,听儿子这么一讲,顿觉眼明心亮:“儿子的兵没有白当,爸爸早有此意,但我身居深山老林,哪能靠近人家?”

陆小琦说:“这你别担心,我们教导员是联络员树的学毛著的典型,教导员要定期向联络员汇报情况,你写封信,我让我们教导员转给联络员,很快就能听到回音。”

陆仲琦说:“好!我写封信,请儿子代劳。”

胡月琴收拾完东西也凑过来,说:“龚振华以势压人,告他去。”

5

矿山机械厂。

厂内道路两旁贴满了大字报和大标语。

从荣之、龚振华、王子芳在工人师傅的陪同下视察生产车间。在一个车间里一伙年轻人正在打扑克,看到从荣之几个军人走进来,其中一位小伙子打着哈哈,举起拳头喊:“向解放军学习!”其他几位用敌视的目光看着丛荣之。

丛荣之走上前,很和气地问道:“小伙子,好像不欢迎我们,怎么回事?”

陪同丛司令员的张师傅急忙介绍道:“这是雪山工程指挥部的丛司令员、龚政委,他们都是参加过长征的老同志,听说我们厂里派性斗争严重,迟迟不能大联合,放心不下,是来帮助我们解决问题的,还不表示欢迎。”

几个年轻人将信将疑,但眼中的敌意消失了。

张师傅解释道:“这几个年轻人都是厂里的生产突击手,经常上光荣榜,厂长被打成‘走资派’,连他们也受到牵连,‘造反派’给他们办学习班,要他们揭发批判厂长,他们不干,于是成了厂里的逍遥派。”

龚振华说:“你们矿山机械厂是山城地区最大的企业。你们厂一个月的产值相当于周边几个县全年的农业收入。你们厂如果停产,会使国家的经济遭受重大损失!毛主席号召‘抓革命、促生产’,而矿山机械厂却面临着全面停产的危险,让人忧心啊。我们到你们这里调查,就是想找到妨碍大联合的症结,使机械厂走上正常的轨道。”

几个年轻人听了好像看到了希望,露出了兴奋的眼光。但一个年轻人仍用怀疑的口气反问道:“机械厂情况复杂,两派斗争谁也不让,有那么多人反对,能联合吗?”

王子芳说道:“我们坚信,无论哪一派的群众都是热爱党、热爱社会主义的,他们都关心集体,都是企业的主人。他们没有根本的利害冲突,他们会顾全大局,联合起来。”

龚振华说:“前期,我们对中央的政策掌握得不够全面,伤害了一部分职工的感情,我们改正了,相信群众是能够理解的。”

第二天,矿山机械厂贴出了一条醒目的标语和一张座谈会的通知,吸引着进厂的所有工人。

标语上写着:热烈欢迎军管会“消除派性、搞好大联合”的主张!

看标语的职工窃窃私语:“昨天来的一个是司令员,一个是政委,都是老红军,他们行!”

“他们和陆副政委讲话不是一个调,陆副政委没有来,听说来了一个姓王的主持军管会,主张要变了,走!听一听。”

在机械厂的礼堂里。

丛荣之、龚振华、王子芳、市委有关领导。

龚振华首先宣布雪山基地关于调整军管会人员的决定。

龚振华说:“根据部队工作和地区‘文化大革命’的需要,雪山工程指挥部党委经过研究,决定调王子芳副政委赴矿山机械厂主持军管会的工作。党委要求王子芳同志遵照毛主席的教导，要团结百分之九十五以上的干部和群众，消除派性，尽快实行革命的大联合和‘三结合’，迅速掀起‘抓革命、促生产’的高潮，团结起来，争取更大的胜利。”

龚振华话音刚落，王子芳快步上前，向与会群众敬了一个军礼，说道：“同志们，我是王子芳，遵照部队党委的指示，我到矿山机械厂担负军管任务，新的军管会将紧跟党中央的部署，高举‘大联合’的旗帜，‘抓革命、促生产’，把企业的斗批改深入下去。”

在王子芳讲话的当儿，一伙不明真相的群众冲击会场。

他们高喊着口号：“强烈要求陆副政委回厂主持军管会工作！”“反对保皇派头头进入革命委员会！”

维持会场秩序的代表要阻拦他们进入会场。

从荣之看到眼前发生的状况犹如金川机械厂的翻版，他气如洪钟地命令道：“不要拦，让他们进来！”

这伙冲击会场的人进了会场却有些犹豫了，不知道应当怎么讲，说些什么，呆呆地站在那里。

从荣之大声问道：“你们是哪个组织的？你们想讲什么？讲吧！”

领头冲击会场的是一个瘦高个，回答道：“陆副政委在这里支左支的很好，为什么把他撤回去？”

从荣之理直气壮地：“由谁在这里主持军管会这是我们军队内部的事！至于为什么答案很简单，工作需要。”

瘦高个喊：“谁否定‘造反派’就是否定‘文化大革命’，我们决不答应！”

从荣之说：“你们还没有回答我的问题，你们代表谁？你代表哪个组织？”

瘦高个说：“我们是革命群众，哪个组织都不是。”

从荣之说：“好！既然你们是革命群众，哪个组织都不是，我就开诚布公地告诉你们，我们遵照中央军委的指示，要旗帜鲜明地支持矿山机械厂包括你们在内的所有群众。为什么呢？毛主席指出我们广大的干部和群众百分之九十五以上是好的，有问题的只是极少数。无论是‘天联派’还是‘工联派’，都是革命的群众组织，大家都是热爱党、热爱社会主义，都是关心国家大事、关心企业的。你们都是企业的主人。没有根本的利害冲突，为什么非要分个你是我非？我们之所以改组机械厂的军管会，就是因为他们在这点上做得不够好。我们山城地区的大多数企业都实现了大联合，建立了革命委员会，而矿山机械厂——山城最大的企业却迟迟不能联合起来，使毛主席‘抓革命、促生产’的指示不能在这里落实。不能联合起来，根子在哪里？原因就是派性在作怪，只有消除派性，矿山机械厂的‘文化大革命’才能走上健康的轨道。”

两组织代表鼓掌。

从荣之讲完停顿一下，接着问道："你们说是不是？"

瘦高个感到无言以对，望着"天联派"的头头，"天联派"的头头把头扭了过去。

瘦高个脸上显出怒色，然后向从荣之鞠了一躬，答了一声"是"，然后领着一伙人离开了会场。

旁白："后来，王子芳在从荣之和龚振华的支持下，大力宣传党中央的方针政策，对两派群众组织的头头开展了耐心细致的说服教育工作，他们逐渐消除了派性，不久打破山头，实行了革命的大联合，原厂长也获得了解放，建立了三结合的革命委员会，矿山机械厂出现了'抓革命、促生产'的大好局面，王子芳同志任这个厂的革命委员会主任，一直任职到他调出雪山基地。"

6

北京。

七机部某研究所。

在一个挂着电路图的房间里，高级工程师郑大林正在解答冯文博提出的技术问题，他讲得很认真，欧阳平、黄玉栋等听得很入神。

郑大林说："在那次发射中，从胶片上看横向输出超差，能否发射一时成了问题.但经过分析计算，我们认为这种超差不是仪器质量问题，是当时所处的发射位置，由于地球自转的角速度使横向表产生一个角度引起的。这种影响在导弹起飞后就会消失，所以不影响发射。总指挥采纳了我们的意见，继续发射，最后发射成功，而且精度很好。所以，搞自动控制的还要懂得大地物理学，要善于识别和排除一些假象，这是导弹专家应具备的素养。"

冯文博说："精彩！精彩！"

欧阳平说："谢谢郑老师！"

冯文博提出想了解发射导弹的准备情况。

郑大林带有几分欣喜，介绍道："你们来的正是时候，黄老总刚刚解脱，他一出来首先过问的就是导弹的定型试验，他不顾身体虚弱，始终工作在调试的第一线。"

冯文博抢问道："怎么？黄老总受到冲击啦？"

郑大林的脸色沉重起来："何止是冲击！简直是迫害。'造反派'诬陷黄老总里通外国，硬是把它关了起来。黄老总告诉他们，我没有问题，我们做的这些都是按周总理的部署进行的。'造反派'恼了，公开批斗他，不服就让他坐'喷气式'飞机。"

欧阳平说："那黄老总是怎么被解脱的？"

郑大林的脸上现出了光彩，说："如果讲黄老总的解放，首先要感谢周总理，也要感谢我们的钱院长。"郑大林咳了两下，把周总理接见国防科技战线'造反派'及于桑主任怎样强制'造反派'交出黄老总的经过讲述了一遍——

7

人民大会堂。

周恩来召见科委、工委、各机部的领导和群众组织的代表，发表重要讲话。

周恩来首先指出：“现在各个研究院的‘文化大革命’都发动起来了，但由于观点不一形成了势不两立的两大派，有的还分成了三派。有的研究院还发生了群众组织要夺权，使科研生产近于瘫痪。国防科技事关国家安危，绝对不能停下来，必须立即采取措施扭转这种局面。”

与会代表聚精会神聆听总理的指示。

周总理接着说：“为解决这一问题，我向主席报告了情况，提出了所要采取的措施，主席批示同意，要求照此执行。

“第一，国防科技战线必须坚决贯彻毛主席关于‘抓革命，促生产’的方针，军工科研部门不搞串联，不能停工停产闹革命，任何脱离生产单位的做法都是错误的。凡是成立两派群众组织的单位，要克服派性，尽快实现大联合。

“第二，当前正在实施的《两年规划》是经毛主席批准的国防发展计划，每一个项目都会影响国防现代化的进程，党、政、军、工、群都必须明确，任何干扰和妨碍科研生产的行为都是错误的。

“第三，为了保证国防科研的正常进行，从即日起，对所有研究院、军工企业实行军事管制，军管会是军工企业的领导指挥机关，所有军工企业、研究部门凡实行军管的，都要接受军管会的领导。”

总理讲到这里停顿了一下，发问道：“一院杨政委来了没有？

杨政委站起来答道：“总理，我来啦！”

周总理说：“我郑重地告诉你，一院业务上是钱学森挂帅，你是政治保证。钱学森如果不能正常工作，拿你是问。我这里有一个名单，你们要保护他们，如果有人被抓，你们要劝说，如果劝说不成，可以用强制措施解决问题。”

与会人员热烈鼓掌。

周总理又提醒二机部人员道：“我讲过，二机部是高度机密的要害单位。要有高度的政治思想性，高度的科学性，高度的组织纪律性，你们那里的群众组织要夺权，请转告他们，这不行。夺权只能夺文化大革命的权，不能夺业务权，业务权属中央。研制氢弹是党中央和毛主席亲自批准的重要任务，两派组织不管分歧多大，在业务上必须一致，都要尽心尽力完成，不得因观点不同影响生产。”

不久，叶剑英以中央军委的名义发出通知，对军工企业和研究机构实行军管，保证了军工生产的正常进行。

张爱萍传达周总理的指示，解放黄国路。

“造反派”说：“黄国路有通敌卖国的嫌疑，像这样的人能解放吗？”

钱学森劝说道：“黄国路是有不少海外朋友，但他是爱国的。”接着钱学森向他们讲述了黄国路鲜为人知的经历——

纽约。1950 年。

青年黄国路正在阅读《留学生通讯》。

上面赫然印着《致全美中国留学生的一封公开信》，信中写道：“从现在起，四万万五千万的农民、工人、知识分子、企业家将在反封建、反官僚资本主义、反帝国主义的伟大旗帜下，团结一心，合力建设一个新中国，一个自由民主的中国，一个以工人农民也就是人民大众的幸福为前提的新中国。要完成这样的工作，我们海外学子有着不可推卸的责任。同学们，听吧，祖国在向我们召唤，四万万五千万父老乡亲在向我们召唤，五千年的光辉文明在向我们召唤，我们的人民政府在向我们召唤。我们不是发誓要报效祖国吗？祖国已发出了召唤，我们还犹豫什么？还彷徨什么？我们该回去了。我们赶快回去吧，请把我们的血汗洒在祖国的土地上，用我们学到的知识灌注出灿烂的民族之花。”

黄国路欣喜如狂。他拿着那本杂志，跑步找到华裔美籍女朋友艾丽莎，向丽莎宣布了他的决定：“丽莎，以朱光亚为首的 52 名留学生发出倡议，一起回国建设我们自由民主的新中国。这是千载难逢的机会，我决定回到祖国去。”

艾丽莎惊讶地望着黄国路问：“你是否太冲动了？你的学业还没有完成，怎么能放弃呢？”

黄国路说：“从殖民地半殖民地下解放的新中国，千疮百孔，国家急需大量的知识分子投入建设，尽快医好战争留下的创伤，这是我们报效祖国的时候，放弃学业是值得的。再说，学海无涯，永远没有尽头，我怎么能够等下去？”

艾丽莎说：“那我们怎么办？你知道，我父亲只有我一个女儿，他希望你毕业后留在美国，待我们婚后把他的公司交给我们，你留在美国在事业上一定会有很好的发展，希望你好好想想，一定要慎重考虑。”

艾丽莎流下了深情的泪水。

黄国路神情沉重地说：“丽莎，这个我想过了，我了解你对我的感情，也了解老人家的心愿，你们一家对我的恩情我会永远铭记心间。但是，当个人利益同国家利益发生冲撞时，我们应当怎样选择呢？中国有两句古训：国家兴亡，匹夫有责；另一句是忠孝不能两全。为了报效国家，不得不这样选择。”

艾丽莎哭着扑向黄国路：“国路，我爱你，我不能没有你。希望你珍惜这份爱，不要走，还是留在美国。”

黄国路抚摸着丽莎的头发，耐心地解释着……

美国某海港。

几十名提着箱子的中国青年陆续登上“克里弗兰号”商船。

黄国路快步登上甲板，放下箱子，和已经登船的留学生握手拥抱。

黄国路回过头望着即将离去的美丽的城市。

黄国路发现，在拥挤的人群中有一位少女在蹿动，她直奔商船而来，那女子来到船前东张西望，好像在寻找什么人。

黄国路认出是自己的恋人艾丽莎，又快步跑下甲板，高喊着“艾丽莎！”艾丽莎望见黄国路也跑了过来。

黄国路想拥抱丽莎，但想到未知的将来，他克制了自己的行为。然后愧疚地说：“丽莎，我伤害了你们一家，没想到你还为我送行。”

艾丽莎以一种少有的庄重，从容地为黄国路开脱：“生命诚可贵，爱情价更高，若为自由故，两者皆可抛。你是中华民族的赤子，你能为国家牺牲自己的一切，我佩服你。祝你回国后能成就一番事业，我为你祝福。”

黄国路如释重负：“谢谢丽莎对我的理解与鼓励，我会把你的一片赤诚埋在心里，为民族复兴贡献自己的力量，实现你和海外华人对我们的重托，让世界所有华人看到祖国的强大。”

开船的汽笛响了。

艾丽莎把一个布包双手交给黄国路：“这是我父亲为你购买的两本书，请你带回去，将来也许能够用上。现在不要打开，将来遇到难关时再打开。”

黄国路紧紧地握着丽莎的手：“谢谢！谢谢！中国一定会强大起来，我们后会有期。”

黄国路登上商船。

“克里弗兰号”商船缓缓离开港口，黄国路和艾丽莎挥手致意。

黄国路登上甲板，几十名学子围在华罗庚的身旁，他们高歌《回到祖国去》，歌词是：

赤子情，报国心，我催舰儿快点飞。百年梦想实现了，我看到五星红旗飘彩云。从今中国要强大，东方巨龙要腾飞。回来吧！回来吧！祖国人民召唤你；回来吧！回来吧！炎黄子孙要归根。

赤子情，报国心，我催舰儿快点飞。百年梦想实现了，我听到神州大地战鼓擂。从今中国要强大，东方巨龙要腾飞。回去吧！回去吧！我把一切献祖国。回去吧！回去吧！莫忘祖先报娘恩。

黄国路回国后的第一件事是到天安门广场瞻仰五星红旗。

周恩来召见黄国路。

黄国路："从今天起，我把自己交给了祖国，让我干什么，请祖国安排！"

黄国路被分配到科学院，周总理设宴招待他们。

周总理致词欢迎留学生归来。

周总理在致词中指出："我看了朱光亚等52名留学生发起的倡议书，非常感动。从那封公开信我看到了你们的爱国主义热忱，看到了你们共赴国难、报效祖国的赤子之心。祖国需要你们，人民需要你们，中华民族的复兴需要你们，振兴祖国的重担将历史地落在你们身上。我代表党中央和毛主席，代表人民政府，代表四万万五千万人民欢迎你们归来，党希望你们同人民一道，为建设一个强大的、自由民主的、人民幸福的新中国而努力！"

归国留学生站起来热烈鼓掌，黄国路流着激动的泪水。

周恩来根据毛泽东的指示，主持制定《科学技术十二年发展规划》，把原子武器的研制作为重点项目。

黄国路参加了十二年规划的研究制定，研究课题是导弹核武器。

由于手头缺少资料，黄国路苦思冥想，进展缓慢。

黄国路突然想起艾丽莎送行时嘱咐，急忙翻箱找出了那个布包，打开布包，是两本书，一本是《圣经》，一本是《现代物理与工业发展概要》。

《概要》比较系统地介绍了现代物理与核武器的发展关系。

黄国路如获至宝，细心阅读，边看边画，对重点章节划了又抄，天由亮到昏……

黄国路发现书中夹着艾丽莎写的短信："如果在国内不能得到发展，希望你能果断地回到我的身边，我准备用七年的时间耐心地等着你。如果不能重回美国，我也是你永生的朋友。艾丽莎"

黄国路立即给艾丽莎回信，介绍他回国后的情况。黄国路告诉她："我们受到了周恩来总理的接见，总理在讲话中指出，'祖国需要你们，人民需要你们，发展科学的重担历史地落在了你们的肩上'，我被分配到中国科学院工作，祖国为我们的发展提供了广阔的天地……"

"黄国路为了表达自己对祖国的忠诚，放弃了和艾丽莎的恋爱关系，两年后和现在的妻子结了婚，并把他们的结婚照寄给了艾丽莎。"

1957年反右派斗争时，曾经有人提出这个问题，黄国路将这段历史写成材料交给了组织。组织部门经过审查为黄国路作了"历史清楚"的结论。黄国路主持我国导弹的设计，为着避嫌，断绝了同艾丽莎的联系。

"造反派"问："艾丽莎的父亲送给黄国路一本《圣经》是什么意思？分明要搞和平演变，这样的危险人物我们能重用他？"

于桑答："艾丽莎的父亲送给黄国路一本《圣经》，我们可以理解为，这是一个外国人心愿的寄托,愿上帝保佑黄国路,愿他一生幸福,一生平安。”

“造反派”说:“江青同志指示,黄国路是帝国主义和平演变的重点对象,我们要继续审查,不能放。”

于桑严厉斥责‘造反派’头头:“黄国路是周总理圈定的保护对象,如果不放黄国路,就是对抗周总理的指示。”“造反派”终于解除了对黄国路的监管。

黄国路回到研究所,带领全所迅速恢复被停下的课题……

冯文博和欧阳平、黄玉栋听得入神,对黄国路的崇敬之情油然而生。

冯文博说:“谢谢!你为我们上了一堂生动的政治课。”

8

七机部某厂车间。

科技人员身着白大褂正在调试仪器。黄盈盈正在专心致志的工作。

郑大林领着冯文博进入车间。车间的师傅见了郑工都热情地和她打招呼:“郑工好!‘打攻坚战’总少不了你!”

郑大林找到车间主任,对他说:“老金,这是部队的几位同志,经院里批准参加我们的出厂调试,一是学习,也顺便了解发射弹的情况。”

金主任说:“院里早已通知了,欢迎!欢迎!”

冯文博自报家门:“我叫冯文博,是郑工的老朋友,请多多关照!”

金主任和他们握过手,召呼:“黄盈盈,过来一下。”

黄盈盈走过来问:“主任,什么事?”

金主任说:“部队的几位同志要参加我们的调试,你给他们准备几套衣服,拖鞋和证件。”

黄盈盈转过脸发现欧阳平站在面前,不知是喜还是羞,脸变得粉红,好像很尴尬。

欧阳平已经察觉到黄盈盈的表情,热情而稳重地说:“黄盈盈同志好!”伸出手要和盈盈握手。

黄盈盈为了避开他人的注意,连忙和欧阳握手:“欧阳好!”

金主任问:“你们认识呀?”

冯文博答:“黄盈盈和我们一起执行过任务,也是我们的师傅呢!”

黄盈盈红了脸:“冯队长真会开玩笑。”

黄盈盈给冯文博五人取来了工作服。

冯文博、欧阳平、黄玉栋等穿上白大褂随黄盈盈走进调试车间:那里马达轰鸣,调试人员井然有序地工作……

晚上。

北京一家火锅店的二楼。

在一个房间里，欧阳平和黄盈盈在吃饭。餐桌上摆着烧木炭的火锅，周围放着牛羊肉和青菜，高脚杯里盛着红色的葡萄酒。欧阳平和黄盈盈碰了碰杯，饮了少许，放下杯。

欧阳平发问道："戈壁分手时你为我送行，你提出要保持联系，为什么一别连一点消息也没有？"

黄盈盈答："我家的遭遇你没有听说吗？"

欧阳平说："这次进京学习刚刚了解到。"

黄盈盈说："执行任务回到北京，我还没有来得及给你写信，意想不到的事情发生了。我父亲被'造反派'软禁起来，说他'里通外国'，是反动的学术权威，要打倒他。他们还诬蔑我向国外出卖机密，把我也拘禁起来，让我揭发父亲，交待问题。当时犹如晴天霹雳，我想不通哭得死去活来。妈妈听说我回来了要见我，他们说我在接受审查，不准见面。后来我父亲被送到五.七干校劳改，才把我放了出来。我和妈妈总算团聚了，抱头大哭了一场。那时我失去了生活的勇气，真想一死了之。再后来，所里实行了军管，军管会于主任找到党委书记，把我放到了车间，也算是把我保了起来。面对如此冷酷的命运，我哪还有心思谈情说爱？再说，我也担心因为我毁了你的前程。"

黄盈盈不停地擦泪。

欧阳平说："那你也应该写信告诉我，虽然帮不了大忙，总可以得到一点安慰么！我们都知道，黄总对尖端武器的研制有重大贡献，是周总理表扬过的知识分子，我们不相信加在黄总身上的不实之词，现在你解脱了，也该来个信嘛！"

黄盈盈答："对不起，我刚解脱，太忙，还没顾上，请谅解。"

欧阳平意识到自己言重，急忙转了话题："我们军队也不平静。现在有人要'揪出军内一小撮，批判带枪的刘邓路线'，许多有才干的军事干部也老是挨整。通过看到听到的这些情况，我悟出一个道理，不三不四的人越整你、骂你，越说明你很出众，什么事都干不成的人谁整他干啥？"

黄盈盈高兴起来："欧阳，你这话我爱听，我也想，他们整爸爸，这说明爸爸是个举足轻重的人物。"

欧阳平说："对呀！就应当这样认识。"

黄盈盈举起酒杯，提议道："欧阳，为我第一次开心干杯！"

黄盈盈和欧阳碰了杯，将半杯红酒一饮而尽。

黄盈盈又给欧阳斟上满满的一杯，自己也满上："欧阳，为我干杯！"说着又一饮而尽.接着又倒上一杯。

欧阳觉得盈盈过于兴奋，担心她醉酒，连忙制止说："盈盈，我们不能再喝了，再喝我要醉酒了。”

黄盈盈说：“没事！没事！我还不醉，你能醉？开心！开心！”黄盈盈又把一杯酒饮了下去。

欧阳平确认盈盈已经醉了。结了账，欲送盈盈回家，黄盈盈却趴在桌子上睡着了。

快到关店时分，欧阳平唤醒了盈盈，扶着她走下楼梯，盈盈摔了一跤，欧阳急忙搀扶，盈盈紧紧地抱着欧阳不放，嘴里喃喃着：“欧阳！欧阳！……”

9

夜幕下的金川火车站。

在金川站的周围布满了岗哨，车站被戒严，在车站的外围公安人员封锁了路口。

在车站内停着一辆平板车，车辆轰鸣，手电筒光闪闪，东山团官兵在装载装备车辆，在距站台300米外，大吊车伸着长臂在装载导弹……

张云涛在田广川陪同下巡视装载。

张云涛问：“冯文博的技术团进场学习是怎么安排的？”

田广川答：“他们和我们同行，在丰台车站下车，然后进厂。”

张云涛说：“明天给他们开个会，再压压担子。”

田广川说：“冯文博压力很大，他向我表示准备挨板子。”

张云涛和田广川、肖百川从站台的一端走到了另一端，用手电筒逐台地检查车辆捆绑加固情况，并说：“这条经验要传下去，练不练大不一样。”

张云涛和田广川谈话时梯队值班员前来报告：“副司令员同志，装备车辆已经装载完毕，经检查捆绑加固符合要求，执行任务人员已全部登车，准备发车，请两位首长指示。”

田广川问：“军代表同志检查了吗？”

值班员答：“检查了。”

这时军代表走过来。军代表向张云涛敬礼道：“我们对装备车辆的装载情况进行了检查，均符合装载要求，部队好像经过专门训练，相同的部位捆绑加固几乎一个模样，可以发车了。”

张云涛问：“还存在什么问题？请军代表同志不客气地指出来。”

军代表答：“没有了。部队首长还有什么特别要求，我们通知下一站。”

张云涛说：“谢谢军代表同志！”

张云涛和田广川登上各自的卧车。

值班员发出急促的登车哨声……

军列徐徐离开金川站。

汽笛长鸣，军列消失在夜幕中……

白天。

东山团的军列在辽阔的中原大地飞驰……

夜晚。

东山团的军列在崇山峻岭间穿行……

白天。

东山团的军列进入浩瀚的戈壁……

张云涛望着窗外的戈壁问田广川："我们气象分队来了多少人？"

田广川答："包括气象室的同志总计 12 人。"

张云涛说："戈壁的气象和我们那里可大不一样，到了以后，要先把保障分队的训练安排好，这方面的专业人才也是不可忽视的。"

田广川说："到了以后我先去找姜司令，他们会给我们派出最好的老师。"

张云涛又转向樊德禄："试验基地对组织发射包括核试验的卫勤保障都积累了宝贵的经验，到了以后，你们要主动地去拜访他们，这是建立研究课题的好机会。"

樊德禄说："这也是孙院长给我们明确的任务。我们一定很好地向试验基地学习，在不长的时间里理出我们自己组织卫勤保障的头绪来。"

张云涛问："你们是怎么分工的？"

樊德禄答："我负责防辐射课题，梁玉洁负责烧伤防治。"

张云涛又问："梁玉洁学过这个专业吗？"

樊德禄答："她在医大学习时参加过重度烧伤的抢救，有这方面的基础。"

这时，梁玉洁背着药箱从另一个卧铺车厢走过来。

张云涛看到梁玉洁："说曹操曹操到。"

梁玉洁说："首长也说部下的坏话？"

张云梁说："可不是坏话，是夸奖你呢！"

梁玉洁不好意思地笑了。

军列缓缓进入沙洲基地专用线。

在站台上站着作试处长杨国栋、总工程师刘枫山和机关相关部门的领导。

张云涛走下自备客车，他们立即迎上去向张云涛敬礼问好。

张云涛和他们一一握手，握过手张云涛不停地向前方张望，心里嘀咕着："姜司令员怎么没有来？"

杨国栋好像看透了张云涛的心思，很礼貌地解释道："基地首长召开会议，委托我们迎接发射部队，需要我们做什么，请张副司令员指示。"

张云涛很客气地回应道："没关系，没关系，谢谢，谢谢！

10

龙山试验基地东山团驻地。

在一个临时的教室里集训班在讲课。

在讲课的教员是沙洲基地作试处处长杨国栋。

在黑板的上方的横幅上写着:雪山基地指挥保障学习班。听课的学员是雪山基地东山、北方团首长机关人员与基地保障分队的相关人员,他们边听边记录,张云涛坐后排,戴着眼镜,也在认真记录。

杨处长在黑板上写上:试验基地首长指挥发射的各种保障及其组织。

杨处长说:“关于发射的保障问题我们也处在探索阶段,它同作战部队的保障要求会有不同之处。因此,仅供首长和同志们研究问题时参考。目前,试验基地的发射保障主要是四种保障,一是通信保障,二是侦察保障,第三是技术保障,第四是后勤保障。前两种保障也称指挥保障。下边我分别介绍……”

两小时后,教室里响起热烈的掌声。

张云涛陪杨国栋、刘枫山等共进午餐。

饭后,张云涛把杨国栋请进自己的办公室聊天。

张云涛说:“这次到你们这里我有一种感觉,觉得你们这里气氛不正常。听说姜司令员在家,两次去都没有见到,政委告诉我姜司令员外出学习了,到底是怎么回事?你和刘枫山好像也不比去年精神。”

杨国栋微微一笑:“副司令员很有眼力呀!上次你们从这里撤场后不久,科委来人考察姜司令员的情况,听说是科委副参谋长的人选;但过了一阵又有人来考察,宣布姜司令员有严重的政治问题,有人告他在一次发射中临时改变射向,这个射向指向中南海,试图袭击党中央,随后通知他停止工作,接受审查。”

张云涛问:“会发生这样的事情?”

杨处长说:“他们还把我、刘枫山、侦查处长、通讯处长也带上了,说我们是姜司令员的‘四大金刚’,是协从,听说我和刘枫山已经被列入了复员转业的名单。”

张云涛联系他的遭遇感叹道:“真是不可思议,这年头净出这类事,姜学鹏是个苦孩子,他会炮打毛主席?!准是有人诬陷。”

杨处长说:“我们分析是有人想占那个位置,有意中伤他。”

张云涛说:“上级也会相信?”

杨处长说:“上级如果相信不早把他抓去了?说要调查,要做个结论。这一调查不当紧,把姜司令员的命运改变了。”

张云涛问:“你和刘枫山是怎么考虑的?”

杨处长说:“听天由命吧!”

张云涛若有所思地道:“我们的丛司令员和炮兵的向华副司令员很重视人才,到我们那里去吧?”

杨国栋哈哈一笑:“谢谢首长的美意了!”

张云涛道:“我历来不信邪,请你和刘枫山转告姜司令员,在适当的时候我去拜会他。”

张云涛凝神长思,两年来许多不愉快的往事浮现在眼前……

11

北京。

南苑专用线。

炮兵发射工作组,七机部试验队乘专列准备发车。

冯文博、欧阳平、黄玉栋也搭乘这个专列。

调度已发出了发车信号。

黄盈盈匆匆走近欧阳平的车窗,欧阳平打开车窗,黄盈盈欢心地:“妈妈让我代她问候你,祝你一路顺风。那里天气凉,要当心。”说着递上一个包裹。

专列徐徐开动,欧阳平向黄盈盈招手。

黄玉栋看到欧阳平手里多了一个包裹,问道:“黄盈盈送的什么?”

欧阳平答:“不知道!”

黄玉栋不待欧阳允许就打开了包裹,是一件米黄色的毛衣:“恭喜!恭喜呀!”

欧阳平的脸上露出舒心的微笑。

专列已经驶出专用线。

黄盈盈还站在那里望着远去的专列,眼前浮起了一年前庆祝发射成功时的情景……

12

黄昏。

西北风冷飕飕的。

姜学鹏灯下看材料,这是张云涛转来的雪山基地发射实施计划。在计划的前面附着一张附言:“请姜司令员详阅,提出意见,实施前将登门讨教。张云涛。”

姜学鹏看得很仔细,看着看着脸上浮出惊奇的表情……

一台吉普车在姜学鹏的院外停下来。

张云涛走下吉普车,在刘枫山引导下进入姜学鹏的院子。

姜学鹏听到门外有动静,放下材料走出房门。

姜学鹏认出是张云涛,快步上前紧紧握住张云涛的手:“老张你好!我早该去看你了!”

张云涛答:“没有及时来看你,失礼了!”

姜学鹏说:“哪里! 哪里! 快进屋去!”

姜学鹏把张云涛让进客厅,呼唤老伴为张云涛上茶。

姜学鹏老伴走出里间,向张云涛问好,然后沏茶,又端上一盘水果。

张云涛接过茶水,首先开话:“你的情况我知道了,定是小人诬陷,有人想升官,就往你身上泼脏水,不要为此伤心,树大招风呀!”

姜学鹏答:“我想得开。说我临时改变射向,瞄准中南海,要袭击党中央,他们真会中伤。调查半天没有证据,是诬陷呀! 昨天政委找我谈话,说最近科委要来人,解决我的问题。”

张云涛问:“愿你早日解脱。身体还好吧?”

姜学鹏答:“前段他们不让我远行,我就在院子里学练太极拳,瞧! 身体棒棒的。”

张云涛又说:“心态好很重要,看来你不在乎,这好!”

姜学鹏问:“你们那里怎么样?”

张云涛答:“我们那里也不平静,有人老想抓我的辫子,常常如履薄冰。”

姜学鹏说:“这年头光干不行,要当心小人算计!”

刘枫山看到两位老朋友谈得很投机,提出告辞。

姜学鹏说:“张副司令员要在我这儿多坐一会,有事你先走吧。”

刘枫山起身向张云涛告别,张云涛站起向刘枫山还礼。

姜学鹏送走刘枫山,转向张云涛:“我被隔离审查,很多人不敢和我接触了,你在这个时候来看我,足见你胸怀坦荡,难得呀! 我知道你要来,也没什么好招待你的。”说罢,招呼老伴把已经备好的酒、菜端了上来。

张云涛连忙制止道:“我刚吃过饭,唠唠嗑多好,不喝吧?”

姜学鹏道:“我知道云涛喝酒是海量,就这两瓶,你就当水喝吧!”

张云涛推托不下,两个人推杯换盏,饮得十分开心。

张云涛看看喝得差不多了,换了话题:“炮兵工作组、七机部试验队后天就到,马上该发射了,我让人捎给你一个计划,你得把把关提提意见呀!”

姜学鹏说:“措施方案我看了几遍,老实说,几乎没有不妥之处。我担心的问题是两个营同时发射,中间只有一个小时的时间,从指挥保障角度,能否调整过来?此外,如果出现异常情况怎么办? 有没有处置预案?”

张云涛说:“我就是来讨教这个问题的,把你的真经拿出来吧!”

姜学鹏说:“真经不敢当。我结合自己指挥发射遇到的问题搞了一个材料,你拿去看看,对你处置问题可能会有帮助。材料中的方案有的实行过,有的是预想的,仅供你参考。”

姜学鹏从他的抽屉里取出一个纸袋交给张云涛。

张云涛打开纸袋，材料封面上写着《异常情况处置预案》。

张云涛如获至宝："谢谢姜兄。"

张云涛看看表："我该告辞了！"

13

沙洲基地4号区会议室。

发射任务领导小组召开会议。

炮兵训练部部长主持会议。

训练部长："本次领导小组讨论和通过了雪山基地提的实施方案；明确了发射准备的日程安排；确定了本次发射组织指挥和保障机构。会后任务领导小组将把计划上报军委炮兵和科委，待批准后下达各单位，但准备工作从会后就可以开始。"

与会人员鼓掌。

各参会单位的领导走出会场……

沙洲试验基地1号3号发射场。

在发射场的一侧站着20多名军人，围成一个园圈，参谋长苏茂生在部署合练。在这20多人中间有东山团、北方团首长机关人员，顾问组成员。

苏茂生说："今天我们要进行第一次全区性合练，目的是：考核检验发射分队训练成果，首长机关熟悉指挥发射程序，掌握各专业间的协同，学会组织各种保障，为实弹发射做好进一步的准备。

演练的内容步骤：

演练内容一：首长机关开设指挥所，沟通通信联络；

……

这次合练发射三营四营均要参加，三营是实弹模拟发射，四营用起竖车代弹演练程序。"

张云涛补充道："为了使大家更快地掌握发射本领，我特邀试验基地几位经验丰富的专家作为我们的顾问组，他们是基地总工刘枫山同志，作试处处长杨国栋同志，技术部的丁文娟同志，侦察处的蒋孝纯同志，通信处的兴国立同志，请大家鼓掌欢迎！"

张云涛陪顾问组在场边就座。

气象分队在发射场周围放起红色的气球。

计算班携带器材进入作业位置。

发射分队依程序操作……

通信分队铺设电线，沟通联络……

苏茂生和王春江进入指挥位置。

王春江和各点位沟通联络。

8 点 55 分。

东海指挥所:“各点位,进入合练程序,请报告准备情况!”

阵地指挥所[简称 3 号]:“3 号准备好!”

东海指挥所传出各点位的报告:“3 号准备好!”“20 号准备好!”“30 号准备好!”“40 号准备好!”“1 号准备好!”

8 点 59 分 50 秒。

东海指挥所:“占领发射阵地!”

3 号指挥所:“占领发射阵地!”

发射营长:“占领发射阵地!”

在 1 号阵地上。

霎时马达轰鸣,发射四营装备车辆有序地占领阵地;发射班放置发射台,导弹对接发射台。

张云涛和顾问组的刘枫山、杨国栋进入发射场观看分队的操作。

发射班正在起竖导弹,起竖十分精确……

控制班展电缆协同密切,像输导草绳一样动作利落整齐,放盘有序……

张云涛也随着刘枫山进入场内。

刘枫山凑到张云涛面前:“发射班操作很熟练,放置非常精确,难得呀!”

张云涛说:“讲评时要多提问题!”

随后,瞄准班进行方位瞄准,号手指挥冷静,三两分钟的工夫就瞄准完毕;

发动机班开始安装点火装置……

在 3 号发射阵地是模拟操作,起竖架一直立在那里,计算分队和瞄准班也在模拟方位瞄准。

这时一台吉普车停在发射场外,在张云涛身旁停下。

从车上走下一名年轻军官,向张云涛敬礼:“张副司令员、您的电报。”把电报递给张云涛。

张云涛接过电报,报文是:“从司令员、龚政委乘空军飞机赴沙洲观看发射……”

14

一架军用飞机穿云破雾在蓝天飞行。

飞机舱内龚振华和丛荣之在谈话。

龚振华问:“你不是邀请曾副司令员参观发射吗,他怎么不去了?”

从荣之答:“机关开展‘文化大革命’,不便抽身。”

龚振华又问:“和向副司令员联系上没有?”

从荣之再答:“和他的秘书联系了,秘书说向副司令员在南方出差,回不来。”

龚振华说:“现在北京有不少说法,好像对他不利。”

从荣之心情沉重:“有人已把他和罗瑞卿连在一起,让人担心呀!”

飞机开始下降,起伏的沙丘映入他们的眼帘……

15

沙洲基地气象室。

半山腰一个独门小院,在小院的上方山坡上设有测风雷达。

在小院的房间内,嘀嘀嗒嗒,报务员在聚精会神地收听世界各地的气象资料,然后快速地填写在云图上。

在另一个房间里,沙洲基地气象站常主任和预报员正在讨论天气预报。

常主任问:“雪山基地气象室要来和我们进行气象会商,选定两个发射窗口,资料准备了吗?”

预报员答:“已经准备好,请主任审阅。”

常主任接过分析报告,走到云图前,认真审理着……

一台吉普车朝龙山气象室开去,在气象室门前停了下来。

常主任听到喇叭声,快速走出大院。

雪山基地气象室主任朱云山和预报员走下吉普车,常主任热情地迎上去和朱云山握手,两人互致问候。

常主任将朱云山让到屋内,在会客室坐下,桌上摆着茶具和新鲜的水果。

朱云山说:“常主任,我们是向你讨教的,你怎么这么客气!”

常主任说:“你们是贵宾呀,不是执行任务,谁会到我这山头来?”

他们客套了几句,很快进入正题。

朱云山说:“上级为了摔打我们,这次任务的气象保障确定以我们为主。我们气象室组建时间短,人员新,没经验,到沙洲又是初来乍到,由我们确定发射窗口,真是赶鸭子上架,我们准备了一份报告,特向常主任讨教。”

常主任说:“你们太谦虚了!我们室组建时间也不长,新同志占一多半,也常出差错,教训比经验多。”

朱云山把气象报告递给常主任,常主任看过又推给预报员,预报员看过又把报告还给常主任。

朱云山说:“常主任,谈谈你们的看法!”

常主任说：“我们的预报是，今后十五天，前两天是阴天，三到五天是晴朗天气，从第六天下午以后，将有一个较长的降雨过程，这个过程有可能持续四到五天，从第十二天到十四天是晴天。由此我们认为，有两个时段可选择窗口，理想的时间是第三至五天。你们选择的窗口和我们很接近，有一点你们应当注意，对后一个降雨过程到来的时机应做最坏的考虑。”

朱云山问：“预报员同志，你有什么意见？”

预报员答：“我们主任的分析代表了我的意见。”

朱云山站起来真诚地：“谢谢主任的指教！”

雪山基地前指会议室。

从荣之、龚振华和指挥部全体人员讨论发射窗口。

朱云山说：“通过上述情况的分析，我们认为实施发射的时间，第一个窗口可选在第三天，第二个窗口选在第四天。”

张云涛说：“苏参谋长，选择这两个窗口怎么样？”

苏茂生说：“第一个窗口选在第三天不行，因为技术阵地的最后测试第三天的凌晨才能完成，进入发射准备有问题，建议把发射窗口选在第四天较为稳妥。”

张云涛说：“从司令，请您决定！”

从荣之说：“我和政委是来为你们助阵的，请你定！”

张云涛站起来宣布道：“10 月 XX 日 9 时占领发射阵地，东山导弹团发射三营担负首发任务，14 时实施发射；发射四营担负第二发发射任务，14 时 30 分实施发射；指挥所向各参试单位发布命令，以此进行准备。”

苏茂生站起来：“是！”

16

10 月 XX 日 9 时。

沙洲基地发射区升起三发信号弹。

发射区车辆轰鸣，装备车辆有序地进入阵地，起竖导弹，准备加注推进。

3 号发射场，起竖车对正发射台，起竖导弹。

在 1 号控制车上，排长欧阳平指挥测试，操纵员报告：“导弹测试现象正常，参数符合要求。

发射营长向加注主分队下达加注指令。

泵车号手启动泵车，几秒后压力表归零，号手报告：“泵车故障，加注无法进行。”

冯文博技术组马上赶往现场，判定泵车流量计损坏，需更换流量计”

田广川向东海请示，建议调整发射顺序。

张云涛说：“同意东山导弹团调整发射顺序，请你们周密计划，确保全局计划的实现！”

田广川命令发射四营 14 点 30 分完成发射准备。

发射四营加快操作步伐。

这时，远处传来雷声，接着黑云滚滚，电闪雷鸣……

田广川立即紧张起来，指示通信参谋与东海联络，指挥中断……

张云涛神色严肃，命令尽快查明原因，恢复指挥状态。

通信指挥向通信中心下达命令：“采取第二套通讯方案。”

17

东海指挥部。

紧急气象会商。

会商的有沙洲基地气象室主任和雪山基地气象室主任。室内气氛紧张。

张云涛说：“目前导弹处于发射状态，天气突然变化，眼下的天气会持续多长时间，在尔后的多长时间内能选择发射窗口，希望你们能作出拍板定案的结论。”

朱云山说：“目前出现的天气形势是受西伯利亚天气形势的剧变影响所致，这个剧变导致降雨过程提前到来。目前的天气是典型的雷阵雨，一小时之后首区和末区均是晴朗天气，这个晴朗时间预计是四至五个小时。”

鉴于上述分析，建议继续发射，可以在 14 点 30 至 18 点时间选择发射窗口。

张云涛说：“请常主任谈谈你的看法。”

常主任说：“朱主任的报告是我们会商的共同意见，我完全支持他的看法。”

这时通信参谋报告张云涛：“指挥通信系统已恢复。”

张云涛说：“向东山团下达新的命令；第一发射窗口选在 16 点，第二发弹发射窗口调整到 17 点，请田广川依此作出安排。”

指挥员向田广川下达指示。

田广川了解三四营所处状态。

发射三营营长：“泵车已修好，可以投入使用，16 时可以完成发射准备。”

田广川发布命令：“发射四营担负首发发射，发射窗口 16 时整；发射三营担负第二发弹发射，17 时实施发射。田广川。”

张云涛批准了田广川的计划。

一小时后。

大戈壁万里晴空。

16时，一枚导弹发出长鸣拔地而起，威震长空，拐弯，从大到小，几分钟后准时关机，在天际映出一个白色的光团……

17时，1号阵地，一枚导弹点火起飞，直指苍穹，扬声器里传出各观侧站的报告：“40号报告，40秒发现目标，70秒目标消失！”“50号报告，60秒发现目标，90秒目标消失！”……

10分钟以后，末区传来信息：“末区发现第二个目标。”

18

雪山基地发射部队营区。

锣鼓喧天，热闹非凡，在宽阔的大院里，正举行庆祝宴会。

从荣之、龚振华、张云涛在一间宽敞的房间招待姜学鹏和试验队的领导及技术组的成员，他们频频举杯，互致祝贺。

从荣之、姜学鹏在张云涛引导下为东山团官兵敬酒。

张云涛敬酒走到七连，七连官兵热烈鼓掌。

此时，五六个班长围着连长彭连柱敬酒，彭连柱已经过量，他两眼血红，舌头已有些僵硬，见张云涛过来，彭连柱晃晃荡荡地走上前：“副司令员您—好，来，我代表七连向首长敬酒！”

张云涛看到彭连柱已经醉酒，喊来指导员：“你们七连在这次发射中出色地完成了任务，我代表前指和基地首长祝贺你们，敬大家一个酒。”

张云涛和七连官兵同饮。

敬过酒，张云涛要回席间，彭连柱拦着不让走：“张副司令员，我最佩服你，你很务实，什么突出政治，四个第一，全是吹牛放屁，搞发射必须真抓实干，搞上天才是真本事！”

张云涛听出彭连柱醉话走板，给指导员使了眼色：“找人，快搀回去！”

文书和通讯员搀彭连柱回屋，彭连柱反抗：“没，没事！”

张云涛低声但很严厉地命令道：“彭连柱，我命令你马上回屋，否则我撤你的职！”

彭连柱立即愣住了，好像清醒了许多：“我听副司令员的！”

张云涛离开发射营，成功地欢乐一扫而去，他心情沉重地坐在车上一言不发，眼前不停地涌现彭连柱醉酒的情景，耳边回响着彭连柱的醉话……

第十四章

从荣之探家痛亲情　彭连柱失言惹祸端

1

雪山基地前进指挥所。

会议室内坐着东山导弹团和北方导弹团团以上干部，气氛肃穆。

龚振华站着宣布："雪山基地命令（全体起立）。经上级批准，原东山导弹团团长田广川任雪山基地司令部副参谋长；原东山导弹团参谋长狄文疆任雪山基地东山导弹团团长；原东山导弹团训练队副队长冯文博任北方导弹团司令部参谋长；原东山导弹团训练队更名雪山基地教导大队，原队长俞刚任教导队大队长；另调东山导弹团欧阳平等二十八名干部赴北方导弹团任职，调入后由北方导弹团作出任命"。

从荣之接着宣布："雪山基地部署调整命令

"一、定于 X 月 X 日，由北方导弹团团长肖百川、政委徐海林携带装备车辆，从沙洲试验基地出发，经铁路输送至金川归建。

"二、定于 X 月 X 日，由东山导弹团团长狄文疆、副政委陆林携带装备车辆，从沙洲试验基地出发，经铁路输送至山城，尔后公路行军进入东山导弹团基本作战阵地。

"三、基地机关直属分队随东山导弹团开进，经铁路输送至山城卸载后归建。"

从荣之宣布完命令，张云涛作指示："（一）会后，请东山导弹团迅速做好二十八名干部调转北方团的交接工作，调转后干部随第一梯队开进，要明确责任，确保输送安全；（二）这次发射任务的立功受奖问题和总结报告在归建后七日内上报基地，希望大家落实基地首长的要求，要善始善终地做好转场工作。"

2

沙洲试验基地铁路专用线。

一支待发的军列：列车中部是两节卧铺车，两边是覆盖着的装备。

在卧铺车前沙洲试验基地首长为从荣之、龚振华和炮兵工作组送行。

从荣之紧紧握着姜学鹏的手："你是我们的师傅，沙洲试验基地是我们的学校，我代表雪山基地感谢姜司令、姜老师！"

姜学鹏答："老将军言重了。我们只不过尽了点地主之谊，部队有今天是你们训练有方。张云涛不愧为'大练兵'的尖子，他的训练思想、工作作风我们都要学习。"

从荣之问："听说你们这里专家过剩，可否支援我们一点？"

姜学鹏答："老将军如果需要你们可以挑，我愿意为他们提供施展才能的机会。"

从荣之道："是吗？你不会责怪我夺人之美？"

姜学鹏说："现在许多专业干部举步艰难，你那么爱惜人才，一举两得，也算是他们的福分。"

从荣之问："把刘枫山和杨国栋调给我怎么样？"

姜学鹏答："你们和科委协调，我放。"

从荣之和龚振华登上专列……

一阵长鸣的汽笛，专列徐徐离开专用线。

从荣之向姜学鹏挥手致意……

3

层林尽染的大坳山。

云中山率司政后人员穿行在东山团已建阵地之间。

他们的车辆在一座座经过的伪装房前停下来，检查宿营准备……

在一个营部的房前云中山询问后勤部长："他们冬天的吃菜问题是怎么考虑的？"

后勤部长答："在山东、河北订了萝卜、白菜，在黑龙江订的土豆，下月初就能进来。"

云中山说："可不能发生1964年的情况，部队进来一定得有菜吃。"

后勤部长答："如果不发生意外情况，不会的。"

云中山又问："烧火问题怎么考虑？"

后勤部长答："生活用煤不急，这山沟里到处是柴，部队进来可以先烧木柴，需要烧煤时再买。"

云中山道："不行，你的想法有问题，不供煤不正是为'吃山'找借口？"

后勤部长受到批评脸红了："好，我们改正，部队宿营前一定把生活用煤送进来。"

云中山再问："饮水问题解决得怎么样？"

后勤部长答："井打了十几口，经化验，百分之六十不合格，有的沟打了井，水质还超标。"

云中山问："部队进来怎么办？"

后勤部长答："暂时只能土法消毒，以后有了资金再说。"

4

第一支军列在崇山峻岭间穿行……

在卧铺车厢内丛荣之、龚振华和肖百川、徐海林在谈话。

丛荣之说："形势发展逼着你们必须大干快上，能不能大干快上，关键是干部问题和思想路线。现在进行的'文化大革命'各种思想都很活跃，批判单纯军事观点把大家搞得缩手缩脚，你们军政一把手一定要头脑清醒呀！当兵不习武算是哪门子事？听说你们认识比较统一，工作不扯皮子，我们很宽慰。"

龚振华说："军政一把手的团结和相互支持是保持一个单位稳定的基础。就是有分歧也要从大局出发，维护对方的威信，不把分歧表露给下级。"

徐海林说："司令、政委你们都是我们党的老同志了，你们经历过许多的风风雨雨，处事有经验，办事有原则，我们要好好向你们学习。我和百川讨论过，我们能辨别不同的声音，我们一定团结协作，按基地首长的要求去做。"

肖百川说："我们有一个想法请基地首长考虑：经我们了解，东山团不能进沟的一帮技术干部都不错，都是很难得的专业人才，现在不少挂在那里不能发挥作用，我们忙得不可开交，他们闲着没事干，文雅的到海边钓鱼，不雅气的吹牛、骂娘、甩老K，他们不是不愿干，调给我们不行吗？"

丛荣之说："你这个想法倒是很大胆。"丛荣之看了看龚振华："老龚，我看这个意见可以考虑。"

龚振华似乎也受到启发："我正愁这批人怎么办呢，是个好主意，我们研究一下，把这批人统统调给北方团。"

丛荣之说："好！"

他们谈话时梯队长进来报告："专列再过20分钟就到兵站了，部队要在那里吃饭，有没有特殊事情需要通知？"

肖百川说："通知营以上干部吃饭要快，然后到卧铺车集合。"

梯队长答："是！"

龚振华问："老丛，马上要下车了，还有什么要交代的？"

丛荣之答："要讲的都说了，祝你们一路顺风，祝北方团早日崛起！"

肖百川和徐海林站起来向丛荣之敬军礼："谢谢首长鼓励，我们有决心，把北方团建成一支劲旅。"

丛荣之握着肖百川的手："好！"

列车在大平原上奔驰……

5

专列进入丰台兵站。

梯队值班员长鸣哨子，招呼各车厢人员下车吃饭。

丛荣之收拾一下东西，在龚振华、肖百川、徐海林的陪同下走下卧车，军委炮兵刘部长匆匆走过来向丛荣之敬礼："从司令员好，辛苦了。"

丛荣之还礼道："汇报问题是怎么安排的？"

刘部长说："今天部门以上领导学习，不能看望部队了，首长指示，请你们搞好总结然后上报军委炮兵，从司令员先住下来，然后听候安排。"

丛荣之转向龚振华："专列在此停的时间很短，你们抓紧时间吃饭吧，祝你们一路顺风。"说罢和送行人员一一握手。

丛荣之和龚振华最后握手。

龚振华表情沉重地说："家里可能有情况，要有思想准备，多多保重！"

丛荣之乘坐刘部长的接站车驶出丰台兵站，他的耳边还响着龚振华的话："家里可能有情况，要有思想准备。"丛荣之的心里乱糟糟的："有什么事？为什么不告诉我？"丛荣之眼前又浮现出手术时的情景——

桂姐为丛荣之洗衣拆被，为他洗脚梳头，喂汤喂药，桂姐安慰丛荣之："老丛呵，你住院我应当留下来照顾你，可家里的事也不少，小红还要上学，我分不了身呀！把你一个人扔在这里我真是于心不忍。"说着桂姐扭过脸擦拭着眼泪……

丛荣之握着桂姐的手："别说了，真是难为你了，你为我们丛家吃了不少苦，操了不少心，我能在外面安心工作，这全是你的功劳呀！"

轿车在一座招待所门前停下："司令员请下车，到啦！"

丛荣之收住思绪，随刘部长进入下榻的房间。

丛荣之匆匆地洗漱完毕，在刘部长陪同下共进晚餐。

刘部长礼貌地为丛荣之盛饭……

6

晚饭后，刘部长和丛荣之回到下榻的房间。

刘部长关上门，很郑重地通知丛荣之："机关在搞'四大'，已经不成秩序，炮兵首长已经数周不来这里上班了，导弹基地的事好在还有一班人应付着。"

丛荣之听了有些茫然："吴司令员、向副司令员也不上班了？"

刘部长说："八月，向副司令员从南方勘察归来，莫名其妙地被关了起来。"

……

向华办公室灯火通明,他在聚精会神地修改文件。

电话铃声响了。

向华拿起电话,是妻子张姐打来的:"饭早都凉了,你什么时候回来?"

向华说:"你和孩子吃吧,吃过该干什么干什么,有文件急着上报,还得一会儿。"

向华放下电话,又安下心修改文件,修改后他又重看一遍,脸上浮起满意的神色。

向华拨了一个电话:"刘部长,请到我房间来一下!"

刘部长很快来到向华的办公室。

向华急切地说:"报告我改过了,要连夜打印,明天上午九时一定要送给张爱萍副总参谋长,记住,一定要把部署草案带上。"

刘部长刚刚出门,叶兆林和一位号称军委办事组联络员的人来到向华房间。

叶兆林向向华介绍了来者的身份,然后宣布道:"根据军委办事组的通知,从今天开始,你停止工作,接受上级审查。"

向华听了十分惊讶:"什么?让我停职,我有什么问题?"

联络员答:"没有问题能停你的职?你有什么问题自己清楚,给你提个醒,上边已经给你定了性,你反对'文化大革命',反对林彪同志,是罗瑞卿反党分子的干将,你煽动群众炮打无产阶级司令部,是'五一六'反动组织的支持者,还有里通外国的嫌疑,所有这些,还是你自己交待吧,你懂得党的政策,坦白从宽,抗拒从严。"

向华面对这突如其来的打击义愤填膺,拍着桌子说:"全是陷害!全是陷害!我向华一生光明,没有什么罪行可以交代。"

联络员说:"好,那你自己考虑吧。"

叶兆林和联络员走出向华办公室。

向华欲关门回家,被两个"造反派"堵了回去:"你被隔离审查,不能回去了!"

向华回到房间,给家打电话,线路已被掐断。

向华依靠在沙发上,陷入痛苦的思索……

第二天,走廊里贴满了大字报:"向华是修正主义教育路线的忠实走狗","向华对抗林彪同志罪该万死","向华是三反分子罗瑞卿的黑干将","向华炮打无产阶级司令部罪该万死","向华是里通外国的内奸"……

"造反派"召开揭发批判向华大会,向华据理抗争……

"三军造反派"批判罗瑞卿大会,一排将军戴着高帽,站在批判台上受批,其中一个"造反派高呼口号:打倒三反分子罗瑞卿!打倒二炮司令向华!"

向华抬起头望着"造反派"，眼里闪着诧异的目光……

一个"造反派"让向华揭发罗瑞卿的罪行，向华道："大比武罗瑞卿是和毛主席、朱总司令在一起，他反对毛主席我咋知道？"

"造反派"见向华态度不好，用坐"喷气式"折磨他……

张姐在人群的后边窃视批判会的情景，偷着抹泪。

刘部长讲到这里停了一会儿，然后道："向华同志目前就关在炮兵办公大楼，由'造反派'看着，谁也不准和他接近。"说着，脸上流露出怜悯和不解的表情……

从荣之满脸惆怅，不觉回忆起他和向华在一起工作的往事——

南京。1960年6月。

从军事学院走出两位将军，他俩侃侃而谈。佩戴中将军衔的是炮兵司令员齐成，少将是军长向华。

齐成突然停下来，拍了拍向华的肩膀，用高兴的眼神望着向华："老向，祝贺你，我们将成为一个战壕里的战友了！"

向华怔了一下，用不解的目光望着齐成问："你讲这话是什么意思？"

齐成反问："你一点消息也没听到？"

向华答："没有呀！不是哪来哪去吗？"

齐成神秘地笑了笑："要调你去西安特种炮兵学院任院长，那是为我国培养掌握尖端武器人才的摇篮。"

向华将信将疑："又是小道消息？"

齐成答："命令都到炮兵了，还会是小道消息？这是叶帅推荐的，是周总理亲自圈定的，马上要毕业了，做好去炮兵的准备吧！"

向华兴奋起来，紧紧地握着齐成的手："真的？那我们又可以并肩战斗了！"

1960年8月。

某军区大院内，军区司令员、政委设宴招待向华。

向华站着为领导敬酒："我要到炮兵学院任职了，特地来军区向首长们辞行，感谢军区首长多年来对我的培养与支持，我就用这杯酒表达我对各位领导的感谢！"

司令员让向华坐下，用不解和商量的口气说："老向，你是带兵打仗的人，怎么能当教师爷的领班呢？军区不想让你走，我给周总理打了电话，军区对你的安排另有考虑。"

政委说："军区党委建议你任军区参谋长，你是陆军出身，还是带自己熟悉的部队为好。"

司令员抢白道:“底牌都交给你了,你自己拿主意吧!”

向华答道:“感谢军区首长的一片好意,请允许我再考虑考虑。”

司令员说:“好,给你三天时间。”

向华夜不能眠,登上黄鹤楼,凭栏眺望,思绪万千,南征北战的硝烟,抗美援朝的血战,大清国刀对炮的惨状,刘伯承强军先治学的教诲,像滚滚长江水向他涌来……

向华眼前一亮:“中国百年受人辱,只恨手中剑不长,高职我不就,不当军长当院长。”(画外音)

西安炮兵技术学院。

从荣之等学院领导陪同向华视察学院。

向华接见学员和全体教职员工,发表讲话,全体热烈鼓掌……

向华和各部门的领导研究学院发展规划,向华:“办学校以教师为本,我们必须礼优贤士,把教员放在第一的位置上;施教要有教材,没有教材,就组织教员自己编;生活也很重要,不能让教员学员饿肚子,要下力气办好农场……”

向华面对身体虚弱、面黄肌瘦、脚腿浮肿的教员、学员讲话:“苏联人背信弃义,撤走专家,撕毁合同,经济上追我们还贷,企图搞垮我们,时下,我们正处在困难的时期,但是我们要坚信,经过二万五千里长征考验的中国共产党人和无往而不胜的军队,能被眼前的困难压倒吗?我们的答案是:不能!我们有能力战胜眼前的困难,把我们的学院建设好。”

向华停顿一下,用坚定、凝重、期待、号召的口气结束他的讲话:“我要求我们学院的领导和全体教职员工,饿要饿得坚强,穷要穷得干净,行要行得磊落,干要干得光明。穷不瘦骨头,饿不扁腰杆。蔑视一切困难,这就是我们共产党员的性格。”

台下全体员工长久地鼓掌。

向华在教室内和学员一起听课,一起参加评教评学。

向华在学院理发室等待理发,他正要理发,来了一位教员,教员见是院长要理发,转头要走,向华把那个教员喊过来,那个教员说:“院长你忙,我改时间再理!”

向华说:“学院有制度,教员优先,你们比我忙,过来,你先理!”

向华看着教员理发,排队的人都窃窃私语:“难找这样的好院长。”

向华在家里攻读专业课,妻子走过来说:“老向呀,你是不有点过头了,早晨学,晚上学,星期天也不休息,还让教员到家里补习,小心别人会讲你单纯技术观点!”

向华笑了笑:“外行很难领导内行,院长不学专业,我这院长肯定当不好,国家把这么重要的位置给了咱,咱自己得争气呀!”

他们对话时有人敲门,向华亲自开门,站在门口的是一位教员,向华热情地把教员让到室里,歉意地说:“我吃小灶,星期天你们也不得休息了!”

教员答道:“院长,像你这样治院,教职员工气顺,一天不休息也没意见!”

刘部长望着丛荣之沉重的面孔,不想打断他的思绪,但他应该回去了,不得不讲:“丛司令员,我还要参加一个会议,该回去了。去西安的车票和送站的车我都安排好了,到你走还有几个小时,由你自己支配,到时我送你上车。”

丛荣之站起来,握着他的手:“刘部长,谢谢你,患难见真情,你是一位好同志。”

画外音:丛荣之送走刘部长,向华的遭遇如同一块巨石压在他的心头:“这算是什么势头?向华不要高官搞教育,为国家培养了大批军事人才,功劳不说,还被扣上里通外国的反党分子,真是没有公理了!”

7

古城西安。

炮兵学院家属院。

在丛荣之的家里,桂姐躺在病床上。七十多岁的婆婆给桂姐端水送药。

丛母说:“桂姐!好点了吗?该吃药了。”

桂姐说:“妈,你又忙,我自己来。”挣扎着坐了起来。

丛母说:“不行住院吧,老顶着咋能行!”

桂姐说:“没事的,小红哪里去了?”

丛母说:“刚才还在院里,可能又跑出去了,我喊她去。”

一台轿车在丛荣之的门前停下来。

丛荣之下了车,掠视了一下他的宅院,以忐忑不安的心情走进家门,正好和母亲走了一个照面。

丛荣之看到母亲惊呼道:“娘!你在呀?我回来了!”

丛荣之走向前紧紧握着母亲的双手,眼泪汪汪地审视着母亲,两年未见,母亲好像衰老了许多。

从母看到眼前站着朝思暮想的儿子,哭着扑向丛荣之:“儿呀!你可回来了,家里天天盼你呀!”

丛荣之说:“娘,这两年实在太忙,没有回来看望您。”

躺在床上的桂姐听到丛荣之的声音,挣扎着走出卧室:“荣之,你回来了!”

丛荣之转过脸看到桂姐,桂姐一下跪到了丛荣之的面前,哭诉着:“老丛呀!我对不起你,我没有管好这个家。”

从荣之愣住了:“桂姐,你这是咋的啦? 起来! 起来!”

从荣之弯下身子搀扶桂姐:“有话慢慢说,快起来!”

桂姐放声痛哭:“我实在不能原谅自己。”

从荣之看着与他患难与共的桂姐悲伤的情景,泪水也止不住淌了下来。

桂姐坐下来还是哭……

从荣之转向母亲:“娘! 家里出了什么事?”

从母答:“孩子啊,咱家遭难了……”说着又哭了起来。

桂姐止住了哭:“妈,别哭了,荣之刚回来,有话慢慢说,老从呀,吃饭没有? 我给你做饭。”

从母也止住了哭:“让我做吧。”

从荣之说:“我刚刚吃过饭,不用做。”

从荣之让母亲坐下来:“娘,爹的身体也好吗?”

从母看了看桂姐,桂姐明白婆婆的意思,补答道:“讲了你可别着急,爹爹已经去世了。”

从荣之听了很吃惊:“什么? 去世了? 什么时候? 怎么去世的?”

桂姐说:“爹是三个月前去世的,患的是肝癌,他的病是去年年初发现的,在你住院做手术的时候病已经很重了,因为你身体不好,怕你放心不下,母亲再三叮咛我,不让我们告诉你,我当时没有留下来陪你,也是爹的病挂着心。到了去年冬天,病情严重了,我请了一个保姆,把小红安排好,就到乡下去了,虽然也采取了不少的治疗手段,但还是没有保住他的命。”

从荣之说:“怎么也应该告诉我呀!”

从母说:“荣之,这事你别怪桂姐,是妈定的。到今年春上,你爹已骨瘦如柴,眼看不行了。一合上眼就喊你的名字,我给桂姐商量告诉你,桂姐才把你也在住院的事告诉了我。我听了就改变了主意。常言道人活七十古来稀,你爹差一年就到八十了,咋着也不能顾老舍小。”

从荣之听着母亲的倾诉泪如泉涌,他情不自禁地跪倒在母亲的膝下:“娘,儿子没有尽孝呀! 爹爹会原谅我吗?”

从母欠了欠身很坚决地说:“荣之,你起来,听娘细说。”

从荣之擦了擦泪水,坐到了原处。

从母把老伴临终时的情景给从荣之讲述了一遍……

从母说:“虽说你不在跟前,桂姐代你尽孝了。桂姐伺候你爹前后加在一起有四个多月。床前床后胜过亲生的儿女。你爹临终想见你,桂姐只能说‘荣之太忙了来不了,让我来伺候您’,你爹高兴地说‘我儿子在外面干大事,听说是周总理交代的,有你在我就心满意足了。’还说‘儿孝不如儿媳亲。’”

从荣之说:“桂姐,难为你了。荣之永远不会忘记你这份情义。”

桂姐说:“还有情况没说呢!”

从荣之愕然:“什么?还有什么情况?”

桂姐又把小红误诊留下残疾的事给从荣之讲了一遍。

从荣之听了急忙问道:“小红在哪?现在怎么样了?”

桂姐痛苦地说:“在外边,我把她找回来吧。”

8

学院门口。

公共汽车站,许多人在等车。

一个看上去十四五岁的小姑娘在维持秩序。她像车站管理人员一般,对那些不守秩序的人喊着:“自觉点!排队!排队!”被她喊叫的人和女孩逗笑。

仔细看她是一个残疾人:口歪眼斜、手脚都有毛病。

几个年轻人挑逗道:“小红,汽车站每月给你开多少工资?”

女孩驳斥道:“学雷锋要什么钱。钱!钱!钱!你就想着钱。”

年轻人问:“那你会唱学雷锋的歌吗?”

女孩道:“这歌谁不会唱,听着!我给你唱一遍。”

那女孩唱起了《学习雷锋好榜样》,歌声很优美。

这时公交车来了。

人们不再理会小女孩,都急着上车,小红还在唱……

从荣之在路人的指引下找到了汽车站。

从荣之看到自己残疾的女儿,一阵心酸,赶紧走上前去抓住小红的手:“小红!小红!”

小红停止了唱歌,不满地喊道:“真烦人,抓什么?”

从荣之喊:“小红,我是爸爸呀!”

小红看了看发现真是爸爸,高兴极了,一把抱住从荣之的胳膊:“爸爸,你帮我,这里的人觉悟低,不守规矩,上车不排队,总是抢着上。”

从荣之听出女儿讲的全是痴人童话,又是一阵心酸,然后耐心地哄道:“小红,妈妈做好饭了,奶奶等着我们吃饭呢。”

小红听说奶奶等着吃饭高兴起来:“走,吃饭喽!”喊着拐着腿跑了起来。

从荣之摇摇头,长长地叹了一口气。

从母一直站在门前等着儿子和孙女,老人满脸的惆怅……

9

一支军列穿越大坳山区在山城某铁路专用线停下来。

张云涛下了卧铺车，他神采奕奕……

龚振华、云中山率机关处以上干部接站，看到张云涛走下专列，顿时鼓乐齐鸣……

龚振华大步迎上去："张云涛同志，首长机关处以上干部代表机关全体欢迎你们凯旋归来。"

张云涛向龚振华郑重地敬上一个军礼："我代表执行任务的全体官兵感谢首长机关的关怀，我们行程四千五百公里，安全无事故，无一掉乘，实现了首长善始善终的要求，请政委作指示。"

机关处以上干部热烈鼓掌，以示欢迎。

龚振华和部门首长又走上前和田广川及东山团的领导握手。

夜晚。

在山城至雪山基地阵地的沿途岔路口都设了调整哨，他们荷枪实弹执行任务。

在山城至驼腰岭的道路，军人在山城公安局的协助下全线戒严，为东山团携装进入作战阵地打开了一条绿色通道……

装备在夜幕下开进，调整哨指示行进方向……

10

上午。

龚振华的办公室。

龚振华和张云涛谈话。

龚振华："根据上次首长办公会定的精神，到年终入冬前部以上首长进驻新区。家属上班、孩子上学的事都和地方联系了，你该休假搬家了。关于工作上的事有什么交代的讲一下，如果没有什么就可以出发了。管理处一名管理员和你回去，还有什么困难？"

张云涛说："工作上的事就是任务总结，这事我给苏副参谋长和田广川都交代了。归建的报告也已经发出了。工作方面没什么，只是有一件事使我心头不安。"

龚振华问："什么事？"

张云涛把发射后彭连柱醉酒失言的事叙说了一遍。

龚振华听了为之一动，他深知在这个年头，如果有人举报可能会招来杀身之祸，为安慰张云涛，龚振华没有把他的忧虑表现出来，很平常地发问："这事有多少人知道？"

张云涛说："只有我和六连的指导员知道。"

龚振华问："六连的指导员什么态度？"

张云涛答道："他和连长的关系很好，我告诉他，彭连柱是酒后失言，你知我知，请他保密。"

龚振华说："我知道了，你放心走吧！"

张云涛站起来向政委敬礼。

张云涛和管理员登上南下的列车……

11

在白雪覆盖的大坳山腹部。

沿着公路向右拐去是一条宽敞的山岔，在距入口约两公里处坐落着用黄泥巴树枝伪装过的房舍。这是东山团三营的营区。穿着绿军装的军人出出进进，因为军人的进入，这本寂寞的山间顿时充满了生机。

在七连连部正在召开支委会。

指导员主持会议："根据民主评议和各排的意见，支部经过讨论同意给以下同志报奖：'建议给连长彭连柱同志报请三等功，给张海平、刘安云、赵西乾、冯俊平、古大秀嘉奖'，各支委还有什么意见？"

彭连柱说："我的工作同指导员相比不行，指导员为保障任务完成，父亲逝世都没有回去，连向营里报告都没有报告。任务期间，指导员总是深入班组，针对战士的思想实际做耐心的说服教育工作，使全连心往一处想，劲往一处使，我建议给指导员报请三等功。"

指导员说："家里有情况的不止我一个，有七八个嘛，他们都处理得很好么！再说，咱们连是张副司令员抓的点，连长是杠杆，给连长立功也是肯定我们连这个典型，因此我劝大家不能变。"

支委们说："连长工作确实突出，受到基地内外的好评，还是报连长。"

指导员说："立功嘉奖问题通过。下边研究第二个问题，预提干部我们拟上报五名，其中包括连部文书崔洪田同志，对报他大家有点意见，请大家再议一议。"

有两个排的支委反映，崔洪田对自己要求不严，在他的老乡和要好的朋友间常犯自由主义，常把连长和指导员争论的问题传出去……

连长最后发言："我赞成排里几个同志的意见，崔洪田是有这方面的毛病，但责任在我们连长和指导员，会后我们对他要加强教育，这一次就不报了！"

在连长发言时，崔洪田从附近镇上办事回来，崔洪田听得清清楚楚。

崔洪田打了一个报告，指导员让他进来："崔洪田有事吗？"

崔洪田说："报告指导员，彭连长爱人来队了，昨天下午就到了，和我们没有联系上，住到镇上一个老百姓的家里。"

指导员问："你看到了吗？"

崔洪田答："我听说后去看了，简单安排一下，我就回来报告。"

指导员又问："老彭，你怎么交代的？"

彭连柱答："我告诉她晚几天再来，她也没等呀！"

指导员说："散会，快点去接嫂夫人！"

指导员又指示崔洪田："告诉司务长，给连长家里准备好一套炊具，备好粮油，连长家吃面食，多搞几斤面粉！"

文书答："是！"

12

两天后。

五连指导员领着官兵正在搬石平整院子。

一台吉普车在四营的营区前停下。

营长教导员以为来了什么领导，忙出门迎接。

从车上下来三个年轻干部，引路的是保卫股长段玉成。

段玉成向营长教导员介绍道："他们是基地政治部宋干事、周干事，他们奉首长指示到七连搞点调查研究，请营里安排一下。"

教导员同两名干事热情握手："欢迎上级检查指导工作！"

在教导员的陪同下两名干事来到七连，指导员热情地接待他们。

营长不解地问教导员："他们是保卫部门的，要干什么？"

宋军祥问："怎么你一个人在家，老彭呢？"

指导员答："老彭的爱人来了，他去镇上了，要找他？"

宋军祥又说："老方，今天来向你了解一些情况，我们谈的问题只是你知，我知，他知，对外，绝对保密。"

指导员问："什么事？"

宋军祥答："你们连是基地抓的训练典型，但有人举报你们有问题，当然，这事主要是针对连长彭连柱的，我们希望你配合我们，把有些事弄清楚。"

指导员问："什么问题？你们讲。"

宋军祥答："反映的问题不少，集中起来算是两条：一条是彭连柱反对'三忠于四无限'活动，说早请示晚汇报、天天读是老和尚念经，全是形式；二是攻击林副主席，说林彪什么四个第一，突出政治，全是吹牛皮，张副司令员真抓实干才是硬道理。"

方指导听了心中一惊："来头不小呀！"

方指导员深知这是政治上的问题，弄不好就会葬送一个人的政治前途，他微微一笑，问道："能有这事吗，没有呀！"

宋军祥说："老方，你是政治干部，要讲究原则，要说老实话，我们可以这么保证，只要协助我们弄清情况，政治上与你无关。"

方指导员答："这我明白，对组织要诚实。"

宋军祥问："我问你，两个月前，早饭后，你们俩是否吵过架？"

方指导答："吵过！"

宋军祥又问："吵什么？为什么吵？彭连柱是怎么讲的？"

方指导眼前立即浮现出他俩争吵的情况，争吵的内容也如同宋军祥所说，但方指导心中明白，这绝不能把原话说出来，彭连柱也是为了工作，如果承认原话就等于要加害连长。

方指导圆场道："我们两个是因为工作安排发生争吵的。那天，原来安排装备保养，后来陆副政委要传达上级电报指示，营里决定调换一下，把保养装备改为政治教育，营里决定通知连里，连长已带领三排出发了，三排到了阵地，展开了装备，通讯员到阵地通知连长，连长不知道中间的变化，回来后就和我吵了起来。"

宋军祥问："就这些？"

指导员答："连长说，政治教育再重要，改变计划应征得他的同意，说我没把他放在眼里。"

宋景祥问："第二个问题呢？"

指导员答："说连长攻击林副主席我不信，这是政治问题，不能乱说。"

宋军祥又问："发射任务结束时你们会餐答，彭连柱喝醉了，发生了什么，指导员应该知道吧？"

指导员答："彭连柱是喝醉了，没听说讲什么呀！"

宋军祥再问："你敢为自己的言行负责吗？"

指导员又答："敢！"

宋军祥说："好，请您在笔录上签字。"

由干事把笔录读了一遍，方指导在笔录上签字。

宋军祥走后，方指导感到问题严重，他预感到好像大祸临头，怎么办？他彻夜难眠："告诉教导员？不行，这事不能让上级首长陪着沾包。"

"找张云涛副司令？不行，这不是要给上级首长惹祸吗？"

13

杨秀雄在他的办公室听取宋军祥的汇报。

宋军祥说："从和七连指导员座谈看，我们判断，材料中所检举的事情好像是真实的，但这个指导员态度很坏，他总避重就轻，企图改变事件的性质。"

杨秀雄说："这件事已经捅到了北京，叶主任已作了批示，指出，如基本属实，就是一件典型的反革命事件，必须采取措施追下去，弄清事件的背景，北京对此已经立案，很快就来人，你们对彭连柱和当事人要严格布控，防止其他意外的发生。"

宋军祥答："是！"

14

东山团三营营部正在召开党委会，讨论执行发射任务的立功受奖和上报预提干部方案。

往日发言热烈的方指导员好像变了个人，他坐在靠窗户的地方，讨论什么他都心不在焉，教导员觉察到他的异常反应，借课间休息之机，向方指导员了解情况。

方指导员终于坚持不下去了，他把基地保卫人员向他了解的问题向教导员叙说一遍。

教导员感到事态严重，又回到团里向政委作了汇报。

孙长林和田广川研究了卢教导员的报告，向卢教导员小声地作了交代，应该如此如此……

15

北京。

叶兆林向两名军警交代工作。

叶兆林说："雪山基地发生一起重大的反革命事件。这个事件的当事人是一个连长。他恶毒攻击'三忠于四无限'活动，把矛头直指林彪同志，攻击学习毛主席著作群众运动，说背诵'老三篇'、早请示、晚汇报是老和尚念经。我们怀疑这起案件有背景，这个案件由你俩和公安部的同志一起执行，刘处长任组长。"

刘处长问："什么时候行动？"

叶兆林答："明天就走。"

刘处长又问："这案子划归军区不行吗？我们去了关在哪里？"

叶兆林又答："这个案子特殊，军委办事组都知道了，我们不抓，叶群同志会责备我们。"

刘处长再问："我们到雪山基地找谁？"

叶兆林再答："按照业务分工应该找陆仲琦政委，中间有点特殊情况，你们到后找杨秀雄主任，那里的一切行动由他安排。"

刘处长接收叶兆林批示的材料和手续离开叶兆林的房间。

"北京—山城"的火车在崇山峻岭中行进……

在卧铺车厢内，刘处长和两名同行者在谈话。

军警甲："杨秀雄好像有背景，副政委不找让找他。"

刘处长说："杨秀雄的岳父楚天佑是叶群的红人，听说，杨秀雄到雪山任职是他安排的，让杨秀雄抓这个案子是让他露脸，还不是咱们的头要讨好更大的叶主任（叶群）。"

军警甲问："杨秀雄这个人怎么样？"

军警乙答："现在龙生龙、凤生凤，和望门有关系，站好队，有没有能力无所谓。"

军警甲说："你这是反动的血统论，是'五一六'分子的言论，要注意哟！"

军警乙说："屁！不少批判这个观点的，本身就是这么做，出身不正，一句话就得抓起来。”

刘处长说：“不要争论这些，我们按照上级的意图办好咱们的案子就行了。”

山城火车站。

刘处长几人走下火车。

在站台上，雪山基地保卫处闫处长打着“接刘处长”的牌子站在月台上。

刘处长径直地走上前：“我叫刘明清，杨秀雄主任好吧？”

闫处长答：“杨主任下连蹲点，让我接站，他很快就回机关，我是保卫处长闫明轩，我们回去就能见到他。”

刘处长说：“我们来时叶主任有批示，这里的行动由他安排！”

闫处长答：“明白！明白！”

刘处长上了车，吉普车开出山城站。

16

午饭后。

龚振华正在阅读报纸，看着看着倚着简易沙发上睡着了。龚振华做了一个梦：“山城市成立了革命委员会，满街的群众打锣敲鼓庆祝游行，由工人抬着报喜的大匾向他的办公大楼涌来，他呼叫秘书通知丛司令员，马上下楼接见报喜的群众。”

龚振华的房门突然“嗵嗵”地响了两下，惊醒了他，龚振华梦中的遗兴还没有消失，心想，发生了什么喜事？

龚振华打开房门，惊奇地发现杨秀雄带着几个陌生的军警站在门前：“杨秀雄，什么事？”

杨秀雄说：“他们是北京来的客人，进屋说吧！”

龚振华把几位军警让到房间：“请大家坐下，有什么事？”

杨秀雄指着几个军警介绍道：“这位是公安部的同志，这两位是保卫部的同志，他们为着一桩案件，到咱们这里来。”

龚振华意识到不是什么好事，问道：“什么案件？”

公安部的来人拿出逮捕证给龚振华：“你们这里发生一起反革命事件，我们是奉命抓人的。”

龚振华看得清楚，要捕的人是东山团七连连长彭连柱。

龚振华客气起来：“请坐，请坐，让我听听是怎么一个情况。”

保卫部来人说：“有人举报，你们基地彭连柱在执行发射任务期间，恶毒攻击林副主席，诬蔑群众学习毛主席著作，经调查，情况属实。”

龚振华感到情况严重，问杨秀雄：“你知道吗？”

杨秀雄答：“也是刚刚知道。”

龚振华转向军警问：“你们怎么安排，需要我们做什么？”

公安部来人答："来时叶主任有批示，希望杨主任配合我们的行动。"

龚振华答："可以，请杨秀雄同志配合！还有什么？"

公安人员问："张云涛司令员在吗？"

龚振华答："张副司令休假了，不在基地。"

公安人员说："从检举材料看，这个事件和张云涛有联系，上级指示，对张云涛的行动要严加控制，此外，希望基地对我们的行动严格保密。"

龚振华点点头："好，我明白！"

杨秀雄和公安人员离开龚振华办公室，龚振华心乱如麻，在办公室来回的踱步……

过了一会，龚振华好像有了主张，迅速拿起电话："子芳到我办公室，我是振华！"

五分钟后王子芳来到龚振华的房间："政委，什么事？"

龚振华让王子芳坐下，把刚刚发生的事叙说一遍，最后发问："从司令员和张副司令员都不在，我们怎么处理这件事？"

王子芳听了觉得有点蹊跷，提问道："保卫工作是陆副政委分管的，这么重大的事怎么不让他过问？这件事的前期调查似乎只有杨秀雄知道，这件事不是背着党委搞的吗？"

龚振华问："陆仲琦同志在319团蹲点，家里只有咱们两个，我们应当怎么办？"

王子芳答："我觉得，眼前应当这样，我们自己必须组织力量对事件真相展开调查，以掌握处理这个事件的主动权，最好这项调查工作由陆仲琦同志负责。"

龚振华考虑了王子芳的建议，似乎有点犹豫，王子芳明白龚振华在想什么，进一步阐述自己的看法："这件事由陆副政委调查处理最合适。"

龚振华明白了王子芳的想法："对！我马上通知陆仲琦回来，让他介入这件事。"

龚振华又问："对张云涛和丛荣之同志呢？"

王子芳又答："他们都在休假，现在是鞭长莫及，暂不通知他们，专案组很快会有结果，到那时再视情而动。"

17

深夜。

一座农家小院送出暗淡的灯光。

彭连柱一家四口的房间里，儿子女儿已经熟睡，彭连柱搂着妻子的脖子在小声的谈话。

彭连柱说："娟，我们结婚整整八年了，但这些年我除了上学都是东奔西跑，八年里，咱们在一起的时间不足八个月，你到我们家也有六年了，因老人体弱多病，你是家里地里不得闲，跟着我没有享过一天福，我愧对你们呀。”

陈娟说：“这俺不怪你，只要你心里有俺，俺就感到幸福，俺一个农家姑娘找了一个军官，十里八乡也不多，再苦再累俺高兴。”

彭连柱说：“你也来几天了，光顾忙达，家里的事还没唠叨呢！两家老人的情况怎么样？”

陈娟说：“咱家里爹娘的身体比往年强，这两年都是好收成，最困难的时期过去了，大部分能吃上饱饭，好多了。来时咱娘特意交代，让我告诉你，他俩都壮实，不要惦挂他们。”

彭连柱问：“你家老人呢？”

陈娟答：“我就是为着这事来的，看着你忙，没敢提！”

彭连柱坐起来，责备妻子：“什么事？怎么不说呀！”

陈娟答：“我爸经医院检查是胃癌，医生说已经到了晚期。”没讲几句，娟子就抽泣起来。

彭连柱问：“治了没有？”

陈娟答：“爸不让治。”

彭连柱又问：“为啥？”

陈娟答：“爸知道家里没钱，所以不让看。妈求他住院，爸说‘她妈，我得的是不治之症，不管花多少钱也救不了我的命，我不能到临死再给家里欠下还不清的债。’”陈娟越讲越伤心。

彭连柱说：“如果有可能，我请假回去，有病就得治。”

陈娟说：“爸知道你们部队紧，不是要你回去，也不是为了钱，他有一个愿望，看看能否通过你的关系帮帮他。”

彭连柱问：“什么愿望？”

陈娟答：“爸说，他热爱党，热爱毛主席，热爱社会主义，除了教书育人，没有干过损人的事，‘造反派’硬是给我扣上‘黑帮’的帽子，还停发了工资，他死不瞑目，要求为他平反。”

彭连柱明白这是一件“官”事，涉及国家政策，不是个人所能左右的，但他为了安慰陈娟，还是表明了态度：“现在是坏人得志，好人受气，痞子受益，爸爸是一位好教师，我们都想法帮助他，明天你先给爸写封信，寄点钱，先治病，接着跑平反。”

陈娟得到安慰感到很满足，把身子移近丈夫，嬉笑着给彭连柱一个吻，彭连柱又搂住娟子，这时门外传来急促的狗叫声……

“砰！砰！开门！”

房东从另一间屋发出询问声：“谁呀?!”

“我们是派出所的，有事，请开门。”

房东打开房门，进来三个人，他们穿着警服，其中一个问道：“彭连柱住在哪？”

房东指指彭连柱的房间，没待彭连柱作出反应，他们破门而入，两个警察端着枪，一个警察宣布逮捕令，他们命令彭连柱穿衣，然后为他戴上手铐。

陈娟被眼前发生的情况吓慌了，她光着身子嚎哭着拉住彭连柱："连柱，这是怎么回事？"

彭连柱很镇静，劝慰娟子道："娟，现在没有时间能说清这个问题，请你相信，我和爸爸一样，也是热爱党，热爱毛主席，热爱社会主义的，我没有做过一件损人的事，这里边有二百元钱，你带着孩子快点回去，给爸爸治病。你一定要顶住，要不咱这个家就要垮了。娟，我对不起你，因为我让你吃苦受累，担惊受怕！穿上衣服！"

娟子这才意识到自己没穿衣服，她哭着去穿衣服，同时打醒了熟睡的儿女："起来，爸爸被人抓走了！"

"走！"警察发出了催行令。

房东家传出娟子和儿女的哭喊声……

一台囚车鸣着警笛从大街上快速通过……

车内坐着彭连柱和三个执行人员，彭连柱戴着手铐，怒视前方……

18

彭连柱被关在山城公安局看守所。

审讯工作在一个阴暗的房间进行。

看守所的窗户被遮挡着，看不到审讯现场，但在外边可以断断续续听到彭连柱和审讯人员的对话。

"彭连柱，你知道国家对罪犯的政策吗？坦白从宽，抗拒从严，我们已经掌握了你的犯罪事实，希望你老实交待。"

"1967 年执行发射任务期间，因为工作安排你和指导员发生了冲突，你当着指导员的面大吵大叫：'什么突出政治'，'四个第一'，全是吹牛皮，不掌握技术，能把导弹吹上天？！你讲过没有？"

"因为工作安排我是和指导员吵了起来，但话不是这样讲的，我说'突出政治，四个第一'也不能代替技术，有人说'一通百通'，毛著学好了，军事技术就会自然而然的上去了，这是吹牛皮。"

"彭连柱，你知道这话是谁讲的？"

"不知道！"

"你讲这些话，全是林副主席讲的。"

"我再问你，发射任务之后喝庆祝酒，你和谁在一起，都说了些什么？"

"和全连在一起，讲了许多！"

"当时，张云涛副司令员在场吗？"

"那天我喝醉了，记不清了。"

"你当时借酒发泄,胡说什么,'早请示,晚汇报,像老和尚念经,顶屁用!张副司令我信你,你真抓实干,这才是硬碰硬,是否属实?"

"我喝醉了,不知道发生了什么事,我不记得说过这些话。"

"看来你是敬酒不吃吃罚酒。"

审讯室传出痛苦的呻吟声……

19

两天来龚振华因为彭连柱事件没有回家,就住在办公室,以便随时研究这件事情。

早饭,他没去食堂,警卫员给他打来早餐,他匆匆地吃了馒头,喝了几口粥,把碗一推又回到办公的座位上。

龚振华平时很少饮茶,可能为了提神,他让警卫员给他泡了一杯浓茶,他把茶杯取过来,又推到办公桌的中间。

龚振华站起来,自言自语:"这是第三天,应当有个说法,怎么一点儿动静也没有?"

"咚!咚!"龚振华的房门传来敲门声。

"进来!"龚振华一边应声,快步走上前准备开门。

门开了。

杨秀雄、保卫处长和抓捕彭连柱的公安人员一起走进龚振华的办公室,看上去,人人神情凝重。

龚振华用期待的眼神看着杨秀雄:"什么情况?"

杨秀雄答:"彭连柱经不起考验,畏罪自杀了。"

"什么?畏罪自杀?什么时候?"

公安人员答:"从尸检情况上看是发生在夜间。"

龚振华追问:"那这个事件咋作结论?"

公安人员答:"我们对彭连柱进行了审讯,他对自己的言论承认了,他在笔录上签字画押了,他承认自己犯了反革命罪。"

龚振华问:"那他为什么自杀呢?"

公安人员答:"我们疏忽了防范措施,他很强硬,没想到会自杀。"

龚振华问:"下一步怎么办?如何向上下交代?"

公安人员答:"我们马上回京,向上级如实汇报这里的情况,待北京审查后再把处理结果返给基地。"

龚振华又问:"彭连柱尸体怎么处理?"

公安人员答:"打算就地火化。"

龚振华转问保卫处长:"照常应当怎么办?"

保卫处长反应机灵:“照常,应对死者进行法医验尸,然后掩埋或火化。”

龚振华反问杨秀雄:“你呢?”

杨秀雄已意识到龚振华的用意,这时也不敢别出心裁:“应该走这道程序。”

龚振华立即态度严厉起来:“闫明轩!”

闫明轩答:“到!”

龚振华发出指示:“一、立即派出卫兵对彭连柱尸体进行看护,防止意外情况发生。二、请陆仲琦副政委牵头,保卫处长参加,对彭连柱尸体进行法医鉴定。三、希望专案人员将对彭连柱审讯经过对雪山党委作一个说明。”

公安人员看看杨秀雄,杨秀雄已感到尴尬和无可奈何……

公安人员答:“我们同意龚政委的要求,杨主任参与了对彭连柱的审查,由杨主任说明不行吗?”

龚振华很直接地提出:“审讯彭连柱的笔录能否请雪山党委一阅?”

公安人员以需要保密为由拒绝了龚振华的要求。

龚振华答:“好,我们先验尸,然后统一认识。”

专案人员刚刚离开龚振华的办公室,云中山和陆仲琦都从下边回来了。

龚振华请他们坐下,把几天来发生的情况向二人作了详细的通报。最后,他讲了自己对处理彭连柱的想法,征求陆仲琦和云中山的意见。

云中山说:“这件事还没有了结,我认为政委的决定是正确的,我们必须亲自调查,作出符合客观实际的结论,好对上对下包括死者的家庭做出交代。”

陆仲琦说:“我也赞成政委的决定,介入这个案件是我分内的工作。”

云中山说:“事情已经到了这个关头,应当通知从司令员和张副司令员赶回来,没有他们,党委也不可能形成任何决定。”

龚振华说:“好,马上召从、张回来。”

20

农村。

一台轿车穿过一带丘陵地在一处坟地停下。

从荣之和桂姐走出轿车。

桂姐把一束鲜花递给从荣之。

从荣之把那束鲜花安放在坟墓上,夫妇双双跪在坟前。

从荣之不觉哀情阵涌,泪流满面,眼前又浮现出父亲逝世的情景——

在从家的宅院内人员出出进进。

在堂屋东间的炕上躺着一个年迈的病人。输液器的药快完了,医生又换上一瓶。

年迈的病人睡着了,不住地说着梦话:“荣之……荣之……”

七八个人守护着老人,其中桂姐坐在距公公最近的地方。

婆婆把桂姐叫到外间:“桂姐,你爸就荣之一个儿子,给他拍个电报,让他回来一趟吧,要不,万一……”

桂姐再也不能隐瞒老丛的情况,含着泪告诉婆婆:“妈,我实话告诉你吧,荣之也在住院,小红也在住院,我是怕您老经不住打击,怕荣之分心,家中的情况没敢告诉您,也没有告诉荣之。”

婆婆听了很震惊:“孩子要紧,咋不早点告诉我?你爸已年过八十,也算高寿了,光你伺候就几个月了,也对得起他了,你明天就回西安。”

婆媳俩说话的工夫丛老头醒来了。

他看到面前站着这么多的人,责问道:“站这么人干啥?为我一个都跟着遭罪。”

桂姐走上前:“爸,我听你梦中呼唤荣之,是不是想儿子啦?他很忙,让我在这伺候你。”

丛老费力地答道:“桂姐,爸知道,我的儿子在外边干大事,听说是周总理交代的,不要让他分心,有你在我就心满意足了,常说儿孝不如媳妇亲。”说着豆大的泪珠淌了下来。

桂姐掏出手帕给公公擦泪。

过会,老丛头慢慢平静下来,吃力地说:“桂姐,你是少有的好媳妇,我知道,你是疼荣之。万一儿子见不到我,不要伤心难过,爸不怪他。”说罢闭上了双眼。

桂姐拽住爸爸的手连连喊叫:爸爸,爸爸……

丛家宅院内传出嘈杂的哭叫声。

画外音:父亲,儿子回来啦!在您去世时儿子不在,没有尽到为儿的孝心,这是儿子终生的遗憾。但儿也知道,父亲是明事理的,自古就是忠孝不能两全,儿子有国家重任在肩,没为父送终,您会原谅儿子吗?

时间过了很久,桂姐转过脸:“荣之,你别太悲伤了。父亲曾为你自豪,他说你为国尽忠,不会责备你。”

丛荣之和桂姐走到一处高地,瞭望丘下,一台军用吉普车来到坟前。

从车上跳下一个军人,手持文件包快速向丛荣之走来:“丛司令员,雪山基地特急电报。”

丛荣之打开电报,电文是:“有大事研究,请接电速回。龚振华。”

第十五章

不攀高枝扬正义　敢犯权威护英贤

1

北京。

叶兆林听取彭连柱专案组汇报。

叶兆林大发雷霆:“刘明德你是怎么搞的?只搞了这么一个很不完整的笔录,有什么用?仅靠这些材料能定罪吗?几个人连一个人都看不住,死无对证,怎么向雪山党委交待?”

刘明德说:“彭连柱和指导员因为教育发生争吵,他说了这些话。他本人和指导员都是承认的,这不能说不是根据。”

叶兆林说:“这点事情充其量是认识问题,上不了纲、上不了线。”

刘明德说:“有一个理由可以向雪山党委交代。”

叶兆林说:“什么理由?”

刘明德答:“彭连柱是畏罪自杀。”

叶兆林眼前一亮,问道:“彭连柱的笔录和审讯材料雪山党委成员看了吗?”

刘明德答:“没有!”

叶兆林考虑后,说道:“重新整理材料,要能证明是畏罪自杀,这个结论如果成立,就可以定性,有牵连的人和事也难脱干系。”

2

北京。

1968 年 1 月。

战略导弹部队首次召开基地领导干部会议。

丛荣之、龚振华、贺子章、叶兆林等坐在前面全神贯注地听政委李天魁讲话。

李天魁:“同志们:这次会议的任务是:传达学习军委首长和军委办事组的有关指示,学习中央军委《关于第二炮兵的基本任务和领导关系的暂行规定》,使高中级领导干部明确战略导弹部队在诸兵种中的地位,以及今后发展建设的方向。经过几天学习讨论,达到了这个目的。同志们一致表示,要牢记党中央和毛主席的重托,在中央军委的领导下,艰苦奋斗,把这个新的兵种建设好。

会议就要结束了,我向大家宣布一个特大喜讯:明天,毛泽东主席要接见与会代表,在此,我代表二炮党委,对大家表示热烈的祝贺!"

全体代表起立,兴奋的掌声经久不息……

在人民大会堂,毛泽东、朱德、周恩来接见二炮代表,毛泽东出现在会场前,会场爆发出雷鸣般的掌声。

毛泽东在周恩来、朱德陪同下和第二炮兵前排代表一一握手。

当和龚振华握手时,毛泽东停了一下:"你这个同志好面熟?"

周恩来道:"主席,那不是长征时军委电台的龚振华嘛!"

毛泽东说:"啊,想起来了。"主席继续道:"建国这么多年,你怎么不来看我,我以为你牺牲了。"

龚振华说:"主席工作忙,我不能打扰您。"

毛泽东转向朱德:"朱老总,他,你应当很熟悉嘛!"

朱德说:"他我怎么不熟,我还给他颁过奖呢!"

龚振华说:"总司令和总理还陪我们吃过饭。"

毛泽东说:"你们都比我熟呀!"

主席风趣的议论引起大家一阵欢笑。

周恩来握着龚振华的手:"第一个导弹基地起步很艰辛,你们是有很大贡献的,请转告基地的同志,一定把导弹部队建设好。"

龚振华答:"我们一定牢记总理的指示,把第一个导弹基地尽快建设好。"

毛泽东、朱德、周恩来和代表合影留念。

3

李天魁看望龚振华和丛荣之。

李天魁说:"雪山基地是只领头羊。我来看看你们,还有什么困难需要上级帮助。"李天魁一边寒暄一边坐下来。

龚振华和丛荣之也坐下来。龚振华表示:"谢谢二炮首长对我们的偏爱,通过这次会议明确了我们的地位和任务,感到形势逼人,我们要努力工作,不负党和人民的重托。"

丛荣之在一旁暗示,是否把彭连柱问题报告一下。

龚振华明白丛荣之的用意,接着道:"有一件事需要向首长报告。因为我们工作做得不好,我们一个连长酒后说了不该说的话。这事惊动了上边,把那个连长抓了起来,定成了反革命事件,这给首长脸上抹灰了。"

李天魁问:“是咋着一回事?我怎么不知道?”

龚振华把彭连柱事件如实汇报一遍。

李天魁说:“从你们党委反映的情况,只能说是认识问题,对这类问题的处理一定要慎重,不能随便上纲上线,这也是人命关天呀!现在的‘造反派’无限上纲,不让人家说话,我们不能学习他们。这件事你们看着处理就行了,不要正式报告了。要做好家属和部队的安抚工作,负面作用对下边影响很大。”

龚振华答:“是!”

李天魁又论:“此外,向你们打个招呼,丛荣之同志拟调二炮工作,雪山基地的班子最近要调整,怎么调整,你们军政一把手要有个准备。春节将至,你们三年没和家人团圆了,赶快回家,好好过个年!”

4

东山导弹团招待所一栋平房,紧靠山村而建。它的前身是生产队的一个草料房。门前有一口辘辘井,因为家家都吃这口井水,也就成了山村家家都要涉足的地方。现在又成了部队家属临时来队的招待所,比以前更显得热闹。

靠水井的地方结满了冰,孩子们在上边戏耍。

快到中午时分,招待所的房间里出来两个抬着水桶的孩子,一男一女,男孩看起来有四五岁,小女孩有六七岁,他们抬着水桶一扭一扭的。

小男孩走到水井边,看到有小孩在玩耍,便畏缩着不敢向前:“姐,我怕!”

女孩训斥男孩:“走啊,怕什么!”

小男孩放下抬桶的木棍,哭了起来:“他们打我!”

小女孩走上前哄弟弟:“蛋,你不知道吗,这外边有当兵的,咱妈见了就哭,该做饭啦,桶里没水,咱不是想让妈妈高兴吗!”

五岁的小男孩似乎很懂事,“嗯”了一声,擦擦眼泪站起来。

姐弟俩到了井边放下水桶,一群滑冰的小孩围了上来:“反革命!反革命!狗崽子!”两个大一点的男孩把蛋推倒,蛋在冰上滑出几步远。

蛋要哭,大个男孩吓唬他:“哭!敢哭揍你!”

蛋畏怯地护着自己的脸,不敢反抗,也不敢吱声,姐姐看到有人欺负弟弟,像一个成年人一样冲上去,冲着那个领头的小男孩就是两个耳光,那男孩被打倒在地,站起来要反抗,但望着女孩愤怒的双眼又不敢动手了。

这时一个老伯前来打水,看到村里的孩子欺负这俩小孩,便呵斥道:“你们干什么,不许欺负外乡人,狗仗人势!”

一群村娃呼喊着离开水井。

老伯回过头:“孩子,你们抬个水桶干什么?”

女孩答:“俺家没水啦!”

老伯又问:“让爸妈打呀,你们还没桶高,怎么能抬水吃?”

女孩答:“妈妈不能出门,见了当兵的就哭,几天都不吃饭。”

老伯明白了,说:“多懂事的孩子,六七岁就知道疼爱妈妈,孩子,别动,大爷给你们打水。”

老伯打了一担水,命令道:“走吧,我把这担水送到你家!”

女孩答:“没有水缸,只能打一桶。”

老伯提着一桶水,女孩领着弟弟,来到她家住的地方。

老伯正欲叫门,从房间里走出一个三十来岁女人,女孩冲着女人:“妈,大爷给咱家打水来了。”

那女人就是彭连柱的媳妇陈娟,两眼赤红,不但没谢谢那位打水的“伯伯”,冲出去竟拉着女儿打了起来:“谁让你去打水,不是告诉你了,那里太危险,你和你弟弟都不能去!”

女孩受了莫大的委屈,哭诉道:“妈妈,我怕你见当兵的,又哭!”

陈娟听着女儿的哭诉,撕心地难受,抱着女儿哭了起来。

老伯明白了,不是这女人不懂人情世道,也是疼爱孩子,宽问到:“为了孩子你要放宽心,六七岁的孩子就这么懂事,将来肯定能得他们的济。”

陈娟止住了泪:“大叔,我也不知道您尊姓大名,您这样的好心人,将来也一定能得好报。”陈娟告谢老伯。

一台解放牌汽车停在招待所门前。

七连通信员从车上卸下一些米面蔬菜。陈娟把营长、教导员让进房间,房间里乱糟糟的。

营长、教导员站着向陈娟交代:“我们接到上级通知,彭连柱的问题已经引起领导的重视,可能要重新定论。上级动员你们先回去,等有了处理结果,再通知你们。组织上考虑到你们家的实际情况,凑了一些钱你把它带回去。快过年了,家家盼团圆,你家里还有生病的老人,也需要照顾呀!”

陈娟问:“教导员,你讲这些是真话吗?不是有意安慰我的吧?”

教导员答:“我们是连柱的领导,平时亲如兄弟,我们都是几十岁的人啦,怎么能糊弄你呢?”

营长说:“部队已经在这里安营扎寨,跑了和尚跑不了庙,不管到什么时候你都是我们营的家属,没有结果你来找我,你把通讯地址留下,我们会经常给你们去信,把这里的情况告诉你们。”

陈娟听营长教导员讲的都是肺腑之言,突然双腿跪下:“连柱的事就拜托两位领导了!”说罢,连着磕头。

营长、教导员忙扶起陈娟:“要相信,党不会冤枉一个好人。为了孩子,也为了连柱，一定要坚强，一定把孩子带好。你准备准备，到时候我们派人送你母子们回去。”

陈娟热泪盈眶，不住地点头。

5

山城。

雪山基地部队家属院鞭炮齐鸣。

人人都穿着新衣服走出家门相互拜年。

龚振华一家六口，孩子是两男两女；张云涛一家五口，孩子是两男一女；陆仲琦家四口，孩子是一男一女……

龚振华带领全家向众邻居拜年：“新年好！新年好！”

张云涛夫妇走上前来合着掌：“路大姐，拜年啦！拜年啦！”龚振华全家还礼。

苏凤琴提议道：“政委呀，这是咱们小院第一个春节，大家都出来了，你不给大家讲几句？”

陆仲琦家也上前给政委一家问候：“政委，应当讲几句。”

龚振华高兴地：“那我讲几句？”

陆仲琦请孩子安静：“欢迎龚政委新年祝词！”

龚振华说：“今天是中国老百姓的传统节日，是家人和亲朋好友聚会的日子，我代表我们全家向这个院的所有老人，家属，孩子们拜年，祝大家新春愉快，全家幸福！”龚振华扣手向大家致谢，路大姐带头鼓掌。

龚振华又说：“我数了数，我们这个院十多户人家，来自七个省，十多个县，有南方人，有北方人，有中原人，可谓是五湖四海。常言道：远亲不如近邻，我祝愿我们都能够成为好邻居，大家团结互助，亲如一家，我还特别祝愿几十个孩子们，你们要努力学习，健康成长，将来成为爸妈的接班人。”讲完，又抱拳致意。

小院里又响起一阵掌声，大家互致问候。

路大姐突然面色苍白，她紧咬着嘴唇险些晕倒在地，龚振华和孩子一起动手，把路大姐扶到屋内。

6

北京。

楚天佑的四合院门前停下一台轿车，轿车鸣了三声喇叭。

叶兆林下了车提着礼包径直地走进楚家大门。

杨秀雄听到三声喇叭，捅了捅楚冬梅：“叶主任来啦，走，迎一下！”

杨秀雄和楚冬梅很快走到门外，大声向叶兆林问安：“主任，春节好！”

楚冬梅说：“欢迎叶主任来我家做客！”一边寒暄，一边把客人的礼物接过来。

叶兆林说："春节啦，我给楚老拜个年，春节好！"

楚天佑和妻子郑绪红在里间谈话，听到外边的动静也走出里间。

楚冬梅把叶兆林让进客厅，正和楚天佑走个对面："叶兆林代表全家向楚老拜年，祝二老健康幸福！"叶兆林身着便装，脱帽，向楚天佑行鞠躬礼。

楚天佑和叶兆林互致问候，然后在客厅落座。

楚天佑说："杨秀雄昨天告诉我，说你要来，你和杨秀雄是上下级，一个在北京，一个在大山深处，虽然是老朋友但也难得一聚，今天好好乐一乐。"

叶兆林刚要坐下，楚冬梅的母亲走出房间，见叶兆林登门也热情地说："小叶呀，春节好，全家好！"

叶兆林说："楚妈妈，小叶给您拜年了！"说罢鞠上一躬。

郑绪红说："兆林呀，你总是那么谦虚，冬梅常讲，你对杨秀雄很关心，对他帮助很大，我们应当感谢你！"

叶兆林说："杨秀雄也算将门虎子，他工作能力很强，很有理论水平，在这方面我还不及他呢！"

在餐厅里楚冬梅正在摆酒具，厨师在上菜。

楚冬梅走进客厅，请爸爸、叶兆林进餐。

叶兆林请楚妈一起用餐，郑绪红道："我高血压、心脏病，不能饮酒，失陪啦！"

席间，杨秀雄向楚天佑和叶兆林频频敬酒，言语谦恭得体……

叶兆林也趁机吹捧楚天佑，夸赞杨秀雄工作有方。不谈杨秀雄"功绩"还好，谈到这里楚天佑却表现出不满的神情："你还夸他呢，我看是书生气十足。就说你们那个彭连柱事件，这样的事在下边处理就是了，怎么往上报？人家向上报喜，你们报丧，不是向首长伤口撒盐吗！"

叶兆林听着这些脸也沉了下来，红着脸："楚老，这事别怪杨秀雄，还是我没有把好关，如果不妥，错误还是记在我的身上。"

楚天佑问："你们那件事处理得怎么样了？"

叶兆林答："彭连柱畏罪自杀了！"

楚天佑听到这里，放下筷子，继续道："这个情况叶办知道吗？你们准备怎么办？"

叶兆林答："我们准备继续追下去，因为，彭连柱身后有背景。"

楚天佑问："什么背景？"

杨秀雄答："从群众检举的材料看，副司令员张云涛对彭连柱的言行耳闻目睹，但他不报告，这作为高级干部是个立场问题。"

楚天佑又问："龚振华知道吗？他是什么态度？"

杨秀雄答："他好像对专案组不满，要重新调查。"

楚天佑再问："彭连柱的言行够不够定罪，他本人是否签字画押了？"

杨秀雄再答:“我看是够,攻击林副主席的言论还不够定罪吗?”

楚天佑又提出一连串的问题,杨秀雄如实回答。

楚天佑沉思良久,把叶兆林招在跟前:这件事应该如此如此……

叶兆林正为此事发愁,听了楚天佑的点拨眼前一亮:“好,还是楚老高人一筹。”

叶兆林又端起一杯酒恭敬楚天佑:“楚老位高智深,晚辈不才,承蒙楚老点拨,我敬楚老一杯!”

楚天佑又恢复了自信,微笑着,端起酒杯一饮而尽。

楚天佑饮了酒,放下杯:“还有什么说的?”

叶兆林诡秘一笑:“楚老,为使我们少犯错误,是不是给我们讲讲形势,指指方向。”

杨秀雄和楚冬梅也同时说:“是呀,很有必要!”

楚天佑有点飘飘然:“好吧,我就讲一讲。目前‘文化大革命’进入夺权阶段,毛主席提出支持‘左派’,你们二炮行动很不力。向华没有把炮兵系统驻京联络站的工作做好,江青骂他们是围攻中央文革,主要领导态度暧昧,实则是抵制文化大革命。当然,他们有后台‘老板’,有人支持。以前,你们二炮的事情由叶剑英抓,现在中央采取了措施,成立了军委办事组,现在是由办事组处理军委的日常事务。有什么事,不好讲的可以向军委办事组反映。”

叶兆林、杨秀雄、楚冬梅,一起站起来为楚天佑敬酒……

7

古城西安。

从荣之一家在包饺子。

经过治疗,小红的病好了许多,从荣之手把手教她包饺子。

小红包好一个,高兴地拍拍手:“我也学会了!”

谢大姐走过来:“水开了,快！端饺子。”

儿子从岩松端起饺子:“来了!”

从大娘在梳理头发,穿上新衣服,高兴地走出房间,

从荣之见妈妈走出里间,吩咐小红:“起来,我们给奶奶拜年!”

从荣之站起来:“妈,春节好,儿子给娘拜年啦!”说罢,深深地鞠了一躬。

小红要给奶奶磕头被奶奶制止住:“现在破四旧,不兴磕头啦!”

奶奶把小红拉起来,拿出一个红包:“这是给我孙女的压岁钱!”

这时从岩松又回到客厅,见奶奶走出房间赶紧给奶奶拜年问安。

奶奶高兴得合不拢嘴:“咱家多年没有这么热闹了,奶奶真高兴。”

奶奶突然想到还没有给岩松发红包,圆场道:“还有岩岩的压岁钱。”

岩松说:“奶奶,我不要,你留着自己花吧!”

奶奶问:“为什么?”

岩松答:“我都是大人啦!”

奶奶说:“在奶奶眼里,你永远都是小孩子!”

岩松收了压岁钱,给奶奶行礼:“祝奶奶寿比南山,身体健康!”

奶奶答:“好,寿比南山!”

谢大姐端上一盆热腾腾的饺子:“吃饺子啰!”

从岩松将奶奶搀扶到桌前,从荣之、小红也都围桌坐下。

谢大姐端上一盘黄米年糕:“这是老家的特产,年年高!”

谢大姐又给婆婆和从荣之盛上汤,端上来。

从母说:“小岩,快让你妈坐下,一年到头都是她忙,今天让她吃上一顿安稳饭。”

谢大姐的脸上洋溢着幸福的笑容。

从岩松突然站起来:“还没放鞭炮呢!”

8

在龚振华办公室,从荣之、龚振华听取王子芳的汇报。

王子芳说:“政委责成我调查彭连柱事件,为弄清事件真相,我们主要做了如下几个方面的调查工作:一是对彭连柱的遗物进行清理,特别是文字材料进行了查验与封存;二是从彭连柱周边人群展开调查,特别认真地听取了五连党支部和三营党委的看法;三是走访了彭连柱的爱人和房东;四是调查了彭连柱关押期间的表现;五是进行验尸检查并写了验尸报告。我们走访的人几乎没人相信彭连柱会是反革命,都认为他是一个好连长、好干部。”

王子芳让保卫处长把调查报告交给政委。

报告简述了彭连柱的简历。从简历中可以看出,彭连柱初中毕业后考入炮兵学校,在学校是优秀学员,分到部队是好战士、好干部,多次立功受奖,是大练兵中成长起来的尖子人才……

龚振华接过调查报告简单地翻了翻,提问道:“给彭连柱定性的那些材料既然基本属实,怎么评价专案组的结论?”

王子芳说:“不能孤立地只看那几句话,要了解这些话是在什么环境下产生的,再联系彭连柱的一贯表现才能作出准确的结论。据战士反映,彭连柱平时寡言,一旦醉酒却口若悬河,什么都讲;他们给彭连柱定性的言论,都是在失去理智的情况下讲的话。我们认为,不能把醉话作为定罪的依据。”

从荣之问:“既然彭连柱群众基础很好,为什么还有人告他的状呢?”

王子芳答:“这也是我们感到不解的。最初我们怀疑这事可能是指导员报告,但通过了解我们否认了,指导员和连长虽然争吵,但两人感情很深,他们互敬互让,配合得很好。”

保卫处长说：“从一些迹象判断可能是连文书所为。”

从荣之问：“有什么根据？”

保卫处长答：“专案组定性的两件事都发生在连部，只有当事人才了解当时的情况，不是指导员，就是他们身边的人。连长指导员身边只有两个人，一个是文书，一个是通信员，通信员是新兵，非常老实，反映不了这么重大的问题。在讨论文书提干问题上彭连柱投了反对票，据司务长反映，连长的发言被文书听到了，从提干名单中把文书拿下，文书对连长不满。”

从荣之问：“通过调查有什么想法？”

保卫处长答：“在调查过程中我感觉有一个倾向，这件事好像不是对着彭连柱，是对着张云涛副司令员的。”

从荣之说：“具体地谈一谈。”

保卫处长列举了专案人员的做法佐证自已的判断。

从荣之问：“专案组准备怎么办？”

保卫处长答：“他们去北京汇报，研究后转告我们。”

从荣之又问：“还来人吗？”

保卫处长答：“说是还来！”

龚振华送走王子芳和保卫处长，关上门，走近从荣之：“有来头呀！”

从荣之：“我们埋着头干，有人却在那里划线。张爱萍被打成‘三反’分子，向华被打成里通外国。向华跟着张爱萍，我们是向华的协从，有些人把我们当作他们晋升的障碍，如果不是军委八条，我们早被人家打倒了。彭连柱人虽然死了，事还没有完，要有充分的思想准备。”

龚振华握着从荣之的手：“我们要风雨同舟。”

从荣之深情地望着龚振华频频点头。

9

山城。1968 年 2 月。

雪山基地一年一度的军政工作会议在小礼堂召开。

雪山党委成员在主席台上，他们的上方悬挂着“1968 年雪山基地军事工作会议”的横幅。

龚振华传达二炮首次领导干部工作会议精神和毛主席周总理接见二炮代表的情景：用画面和旁白显示。

从荣之代表基地党委部署 1968 年军事工作。

从荣之说：“同志们：1968 年军政工作任务仍然是繁重的：二期工程进入攻坚阶段，时间已经过半，但计划完成却不足 50%，东山团虽然已经进入阵地，需要完成的配套建设还不少，一方面要坚持训练，一方面要搞好配套建设，任务也不轻；北方团刚刚组建，是清一色的新兵，如何把部队尽快训出来，能独立点火，独立执行发射任务，需要下很大的工夫。今年和以往不同的是，军政教育时间过去是7∶3，今年改成6∶4，施工训练时间相对减少了，但任务没有变，这就要求我们必须科学合理地安排工作，提高工作效率；为了保证上述任务的顺利完成，必须大力加强思想政治工作，用毛泽东思想武装广大官兵的头脑，充分调动广大官兵的积极性……"

在主席台上就座的党委成员表情不一，龚振华脸色严肃；陆仲琦和杨秀雄的脸上流露出胜利者的神采；丁大伟和孙福祥神情木然，好像充满了疑虑……

10

1968年4月。

大坳山杨柳开始返青，金黄的苦菜花从地下探出头，送来春天的信息。

在工兵团的工地上炮声隆隆，人们进行着紧张的施工……

在北方团的操场上龙腾虎跃，忙着新兵训练……

在东山团，有的连队在平整道路，有的分队上山捡柴……

龚振华在办公室读书，杨秀雄敲敲门进入龚振华的房间："政委，我有事向您请示。"

龚振华不冷不热："什么事？"

杨秀雄答："关于彭连柱问题上级发了通报，要求我们结合这个文件进行检讨。"

龚振华问："还有什么？"

杨秀雄答："你先看看通报，联系这件事我再谈谈我的想法。"

龚振华看通报。

杨秀雄翻开龚振华扣在桌上的书本，是一个单行本：《关于正确处理人民内部矛盾的问题》；在书桌的一角放着《共产党宣言》《国家与革命》。

杨秀雄趁机赞扬龚振华："政委，您在攻读马列？"

龚振华一边看通报一边答道："我理论水平低，不学不行呀，要不就会说错话、站错队了。"

杨秀雄说："政委有时间可以看看毛主席的《湖南农民运动考察报告》，作为高级领导干部，要掌握指导革命的立场和方法，这个问题解决了，就不会左右摇摆了。"

龚振华问："杨秀雄，你在批评我？我的立场有问题？"

杨秀雄答："不敢，不敢，我只是谈谈我学习毛主席著作的体会。"

龚振华看过通报，没加评论，向杨秀雄提问："专案组离开基地时不是说回京研究后和我们通气吗，怎么没有通气就发通报了？”

杨秀雄答：“人家是上级，公安部有自己的工作程序。”

龚振华答：“什么程序？公检法第一个原则就是要重证据，实事求是！”

杨秀雄问：“政委认为上头不公，有问题？”

龚振华愤愤地：“主观武断。这是要制造混乱。”

杨秀雄说：“现在是非常时期，看问题要看本质，不要把方法、步骤看得过重。比如要揪出混进军队内的资产阶级代表人物，如果按正常的程序能揭开盖子吗？”

龚振华说：“军委规定，军以下部队不搞‘四大’，必须在党委领导下进行，这是毛主席批示的，这就是程序和方法，作为部队，我们必须这么办，不这样做就是非组织行为。”

杨秀雄说：“政委，我们是否不辩论这些问题？还是讨论一下彭连柱案件吧。您说，彭连柱那些话是不是攻击林副主席？”

龚振华说：“没有调查就没有发言权，彭连柱问题还没有调查清楚，据我看，充其量是认识问题。”

杨秀雄问：“专案组审讯他，他本人已经承认了，认为他的言论是反革命行为，他自己都签字画押了，怎么还说是认识问题？”

龚振华说：“秀雄，我和你妈是战友，无论从公从私我都应向你负责。这几年你是做了一些工作，但你最大的问题是不结合实际。你讲的许多问题听起来头头是道，但实践起来不行。尤其是处理政治问题和人的问题，不能草率行事，你可好，动不动就给别人扣帽子。讨论问题不是以理服人，总是以势压人，你不改正这方面的毛病，将来是要吃大亏、摔大跤的。”

杨秀雄假装谦虚地：“谢谢政委对我的批评。”

龚振华感到吃惊，他万万没有想到，一向飞扬跋扈的杨秀雄还能说出带点谦虚味的话。龚振华想，不管有多少诚意都要鼓励，于是接着说：“我们应互相学习，互相帮助。”

11

雪山基地小招待所。

叶兆林在他下榻的房间和随行人员谈话。

龚振华在杨秀雄的陪伴下看望叶兆林。

杨秀雄叩开叶兆林的房门，龚振华向叶敬礼问安。

叶兆林热情而风趣地：“看，龚政委还是这么健壮。”他给随行人员介绍，“咱们的龚政委可是老政委了，三十年前就做政治工作，长征中是有名的铁脚掌。”

龚振华也像战友重逢一样的打趣：“我可是比不上老弟，今非昔比，我已经落后了！”

叶兆林把随行的组织部长、干部部长介绍给龚振华，龚振华同他们一一握手，叶兆林和龚振华坐在沙发上，其他都择席而坐。

龚振华说："山沟里条件很差，委屈大家了！"

组织部长说："我看过基地的许多报告，艰苦创业，从一穷二白到今天这样的规模，也是奇迹呀！"

龚振华问："叶主任带着两位部长到雪山基地，一定是重任在肩，需要我们做些什么？"

叶兆林答"我们这次来准备住上一段时间，要研究的中心问题是怎样加强导弹部队的组织建设和干部队伍建设，贯彻落实中央军委关于二炮干部要非常可靠，组织要非常纯洁的要求，讨论部队干部年轻化的问题，同时，了解开展四好连队活动和部队开展'文化大革命'的情况。"

龚振华问："怎么安排？"

叶兆林答："第一步，先找相关干部座谈，然后再研究调配问题，你看怎么样？"

龚振华说："既然你们有自己的计划，我就不天天相陪了。"龚振华又指示杨秀雄，"叶主任一行的生活保障由你负责，要想办法安排好，腿要勤跑点。"

杨秀雄答："好，知道了，做得不好请部长们多多批评。"

龚振华说："部长们先休息，晚上我为你们接风。"

在灯光暗淡的餐厅里，欢迎宴正在进行。

从荣之举起杯向叶兆林一行敬酒："在座的首长和同志们知道，我刚刚作过手术，医嘱有三忌，第一忌就是酒，但今天是一次难得的机会，要破例，我敬叶主任和两位部长一杯，欢迎上级来我部检查指导工作，为表示诚意，我也饮上一杯。"

从荣之的诚意好像感动了叶兆林，叶兆林站起来："老从，谢谢，你的心意我领了，我有一个建议，你以水代酒就行了，伤了你的身体，雪山的官兵可不答应我。"说着把从荣之的酒杯夺下："杨秀雄，你替从司令员喝！"

杨秀雄接过酒说："司令员，谢谢你多年对我的帮助，我替你喝。"

杨秀雄举起杯道："欢迎上级首长到我部检查指导工作！"

宴会在热情与和谐的气氛中进行……

12

在叶兆林下榻的房间里，叶兆林和从荣之谈话。

叶兆林说："今天我们主要谈谈雪山基地班子人员问题，我问你答，你谈我听，就算交换意见，从司令员可以吧？"

从荣之说："向上级政治部门汇报情况是下级的责任，主任想了解什么我答什么！"

叶兆林说："在政工干部中，怎样评价陆仲琦和杨秀雄的工作，他们各自的优缺点是什么?"

从荣之说:"他俩工作分工不同,各有千秋,陆仲琦同志来自野战军,他对军队政治工作的传统经验运用得比较好。比如在机关和工兵部队进行的艰苦创业艰苦奋斗教育、联系施工实际进行的'一不怕苦,二不怕死'的革命主义教育,以忆苦思甜为主要形式的阶级教育,对提高官兵的阶级觉悟,树立以苦为荣的精神,对激发官兵为国防献身,都起到了很好的作用。杨秀雄同志政治理论研究的基础比较扎实,在组织和引导群众性学习毛主席著作中,发挥了很好的作用。两年多他办了十多期不同类型的政工学习班,对提高政工干部的素质和理论水平发挥了很好的作用。杨秀雄性格很直,敢讲敢做,工作很有闯劲。"

叶兆林问:"他们的主要缺点是什么?"

从荣之说:"陆仲琦同志个性强,团结同志差;杨秀雄不善于与持不同意见的同志共事,理论联系实际能力差。"

叶兆林又问:"你认为在龚振华之后,谁是政工干部较理想的人选?"

从荣之晓得这是他不得随意评论的问题,他用很礼貌的回答避开了这个问题:"主任评论这个问题最权威,让你定,一定会做出最好的选择。"

叶兆林问:"怎样评价云中山和张云涛的工作,如果你调出,由谁接班?"

从荣之估计到这是叶兆林要了解的重点内容,他如数家珍地评价了二人的工作:"这两个人都有很强的事业心。云中山多年治校,又严以治军。他工作严谨,分管工程勘察设计,没有出过差错,他非常重视机关建设,善于发挥机关的作用。张云涛工作有创新精神,敢想敢作敢为,善于总结群众练兵经验,是一员虎将,是可以成大事的人。"

叶兆林又问:"他们的缺点呢?"

从荣之答:"云中山缺少闯劲,爱生气。张云涛是性格过于耿直,讲话易伤人。"

叶兆林再问:"以后,应当怎么使用他们?"

从荣之答:"他们都能胜任军事领导工作。张云涛如果到学院当院长,会是桃李满天下。"

叶兆林把话题一转:"听说彭连柱事件和张副司令员有牵连?你是怎么看的?"

从荣之清楚,张云涛问题是他了解的重点,早晚会提出彭连柱问题,从荣之按照事先设想好的,很客观又巧妙地回答了叶兆林的提问:"我个人认为,要评价这个问题首先要回答彭连柱案件是什么性质的问题,算不算反革命案件,如果是反革命案件,张云涛知而不报就是原则问题,他如果认为是酒后失言,有些话是在特定环境下发生的,根本不是反革命案件,他对下级这种庇护是可以理解的。"

叶兆林问:"从司令员对彭连柱案件是怎么认为的?"

从荣之答:"我们组织力量对彭连柱案件进行了全面调查,弄清了彭连柱言行产生的特殊环境,考察了解他的一贯表现,我们认为,彭连柱是一个好干部,酒后失言，不能构成反革命罪。”

叶兆林说：“听说彭连柱自己承认是反革命行为，还签字画押了。”

从荣之笑了笑：“如果主任很好地看看材料，会觉得，定反革命罪很勉强。”

叶兆林说：“我们暂不讨论这个问题，有一个问题请您考虑，如何评价雪山党委几年的工作，那些是正确的？哪些是错误的？下步的班子怎么调？咱们抽时间再谈。”

从荣之答：“好！我准备准备。”

13

叶兆林和龚振华谈话。

叶兆林说：“振华兄，这次我来雪山的任务是研究下步基地班子怎么配备，你是雪山基地的奠基者，班子怎么配需要听听你的意见。北京领导干部会议期间就想找你谈一谈，因会议安排得太紧，没能谈成。”

龚振华答：“您是领导机关，站得高看得远，请您多多指教。”

叶兆林说：“雪山基地是战略导弹部队的排头兵，你们是老大，所以雪山基地的建设上上下下都很关注。军委办事组经常问，杨秀雄不是在那吗，干得怎样？可见，雪山基地多有分量。”

龚振华说：“那我要谢谢老弟对雪山的关注。”

叶兆林说：“军委办事组在接见二炮党委成员时对战略导弹部队的建设提出了很高的要求。叶群同志传达了林彪同志对二炮的指示：‘二炮基础弱，更要突出政治。’军委办事组强调战略导弹部队是一个很重要的军种，干部要可靠，组织要纯洁，一定把军权掌握在忠于人民、忠于无产阶级的人的手里。”

龚振华说：“军队是国家的柱石，一定要掌握在可靠人的手里。”

叶兆林说：“我们这次来就是为了贯彻落实林副主席和军委办事组的指示，首先抓好班子的调整，同时和基地一起抓好清队工作的试点。”

龚振华问：“具体怎么安排？”

叶兆林答：“我想，我们还是从调查研究入手，先听听下头的意见。”

龚振华说：“从群众中来到群众中去，这是主席一贯的工作方法，走好这一步才能耳聪目明。”

叶兆林问：“你是雪山基地的党委书记，我们要首先听听你的意见，我们是先谈还是后谈？”

龚振华答：“为了不带框框，你先和他人谈，咱俩最后谈。”

叶兆林说：“好，这样好！”

龚振华弄清了叶兆林的来意和对工作安排的意见便和叶兆林告辞，叶兆林又补充道：“我来前楚老（天佑）让我转达他对你的问候，他说，杨秀雄毛病很多，让龚兄多加帮助，对杨秀雄可以骂。”

龚振华说：“楚老也太高看我了，杨秀雄是叶主任的得意门生，也算是半个将门虎子，我怎么能骂他？”

龚振华告辞，叶兆林把龚振华送到门外。

14

从荣之办公室。

龚振华和从荣之交换意见。

龚振华：“前两天我纳闷，春节过后杨秀雄一反过去，对我特别温顺，咋回事？今天听了叶公的点拨我才明白，不少人已经盯上了这里的权力。”

从荣之问：“怎么讲来？”

龚振华把叶兆林和他谈话的内容，他自己的感受讲了一遍。

从荣之说：“我原来以为叶公这次是和我们算账的，现在看来不是，他是围绕权力怎么分配对杨秀雄有利而来的。没有急于解决彭连柱和张云涛的问题，要放长线钓大鱼。”

龚振华问：“你说我们怎么办？”

从荣之答：“我们应该讨价还价，顺其自然。”

龚振华说：“说得再透彻些。”

从荣之说：“我判断，叶公在彭连柱和张云涛问题上底气不足，如果强行处理，我们必然会与他抗争，如果那样，他和我们之间就会埋下很深的伤痕，而当前最重要的是，在我们走后权力会落在谁的手里，如果能落在他们希望人的手里，再解决张云涛、彭连柱之类的事情不就没有阻力了吗？现在，他是争取主动。”

龚振华说：“我们顺着他的想法走，但要把我们的权力争过来，这个权力就是把彭连柱案件摆平，保住张云涛，至于‘清队’那是稍后的事了。”

从荣之说：“我也是这样想的。干部任命权在人家手里，反对也没有用，只能顺其自然。”

龚振华说：“我们共同努力，确保这个目标。”

15

北京至山城的火车在高速行驶中……

在软卧车厢内楚冬梅和妈妈郑绪红在交谈。

楚冬梅：“听你常常谈到路姨，说龚家与我家有知遇之恩，到底是怎么一回事？”

妈妈用疑惑的目光盯着冬梅：“你一点也不知道？”

楚冬梅说：“听爸爸说红军时你们是战友，互相帮助，亲如姊妹。”

郑绪红说：“我们和龚家可不是一般的同志关系，在这句话的背后记录着我一段极不寻常的经历：

“红军长征时，我们都是做电台工作的。一、四方面军会合前，龚振华在中央红军，我和你路阿姨在四方面军工作。一、四方面军会合后，龚振华调红四方面军工作。后来，我们三人随西路军行动，龚振华是我和你路阿姨的队长。四方面军身陷重围，经过浴血奋战，最终失败了。

“西路军失败后，我们被编入游击大队，这时我们被围困在祁连山中。为保存有生力量，上级党组织作出决定：解散游击队，愿意北上的上交电台，毁掉密码，单人或结伙去陕北。决定传达后，龚振华找我们，最后商定，我们五人（包括刘尚标，陈瑞）结伙去陕北。经过准备，我们趁黑夜从祁连山突围。但在突围时我们被打散了。

“突围后我和另外六同志会合在一起。但没想到，我们又受到马步芳部的袭击，成了马匪的俘虏。马匪要把我们押往西安，后国共合作，党组织从马匪手中营救了我们，我们是最后一批到达延安。

“1942 年，延安整风运动。一天，我接到通知，组织怀疑我是国民党的特务，把我抓起来隔离审查。在此之前，有人被打成特务而枪决，当时我恐惧极了。我想，没人证明我的清白，说不定哪一天会被杀掉。

“后来，他们把我送交军委三局通校接受审查，没想到龚振华就在通校任队长，负责抢救人员的政审工作。

“龚振华见了我大为吃惊：‘怎么回事，你怎么弄到这里来啦？’

“我把分手后经历向龚振华说一遍，龚安慰我：‘我们是一个战壕出来的战友，我能证明你的清白。后来龚振华找了上级，我又重新恢复了工作。那时，龚振华已和路大姐结婚。路大姐把我介绍给你爸爸，不久我们也结婚了。’”

郑绪红讲完往事，楚冬梅被深深感动了：“这么说，龚叔和路阿姨都是了不起的大好人？”

郑绪红：“龚振华同志为我军的通信事业作出重大贡献，多次受到朱老总的表彰，有关他的故事多着呢！”

龚振华的形象在冬梅眼里变得高大起来……

火车进入山城站。

杨秀雄已在站内等候着。楚冬梅提着包，扶着妈妈下车。

杨秀雄走上前握住妈妈的手：“妈，一路辛苦了！”

楚妈问：“你路姨怎么样？她知道我来吗？”

杨秀雄答：“我到医院看过路姨，没有告诉你要来，我想不告诉好，你突然出现在她面前，给她一个惊喜。”

16

雪山医院。

病房内路大姐正在输液。输液瓶内的液体所剩无几。

护士走进病房，一边和路大姐说话，一边拔针取瓶。

护士正欲出门，梁玉洁陪同杨秀雄、楚冬梅、楚妈走进病房。

梁玉洁满脸笑容和路大姐打招呼："路阿姨，你看一看，是谁来看你呢"

路大姐扬起头看到楚妈，立即站了起来，惊喜地："绪红，你怎么来啦？"

郑绪红答："是杨秀雄打电话告诉我的，听说你病了，我带上冬梅马上赶过来。"

楚妈转过身："小梅，这就是我给你常讲的路阿姨，过来见见。"

楚冬梅喊了一声"路阿姨"，走上前和路大姐亲切拥抱。

楚冬梅松开手，一本正经地："阿姨，我妈常常念叨你，给我讲过许多有关您的故事，我和妈妈只有一个心愿，祝阿姨早日康复！"

路大姐如同见了亲人，兴奋不已，握着冬梅的手："姨十五年前见过你，那时你还是个娃娃，如今成了大姑娘了！"

梁玉洁让护士送来几把凳子，路大姐招呼大家坐下。

杨秀雄把一提罐头和营养品放到床头柜上："路阿姨，这是妈妈从北京给你带的，好好补一补，早点康复。"

路大姐说："你们从北京来看我，我就感激不尽了，还带这么多补品，太破费了！"

郑绪红答："你快别说了，大姐一家对我的情谊我一生也报不尽呀！"

路大姐又说："往后你不要这么说，那时候我们是生死相依，我们能走过来，多不容易呀！"

杨秀雄要听医院建院情况汇报，借故和梁玉洁离开病房。

病房内只剩下她们三人，路大姐情意浓浓，她们谈工作，谈孩子，谈家庭，谈论社会……

快到吃晚饭的时候，杨秀雄和梁玉洁回到病房："妈，该吃晚饭了，让路阿姨休息休息，明天再谈吧！"

路大姐说："你妈妈这一来我的病全好了，我们是老姐妹重逢难舍呀，我多想让你妈多陪我说会话。"

梁玉洁看透了两位老人的心愿，便道："她们老战友重逢难得一聚，我们这里有房，要不，阿姨就住在医院吧。"

郑绪红说："这病房有闲床，我哪里也不去，我就陪你路姨住在病房。"

杨秀雄有些犹豫，梁玉洁说："就按楚妈的意见办吧。"

杨秀雄和楚冬梅刚刚离开医院，龚振华闻讯赶来，他和绪红也是十多年没有见面了，三个生死与共的老战友吃了饭，彻夜长谈……

17

雪山基地招待所。

深夜十一点，杨秀雄和楚冬梅相拥在床上，他们在讨论问题。

楚冬梅问："你让妈来看路阿姨，是不是别有用心？"

杨秀雄反问："什么别有用心？"

楚冬梅又问："是不是和你们的班子调整有关？"

楚冬梅一针见血的发问正中要害，杨秀雄用称赞的方式回答冬梅："楚冬梅真不愧将门虎女，看得透彻。"

楚冬梅再问："你是怎么考虑的？"

杨秀雄答："爸爸和叶主任的想法是不赞成我回京，希望我能在这里接班，先在下边打好基础，但雪山基地这帮老家伙就是不买我的账，叶主任把上边的意图向龚振华透露得很清楚了，他还说了我一大堆毛病，需要继续锻炼，叶主任为了帮我缓解这里的气氛，建议让妈妈出马。"

楚冬梅再问："你想让妈帮你做些什么？"

杨秀雄答："让妈妈出面首先是联络感情，争取龚振华，看在老战友的面上放我一马。"

楚冬梅接着问下去："他如果不给这个面子呢？"

杨秀雄没有想到楚冬梅比他想得还深远，他考虑后应道："他不给面子就跟他摊牌，把林办的意图讲出来，他如果还固执己见就打倒他。"

楚冬梅微微一笑："你也算搞政治的？真是匹夫之见！"

杨秀雄问："你说怎么办？"

楚冬梅答："我和妈来前，爸爸有交代，对龚政委只能靠不能远，只能拉不能打，如果打倒龚振华就会鸡飞蛋打。爸爸还指出，雪山基地在上边是挂着号的，处理不好就会打乱首长对导弹部队的全盘考虑。"

杨秀雄又问："又不能打又不能远，你说怎么办？"

楚冬梅答："爸爸说应把握好两点，一是能进能退，二是当饶人处且饶人。"

杨秀雄再问："怎么理解？"

楚冬梅趴在杨秀雄的耳边：如此如此。

杨秀雄觉得眼前一亮，兴奋地望着天花板，不自主地点头……

杨秀雄转过身，紧紧抱住楚冬梅，为幸福和美好的前景所陶醉……

18

雪山基地小招待所

龚振华和叶兆林讨论问题。

叶兆林说："这几天我找了党委一些成员谈过话，就班子调整听取了大家的看法，龚老肯定有准备，恐怕已胸有成竹了。"

龚振华说："关于班子调整我谈几点意见供主任参考，最后，还是请主任定夺。我们具体建议是：从荣之同志调出后由云中山同志接任司令员；我如果调离或退下来，最合适的人选是王子芳同志，该同志有较高的思想理论水平，有丰富的政工经验，党性观念强，群众基础好。"

叶兆林问："王子芳同志如果调出呢？"

龚振华答："如果在基地范围内只能考虑陆仲琦和杨秀雄。陆仲琦年龄偏大，好像不大符合目前的形势需要。杨秀雄政治理论水平不低，但对部队政治工作缺少研究且不善于团结同志。"

叶兆林又问："如果是用杨秀雄怎么做较好呢？"

龚振华又答："一定要学会自我批评，取得同志特别是党委成员的谅解，二是要学会谦让，不要什么都打着上头的旗号，不要什么都咄咄逼人。比如他在张云涛问题上就有两点做的不妥：关于突出政治问题，他和张云涛是讨论，交换看法，会上杨秀雄给张云涛上纲上线，说是态度问题。再如在彭连柱问题上，杨秀雄肯定张云涛包庇彭连柱，事实是张云涛批了彭连柱，执行任务回来后张云涛向我作了汇报，如果隔离张云涛，大家和张云涛能够服气吗？"

叶兆林说："政委同志讲的很准确，杨秀雄是有这方面的弱点，但在我看来，帮助他克服这些弱点，加强培养，还是值得考虑的。"

龚振华说："我赞成主任的想法，杨秀雄同志如果能正视这些问题，并用实际行动表明自己改正错误，会得到大家的支持。"

19

龚振华的家。

龚振华设家宴招待郑绪红母女。

客亍摆上餐桌，餐桌上几道北方菜和几道家常菜，餐具已经摆好，龚振华的大儿子龚军和小女儿龚晓童作陪。

宾主入席，龚振华致祝酒词："我们的老战友绪红和女儿冬梅听到老路病了，从北京专程赶往山城来看望我们，我们全家都感到荣幸，绪红和冬梅今晚就要启程回京，为了表达全家对绪红全家的情义，搞了一个不成样的家宴，请大家举杯，为绪红全家的幸福美满，为绪红母女旅途平安愉快，干杯。"

全体举杯畅饮。

楚冬梅对小鸡炖蘑菇和炖狗肉很感兴趣，一边品尝一边评论："比我家厨师做的都好。"

路大姐说："小鸡炖蘑菇是这里的地道菜。算我想对了，给你们准备了几斤蘑菇带回去，爱吃，可以自己学着做。"

又喝了一阵，龚振华又给郑绪红和冬梅斟上一杯酒，提议道："冬梅，这杯酒是敬你爸爸的，回去转告你爸爸，谢谢他对我的关心和信任，祝你爸工作顺利，身体健康。"

龚振华和冬梅碰杯，半杯红酒一饮而尽。

楚冬梅给龚振华斟酒，龚拒绝，冬梅不依："龚叔，听侄女一言，我代表杨秀雄，以我们两人的名义敬您一杯，感谢叔叔对杨秀雄的关心和培养。"

龚振华很有分寸地："这酒我喝，但你给叔叔戴上那么大的帽子我可撑不起。"龚振华和冬梅碰杯，又喝了下去。

龚振华又斟上酒转向郑绪红："请您回去转告楚部长，他的两点指示，第一点，对杨秀雄要多加帮助，我能做到，第二点，要为叶主任选美我怕做不好，我这里大学生是不少，但政治条件完美、容貌又好的确实很少，大学生'清队'还没有搞，还不知是个什么局面呢？所以……"

没待龚振华讲完，郑绪红截过话："这件事你别放在心上，叶群要求很高，弄不好还会惹出不是来。"

这时，客厅里传出急促的电话铃声。

龚振华拿起电话："哪里呀？"

"政委呀，我是杨秀雄，你们吃过饭没有？"

龚振华问："正吃呢！什么事？"

杨秀雄答："请你告诉冬梅，回京的车票已经拿到手了，东西我也准备好了，过一会我带过去，让他们放心。"

龚振华问："要不要和冬梅讲话？"

杨秀雄答："不用了，我马上过去！"

20

半月后。

叶兆林宣布雪山基地班子调整命令。

叶兆林说："经中央军委批准，雪山基地司令员丛荣之任第二炮兵司令部参谋长；雪山基地副司令员云中山任雪山基地司令员；原雪山基地政治部主任杨秀雄任雪山基地副政治委员兼政治部主任；雪山基地原副政委王子芳调任嵩山基地任政治委员。"

"第二炮兵研究决定：雪山基地党委由下列十五人组成：龚振华，云中山，杨秀雄，陆仲琦，张云涛……，龚振华任党委书记（常委）、云中山任党委副书记（常委）、杨秀雄（常委）、陆仲琦（常委）……"

随后，新的党委对政治部的建议进行了讨论，对雪山基地今后工作作出新的决议：

“一、要坚持我党政治建军的原则，大力加强政治工作。提高政治工作的地位，首先从时间上保持政治教育工作的落实，军政训练的时间调整为导弹团5:5、工兵团6:4，全年政治教育不得少于一百天。

“二、在开展群众性学习毛主席著作活动的同时，要把开展‘三忠于、四无限’活动作为政治工作的基本内容，要建立毛主席著作天天读制度，推广‘早请示、晚汇报’的活动形式，大力培养广大官兵对毛主席、林彪同志的深厚的无产阶级感情。

“三、认真落实上级‘清理阶级队伍’的指示，成立‘清理办’和‘专案组’，严防‘七类人’混进革命队伍。

“四、加强‘三支两军’工作，派出得力干部参加地方的政权建设，保证地区‘文化大革命’沿着中央部署健康发展。

“五、抓好导弹团领导班子建设，把德才兼备、忠于党、忠于毛主席、忠于林彪同志的年轻干部提拔到各级领导岗位。”

旁白：“这次，在雪山党委调整的同时，基地机关和团的班子也进行了适当的调整。田广川任基地副参谋长，孙长林任后勤部政委，高国军任基地政治部副主任。通过调整，实现了工作组重用杨秀雄的意图，也使丛荣之、龚振华解脱张云涛、澄清彭连柱案件得到实现。但这几条决议使林彪“一切给政治让路”、“政治可以冲击一切”的指示在雪山基地占了上风，这几条决议的推行与落实给此后几年雪山基地的建设带来了灾难性的影响。此外，这次调整给陆仲琦以很大的刺激，也为以后的政治较量埋下了新的火种。”

第十六章

陆仲琦坚持搞清队　东山团整顿遭重挫

1

山城宾馆。

山城市革委会和党政要员为从荣之举行送行宴会。

革委会主任在祝酒辞中指出："在山城地区'文化大革命'的关键时刻，从荣之同志排除各种干扰，支持和保护了一大批领导干部，通过艰苦细致的工作促进了地区的大联合和'三结合'，对山城地区'抓革命、促生产'和政权建设作出了突出的贡献。为此，我代表革命委员会和山城地区二百四十万人民，对从荣之同志表示由衷的感谢！"

山城车站内，停着待发的列车。

雪山基地党委为从荣之送行，从荣之和他们一一握手。

当和张云涛握手时，从荣之停下来，久久地望着对方。

张云涛明白从荣之的心思："你放心地走吧，我不在乎这些，时间和历史最后会作出公正的结论。"

从荣之点头示意。

大梁镇潘镇长背着包包急急忙忙闯进来，边跑边喊："从司令，等等！等等！"

从荣之听到呼喊声，扭过头，见是老潘，欣喜地走过来和老潘握手："你这是干什么？赶集呀！"

老潘上气不接下气地说："乡亲们听说你要调走，托我一定要送送你，这是镇上的乡亲们送给你的山货，这里还有一张狍子皮，是老于头送来的，他说，你的腰有毛病，把这张狍子皮铺上，对腰有好处。"

从荣之说："谢谢乡亲们对我的关心，但这东西我不能白收。"说着从口袋里抓出一把钱塞给老潘。

老潘不要，从荣之正颜道："老潘呀，你给抗联养过病号、送过信，你为解放军支过前,我能白拿吗?"

老潘明白了:"好!好!我们不能污了从司令的清白。"说着,把钱装进了口袋。

雷宇声和梁玉洁也赶来为从荣之送行。

从荣之笑着和他们握手:"看来,你们的喜酒我是喝不上了。"

梁玉洁含着泪:"酒我们给你留着,今天没酒,但有糖。"梁玉洁从挎包里抓出一把糖,双手捧着让从荣之品尝。

从荣之很激动:"这糖我吃!"说着把糖装进了口袋,然后目不转睛地盯着雷宇声:"有情人终成眷属,你们患难与共,难得呀!祝你们白头偕老。"

列车徐徐开动,驶出车站,送行的人员举着手,望着离去的列车……

2

政治部小会议室。

龚振华、陆仲琦、杨秀雄和各处(室)的领导在开会。

龚振华说:"今天召开一个小范围的政工会。主要研究下半年政治工作怎么搞。在此之前,我让陆副政委和杨副政委准备了一个意见,由他俩先讲一讲,然后我们议一议。"

杨秀雄让陆仲琦讲。陆仲琦:"你讲,我补充!"

杨秀雄说:"我们研究,下步的政治工作要以党委新的五条决议为依据,认真落实五项决议提出的任务。当前,全部总动员,下力量抓好东山导弹团的教育和基层'清队'工作的试点。"

龚振华问:"东山导弹团试点是怎么考虑的?怎么搞?"

杨秀雄答:"根据上级的部署,东山导弹团的试点这次重点解决两方面的问题:一是抓好路线教育,深入批判资产阶级军事路线,肃清资产阶级军事思想的流毒和影响;二是搞好'清队'的试点工作。具体安排:整个试点分三步进行:第一步,学习文件,进一步武装思想,解决认识问题;第二步,联系实际开展对资产阶级军事路线的批判;第三步是组织整顿。"

龚振华又问:"组织整顿准备怎么搞?"

杨秀雄答:"这个问题政治部正在研究,陆副政委侧重考虑这个问题,请陆副政委讲讲。"

陆仲琦说:"这次的组织整顿实际是'清队'工作的内容。清理七种人,一方面搞党委支部建设,把不称职的调出党的组织;另一方面,有问题的人清出部队。组织整顿是正常的党委工作,在上级党委领导下通过组织调整即可实现。对于有问题的人要清出部队,工作面宽,政策性强,不易把握,故这项工作交由'清理办'和专案办公室具体实施。清理办随工作组一起深入东山导弹团,结合教育对营以下包括预提干部进行摸底、登记，最后，和团党委一起，进行‘七种人’的处理。”

龚振华问：“试点准备搞多长时间？”

陆仲琦答：“三个月。”

龚振华又问：“工作组什么时候进点？”

杨秀雄答：“八月中旬。在此之前，工作组准备集中学习十天。”

龚振华说：“关于东山导弹团的试点工作我提几点意见供你们考虑：一是从时间安排上，要在 11 月中旬前结束，以便于明年的工作安排。二是要严格掌握政策，防止一刀切和扩大化，这是历史的经验。三是整顿工作要紧紧依靠团的党委，要把两个积极性和两重责任很好地结合起来。”

3

陆仲琦送走龚振华，立即召开‘清队办’和专案组会议。

陆仲琦说：“‘清队办’和专案组在以往的编制中是没有这个机构的，这是无产阶级‘文化大革命’的产物。‘文化大革命’以来，一些资产阶级分子的子女在地方混不下去了，他们穿上军装，摇身一变，成了‘革命’战士。中央首长指出，军队绝不能变成走资派和坏人的防空洞，一定要把混进军队内的资产阶级以及有严重问题的人从军队清除出去。‘清队办’和专案组就是为了适应这一需要而设置的。‘清队办’和专案组是临时机构，在党委和政治部领导下开展工作。”

杨秀雄问：“‘清队办’和专案组已经成立半个月了，你们学习了有关‘文化大革命’和‘清队’工作的有关文件，向你们提出了准备工作的相关要求，准备的怎么样了？”

宋军祥又答：“文件我们看了，任务也明确了，统计登记所需要的表格我们也制作了，我们讨论过几次，深感有不少不好把握的地方。”

杨秀雄问：“什么不好把握？”

宋军祥说：“如营以下干部的历史情况，组织或行政部门对历史问题的结论，搞清这些问题很困难，没有干部部的配合就无从下手。再如预提干部和专业尖子人才现实政治状况，对‘文化大革命’的态度，这些都不好作结论。类似这些问题怎么办？”

杨秀雄说：“清队工作是一项很复杂的政治工作，肯定会遇到不少的困难，有些困难是必须通过你们进行创造性的工作才能完成的，如果很容易进行，还成立‘清队办’和专案组干什么？我们马上要进驻东山导弹团，我们可以一边工作一边研究。”

陆仲琦说：“杨副政委讲得很好。这是一项政治任务。调你们做这项工作，充分表明了组织对你们的信任。希望你们兢兢业业的工作，为纯洁导弹部队‘两个’队伍作出自己贡献。”

4

晚。

东山导弹团设晚宴招待陆仲琦、杨秀雄。

陆仲琦和杨秀雄就座后，邢政委致词。

“基地陆副政委和杨主任要在我部进行路线教育和‘清队’工作试点，这是去年杨主任的政治建军试点的继续和深入，这是东山导弹团建团史上的一件大事，是上级从政治上对我们的关怀，请允许我代表东山团党委并以我个人的名义，欢迎上级首长到我部试点，我们预祝首长工作顺利，身体健康，预祝这次试点取得丰硕的成果，请大家干杯！”

东山团党委成员全体起立，陆仲琦和杨秀雄也站了起来，一起碰杯，陆仲琦又补充一句：“也为我们合作愉快干杯！”

全体又撞杯，然后举杯饮酒。

酒过数巡，陆仲琦又讲了试点分工：“这次试点，我到四营，杨副政委和工作组进驻三营，你们团里怎么分工，请你们作出安排。”

邢政委问：“我陪您到四营，政治处姜主任陪杨副政委去三营，请副政委指示，这样行不行？”

陆仲琦答：“挺好！这次试点以杨副政委为首，我只能参加一段，有关问题多找杨副政委商定。”

邢政委答：“是！”

5

东山团团部礼堂。

主席台上方高悬着“批判资产阶级建军路线动员大会”的横幅。

工作组和东山团常委坐在主席台上，观众席上坐着排以上干部。

团政委邢志国主持会议。

工作组副组长宣传处王处长作中心发言，他发言的要点是：

“一、建国后反对资产阶级建军路线的斗争。第一次是以反对教条主义为主要内容，推行资产阶级建军路线的人照搬苏军的经验，实行军衔制，搞脱离中国实际的正规化；第二次是围绕政治与军事关系的争论，坚持资产阶级军事路线的代表人物推行单纯军事观点，反对突出政治和政治挂帅，主张军事中心、军事第一；他们以群众性练兵为幌子，对抗部队群众性学习毛主席著作活动。

“二、两条建军路线斗争的焦点和实质。两条建军路线斗争的焦点始终围绕着是政治第一还是军事第一，是继承和发扬我军几十年的建军经验还是照搬外国的东西，用所谓的正规化取代毛主席的建军方针；斗争的实质是要不要坚持党对军队的绝对领导，要不要坚持毛主席政治建军的思想，说到底是要不要保持人民军队的无产阶级性质。

“三、资产阶级建军路线在导弹部队建设上的表现。有的人借口导弹部队技术复杂，技术决定成败，强调以军事训练为中心安排工作，把政治教育放在从属的地位；在阵地建设中强调施工是硬指标，政治教育要给施工让路。这两种倾向都是要否定政治的领导地位……”

宣传处长讲完，杨秀雄带头鼓掌。

邢政委说：“请基地陆副政委作指示。”

陆仲琦说：“以上宣传处长作了一个中心发言，讲得很全面，对我们认清资产阶级军事路线的流毒和影响或许能够起到一个引路的作用。批判资产阶级建军思想不但是上头的事，也是部队广大官兵的事，是当前思想战线、思想政治工作的一项重大任务。会后，希望东山团的广大官兵高举批判的大旗，联系部队建设的实际，通过批判资产阶级建军路线，弄清什么是正确的路线，什么是错误的路线，使毛主席的建军思想深入人心。”

刑政委带头为陆仲琦的讲话鼓掌。

邢政委：“批判资产阶级建军路线是整顿的重要阶段，团里已经作了安排，今天宣传处王处长作了引路发言，陆副政委又作了重要指示，希望各单位认真讨论。”

东山团政治处小会议室。

“清理办”人员向东山团干部股布置工作。

清理办人员向干部股递交了两张表格：一张是营以下干部政治情况登记表；一张是大学生历史情况审查登记表。

清理办人员向干部股交代填写的方法及有关问题的说明。

干部干事问：“这些材料急吗？”

清理办人员答：“这些登记工作必须在老兵复员之前搞出来，如果迟了就会影响复员工作。”

6

一台吉普车在山间奔跑。

杨秀雄坐在指挥位置，不停地向姜主任提出问题。

杨秀雄问：“三营两个连的指导员调整过没有？”

姜主任答：“调过了。根据主任的建议，修理连指导员刘根生到五连任指导员，保卫处周干事到六连任指导员，已经报到半月了。”

杨秀雄又问：“他们的理论水平怎么样？”

姜主任答：“刘根生家庭出身好，忠诚老实，是团里的‘学毛著’积极分子，就是文化水平低一点。”

杨秀雄说：“知识越多世界观越复杂，我们就是要把权力握在工农兵的手里。”

杨秀雄驱车来到了三营，见营连的干部集体欢迎他，一阵高兴，他匆匆走下车，和守候在门口的营连干部一一握手。

高署月说：“欢迎杨副政委到我们营蹲点！”

杨秀雄说：“你们三营是典型单位，我到你们营和大家一起学习。”

按照杨秀雄的意见，王处长去五连，姜主任去六连，他住进营部。

在五连连部。

刘指导员组织全连班以上干部召开“路线问题”座谈会。

刘指导员：“前天，我们参加了团的‘批判资产阶级军事路线的动员大会’，大家聆听了基地杨主任和宣传处王处长的动员讲话，今天座谈讨论，目的是通过座谈进一步加深理解什么是毛主席的建军路线，什么是资产阶级建军路线，联系连队的实际，对资产阶级建军思想进行批判。”

然后，刘指导员很谦虚地征询王处长：“王处长，是不是这个意思？”

王处长说：“对！就是这个目的，希望大家积极发言。”

刘指导员说：“请大家发言。”

三分钟过去了，没人发言。

刘指导员坐不住了，催促道：“讲不全不怕，请大家积极发言。”

五分钟过去了，还是没人发言。

刘根生再也耐不住了性子了：“下边从一班开始，每人都要讲。”

一班长被点名，只好站起来：“听了王处长的讲话，我对两个路线的理解是：突出政治就是毛主席的建军路线，强调抓训练就是资产阶级建军路线。”

刘指导员道：“二班长！”

二班长站起来说：“我赞成一班长的发言，突出政治就是毛主席的建军路线，不突出政治就是资产阶级建军路线。”

王处长问：“那什么是突出政治呢？”

二班长答：“突出政治，就是把政治教育放在首位，安排工作先安排政治教育，等政治教育搞好了，再安排军事训练和其他。”

王处长又问：“三班长，你是怎样理解的？”

三班长答：“我认为一班长讲的不全面，当兵要准备打仗，准备打仗就得强调训练，毛主席经常强调军事训练，能说错了吗？”

刘指导员道：“四班长！”

四班长站起来,取出一块报纸读了起来。

又有几个班长发言,指导员见大家谈的不深刻、不全面,又请宣传处王处长作辅导发言。

王处长又耐心地讲了一遍……

7

晚饭后。

杨秀雄收集讨论情况。

姜主任说:"从讨论情况看,班排长对什么是毛主席建军路线,什么是资产阶级建军路线,有了一定的理解,但理解的不深刻,不全面。"

杨秀雄问:"原因在哪里?"

姜主任答:"大家认为这是个理论问题,以前没有学过,太抽象。"

杨秀雄又问:"五连的情况呢?"

王处长答:"和姜主任讲的情况差不多,也是这两个方面的问题,听不懂,不全面,不深刻。"

杨秀雄再问:"怎么把讨论引向深入?"

姜主任答:"最好,请副政委给部队再作一个动员报告。"

杨秀雄望着王处长问:"你说呢?"

王处长答:"副政委如果能作一个动员讲话再好不过了。我相信其他营也会存在这个问题。请政治处把杨副政委的讲话录下来,在各营放一放,一定能取得很好的效果。"

杨秀雄说:"关于理论学习一定要抓好。认识不提高,后边也难以深入下去。姜主任向邢政委报告一下,整个部队的政治理论学习,再增加一周的时间,什么是正确路线,什么是错误路线,在我们这里有哪些流毒和表现,要让每个战士搞清楚。"

姜主任答:"好!我马上向邢政委报告。"

8

战略导弹司令部。

从荣之在打电话:"是云司令员吗?我是从荣之。"

云中山答:"参谋长,我是云中山,请指示!"

从荣之问:"我有事和你商量。根据总部指示,北方团要改型,我要带一个工作组到你那里去,是到山城好,还是直接去金川?"

云中山说:"首长的意见呢?"

从荣之说:"我想一竿子插到底,直接到北方团,有些事也好听听团里的意见。"

云中山答："好！就按参谋长的意见办。还有什么需要我们准备的？"

从荣之又说："北方团今冬要担负低温试验任务，讨论完整编方案，马上要勘察试验场，请你带上作训、工程部门业务熟练的人员一起去。"

云中山问："试验场选在什么地方有没有初步打算？"

从荣之说："东安地区是北方最冷的地区之一，就选在那一带。"

云中山问："好！我们依此准备，您什么时候到金川？"

从荣之答："后天。"

云中山放下电话，思考片刻，来到龚振华办公室。

龚振华正看文件，见云中山进来，问道："有事吗？"

云中山没待龚振华让座，自己拉了一把凳子靠近龚振华坐下："从参谋长来电话，北方团要改型，我要去金川一趟。"

龚振华问："多长时间？"

云中山答："十天半月吧，因为定编后还要赴东安地区选低温试验场地。"

龚振华说："政治部的清队意见需要讨论，就往后拖一拖吧。"

云中山答："这个会议关系到不少骨干能否留下的问题，一定要慎重，我到北方团也向他们吹吹风，让大家都有一个准备。"

龚振华说："好！"

9

龙山训练场，绿水青山，烈日炎炎。

训练场正在起竖导弹，哨声、口令声、呼号声在山谷间回响。

在训练场坪的四周新增了一些标语，"严肃认真、周到细致、稳妥可靠、万无一失"给场地增加了练兵的气氛。

云中山、肖百川、徐海林坐在看台上观看操作。

云中山看看表，招呼肖百川："再过一个小时从参谋长要到了，咱俩接一接？"

肖百川问："政委他们？"

云中山答："从参谋长不喜欢前呼后拥，你们军政首长都在训练场，从参谋长到了不会住营区，我们两个接接就行了。"

云中山和肖百川乘车返回金川。

云中山和肖百川走进金川火车站，北京至山城的火车正在进站。

从荣之和随行人员走下卧铺车厢。

云中山和肖百川走向前向从荣之敬礼问候。

从荣之指着随行人员介绍道："这是军训部张部长。"

张部长向云中山敬礼："我是张锐山，云司令员好！"

礼毕，云中山征求从荣之的意见："部队今天进行点火训练，团长、政委都在训练场，是住在营区还是住训练场？”

从荣之说：“住龙山训练场，看看点火，享受享受野营训练场的滋味，然后再布置任务。”

他们上了车，两台吉普车出了金川镇，直奔龙山训练场……

龙山训练场。

导弹竖在发射台上。

加注车辆成加注队形正向导弹加注推进剂，导弹的周围升起缕缕“白烟”。

两台吉普车在看台附近停下。

从荣之在云中山和肖百川陪同下走上看台，苏茂生、徐海林迎上去向从荣之敬礼。

从荣之同北方团部门领导一一握手：“听云司令员说你们党委成员都在训练场，我就直奔这里。”

从荣之把张部长介绍给北方团，然后坐下。

在发射场内，加注车辆撤出阵地，营长和检查人员在忙着点火准备……

从荣之发现冯文博和东山团的几位“留守”干部在这里，问道：“他们怎么在这里？”

苏茂生答：“您走后，人员变化很大，冯文博现在是北方团的作训股长，东山团的十几名‘留守’干部全部调入北方团。北方团遵照基地党委的要求，也是您的想法，对调入干部作了妥善安排，目前他们的积极性得到发挥，成了北方团的骨干。”

从荣之“噢”了一声，频频点头：“走，去看看他们。”

肖百川引导从荣之进入训练场。从荣之边视察操作边和指导人员交谈，指导人员向从荣之敬礼问安。从荣之问冯文博：“什么时候点火？”

冯文博答：“再过 10 分钟点火！”

从荣之绕发射台一周，检查了发射台的紧固情况，然后回到看台。

待从荣之等刚刚坐定，发射场升起三发信号弹。

接着传出“五分钟准备”的口令声。

冯文博等回到看台，从荣之招呼他们在他身边坐下，问冯文博：“东山团调入北方团的十几个专业干部，现在情况怎么样？”

冯文博答：“为这件事云司令员专门来了一趟，给这些人交了底，团里也作了相应的安排，大部分都安心工作了，不过大家还是有顾虑，觉得……”

训练场又升起两发信号弹，“砰砰”声打断了从荣之和冯文博的谈话。

冯文博提醒道：“一分钟准备，请首长看点火！”

从荣之全神贯注地盯着发射台上屹立的导弹。

“轰”的一声，导弹的尾端喷射出白炽的火焰，那火焰发出巨大的轰鸣，持续了半分钟……

训练场升起“发射成功”的信号弹，从荣之望着信号弹鼓掌祝贺。

10

晚上。

云中山和苏茂生来到从荣之的房间。房间里支着蚊帐，从荣之在洗脚。

云中山提醒道：“八月的海边，晚间很凉，小心着凉！”

从荣之说：“也算避暑了，北京人还享受不到呢！请坐吧，关于后续行动怎么安排正想听听你的意见。”

云中山问：“勘察所需的器材资料都准备好了，明天休息一天，看看海，后天出发，怎么样？”

从荣之迟疑片刻：“明天出发吧！”

云中山问：“您总是马不停蹄，赶那么紧干啥？”

从荣之答道：“不是我着急，是形势逼人呀！”

云中山问：“上边又有什么新动向？”

从荣之答：“有是有，但没有传达的义务。”

云中山说：“讲讲精神总可以吧！”

从荣之笑了笑：“好！那我就把我听到的情况讲一讲。”

从荣之说：“最近，我参加导弹定型委员会召开的一次会议，会上，军委首长传达周总理关于武器定型的批示和指示，同时传达了中央关于加快‘三线’建设的指示精神，听后很受教育。毛主席在分析国际形势时指出：当前，美国和苏联争霸世界，搞得天下很不安宁，各种矛盾都在激化，发生世界战争的危险性增加了。美国和苏联都害怕中国强大，他们勾结起来对付中国，企图搞垮我们。为了对付可能发生的战争，必须加快‘三线’建设的步伐，及时作好反侵略战争的准备。主席讲，‘三线’建不好觉也睡不好。根据党中央的部署，周总理要求军委加快导弹部队的建设步伐，要求配发装备的部队在1970年前具备实战能力，‘一旦有事用得上’。”

“为落实总理的指示精神，导弹定型委员会向军委写了一份报告，提出，为加快武器装备部队，拟采取边试验边小批量生产的办法。周总理看了报告批示道：要边试验边定型，待定型后再批量生产，装备部队，以利战备。”

云中山插问道：“这两种做法有很大差别吗？”

从荣之答：“当然有很大差别。如果不定型就批量生产，一旦发到部队，发生质量问题，就会产生非常严重的后果。总理是在强调必须坚持质量第一的原则。”

云中山感叹道：“周总理日理万机，他连武器怎么定型、阵地怎么建设、部队怎么训练都想到了，把战略导弹部队的建设时时装在心里，这真是导弹部队的福分。”

从荣之发问道：“我们的行动怎么安排？”

云中山笑答道:“明天出发!”

11

叠叠层层的森林,连绵不断,青松苍劲,桦树挺拔,枯死的树木随地可见……

在山岭下,由十余栋排房组成的大院,这是土城东安林场。那林场的四周是修建的苗圃,远处望去树叶开始苍黄……

在林场的大院里停着三台吉普车,三名身着蓝衣的中年男子陪同苏茂生一行视察场地和房子。其中一位四十出头,身材魁梧的是林业局的陈书记,他指着这些房子介绍道:“这个林场是1936年日本人建的。日本投降后收回国有,到1956年重新开发,到1961年,国家林业部又停止东安岭的开发。随后,这个场的职工除少数人员担负看护任务,都转移到新的地区。因为没人居住,这里的大多数房子都变得破旧了。不过,经过维修,住上两三百人还是不成问题的。”

苏茂生问:“这附近有无较开阔的场地?”

陈书记说:“黄主任(林场的治保主任)这个你清楚,你讲讲。”

黄主任答:“附近有三处当时的储木场比较开阔,一处在东安岭下距这里有六公里,面积是这个院子的三倍;第二处在场北十公里,那个场地更大,当年准备建木材加工厂,建了半截下了马。”

苏茂生说:“请陈书记陪我们看看。”

陈书记说:“好!”

三台吉普车开出林场,穿行在万木丛中……

吉普车在较大的储木场停下,然后继续向上,进入一个山谷。

苏茂生面对开阔的场地,评论着:“这里山高林密,是一个很理想的场地。”

夕阳西下。

三台吉普车又回到林场。

苏茂生提议道:“陈书记,这个场地我们打算定下来,还要进一步的勘查设计。我们需要在这里住一夜。您很忙,就请陈书记早回吧,待我们定案后再向局里报告,到时候少不了要麻烦您。”

陈书记说:“不客气!那就按部队首长意见办。如果有什么困难请随时告诉我们。”陈书记又转向黄主任:“部队首长的吃住就交给你了,你要安排好。”

黄主任说:“陈书记放心吧,这事就包在我身上。”

灯下。

苏茂生与勘察人员围着地图研究问题。

苏茂生说:“我的看法是,这里是进行低温试验比较理想的场地,一是场地开阔,能容纳下参试人员和装备;二是有天然屏障,有利于安全保密工作;三是气温能满足试验的要求。张部长你是什么意见?”

张部长答:“我同意苏参谋长的分析。”

副团长说:“我也同意参谋长的分析。”

苏茂生说:“关于试验人员的部署可以这样考虑,北方团部署在场北十公里的储木场,发射场修在储木场上方的沟岔内;基地指挥所、一机部、二机部、四机部、七机部、试验队驻林场。”

这时黄主任请勘查人员就餐。

黄主任用山珍土产设宴招待苏茂生一行。

军民畅谈……

12

北京。

七机部某研究所。

在黄盈盈的引导下欧阳平走进军管会主任于桑的办公室。

欧阳平按照军人的礼节在门外打了个“报告”,然后轻轻地敲门。

于桑正在看文件,听到叩门声,大声回应道:“请进来。”

欧阳平推开门进去,然后向于桑敬礼:“于主任您好! 我是北方团的欧阳平,龚政委给你捎来一封信,让我交给您。”

于桑看看欧阳平觉得面孔很熟悉,但一时叫不上名字。

欧阳平提示道:“主任,我是欧阳平,在这里学习过。”

于桑:“哎呀,一下子想不起来了,有什么事情吗?”

欧阳平说:“北方团改型,团里派出我们进厂学习,龚政委给您捎封信,让我来看看主任。”

于桑拆开信,看后高兴地说:“北方团的事也是我的事,在这里有什么困难就来找我,要不,我陪你们见见黄所长?”

欧阳平说:“我们已和黄所长见过面了,研究所对我们的学习已经作了安排。”

于桑说:“那好,祝你们学有所成!”

黄盈盈站在于桑办公室外等待欧阳平。

欧阳平走出办公室,黄盈盈走上前,笑盈盈地:“欧阳,我妈请你去我家吃饭,你有时间吗?”

欧阳平看看和他同行的伙伴,有些为难。

黄盈盈补充道:“如果不嫌弃,欢迎大家一起去。”

黄玉栋看到是情人相见,推辞道:“你们见一面不容易,我们就不掺和了,请转达我们对黄总和阿姨的问候,再见!”

“再见!”

小四合院。黄盈盈家。

黄妈妈正在厨房做菜,餐桌上摆好了几道菜。

黄盈盈提着菜兜,陪着欧阳平走进房间。

黄盈盈一边进屋一边喊道:“妈,欧阳来啦!”

黄妈妈探出头:“欧阳,你先坐,饭马上就好。”

黄盈盈走进厨房,从包里掏出一包熟食:“妈,这是烤鸭。”

黄妈妈高兴地说:“放那里吧,妈来整。快陪欧阳吧!”

黄盈盈要给欧阳平泡茶,欧阳平:“到吃饭还有段时间,我们干点活吧,瞧,煤球都散成一片了。”

黄盈盈说:“吃过饭再干吧!”

欧阳平一边脱外衣一边道:“还是现在干吧。”

欧阳平钻进煤球棚内,扫了一片平地,把散乱的蜂窝煤一块一块地摆起来。黄盈盈脸上洋溢着甜蜜的微笑,戴上手套帮助欧阳平干活。

黄妈妈摆上最后一道菜,不见盈盈和欧阳,大声呼道:“盈盈,你和欧阳忙什么呢?”

黄盈盈答:“搬煤球呢!”

黄妈妈说:“欧阳还没坐稳,怎么就让人家搬煤球!”

黄盈盈装出受委屈的样子:“我不让干,欧阳非要干。”

黄总这时走进院子,惊问道:“盈盈,你也太不懂事了,怎么让客人干活?”

欧阳平说:“伯伯回来了?我帮盈盈干点活。”冲着盈盈说:“应该吧!”

黄盈盈:“爸爸,是欧阳自己要干的,你们都怪我!”

黄妈妈端出一盆洗脸水:“快,洗一洗,马上吃饭!”

黄盈盈为爸爸、欧阳平斟上白酒,为妈妈和自己斟上红酒。

黄总满面笑容地端起酒杯:“欢迎欧阳到我家做客,为欧阳工作顺利干杯。”

欧阳平说:“为伯父事业辉煌,身体健康干杯!”

全家举杯,一饮而尽。

黄总问:“听说你们改成新型号,来厂学习,来了多少人?”

欧阳平答:“42 人。”

黄总说:“好!新型导弹是我们自行研制的,自动化程度比较高,周总理对这个型号很重视,对试验定型作了一系列指示,你们要很好地掌握呀!”

欧阳平问:“听说伯父是这个型号的总设计师?”

黄总说:“是呀!不是这个型号说不定我还在蹲牛棚呢!”

欧阳平不解地望着黄国路。

黄总解释道:“在武器研制生产的关键时刻,‘造反派’把我打成反动学术权威,说我里通外国,把我关起来审查,张爱萍副总长把这事报告了周总理,周总理就找到了科委主任把我放了出来。”

欧阳平说：“这段遭遇我知道，盈盈也受到了牵连。那时我对盈盈说，黄总是周总理信得过的导弹专家，早晚会有人为您平反。”

黄总说：“听盈盈说在她困难的时候你帮助过他，使她树立了信心，她很感激你，来，我们全家谢谢欧阳对盈盈的帮助。”端起酒杯。

欧阳平站起来：“伯父，您言重了，我只是说了几句安慰她的话。”

黄妈妈说：“欧阳，伯伯讲的是真心话，希望你们今后在工作和生活上能互相帮助。”

欧阳平听出黄妈妈话中的意思，应道：“谢谢伯父伯母。”

欧阳与黄家三口碰杯，把酒饮下。

13

望江楼会议厅。

会场内坐满了军人和穿便装的人员。会标显示：风三导弹全武器系统低温试验协调会。主持会议的是科委副参谋长姜学福。

姜学福说：“这次协调会听取了各参试单位准备情况汇报，通过了试验领导小组的组成，讨论和通过了全武器系统试验的实施计划，对试验的展开作出了具体安排。报请总参批准，二炮为这次试验的牵头单位，从荣之参谋长任组长，下面让我们以热烈的掌声欢迎从荣之同志讲话。”

从荣之说：“风三导弹全武器系统低温试验是加快风三定型的重要步骤，对加快国防现代化、促进导弹部队建设具有重大的意义。目前，雪山施工部队已经进驻东安，展开地面设备（画面显示施工场景），一个月可望准备好。我们清楚，我们执行任务的部队组建时间短，基础弱，经验少，担负这样重要的试验任务需要加倍的努力。我们参试部队一定牢记周总理的教诲，以学生求学的姿态，虚心向科委和广大科技人员学习，用严肃认真的态度，周到细致的工作，精心做好各种保障工作，圆满完成上级赋予我们的任务。”

掌声……

会议代表步出会议厅。

苏茂生紧紧握着黄国路的手：“黄总，我在新地方欢迎您！”

黄国路说：“祝您一路顺风！”

14

三营营部杨秀雄宿舍。

杨秀雄组织政工干部召开教育形势分析会。

杨秀雄说：“第一阶段马上要结束了。通过第一阶段达到没有达到预期的目的？下一步怎么搞？请大家分析分析。”

姜主任说：“通过第一阶段的教育，我认为基本达到了预期的目的，通过摸底考试，班排长百分之九十以上弄清了什么是正确路线，什么是资产阶级建军路线，百分之七十的战士也能回答这个问题，也就是，认识问题基本解决了。在联系实际进行批判方面，全营摆出三十多条资产阶级建军路线的流毒和表现，营长高署月包括四营的营连军政首长，都进行了初步的检查，认了账。此外，‘三忠于四无限’活动在各连已经开展起来，早请示，晚汇报，天天读成了官兵的自觉活动。”

王处长说：“教育第一阶段基本达到了目的，但存在的问题也不少，我认为三营营连干部的态度问题并未解决好。”

杨秀雄问：“有表现吗？”

王处长答：“有！我仅举三件：五连有人反映，唐志国和刘小虎一对红搞早请示、晚汇报，汇报不认真，班长批评了他们，刘小虎不服，说：‘天天搞老和尚念经，能解决啥问题？’有战士批评刘小虎，刘小虎竟然和人家打了起来。”

杨秀雄又问：“连里知道吗？”

王处长答：“问题就在这里！班长把这个情况向连长作了汇报，连长却压了下来，不让他们讲。”

杨秀雄再问：“还有什么？”

王处长：“五连一个老司机出车，走出老远又回到连里取东西。指导员问他：‘走了半天怎么又回来啦？’司机糊弄指导员：‘走得急，忘带发动机了！’晚点名，指导员不点名地批评了那个司机，说他工作不细，出车不带发动机，结果惹得全连哄堂大笑。这说明，该连对指导员调换有情绪。”

杨秀雄接着问：“第三件呢？”

王处长答：“三营出操，五连因为早请示误了两分钟，营长高署月批评了五连，指导员说明了情况，营长不仅不表扬，还要连长、指导员写检查，说是违反纪律和条令，分明是对早请示有抵触。”

杨秀雄又问：“有这等事？”

姜主任不安地听着王处长的议论。

杨秀雄生气了：“这三件事都够分量，足以说明三营有严重问题。希望团里加强力量，对三营要‘揭盖子、挖根子’，进行认真整顿。”

姜主任答：“是！我马上向政委报告。”

15

狄文疆和邢志国驱车赶往三营，来到杨秀雄的住处。

杨秀雄让他们坐下，向他们谈了发生的情况，道：“邢政委，看来我们的估计还是正确的。说三营是重灾户真是这样。最近发生在三营的几件事，姜主任可能向你们汇报了，不能小视这些问题呀！”

邢政委说：“姜主任向我们报告了，我和团长赶过来，就是要听听主任的指示。”

杨秀雄说：“我们工作组认为，三营的路线教育要补课，联系实际批判资产阶级建军思想要重搞。我们隐约感觉到，三营对这场整顿有抵触情绪，情绪的根子在领导。我想，我们一定要把这种情绪扭过来。”

邢政委说：“我们按工作组的意见办。怎么安排，请工作组拿出具体意见。”

王处长说：“工作组研究，为了教育大家，今天在三营召开一个路线问题分析会。具体做法，让营连军政首长对照问题谈认识，认识好了就通过，认识跟不上，再发动战士搞好促帮。”

杨秀雄问：“就这样搞怎么样？”

邢政委听了王处长的打算，认为其做法不妥，但又不好提出不同的意见。为了对工作组负责，同时使自己的下级有足够的思想准备，邢政委提出：我们团先开一个营连干部会，最好能让他们自己主动认识和检讨这些问题。

16

五连食堂。

三营路线问题分析会在这里召开。

杨秀雄和邢政委、姜主任坐在靠里边的桌子旁，同三营官兵对面而坐。

姜主任主持会议，首先讲了开场白：“同志们，前一阶段我们用了很长时间学习了毛主席的《古田会议决议》，《关于纠正党内的错误思想》，联系实际，开展了对资产阶级军事路线的批判，通过学习和批判，大家提高了路线斗争觉悟，提高了执行毛主席建军路线的自觉性。但是，我们三营由于受流毒影响太深，收获还不是很大，为了防止这次学习走过场，团决定，在你们三营再搞一次路线问题分析会。”

“这次路线问题分析会的开法是：由基地工作组、连队代表点题、点将，分别由营连首长谈认识，通过回答，使到会的全体同志都受到教育。现在开始！”

王处长说：“毛主席建军路线与资产阶级建军路线斗争焦点问题是什么？资产阶级建军路线的表现形式有哪些？斗争的实质是什么？请六连指导员回答。”

六连指导员说：“两种建军路线斗争的焦点问题是政治与军事的关系，是政治第一还是军事第一；表现形式很多，一是教条主义，二是单纯任务观点，三是单纯军事观点；斗争的实质是要不要坚持政治思想第一，要不要坚持党对军队的绝对领导。”

王处长说：“回答很好。第二个问题，我们有位司机出车回来取东西，指导员问他怎么又回来了，司机知道指导员不懂技术，顺口回答他说忘带发动机了，怎么认识和评论这个问题？请五连连长回答。”

五连连长站起来说：“我对这个问题有两点看法，第一，这位司机说了假话，糊弄指导员,是不尊重领导的表现,应当受到批评。第二,通过这件事告诉我们,政治干部也要学军事、学技术,不然讲话就讲不到点子上。”

王处长说:“请坐。第三个问题,有人说我们开展的‘三忠于、四无限’活动是形式主义,早请示、晚汇报像老和尚念经,这种认识对吗?应当怎么认识?请五连指导员回答。”

刘根生说:“这种认识是错误的。为什么说是错误的?因为,做任何事情都需要一定的形式,形式是为内容服务的。比如我们军训搞的‘五定六化’就是形式,不少人不习惯,但通过训练,取得了很好的效果,大家认可了。我想,‘三忠于、四无限’活动是学毛著,培养官兵无产阶级感情的一种好形式,通过这种活动,我们有效地提高了觉悟,因此,早请示、晚汇报,包括跳忠字舞,应当肯定。”

王处长说:“讲得好。请坐。以上这种说法是什么性质的问题?遇到这样的问题应当怎么处理?请营长回答!”

高署月说:“我没有听到过这样的言论,如果真有人说过,也要具体情况具体分析。对于阶级敌人如果这样说,是攻击、诬蔑,如果是我们的人,那就是认识问题。如果遇到这种情况,是敌人我们要坚决回击,如果是同志,要进行说服教育。”

王处长问:“对高营长的发言有没有不同的看法?”

过了片刻,十班长站起来发言:“我认为这是反对学习毛主席著作的反革命言论,是对学毛著活动的诬蔑,有人这样讲,应当揭发批判。”

王处长又问:“还有谁讲?”

又有几个对营长有意见的站起来起哄:“我们赞成十班长的发言,不揭发批判就是包庇坏人。”

王处长再问:“据我所知,你们营就发生过类似问题,我们应当怎么对待呢?”

那一伙对营里有意见的战士一起回答:“把他们揪出来,揭发批判。”

三营的路线分析会顿时紧张起来。

政委邢志国坐不住了。

他趴到杨秀雄的耳边说了些什么。

杨秀雄发言了:“今天的路线问题分析会开得很好。因为时间关系暂且进行到这里。请同志们注意,路线分析是对事不对人的,今天的分析不管涉及到谁,只要能正确对待,我们可以既往不咎,但如果犯了错误,而不正视错误,那就另当别论了。我说过,你们三营是军事训练尖子营,你们的问题也很多,资产阶级建军思想在你们营流毒很深,你们应当很好地认识这个问题,解决好这个问题。”

旁白:杨秀雄也担心发生失控,这次,他接受了邢政委的建议,马上收了场,使他没有想到的是,这场路线分析使开展一对红的唐卫国和刘小虎陷入极度的恐慌,唐卫国因承受不了这一打击,当夜要自寻短见,因连里同志发现及时,唐卫国没有死成。从第二天起,他精神失常,不吃不喝,嘴里不停地嚷着:“我不是反革命!我不是反革命!”

17

东山团会议室内坐着营以上干部。

杨秀雄在作烧教材动员讲话。

杨秀雄说："不破不立，不塞不流，这是辩证法的基本常识。我们要烧这些'封、资、修'的东西，是因为它是滋生腐朽思想的温床，要确立毛主席的建军思想和建军路线就必须清除这些东西，这也是不破不立的道理。据了解，不少同志尤其是军事干部对此举想不通，有抵触情绪，这是错误的。愿不愿烧在今天，不是认识问题，是对'破旧立新'持什么态度的问题，说到底是对待'文化大革命'的态度问题，东山团要上下动员起来，打好破旧立新这一仗。收缴和要销毁的清单工作组已经发给你们，希望你们把这一仗组织好。"

散会后各营的领导都面面相觑。

营长郑老闷冒了一句："学生把书都烧了学啥？"

高署月说："当心有人抓辫子！"

杨秀雄叫住高署月，高署月心中一怔。高署月回过头问："主任还有什么指示吗？"

杨秀雄问："高署月，你能想通吗？"

高署月答："想通了，我们不能变修呀！"

杨秀雄说："你营是重点，你要争取主动。"

高署月说："我一定带头烧。"

18

收缴教材小组翻箱倒柜，清提包，解枕头，翻床铺，把一些技术书籍一捆捆地扔到车上……

19

团长狄文疆办公室。

狄文疆正在看干部送来的教材，看着看着，脸上浮现出愤怒的神色。

这时政委邢志国走进狄文疆的办公室。

狄文疆见政委进来，站起来问："政委，有事吗？"

政委说："我们担负着随时准备打仗的任务，把教材都烧了能行吗？"

团长说："那还不是要害问题，是这个。"狄文疆把两套登记表推给政委看。

政委说："我正是为此而来。按照这两个登记表，我们团的百名大学生能留下的没有几个，已经涌现出来的尖子人才多数也在处理之列。"

团长说："这不是变相的'焚书坑儒'吗？如果我们照此去做，东山团就会垮在我们手里，我们将成为东山团的罪人。"

政委说："杨副政委有来头，他定的事在基地一般人谁也不敢改变，怎么设法减少损失，这是我们要考虑的问题。"

团长说："不管他听不听，我们的意见要反映，教材烧就烧，把人留下来还可再编，人如果都走了，再编教材就困难了。"

政委说："我觉得两个方面的工作我们都得做，一是做杨副政委的工作，同时要向基地反映，求得基地的援助。"

团长说："我同意你的意见。"

在他们谈话的时候，杨秀雄来到了狄文疆的办公室。

狄文疆看到杨秀雄进来，很热情地让座："副政委，请坐，请坐。"

杨秀雄没有马上坐下来，问道："团长、政委议事，打扰你们了。"

狄文疆说："哪里！哪里！我和政委在研究如何落实您的指示呢！"

杨秀雄听了狄文疆的汇报，很高兴，说："是吗？准备得怎么样了？"

政委说："我们在团部设一个烧书坑，各营收缴后都送到团里，然后检查一下一起烧掉。"

杨秀雄问："团长同志，烧教材你不觉得可惜吗？"

团长答："清除那些'封、资、修'的东西还能心疼？"

杨秀雄说："高署月我个别给他谈了，烧教材他应当带头，改正了错误还可以用吗！"

政委说："杨副政委，我和团长有个想法，导弹团技术复杂，骨干还是少不了的，对过去的技术尖子，受毒深的，我们要加强教育，让他们转变过来，正如首长指出的，改正了还可以用吗！我们把这个思想放出去，对他们转化一定能起到好的作用。"

杨秀雄说："你们这个意见可以考虑。关键是怎么认定他们转化了。"

政委说："整风结束时，每人写一份整风思想汇报。凡是转化的都算通过，态度不好的，表现差的不就出来啦？"

杨秀雄说："那你们就照此办理吧。"

狄文疆和政委送走杨秀雄继续他们的谈话。

狄文疆俯在政委的耳朵上，如此如此……

政委办公室。

政委在给一、二营的教导员打电话："要把你们大批的尖子能手，大学生，都动员起来，在营长带领下到团里参加烧教材。要记住，理解要执行，不理解也要执行。这是党委定的事，一定要组织好。"

团长办公室。

狄文疆正在给高署月打电话："对，尖子，技术能手，大学生都要参加。你要带头执行。这是党委定的事。是政治任务，理解要执行，不理解也要执行。"

高署月接完团长的电话，想了想，眼里放出光亮，告诉通讯员："通知各连，带上要烧的教材，那'三类人'都必须参加。两点集合。"

通讯员答："是！"

午后三点。

杨秀雄和团长、政委来到了烧书场，警卫班架好了木柴。

不大工夫，一台满载人员的解放牌汽车停在烧书场前，高署月从驾驶室走下来，命令车上人员下车，并指示他们卸教材。

高署月安排之后，走向前来向杨秀雄敬礼："杨副政委，遵照你的指示，发射三营二十六名同志携带'封、资、修'教材书籍三百六十份，做好销毁准备，请指示。报告人：营长高署月。"

杨秀雄看到第一个带头销毁教材的是营长高署月，很高兴："我非常支持你们的行动，请按团里的安排执行。"

狄文疆向高署月摆摆手："烧吧！"

警卫班点燃了木柴。

发射三营的官兵托着教材书籍走向火场，把他们心爱的教材抛向火海，那些书籍慢慢地化为灰烬。狄文疆的脸上浮现出痛苦和不解的表情。

画外音：不久，东山导弹团40%的大学毕业生被复员，50%的大学毕业生调离专业岗位，另有80多名专业骨干被处理。多年积累的家底几乎被折腾空了。

20

十月。

田广川赴东山团检查战备工作。

田广川所到之处都在跳忠字舞，唱忠字歌，看不到一点军事训练的影子。

最让田广川吃惊的是：去年发射后装备摆放的状态一点也没有变，装备上积了一层厚厚的灰尘。

田广川问同行的参谋长："这套装备有十一个月没有动，是不是？"

参谋长支支吾吾答不出来。

田广川找到郑营长了解训练情况，"郑老闷"答得很爽朗："报告老团长，今年我们几乎没有训练，准确的日子是三百三十三天，装备保养一次也没有搞。"

田广川不解地瞪着："那今年你们都干了什么？你把团的计划拿出来！"

郑老闷答："计划月月都有训练安排，根本无法落实！"

田广川说："你把原因讲讲，让我听一听。"

郑老闷给田广川报了一个清单：春天植树、改造环境40天，助民劳动22天，农副业生产30天，清理河道11天，党团活动45天，其他是雷打不动的政治教育。此外，全营抽出36人搞“三支”，多数骨干不在位，即使搞训练也没有效果。实装操作没有场地，没有训练经费，团里也没有安排。

田广川问：“团里这么安排你们没有反映？”

郑老闷说：“现在是政治建军，工作计划是政治处掌握，军事干部都患了‘恐单症（单纯军事观点）’，谁敢去计较时间！”

田广川的脸上浮起了一种无可奈何的表情，长叹了口气。

田广川正欲离开二营，狄文疆驱车赶到这里。

狄文疆走上来向田广川敬礼，检讨道：“因为基地工作组开会，离不开，没有陪首长检查工作。”

田广川问：“狄文疆，今年你们团的战备工作搞得怎么样，你心里有数吗？”

狄文疆答：“狄文疆非常惭愧，我无颜回答这个问题，堂堂的一个团长，我们没有发言权，训练计划团里是月月下，可都没有落实呀！今年要干的事实在多，除了政治教育雷打不动，剩余的时间都被农副业生产和环境改造占去了。我心里十分不安，我应当向上级检讨。”

田广川见狄文疆讲的诚恳，安慰道：“你这里的情况我已经知道了。不要细讲了，还有什么事要说吗？”

狄文疆看着身边的郑老闷，毫不掩饰地说：“这还不是主要的，最使我们担心的是‘清队’的事。”狄文疆一边汇报一边从口袋里掏出一本统计表，把它交给田广川，然后补充道：“我和政委研究了，如果照这个表处理，东山团多年的训练成果就白费了，希望您看一看，怎么帮助我们渡过眼前这一关。”

田广川看了看登记表，深知问题严重，问道：“你们的意见我转告基地首长，还有什么要求吗？”

狄文疆答：“我们希望上级马上干预这件事，在老兵复员前一定要拿出意见来。”

田广川说：“知道了，我马上回去。”

第十七章

恶劣环境砺新旅　严寒之下考新装(上)

1

云中山收到龚振华的电报,回到山城直奔龚振华的办公室。

龚振华正在看一份题为《把大批判深入下去的几点做法》的《政工简报》,上边有叶兆林的批复。批复的内容是:

"此件甚好。转发各导弹基地,参照执行。"

龚振华看着看着,脸色变得难看起来。他把简报摔到桌上,坐在椅子上慢慢地思考。

云中山敲了两下门,没待龚振华应声,推开门进了龚振华的房间。

龚振华站起来,见云中山回来了,高兴地走上前和云中山握手:"怎么样? 顺利吧?"

云中山答:"挺顺利,一切已安排就绪,工兵部队已经开始施工了,冰雪到来之前可以修好。"

龚振华说:"工兵团最近接连发生事故,伤亡人数是过去两年的两倍,工程进度也拉下了,形势十分不好。此外,陆仲琦和杨秀雄的政工试点问题不少,烧书烧教材,搞不好东山团的专业人才大部分要被他们清掉了。"

龚振华讲罢,从文件筐里取出一沓事故报告,又把那份《政工简报》拿了过来:"这些你都拿去,看看,然后合计合计,怎么扭转目前的局面。"

云中山接过材料,别的都不看,先看了那份简报,边看边问:"杨秀雄上报这份简报之前,送你看了吗?"

龚振华说:"他们要独树一帜,唯恐我干预他们,他们是背着党委上报的。"

云中山问:"团里是什么态度?"

龚振华答:"团里是哑巴吃黄连,有苦难言。这情况是田广川检查战备工作时看到的,听到的。狄文疆偷偷找到田广川,让他把意见反映上来,现在团长政委迫切需要得到基地党委的支持。"

云中山看完简报,又翻了翻事故报告,过了一会儿,提议道:"是否这样? 基地组成一个工作组对各单位的工作提前进行年终检查,我到工兵团顺便处理一下几起大的事故,检查一结束提前进行年终工作总结。结合总结,摆问题,找原因,提出解决这些问题的意见和办法。”

龚振华问:“这样安排他们会不会有想法?”

云中山答:“北方团 12 月份就要进场执行低温试验,到那时,团的领导都要深入一线,年终总结应当提前进行,这就是理由。”

龚振华说:“好,我们马上通知各团。”

云中山说:“你还应通知陆仲琦和杨秀雄,让他们把试点情况作专题汇报,提出明年政治工作的意见,这样才有机会纠正他们的问题。”

2

东山导弹团会议室。

陆仲琦召开试点会议,参加会议的除了基地工作组成员,还有东山团军政一把手、政治部主任和组织股股长。

陆仲琦说:“我们的政工试点马上要转入第三阶段,这是最关键的一步。在试点的初期阶段,我们清队办的同志,在基地工作组的领导下,对东山团营以下干部进行了全面的考察,对预提干部和各专业的主要号手进行了登记审查,在考察登记的基础上,组织有关人员进行座谈,有的还进行了必要的走访调查,通过这些工作,我们基本上弄清了东山导弹团干部队伍和专业技术队伍的现状,为接着进行的‘清队’工作做好了准备。第三阶段要进行组织调整,清理阶级队伍。这两项工作要触及到每个连队,触及到每个人,搞不好,有可能影响到连队的稳定。本着稳妥地做好第三阶段的工作的精神,工作组经过研究,提出第三阶段整顿工作实施方案。请工作组王处长传达这个方案,然后和团里的领导一起讨论这个问题。”

王处长在传达方案后又作了补充发言:“通过这次考察,使我们看到,在全团 200 多名干部中,划入‘七种人’的干部达 115 人,超过了干部总数的 50%。在 230 个重要岗位上的专业人员,其中划入‘七种人’的达 123 人,也超过了岗位总数的 50%。这说明,当初我们所说的东山团组织不纯,队伍不纯的判断是正确的。

“第三阶段的工作怎么开展呢?我们的考虑是:“结合老兵复员工作完成组织调整和‘清队’工作。两个队伍的状况登记表工作组已制作完成。现在发给你们,请团的领导和团的组织部门复审一遍,然后付诸实施。”

陆仲琦把工作组两套考察方案交给邢政委,请邢政委表态。

邢政委接过方案,站起来说:“我们马上讨论,等有了结果尽快向工作组报告。”

3

东山团会议室。

邢志国组织讨论工作组两个方案。

邢政委说："这两个方案关系到东山团的两个队伍的建设问题。请各常委发表看法，提出自己的意见。"

参谋长说："如果按这两个方案实施，高中以上的知识分子70%要做复员处理，专业技术能手60%被复员处理，专业队伍就会受到严重的削弱，就相当于回到团的初创时期。换句话，三年来的训练成果等于一笔勾销，这将会极大地削弱东山团的战斗力。"

主任说："按照这两个方案，政工干部知识分子的比例也大大下降，处理那么多干部和骨干，东山团马上面临干部苗子青黄不接的局面，这要使我们重新回到当年建营时的困难时期。"

狄文疆说："执行这两个方案，后果严重是不言而喻的。现在是，我们有没有能力阻止这两个方案的实施。请你们政工干部考虑，这两个方案是否符合我党我军一贯坚持的方针政策？如果不妥，不妥在什么地方？以便提出我们自己的意见。"

副政委说："我认为这两个方案与一贯坚持的方针原则有几点不合：一是我们党坚持的团结和重视知识分子的政策；二是不符合看人重在看表现而不是看出身，不能把社会关系作为用人的原则；三是不符合党要团结大多数一道工作的要求……"

邢政委说："大家的分析很有道理。党委要对全团干部作出我们自己的结论，尤其是营连干部，然后和工作组交换意见。同时我们还要向上级反映情况，征得上级机关的支持。"

狄文疆说："请司令部对专业骨干和预提干部作出结论，重新造册，拿出我们的意见。"

邢政委说："请政治部拿出干部的结论，提出党委的意见。"

4

在319团工程兵四营的工地上。

连以上干部正在开会，郑营长和教导员吵翻了天。

郑营长说："政治教育怎么就不能雷打不动？冬季马上就要来临，一场雪下来，灌浆的活就得停下来，我们的计划眼看就要落空，完不成计划谁负责？"

教导员说："团里就是这么安排的。政治处明确规定，政治教育是雷打不动。你有意见到团里提，别在我身上撒气！"

营长说："教导员同志，水泥浆昨天就混好了，再不抹出去就会报废呀，你就听我一次，把教育时间改一改，明后天补上，不行吗？"

教导员说："老郑，你不会健忘吧？一月前，团里搞教育，你不是以浆混好为由，向团里请示换时间，时间没有换成，让我也陪着你挨批，政治处点名批评我，不坚持原则,你今天又来这一套,我能同意吗?"

云中山率检查组驱车来到319团四营。

云中山看到营长和教导员比比画画,问道:"孙福祥,他们在干什么?我们都到了,他们怎么还没有一点儿反应?"

孙福祥走上前,营连干部见团长来了,立即站起来。

孙福祥问:"你们在干什么?"

郑营长赌气地回答道:"在吵架!"

孙福祥说:"云司令带检查团检查你们的工作,你们还有心思吵架?昨天我让值班室通知你们,不知道呀?"

郑营长消了气,望着团长说:"没有呀,没人通知。"

孙福祥转向教导员道:"你说说。"

教导员支支吾吾软了下来,说:"团长,我们没有做好。"

孙福祥知道事情卡在教导员那里:"马上散会,组织施工,郑营长跟我进坑道,陪着司令看工程。"

郑营长答了声:"是!"把手一甩离开了会场。

在四营的坑道内。

云中山和检查团一段段查看,不时向营长提出问题。

云中山看完一处,向营长提问:"昨天通知你们要来检查,怎么九点钟了还不出工?"

郑营长没想到云中山会提出这个问题,支吾道:"营里有事要统一认识,在开讨论会。"

云中山问:"讨论什么问题?"

郑营长无法回答,吭哧半天答不上来。

孙福祥看到郑营长尴尬的样子,把话岔了过去:"司令员,现在军事工作难做呀。"

云中山转过脸:"怎么回事?难做就不做了?难做也得做,这是国家下达的任务。"

孙福祥没想到司令员这么严厉,解释道:"检查过后,我们向司令员汇报。"

孙福祥陪着司令沿坑道继续向前,云中山在一段刚刚抹过的工作段停下来。

云中山用手电筒照着墙壁,发现有许多裂纹,然后回过头,望着孙福祥和丁大伟问:"你俩过来看看,还没交工就裂了,能行吗?"

孙福祥看了看,脸突然沉了下来。

云中山紧追道:"能行吗?"

孙福祥从一位战士手中要来一把大锤,向墙面砸了过去,这一砸不当紧,很长一段，“哗啦”一声，有十几平的被覆面倒了下来。

孙福祥感到无地自容，恼羞成怒：“郑老闷，你把全营官兵马上集合，我要开你们的现场会，你们有没有监工，怎么发生这么大的质量问题？”

郑营长被批懵了，望着云中山不知所措。

云中山制止道：“我们还是先检查吧，找技术人员搞一下鉴定，把原因找出来，再开会也不迟。”

孙福祥陪着司令走向坑道深处，但此时的孙福祥完全没有了情绪，他意识到：云中山工作中一丝不苟，其后果不敢想象。

5

在工程兵319团三营的工地上。

云中山和检查团在“10.8”塌方事故现场听取营长有关事故情况的汇报。

听过汇报，云中山郑重地提出：“‘10.8’塌方事故造成七伤五亡，实属重大事故，你们对这起事故是怎么认识的？是自然事故还是责任事故？”

营长红着脸，不知道怎么回答。

云中山说：“你们不是在搞路线分析吗？我要召开连以上干部会议，我要听听他们的意见，请你们作出安排。”

已是中午时分。

孙福祥迎上来问：“司令员，该吃午饭了。吃过饭再开吧？”

云中山看看表答：“那好吧！先吃饭！”

6

基地会议室。

党委扩大会议。

龚振华部署会议：“根据上级的安排，北方导弹团12月份将赴东安执行风三导弹低温试验任务，这项试验任务对基地机关也牵动很大，为保证试验不受影响，基地的年终总结提前进行。今年的年终总结和往常一样，第一项，由各单位汇报工作，第二项，分析形势，根据上级要求和存在问题由各部门提出明年工作思路，第三项，由司令部作会议总结。汇报的顺序，319团，北方导弹团，311团，东山导弹团。”

画外音：这次年终总结，除了北方导弹团的汇报比较缓和，其他几个团几乎都是发牢骚，讲成绩一带而过，讲问题滔滔不绝，尤其是孙福祥和狄文疆的发言，对政治工作提出许多疑问，像一把火把会议“烧”了起来。

孙福祥说：“今年我们团是事故最多的一年，质量事故四起，造成直接经济损失8万元，人员伤亡事故12起，伤32人，亡21人，到目前为止仅完成了全年计划的

70%。我作为一团之长,我有责任,我是有罪之人。我已向基地写了报告,要求基地给我应有的处分。但是我要向上级争辩,造成这种局面,不只是我们的领导和管理问题,基地的指导也有问题。现在一切给政治让路,谁抓施工就扣帽子,打棍子,管理跟不上,还能不出事?"

云中山说:"请孙团长谈谈,基地的指导有什么问题?怎么和这么多的事故损失联起来?"

孙福祥说:"现在的政治工作存在严重的问题,不是政治工作保证施工任务的完成,而是搞军政对立。政治部门打着政治第一、政治教育雷打不动的旗号,把国防施工放在任意被摆布的位置,许多大好时机都被政治教育耽误了。例如我们三营、四营,这边浆子混好了,那边政治干部要搞教育,施工不得不给政治教育让路,结果误了时间,水泥抹到墙上粘不住,连续发生质量问题。"

杨秀雄听不下去了:"那你们死人伤人和教育是怎么联上的?"

孙福祥说:"我们的政治部门联系实际,把技术监督制度也给批判了,说安全员是'工贼',是官兵头上的'紧箍咒',现在许多连队的安全员都被取消了。319团发生的人员伤亡事故有三起,经过分析,都和安技工作不落实有关,说白了就是安全员没有起到作用,就是这样联系的。"

龚振华说:"请你们东山团谈谈。"

狄文疆说:"今年,是我们东山团建团以来最差的一年。经核实,全年四个发射营的军事训练,最好的营不足50天,最差的营不足20天,远远没有完成基地下达的任务。专业考核,我们团和北方团相差20分,这不足为奇。我们团担负着战备任务,但我们的战备工作却得不到有效的落实。"

"为什么会出现这种局面呢?"

"通过分析,团党委认为主要存在六个方面的原因:一是我们没有把握好政治教育与军事训练的关系,没能从制度上保证军事训练的落实。比如:团虽然也下达了计划,但各营并没有按计划执行。二是现在的军事干部都得了'恐单症',不敢理直气壮地抓训练。三是我们进入阵地以后,环境条件太差,为了改变营区面貌,解决吃菜问题,开荒种地、修路、整环境,占用了大量的时间。据统计,最少的营不下52天。四是现在干部队伍的精神状态不好,没有发挥好骨干队伍的作用。五是'三支两军'……"

狄文疆还没有讲完,陆仲琦发言了:"狄团长的发言是不是过于片面了?今年基地在你们团试点,批判资产阶级建军路线,纯洁'两个队伍',政工试点你一句没有讲,我看你情绪不对。"

狄文疆说:"请副政委原谅,我是军事干部,我要侧重汇报战备训练,我应当为存在问题承担责任。基地在年终考核时已经批评了我们,我能不主动检查吗?"

这时,吃午饭的号声响了。

龚振华和云中山交换了意见，然后宣布休会吃饭。

党委成员怀着不同的心情走出会场。

7

晚饭后。

陆仲琦正在看文件。

党委秘书打了个报告推开陆仲琦的门，说："副政委，龚政委有事要和你研究，让你到他办公室去一趟。"

陆仲琦关了门，来到龚振华的办公室，杨秀雄已经坐在那里了。

待陆仲琦坐定，龚振华开门见山地点明了找他们的来意："请你俩来，主要谈谈你们关于'清队'问题的意见。我反复看了，又听了听今天的会议反应，我认为你们的意见有许多不妥之处。我的意见，明天的会议暂时不讲这个问题，待你们在东山团试点结束以后，党委再决定是否推广。"

陆仲琦问："政委认为主要存在什么问题？"

龚振华说："我感到你们的'清队'方案涉及的面太大，值得研究的是，方案中的'七种人'是否都在清理之列？这和我党历来缩小打击面、团结大多数的方针不合。从历史上的历次运动看，打击面过大都没有好结果，到头来还要纠正，我们绝不能重犯这类错误。"

陆仲琦说："我们的做法得到了上级部门的认可。"

龚振华说："是否可行，首先应通过基地党委这一关，在党委没有统一认识之前，绝不应贸然行事。"

陆仲琦说："政委的意见我们的试点情况不应该上报？"

龚振华说："这不是主要原因。你们向上报是工作往来，我不干涉，如果你们提出的做法有违于党的政策，你说我管不管？"

杨秀雄说："上报是我做的，和陆副政委无关，政委要批评就批我吧。"

龚振华说："你们还听不出来，东山团党委对你们的做法很有意见，你们看看人家提出的方案，把你们的结论都大部分推翻了，人家是看着你们是上级机关，才拐弯抹角地找原因。"

杨秀雄问："关于东山团的试点，政委认为怎么办？"

龚振华说："你们的'清队'工作目前只限于东山团的三、四营，不能扩大到全团，更不能扩大到全基地。在实施时要尊重团党委的意见，最后是否在基地推广，要待基地党委批准方可实施。"

陆仲琦把本子往桌上一摔："我们的政治工作没法做了。我们做任何一项工作你总是横加干涉，这也不行，那也不行，明明是中央的精神，你都要研究研究，我们什么都不管好了。"

龚振华说:“陆仲琦同志,我们不都是要向党委负责吗?”

杨秀雄说:“你们都消消火,都怪我这个主任没有当好,让你们两个首长不协调。”

龚振华说:“我这个班长不称职,理论水平低,但我经过的运动比你们多,我们慎重行事对组织、对个人都是有益的,希望你们很好地想一想。”

龚振华的三人谈话不欢而散。

旁白:陆仲琦虽然当面顶撞了龚振华,但他在之后的会议上没有把“清队”的要求写入当年的政工指示,他在东山团的“清队”工作也只在三、四营实行,龚振华的几点意见迟滞了陆仲琦的“清队”计划,为纠正这一过火行为争取了时间。

8

一支军列在林海雪原中缓慢行进……

自备卧车内,司令员云中山和参谋长苏茂生在交谈。

云中山说:“在历史上,土城地区是土匪丛生的地方。当年小日本计划开发东安岭,时常遭到土匪袭击。伪满洲国成立后,小日本组织武装围剿,一次次都失败了。后来又成了东北军和抗日联军活动的地方。”

苏茂生说:“我们勘查这个地方时,林场的治保主任给我们讲述了许多故事,其中‘匪首’擒虎献皮刺杀日本少佐的故事最是精彩。

“1933 年日本在这里建起东安林场,收抓闯关东的农民为林业工人。日本人不把劳工当人看,激起工人多次反抗。日本人为了维持秩序,派了一个小队进驻东安岭。当时东安岭有一股较大的土匪,经常和日本人发生摩擦。日本人想收买这股土匪,东北抗联也做土匪的工作。这股土匪的头子叫林中天,有爱国心,决定和联军一起消灭日军小队。日本小队长叫山本佐佐木,想得一张虎皮。林中天得知这一情报后,正研究对策时,他的下属打死一只老虎。林中天眼前一亮,扛着老虎下山晋见山本。山本对林中天深信不疑,设宴款待。林中天装醉,夜宿东安岭。山上土匪以找老大为由来到东安林场,拔掉警卫,在抗联配合下消灭了日军小队。”

云中山问:“东安岭现在还有虎吗?”

苏茂生说:“据当地老百姓讲,建国初期东北虎常在这里出没,1958 年,东安岭大采伐,从此,老虎就不见了。不过,这一带狍子、野猪和狼很多,每年都发生野兽伤害群众的事件。”

这时,肖百川来到机关的车厢。

云中山见肖百川进来,连忙道:“肖团长,有事吗? 请坐!”

肖百川问:“司令员兴致很浓,有什么好事?”

云中山说:“正听参谋长讲故事呢!”

肖百川又问:“什么故事?”

云中山答："胡子献虎除寇的故事。"

肖百川再问："能否让我也听一听？"

云中山答："这故事不是一两句话的事，待有空再讲吧，先讲你的事！"

肖百川说："我们请示一个问题，七机部的专列如果今晚能到，我们转弹的车辆留下待命，就不来回折腾了。"

云中山看看苏茂生，苏茂生明白司令的意思，回答道："这个意见好，你们团里留个人，待从参谋长和黄总到时要有人接应。"

云中山说："我们是第一次在严寒地区转运导弹，一定要组织好。尤其是警卫工作，苏参谋长也留下，你们提前和地方公安部门联系好，请他们配合我们的行动。"

肖百川答："是！"

一个小时后。

一支由特种装备组成的行军梯队在风雪大世界里，沿着不太开阔的山间雪路缓缓行进，很快便消失在茫茫雪雾中……

9

上午。

在白雪覆盖的东安岭下。

储木场一座厅式大库房，青烟缕缕。

在库房的周围停放着几十台用伪装器材覆盖着的装备车辆。在库房的四周和通往储木场的道口布设着岗哨。

九时。

三台吉普车从东安林场开出，沿着盘旋的山路向储木场开去，三台车经过岗哨，眉毛胡须结着冰霜的哨兵立正敬礼……

三台吉普车在储木场停下，从车上下来的是从荣之、黄国路、云中山、苏茂生、肖百川和一、二、四机部负责人。

待所有人员下了车后，云中山介绍道："这栋是存放导弹的库房，唯一的暖气库。沿场四周这些装备车辆是发射营的装备，加注设备在另外的场地。库外的装备是按照第一阶段低温停放48小时安排的。请黄总看看，是否符合试验要求。"

黄国路、从荣之他们顺着装备停放序列走了一圈，黄总不住点头："符合要求！符合要求！"

最后从荣之提问道："警卫工作是怎么安排的？"

苏茂生说："这里的警卫工作是按两道设置的。怀抱试验场的这道大岭是东安岭，是这一带的最高峰，在岭的背后是一条公路，岭下有一个东安林场的分场，还有一个村子叫靠山屯。在试验期间，东安岭被划为禁区，岭外的警卫由地方公安局负责,东安岭以内的警卫包括东安林场及沿途由我们负责,在岭上和岭下共布设有十组警卫,导弹出库时山上放哨,导弹入库只在山下设哨。"

从荣之问:"哨兵是怎么设置的?"

肖百川答:"山下是单哨,山上是双哨。"

云中山说:"听苏参谋长说这里有狼,全部设双哨。"

肖百川答:"是！我们马上落实!"

从荣之说:"要对全体同志进行安全保密教育,不失泄密又要确保人身安全。"

苏茂生说:"我们落实首长指示,把安全保密作为大事来抓。"

从荣之转向黄国路:"我们回去开会去?"

黄国路答道:"听从从参谋长安排。"

三台车回到东安林场,试验领导小组成员下了车,向会议室走去。

在会议室已坐满了准备开会的人员,有军人和工厂的技术人员,冯文博、欧阳平正与郑大林、刘愈萍、黄盈盈说话,他们说说笑笑,很开心……

待领导小组成员坐定,苏茂生宣布会议议程:"今天的会议是扩大的领导小组会议,主要有两项议程,先由七机部郑大林同志介绍风三导弹的战术技术性能,介绍试验大纲及其组织试验的方法;然后请黄总讲话,从技术角度对实施试验作指示……"

10

夜晚。

岗哨进行交接。

试验人员巡视装备,填写气象记录,山林呼啸,温度降到零下23度,交过班的哨兵不停地跺脚,大头鞋发出"嘎嘎"声……

在北方团的"营房"里,炉火正旺,官兵都已入睡,有人在说梦话;刚刚下岗的哨兵在炉前准备洗脚,那位年龄较大的老兵自言自语道:"妈的,真够意思,鞋都脱不下来了,嘎嘎的!"

那位新战士也脱不下鞋,好像在哭泣。

老战士听到新战士在哭泣,停住了脱鞋,小声问道:"怎么啦?"

新战士答:"鞋袜好像粘在一起了,脱不下来,手脚疼!"

老战士挪过去:"来,我帮你脱!"

老战士拽着新战士的大头鞋晃了晃,新战士发出"哎呀"声,老战士嘱咐新战士配合好,连拽带晃地把一只鞋脱了下来,接着又脱另一只。

新战士把双脚放进烫手的热水盆里,"呦"了一声又把脚提了出来。

老战士看在眼里,摸了摸水盆,责备道:"医生不是讲了吗,对冻僵的脚不能用开水烫,要用冷水浴,用过热的水要闹毛病的。"

老兵端了一盆凉水给新战士。

新兵说："谢谢班长。"

在七机部女同志的房间里，黄盈盈不能睡热炕，正在折腾，刘愈萍靠炕的末端低温处给盈盈另设铺位，铺好后命令盈盈："躺下试试，这次可能要好些！"

黄盈盈问道："刘姐，你是东北人睡炕习惯吗？"

刘愈萍说："我是睡炕长大的，没感到不习惯。热炕猛一睡受不了，时间长了就习惯了，我爸离了炕还不行呢！"

黄盈盈躺到靠头的新铺位，高兴地说："温乎乎的不烫，好舒服。"

刘愈萍又问道："卸车时欧阳送你一个包，是什么东西？老实交代。"

黄盈盈诡秘地一笑："保密，无可奉告！"

刘愈萍吓唬道："死丫头，你敢糊弄我，看我怎么整治你！"说着动手就翻，"告诉我，是不是定情之物。"

黄盈盈经不起刘愈萍整治说："什么定情之物，是欧阳给我爸买的一件皮马甲。"

刘愈萍说："欧阳还真行，还没结婚，就先拍上老丈人的马屁了。"

黄盈盈乐滋滋地，眼前又浮现欧阳的身影……

从荣之在房间里和云中山在谈话。

云中山说："您离开基地后，这半年龚政委确实很难。陆仲琦和杨秀雄哪是政委的左右手，常常提出一些问题刁难他，有时是打着上级的旗号逼着政委表态。就说'清队'问题，提的方案真让人吃惊。如果按他们的意见办，我们努力多年建起的专业队伍就要垮掉了。"

从荣之问："龚政委什么态度？"

云中山答："这次政委还不错，以各种理由拖着不研究。"

从荣之又问："听你的口气，好像对政委有意见？"

云中山答："是有看法。现在不少人反映政委是'和事佬'，过去我不这么认为，现在我也不敢反对了。"

从荣之说："能否举几个例子。"

从荣之的房门被"咚咚咚"敲了三下。

警卫排长领着东安林场治保黄主任走进来。

警卫排长说："首长，林场黄主任有情况要报告。"

从荣之看着黄主任有点神情紧张，问道："黄主任，出什么事了？"

黄主任说："林场的巡逻民兵报告，在后山连续发现信号弹，还听到对面山上有响声，我们怀疑有坏人在活动，请示部队首长怎么办？"

从荣之看看云中山，应道："谢谢林场同志对部队的关心，请转告民兵同志，我们已经接到了他们的报告,我们会妥善处置,请他们继续观察,千万不要轻举妄动,谢谢大家!”

黄主任走后,云中山给肖百川打了电话,要求他们加强要害部位的警戒,但不要神经紧张。

11

凌晨四点。

储木场装备库房的上方传来响动。

警卫排长和哨兵警惕地注视着山上的动静。

警卫排长命令道:“子弹上膛,听我指挥!”

大约两分钟,响动下移,已接近了库房。

警卫排长命令:“隐蔽好,准备射击!”

这时,响动声突然停止,过了一会,从山坡上传来了“哞哞”的叫声。

警卫排长命令道:“狍子群,不要射击!”

天蒙蒙亮,一群狍子觉察到哨兵的动静,呼叫着向山上奔去。

12

第三天上午。

一支队伍向装备停放的场地走来。

队伍在装备场停下,值班员整理队伍向首长报告:“连长同志,队伍集合完毕,实到 84 人,请指示。”

连长命令道:“稍息。”

连长走到队列前:“科目:装备低温检查。实施方法:以班组为单位,按照试验大纲要求组织实施。要求:一、班组长要严密组织,按规程实施操作,操前搞好预想预防,严防事故发生。二、认真正确地填写记录。三、不明白的地方要虚心向工厂科技人员请教。时间:2 小时。各排带开。”

这时,两台轿车向装备场开来,一台车上坐着工人师傅和科技人员,一台车上坐着实验领导小组的同志。

两台轿车在装备场停下,郑大林宣布道:“下车后不再集中,每人找自己的对口专业,下班时一起行动。”

工人师傅、科技人员走下车同前来接洽的班排长接头,试验很快开始了。

装备试验的第一项内容是车辆发动,多数车不能正常启动,战士们提着水桶从保温水车取水,向水箱加入热水,再启动,场内发动机轰鸣,但一部分车辆还是启动不起来。

这时,装备股长帅东勤和运输股股长孟志远出现在装备场,他们逐台巡视,指导战士发动车辆。

帅东勤和孟志远来到控制排场地，十几名同志正在研究问题，排长欧阳平见两位股长过来，起立敬礼。

帅股长问："你们的情况怎么样？研究什么问题？"

欧阳平答："我们的五台装备、三台装备车辆可以启动了，准备进行第二项内容：展开电缆网，启动电站。"

帅股长说："咱们孟股长是汽车通，有什么问题可以请教他。"

孟股长说："电站启动，要特别注意油温，柴油达不到溶点，常发生管路不通，供油不顺就会熄火。"然后，孟股长向电站操作手很细致地讲解了操作要领和检查事项。

操作手按照孟股长的讲解操作了一遍，但没有启动起来。

孟股长走进操作台，检查了油温表，让操作手在油箱底壳用喷火抢简单预热，然后启动，电站发出了震耳的轰鸣。

欧阳平为孟股长娴熟的业务技术而惊叹。

欧阳平集合队伍，下达新的指令："展开地面设备。"

帅股长笑着建议孟股长："再到另外两个场地看一看。"

孟股长说："听老帅安排。"

帅股长和孟股长坐上吉普车，离开存弹的装备场。

13

下午四点。

东安林场会议室，试验队在开碰头会。

从荣之、云中山、黄国路、一机部、二机部负责人坐在会议桌的一侧，肖百川和北方团的营连领导坐在会议桌的另一侧。

苏茂生宣布道："今天开个试验情况碰头会，每天都要开，都是这个时间。会议的主旨是，汇报当天的试验进度，对试验结果作出结论，同时，对未解决的问题进行讨论，并安排第二天的试验。"

接着，以连为单位汇报了装备车辆低温启动情况。

最后，帅东勤做了总结发言："今天参加低温启动的装备车辆总计 64 台件，通过试验得出如下结论：在零下 23 度环境下，露天存放 48 小时，只有 8 台件顺利启动，其他装备是经过预热处理后才能启动；地面电缆网在零下 23 度变僵，无法正常展开，是经过加温器吹烤一小时之后才能伸展；发电装置也是经过较长时间的油路预热后才能正常运行；电子设备发现电解电容器大部冻坏，启动后漏液。"

从荣之问："肖团长，你们营团的同志还有什么补充？"

肖百川答："帅股长的结论我们讨论过，没有啦！"

从荣之说:“请黄总作指示!”

黄国路说:“北方团的同志作的结论很准确,情况大家都看到了。通过第一天的试验大家能提出这些看法,有的还找到了解决问题的办法,这些办法虽然是土办法,但给我们指出了解决问题的思路,谢谢部队的同志。”

从荣之问:“下一步怎么搞?”

黄国路说:“要把第一天试验暴露的问题解决好,如电子装备的防冻处理问题,会后我们工厂的同志要议一议,然后再通知部队。”

从荣之又问:“工厂的同志没有来过寒区,生活上还有什么问题?”

黄国路答:“感冒的同志比较多,原因是室内温度高,室外气温低,忽冷忽热。”

从荣之说:“医院的同志以后也参加碰头会,防病治病是野战保障的大问题。”

不大工夫,梁玉洁打了报告,来到会议室。梁玉洁向从荣之敬了礼:“首长有什么指示?”

云中山说:“以后,你们医院也参加碰头会,及时通报病情,指导连队搞好防病治病工作,这两天病号情况怎么样?”

梁玉洁虽然没有准备,但对病情了如指掌:“进场以来,共收治病号 96 人次,其中胃病 3 例,摔伤 2 例,感冒 35 例,冻伤 21 例。预防感冒和冻伤应引起特别注意。冻伤主要发生在营连。”

郑大林说:“我们试验队的同志也发生冻伤,手、脚、脸、耳还挺全,请卫生队的同志给我们讲一讲,怎样预防冻伤。”

梁玉洁借机向与会人员讲述了冻伤的发病环境,怎样预防,已经发生后怎样治疗,并且表示,医院的同志将采取措施,把冻伤问题解决好。

14

早饭后。

卫生队在开会,医院梁玉洁主任在讲话。

梁玉洁说:“昨天,我参加了试验队的碰头会,不少人发生冻伤,要我们指导他们搞好预防和治疗。冻伤目前我们收治的有 21 例,实际比这个数字大得多,气温还要下降,因此,防冻伤是个大问题。怎么办呢?我们卫生队党小组开了个会,准备把大家组织起来上山打冬青,用土办法解决这个问题。”

梁玉洁刚刚讲完,几个男医生站起来:“我们支持!”

几个男卫生员也站起来:“我们支持!”

女医生和女卫生员也站起来:“我们支持!”

卫生队人员组成四个采集小组上山,行前,梁玉洁强调安全注意事项,要求下午四点前回营。

东安岭大树参天,松树、柞树、桦树、杨树、椴树随处可见。冬青多寄生在桦树、杨树上，采集小组专找桦、杨密生的地方。

采药组到达半山腰，分头行动，常彩霞带着小高、小陈向左山梁爬去，积雪没过膝盖，常彩霞让每人折上一根木棍做拐杖，柱着上山。

他们爬上左边的山头，山上多是柞木、松树，很少看到桦树、杨树，小高有些失望："嗨！白爬了！"

正当小高失望时，小陈惊呼道："看，那边半山腰的树上像鸟巢，是不是冬青？"

常彩霞和小高顺着小陈指向望去，仔细辨认，小高肯定地说："是冬青！"

三人兴奋不已，不顾脚下的积雪，挣扎着向山下扑去。

这半山腰长满了桦树和杨树，几乎棵棵树上都长着冬青，有的一棵树上能有十多蓬。小高把事先准备的绳索抛到树上，很顺利地爬上去。小高伸出铁钩，随着小高的钩拉动作，一片片冬青落到地上。

常彩霞拾起一片，用手托了托："真肥，这冬青质量蛮好！"

小陈展开网袋，常彩霞把一片片心爱的冬青投进网袋。

小高兴致很浓，爬上一棵又一棵……

满树的冬青对她们的诱惑太大了，他们忘记了疲劳和时间，还是小陈提醒道："采得差不多了，这么多谁能拿完？"

常彩霞立直身体望着一堆堆的冬青，心里想："真够多了，三个人怎么背下去？"

常彩霞于是作出决定："小高下来吧，不采了！"

小高欲罢不能，答道："好！我再采几片！"

常彩霞看看表，惊呼道："嘿，一点啦！"

小高下了树，常彩霞指示道："快点收装，然后吃点干粮下山！"

他们打了一捆，还剩许多，小陈道："常医生，背不完怎么办？"

小高道："木脑袋，捆吧，我有办法。"

她们捆完冬青，取出干粮，狼吞虎咽吃了起来。小高拿出开水壶往嘴里倒水，可是一滴水也没有，对着壶嘴瞧了瞧、晃了晃，水全结成冰了；她顺手抓起一把雪放在了嘴里……

常彩霞突然想起什么："我们翻了几个山头？营房在哪个方向？"

小高和小陈也一片茫然；小陈急得嚷道："怎么走呀？"

这时，天气渐渐坏起来，接着飘起了雪花，山路更加难辨了。

常彩霞说："咱们得赶紧下山，路是看不清了，摸着也得下！"

三人背着冬青，小高另外拉着一捆，一步一摇地向山下走去。小陈一不小心，连人带冬青滚了下去，吓得她尖叫起来，恰好被一棵大树挡住了。常彩霞急忙跑过去，扶起她。

大约走了两个小时，可眼前仍不见营房，也没有熟悉的参照物。

常彩霞觉得不对劲，停住脚步，提醒道："我们迷路了！"

小陈听后紧张起来,哭丧着:"那我们怎么办?"

其实小高早已觉得不对劲。他看到小陈的表情,安慰道"不要怕!车到山前必有路,下了山,准有道。"

小高为了调整小陈的情绪,逗她道:"瞧你,眉毛嘴巴都挂着霜,成了白毛女啦!"

小陈嗔怪地说:"讨厌!啥时候了,你还有心思开玩笑!"

一阵山风卷来,扬起漫天的飞雪,她们艰难地向山下摸去……

15

在东安林场卫生所内,梁玉洁坐立不安,她看看表,时针指向十五点。她找到张医生问:"张医生,常彩霞他们上山七八个小时了,还没回来,会不会出什么事?"

张医生安慰道:"他们一定是采多了,行动困难,放心吧,不会有事。"

梁玉洁说:"常彩霞是个守时的人,出门前她说四点回来,眼看就过了。"

张医生问:"要不我们接一接她们?"

梁玉洁答:"行!你去跟后勤首长报告一下,我去接。"

张医生说:"还是我去吧!"

张医生带着两个卫生员,沿着上午上山的路迎去,边走边喊:"常—医—生!你—在—哪儿……"

天渐渐暗下来。

常彩霞三人沿着一条山沟向下走,她们满脸是汗,头上热气腾腾,不时跌倒、爬起……

小陈走在前边,突然,两只狼拦住去路,小陈惊叫道:"狼!"并迅速靠在常彩霞的身边。

常彩霞看到前方蹲着两只狼,正用阴森的目光盯着她们,心里一惊,顿时吓出一身冷汗,她没遇到过狼,也惊恐万状。

小高生在太行山区,知道一些狼的常识,当即道:"常医生,我们不能露出怕,这是胡狼,个子小,有吃人的心,没吃人的胆,我们手中有棍,它们不敢轻易靠近我们,咱们大胆往前闯。"说着,小高举起棍棒高声喊道:"噢!噢!"

两只胡狼受到威吓,向旁边跑出十多米,停了一会,又转身向人群靠拢。小高走在她俩的身后,不时回过身驱赶胡狼……

快到山根时,两只胡狼停住了脚,把嘴贴在地上"嗷嗷"地嚎叫起来……

小高催促道:"快走!这是胡狼召群呢。"

三人加快步伐,顷刻间,十几只胡狼围住了常彩霞她们。

人狼对峙,狼群伺机进攻;在这千钧一发之际,只听"嘭!嘭!"的枪声,两只胡狼倒在血泊中，狼群立刻逃去，常彩霞还没有醒过神来，一个老汉出现在她们面前。

那老猎人见是几位军人，询问道："解放军同志，这里是狼窝，你们怎么闯到这儿了？"

常彩霞答："大爷，我们上山采药，迷路了。"

老猎人问："你们去哪儿？"

常彩霞答："东安林场。"

老猎人道："你们是走错了，东安林场翻山过去是20里，如果绕道走，满有50里，你们今天回不去了，跟我进村吧！"

常彩霞道："大爷，谢谢您救了我们。"

老猎人说："不客气，不客气。"说着把手放在嘴里打了一声口哨，两只狗拉着爬犁跑了过来。他们把冬青、胡狼装上去。四人坐着爬犁向小村子驰去……

16

灯下。

常彩霞三人依在炕上休息。

老猎人端着一筐玉米饼走进来，招呼道："孩子们，起来！起来！先吃点饼垫一垫，过会儿狼肉就熟了。"

常彩霞下了炕，接过饼筐，说："大爷，您救我们脱险，已经很感激了，又给您添这么多麻烦！"

老猎人说："孩子，别这么说，我们家是烈属，我父亲是抗联的，后来牺牲了，我看到你们就像见到亲人。我还让孩子去分厂打电话了。"

小高和小陈早就饿坏了，拿起饼就吃。

常彩霞问："大爷，小兄弟能和东安那边联系上吗？"

老猎人答道："能！我儿子去的分厂属东安林场，昼夜有人值班，有电话，一定能打过去。"

不久，老猎人的儿子回来了。

没待儿子进屋，老猎人就问："联系上了吗？"

猎人儿子答："联系上了，部队说来车接大姐她们。"

老猎人舒了一口气，点点头。常彩霞上前握着猎人儿子的手："小兄弟，谢谢！忘了问你叫啥了。"

猎人儿子说："我叫魏尚成，十八了，明年我也想去当兵。"

这时老猎人喊道："肉熟了，出锅了！"

17

东安林场。

在低温试验指挥部办公室内,从荣之、云中山、苏茂生站在地图前。

苏茂生指着地图一处:“靠山屯在这里,从图上测量大约 25 公里。”

云中山说:“去辆车,把他们接回来!”

苏茂生说:“这条路线我走过,我去吧。”

云中山说:“到村上见见他们的干部,对他们表示感谢,以后有时间我们再去看看老猎人。”

从荣之说:“这是一件军民团结的大好事,要把它处理好!”

苏茂生答:“是!”

苏茂生带着面包车离开了林场,消失在雪夜中……

在老猎人家,常彩霞她们正围着老魏头听他讲老抗联的故事。

老魏头把吸完的烟袋锅在炕边磕了磕,重新装上烟丝,点燃后狠劲抽了两口,接着讲起来:“我家祖辈住在靠山屯。我有一个哥哥和妹妹。伪满洲国建立时,我们这里来了日本人,开矿、伐林。小日本无恶不作,激起了老百姓的愤怒。当时抗日联军经常在这一带袭击日本人。那年我哥哥十六岁,我十三。父亲经常夜间外出,不知道他在干什么。后来他的身份暴露了,日伪军要抓他,他带着全家离开了靠山屯,到附近六十里的营城当煤矿工人。后来,日本人认出了我父亲,把他杀害了。父亲出事前,抗联地下组织把我和妹妹送回姥姥家,哥哥参加了抗联,以后,他消息全无,可能是牺牲了……”。

这时护院的猎狗叫了起来,老魏头喊道:“谁呀?”

尚成喊道:“爹,是部队的领导!”

常彩霞她们迅速下炕,老魏头正要下炕,儿子已领着两名军人走了进来。

常彩霞向老魏头介绍道:“这位是部队的苏参谋长,这是卫生队的梁队长!”

老魏头热情地说:“参谋长、梁队长,欢迎!欢迎!”

苏茂生握着老魏头的手:“您老救人的事迹我都知道了,我代表部队首长和卫生队的同志向您表示感谢!”

梁玉洁上前向老魏头敬了一礼:“常医生他们遇险,多亏您及时相救,谢谢!”

老魏头说:“这是他们福大命大,胡狼撞到我的枪口上了。”

梁玉洁把装有十五元钱和五斤全国粮票的信封,交给老魏头,老魏头再三推辞,最后只好收下。

梁玉洁说:“大爷,如果有什么事,可以照信封上的地址找我们。”

老魏头答:“好!好!”

常彩霞等人忙着把冬青装进车里。

苏茂生向老魏头告别:“大爷,我们有空再来看您。”

魏老头说:“欢迎!欢迎!路上慢点儿!”

苏茂生等人登上面包车,星夜离开靠山屯……

第十八章

恶劣环境砺新旅　严寒之下考新装(下)

1

东安林场办公室。

试验指挥部召开第二阶段工作会议。

郑大林宣布计划:“第二阶段进行两次操作试验。第一次环境温度要求在零下25℃以下,实验步骤,先在库房完成水平测试,然后运往发射阵地,垂直停放一昼夜再进行控制系统检查,目的在于考核导弹在零下25℃～零下35℃严寒条件下的适应性。第二次试验要求在零下35℃以下,导弹经水平测试转运发射阵地,实际加注介质,最后进行控制系统检查,泻出介质,转往库房再进行测试。目的考核全武器系统在零下35℃以下的技术性能。”

从荣之说:“依据七机部、二机部的计划,试验领导小组作了具体安排,现提交会议讨论.请同志们发表意见。”

二机部代表说:“进场后我们和七机部协调过,对我们的要求试验计划已安排了,没意见。借此,讲一句计划外的话,感谢雪山基地和北方团给我们创造了许多工作条件。”

七机部代表说:“我们同意计划安排,同时对参试部队的关心与支持表示由衷的感谢!”

云中山说:“你们要这么讲,我这个司令就要检讨了。我们担负试验的后勤保障,但我们没有做好工作,听说试验队的同志吃了不少的夹生饭,馒头也是半生不熟,有很多同志有冻伤,我们都有责任呀!”

黄国路说:“我不赞成司令员的检讨,生馒头、夹生饭你们没吃么?这是气候造成的。就说冻伤,你们医院的同志做了多少工作?卫生队的同志为了能给大家煮水泡脚,上山采冬青,不知流了多少汗,挨了多少冻,和狼群搏斗,冒着生命危险,真是可歌可敬,同志们正议论着要写感谢信呢!”

大家你一言我一语:“就是!”“就是!”

从荣之说:“两部的同志对我们的工作表示谅解,对我们是一种鞭策,我们一定遵照主席和总理的要求，要大力协同，做好试验工作。”

与会者热烈鼓掌。

散会后，从荣之正欲出门，雪山基地保卫处长闫明轩带着一身寒气闯进会议室。

闫明轩向从荣之和云中山敬礼：“首长好！”

云中山明白，此时保卫处长到来肯定有重要情况，担心地问：“闫明轩，发生了什么事？”

闫明轩说：“有重要情报要向首长报告。”

从荣之、云中山让闫明轩坐下来。

闫明轩说：“我带来两份通报，一份是总部的通报，一份是省厅的通报。这两份通报好像有联系，龚政委指示，让我亲自送来。”

闫明轩把材料递给云中山。

云中山把一份递给从荣之，两人关切地阅读通报。

总部的敌情通报写道：沿我三北当面，敌军队频繁调动；在边境地带接连制造事端，打死打伤边防战士；派出大批特务混入我军事要地；敌远东火箭军已处于待发状态……

省厅通报写道：东安地区的敌特组织奉命要对东安的“冰天”计划采取代号为“凯利”的行动。“凯利”行动的任务是：颠覆旗舰，炸掉铁塔，宰杀黄羊，并指出实现一项目标即为胜利。这次行动的组织者名曰白头翁。

省厅判断：敌特所指的冰天计划可能是指北方团的低温试验；旗舰有两种可能，一是指指挥部或铁路输送专列；铁塔系指导弹；黄羊，可能是指某一重要人物。

省厅还指出：“敌特的此次行动和工程失密案有联系，这里的‘白头翁’可能就是上次脱逃的‘仙翁’。”

省厅要求我们：一定要提高警惕，部队行动特别是野营地要制定周密的防敌偷袭的计划，和当地安保部门密切配合，采取有效措施，挫败敌人的阴谋。

这时孟管理员进来，招呼闫明轩吃饭。

云中山一边看材料一边道：“闫明轩先吃饭去吧！”

闫明轩答：“是！”

从荣之看过第一份通报，评论道：“形势严峻呀！”

云中山看了另一份通报，评论道：“你再看看这份通报，我们已经受到了威胁。”

从荣之看完第二份通报，神情凝重地望着云中山：“你怎么考虑？”

云中山说：“首先应对全体参试人员进行形势和防间保密教育，加强对重点目标的警戒。”

从荣之说：“仅这些还不够，必须把防敌偷袭破坏提到试验的工作议程。我们远离驻地，对这里人地生疏，应尽快和当地公安部门取得联系，实行军地共防。”

云中山说：“好！我们尽快拿出防敌偷袭方案，和地方建立联系，把工作落实好。”

2

第二天。

北方导弹团参试人员在装备库进行导弹水平测试准备。

苏茂生率保卫处长和王春江经过装备场。

肖百川站在库房外和科技人员攀谈，见苏茂生一行，马上迎上去：“参谋长同志，发射四营正在进行水平测试准备，请指示。”

苏茂生还礼：“请你们作训股长陪我到周围看看。”

肖百川转身：“鲍纪春，你带上地图，随参谋长到周围看看。”

鲍纪春答：“是！”

苏茂生等沿着装备库后山的山坡向上爬去。

肖百川疑惑地看着他们的背影走远……

苏茂生等在东安岭的山梁间穿梭……

苏茂生他们转到了地面库房的对面，有一段山岗，站在那里，装备库前的活动清晰可见。

苏茂生让王春江展开地图道：“把山岗对装备库的可视段标下来，导弹出库，这里应是重要的警卫点。”

王春江取出绘图仪，用红色铅笔在图上做着标记……

苏茂生又沿原路下山，在距离库房约两百米断壁处的一块巨石旁停下，对王春江、鲍纪春说：“在这里，用石头砌两个警卫点，要求能防风避雨。”

下了山。苏茂生指示王春江：“王参谋，调台车，叫上林场的黄主任，我们到靠山屯和山外林场走一趟。”

王春江答：“是！”

苏茂生和王春江、黄主任乘车离去……

3

试验指挥部会议室。

墙壁上钉着1∶5万的军用地图，地图上标着“东安试验场警卫和防敌偷袭预案”。参加会议的有任务领导小组和雪山基地的有关人员。

云中山说：“据可靠情报，国外敌特对我们这次试验极为关注，潜伏在土城地区的敌特人员频繁出动，通过多种途径刺探我们的部署和行动，并有破坏此次试验之可能，为保护国家机密，防敌特破坏，特制定东安试验场防敌偷袭方案，现部署如下……”

肖百川听着云中山下达命令，立即联想到那天苏茂生率领有关人员勘察地形时的情景：“原来是这回事！”

云中山下达任务后，从荣之作了简要讲话。

从荣之指出：“我们的中心任务是导弹低温试验。防敌偷袭是个插曲，但对这个插曲不能小视。霸权主义和国内反动派仇视我们强大，他们总是设法捣乱破坏，因此，我们必须有应对这种破坏的准备。希望北方团和机关按方案要求落实好。但也不要搞得满城风雨，对一些核心情况领导层掌握就行了，对下不要搞敌情刺激。”

云中山说：“我建议试验队进行防间保密教育就可以了。要做到上紧下松。”

从荣之说：“要尽快和地方安全保卫部门取得联系，联手做好防范工作。”

苏茂生说：“我们马上去土城，和土城公安局取得联系。”

4

土城一个两层楼和东西厢房组成的院子，门牌上挂着“土城市公安局”的牌子。

在公安局门口，一个穿警服的中年人向值班人员交代事情：“过会儿部队的几位领导到我们这里商量工作，我们正在开会，如果他们到了，立即通知我。”

门卫答：“放心吧。谭局长，他们到了我马上报告您。”

谭局长回到办公室，会议室坐满了警察，谭局继续道：“陆局长和特勤行动组还有什么意见？”

陆局长说：“根据省厅的要求，这项任务是绝密行动，特勤组必须严格遵守所有的行动规定，保证东安任务圆满完成。”

特勤组有七名年轻警察组成，七名警察起立：“保证圆满完成任务！”

苏茂生乘坐的吉普车在土城市公安局门前停下。

门卫没待车停稳就迎出来。

保卫处长闫明轩下了车，拿出介绍信，门卫热情地迎过来：“解放军同志，你们是找局长研究工作的吧？谭局长正在开会，我打电话告诉他。”

门卫向谭局长打电话，同时向吉普车挥手示意开进院内。

苏茂生下车时，谭局长和陆局长已来到车前：“我是公安局长谭明辉，欢迎部队首长来我局检查指导工作。”

闫明轩向谭明辉递上介绍信，说：“这是我们部队苏茂生参谋长，这位是东安治保主任黄主任，我是闫明轩，保卫处长。”

苏茂生主动地说：“谭局长好！我们在贵地执行任务，要给你们增添麻烦了！”

谭局说：“哪里！哪里！这是我们的荣幸，里边请！这位是陆国安局长。”

大家相互打了招呼。

苏茂生在谭明辉引导下登上二楼会议室。

苏茂生向他们说明了来意，通报了部队的简要情况。

谭局说："我们已经接到省厅的通报和指示，刚刚开过会议，我们专门成立了一个特别行动组，由陆局直接领导，配合部队做好东安地区治安保卫工作。"

陆局站起来插话道："执行这项任务我们感到很荣幸，请苏参谋长调遣！"

苏茂生站起来和陆局握手："谢谢！谢谢！"

谭局说："请参谋长明确我们的任务！"

苏茂生说："闫处长，请你把我们的军地联防方案向谭局长、陆局长汇报一下！"

闫明轩答："是！"

闫明轩走到会议室挂着的地图前，介绍道："我们部队部署在东安林场及周边的……"

5

东安试验场地。

发射连一部分正在清除场坪，几个战士挥镐舞锹寻找地锚的固定点，其中一名战士刨出一个标示点，上边用红漆标着一个"O"字，战士呼道："排长，红'O'点！"

排长蹲下去看了看："这是发射点，地锚固定点就在这四周，用卷尺划一个半径两米的圆，然后在圆上找。"

两个战士按照排长的吩咐划圈……

在场坪的四周，连长集合各班班长在一个雪屋前讲解："为了防止装备暴露，达到隐蔽伪装的要求，连要求所有的装备都进驻'雪屋'，做到'天上看不见，地上难发现'。我让三班先堆了一个样子，请你们看一看，你们回去按照本班车辆尺寸搞好设计，然后组织全班在指定的位置把'雪屋'搭起来。这项工作要求很急迫，必须在今天12点前完成，明白吗？"班长们："明白！"

连长说："你们自己看，看过就回去干！"

在装备库前方，作训股鲍股长正向郑营长和技术连连长布置任务："站在对面山梁上，可以直见发射场及装备场的活动，为隐蔽装备场的活动，在这个部位，"股长说着指着一个点，"建一个20米高的木架子，然后用树枝藤蔓加以伪装，遮挡对面山的观察和拍照。"

郑营长问："八连长明白吗？"

八连长答："明白！"

鲍股长说："这项工作要在午后四点前完成，所需木材，可以捡一些风倒树进行支护。"

八连长答："好！我马上安排。"

鲍股长向八连长下达完任务，和郑营长一起沿着山坡向山上爬去……

在巨石旁,三排长欧阳平正和两位班长研究着什么。

欧阳平说:“我画了一个岗楼的图纸,你们看怎么样,行就这样盖。”

班长甲说:“排长,为了伪装,岗楼上盖不应取房盖式,如果像座房子,别人老远就能发现,还能隐蔽吗?”

班长乙说:“九班长讲得有道理!”

欧阳平有点不好意思,挠了挠头:“这点我咋就没想到。”

郑营长问:“什么没想到?”

欧阳平见营长和作训股长过来,报告道:“我们在讨论岗楼怎么建。”

郑营长说:“讲讲,我们也听听。”

欧阳平结合图纸向营长和作训股长讲了一遍……

鲍股长说:“这两个哨的作用是针对防敌偷袭而设的,本身要隐蔽是最基本的要求,为此哨位要和周围的地形地物相一致,这样才能取得隐蔽的效果,你们两个班长提的修改意见很好,来,我们一起研究研究。”

在一个山沟里,一支小分队在演练山地行动:只见一个战士手提冲锋枪猫着腰向一块巨石后奔去,然后在石头上举枪“射击”,又一名战士向前方跑去,但没有找到隐蔽物,排长喊了声:“停!”

警卫排长上前纠正道:“我们练习的是伏击动作,动作必须隐蔽,像他这样无目标的运动,把自己暴露在敌人的视野之内,不仅不能到达隐蔽的目的,就连自己的安全也没有保证,明白吗?”

大家齐声答道:“明白!”

排长命令道:“继续演练!”

6

在试验场上,导弹发射台已经展开,稳定发射台的地锚全部连结,载着导弹的起竖车已对正发射台,通向电站的电缆已经连接好。

从荣之、黄国路、云中山围在发射台的一侧讨论问题。

黄国路说:“为了稳妥起见,试验方案稍作一些变动,原计划导弹起竖后放置在发射台上,撤除起竖车,现改为导弹起竖后放置在发射台上,但不撤除起竖车,起竖车撤除时间放在控制系统测试之前,目的是……”

云中山说:“肖团长,把发射营连长找来,重新下达计划,照黄总的要求组织实施。”

肖百川答:“是!”

肖百川找来发射营连长重新下达试验计划。

布置就绪,从荣之和黄国路查看全场设置。

这时，特管股长带着面包车来到试验场，向肖百川报告："团长，定做的烤火箱拉来了，是否配发下去？"

肖百川命令："配发，尽快配发下去！"

特管股长答："是！"

黄国路对部队的伪装工作感到惊奇："一天的工夫，装备车辆都进了冰窟，真正做到了'天上看不见、地面难发现'。"

从荣之问："黄总目前最关心什么？"

黄国路说："不瞒参谋长，我眼下最关心的是导弹竖起来能不能顺利放下去，再往后，就是能不能转得好。"

从荣之问："为什么？"

黄国路说："从第一天试验的结果看，多数汽车不能正常启动，我就有一种预感，这个问题肯定发生在特装上，发生在地面设备上还好，如果发生在弹上问题就复杂了。"

从荣之问："临时改变试验计划是不是也基于这一考虑？"

黄国路答："是！我还有一个估计！"

从荣之问："什么估计？"

黄国路答："今后很长时间，雪山基地可能是我们最主要的合作伙伴，解决御寒问题将是所有问题中最复杂的课题。"

云中山说："那我们可以近水楼台先得月喽！"

起竖车扬起长臂将导弹徐徐托起，30 度、60 度、90 度……

郑大林看看挂在场边的温度计，温度计显示：零下 25℃

7

试验指挥部会议室。

郑大林和冯文博、欧阳平在讨论技术问题。

郑大林说："从第一阶段试验暴露的问题可以看出，严寒条件对武器装备的性能包括稳定性、可靠性有很大的影响，液压系统不能顺畅运转，电子器件被冻坏，那是在零下 25 度发生的，到零下 30 度、40 度会是什么情况呢？可以想见，肯定会发生许多意想不到的情况。如果发生我们预想的情况怎么处理？为此，我们编写了几种情况的处置方案，交技术组和试验部队的同志讨论掌握。"

郑大林把封面写着《风三导弹低温试验特殊情况的处置方案》交给与会者。

从荣之、云中山、苏茂生列席参加，但没有他们的材料。

从荣之觉得这是他关心的课题，发问道："能否也给我一份？"

郑大林不好意思地说："是蜡版刻印的，数量有限，只发技术组的同志，对不起了！"

从荣之说:“这是拍板定案的关键问题,排长、连长、营长、团长都应该明白,你讲吧,我们听!”

冯文博说:“会后我们再刻印几份送各位首长,并把首长的指示传达下去。”

郑大林说:“大家先看材料,然后我结合图纸加以讲解。”

与会人员看材料,郑大林把电路图、液路图钉在墙上……

8

上午。

低温试验场上充满生机。

由起竖车长臂环抱的绿色导弹已放置在发射台上。

准备操作的分队喊着口号跑步进入操作场。

发射排长下达科目:“各号手就位。”

各号手跑到工作位置:“1 号准备好”、“2 号准备好”、“3 号准备好”……

排长下令:“打开上夹钳,下放起重臂。”

1 号手喊:“推上启动开关,按下启动按钮,电机启动。”……

起重臂张开上夹钳,起重臂徐徐远离裙部。

此时,起重臂突然停了下来。

1 号手报告:“反腔压力不正常,液路有故障。”

排长看后向连长报告:“起重臂不能自动下落。”

连长把故障报告技术组,冯文博喊:“保持状态,暂停操作。”

郑大林、冯文博走近操控台,看了面板指示,判定:“可能是液压油遇冷凝固所致。”

冯文博下达指示:“按处置预案 5 排除故障!”

连长下令:“请按技术方案 5 排除故障。”

排长答:“是!”

从荣之、云中山和黄国路站在后边,小声议论着。

从荣之看着山上,询问云中山:“现在导弹脱光衣服了,山上不知能否观察到?”

云中山答:“闫处长和北方团保卫股的同志上山检查去了,中午就能知道结果。”

在对面山头上,闫明轩和李干事刚刚立定,闫处长喘着粗气,嘴上喷着雾气:“望远镜,看一看,看能看到什么?”

李干事转过身,架起望远镜,看了半天,好像没有发现什么,“处长,什么也看不到!”

闫处长说:“给我!”

李干事把望远镜递给闫处长，试验场坪的远景呈现在眼前：遮蔽的塔架像一棵枯树，可以看到人员在活动，但看不到竖着的导弹，因为他站立点的实地被场坪边的“山体”挡住了……

闫明轩和李干事调整了观察点，场坪上的一切都被塔架遮住了……

在试验场上，故障排除了，起重臂在徐徐下落。

郑大林脸上现出微笑，对欧阳平道：“欧阳，下边要看你的了！”

欧阳平很谦恭地答道：“一定为两位师傅争脸！”

9

靠山屯。

大街上传出“嘣！嘣！嘣！”的手摇鼓声。

一阵鼓声响过，两位身挎背袋的商人出现在街上，一位五十多岁，一位三十来岁，那位年长者留着山羊胡，大声吆喝着：“收皮毛山货、贵重药材喽！”

那老者喊声刚落，身着不同颜色的男孩女孩涌上街头，围上来看热闹，那位年轻人打开袋子，招呼道：“这里有北京上海进来的头巾鞋袜，还有时髦的衣服帽子，可以现钱买卖，也可以用山货兑换，公平交易，请来看哟！”

其中一个大一点的男孩问道：“收不收狼皮？”

那老者回答：“狗皮、羊皮、狍子皮、猫皮、貂皮、狐狸皮全要，虎皮、狼皮是上等货，收啊，你家有吗？”

男孩说：“村东头老魏头前几天打了两只狼，他家有狼皮。”

老者问：“他家离这远不远？带我去看看！”

在一群小孩的簇拥下，两个收山货的商人来到老魏头的家门前。

老者大声问道：“家里有人吗？”

老魏头正在屋里抽烟，听到门外有人，握着烟枪走到院里，看着门外的陌生人问道：“什么事？哪里来的呀？”

老者说：“我是山城东城收购站的，听说你前几天打了两只狼，狼皮卖给我吧！”

老魏头问：“东城收购站的姜福山认识吗？”

老者也问：“太认识了，那是俺大哥，老哥和俺大哥认识？”

老魏头答：“何止是认识，几十年的老朋友了，过去他常到这里收山货，一来就住在我家。”

老者说：“没想到在这里遇到大哥的朋友，太巧了！”

老魏头说：“快进屋！快进屋！”

老者和年轻人进了屋，老魏头吩咐老伴：“这是姜站长的兄弟，上咱这里收购，弄几个菜，中午我们好好喝几杯！”

老魏头说：“兄弟别客气，到这就和到家一样，我还没问兄弟大号呢？”

老者说："老哥,我在家排行老三,大号姜卫山。"

说完,姜卫山从背包里掏出一条大前门香烟和两瓶白酒,说："老哥,这是一点见面礼,不成敬意,请收下!"

老魏头说："老弟太客气了,咱们都是一家人,用不着搞这些!"

姜卫山说："我这里还有事求老哥帮忙呢!"

老魏头说："什么事?能帮肯定帮!"

姜卫山说："老哥,我想在你这里设个收购点,住几天少不了给老哥添麻烦!"

老魏头笑了,"这也叫事,说定了,老规矩,就住我家,你提要求,我张罗。"

姜卫山说："谢谢老哥了。"

10

下午。

低温试验场几名身背测绘仪的战士一字队形进入操作场地,然后,有两人找到各自的测绘点架起标杆仪,架上望远镜,在导弹一侧对瞄,他们反复操作,但从仪器上找不到应有的图像,班长亲自操作还是找不到目标。

班长有点紧张："排长同志,无信号!"

排长赶忙检查后,报告连长："连长同志,瞄准经纬仪无信号!"

连长请专家检查指导。

负责这个专业的工程师叫佟千里,大家戏称他"千里眼",是瞄准专业的权威,佟工上去检查,仍然不能发现目标。

佟千里判断有两种可能:一是瞄准线路不通,或是瞄准窗上结霜,无法形成信号回路。

这个问题《风三低温试验几种特殊情况下的处置方案》没有这项内容,技术组只得重新研究,最后决定:动用高空作业台,除霜,进行通路检查。

高空工作台被迅速调进试验场待命。

冯文博向两名操作手交代故障排除方案与操作顺序,两名操作手带上开仓工具和万能表上了工作台,高空工作台徐徐升起。

操作手按照冯文博的交代首先开仓检查玻璃,玻璃上结着厚厚的一层冰霜,操作手把情况返回地面："瞄准玻璃结霜,正在排除。"

操作手动作利落地除去瞄准玻璃上的冰霜。

冯文博说："断开棱镜插头。"

但操作手对棱镜装置的安装位置不熟,看不到棱镜,五分钟过去了,十分钟过去了,冯文博有些焦急："找到没有?"

两个操作手研究后还是难以确定,报告："找不到棱镜装置的位置。"

冯文博当即决定："放下高空工作台,换号手。"

但由谁顶替操作却成了问题，因为这项工作是技术阵地操作手完成的，发射阵地操作手不熟悉位置。

冯文博有些犯难，佟千里也把握不大地提出："要不我上去看看？"

冯文博摇摇头："不行，现在是零下30度，把你冻坏了可是大事！"

冯文博立即想到了欧阳平，对着连长说："让欧阳平过来！"

欧阳平很快出现在发射台前："副参谋长什么事？"

冯文博把排除瞄准故障的方案和想法向欧阳平做了交代。

欧阳平让九班长和他一起登上高空工作台。

高空工作台重新升到仪器舱口。

九班长迅速打开仪器舱口。

欧阳平说："对瞄准回路检查须取下棱镜插头，目前这个状态无法触到插头，只有把底座取下才能做到，把基座取下。"

九班长也没有做过这种工作，弄了半天取不下来，十分钟过去了，一阵寒风吹来，扬起了满天的细雪，落在欧阳平的帽子上、鼻子上，欧阳平抹了一把，聚精会神地盯着九班长的操作。

九班长说："排长，我没有安装过这个基座，取不下来。"

欧阳平说："你配合，我来试试。"

欧阳平戴上雪白的手套，拧开靠外边固定螺栓，把手伸到舱内触摸着找第二个固定螺栓，因为戴着手套怎么也触摸不到准确的位置，欧阳平收回胳膊，取下手套，九班长制止道："排长，现在零下30度，不能赤手操作！"

欧阳平那还顾及这些，赤手空拳工作了十几分钟，终于把基座取下。

欧阳平在九班长配合下迅速断开插头，完成了通路检查。

欧阳平下了工作台，感觉双手失去了知觉，什么也不能做了。

欧阳平被送到临时卫生队，梁玉洁检查后惊呼："干什么了？怎么能冻成这样！"

黄盈盈闻讯赶来，没进门就喊上了："欧阳！欧阳！"

欧阳平答："我在这里。"

黄盈盈看着欧阳紫色的手掌立即紧张起来："怎么冻成这样？"

欧阳平把排除故障的事大概讲了一遍。

黄盈盈责备道："那是号手的动作，应有操作手完成，你是排长，哪能具体操作？"

欧阳平说："我安装过模样弹，知道插头的位置，其他操作手不知道。"

黄盈盈用焦急的目光望着梁玉洁："梁主任，怎么治疗，能很快康复吗？"

梁玉洁看出黄盈盈和欧阳平关系非同一般，笑着说："放心吧，能治好，我是研究烧伤的，也治冻伤。"

梁玉洁命令卫生员取来一盆雪，吩咐欧阳平："用雪搓手，不停地搓，什么时候由紫变红了，再用冷水浸泡，记住，绝对不能用热水。"

欧阳平坐在一个凳子上，按照梁玉洁的吩咐不停地用雪搓手。

黄盈盈找来一个小凳子，坐下来，抓起大把大把的雪，帮欧阳平搓手。

欧阳平用深情的目光看着黄盈盈："盈盈，谢谢你！"

黄盈盈用火样的目光盯着欧阳平："知道人家多心疼吗？"

11

下午四点。

在试验指挥部会议室召开例行的碰头会。这次碰头会扩大了规模，把连以上的干部都召集过来。

郑大林说："为了有计划地搞好下阶段的试验，今天，我们把前段试验做了一个简要的总结，然后，着重分析目前低温试验面临的问题，目的是统一认识，更好地把试验引向深入。

"第一阶段的试验重点是检验地面设备对严寒条件的适应性；第二阶段的试验重点是检验导弹包括弹头对严寒的适应能力。第一阶段试验，地装和导弹本身共发生大小问题30余个，属于由严寒条件引起的经认定有21余处，总的结论，和第一阶段的结论是相近的：严寒条件对导弹的各个部位的工作性能都有不同程度的影响，导弹仪器舱的电子仪器、液路系统、液压元器件在零下30度以下启动难度增大，严重地影响了导弹整体工作的稳定性与可靠性。鉴于目前气温还要下降，要研究零下40度以下的可靠性问题，如伺服机构是冷启动，电流严重超标怎么解决，需要我们加以研究和解决……"

12

靠山屯林场治保主任办公室，进来几个陌生人。

东安林场黄主任向靠山屯分场的治保主任介绍道："这是市局的陆局长，他们是刑警队的同志。因部队在我区执行特殊任务，今天陆局长要和我们研究军民联防问题。"

黄主任指着靠山屯的治保主任向陆局长介绍："这是我们靠山屯分场的林主任。"

陆局长和林主任握了握手。

陆局长说："部队在东安林场执行重要的试验任务，奉省厅命令，由我局牵头，组成军警民联防，担负该区的治安保卫工作，经过和部队协商，东安岭包括岭下的林场场区，在部队执行任务期间划为军事禁区，禁止一切人员在东安岭狩猎、伐木、捡柴等活动，靠山屯和林场附近的村庄，被列为外围警卫地区，我们的任务是，密切关注靠山屯一带的社情，严防敌特和坏分子进行窃密和破坏活动。”稍微停顿后陆局长道：“我们已经收到上级的敌情通报，部队的行动已引起敌国情报部门的关注，他们必然派遣特工人员在这一带活动。我们要想很好地完成这项任务，为防患于未然，必须准确及时地掌握这一带的人员流动情况，严防坏人进入这一地区，对坏人和嫌疑人我们要做到严密监控。”

黄主任问：“老林，靠山屯近日有什么情况吗？”

林主任慢条斯理地说：“部队进场的第二天，有人在这一带发现信号弹，我们报告了。”

陆局长问：“听说最近收山货的人员比过去多了，是吗？”

林主任好像受到启发：“对！毛皮的价格比往年长了三成，收人参、毛皮的人都找到门上了，现在老魏头家还住着土城收购站的人。”

陆局长立即警觉起来：“他们有证件吗？”

林主任说：“听说来的两个人中有个是土城城东收购站老姜的三弟，老姜过去常在我们这里收购，是老魏头的朋友，所以，到这就住在他家了。”

陆局长指示道：“黄主任，由你和老林出面，对收购人员的情况进行了解，注意，要讲究方法。不能打草惊蛇。”

黄主任答：“好！”

13

晚上。

云中山正在洗脚，从荣之来到云中山的住处。

云中山见从荣之进来：“老司令还没休息！请坐！请坐！马上好！”

从荣之开口道：“现在比来时气温降了 10 度，冻伤却没有了，梁玉洁这土办法还真管用，烧伤科变成了冻伤科了！”

云中山说：“梁玉洁我们没有选错，很能干，管理工作也能抓到点子上，在医院很有威信。”

云中山擦过脚坐下来。

从荣之问：“梁玉洁的婚事怎么样，办了没有？”

云中山答：“还没告诉你，雷宇声因失密案正在接受审查，他们的婚事搁下了。”

从荣之惊讶道：“什么失密案？”

云中山把雪山阵地工程图失密案向从荣之讲述一遍。

从荣之问：“雷宇声会泄密吗？”

云中山答：“我也不相信，但截获的图纸照片有他的签名，政治部门决定审查，党委又不能否决。”

从荣之说：“要尽快查清，不要误人子弟。”

云中山说:“我看眼下的‘清队’,这种情况的少不了!”

从荣之似乎也感到力不从心,叹口气:“嗨!有些事真让人不可思议!”

云中山问:“还有什么事?”

从荣之说:“七机部引进一种新的防冻剂,要用在下一次的试验上,防冻剂已邮寄到土城,需要派人取回来。”

说着从口袋里掏出一个取货单交给云中山。

从荣之接着说:“试验队的同志已工作半个月了,生活很差,是否派人买几只羊呀狗呀,给大家改善改善生活?”

云中山说:“我也有这个想法,正要向您请示呢!”

云中山当即叫来孟管理员,按照从荣之的要求向孟管理作了交代。

14

早饭后。

孟管理员和司务长往车上装米。

云中山领着黄主任来到车前:“孟管理员,你们捎个脚,把黄主任送到家,他家在山城这边,买家禽走兽让他帮忙。”

孟管理说:“那好!请黄主任上车。”

孟管理员坐在前边,苏式六九吉普车鸣了一下喇叭,驶出林场……

吉普车在山间雪道上穿行……

孟管理员说:“黄主任,首长指示,要给试验队的同志改善改善生活,我们带了一些米,想换点鸡鸭狗羊之类的,我们人地生疏,你看怎么办好?”

黄主任问:“什么米?”

孟管理员答:“高粱米,还有几十斤大米。”

黄主任说:“你如果信得过我可以这样办,到了我们屯,司务长和我下车,你到市里去办你的事,到村上我领着司务长换东西,你办完事回来,你们再一起回去,这样能争取时间。”

孟管理员说:“黄主任,拜托你了,就照你说的办。”

一小时后,吉普车在临路的一个山村停下来,黄主任道:“这就是我们村,枫树屯,下车吧!”

黄主任招呼几个小伙子:“来,帮帮忙,把米卸下来。”

几个小伙子手脚麻利地卸下了米袋。

黄主任吩咐道:“部队的同志用大米、高粱米换鸡鸭羊狗,喊一喊,谁家要换快点来!”

几个小伙子沿街呐喊:“高粱米、大米换鸡鸭羊狗,谁家换快—来—呀!”

不大工夫,有几十位老乡围上来。

孟管理员带车继续前进,半小时后到了土城,取了邮件。孟管理员看看表已是12点钟,和司机在一个小餐馆吃过饭,又到几家药店给卫生所买药,办完事已是午后3点,孟管理员上了车催促司机回营。

吉普车回到枫树屯已是4点。

在黄主任帮助下,把换来的活物匆匆装上车。

黄主任留管理员吃饭,孟管理员指着天空:“要变天了,我们要尽快赶回去。”

吉普车刚刚开出枫树屯,天空飘起雪花,不到十分钟,鹅毛大雪从天而降,能见度不到十米,车只好停下来。

孟管理员看看手表,时针已指向五点,孟管理员焦急不安……

半小时过后,雪停了,积雪掩没了道路,虽然恢复了交通,路上的车辆都像牛车慢慢地爬行。

晚七点。孟管理员带着车爬过最高的山岭,司务长高兴地:“咱们离驻地还剩十公里了。”

吉普车快到山根时,司机突然紧张起来,孟管理员急切问道:“怎么了?”

司机答:“不好,刹车失灵!”

孟管理员说:“别紧张,把好方向盘。”

司机尽管极力控制方向盘,终因视线不好,吉普车翻进一条山沟里,车撞在一块石头上,卡在了两棵榆树间。司机的头撞在车门上鲜血直流;孟管理员被甩出车外,趴在那里;司务长从后边抛到了前边,撞在挡风玻璃上,玻璃碎了,他的鼻子立即流了血……

司务长和司机忍着疼痛,把孟管理员抬上车,孟喘着粗气,昏睡着,但那个邮件却紧紧抱在怀里。

司务长大声呼喊:“孟管理员! 孟管理员! 你醒醒……”

孟管理员睁开眼睛,有气无力地命令司机:“快! 到路上截车!”

司机快速爬到路边,前后张望,但不见来往的车辆。

15

云中山不安地坐在指挥部办公室内,他神情焦虑。

警卫员开门送水,云中山以为苏参谋长进来,立即站起来迎过去。

警卫员开门进来,云中山急切地问:“参谋长回来了?”

警卫员:“回来一台小车,不知是不是参谋长。”

云中山和警卫员对话时,苏茂生来到门前。

云中山见苏茂生进来,急切地问道:“有没有孟管理员的消息?”

苏茂生摘下帽子,回答道:“和黄主任联系上了,孟管理员他们是下午四点一刻离开枫树屯的,现已经四个小时了。枫树屯到林场五十公里,如果没发生意外,早该回来了。要不我们出车接应接应?"

云中山说:"行！另外让带名医生前往。"

16

在车祸的现场。

司机站在路口将近一个小时,没有同向的车辆。

孟管理员比原来清醒了一些,但疼痛难忍,他提醒司务长,到这个点上,恐怕没有车辆了,天气这么冷,此处不能久留,我们要想法赶回去,不然……

司务长说:"管理员,我们背你下山,这距营地十公里,我们爬也要爬回去!"

司机问:"车怎么办?"

司务长答:"只有和家里联系上,才能来救援车辆,背上管理员,走!"

孟管理员说:"这里山高路险,这么远的路怎么行！你们先走,回去,再来救我。"

司务长说:"那哪成！我们怎能留你一个人？要走一起走!"

孟管理员不肯,司务长让司机强行背起了他,司务长一手抱着邮包,一边搀扶着,三个人一瘸一拐地向山下走去……

走了一段,司机已气喘吁吁,司务长接着背;走了不远,孟管理员要求停一下,司务长还没把他放下,孟管理员连着吐了几口血,大口大口地喘着粗气。

司务长让孟管理员靠在他身上,不停地鼓劲:"孟管理员,快到家了,马上就到家了！你一定要坚持住!"

孟管理员的呼吸渐渐减弱下来,很快停止了呼吸。

司务长摸摸孟管理员的鼻子,没有气息,焦急地喊:"孟管理员！孟管理员！你醒醒!"边叫边哭了起来。

司机流着泪站起来去拦车。

过了很长时间,接应的车辆赶到了现场。

梁玉洁跳下车,把孟管理员抬上车。经检查,孟管理员的心脏已停止跳动。梁玉洁心情紧张,可是她多么希望发生奇迹。梁玉洁对孟管理员实施紧急抢救。20分钟过去了,梁玉洁已满头大汗,可孟管理员没有任何反应。梁玉洁无奈地摇摇头。

他们把孟管理员拉回营地,司务长把邮件送交从荣之,流着泪讲述了孟管理员牺牲时的情景。

从荣之和云中山赶到孟管理员的停尸房,云中山揭开孟管理员脸上的白布,他们默默地望着孟管理员的遗容。

从荣之最后道:"孟管理员,你是党培养的一位好党员、好干部,你对工作尽心尽力,为我国尖端武器试验献出了宝贵的生命,我们要告慰你的家人,你出色地完成了自己的任务,我们永远怀念你!”说完向孟管理员鞠躬致敬。

17

靠山屯。

姜卫山和他的助手在老魏头的院子里晾晒皮货,用纸箱子装药材。

老魏头帮着收拾,顺便说:“该送回一趟了。”

姜卫山抬起头:“我已经给站里捎信了,今天有人来,把账算一算,送回土城去。”

这时一辆解放车停在靠山屯的街上,从车上下来两个年轻人,向前来看热闹的孩子打问道:“老魏头家住在什么地方?”

孩子们领着两个年轻人来见老魏头。其中一个年轻人大声问道:“魏先生在家吗?”

老魏头站起来,望着两个年轻人:“你们是……”

这时姜卫山走出屋门,说:“老哥,那是我们的小兄弟,进来吧!”

老魏头把他们领进房间,“你们谈,我出去办点事。”

姜卫山说:“老哥稍停,结结账,他们马上还要赶回去。”

老魏头说:“他们来一趟不容易,怎么也得吃了午饭再走,我去打壶酒,中午咱们乐呵乐呵!”

老魏头出了院子,姜卫山把一个年轻人叫到里间,从内衣里取出一个纸袋,小声道:“这是一张从靠山屯穿山到达东安林场的路线图,途经路上有三处特别标志,一颗直径很粗的穿天杨,一段绝壁,绝壁下方有一块3米见方的凸出石,巨石下300米就是要找的目标。”

年轻人问:“你讲这些都标到图上了吗?”

姜卫山答:“标上了。为行动准确,你要亲自侦察一番。”姜卫山又取出一个包裹,“这是为你准备的一身军装。”

年轻人把行动路线图和包着的衣服一起装进手提包里。

老魏头打酒回来了,没进屋就大声喊道:“老婆子,该做饭了。”

老魏头进了屋,姜卫山站起来把一沓钱递给老魏头:“两笔账,两张狼皮60元,吃饭住店40元,这是100元,老哥点一点。”

老魏头用不满的口气说:“什么?给我这么多钱让街坊骂我讹人呀!”

姜卫山说:“咱是公事公办,亲兄弟明算账,你要不收,再来了我可不敢在你这里住了。”

老魏头说:“好!好!我收下。”随手把钱交给了老太太。

老太太说:“哪能收这么多?你是遇到贵人了!”

姜卫山说:“老嫂子,收下吧,这是应该的!”

姜卫山命令年轻人把山货装箱。

这时,靠山屯林场的林头夹着两张狗皮过来,还没进院就嚷嚷:“嗨! 这么多皮货,生意兴隆呀!”

老魏头见林头夹着狗皮进来,迎上去:“老弟也卖皮货?”

林头说:“快过年了,卖了,给孩子和他娘裁身衣服,好几年没有添新了!”

老魏头叫出姜卫山:“这是林场的林主任,他是我家邻居,有两张皮货,你看看,把它收下吧!”

姜卫山瞟了一眼林主任,看了看皮货,很爽快地说:“既然是老魏哥的邻居,这两张狗皮二等货,按头等付钱,每张 16 元,老弟行不行!”

林头笑了笑:“那就谢谢兄弟高看啦!”

结了账,林头又进屋抽了一袋烟,和收购站的人唠了一会儿嗑。老魏头留林头吃饭,林主任说:“不瞒老哥,今天亲家来了,我还得待客呢!”

姜卫山装完皮货,老太太已备好午饭,老魏头陪客人在炕上围桌而坐。

酒过三巡,他们划拳行令,向老魏头频频敬酒……

18

上午。

在试验场上导弹在徐徐升起,参试人员站在发射台的四周,神情专注地看着操作。

顷刻,导弹竖立在发射台上,瞄准班背着标杆走进操作场,从荣之指着瞄准班询问云中山:“怎么样? 这回能否瞄上? 不会再动高空工作台吧?”

云中山答:“有备无患,但愿不会!”

瞄准班熟练操作,从荣之和云中山说话的工夫,瞄准操作已经结束了,瞄准班向连长报告,然后离开场坪。

从荣之忙问:“瞄准班怎么撤出去了? 不瞄啦!”

云中山笑着说:“已经结束了。一切正常。”

从荣之的脸上浮起兴奋的笑容。

接着,从竖立的导弹传来了仪器的鸣叫声。

云中山评论道:“导弹要开始测试了。”

从荣之还想讲什么,从场外传来车辆的轰鸣声,云中山望着准备进场的加注车辆:“没想到今天进展这么顺利!”

冯文博看了看温度计,气温指示零下 35 度。

加注车辆有序地进入阵地,班长排长指挥车辆前进、后退,指挥动作很优美。

从荣之笑容满面,突然脸色严肃起来,看到这些操作动作,他眼前又浮现出那年东山团在训练场刻苦训练的情景……

"从参谋长!"一声呼喊打断了他的回忆,从荣之看着云中山严肃的面孔问道:"什么事?"

云中山说:"山城公安局陆局长在林场,要向我们反映情况,希望您听听!"

从荣之说:"走。"

从荣之和苏茂生乘车返回林场驻地。

陆局长在办公室和黄主任、行动组的同志在分析敌情,决定行动方案,见从参谋长和苏参谋长进来,站起身来敬礼问候。

从荣之坐定,陆局长汇报情况,"根据我们目前掌控的情况,有一伙不明身份的人员在林场周边活动,这伙人可能就是通报中提到的要破坏这次军事行动的敌特分子。靠山屯最近新建了一个收购点,他们打着市收购站的名义收购山货,经调查核实,这些人员根本不是山城收购站的职工。其中一人昨天离开收购点,说是向山城送货,此人出了靠山屯化装成一名军人消失在东安岭。我们判断,消失在东安岭的冒牌军人是要刺探军情,也可能是选择袭击储木场的行动路线。希望你们加强警戒,严防敌人破坏。"

从荣之听了汇报,十分诚恳地说:"谢谢地方同志的关心与支持。我完全同意你们的分析。我们应以防敌偷袭作为下步行动的着眼点,我们在储木场四周加强警戒,在关键地段部署防御分队,我们密切配合,保证这次军事行动的绝对安全。"

陆局长说:"我们还接到一个报告,一个矿山的火药库被盗,丢失了一百多斤炸药,怀疑和这个事件有联系。我们判断,如果敌特采取破坏行动,可能就在今明两天。他们行动的路线可能是沿这条通道(指着地图)偷袭。我建议咱们采取联合防范措施。"

从荣之对苏茂生指示道:"按预定方案加强警戒,防偷袭分队立即进入戒备状态,晚九点前部署完毕。请特别行动组担负阻击任务。行动要确保准确有效,保证东安林场的绝对安全!"

苏茂生站起来,答:"是!"

19

夜幕下。山林静悄悄。

忙了一天的试验人员大多都进入了梦乡。

在东安岭的外侧,五名刑警队员埋伏在通往东安林场的通道上。在东安岭下,陆局长带着两个刑警、魏尚成和两个治保主任隐蔽在山根下,密切注视着公路上发生的一切。

凌晨一点。

在靠山屯不远的河沟里突然冒出三个黑影,一人领道,两人紧跟其后,后面两人肩上扛着东西，三人沿着大路走了一段，消失在东安岭的雪林中。

刑警队长的步话机响了两下，队长握住话筒，低声道："我是武安，请讲。"

步话机传来："三只黑熊出现，目标正前方，黑熊有'货'，要格外小心！"

"明白！"

在绝壁前巨石旁，潜伏小分队早已到位，他们侧耳倾听，不断地把警戒目光投向山上。

警卫排长的步话机响了两下，排长按住步话机："我是警东，请讲！"

从对方步话机传来："对面出现三只黑熊，按第二套方案行动！"

警卫排长答："明白！"

警卫排长命令道："黑熊有'货'，执行第二套方案！"

储木场，导弹巍然耸立，加注车辆已撤出场地，除了四周的警戒哨，储木场没有一丝动静。

苏茂生坐在指挥机前，不时地看看挂在墙上的地图。

在对面山坡上，三个黑影在蠕动。

突然，几只狍子从山间穿过，发出很大的响动。

三只"黑熊"好像发现了情况，突然停下来，一动不动。

半小时过去了，还是不见动静。

陆局长在山下看看表，向武安联络，武安的步话机发出响声，武安知道"黑熊"就在眼前，关了步话机。

三只"黑熊"突然转身向山下奔去。

武安立即打开步话机："武安请注意，黑熊原路遁逃！"

"武安明白！"

三只"黑熊"受到上下夹击，见势不妙，丢下东西往两侧逃遁。特别行动组犹如下山猛虎，快速地扑上去，把三只"黑熊"抓获。

20

东方欲晓。

低温试验场参试人员在紧张地操作。

起竖车重新对正发射台，上夹钳缓缓抱紧导弹。

控制箱操作手准确熟练地操作，工作电机发出有节奏的轰鸣。

结合班取下了弹头，原地待命。

发射营长一阵哨声，全营官兵列队集合在发射场上。

营长向肖百川报告："团长同志，所有试验项目操作完毕，请示导弹撤出场地。"

肖百川下令："原地待命！"然后向丛荣之报告："总指挥同志，北方导弹团所有试验项目操作完毕，请示撤出试验场地。"

从荣之说:“欢迎试验队副总指挥黄国路同志讲话!”

肖百川转向部队:“欢迎黄副总指挥讲话。”

黄国路身着御寒作业服,鼓掌走到队伍前:“尊敬的试验队总指挥从荣之同志,敬爱的北方导弹团参试的全体官兵,参加试验的一机部、二机部、七机部的全体同志,我正式宣布:风三导弹全武器低温试验圆满结束,通过试验找到了武器的薄弱环节,采集了大量的数据,为风三的最后定型提供了很有说服力的数据,我对此次试验的圆满成功表示最热烈的祝贺。”

一支待发的军列停在土城铁路专用线。

从荣之、云中山、苏茂生、黄国路、肖百川和公安武警人员告别,从荣之握着土城公安局长的手,热情而真诚地说:“土城市公安局、东安林场治安人员和当地群众,为保证部队特别行动的安全作出了重要贡献,我代表全体官兵向你们表示衷心的感谢!”

军列徐徐开动,相互挥手致敬……

第十九章

准备打仗不信邪 理直气壮铸长剑

1

珍宝岛。

1969 年 3 月

3 月 2 日。苏军出动近百人，装甲车两辆、卡车和指挥车各一台，悍然入侵珍宝岛，首先开枪打死打伤我边防战士数人，我巡逻队进行自卫还击，激战一小时，苏军被打退。

3 月 15 日。苏联出动坦克二十余辆，装甲车三十余辆，步兵二百余人，在飞机掩护下，对我珍宝岛发起攻击。我守岛部队不畏强暴，英勇奋战，再次打退了苏军的进攻。

我国政府向苏联政府发出严正声明：珍宝岛是中国的神圣领土绝对不容侵犯，苏军必须立即停止挑衅行动，否则，引起一切后果由苏联负责。

苏军不顾我国政府的严正声明，3 月 17 日，又出动坦克数辆，步兵百余人，在炮火掩护下再次向珍宝岛发起进攻。我军以前沿和纵深火炮对登陆的苏军猛烈还击，毙伤入侵者一部分，其余仓皇逃窜。

我边防军把苏军弃下的坦克拖出珍宝岛，作为苏军侵略中国的铁证。

2

中南海勤政殿。

忙了一夜的周恩来刚刚躺下，从卧室传出均匀的鼾声。

九时。周恩来的军事秘书抱着文件夹，急匆匆地走进周总理的办公室。坐在外间的值班护士马上站起来，用手放在嘴边“嘘”了一声，小声地说：“总理忙了一夜，刚躺下，不要惊动他！”

秘书站在护士的对面，急切地说：“我有重大情况要向总理报告。”

护士道：“要不你先回去，待总理醒后，我马上通知你。”

秘书正要回身，从里间传出总理的声音："先别走，我马上起来，你在书房等着我。"

秘书说："对不起，打扰总理了！"

周恩来说："我已经睡了三四个小时，可以了！"

周恩来起了床，简单地洗漱一下，很快进了他的书房。

总理坐在桌前，厨师为他送上了早餐，总理抓起一个馒头，一边吃饭，一边问道："什么重大情况？"

秘书："据英《简氏防务》披露，苏联军方已经制定了对我国实施核袭击的计划，苏部署在远东的战略火箭军有35个导弹基地的核弹全部对准了中国重要的军事目标，企图摧毁我国的核设施，将我们刚刚组建不久的战略导弹部队扼杀在襁褓之中。"

"哦！这么严重？这可是天字号的新闻呀！"

周恩来放下筷子，迅速地翻阅秘书送来的急报。

周恩来很快阅完了报告，指示秘书道："我马上报告主席，请通知叶帅和总参作战部的同志，让他们马上来见我。"

周恩来带上报告急急忙忙赶往毛泽东的住处。

两小时后。

叶剑英和总参作战部的同志来到勤政殿。

过了一会儿，周恩来回来了。

叶剑英见总理进来，站起来向总理敬礼。

总理和他们握了手，然后在桌边坐下，单刀直入，切中话题："今天请你们来，有重大事情研究，要交给你一项重大任务。导弹基地建设过去是罗瑞卿和张爱萍抓，现在他们没法工作了，这件事不能断，我准备把它交给你。此外，我接到一份情报，据《简氏防务》披露，苏联已做好准备，拟对我军事战略目标实施核袭击。这件事很紧急，需要马上处理。"

叶剑英说："总理，我是'二月逆流'的总头目，有人正愁抓不着你的辫子，把这么重的任务交给我，不要授人把柄。"

周恩来说："不说这些，现在是多事之秋，也是用人之际，我身边没有人呀！"

叶剑英深知总理的苦衷，表示道："那就请总理明确任务吧！"

周恩来说："你先看看这份报告，然后我们再研究。我已向主席报告了，主席作了重要指示。"

叶剑英接过报告，一行行惊心的文字从他眼前闪过。

叶剑英看过报告，用征询的口气问总理："主席是怎么考虑的？"

周恩来说："主席听了汇报讲，新沙皇亡我之心不死，要准备他们大打，我们态度是:一是不怕,二是要做好准备。他送我三句话九个字:深挖洞,广积粮,不称霸。还说,要加快'三线'建设,要把准备工作放在最坏的基点上。主席还要求,要把几个老帅组织起来,研究战略问题。"

叶剑英说:"我们的国防部长林副统帅是怎么看的?"

周恩来说:"林彪同志认为,苏联的战略重点东移,从欧洲转向亚洲,他认为中苏间要爆发大规模的战争。"

叶剑英说:"总理有什么指示?"

周恩来态度严谨地说:"我考虑,无论中苏间是否发生大规模战争,我们都要从两个方面进行准备:一是在近期,要作好防突袭的部署,要确保国家重要战略目标的安全;二是制订出应付大规模反侵略战争的计划,做好长久的打算。"

叶剑英站起来说:"是!我和总参的同志尽快研究,拿出方案,上报中央。"

周恩来也站起来,来到大比例军用地图前,指着地图道:"这是我们战略导弹基地的部署图,这些阵地有的已经建成,多数正处在建设中。战略导弹部队是我们在世界格局中保持大国地位的基石,一定要保护好。对于阵地已经建好的,要在1970年底前做好准备,一旦有事能够用上;正在建设的阵地要加快建设步伐,尽早形成实战能力。"周恩来讲完,用期待的目光望着叶剑英:"剑英还有什么意见?"

叶剑英:"请总理放心,我一定把总理交给的任务完成好。"

周恩来最后道:"有你抓我放心。这副担子很重,困难很多,我再做做工作,到时再把张爱萍找回来,让他协助你一起抓。我也是国难思良臣,我等候你的佳音!"

画外音:叶剑英根据周总理的指示,召集陈毅、徐向前、聂荣臻、熊向晖召开国际战略问题研讨会,通过讨论认为,中苏间存在爆发大规模战争的危险性,但苏联的战略重点没有东移,仍在欧洲;美苏虽然有勾结,但美苏矛盾仍然大于中苏矛盾;中国要改善自己的国际地位,遏制中苏大战的发生,应当改善同美国的关系,利用美苏矛盾遏制苏联;如果中美关系得到改善,苏联就不敢贸然行动。同时,他们还认为,中国核力量的崛起是美苏共同的心腹大患,他们欲除之而后快。对于我国的核设施和战略导弹部队的安全必须有充分的准备。毛泽东高度评价了老帅的建议。在此基础上,中央军委制定了应对大战的部署,向全军下达了防敌突袭的紧急指示。

3

从荣之奉命来到山城。

在雪山基地作战室,从荣之向龚振华、云中山传达上级指示:"我这次来山城的任务是:传达中央军委紧急战备指示和二炮关于加强战备的决定,和基地一起研究导弹团应对战争准备问题。因军委指示涉及较高机密,只口头传达到军级军政一把手。"

从荣之讲过开场白稍微停了一下,然后一口气讲了一个小时。

从荣之在传达军委指示时讲道:从去年以来,苏军在我"三北"边界地区不断制造流血事件,以至发展到动用坦克大炮的珍宝岛之战。特别值得警惕的是:近期,苏军连续举行大规模演习，假想敌都是针对中国的。周总理向主席汇报，苏联拟对我国军事战略目标实施核袭击，企图一举解除我们的核武装。毛主席指出：新沙皇亡我之心不死，要准备他们大打。对付他们的办法是，要深挖洞，广积粮，不称霸。周总理把毛主席的指示加以归纳，把"备战、备荒、为人民"作为当前指导国家工作的战略方针。中央军委遵照毛主席的指示，对长久战备和防突袭做出新的部署，对各军区军兵种都提出新的要求。目前，沿我"三北"边界的一线部队已进入战时状态……

中央军委对二炮的要求是：对已建成阵地并配发装备的导弹团要迅速进入作战阵地，作好核反击作战准备；对于阵地即将建成和即将配发装备的导弹团，要抓好训练，一旦条件具备，立即进入阵地，做好战备准备。军委还强调指出，导弹基地是敌人袭击的重点目标，一定要搞好隐蔽伪装，确保有生力量。

云中山深感形势严峻，长吁了一口气："形势逼人，好让人担心呀！"

从荣之问："担心什么？"

云中山答："现在是问题成堆，战备工作真是举步维艰。二期工程距竣工时间不足一年，还有三分之一的计划没有完成。如果再发生意想不到的情况，那就更没把握了。"

从荣之又问："北方团的情况怎么样？"

云中山答："北方团工作思路和党委比较合拍。组建后吸纳了东山团一批专业骨干，改型后派出一批人员进厂学习，尔后，遂行了风三导弹低温试验任务，通过办班、参观见学等多种途径，已初步形成专业骨干队伍。这个团如果再加强实装训练，很快就可具备独立担负任务的能力。"

从荣之问："东山导弹团怎么样？"

龚振华答："东山团的情况也不容乐观。该团虽多次执行发射任务，对外形象很好，但目前的实际情况令人担忧。"

从荣之问："为什么？"

龚振华答："东山团进驻阵地之后，已经两年没有执行发射任务了。由于彭连柱事件，东山团成了整顿的对象。陆仲琦在东山团搞清队、批单纯、烧教材，大批的技术骨干被处理复员或调换工作岗位。就拿当年拔尖的三营，也今非昔比了。去年年终考核东山团已落后北方团，分析原因才知道，去年一年才训练了二十天。"

从荣之问："别的时间都干什么了？"

龚振华答："进入阵地出现一个新问题，坑道潮湿，夏天坑道内装备如洗，如不解决这个问题，装备很快就会报废，连队不得不投入很大人力防潮堵漏。再就是生活问题，进来几年了还是白菜、萝卜、土豆老三样，这已经影响到指战员的思想不稳定问题了。"

云中山说："为了改善部队生活，基地号召部队发扬南泥湾精神，自己开荒种地，解决生活问题，这势必要占很多的时间。”

龚振华说：“此外，东山团抽出二百多人‘三支两军’，这也是他们训练不能保证的重要原因。”

从荣之听了云中山和龚振华的汇报很有感慨：“养兵千日，用兵一时。我们已经过去两个千日了。为建设雪山基地国家花了多大的本钱，盼着我们能早一天撑起一片天，如果不能尽快担负起战备任务，岂不有负于国家和人民？我们的军令状不是白立了吗？”

从荣之讲着讲着不由得激动起来。

云中山说：“现实就是这样的。但我相信，如果我们能像刚组建时那样，能够掌握军事工作的主动权，不是没有希望的。”

从荣之问：“你讲的主动权是什么意思？是不是以施工为中心，一切给施工让路？”

云中山答：“就是这个意思。现在是政治教育高于一切，计划安排围绕政治教育转。我军的老传统，团的计划都由司令部掌握；现在，有的团是由政治处掌握，军事干部没有主动权呀！”

从荣之说：“这次好了！我也给你们带了一把尚方宝剑，这把宝剑可以为你们找回主动权。”

云中山惊讶地问：“什么尚方宝剑？”

从荣之说：“最近，林副主席有个讲话，是专门讲战备的。他说，战备是当前压倒一切的任务，战备工作是当前最大的政治，是所有工作的重中之重；他还说，要用战备的观点观察一切，检查一切。”

云中山不解地问：“是真的吗？”

从荣之说：“是真的，但没有正式传达，我想可以用。”

云中山用欣喜的目光望着龚振华。

龚振华明白云中山的意思，表态道：“林副统帅都讲战备是重中之重，要用战备的观点检查一切，那我们就再开个会，把它摆过来。”

从荣之用得意的目光盯着云中山：“云中山同志，就看你的了！”

两天后。

雪山基地党委会讨论云中山提出的战备工作计划。

龚振华主持会议，他首先宣布了会议的议程，简要地介绍了中央军委和二炮关于加强战备的指示，然后由云中山宣读雪山基地的战备工作的议案。

云中山说：“刚才，龚政委简要地介绍了中央军委和二炮关于加强战备的指示，明确了今后两年战备工作的目标；我听了深感责任重大，形势逼人。为啥感觉形势逼人？党委的同志都知道，我们的二期工程计划期已经过去四分之三，任务量还有三分之一，按照正常情况，到完工还需一年半的时间，而到要求交付时间只有14个月；这14个月还会发生什么呢？不知道。如果不采取有效的措施，恐怕是难以按时竣工的。而这种情况是不容许发生的。怎么办？现在，我提出一个加强战备工作的方案，提交党委会研究。这个建议共有七条：

“一、为保证东山导弹团于翌年8月1日前达到能担负战备任务的要求，该团当前要全力以赴抓好战备应急训练，召回换岗专业人员，迅速恢复独立发射能力；并利用训练间隙抓紧抓好阵地遗留工程的配套建设，完善阵地作战条件。

“二、为保证二期工程如期交付和北方导弹团于1971年8月1日前两个发射营达到能担负战备任务的能力，该团要抓紧专业骨干队伍的培训，提高操作水平；翌年抽调一个建制营担负阵地施工任务，做好接收阵地和换装准备。

“三、工兵团要加强施工的组织领导，放手发动群众，改进施工方法，提高工作效率，保证工程质量。为保证按时完成计划，工兵团可以通过适当调整军政教育时间增加施工时间。

“四、鉴于阵地工程落后部队训练的情况，从今年10月起组织二期工程双百日大会战。为了保证大会战的顺利进行，成立以云中山和龚振华为组长的工程会战指挥部……”

云中山讲完七条建议，提请党委审议。

丁大伟、狄文疆等党委成员都以惊讶的目光面面相觑，他们每个人的心里都在嘀咕：这个方案政治部门能通过吗？

旁白：是啊，云中山的方案太大胆了。这个方案分明是三年前工程大会战的翻版。那字里行间显露出对“清队”和整顿的否定。三年前大会战招来大整顿，多少人为此付出沉重的代价。

过了一会儿，陆仲琦终于发言了。但他没有评论云中山的建议，确把话题转向龚振华：“攻委同志，这个方案你们军政一把手交换过意见吗？你是什么态度？”

龚振华说：“我们交换过意见，我全力支持。”

陆仲琦说：“我提两个问题：第一，方案提出，东山导弹团要召回换岗的专业人员，这换岗人员是指哪些人？是不是指整顿和清队时调整的那批人？如果是，怎样评价那次整顿？第二，军政教育时间是军委确定的，党委为这个问题曾进行过争论，受到过上级的批评，今天提出工兵团可以通过适当调整军政教育时间增加施工时间，难道还要重复过去错误？”

云中山和龚振华对此是有思想准备的。

云中山解释道：“我和政委交换意见时曾估计到这两个问题，我们讨论的结果还是认为应当这样做。因为目前是特殊时期，战备任务十分繁重，再不能按部就班了；如果按部就班，完不成上级赋予的任务，我们就要犯失职的错误，到那时就不是重复过去错误，而是要犯罪了。至于归岗问题，即整顿和清队正确与否，我们暂且不予讨论，我想，既然战备需要这些人才，为什么不能召回和归岗呢？”

杨秀雄坐不住了:“我认为这个方案有严重的政治问题,它不仅公然违背了军委关于教育问题的决定,也违背了林彪同志‘二炮基础弱,更要突出政治’的指示。过去我们犯过这样的错误,还要重犯呀!”

龚振华说:“形势是在不断地变化,根据新情况研究问题这是毛泽东同志一贯倡导的工作方针。”

杨秀雄问:“什么新情况?”

龚振华说:“苏联在我当面陈兵百万,不断挑起事端,战争威胁迫在眉睫,这就是新情况。最近,林彪同志在一次讲话中指出:当前战备工作是压倒一切的,战备工作是当前最大的政治,他要求,要用战备的观点观察一切,检查一切,我们这样做是违背军委和林彪同志的指示吗?”

杨秀雄和陆仲琦当时还未收到林彪的讲话精神,一下被镇住了。

会议进行举手表决,最后顺利通过云中山提出的战备工作方案。

龚振华最后道:“我很感谢大家对我们的支持,希望大家认真贯彻这个决定,加快我部战备工作的步伐。如果有问题我和云中山同志负责。”

张云涛带头鼓掌。

4

夜。

杨秀雄在办公室来回踱步,像是在思考什么。

过了一会,他要通了叶兆林的电话。

“叶主任吗? 我是杨秀雄。首长还没休息?”

北京传来叶兆林很不精神的回答:“天天开会,什么都理不出头绪,明天还要开会,晚上还得看材料,你有什么事吗?”

杨秀雄说:“打扰首长了,我想请示一件事。”

叶兆林问:“什么事?”

杨秀雄答:今天基地党委会讨论和通过了云中山提出的关于加强战备工作的新方案,这个方案要重新召回被我们“清队”的人员,还提出要改变军政时间比例,加大施工、训练时间,这就推翻了一系列由您确定的决议案,使基地的工作又重新回到过去的老路上去,我和陆仲琦极力反对,但龚振华讲,林副主席有最新指示,说当前战略工作是压倒一切的,是当前最大的政治。有此事吗? 这不是否定我们的清队工作吗? 动摇政治工作的地位吗? ……

叶兆林没有马上回答,停了一会儿说:“这是中央的决定。林彪同志最近是有一个讲话,他说,当前战备工作是压倒一切的。我们得顺从这个趋势,但绝不能否定清理阶级队伍。抓军内的资产阶级代表人物,纯洁队伍也是中央的决定,不对吗? 你们要有自己的主张,不要有一点风吹草动就乱了阵脚。”

杨秀雄答:“是! 是!”

待叶兆林讲完,杨秀雄又请示道:“他们如果要压缩政治教育时间怎么办?”

叶兆林好像不耐烦了:“你说应当怎么办? 那不是军委的决定吗? 军委咋定就咋办。”

杨秀雄碰了一鼻子灰,叹着气放下了电话。

5

秋天。

大坳山万紫千红。

在雪山基地铁路专用线上停着几节车厢,在车厢的一面停着十几辆解放牌汽车,在每个车厢前,穿着破旧工作服的军人在忙着卸车。

一辆吉普车在专用线边停下来。

从车上走下来的是雪山基地副司令员张云涛。

在第一个车厢,徐子清穿着工作服指挥部队卸水泥。

徐子清只顾指挥,没有发现副司令员已来到车前,一位排长扒了一下徐子清:“副参谋长,副司令员来啦!”

徐子清转过身,慌忙整理军容,向张云涛敬礼:“副司令员好,不知道您来!”

张云涛笑着:“不知不为怪,怎么样? 有什么困难吗?”

徐子清答:“行! 大家心里透亮,干劲很足。现在各连各排都争着干重活,分不到重活还提意见呢!”

张云涛说:“这说明你们政治工作做到了家,大家知道干活的意义。生活怎么样?”

徐子清答:“行! 主副食都带得很足,我们还带了一些海产品,还准备给机关食堂送一点。”

张云涛说:“是吗? 那要谢谢你们了。”

徐子清陪张云涛去看另一个工作点,张云涛顺便问道:“让你到北方团去任副参谋长,有想法吗?”

徐子清说:“感谢首长们对我的信任,我要努力工作,不辜负组织对我的期望。”

张云涛说:“没有知识,不懂专业,导弹这东西你可玩不转,你们大学生我主张到第一线去,更能发挥作用。”

徐子清答:“是!”

在另一个工作点,欧阳平连也在卸水泥。

战士们你背我扛。老战士万虎墩肩上已经放了三袋,他还要再加一袋。卸车的给他又加了一袋,万虎墩一溜小跑,赢得大家一阵喝彩。

欧阳平的肩上已经放了两袋，欧阳平命令道："再加一袋！"

战士犹豫了："连长，你不能和万大牛比，他一顿吃三盆米饭，你行吗？"

欧阳平说："别啰嗦，再加一袋！"

战士没有办法，又加了一袋，欧阳平也健步如飞，战士们为连长喝彩。

张云涛看着学生气十足的欧阳平，满心欢喜，大声喊道："欧阳平，你不要命啦！"

欧阳平转过脸，见是副司令员来到跟前，喊了一声"停！"，又下了一个"立正"的命令，转过身向张云涛报告："报告副司令员同志，三营五连正在卸车，请首长指示。"

张云涛还了礼："同志们辛苦了！"

战士们齐呼："加强战备，为人民服务，首长好！"

张云涛靠近车厢："你们是发射部队，应当让你们搞训练，但战备需要把阵地建设先期搞上去，只好让你们暂时放下训练，你们都想通了吗？"

战士齐呼："想通了！"

张云涛说："我希望大家注意身体，注意安全，你们很快也会有发射任务，不要把专业忘掉了！"

欧阳平说："我们的骨干训练没有停，我们在施工的间隙也安排了训练。"

张云涛说："好！"

张云涛发现身旁站着一个虎背熊腰的大个，问道："很面熟，叫什么的？"

大个子向张云涛敬礼"老兵万虎墩！"

一个老兵插话道："外号万大牛，万大驴。"

周围战士一阵哄笑。

张云涛说："噢，想起来啦！你当兵的头一年，种地送粪，你要争着驾辕，班长没让你驾，你还和你们班长闹意见，是不是你？"

万虎墩觉得不好意思，嘿嘿的傻笑。

另一位老兵插话："万虎墩到炊事班干了一年，他把自己变成了一头小毛驴，每天拉磨，保全营吃豆腐。"

张云涛也被老兵插话逗得捧腹大笑。

张云涛转向万虎墩："老兵啦！想家吗？"

万虎墩答："连里让我当司机，不让我复员，这是部队的需要，我想，就安心干吧。革命战士一块砖，哪里需要哪里搬。"

张云涛问："有对象了吗？"

万虎墩有点不好意思。

那老兵又插话："万虎墩，把你怀里揣的花姑娘的照片拿出来，让副司令员看一看！"

又是一阵哄笑。

6

深秋。

从荣之第二次来到山城。

北京—山城的列车刚刚停稳，从荣之和他的参谋很快就走出车厢。

云中山快步迎上去，向从荣之敬礼："瞧你来去匆匆，又要事必躬亲呀！"

从荣之笑了笑："我有好消息告诉你。军委已经批示了，为了锻炼和检验部队的实战能力，东山导弹团两个营马上整装，一起执行发射任务。"

云中山听了很兴奋："噢，又是使命在身？"

从荣之说："这次任务对雪山基地非同一般，你要亲自挂帅，我也要亲自参加。"

云中山把从荣之让上车，一溜风出了山城站。

云中山接着刚才的话题："在哪里执行？"

从荣之说："还是沙洲基地。"

云中山说："姜学鹏还在哪吗？"

从荣之说："不清楚。听说调科委去了。"

云中山问："不开协调会吗？"

从荣之说："总参明确，这次由我们自己组织，不开协调会了，由我们自己拿出方案，报军委批准，我就是为此而来。"

云中山说："这么重大的活动，云涛怎么办？以前训练发射都是他组织的。"

从荣之说："工程大会战少不了他。老张今年就让他抓工程。他参与方案制定，到发射时，可以调他到哪里呆几天。东山团现在是什么状态？"

云中山说："党委新的决定下发后造成很大的反响，部队情绪很高。现在二、四营在野营，一、三营正常训练，除训练就是防潮堵漏。"

从荣之说："准备让哪两个营去？"

云中山说："听听他们团里的意见。我的想法让一、三营去。三营搞完野营不要再进阵地，直接执行任务。三营是基地过去的尖子营，通过执行发射任务再让他们恢复一下元气。"

从荣之说："这个想法对。高署月善于思考问题，一定要抓住这只领头羊。"

吉普车拐了几个弯，进入基地大院。

7

晚饭后。

龚振华陪着从荣之绕大院散步。这一对昔日的搭档情同兄弟，他们一边散步，一边议论起国家大事。

龚振华说："我们久居山沟，消息闭塞，你在天子脚下，又是九大代表，接触的都是顶尖人物，尖端的消息一定不少，能不能给咱透露一点？”

从荣之问：“你想听什么？”

龚振华说：“听说三老四帅大闹怀仁堂，被打成‘二月逆流’，可后来又平反了，到底是怎么回事？”

从荣之说：“讲这些犯忌呀！”

龚振华说：“你知我知天知地知，就当什么也没说。”

从荣之说：“这次我就犯回忌，讲给你听。要说这件事，还得先从两个十万人大会讲起。1966 年 10 月，毛主席多次接见红卫兵，刘少奇、邓小平被点名批判。‘造反派’到处煽风点火，也烧到了军营。”

叶剑英对形势的发展忧心忡忡，经毛泽东批准，总政治部在北京工人体育场召开军队系统来京人员大会，即第一个十万人大会。周恩来、陶铸、贺龙、徐向前、叶剑英、肖华、杨俊山出席大会。

陈毅在旗帜鲜明的讲话中指出：“冲击中南海、占领国防部是错误的，不允许再发生类似的事情，并告诫学生，搞革命、批评人不是越‘左’越好。”

贺龙和徐向前讲话，他们劝导学生不要做不利国家安全的事情。

最后，叶剑英引用鲁迅的《阿 Q 正传》教育学生，指出，对犯了错误的人不能抓住辫子不放，不许革命。叶剑英大声发问：“解放军打解放军，这是历史上没有过的，我们是毛主席的军队，自己打自己人，这帮助了谁？”

台下众人答：“帮助了敌人。”

叶剑英说：“对！帮助了敌人。”

从荣之说：“这次十万人大会，是向中央文革叫板，江青马上组织对老帅进行反击。”

龚振华问：“第二个十万人大会呢？”

从荣之说：“第二个十万人大会是江青为打击老帅召开的。大会贴了陈毅和叶帅的大字标语，逼他俩检讨，陈毅不服，说‘是你把我批倒，还是我把你批倒，这个话很难说。’”

会上，叶帅再次发表了长篇讲话，重申：冲击国防大楼是错误的。军队串联人员应立即回到本单位进行斗、批、改，并提醒学生不要被坏人利用。

两个十万人大会是以叶剑英为代表的三老四帅（谭震林、李富春、李先念、陈毅、叶剑英、徐向前、聂荣臻）公开的抗争，所谓“二月逆流”是两次抗争的继续。

1967 年 2 月。

周恩来召开国务院碰头会，本来要讨论经济问题，“三老四帅”同江青、陈伯达、张春桥一伙围绕“文化大革命”要不要坚持党的领导、要不要都把老干部打倒、要不要稳定军队展开激烈的辩论。

叶剑英指着康生、陈伯达：“你们把党搞乱了，把政府搞乱了，把工厂、农村搞乱了，你们还嫌不够，还一定要把军队搞乱，你们想干什么？”

陈伯达说：“文化大革命”是新生事物，像“巴黎公社”，是一个伟大的创举，要满腔热情地支持群众运动。

叶剑英嘲讽陈伯达：“我们不看书、不看报、也不懂得什么是‘巴黎公社’原则，但我们知道，革命不能没有党的领导，不能没有军队！”

中央文革成员关锋站起来讲话挑衅。

徐向前拍案而起：“军队是无产阶级专政的柱石，把军队搞乱，还要不要柱石？我们这些人不行，难道要‘造反派’指挥军队？”

康生不可一世，指责徐帅：“军队不是你徐向前的，你有什么了不起！”

聂荣臻指责康生和中央文革：“你们把干部子弟和许多青少年打成‘联动’进行迫害，是不教而诛，目的是迫害老干部，你们落井下石，不安好心。”

周总理从心里是支持“三老四帅”的，他看老帅的炮放的差不多了，便说：“这些不是今天讨论的问题，散会。”

2 月 15 日。

怀仁堂碰头会继续进行。

谭震林拉着张春桥质问：“陈丕显应当参加今天的会议，为什么不让他来京？”

张春桥推脱说：“我们要回去同群众商量一下。”

谭震林说：“什么群众，你们打击一大片，不要党的领导，你们的目的就是借学生之手整老干部，把老干部一个一个打光。”

谢富治有意开脱：“江青是保你的，没人说要打倒你。”

谭震林说：“我不需要她保，我是为党工作，不是为她工作。”

谭震林怒火攻心，穿衣要走，说：“让你们这些人干吧，我不干了，砍脑袋，坐监牢，开除党籍，也要斗争到底。”

周总理喊谭震林回来。

陈毅跟着说：“不要走，跟他们斗！”

从荣之：“中央文革向毛主席告状，说这是一股逆流，要否定‘文化大革命’，当时主席不知道前因后果，批评了‘三老四帅’！江青等人大做文章，因为这场斗争发生在二月，他们称‘二月逆流’。”

龚振华说：“好凶险哟。在我们党的历史上曾出现多次的路线斗争。哪一次也没有“文化革命”尖锐复杂。但我坚信，总理、叶帅是党的栋梁，他们把国家和人民装在心上,把军队装在心上,跟着他们不会错。"

从荣之说:"这说明你还是有头脑的。要不然,还不是跟着别人瞎跑。"

从荣之又问起工兵施工情况。

龚振华说:"要不,我陪你到工兵团转转。"

从荣之说:"应该去,这也是战备的一个方面呀!"

8

早饭后。

一辆吉普车开出雪山基地大院,翻过鸵腰岭向大山深处开去。从荣之和龚振华同乘一车,边走边谈。

从荣之问:"上级决定,今年要调整各级领导班子,基地对工兵团怎么考虑的?"

龚振华答:"常委已经研究了,311团的丁大伟准备调基地司令部,任副参谋长,319团孙福祥调后勤部任副部长,隋政委调基地政治部任副主任。"

从荣之问:"他们走后怎么调整?"

龚振华答:"团职让政治部拿方案,还没有研究。"

从荣之说:"'九大'提出培养无产阶级接班人,部队也要搞老、中、青三结合,这个问题研究没有?"

龚振华说:"我们研究了三个人,一个是高署月直接当团长,雷宇声结合311团副团长,还有……到最后都没有通过,就放下了。"

从荣之问:"雷宇声是什么问题?"

龚振华答:"雷宇声是两个问题。说他是大学生,是改造的对象,结合要慎重。正在研究他们的晋升时,安全局破获了出卖军事情报的间谍案,这个案件中有一份绝密图纸是雷宇声署名,因为当时还弄不清责任,雷宇声也只好挂起来了。"

从荣之说:"我可告诉你,雷宇声你们不用,我要调到我们那里去。"

龚振华问:"调你那干啥?"

从荣之说:"我那有工程研究所呀!"

龚振华说:"可别,可别,我们用。"

从荣之问:"高署月呢?"

龚振华答:"高署月因为出头成了众矢之的。有人打小报告,说他有婚外恋。陆仲琦和杨秀雄抓住不放,说这样的人掌了权,很快就会变成新的资产阶级。"

从荣之问:"婚外恋是怎么回事?"

龚振华把一段鲜为人知的往事向从荣之叙说一遍——

1963年群众大练兵,高署月刚提为副连长,在金川中学担任军训任务。在组织投弹训练时,一名女教师因过度紧张,手榴弹投出不足10米,手榴弹吱吱冒烟,女教师吓呆了，站着，不知道怎么处理。在这千钧一发之际，高署月冲上去把女教师推倒，用身体掩护了女教师，女教师脱险，高署月受了伤，因此事高署月受到通令嘉奖。

这本来是一件好事，没想到因此引发了一场风波。

那位女教师叫许倩，那年26岁，是当地有名的靓女。因她性情高傲，婚姻多次受挫，她经不起挫折，发誓终生不嫁。高署月舍身救人令她无法忘怀。高署月的英雄行为重新点燃了她的爱火。许倩对高署月很崇敬，隔三差五约见高署月，一日不见如隔三秋。高署月发现许倩已经深深地爱上了他。高署月那时已经结婚两年，刚刚生了女儿，害怕坠入爱河，最初，总是找借口拒绝她。但许倩追着不放，并说，她这一生，非高署月不嫁。高署月告诉许倩，他已有了妻室儿女，我们不可能走到一起。

许倩说："我知道，你是包办婚姻，你们的结合很勉强，你并不幸福。"

许倩所言确实是实情。高署月虽然已经结婚了，但他和已婚的妻子并没有很深的感情。高署月妻子也姓许，叫许艳，是一名纺织工人，相貌虽不出众，但温柔贤惠。她的师傅是高署月的爸爸。高署月母亲多病，许艳经常去高家帮助干活。时间久了，高家父母都很喜欢她。后来高父作主，促成了这桩婚事。高署月是个孝子，当时虽然有些勉强，碍于父母，还是答应了，但心里还是结了疙瘩。

许倩紧追不舍，高署月动摇了。

后来高署月把实情告诉了妻子。

妻子和母亲一起来到了部队。妻子哭，母亲骂，把高署月弄得里外不是人。后来，教导员温玉泉出面，对高署月进行批评教育，高署月回心转意。为改变许倩的态度，高署月又把许倩请到家里和妻子女儿见面。许艳很大度地招待许倩，使许倩受到教育，放弃了对高署月的纠缠。

然而，许倩因过于脆弱，经不起周围的冷嘲热讽，服毒自杀了。

许倩自杀后，她的父母找到部队，说女儿的死和高署月有关。

后来部队和学校对许倩的死因进行调查，发现一封遗书，遗书上写道：妈妈：我无法忍受爱情的冷漠和无聊的诽谤，女儿失去了人生的兴趣和勇气，永别了。

许倩的死因明确了。组织上为高署月作了结论。

从荣之说："高署月还有这么一段浪漫史哪！"

龚振华说："我也刚刚知道"

9

在工程兵二营的工地上。

张云涛和丁大伟在听雷宇声讲解爆破方案。

雷宇声说:“到双向贯通大约还有十几米的距离,作业顺利,明天拂晓即可贯通;即使不顺利到后天也能贯通。这一套作业方法我们很熟悉,爆破组织也作了明确的安排。”

丁大伟问:“副司令员还有什么指示?”

张云涛说:“一定要保证安全!”

丁大伟说:“雷营长,准备爆破!”

雷宇声立正:“是!”

雷宇声正欲下达作业命令,龚振华和从荣之已经下了车,来到他们跟前。

丁大伟发现从荣之,立即下达了停止操作的口令,并跑步向从荣之报告:“报告二炮从参谋长,工程兵311团二营准备双向贯通作业,已准备就绪,请指示。团长丁大伟。”

从荣之还了礼,走上前,和张云涛、雷宇声一一握手。

从荣之又询问了作业情况,雷宇声一一作答。

从荣之转向龚振华:“别走啦!我们要亲眼看着,我们的战士是怎样把这条坑道贯通。”

从荣之和龚振华戴上安全帽,坐到他们的指挥位置……

此时丁大伟好像神情沉重,一言不发。

从荣之叫了声:“丁大伟,过来!”

丁大伟靠近从荣之,从荣之问道:“想什么?”

丁大伟说:“我看到今天的场合,和四年前何等相似。那年,也是这个季节,基地组织工程大会战,大会战的总指挥也是张副司令员,那天的作业内容也是坑道双向贯通。那次发生了意外,雷光电为救战友光荣牺牲了。”

从荣之看到丁大伟有些伤感,安慰道:“胜利我们应当重复,但悲剧我们要避免,雷光电同志牺牲了,他的精神和业绩将感召后人。”

急促的哨声打破了从荣之和丁大伟的对话。

“隆、隆、隆……”从坑道里传出了滚雷般的炮声。

两小时后,坑道提前贯通了。

当雷宇声把这一喜讯公布后,工地上响起了一阵欢庆胜利的呼声。

丁大伟向从荣之庄重地报告:“我们重复了昨天的胜利,我们还会再接再厉,请首长指示。”

从荣之说:“明天你们还会重复今天的胜利。”

工地上响起了阵阵热烈的掌声。

在营部的帐篷里,雷宇声为从荣之准备了丰盛的午餐。在活动餐桌上摆着八道菜:红烧肉、烧排骨、酱猪蹄、烧蕨菜,烧林蛙、木须肉、小鸡炖蘑菇、烤蝼蛄,外加一瓶泸州大曲。

龚振华陪同从荣之走进帐篷，张云涛、丁大伟等紧随其后。

从荣之见了这个场面皱起了眉头："雷宇声，按照基地党委的规定，你能这么安排吗？"

雷宇声不紧不慢地回答："我知道首长会批评我，但首长得听我解释。"

从荣之说："还有什么解释？"

雷宇声说："今天上桌的菜，没有一道是花钱从市场买来的。"

从荣之插了一句："不是市场买的，从天上掉下的？"

雷宇声说："那倒不是。这桌上的东西都是我们自产的。这肉、排骨是我们自己养的猪杀了，庆祝会战贯通的胜利。这蘑菇是上山采的、黄花菜是自己种殖的。林蛙最贵，是我们下河抓来的。这蝼蛄嘛，首长知道，市场上没人要，是我们从石头底下挖来的。"

从荣之听着脸上慢慢有了笑容："那泸州大曲也是你们自产的？"

雷宇声笑着作答："这酒还有个典故呢！"

龚振华说："嗨，雷宇声还有典故，听一听！"

雷宇声接着道："两年前梁玉洁随司令参观龙山'点火'训练，谈到发射任务，梁玉洁请求参加，首长说得有个条件，让她结婚时要请首长喝喜酒，听说首长还讲'要一言为定'。可我们结婚时，一个首长也不在。梁玉洁老惦记着这件事，把酒交给我，让我有机会拿出来给你们喝，这酒不是营、连买的，是梁玉洁送的。"

雷宇声的一席话把大家感动了。

龚振华道："老从，还是喝吧，你不喝人家心里总是不舒服。"

张云涛说："从司令，这酒不能不喝呀，这是咱俩作的茧呀！"

大伙喝了一阵甚是热闹。

从荣之又问起梁玉洁和雷宇声的家事。

雷宇声告诉从荣之：雷光电的妈妈跟着他们，光电的妹妹光娣也在这里就读中学。我们又生了一个小儿子，新家庭都相敬如宾，幸福美满。

从荣之问："小儿子叫啥？"

雷宇声答："雷光后！"

从荣之问："为什么取这个名字？"

雷宇声答："将来我要告诉他，他是我和雷光电的后代。"

酒宴的气氛骤然严肃起来。

半天，从荣之举起一杯酒："宇声，喝下，你是我们的楷模。"说罢，一口把酒喝下，其他首长也随着把酒饮下。

10

陆仲琦在他的办公室看文件。

杨秀雄敲门,走进陆仲琦的办公室。陆仲琦坐着,示意杨秀雄坐下。

陆仲琦能判断出杨秀雄为何事而来,但故作惊讶地:“啊呀,很稀罕,秀雄很久没有进过我的办公室了。”

杨秀雄说:“无事不登三宝殿嘛! 陆副政委是能成大器的人,那能小事无事干扰你。”

陆仲琦说:“这么说,今天有大事呀!”

杨秀雄说:“按照您的建议,我以政治部的名义给二炮政治部发了封请示电报,叶主任作了批示退回来了,对我们的请示极为不满,请你看看。”

杨秀雄把文件夹递给陆仲琦。

陆仲琦翻开电报,叶兆林的批示是:“在全军深入开展大学习,大讨论,大批判,进行路线教育的时候,你们再次提出工程大会战,要求减少政治教育获得更多的施工时间,这一要求是极不严肃,极不应该的。前车之鉴应引以为戒,为什么还要重复过去错误呢? 岂非咄咄怪事。”

陆仲琦微微一笑:“秀雄,你是怎么理解的?”

杨秀雄说:“这不是批评我们,否定我们吗?”

陆仲琦笑着摇摇头:“非也!”

杨秀雄说:“陆副政委是怎么理解的,请指教。”

陆仲琦显得很慎重:“这是叶主任送你的一把尚方宝剑,是在支持你,批示不是很清楚嘛,那话是讲给龚振华和云中山听的。”

杨秀雄茅塞顿开,站起来拍着脑袋:“嗨,我把上级的好意理解偏了。”

杨秀雄重新坐下,很谦恭地请教陆仲琦:“副政委,你说我们的下步咋办?”

陆仲琦问:“咋办? 送给龚振华,让他处理。”

杨秀雄若有所思,点点头说:“好! 我送政委。”

杨秀雄把政治部的报告呈交龚振华,解释道:“为配合基地的大会战,我们给二炮政治部写了报告,请示调整政治教育时间,没想到挨了一顿批。”

龚振华看了看杨秀雄的表情:“这件事很重大,基地党委准备给二炮写报告,你们走到前边了!”

杨秀雄没有理解政委的本意,补充道:“这是我们应做的。”

龚振华问:“发前请示陆副政委了吗?”

杨秀雄不假思索:“是他指示的。”

龚振华说:“噢! 那你准备怎么办?”

杨秀雄答:“我也不知道,来请教政委。”

龚振华问:“叶主任的批示,陆副政委看了吗?”

杨秀雄答:“看啦!”

龚振华说："你找陆副政委，他有办法。"

这时，杨秀雄才意识到，龚振华对他的做法很不满。杨秀雄知道此时不宜再说，向政委敬了一个礼，退出了龚振华的房间。

11

午饭后。

龚振华喝着水在翻阅报纸。

秘书走进他的房间："首长，你不是有份报告要让丛司令员带到北京吗？云司令员让我提醒你。"

龚振华说："记着呢，喝口水我马上过去。"

龚振华话音未落，丛荣之已进了他的办公室："不用过去了，我来看看你。下午我和老云去东山团，随一、三营进训练场，我再到北方团看看，然后回京。你还有什么事？"

龚振华让丛司令坐下。

秘书给丛荣之倒上一杯茶，然后离开房间。

龚振华走近丛荣之："欢迎你常来，多给我们讲讲上头的情况，好使咱心明眼亮，做事更有气势。"

丛荣之说："我和云涛也谈了，他心里是憋着一股气。但他对你是赞同的。我和他谈了发射，他说，一把手都应该到发射的第一线，这样才能了解自己的部队。他表示，他不信邪，一定抓好工程大会战。"

龚振华说："苏凤琴找我了，不让他出风头，她怕张云涛再闯出乱子来，说全家都为他担心。"

丛荣之说："张云涛是员虎将，能成大事，是难得的膀臂，要多关心他的家庭，包括孩子问题。"

龚振华说："明白，我会做好家属的工作。"

丛荣之问："还有什么事？"

龚振华说："这里有两份报告，一份是要上报，请你带回京，一份是上边退来的，有重要批示，请你看看。"

丛荣之接过报告，把第一份报告装进口袋，坐着看第二份报告。

龚振华又给丛荣之添了水，坐到丛荣之的一边。

丛荣之看过电报，问道："是谁指示政治部写的？"

龚振华答："陆仲琦。"

丛荣之说："陆仲琦搞鬼，借刀杀人。"

龚振华说："这回杨秀雄让陆仲琦装进去了！"

丛荣之说："你要有思想准备，将来有一天，陆仲琦要和你较量。"

龚振华说："不知哪一天就会发生。"

从荣之说："要做好这两个人的分化工作，设法减少乱子，不然，你会太累的。"

从荣之说："这次发射让杨秀雄参加，让他多经受一些教育。"

龚振华答："是！"

12

夜幕下的铁路专用线。

一条黑色的"长龙"横卧在专用线上。远处看，灯光闪闪；近处看，是部队在装载装备车辆。在平板车上，指挥员用手电筒指挥车辆上车，随着不同的信号，司机前后左右调整装备的位置。有一台装备，反复打也不能到位，营长高署月夺过指挥员的手电筒，只几下就把车辆摆到中心位置。

半小时以后，高署月陪同狄文疆检查装备捆绑加固情况，有三台捆绑不合格，高署月喊来连长："重新捆绑。"

发车的时候到了。

高署月气喘吁吁地回到自备车。

从荣之、云中山、杨秀雄、田广川坐在里边，见高署月上了车，田广川呼道："高署月，你过来！"

高署月来到从荣之就座的地方，从荣之示意让他坐下。

高署月还没坐定，从荣之问道："怎么样？"

高署月又站起来："有三分之一不合格，让首长见笑了。"

田广川说："大大地退步了！"

高署月说："是，接受首长的批评，我没把训练抓好。"

从荣之说："坐下吧，这不是你一个人的责任。"

云中山说："听说你有包袱，对发射很不利，我们集体和你唠唠，希望你敞开心扉。"

高署月没有想到首长会在这个场合提出问题，不知道从何说起。

从荣之说："都是基地的老人，讲吧，言者无罪。"

高署月有很重的心事，开始不愿讲，他看到首长一片真诚，向首长们讲了掏心窝的话："好，那我就说了。我的包袱是三怕。"

云中山问："哪三怕？"

高署月答："一怕出头，二怕出事，三怕有人背后捅刀子。"

云中山问："怎么讲？"

高署月答："我当连长前，营里连里谁都夸我。可当了连长，训练拔了尖，不少人对我的态度慢慢变了，我要是出点什么差错，有些人总是幸灾乐祸，后来我才明白，人怕出名猪怕壮。我当了营长更糟了。"

云中山又问:“二怕出事怎么讲?”

高署月答:“现在领导都是抓两头带中间,处在中游最舒坦,但不能出事,出……”

高署月讲到这里,梯队值班员突然闯进来。

田广川问道:“什么事?”

梯队值班员答:“有情况报告营长,八班副班长押装掉乘了。”

高署月马上站起来:“怎么掉乘的?”

值班员答:“据军代表通报,八班副班长拉肚子,发车时他刚出厕所,跑过去登车,已经来不及了,怎么办?”

这一下,高署月也有点傻眼了,半天不能回答值班员。

还是田广川拿出了办法:“请军代表把他送到古镇,然后乘古镇到山城的火车,到山城要编队,请军代表室把他送上车,让军代表写个条子,到山城找刘总代表。”

高署月说:“首长,还是我去安排吧!”

云中山说:“快去,快去,抽空再谈。”

从荣之说着云中山:“高署月的包袱很重。抽时间你要找他谈谈。如果是这个状态,非出大事不可。”

13

10 月。

沙洲基地。

“严肃认真、周到细致、稳妥可靠、万无一失”的大字标牌立在发射场一侧。

一支队伍集合在发射场上。

营长高署月作训练动员:“科目,点火训练;目的,检验实装操作水平,为即将到来的实弹发射做好准备。要求:要从难、从严、从实战需要出发,严肃认真,周到细致,稳妥可靠,万无一失地做好每一个动作。”

高署月动员过后,各连跑步带出发射场。

高署月看看表,通过对讲机下达命令:“占领发射阵地。”

装备车辆紧张有序地进入阵地,随着一阵阵哨声,装备就位,放置发射台,起竖车对接发射台,起竖导弹,一气呵成。

从荣之、云中山、田广川、杨秀雄、狄文疆站在发射场内,他们神情关注地观看部队的每一个操作动作,那动作整齐划一,娴熟准确,云中山脸上浮现出满意的笑容。

半小时过后,导弹放置在发射台上,起竖臂缓缓落下。

10 时。

阳光充足的戈壁已火热难忍。

从荣之、云中山、田广川和战士一样，仍然站立在发射场内，杨秀雄不停地抹汗，显然已经站不住了。

田广川劝杨秀雄到场外阴凉处休息，杨秀雄看看老司令从荣之和云中山，他们都年过半百，像钉子一样立在场内，与官兵同甘苦，他无法离开场坪，打起精神："不，我要跟着司令员。"

11 时。

导弹精瞄过后，号手打完最后一个保险，小心翼翼地封上仓门。

控制操作手乘工作台回到地面，他欣喜地跑到场坪之外，喝了一口水，随手把一个保险丝扔到了场外。

这个动作让高署月发现了。

发射连长向高署月请示："30 分钟准备。"

高署月命令道："检查高空操作手动作是否到位，保险丝数量是否够数。"

发射连长答了一个"是"字，和控制排长一起检查号手的操作，检查的结果，动作到位，记录清楚，工具齐全，但缺少一根应收的保险丝头。

发射连长将检查结果报告高署月。

高署月问："缺的那个保险丝头哪里去了？"

发射连长答："操作手扔到了场外。"

高署月问："怎么办？"

发射连长答："找回来。"

高署月命令："停止操作，把保险丝头找回来，确实无误再行点火！"

发射连长答："是！"

控制排出动十几个人，找了半天没有结果。

高署月说："动员全连，找筛子筛，找不到不吃饭。"

发射连长真的找来几把筛子，沿着场坪筛起来。

高署月请示团长狄文疆："推迟两小时点火，让首长吃午饭吧。"

云中山劝从荣之吃饭，从荣之说："不，我要看个究竟。"

一小时以后，保险丝果真筛了出来，经检验正是操作手扔掉的那根。

杨秀雄被这个场面感动了，对从司令员说："这一幕很动人，发人深思。"

半小时后。

导弹的尾端喷射出炽热的火焰，传出一阵轰动，"点火"获得圆满成功。

加注车重新占领发射阵地，泄出推进剂……

这时，从远处传来一声巨响，滚滚的黑云向发射场扑来……

顷刻，大雨夹着冰雹向发射场宣泻而下，冰雹打在导弹和装备车辆上"咚、咚"作响。

看发射的人立即散去，慌乱着躲进能藏身的地方避雨。然而，在发射场上，发射营的官兵仍然坚守在操作岗位上，人人成了落汤鸡。

营长高署月像一尊铁塔立在发射场内，井然有序地指挥操作，大雨迷茫了他的眼睛，他抹上一把甩去。他不停地接受下级的报告，并果断地发出每一个指令……

从荣之和杨秀雄没有离开发射场，他们披上雨衣，继续观看操作。

半小时过去了。

冰雹停止了，但雨还在下。

泄出推进剂的工作终于完成了。

加注车辆徐徐离开发射场……

起竖架抱住导弹徐徐放下。

高署月一阵头晕，栽倒在发射场上。

梁玉洁带着救护队立即闯进发射场，把高署月抬上救护车。

救护车鸣着笛声，冒着淅淅沥沥的小雨向医院奔去……

杨秀雄望着远去的救护车，神情冲动，他被高署月的行为感动了。

14

在一座简陋的平房内，从荣之召开作战会议。

室内摆着三张桌子，桌子成八字形摆设，从荣之坐在中间，雪山基地和营以上干部参加会议。

从荣之说："今天的会议有两项内容：一是传达二炮首长关于落实军委批复的批示；二是把这次发射窗口定下来。我首先传达二炮首长和军委的批复。

"七月份我回到北京，以二炮的名义向总参呈报了《关于加快雪山基地战备工作尽快形成作战能力的报告》，这个报告分析了基地的状况，指出了影响战备的主要问题，并提出了解决这些问题的意见。总参作了批复，连同专委的关于武器定型生产的报告一并呈送军委。军委首长作了重要批示。指出，二炮形成实战能力应具备四个最基本条件，一是装备，二是阵地，三是指挥手段，四是部队训练。现在看，装备和阵地还是主要矛盾。故还是老要求，要加快武器定型，加快阵地建设。"

云中山问："武器定型怎么样了？"

从荣之答："武器定型委员会的报告提出，为了适应战备的需要，建议边定型试验，边小批量生产，装备部队，以利战备的需要。周总理批示道：'没有定型好，不要忙于小批量生产。要边试验，边定型，定型合格后再小批量生产；保质保量，装备部队，以利战备。'"

"总参和二炮首长批示：总理的批示确定了产品批量生产的原则，对保证武器质量具有重大的意义。请部队在试验中认真落实总理的指示。"

从荣之传达过总理的批示和二炮首长的指示："现在下达发射命令！"

全体起立，参加会议人员立正，人人表情严肃……。

15

三日后。

两枚导弹从沙洲基地腾空而起。

导弹在白色的云彩中消失……

20分钟后从靶区传来消息：导弹准确命中目标。

在沙洲的发射场上，锣鼓喧天，沙洲基地的官兵同雪山基地官兵混在一起，共同欢呼胜利。

从荣之看望发射部队，和高署月握手，高署月神情木然。从荣之问道："怎么不高兴？"

高署月答道："总感到还会发生什么事情。"

从荣之笑了笑："神经绷得太紧了！"

旁白：高署月的感觉神经真的应验了，不几日，在归建的途中，一起重大事故果然发生了。

16

一支军列进入中原大地，郑州车站从车旁闪过……

在军列的自备车内。

在一节自备车内，从荣之和杨秀雄在谈话。从荣之微笑着问道："秀雄，你是第一次执行发射任务，看了发射有何感想？"

杨秀雄羞愧地回答从荣之："这次发射使我受到很大教育。一是使我重新认识了一个人；二是使我对导弹部队的政治工作怎么做有了新的认识。"

从荣之说："讲讲，让我听听。"

杨秀雄说："几年来，我对高署月这个人一直有成见，总认为他技术可以，政治上不强。通过这次发射，我看到，高署月政治上也很强，他会带兵，通管理，是一名很优秀的军事干部。他冒雨指挥操作为部队作出表率，有很强的感召力。没有作风过硬的指挥员不可能有过硬的部队，东山导弹团三营名声在外，现在看是高署月在起作用。"

从荣之笑了笑："高署月的确应当肯定。"

在另一节自备车内，三营的官兵有的在读书；有的在看报；有的在下棋；还有的打扑克。其中有几人在拱猪，两名输者，脸上贴着白色的纸条，最后因为输赢争执起来……

在一个单间内，营长高署月在布置工作："平板车进入专用线，待机的时间只有一个小时，为确保计划稳妥实施，营里决定，在半小时内完成卸载。因此，营领导要求每位带车的干部、班长必须做到心中有数，每台装备必须在规定的时间内开离平板车。卸车的顺序已经明确了，请各连尽早布置下去，使司机和带车人做好准备。”

高署月刚刚讲完，从车外传来闷雷般的爆破声，接着，自备车发生了轻度颠簸。

高署月立刻警觉起来，随即命令梯队长：“和各车联络，看哪里发生了问题！”

梯队长正要拿起电话，电话铃响了。

梯队长拿起电话：“我是值班室，哪里？有事请讲。”

对方传来急促的报告：“我是导弹专用车，导弹发生爆炸！”

梯队长用吃惊的口气追问道：“什么？导弹爆炸？请你讲详细些。”

梯队长终于弄清了情况。

“报告营长同志，导弹专用车押运人员报告，两分钟前导弹发生巨大的爆炸声，但经检查，弹衣完好无损。”

高署月看看表：11 时 43 分。

高署月指示道：“通知导弹专用车，请他们保持行军状态，待列车到达下一个兵站，立即组织人员调查此事。同时通知各车，严禁下车活动，注意观察，注意安全！”

梯队长答：“是！”

高署月安排停当，正欲向团首长报告，这时，狄文疆陪着田广川从另一个自备车走了过来。

高署月迎上去向田广川敬礼，随后，将发生的情况和处置方案向田广川作了汇报。

田广川听完汇报，发问道：“能判断究竟发生了什么问题吗？”

高署月回答道：“不可能是真正的爆炸。理由是：导弹自备车内没有火工品。也不可能是燃气引起的，因为车内不具备构成形成燃气的条件。在导弹试验的历史上，国内外都发生过导弹因负压引起的瘪弹事件，当瘪弹发生时会产生巨大的声响，其响声类似爆炸声，有可能发生了瘪弹事故。”

田广川点点头，他很赞成高署月的判断：“再过半小时就到达石家庄了，请团里马上组成技术组，借停车机会，登上导弹专用车，对事故进行调查。”

狄文疆答：“是！”

田广川转过身，指示高署月：“你和我一起去见从司令，把发生的情况和初步分析向首长汇报。”

高署月答：“是！”

军列沿着大动脉继续奔驰着……

第二十章

公安局破获间谍案　雷宇声洗污得解脱

1

山城市内车水马龙。

一台黑色轿车在山城市公安局大门前停下，司机按了两声喇叭，门卫探出头看了看车牌，挥挥手，黑色轿车开进了公安局的大院。

山城市公安局刘局长和邓局长站在办公楼门前，迎接黑色轿车的到来。

从轿车上走下三位军人，他们是：雪山基地政委龚振华、司令员云中山、保卫处长闫明轩。

刘局长等一起走上前向龚振华敬礼："欢迎部队首长来我局检查工作。"

龚振华风趣地说："你们是真正的国防卫士，我们要向你们学习。"

刘局长礼貌地说："政委同志是我们地区军阶最高的首长，欢迎首长对我们的工作进行批评指导。"

他们寒暄之后，刘局长引导龚振华一行登上三楼，进入挂着"放映室"字样的房间，室内摆放好了桌椅，刘局长请龚振华一行坐在中间位置。

待龚振华一行坐定，刘局长站着介绍："今天请基地首长到我们这里来，主要是向首长汇报雪山工程图纸失密案的侦破结果，顺便听听基地首长关于加强国防安全教育的意见。阵地工程图失密案是我们邓局长负责侦破的，先请邓局汇报。"

邓局站起来，谦恭地说："雪山工程开建以来，引起了国内外敌特系统的极大关注，山城地区隐蔽战线上的斗争比以往任何时候都表现得复杂激烈。两年来我们侦破的窃密与反窃密的案件比过去增加了数倍。在侦破的这些案件中，以雪山工程图纸失密案最为典型。这个案件从盯梢到破案前后有近一年的时间，目前这个案件已画上了一个句号。为了帮助军地领导以及从事保卫工作的同志认识安全工作的复杂性，使更多的同志从中受到教育，根据当事人和犯罪嫌疑人的供词，我们制作了一个资料片，通过资料片向首长作一个系统的汇报。"

邓局拉上窗帘，打开放映机，银幕上很快显出：《谁是泄密者？》……

2

深秋。

山城市公安局背后的山上枫叶血红，远看犹如一幅风景画。

在公安局的办公室内，公安局的工作人员正在召开会议，邓局传达省厅指示，工作人员个个面部严肃。

邓局说：“自从雪山工程开建以来，国内外敌特人员在山城地区活动频繁。据省厅通报，敌特组织为尽快摸清雪山工程的性质和部署，派出数名特务，以经商为名，在山城地区潜伏下来。省厅指示我们，雪山工程是我们警卫的首要目标，我们特警人员必须充分认识反间斗争的新特点，要有组织严密的防范措施，才能挫败敌人的企图。”

刘局长说：“青岗川菜馆是山城地区新办的第一家川菜馆，如果从商人的目光来看，怎么不选在人口密集的山城，偏要设在大山深处的一个小镇？经营者是怎么考虑的？我们要派出人员，尽快摸清这个川菜馆的背景。”

3

上午。

从青岗镇的一角传来噼里啪啦的鞭炮声。

临街的商店和行人，都顿足翘首把视线投向开张百日的“青岗川菜馆”庆祝活动。

在川菜馆内，摆着四桌酒席，坐满了身着各种衣着的客人，店老板和服务员不停地穿梭来往，为客人上菜、点烟、敬酒。

在一个包间内，坐着八位讲四川话的军人，他们一边吃菜一边评论：“好地道的川味！”

个头不高三十余岁的店老板走进包间：“欢迎解放军同志光临本店，听声音像是四川老乡？慢待了，来，我敬大家一杯酒。”

几位军人很礼貌地站起来，其中一位叫刘广忠的军人道：“店老板贵姓，家住何地？”

店老板说：“鄙人姓郑，四川绵阳人，在家排行老三，大家不必多礼，喊我郑三就行了。”

刘广忠道：“我们离家多年，没想到在深山老林还能吃上地道的家乡菜。”

郑三说：“亲不亲，家乡人。如不嫌弃，欢迎老乡常来做客。”郑三为每人斟上一杯白酒，说道：“祝各位老乡官运亨通，步步高升。”

郑三敬了酒并没有马上离开，他给客人每人又发了一支香烟，拉了一把凳子坐下来，继续拉起家常。

这时，一位打扮入时的靓丽女人，托着一个托盘走进包间，一进门就开了腔："老郑，听声音像是老乡，我给老乡加上一个菜，老家叫烧豆腐，让大家尝一尝。"

刘广忠目不转睛地盯着女人，问道："老郑，这位怎么称呼？"

郑三忙解释道："这是我老婆，恐怕你们应该叫嫂子了！"

刘广忠站起来："老郑，我敬你们两口子一杯，祝你们生意兴隆！"

老板娘说："我本来是不喝酒的，看在老乡的份儿上，这杯酒我喝了，谢谢老弟的好意！"

这时，又有几名四川口音的军人闯进来，其中一名军人喊道："郑大哥，百日店庆怎么也不通知我们一声！"

郑老板歉意地说："不好意思，我本来要通知你们的，但不知道你们的电话，你们的通信员也多日不来了，我向大家赔罪了！"说着又吩咐老婆加菜，让后来的军人落座。

在店外，又有几台拉货的军车停在店门前，下了车的司机如同到了自己的"连队"，相互打着招呼，进入饭店打水、吃饭，老板娘也走到门口迎接，欢迎这些"贵宾"的到来。

老板娘和一名同姓司机招呼道："小郑，这十来天怎么不来？我还寻思是不是大姐招待不周，得罪了俺家弟弟！"

司机小郑忙说："哪里！哪里！上周我到中山拉货，不在家，几天不见，蛮想大姐呢？"

老板娘将几名司机让进饭店，川菜馆座无虚席，老板娘把几名司机领进了她睡觉的房间，很客气地说："你们先喝点水，休息一会，我去安排一下。"几名司机也不见外，一边喝茶一边甩起老 K。

画外音：老板娘对军车司机有一项特殊优待，吃饭收半价，没钱可以赊账，如人车过夜，只收看车费，免费提供住宿，因为有这些特殊政策，军车司机成了这里的常客。

4

5 月。午后。

青岗川菜馆正在收拾房间，一位留着山羊胡干瘦的老人走进川菜馆，来者打量着房间，很谦虚地说："这一带川菜馆不多，你们要关门，看来老夫要饿肚子了！"

郑三见来者六十开外，气质奇特，搭讪道："先生要用餐吗？不迟！不迟！"

郑三请老者入座。

老者没有马上坐下，接着问道："贵店能做红蘑菌汤吗？如能，我就在这里顿足。"

郑三不知这是特务与老板娘的接头暗号，尴尬地回道："本店有红蘑，但不知红蘑菌汤的做法。"

两人谈话时老板娘走出里间:“请先生坐下,听说红蘑菌汤有不同的配料,不知您喜欢哪种配方?”

老者说:“红蘑菌汤以地产红蘑和猪排为主料,由人参黄芪和枸杞作为配料,用文火炖制而成。”

老板娘问:“这个配方是什么时候出名的?”

老者答:“据说出自乾隆年间。”

老板娘又问:“照你说这红蘑菌汤还有什么典故?”

老者答:“有呀,据说是清朝一位王爷到关外祭祖,路过响水镇,镇上的千户为王爷准备了丰盛的酒宴,净是些山珍海味,可王爷不稀罕这些,点名要喝红蘑菌汤。镇上无人知晓这道菜的做法,王爷亲自点了原料,让他带的厨子做了这个汤,千户尝了拍案叫绝,从此,响水镇的红蘑菌汤就出了名。”

老板娘仔细打量,知道是上边来人与她联络,急忙指使郑三:“快把先生请进贵宾间,这道菜我们能做。”

老板娘吩咐厨师重新开火做菜,郑三把老者让进包间。

郑三陪着来者喝茶。

郑三问道:“先生贵庚？家住什么地方？怎么称呼您?”

老者答:“老夫六十有五,家住白旗镇,从小是做山货买卖的,我姓刁,老夫因做山货买卖眼真,乡亲们送我绰号山里眼。”

老板娘隔着门帘窃听郑三和老者对话,她判定这就是白山熊吴景泰给他讲过的山城地区特务站的站长。

厨房里炉火正旺,不时传出炒菜的“噼啪”声。

不大工夫,服务员端上了为老者专做的红蘑菌汤,老板娘借机道:“本店以川味为主,做的不知道是否地道,请先生品尝。”

老者不亢不卑,看着老板娘端上来的饭菜,拿起汤匙舀起一勺汤尝了尝:“这汤味道还行,只是人参少了点,黄芪多了点,如果再加上几粒枸杞子,味道会更好些。”

老板娘明白山里眼有要事联络,吩咐郑三道:“你到外边看看还有没有客人用餐,如果没有,就把炉火压上,把店门关了。”

郑三走出贵宾间。

老板娘急切地说:“我是黑鹰,有何见教,请讲吧!”

山里眼望了望室外,低声道:“上头对这里的工作很不满意,一年多没有收到一份有价值的情报。10 月份,上头要派出绰号为‘仙翁’的到这里,以收购山货为掩护前来这里检查工作。上头要求我们尽快弄清楚这一带军队的部署情况,首先要弄清雪山工程的布局、性质,‘仙翁’一定要把这棵‘山棒槌’带回去。”

黑鹰说:“这里的军队部署基本上已经搞清楚了,包括雪山工程的布局都已搞到,只差它的性质还没有弄清楚,现在正在挖洞,很快会有大的收获。”

山里眼说:“祝你马到成功!‘山棒槌’到手马上和我联系。”

黑鹰答:“是!”

川菜馆门外,又有几辆拉货的军车停下来。

郑三迎上去,把军车司机迎进饭店。

老板娘听到外边有动静,马上走出贵宾间,迎着司机道:“小郑,又出车啦?拉的什么货?”

小郑答:“排风管。”

老板娘问:“拉排风管干啥?”

小郑答:“坑道要经常抽风换气,就要用排风管。”

老板娘又问:“我看小刘也是拉的排风管,天天拉,好像需要很多呢?”

小郑答:“早着呢!你算算,两千米的坑道,并排两趟,得多少?”

画外音:司机小郑无意间道出了很重要的军事机密。之后,老板娘以采集山菜、药材为名,在建设中的阵地周围频繁活动。

画面上展现出几幅女人的照片。这些照片都是在阵地四周拍照的,连起来可以展现出阵地完整的地形。

5

画外音:三个月后,公安局从卧底那里得知,“黑鹰”已收集整理了不少有关雪山工程的情报。“黑鹰”与“山里眼”不断联系,近期很可能要出手情报。当我们掌握这一情况后,对青岗川菜馆进行严密地监视,我们所关注的事件终于发生了。

在集市的一角,一个货摊围着不少人,其中两位年长者议论着:“这么大的山参有几十年没有见过了,从哪里采来的?”

守摊的也是位老者(山里眼):“这两棵参产于仙人岭,参龄都在二百年以上,东家自称不懂行情,委托老夫与客家讨价。”

围观者问:“请问怎么开价?”

老者答:“看相你不是买主,不见真主,天机不可泄漏。”

一位白发老人来到摊前,搭讪道:“请问老者,我可以和你论价吗?”

老者抬起头,只见来者银发赤面,眼神炯炯,老者称赞道:“看客官鹤发童颜,像是已过古稀之年,看你的派头,定是这上面的行家,请客官先看货,再论价。”

白发老人托起山参,仔细地打量着,和随行的年轻人耳语一番,然后转向老者:“我带来的客人想买这两棵山参,开价吧!”

老者撩起衣襟:“请先生出手!”

两位老者经过讨价还价,卖参的老者道:“看在客人是远道而来,老夫作主,左边这棵山参开价 2000 元,右边那棵开价 1700 元,客人如果还要拉价,老夫就不能做主了。”

白发老人说："这参老夫是要定了，只是还有点缺陷不尽如人意。"

卖参人说："有什么不尽如人意，请客官直言。"

白发老人说："这么贵重的山参怎么能随便展放，好比仙女穿件破烂衫，不体面呀！"

卖参人说："仙女还没出嫁，好衣裳都装在箱柜里，有谁家摆在外边，交货时保客官满意。"

白发老人说："老弟精明公道！"

两位老者击掌成交。

白发老人说："老夫是做山货买卖的，以后少不了你这样的行家，午后请客人赴青岗川菜馆，我做东请客，到时验货交钱，也算交个朋友。"

卖参人说："痛快！餐馆见！"

邓局打开放映机，一组照片映在龚振华和云中山眼前：一幅是一位年轻人向卖参老人交钱的情景，一幅是年轻人验货的照片，一幅是老板娘敬酒祝贺的画面。

6

买参人回到山城宾馆，关上房门，取出买来的山参，将一个山参的盒子撕破展开，展现在面前的是一张图纸，图纸的上方标着"雪山 103 号工程结构图"，在左上角标着"绝密"的字样。

买参人取出微型相机进行拍照，待他要收起图纸时，我公安人员突然破门而入，当场收缴了买参人的全部物品。在缴获的物品中除了那份工程施工图外，还有工程兵部队的部署图和军事实力明细表，以及过往军车运送物资的详细记录。

特警人员给买参人戴上手铐，押出山城宾馆。

在走近警车时，一个意想不到的情况发生了。

只听得"叭叭"两声枪响，买参人晃了晃身子，倒在血泊中……

邓局命令道："杀人灭口，快！包围山城宾馆！搜查 316 房间，抓捕白发人。"

公安人员迅速包围宾馆，邓局领着几名特警快速登上三楼，他们以机警的动作，推开了 316 房间的房门……

316 房间已经人走房空，公安人员搜查房间，任何可疑的东西也没有，邓局准备撤离房间时，其中一名特警惊呼道："邓局，有情况！"

邓局回过头，特警从马桶里拣出一个白色的发套。

邓局意识到敌人撕去了面具已经跑了。

公安人员搜查了山城宾馆的所有房间，排查了所有人员，没有发现嫌疑人……

7

在山城宾馆的一个房间里。

公安局召开紧急案情分析会。

刘局长说："可以断定，这是一起组织严密的情报买卖案。那个被击毙的买参人是敌特上级派出的来取情报的人。白发老者是这起案件的关键人物。卖参人是敌特组织中的重要人物。"

特警说："被杀者如果是敌特上级派来的，他应当有脱身的防备，怎么会被轻易地杀掉了？"

刘局说："这个被暗杀的敌特是来收取情报的，他并不了解这里的地下组织，为什么要有白发人紧随其后呢？显然，那个白发人才是这起情报买卖的策划人、指挥者。被杀者只和白发人联络，取情报的人被抓，这对白发人和山城的敌特组织构成了威胁，所以白发人要把买参者杀掉。"

邓局说："我同意刘局的分析，现在当急的是怎么把破案深入下去。"

刘局说："现在应三管齐下：一是继续搜捕白发人，二是迅速拘审参与山参交易的重要当事人，一个是川菜馆的老板娘，一个是那位自称山里眼的卖参人。"

邓局说："特警队注意，由孙组长带一个小组迅速拘捕山里眼，由关组长带一个组立即搜查青岗川菜馆，拘捕老板娘。"

行动组离开山城宾馆。

刘局转过身对邓局道："从缴获的资料看，泄密者牵涉到部队一些人员，特别是那张图纸，是工程师雷宇声署名，这样的绝密资料是怎么落入敌特手中的？搞清这个问题才是办好这个案件的真正意义。"

邓局说："我马上到部队去，请部队保卫部门协助我们对雷宇声进行审查。"

刘局说："对，就这样。"

8

一辆警车鸣着警笛，高速行驶在山城至青岗镇的公路上，在青岗川菜馆门前停下。

从车上跳下几位公安人员，他们径直进入川菜馆。

川菜馆的老板郑三从里间出来，望着公安人员恭敬地说："警察同志，有事吗？"

警察说："我们执行公务，请老板娘出来答话。"

郑三急忙解释道："她家里来了电报，母亲病危，已经离店回家了。"说着从口袋里取出电报交给公安人员。

警察接过电报，电文是："母病危，接电后，买支山参走水路返回，白叔接你。宁城白。"

公安人员察看老板娘的房间，并无异常情况，其中一名警察对郑三道："你家老板娘和一宗案件有牵连，请你和我们走一趟，接受调查。"

郑三对饭馆人员作了交代，然后登上警车，警车鸣了两声喇叭，快速离去。

邓局打开放映机：是公安人员讯问郑三的照片。

邓局介绍道："我们从郑三的口中得知，来青岗之前，郑三在朝阳一家川菜馆当厨师，郑梅是那家川菜馆的服务员。郑三30岁，未婚，郑梅见郑三老实有钱，先和郑三同居，然后结为夫妻。郑三交代，他只知道郑梅是宁城人，因为没有回过家，并不知道郑梅家的详细地址。他们结婚后，郑梅建议郑三拉出去单干，并提议到偏僻的山区闯一闯，郑三对郑梅言听计从，夫妻一起来到了青川镇。"

根据郑三提供的线索，我们与宁城公安局取得联系，要求对方协助我们了解郑梅的下落，宁城公安局很快回电，说宁城有两位叫郑梅的，她们都是在校的学生，没有我们要找的郑梅。

"当时我们判断：这封电报是敌特通报情况的暗语，他们闻知'买参人'落网，'老板娘'处境危险，用'母病危'向老板娘发出撤退的指令，买支人参，是带上图纸。"

9

在公安局的一个办公室内邓局和闫明轩传讯雷宇声。

闫明轩说："雷宇声同志，公安局最近破获了一起出卖军事情报的间谍案，在破获的资料中有一张你署名的绝密级的工程安装图，需要你配合公安部门说明情况。"

雷宇声吃惊地问："什么图纸？和我有牵连？"

邓局说："请雷工先看看被截获的图纸，然后再回答我们提出的问题。"

雷宇声接过邓局递过来的图纸，展开一看，一张他很熟悉的坑道结构图展现在眼前。他特别仔细地看看署名处，"雷宇声"三个字清晰可见。雷宇声没有经历过这样的场面，因为紧张额头渗出了汗水。

邓局问："雷工，那是你的亲笔署名吗？"

雷宇声答："是！是我的署名。"

邓局说："从你们保密材料登记上我们查到，这份材料是由你署名借出的，不知怎么落到间谍的手里，你能把当时的情况详细地讲讲吗？"

由于时间久了，雷宇声一时答不上来，后来，他从复制日期上受到启发，最后向公安局讲述了这幅图纸的来历，以及这张图纸借阅注销的经过。

10

工程兵319团工程兵二营施工现场。

雷宇声和六连长何强同官兵一起施工。

雷宇声沿着安装过的管道检查施工质量。

一位排长急急忙忙地走近何强："连长，安装图纸被水泡了，图上的线条看不见了，怎么办？”

何强看了看图纸，责问排长：“好好的图纸怎么让水泡了？”

排长说：“昨天收工时我把图纸装进了口袋，回去后忘记装进保密箱。五班长见我的衣服脏了，也没检查，就泡进了水盆里，后来我们要研究今天的作业，找图纸时发现衣服不见了。我和五班长跑到河边，衣服已经泡了半个小时。我取回图纸，小心地展开，当时上边线条还很清楚，我就放到炕上烤了起来。没想到这么一烤，竟然什么也看不到了。”

何强没有办法，和排长一起找到雷宇声，问营长是否有办法。

雷宇声问：“着急吗？”

排长答：“等着用。”

雷宇声说：“我们团只有这一份图纸，要用必须到基地拿到底图重新复制一份。”

第二天，雷宇声给工程处长打电话，报告了图纸被毁一事。

工程处长请示了张明辉参谋长，张明辉点头同意：“施工不能没有图纸，那就复制两份吧。”

第二天，工程处为工程兵二营复制了两份103号工程安装图。

雷宇声回到机关，按照保密规定在两份图纸上署上了自己的姓名。

雷宇声办了借阅手续，回到工兵二营，将复制的图纸交给了何强。

讲到这里，雷宇声讲不下去了。

邓局问：“后来呢？”

雷宇声答：“我只记得交给了何强，何强用后是怎么保管的，是否注销了，我实在想不起来了。”

11

一辆警车在大坳山间穿行。

邓局和保卫处长闫明轩坐在车上。

邓局问：“你们这个雷工平时怎么样？”

闫明轩答：“这个干部很好，在工程建设中解决过很多难题，是基地司令政委眼中的红人。他原来在城市工作，因为雪山工程建设需要才来到这里，他原来的妻子是一名演员，因为他要扎根山沟，已经和他离婚了。他所在的单位是基地的一面旗帜，他是知识分子学习毛主席著作的先进典型。听说他还是工程兵团三结合的对象。因为这一个案件，雷宇声可能要交厄运了。”

邓局说：“这个案件如果不能找到是谁出卖的，很难还他一个清白。”

邓局的车在工兵六连的驻地停下。

邓局和闫明轩走进六连的连部。

何强正在作施工动员。

指导员见保卫处长领着公安人员来到这里，马上迎上去。指导员向阎处长敬了礼："阎处长，我们正在开会，有什么事？请指示！"

闫明轩示意进屋说，指导员把他们引进连部。

指导员为来人倒上茶水，礼貌地说："处长有什么事需要我们配合，讲吧！"

闫明轩说明来意，并把那份图纸递给了指导员："据雷宇声回忆，这份图纸是他从基地拿来交给何强的，这份图纸后来流向社会，我们要了解你们是否用过这份图纸？用后是怎么注销的？"

过了一会儿，何强回来了。

指导员把闫处长的来意向连长讲了一遍。

何强看过图纸，马上道："这份图纸我们用过，是雷营长给我们复制的，工程完工时已经上交了。"

闫明轩问："什么时候上交的？有交接的记录登记吗？"

何强愣住了，他思索一会，很恳切地应道："大概是三个月前，工程处给我们来了一个电话，要归档施工图纸，雷营长借阅的两份要马上归还。"

闫明轩问："是谁收的图纸？"

何强答："是工程处管资料的保密员，姓刘，他叫什么名字忘记了。"

闫明轩问："是怎么交接的？交接时雷营长在场吗？"

何强答："刘保密员到了我们营，要找雷营长，说要收缴保密资料。那一天雷营长不在家，我说，那两份图纸就在我们这里，后来我就把两份图纸交给了他。"

闫明轩问："你交时没有给雷营长联系？"

何强答："联系了，找不到他。"

闫明轩问："以后没向营长报告过此事？"

何强答："接着就转场了，工作很忙，这件事后来也就忘记了。"

邓局问："刘保密员是怎么来的？"

何强答："是坐拉货的车过来的？"

邓局问："怎么回去的？"

何强答："记不得了，好像是走回去的。"

警车离开六连在山间穿行。

邓局在车上和阎明轩交换看法。

邓局说："瞧吧，这个案件就发生在刘保密员的身上！"

12

上午。

山城公安局车辆出出进进，一片紧张繁忙的景象。

在三楼办公室公安局在召开特警碰头会，分析案情，部署后续行动。

孙组长说："我们昨日下午六点到达响水镇，在当地派出所的配合下对山里眼立即采取行动，但山里眼不在家中。问他媳妇山里眼在哪里？他媳妇支支吾吾，说喝酒去了。经侦察，山里眼在'别天酒家'喝酒赌博，我们以抓赌为名抓捕了山里眼一伙。回来后我们突审山里眼，山里眼只承认他替人卖参，对别的指控概不承认。"

刘局对邓局说："谈谈你那的情况和看法。"

邓局说："我和闫明轩处长传讯了雷宇声，并对雷提供的情况进行了深入调查。现在可以排除，雷宇声不是出卖情报的当事人，出卖图纸的嫌疑人可能是工程指挥部保密员刘广忠。"

刘局问："有新的证据？"

邓局说："经调查，这幅图纸是经上级批准雷宇声复制的，雷宇声领回图纸，把图纸交给了六连长何强。何强用后存在六连连部，在103号工程完工时，保密员刘广忠于9月21日到工程兵二营收缴了雷宇声借阅的图纸。"

刘局问："注销登记上是怎么登记的？"

邓局说："当时雷宇声不在场，是何强代替雷宇声归还的。"

刘局问："有何强的注销登记吗？"

邓局答："没有。问题可能就发生在这里。刘广忠从这里收走的图纸是两份，可在归档登记上却是一份，刘广忠在附注上写上：'此件雷工留用'。我调查分析认为，雷宇声把图纸交给六连后再也没接触过，因而，刘广忠成为本案中的一个关键人物。"

关组长说："刘广忠是川菜馆的常客。他和川菜馆服务员小翠有男女关系，经老板娘做媒，小翠嫁给了刘广忠。这份绝密图纸有可能就是通过刘广忠、老板娘，流到敌特手中的。"

邓局说："我很赞同关组长的分析。"

刘局问："刘广忠现在在吗？"

邓局说："上月复员了。他带上小翠回了四川老家。"

刘局说："各方面的情况已经很清楚了。下步怎么行动？邓局，谈谈你的意见。"

邓局说："从上述分析可见，川菜馆老板娘是整个案件的中心人物，必须动员最大力量抓住老板娘。同时和四川取得联系，找到刘广忠，弄清图纸流失的真相。"

关组长说："老板娘已经潜逃，犹如大海捞针，怎么追捕？"

邓局说："请注意，我判断，老板娘没有回到四川，她很可能就潜藏在山城周边地区。"

刘局说："讲讲你的看法。"

邓局展开老板娘的电报，念道："梅，母病危，接电后买支山参从水路返回。白叔接你,宁城白。”经查证,这封电报不是从宁城发出的,这是敌特组织向老板娘通报情况,让她马上潜逃的指令。”

关组长问:“不是宁城,何以见得?”

邓局说:“你们看,电报落款处写的是宁城,而发报凭据上却不是,我们和宁城邮电局已经查对,11 月 10 日没人发过这样的电报,这说明这封电报上的宁城是冒充的。我们这里是群山连绵,哪里有水路,我分析这是敌特组织规定的老板娘撤退的方向。还有,这封电报的发报人写的是宁城白。白是什么意思? 这可能是发报人暗号的简称。”

刘局插话道:“这个白是否和我们截获的敌特联系暗号仙翁、白发人、白山熊有联系?”

邓局说:“从我们掌握的情况,有一个绰号白山熊的和山城地区的‘黑鹰’、‘山里眼’直接联系,现在山里眼已经露出水面,川菜馆的老板娘有可能就是‘黑鹰’,这个白有可能就是白山熊的暗称。如果这个分析成立,这帮敌特人员的关系就是这样。”

邓局在黑板上迅速画了一个关系图。

对着关系图,邓局分析道:“电报中的白,就是白山熊,他的上头是收取情报的买参人,在白山熊的下边是‘黑鹰’老板娘和敌山城站站长山里眼。白山熊通过山里眼向黑鹰下达任务,同时监视黑鹰的行动。黑鹰获得重要情报,转告山里眼,山里眼以山参交易的方式,对情报交易作出安排。”

刘局问:“电报中‘买支山参’是什么意思”?

邓局答:“很可能是指‘图纸’。”

刘局问:“同志们对邓局的分析有何看法?”

特侦人员都点头称是。

刘局说:“我赞同邓局的分析。我认为,黑鹰和逃脱了的白发人都没有远走,因为他们知道,我们在抓捕之前,对山城的车站等交通要道已经戒严,他们如果想乘火车逃跑,那等于自投罗网。我决定:除派出人员赴四川摸清刘广忠的情况之外,立即启动第二套行动预案揖捕白山熊和老板娘。”

全体特警起立:“是!”

13

在 B 市的街头墙上贴着通缉‘黑鹰’的通缉令,前面围满了观看的群众,人们议论着。

一对年轻夫妇走到通缉令前,男的眉清目秀体态偏胖,女的瘦弱苗条,他们看过通缉令,男的向女的示意,然后登上通往古城的公共汽车。

山城公安局邓局正在阅览传讯郑三的笔录。

电话铃声响了。

邓局拿起电话，从电话里传来："3号报告，在B市发现'黑鹰'，'黑鹰'男扮女装，在一个瘦女人的陪伴下，乘坐公共汽车向A城转移，如何行动，请指示！"

邓局说："是，'黑鹰'可能要越境潜逃，我通知A城海关公安局帮助你们，你们立即乘车前往，缉捕潜逃者。"

3号答："是！"

一辆白色的公共汽车在通往A城的公路上疾驰。

在公共汽车的后方约500米，是一辆相向而行的吉普车。

公路标牌上写着：A城30公里。

坐在公共汽车上的男子戴着一副茶色眼镜，他通过反光镜发现了尾随的吉普车，男子回转身向瘦女人耳语。

那女子突然汗流满面，大喊着肚子疼，她紧紧地拉着男人。

那男人站起来请求司机："师傅，我爱人像是得了急性肠胃炎，疼痛难忍，要拉肚子，能否停停车，让她方便方便？"

司机说："前边是双旗镇，还有一公里，到那里停车，你们坚持一下。"司机按响了急行叫道的喇叭。

公共汽车在双旗镇停下。

美男子搀着腹疼的女子下车，急忙走进路边的茅厕。

10分钟过去了，还不见年轻夫妇出来。司机不停地鸣笛，15分钟过去了，仍不见年轻夫妇的动静。

3号刑警进茅厕察看，发现她们已从掏粪口逃跑。

3号刑警带领抓捕人员立即组织搜山，最后在半山腰将"黑鹰"抓获。在抓捕时发生了枪战，瘦女人被击毙。

邓局指着一张照片："这组照片就是在双旗镇抓捕'黑鹰'时拍下的。"

云中山十分钦佩公安局的工作，同时也为发生在身边的事件感到吃惊："你们真是火眼金睛，法网恢恢，疏而不漏，他们这些情报是怎么搞到的？"

邓局说："副司令提出的问题还是让'黑鹰'回答吧！"

14

山城公安局。

邓局审讯"黑鹰"。

邓局神情威严："'买参人'已经被捕，你出卖的全部情报我们已经截获。"

邓局向"黑鹰"出示了截获的情报资料和抓捕买参人时的照片，然后说："对于你们窃取出卖军事情报一案，可以说是人赃俱获，我们的政策你很清楚，坦白从宽、抗拒从严，我们给你提出五个问题请你如实回答，如果你老实交代，我们对你可以从宽处理。”

“黑鹰”看了资料和抓捕买参人时的照片出了一身冷汗，知道难以抵赖，在我公安人员严厉的攻势面前，供认了自己的犯罪事实。

“黑鹰”：“1962 年我十八岁，母亲病故，当时我正在上中学，因家庭困难被迫辍学，我父亲经不起艰苦生活的折磨，唆使我和他一起做起贩卖妇女的买卖。那时四川很穷，把年轻媳妇介绍到内地，成一门亲就能获得几百元的收入。后来我父亲越做胆子越大，最后走上了拐卖幼女的道路。在拐卖妇女的过程中，我父亲发生几起人命案，后来东窗事发，被政府枪毙了。”

“我在家乡呆不下去了，后来流浪到朝阳，到朝阳后我没有找到工作，被一伙流氓糟蹋了。我无心再活下去，就在这时，一个自称景泰的男子救了我。不久，他又托人在一家四川饭店为我找了一份工作，我的生活开始有了着落。”

“我很感激景泰，经常和他来往，后来他知道了我的身世，不断地向我灌输仇恨政府的思想，慢慢把我引上了反政府的道路。”

邓局问道：“这个景泰现在在哪里？”

黑鹰答：“这个景泰不是别人，他就是跟随买参人的白发人。”

邓局问：“你只知道那个买参人的绰号吗？”

黑鹰答：“听山里眼说取货人的绰号叫仙翁。”

邓局问：“你是怎么走上出卖国家情报道路的？”

黑鹰答：“景泰比我大四岁，时间久了，我对他产生了感情，提出和他结婚，景泰说结婚可以，但要我帮助他完成几件事。我问他什么事？他让我把三个包裹送到他指定的人家。当时我有些纳闷，为什么把送几个包裹看得这么重？后来我才知道，这是他让我转送的反动传单和军事情报。”

邓局问：“你是怎么知道是反动传单和军事情报的？”

黑鹰答：“我送过几个包裹后，景泰认为我对他是忠诚的，问我知不知道送的是什么，我说不知道，他严肃地告诉我包裹里装的是反政府的传单和转向国外的军事情报，如果被公安发现，我就要蹲监狱。听了他的话，我心里一阵紧张，联想到父亲被枪毙的情景，我感到非常后怕。我不由得哭了起来。景泰威胁我说，你已经走上了间谍的道路，咱俩是一条绳上的蚂蚱。还告诉我，他是‘复国社’的成员，当时，他还给了我两千元钱，说是上头给我的奖励，并一再告诫我，开弓没有回头箭，如果我把这些说出去，我就会从地球上消失。”

黑鹰：“我说你不是答应，我送完几个包裹和我结婚吗？现在我做了。”

景泰说：“我俩不能结婚，这是上头的指示。为了工作，我们为你物色了一个对象，他就是四川饭店的厨师郑三。”

黑鹰问：“郑三也是‘复国社’的人？”

景泰答：“不是。让你和他结婚，主要考虑郑三人比较老实，你们结婚后，组织上给你们一笔钱，到山城开个饭店，以饭店为掩护开展工作。”

画外音：（黑鹰）：按照景泰的安排，我主动接近郑三，郑三欣喜若狂，不久我们结了婚。郑三对我是言听计从，我们离开朝阳来到了山城，在青岗镇办起了这家川菜馆。

邓局问：“为什么把川菜馆开在青岗？你们是怎么考虑的？”

黑鹰答：“因为我们来之前就得知，这里是一个军事要地，在要地的部队中有很多当兵的是四川人，我也是四川人，这一点我便于接近他们。”

邓局问：“你到山城后接受谁的领导？”

黑鹰答：“我到山城后白山熊指示我，说我到山城后要接受两个人的领导，一个是他白山熊，一个是山城站的山里眼。一般指示他通过山里眼向我下达，有时会直接找我。”

邓局问：“你和山里眼都有哪些来往？”

黑鹰答：“白山熊虽然明确让我接受山里眼的领导，但规定，不让我和山里眼直接联系，一年来，我和山里眼共来往两次，一次是他到川菜馆向我下达任务，一次是找他听取我传递情报的方法。”

邓局说：“请你详细地讲一讲！”

黑鹰说：“我们到山城办起川菜馆，白山熊给我下达的任务是，尽快弄清山城地区的军事部署，重点是弄清雪山工程的分布和性质，要设法取得雪山工程设计方面的绝密材料。

“为了便于工作，经过考察我建议郑三把川菜馆开在青岗。这里是山城和边境A城间的交通要道。为了拉近和当兵的距离，我们对军车司机采取了两项优惠办法：军车司机吃饭收半价，如住店过夜不收住宿费。由于这两项规定，在过往司机中很快传开，开店不久，这里就成了军车司机过往落脚的地方。

时间久了，司机和我们无话不谈，我把听到的、看到的东西集中起来加以分析，雪山工程的部署和性质就非常清楚了。”

15

10月。

青岗川菜馆。

老板娘正指挥店员从一台解放牌汽车上卸菜，一个蓄着山羊胡子、穿着狐皮背心的老人出现在川菜馆门前。老者提高嗓门搭讪道：“这是要贮存过冬的蔬菜了！”

老板娘抬起头，对山羊胡老人道：“哎哟，刁老板呀，看你这一身打扮，很像一个老掌柜先生，要吃饭吗？”

山里眼说：“最近我收到两棵数百年的老参，听说过几天这里有庙会，我到这里先摸一摸行情。”

黑鹰明白山里眼的来意：“那请先生店里坐坐。”

黑鹰把山里眼让到里间，倒上一杯开水。

山里眼打量了一下里外，问道："郑掌柜呢？"

黑鹰说："这不是要急着过冬的吗，老郑到镇上去了。"黑鹰把门关上，低声问："山棒搞到了，怎么出手？

山里眼说："白山熊陪仙翁取货时要买两支山参，你把所获得情报糊进两个人参盒，到时在川菜馆交货取钱。"

黑鹰说："按照山里眼的吩咐，我把图纸资料糊了两只人参盒，那天，我收到3000元奖金，把参盒交给了'仙翁'。"

16

邓局说："你谈谈情报交易时间的情景。"

黑鹰说："三天前，我收到一封电报，说母病危，让我接电后走水路回去。我看了这封电报，觉得不正常，心想，是否要出事呢？我坐卧不安……第二天，一位白发老人出现在青岗川菜馆。也要吃'红蘑菌汤！'我心里一怔，仔细打量着眼前的老者是白山熊景泰。"

邓局问："白山熊向你交代了什么？"

黑鹰答："他告诉我，交易之后让我马上撤离山城。我问他怎么撤？"白山熊说："共党的反间斗争搞得非常诡秘，为了以防万一，把图纸分成两份，你带上一份然后向松江河转移，到了双旗镇，你改扮男装，到公共汽车站候车，有一个瘦女人接应你。"

黑鹰问："我不认识她怎么接头？"

白山熊说："她到你这里采过点，有你的照片，她和你接头的暗语是：'夫君你可回来啦'！"

邓局说："白山熊景泰现在在哪里？"

黑鹰说："不知道，情报交接后他和买参人走了，我收拾了东西，告诉郑三，我也该回家了。郑三要送我，我说店里很忙，还是我自己走吧。"

邓局问：你详细交待那份绝密图纸是怎么搞到的。

黑鹰说："这要从保密员刘广忠说起。为了招揽生意，我们搞了一个周年店庆活动，宴请各方人士。那一天，刘广忠也来了。他喝多了，看到我们的女服务员抱住不放，当时服务员拒绝了他的要求，可他念念不忘，成了川菜馆的常客。"

"后来，我从刘广忠的战友那里得知他是保密室的资料员，当时我想，如果从他身上打开缺口，一定能得到很有价值的资料，于是我开始在他身上下工夫。我做通了服务员小翠的工作，刘广忠和小翠很快建立了恋爱关系，刘广忠来菜馆的机会就更多了。"

17

一天。

刘广忠背着一个背包出现在菜馆门前。

他进来后没有直接就座,径直向后院走去。

老板娘见刘广忠进来,笑呵呵地迎上去:“大兄弟呀,哪阵风把你吹来啦,是不是来看花呀？我还以为你再也不来了呢?”

刘广忠红着脸:“哪里！哪里！郑姐八面春风,没有小翠我也会常来。”

老板娘把他领进里屋,继而发问道:“这是从哪来？到哪儿去呀?”

刘广忠答:“到工兵营取材料,回机关,顺便到这儿看看郑姐。”

老板娘说:“谁信呀,我都半老徐娘了,分明是惦记着我们小翠吧?”

老板娘见刘广忠满头大汗,先给他倒了一杯水,又给他端上一盆洗脸水。

老板娘说:“大兄弟,你先洗洗脸,一会儿我把小翠找来。”

刘广忠一阵高兴,把背包挂在墙上,喝了两口水,嬉皮笑脸地说:“郑姐这里真好,连毛巾都是香的。”

老板娘深知刘广忠的来意,笑着走了出去,找到小翠:“你广忠大哥来看你了,这店里不方便,你们到后山去,他要和你谈谈。”

小翠点点头,脱下工作服,赶紧洗脸化妆。

老板娘回到后屋,见刘广忠正在喝水,诡秘地一笑:“中午在这儿吃饭,小翠在后山等你呢,你们好好谈一谈,人家可是黄花闺女,不要粗手笨脚的,要温柔些。”

刘广忠连忙站起来,“多谢郑姐!”就急忙走了出去。

刘广忠从川菜馆的侧门来到后山,小翠正不安地站在那里,她见刘广忠过来,羞得把身子扭了过去。

刘广忠热情地走上前:“翠,你好,郑姐很关心我们的事,让我们好好谈一谈。”

小翠转过身,仍然害羞,但很快勇敢地说:“我家住农村,父母都是种地的,我只念过小学,你是当兵的,我们般配吗?”

刘广忠听懂了小翠的话音,答道:“我父母也是种地的,我是初中毕业,比你高不了多少,怎么不般配？只要你愿意,我们就能处下去!”

郑梅隔窗望去,见刘广忠和小翠往山上走去,急忙关上门,打开刘广忠的背包,从背包里取出一个牛皮纸袋,郑梅从纸袋里取出叠着的东西,展开一看,把郑梅惊呆了:图纸上赫然写着“雪山阵地 103 号工程安装图”,在图纸的右上角标着“绝密”字样。

郑梅又看了第二张,标着同样的字样。

郑梅动作麻利地取出一张,叠了叠,放进床下隐蔽处,把另一张照原样叠好,放进牛皮纸袋内装好。

郑梅让郑三炒了几个菜端到后屋。

过了一会,刘广忠和小翠回来了。

郑梅取来酒具,陪刘广忠吃饭。

郑梅开门见山:“你们谈的怎么样?”

小翠有点害羞,只是笑什么也不说。

郑梅问:“广忠呀,你们谈的怎么样? 可以吧?”

刘广忠答:“小翠不嫌我们家贫,愿意和我处下去。”

郑梅转向小翠:“是这样吗?”

小翠点点头,“嗯”了一声。

郑梅满面笑容:“好! 祝贺你们!”说罢,端起酒杯和刘广忠碰杯……

邓局问道:“刘广忠丢失了一张图纸他没有发现?”

郑梅答:“发现了。两天后他来川菜馆找我,问我是不是看到一张图纸,他说那是一份绝密材料,上级发现了,是要判刑坐牢的!”

邓局问:“你怎么回答他?”

郑梅说:“我装作一副很生气的样子说:‘刘广忠,我让你和小翠约会是帮助你,你可不能栽赃陷害我!’”

邓局问:“后来呢?”

郑梅说:“刘广忠见找不到图纸,放声大哭。他哭了一会我提醒他:‘你丢失的图纸还有没有底? 如果有底,再复制一份不就成啦!’”

刘广忠听了眼前一亮,不再哭了!

邓局问:“后来他没有再说过此事?”

郑梅说:“说过。两个月后他找我,说有两件事使他日夜不安!”

邓局问:“什么事?”

郑梅说:“他说,一是小翠怀孕了,部队知道了,正在调查他;二是那份图纸找不到,早晚会闹出事情来,问我怎么办?”

邓局问:“你给他出了什么主意?”

郑梅说:“刘广忠的事如果败露,我将是首先怀疑的对象,为了防止这种情况发生,我劝导刘广忠,赶快复员,走为上策。一个月后,刘广忠带着小翠离开了山城。”

邓局问:“他走后你们有没有联系过?”

郑梅答:“没有,连一封信也没有收到过。”

郑梅讲到这里,邓局取出一张照片,那照片是雷宇声的工作照,问道:“你认识这个人吗? 刘广忠向你谈没谈过他和一个营长的关系?”

郑梅看了看照片,摇摇头,说:“不认识。”

18

四川。

刘广忠的家乡。石山林立，连绵不断。山脚下长满了竹子。镇上车来人往，沿街有不少编制竹制品的人家。

在一个宅院里，一个怀孕妇女学编竹篓，由于编得不好，受到男人的指责："真笨！教你多少遍了，还不行！"

那女子眼泪霎时流了出来，可并不敢说什么。那个男的就是刘广忠，女的是小翠。

闫明轩和山城公安局关组长在派出所民警指领下来到了这个宅院。派出所的同志说明了来意，说："请这个男同志跟我们走一趟。"

刘广忠已经预感到事情不妙，看到保卫处处长闫明轩时，心里咯噔一下，但他还是故作镇定地笑着："闫处长您好，请屋里坐。"

闫明轩说："我们有公务在身，还是听从派出所的安排吧！"

这时刘广忠的父母围了上来，恳切地问道："这孩子是不是在部队做错事了？是因为在当地找媳妇吗？他领小翠回来，是不是犯法了？"

闫明轩微笑着解释道："大爷大娘，我们找他不是小翠的事，小翠的事儿就算过去了。有件别的事需要广忠配合我们。最后，我们会给你们二老一个交代。"

警察给刘广忠带上了手铐。

在四川至北京的列车上，刘广忠带着手铐，神情恍惚地望着窗外……

画外音：经审问，刘广忠交代了图纸丢失的前后经过。他的行为已经构成犯罪，必然要接受法律的制裁。

19

龚振华和云中山为发生在身边的复杂激烈的反间斗争所震惊。

云中山站起来，用愧疚的神情望着刘局："感谢公安局给我们上了一堂生动的反间斗争课，通过这个片子，可以发现，我们的部队里许多人包括我们领导干部，头脑中只想着工作，缺少反间斗争这根弦，敌人用糖衣炮弹攻击我们，把黑手插到了我们的口袋里，我们还不知道，真让人吃惊。"

龚振华说："中山，我建议，把这个资料片到部队放一放，对全体官兵进行一次反间斗争和安全保密教育，让全体官兵绷紧反间谍斗争这根弦。"

云中山问："不知公安局的同志同意不？"

刘局长笑着答道："进行国防安全教育是我们共同的责任，请基地首长安排，我们随叫随到。"

云中山握着刘局长的手："好！谢谢你们！"

20

山城市政府大礼堂。

礼堂内坐满了军人和全市公安系统的代表。

舞台上方高悬：山城市间谍案宣判大会。

军事法庭宣判长宣布："去年 11 月，我们破获了一起重大的军事情报间谍案，经过三个月的侦破审讯，参与这个案件的嫌疑人已经大部落网，嫌疑人对所犯的罪行供认不讳，根据中华人民共和国国家安全法、保密法，吴景泰（绰号白山熊）、郑梅（绰号黑鹰）、刁凤财（绰号山里眼）、刘广忠构成犯罪，现在把他们押上台，接受宣判。"

特警将四名罪犯押上台。

画外音：白山熊吴景泰是这起案件的主谋，被判有期徒刑 15 年；黑鹰犯有出卖国家军事机密罪被判有期徒刑 12 年；山里眼刁凤财犯出卖国家军事机密罪，判有期徒刑 8 年；刘广忠丢失保密材料隐情不报，充当了敌特组织的帮凶，并栽赃陷害同志，判有期徒刑 3 年。

第二十一章

学习批示明正理　喜迎雪山飞彩虹

1

云中山和龚振华参加二炮军事工作会议。

大会在热烈的掌声中闭幕。

从荣之、龚振华和云中山一起走出会场。

从荣之问他们还有什么问题。

云中山说:“原来安排北方团低温发射,会上怎么没有提?”

从荣之说:“二炮上报了计划,因装备迟迟不能出厂,总部没有批复。”

云中山问:“能吹吗?”

从荣之说:“这个说不准,部队要按发射作准备。”

龚振华问:“参谋长还有什么指示?”

从荣之说:“有两个情况通报你们,请你们注意。”

龚振华问:“什么情况?”

从荣之说:“一个是瘪弹的事,连总理都知道了,这件事要认真调查,拿出处理意见,我们要争取主动,通过这个事故的处理,把我们的管理水平提高一步。”

云中山说:“七机部已经来人了,我们会尽快写出报告。”

龚振华问:“第二个情况呢?”

从荣之说:“我从政治部门得知,陆仲琦跟中央文革的联络员有密切的联系,听说他跟联络员写过几个怎么办?联络员把他的信转送中央文革,听说江清在他的信上有批示,应当如何如何,为什么提这个问题呢?就是提醒你们,对陆仲琦要有所防备。”

龚振华问:“杨秀雄呢?”

从荣之说:“通过去年发射任务,杨秀雄对许多问题的看法有重大转变。一是他认识到,掌握复杂的技术需要经过反复的训练,没有充足的时间不行。他说,过去他强调政治教育,争时间似有不妥。二是对高署月的认识,过去认为他单打一,政治不强,通过执行发射任务,他认为高署月会带兵,会管理,是个好干部。这次会议期间叶兆林找他谈过话，最近他情绪不好，对杨秀雄的变化你们要重视。”

龚振华问：“杨秀雄向你谈过什么？”

从荣之说：“会议期间他去看我，他说，在基地工作这几年做了不少蠢事，很对不起我们对他的希望。”

云中山说：“杨秀雄的变化我已经感觉到了，他从去年‘时间之争’之后再没有讲过过头话，变化的原因是什么还说不清楚。”

从荣之说：“杨秀雄是党委重要成员，他能够转变过来不容易，这对基地的建设是件好事。”

龚振华说：“谢谢老司令，您离开了基地，还继续关心着我们。”

他们正在谈话时，杨秀雄来到龚振华的房间。

杨秀雄见从荣之和龚振华在谈话，向从荣之敬了礼，欲退出房间。

从荣之道：“秀雄有事吧？我该回去了，你们谈！”

龚振华把从荣之送到楼梯处。

杨秀雄和龚振华一起回到房间，龚振华问：“秀雄有事吗？”

杨秀雄答：“冬梅这两天要生孩子了，给我打过两次电话，让我回家看看，我想……”

龚振华没待杨秀雄讲完，就接了过来：“我和云司令员谈了，正要通知你，会议过后你回家住几天，尽点义务，此外，请顺便代我们向楚老问好。”

杨秀雄答：“那就谢谢两位首长的关照，我会转达你们的问候。”

2

楚天佑宅院。

一台黑色轿车在宅院内停下，杨秀雄从车上下来，一手提着公文包，一手提着礼品盒。

郑绪红听到车响，走出客厅，看见杨秀雄高兴地迎上去：“秀雄，开完会啦？”

杨秀雄说：“妈，家里都好吧？”

郑绪红一边搭话，一边接过杨秀雄手中的礼品：“来就行了，还买什么东西？”

杨秀雄说：“没买什么，这是您和冬梅爱吃的烤鸭。”

郑绪红把女婿领进客厅。

杨秀雄放下公文包，扫视了一下房间，问：“爸爸和冬梅呢？”

郑绪红带着抱怨的口气：“你爸爸不知怎么那么忙，已经有半月没有回家了。冬梅已经临产，昨天下午住进了医院。”

杨秀雄问：“冬梅身体好吗？”

郑绪红答：“好！好！”

杨秀雄看看表已近下午 5 点，问道：“妈，我什么时候去看冬梅？”

郑绪红答："我马上做饭，我们先吃，然后带上饭再去看她！"

杨秀雄问："冬梅不着急吗？"

郑绪红答："和冬梅已经说好，饿不着她。"

杨秀雄说："那也好。"

杨秀雄话音刚落，电话铃响了。

郑绪红拿起电话，听到是楚冬梅的声音，郑绪红问道："怎么，又饿啦？"

楚冬梅问："秀雄回来没？"

郑绪红答："回来啦，怎么着？"

楚冬梅不高兴地："回来了怎么不来看我？"

杨秀雄接过电话："冬梅，你好？吃过饭就去看你。"

楚冬梅说："你就知道自己吃，心里有没有我？"

杨秀雄说："我是说马上去看你，妈妈说还要给你带饭，不是已经说好了吗？"

楚冬梅说："你带上饭马上过来，我们一起吃。"

杨秀雄说："好，好！我马上过去。"

杨秀雄小心地提着饭盒，坐上车，向医院驶去……

杨秀雄走进冬梅的房间。

楚冬梅又在打电话，见杨秀雄进来，讲道："秀雄到了，我挂啦！"

楚冬梅望着杨秀雄，挺着大肚子站起来，高兴地："秀雄你来啦！"

杨秀雄放下饭盒，走上前和冬梅亲昵，楚冬梅："轻一点，别惊动了咱们的儿子。"

杨秀雄扶着冬梅坐下，打开饭盒，又掩住："冬梅，你猜，今天是什么饭？"

楚冬梅说："一定是我爱吃的！"

楚冬梅发现饭盒里装着她爱吃的烤鸭，高兴得手舞足蹈，然后笑嘻嘻地："吃了这烤鸭，一定能给你生个胖儿子！"

杨秀雄把卷好的肉卷递给楚冬梅："吃吧，我儿子看到这么好吃的，也要垂涎三尺了！"

杨秀雄盛了一盒米饭，陪楚冬梅一起吃饭，楚冬梅吃的很香，把一个肉圈塞到杨秀雄嘴里……

吃过饭，楚冬梅让杨秀雄靠近她的身边："秀雄，你知道我为什么让你回来吗？"

杨秀雄不假思索地："你是想让我和你一起看到，我们的儿子是怎样来到这个世界的。"

楚冬梅摇摇头，脸上失去笑容："不，我有重要的消息告诉你。"

杨秀雄严肃起来："什么消息？"

楚冬梅发问道："你是搞政治的，又是通天人物，你是否嗅到，中国的政治形势好像要发生变化？"

杨秀雄说："这一年我很少与上边联系，看不出来，请夫人赐教。"

楚冬梅说："这几个月，爸爸变化很大，经常是神色不安。我和妈妈问他发生了什么，他什么也不讲，不让我们打听那么多，越是这样，我心里越不安。后来我找到爸爸，再三追问，爸爸只讲了两句：'爸爸做了蠢事，请你告诉秀雄，今后，谁都不要靠，要学会独立思考。'爸爸是军委办事组的成员，这话肯定有来头，这才是我找你的原因。"

楚冬梅的房间平静了很长时间，杨秀雄陷入深思，感觉到一种不利的政治气氛在向他逼近……

3

一辆吉普车穿行在大山深处。

所经之处，阴面的山岗上可见片片积雪；山下，杨柳正在吐芽，远远望去，大山已经披上蒙蒙的绿装。

云中山坐在前边，田广川坐在后排，他们边走边谈。

云中山问："事故调查组由哪些人组成？"

田广川答："调查组由五人组成：二炮特装处处长康华，姚军代表，七机部郑大林，我们两人，还有余刚和冯文博。"

云中山又问："鉴定工作怎么安排的？"

田广川答："他们制定了一个方案，等司令员到了再定。"

云中山的车在山地跑了两个小时，转入一个宽敞的山沟，在紧靠山根用树枝伪装过的房前停下。

在屋内，事故处理组的人靠火炕坐着，听到车的动静，一起走出房间。

云中山和事故处理组的成员一一握手，然后进入房间。

室内放着一套自制的硬木沙发和几把木制的椅子。云中山和田广川被让到沙发上坐下，事故组的成员各自拉了一把木椅围坐在沙发的前边。

云中山说："我看了五人小组的成员，都是大学生，都是专家，怎么鉴定处理，谈谈你们的意见。"

康处长说："我们研究了，准备分三步进行：第一步先进行导弹内外部查看，搞清弹的状态，目的是判定有无大的损坏；第二步向弹体充气 1.5 个表压，存放 10 小时，然后进行气密性检查；第三步，向弹体增压，加大到三个表压，然后再进行内外部查看，检查弹体有无变化……"

云中山问："需要我们做哪些工作？"

冯文博说："氮气生产，两台气瓶车；控制班和发动机班配合操作。"

云中山说："请田副参谋长安排。"

田广川答："是！"

云中山问："大家还有什么要求？"

康处长说："方案如可行，我们就开始了！"

云中山点着郑大林："郑工，这样干行不行？如果行我就点头了。"

郑大林说："司令员，这是我们大家讨论的。"

云中山签字，批准了这个计划。

讨论过后，云中山和五人组一起进入洞库，观看了那枚瘪了的导弹。

看过导弹，云中山和郑大林告辞："二炮要在311团召开工程管理现场会，我还要看看，听候你们的结论。"

郑大林说："请司令员放心，我们一定拿出客观求实的报告。"

云中山说："我相信。"

云中山乘车离开装检库……

4

一周后。

"北京—山城"的火车在夜幕中奔驰……

在一个软包车厢内丛荣之和两名着便衣的人在谈话。穿便衣的人是核弹头专家李昌，另一名是导弹总体工程师郑大林。

丛荣之微笑着："李总到雪山基地考察，基本打算是什么？"

李昌说："我这次行动的任务是考察武器储存环境，了解武器装备在坑道内储存后对其性能有什么影响，研究武器长期储存对外部环境的基本要求，并为即将进行的寒区发射做准备。"

丛荣之问："怎么进行呢？"

郑大林说："把在坑道内储存半年以上的若干装备拖出洞库，在自然环境下存放两天，然后检查设备性能。"

丛荣之又问："李总呢？"

李昌说："我们和七机部所进行的试验是同一计划的内容，我们的做法是，首先考察洞库目前条件能否保证核弹头的储存条件，如果不符合，我们将给二炮提出改进的要求；储存条件如符合要求，研究核弹头储存问题。"

丛荣之问："核弹头的储存条件一定要求很高吧？"

李昌说："指标是很苛刻的，有一项不合格也不行。"

丛荣之说："我们正愁没有目标呢，你此行等于帮助我们建立核弹头的储存标准，对二炮建设有重大意义。"

李昌说："你们要有思想准备，估计很难达到我们的要求。"

丛荣之说："这次我们是被考，但我们不怕先生打板子。"

过了一会，丛荣之又提问二位："关于低温发射你们得到的精神是什么？"

郑大林说:“科委对我们的要求是,十月底以前做好全面准备。”

从荣之问:“李总你们呢?”

李昌说:“我们接到的指示是,九月份核弹头要做好储存准备。”

从荣之若有所思:“噢,你们是对着今年冬季准备的。”

郑大林问道:“不是吗?”

从荣之应道:“我们也是按照今冬准备的。只是接装时间还不清楚。”

郑大林说:“我们部里是按照下个月交付准备的。”

从荣之又“噢”了一声,他从郑大林的一席话已经看到低温发射的曙光。

5

田广川陪同李昌和郑大林在一条宽大的洞库内进行实地考察。李昌背着一台测试仪,在不同的点位进行测量,测后随时记录下来。

李昌又详细地查看了洞库的干湿度记录,转向随行的田广川:“参谋长,请部队给我们再填写一份干湿度记录。”

李昌他们继续前行,在坑道的中间地段摆放着部分地装和测试设备,李昌询问随行的工程师:“地装的存放试验你们有记录吗? 结论有吗?”

工程师答:“地装的绝缘度夏天能保持在一兆上下,冬季在两兆上下。在库内存放半年后,把装备拖入自然环境下,绝缘变差,但很快能恢复到两兆以上,随后可见有锈蚀现象。”

李昌说:“这说明,在密闭的坑道内,防腐将是一个重大课题。”

田广川问:“您测量的其他指标呢?”

李昌答:“在八项中有四项不行,尤其是有害气体严重超标,要达到储存标准恐怕要进行改造。”

田广川又问:“怎么改造?”

李昌答:“考察结束后我们将给部队提供一个改造方案。”

郑大林听得很认真,他不停地记录李昌讲述的问题。

田广川陪同李昌和郑大林进入另一个阵地。

在阵地的隐蔽处,伪装棚下摆放着一组电气设备,排长领着操作手正在进行绝缘程度的检查,号手报告道:“2 号手报告:绝缘电阻检查完毕,绝缘值 2.7 兆,符合要求。”

排长见基地参谋长到来,向田广川敬礼报告。

田广川询问了试验经过及其变化。

排长报告:“地面设备在坑道内绝缘值最低降至 0.8 兆,地面设备在洞外存放 24 小时,绝缘电阻稳定在 2.6 兆。”

郑大林插话道:“这些数据可靠吗?”

排长说:“我们有详细记录。”说着把一份检查记录交给郑大林。

郑大林很高兴地接过记录，仔细翻了翻，向田参谋长报告道："我们要调查的问题有结论了。"

田广川问："什么结论？"

郑大林说："经过改造的地面设备可以适应洞库的储存环境，只要能保持坑道内的良好通风，武器和地装经过短期存放，可以满足发射的要求。"

田广川问："敢作这个结论吗？"

郑大林答："该排所获得的数据和条件较好的洞库所得数据非常接近，这个结论是可信的。"

6

在工程兵311团二营的工地周围立着醒目的标语："热烈祝贺二炮工程质量管理现场会在我部召开！"

在坑道内，灯火通明：雷宇声在不同的点位向与会者讲解对渗水面堵漏防渗水的做法。

与会者有从荣之和各基地主官工程的首长、工程和阵地管理人员近百人。有人不停地提出问题，雷宇声都一一解答。

其中一个基地首长评论道："工程兵311团的做法有大局意识，在施工阶段就考虑到交付后防潮问题，这是从源头上采取措施，这样做，防潮问题百分之八十的工作量都在这个阶段解决了。工程兵的这种为作战部队着想的精神，值得我们学习，他们的经验应在二炮的所有工程建设上推广。"

这位发言者正是嵩山基地司令员贺子章，他的发言，博得与会者热烈鼓掌。

在另一条坑道口，营长何强向与会者汇报该连防潮情况。

何强介绍道："这条坑道也是工程兵311团二营打造的，有一半在施工阶段采取了堵漏防渗水的措施。对于没有采取防水的部分，交付后问题很多，我们经过两年的改造，才把整个坑道的防潮问题解决了。"

连长武虎生引导参观者进入坑道，在引流点和渗水点介绍防水堵漏的做法。

引水点均有防潮塑料覆盖着，渗水部位留着重新被覆的痕迹。

参观者观看了该条坑道两年的干湿度记录和变化曲线，通过比较，与会者更深刻地认识到，在施工阶段搞好防水防渗的重大意义。

7

雪山基地党委扩大会议讨论东山导弹团《关于瘪弹问题的处理意见的报告》和专家组《关于瘪弹问题的调查报告》。

云中山主持会议："我们认真听取了专家组关于事故原因的分析报告，听取了东山导弹团的汇报,从这两个报告看,有关部门对事故的发生原因的分析看法是一致的:即发生事故的根本原因是训练结束时,由于弹体内没有留足保护气压所致。我们发射的地点是高原,气压比内地低,当导弹进入内地,外压升高,弹内形成负压,弹体在外压作用下使外壳凹陷。"

"为什么没留足够的保护气压呢?"

"经调查,该营在点火之后,泄出推进剂,对弹体进行氮气置换,放气时正赶上下雨,因忙于撤收,指挥员忘了检查保护气压。之后,部队注意力都转向发射,就把这件事疏漏过去了。"

"鉴于事故是因疏于检查所致,东山导弹团提出给该营营长、连长记大过处分,给发动机排长降职记大过处分,给团长狄文疆记过处分。"

"东山导弹团的处理意见是否妥当请大家讨论。"

部分委员认为东山导弹团的分析是中肯的,同意团的处理意见。

陆仲琦不赞成团的处理意见,说:"这是一件通天的责任事故,营、连长只给记大过的处分不甚妥吧?"

云中山说:"请陆仲琦谈一谈。"

陆仲琦说:"我认为应该把处分倒过来。营、连长应受到降职处分,排长记大过处分,要不,就不能突出领导者的责任。"

陆仲琦的发言使会议气氛发生了变化,很长时间无人发言。

这时,龚振华想起了从荣之通报的情况,提议道:"杨秀雄同志亲自参加发射,了解现场情况,请你谈谈。"

政委话音未落,杨秀雄主动发言:"在正常情况下,我同意陆仲琦同志的分析,但如果考虑这起事故的特殊背景,给高署月降职处分似有不妥。"

龚振华问:"为什么?"

杨秀雄说:"当时的情况是,点火刚过,接着是瓢泼大雨,高署月冒雨指挥,他在大雨中淋了足有一小时的时间。高署月因体力不支晕倒在发射场上,随后被送往医院。对点火弹的处理是在高署月住院时发生的。那天,如果不是高营长发病,也许这起事故就不会发生。我认为,给高署月记过处分已是不轻了。"

云中山说:"对高署月同志的处分应另当别论。考虑这起事故的特殊背景,我考虑应对高署月免予处分或给较轻的行政处分。我是总指挥,又在现场,我请求上级给我记过处分。"

龚振华说:"云中山同志提出了新的处理意见,请同志们复议。"

云中山说:"如果因为我就不必复议了……"

经过争论党委通过了云中山的建议。

旁白:"瘪弹事故的处理报告很快送达战略导弹部队。上级认为雪山基地对这起事故的处理是严肃的,领导姿态是高的。通过这起事故,雪山基地开始把研究各级的检查要点,建立军事技术干部的岗位职责作为军事工作的一项重要内容。同时，也为使用高署月创造了很好的舆论。不久，高署月被破格提拔为东山导弹团团长。”

8

雪山基地党委扩大会议。

张云涛在发言：“我热烈拥护军委关于加强军事训练的指示。这个指示重新明确了军政教育的地位与时间分配，对部队建设具有重要的指导意义。工人要做工，农民要种地，军队就是要以军事训练为中心，如果不是这样，就如同工人不做工，农民不种地，那就是不务正业。”

孙长林说：“政治工作与军事工作的统一是我军的优良传统，把军事与政治对立起来的任何做法都是错误的。今后，我们的政治工作要密切联系部队的实际，加强军政干部之间的合作与团结。”

丁大伟说：“我们热烈拥护军委新的决定，这个决定重新明确了工程施工与政治教育的时间比例，从制度上保证了工程施工时间的落实。有了这个决定，军政干部再也不会因时间冲突打架了。”

云中山说：“过去，我们的军事工作与政治工作发生过不少的矛盾与冲突，这些矛盾与冲突在某种程度上影响了军政干部之间的合作与团结，这种情况的存在，对部队建设是十分有害的。”

龚振华说：“要解决这个问题，对过去的矛盾与冲突要有一个正确的态度，即这不是个人之间的恩恩怨怨，都是为了做好工作。受到过冲击的同志，一定要从这个高度认识过去的问题，切不可把这些记在某个人的账上。如果不是这样，过去积下的怨气就不会消除，加强团结合作的要求就不能落到实处。”

与会人员热烈鼓掌。

杨秀雄说：“我赞成和拥护军委关于教育训练时间等问题所做的新的规定。这个决定对缓解军政工作之间的矛盾具有重要意义。同时我也拥护云中山和龚振华两位书记以及孙长林同志的发言。在当前，要把消除军政干部之间的矛盾与隔阂作为一个重要问题来抓。过去我在这些方面做过了头，伤害了一些同志，我在此向他们表示歉意。”

龚振华没有想到杨秀雄能发生如此大的转变，带头为杨秀雄鼓掌，而陆仲琦神情木然……

龚振华在总结发言时，机要参谋走进会场，把一封电报交给云中山。

电报内容是：“雪山基地：经中央军委批准，确定由北方导弹团于翌年一月遂行风三导弹低温发射任务，这次发射在科委配合下由二炮负责指挥，请接电后派人来京与科委就接装实施计划等问题作出安排。”

云中山看后将电报转给龚振华，龚振华看后和云中山交换意见，决定将电报传达与会人员。

9

云中山和龚振华研究了低温发射的组织问题。

云中山说:“从电报指示精神推测,这次发射的总指挥可能是丛司令。副总指挥会请科委担任。基地成立前进指挥所实施具体指挥,你看我们的指挥所怎样组成?”

龚振华说:“你一定胸有成竹了,还是你讲吧。”

云中山说:“鉴于二期工程已接近尾声,我考虑,基地的指挥所由张云涛为首组成,其他成员由云涛同志选定。”

龚振华说:“鉴于杨秀雄同志的思想认识有重大改变,我建议由杨秀雄作为张云涛的搭档,通过执行任务,我们不仅要磨练队伍,也要磨合我们的班子。”

云中山说:“我看可以。时间紧迫,我们和云涛谈谈。”

龚振华说:“好!”

云中山和龚振华找到张云涛,说明了来意。

张云涛迟疑片刻,提议道:“这么重大的行动,是否由司令员政委挂帅为好?”

云中山解释道:“这方面我和政委考虑了,发射时我们都要到场,但具体的组织与指挥还是由你挑担子。一方面你有组织发射的经验;二是在科委系统你已经建立了良好的合作关系。你有自己的优势。”

龚振华说:“由杨秀雄和你搭配是否有想法?我们考虑,要像总理教导的,一次发射,多方受益。”

张云涛说:“政委不要多虑,杨秀雄的进步我已经看到了。过去,我找他还捏不到一块,现在他找我,我怎么能拒绝他?!”

龚振华说:“杨秀雄找你谈过?”

张云涛说:“昨天散会,杨秀雄找我,说这次发射可能还是我带队,他说他也想去,要和我配合配合。”

云中山说:“这么说,这次任务大家都提出以你为中心,这个担子你就义无反顾地挑起来吧,到时我和政委为你助阵。”

张云涛笑了:“那就谢谢司令政委的信任。”

云中山说:“好,就这样定了。从副司令来电话了,要我们明天报到,在京协调发射的有关问题。这次去京,北方团要去人,由谁去,就由你确定好了。”

张云涛说:“好!”

10

七机部某研究院会议室。

早饭后,姜学鹏早早地来到会议室。

姜学鹏看到黄国路已走在前面,风趣地:“老总,我以为我来的够早了,你还走在了我的前头?”

黄国路站住,幽默地答道:“有朋自远方来,不亦乐乎,不能不早呀!”

姜学鹏和黄国路正在寒暄,两台轿车已来到会议室的门前。

姜学鹏看看表:“走! 是二炮的同志。”

从荣之和张云涛走下轿车,姜学鹏和黄国路紧前几步迎上去,姜学鹏与从荣之互致军礼,姜学鹏高兴地说:“欢迎! 欢迎! 欢迎上帝到我们单位检查工作。”

从荣之回应道:“学生拜老师是礼道,我和云涛副司令员,还有我们的团参谋长,登门求教,先生可不能过于谦虚了!”

姜学鹏和从荣之的对话引来一阵笑声。

然后,大家依次握手,互致问候。

姜学鹏把从荣之一行让进会议室。

会上,黄国路介绍了 1968 年低温试验之后,围绕武器进行了哪些改进工作,介绍了地面装备的配套情况,明确和强调了这次低温发射要达到的目的。

姜学鹏介绍了科委对这次试验的指示和要求,就试验计划安排提出建议和希望。姜学鹏就发射提出两套保障方案,供二炮参考选择。

张云涛介绍了北方导弹团低温试验以后的变化情况,以及对科委和科技人员的需求。

从荣之根据各方的需求和希望,提出了制定组织低温发射的四点意见:

一、根据中央军委的批示精神,二炮负责发射的组织指挥,从荣之为总指挥,科委姜学鹏同志为这次发射的副总指挥,协助二炮做好发射。

二、根据装备出厂需要进行通调的要求,导弹和装备出厂,要发往金川,在完成装备通调后暂时存放金川,于翌年一月初运往发射基地。

三、二机部和七机部在这次任务中还要结合发射任务进行一些辅助性的试验,希望二炮部队在制订计划时妥为安排。

四、成立由二炮、七机部、二机部有关人员组成技术小组,技术组的任务是:在指挥部的领导下协调计划,处理发射过程中的技术问题,为首长定下决心提供正确的依据……

姜学鹏为从荣之的意见鼓掌,表示支持。

与会人员热烈鼓掌。

最后,从荣之宣布技术组的组成:技术组组长:冯文博,副组长:郑大林、刘枫山、祝冠生(二机部)。

第一次协调会议在热烈的掌声中散会。

11

11 月。

龙山训练场。山风呼啸。

水库里结了冰，虽然气温已降至零下，但训练场上，北方团的练兵场上却热气腾腾。

在测试库房里，躺着新接的白色的“风三”导弹，连长正在组织查看。

“5号手报告：Ⅰ、Ⅳ尾翼之间，外部查看完毕，弹体无凹陷，脱漆八处，最大面积0.3平方厘米。”

“7号手报告：Ⅱ、Ⅲ尾翼之间，外部查看完毕，弹体无形变，脱漆四处，划伤两处，最大脱漆面积0.2平方厘米，划伤深度0.1毫米。”

连长和排长走到Ⅱ、Ⅲ尾翼之间，查看划痕。

排长又绕弹观察，然后向连长报告：“连长同志，导弹外部查看完毕，一切正常，虽脱漆多处，对弹体质量无影响，可否进行内部查看。”

连长说：“进行内部查看！”

排长下令：“各班注意，进行导弹内部查看！”

水平班长布置内部查看：“内部查看是技术阵地导弹检查的一项重要内容。内部查看要完成的工作是：首先检查导弹内部电缆仪器是否处于运输保护状态，然后取下基座，启封仪器，清点随弹文书，核对装箱装弹仪器编号是否与随弹文书相一致，导弹仪器舱内有无多余物和异常情况。希望大家在取出和放下仪器时，要遵守操作规程，各号手之间要密切配合，准确稳妥地操作，轻取稳放，谨防碰撞。查看的结果要记录好，报告后上交。”

在发射阵地上摆放着崭新的装备。

各班正按照单装操作规程的要求，检查新接的装备。

发射班围绕着发射台和起竖车对重点部位进行清洗擦拭，对润滑部位进行注油保养……

控制排组织展开地面电缆网，先进行状态和对号检查，然后分发滑石粉，对电缆进行精心的保养……

冯文博陪着郑大林巡视检查结果。

郑大林评论道：“你们的战士检查得真细，航空插头的接点密密麻麻，有一个接点镀银不好都能查出来，真是太可贵了。”

冯文博说：“这是贯彻总理‘十六字’方针的结果，官兵都这样要求自己，该自己做的，每一个部位，每一个动作，对插头包括接触点的检查都要做到‘周到细致’，稳准严细已经成了我们练兵的口号。”

郑大林说：“周总理是我们导弹事业的奠基人，也是我们航天人的荣幸，没有周总理的领导支持，绝不是今天的局面。有的地方派性斗争那么严重，有那么多的人捣乱，不管什么地方‘堵塞’了，总理一去，问题马上就能解决，被停下的机器会又重新运转起来。”

郑大林只顾和冯文博讲话，他们也没有发现张云涛和杨秀雄。

连长欧阳平吹了几声哨：“停止操作，立正！”然后跑步报告：“张副司令员同志，发射三营五连正在单装操作，检查新接装备，请首长指示！”

张云涛还了礼：“继续操作。”然后走上前和郑大林握手。

郑大林看到了他敬重的张云涛，兴奋地和张云涛握手：“张副司令员，发射又是你挂帅，你是事必躬亲呀！”

张云涛笑着说道：“哪里！哪里！你们当师傅的都到位了，我们当学生的也不能落后呀！”

寒暄之后，张云涛问及低温发射实施方案，冯文博插言道：“郑工拿出来了”。

郑大林说：“不！不！我只列了一个纲，详细计划是文博制定的。”

冯文博说：“老郑呀，我可告诉你，司令员要务色低温发射的有功人员，完了，还要发红包，你推给了我，没了红包，可不要后悔！”

冯文博的话逗得大家都乐了起来……

12

半月后。

导弹屹立在发射台上。那白色的弹体在黄色山岗的映衬下显得十分耀眼。

张云涛、杨秀雄、郑大林、刘枫山、冯文博坐在观看台上，他们望着导弹，不时交换意见……

在控制车上，连长欧阳平下达口令：“断开电源，取出钥匙。”

操纵员报告道：“控制系统检查正常，参数符合要求，模拟发射现象正常，符合发射要求。”

欧阳平说：“排长操纵员带上测试记录，参加阵地汇报会。”

在观看台上技术组围圈而坐，欧阳平汇报发射阵地的测试结果。

欧阳平说：“导弹控制系统进行模飞检查，发现Ⅰ、Ⅲ舵有较大抖动，经检查分析是地球自转角速度所致，不是仪器质量问题。除此之外，现象正常，参数符合要求。我们认为，此弹可以用于发射。”

郑大林和刘枫山抽查了几个主要参数和技术阵地相比较，参数一致。

郑大林说：“可以出结论了。”

刘枫山说：“从发射阵地的测试结果看，主要参数一致，说明导弹仪器性能稳定，所测结果符合发射要求，我认为，可以转往技术阵地封存，以备发射。”

冯文博说：“两位专家和发射连长认为该弹可以参加发射，技术组同意他们的结论；此外，地面设备经综合调试，排除了疑点，也可参与发射。请副司令员决定。”

张云涛说：“请冯文博同志起草电报，将测试结果上报科委和二炮，并将发射实施计划附后，提出我们的决心和意见。”

冯文博立正：“是！”

13

张云涛收到云中山签发的电报。

电报的内容是：“风三导弹低温发射任务作重大调整，接电后和肖百川速返山城议定新的作战计划。云中山”

张云涛星夜返回山城。

张云涛下了车，直奔作战室。

从荣之已从北京到达山城，他和云中山坐在作战室部署图前，商讨与发射有关的问题。

张云涛走进作战室，从荣之大声道：“云涛同志辛苦了。情况有重大变化，召你回来，研究新的实施计划。”

张云涛向从荣之敬过礼，在图案的一侧坐下。

云中山说：“现在会议开始，由二炮从副司令传达总参指示和二炮关于遂行任务的意见。”

从荣之说：“二炮收到张云涛同志关于风三弹的测试结果和地面装备通调后的结论以及发射实施计划。二炮司令部经过讨论，认为这个方案可行，遂上报总参，总参又将报告转报军委。军委首长作了如下批示：

“低温发射是一个难得的机会，为了适应战备的需要，建议此次发射由一枚改为两枚。风三导弹已批量生产，可否从中调拨几发雪山基地储存。从发往雪山的导弹中随机抽检一发，在洞内进行测试，然后运往阵地直接发射。与此同时，弹头的试验也要跟上，除了不实际装填核材料，其他应当进行的试验也要通过发射取得可靠的数据。”

云中山：“根据军委批示精神，低温发射的组织计划作如下调整：

“一、低温发射指挥部将于12月28日前于银山基地开设完毕，从该日18时对任务实施统一指挥。

“二、第一发导弹12月下旬运往银山测试库房，测试后于翌年1月10日前完成首发发射。

“三、第二发导弹于翌年1月中旬完成测试后选择时机进行发射。

“四、二机部携试验装备器材于12月中旬进住雪山基地装检团，在装检团配合下实施弹头保障，其试验计划由低温发射指挥部作出安排……”

14

1971年12月。

从荣之、姜学鹏乘专列抵达山城，小憩后乘车进驻银山指挥所。

从荣之宣布指挥部正式成立。

会后，任务领导小组勘察道路和阵地，视察导弹存放场地和安全保障措施。

走访地方安保部门，研究发射期间的戒严和疏散方案。

指挥部视察炮兵防空阵地，与空军协调防空作战问题……

15

一支军列在夜幕下开进……。

肖百川在车载指挥所下达行军命令："北方导弹团：你部发射三营的装备卸载地域由银山改为东川林业专用线，部队卸载后就地隐蔽待命，然后摩托化行军进入银山基地。"

肖百川让与会人员坐下，然后说："根据变化了的情况，团的决心是：派出由副团长率领的设营组改乘汽车，火速赶往东川林场，于明日18时前完成设营工作，并搭建过渡平台，保证顺利卸载；发射营立即进行严寒条件下行军宿营教育，卸载后团指在林场开设，开进时随第一梯队行动……"

夕阳西下。

东川林场专用线。

副团长指挥设营队修筑卸载站台。

设营人员脱下棉衣工作，他们把一根根圆木并在一起，打上扒钉，铺出20余米。副团长喊来警卫排长："除了卸载区的警戒，另外交给你们一项任务，卸载后捆绑加固器材的回收由你们负责，回收后送交东川车站。"

警卫排长答："是！"

副团长又唤来保卫干事："你和林场保卫科联系，组成军民联防，民兵18时到位，19时封闭进入东川的三条道路，对装备存放区域实行戒严，防止无关人员进入隐蔽区域。"

保卫干事答："是！"

副团长又唤来管理员："按照已定设营方案，各门前贴上标签，然后做好野炊准备。"

管理员答："是！"

副团长又唤来作训参谋："请给前指发报，16时卸载和宿营准备就绪。"

作训参谋答："是！"

20时。

专列进入东川林场专用线。

作训参谋将宿营部署图呈交团长肖百川。

肖百川指示作训参谋："把宿营部署图下发营连，立即组织卸载。"

作训参谋问:“各连对自己的部署是否清楚?”

营连长答:“明白!”

副团长下令:“开始卸载!”

营连长立正:“是!”

接着,车辆马达轰鸣,灯光闪闪,哨声,口令声,装备车辆在微暗的灯光下徐徐开下铁路平板车,开往各自的疏散地点……

21时。

团长肖百川和副政委在吃饭。

副团长进来报告:“全部宿营就绪,卸载安全顺利,宿营报告已经写好,请团长阅示。”

肖百川放下筷子,看完电报,指示说:“请把我们的后续决心上报指挥部,装备开进路线拟走北路,从东川出发,过安宁镇、凤凰岭进入银山基地。”

副团长说:“好!”

副团长飞快地加上要请示的问题,召来机要参谋下令:“请立即把宿营报告发出去,上报低温发射指挥部,抄报银山基地。”

机要参谋答:“是。”

从荣之和姜学鹏、张云涛坐在指挥部里,正在议论部队的行动。

机要参谋送来一份电报:“首长,北方导弹团的宿营报告。”

从荣之看了电报,脸上浮起满意的神色,转向姜学鹏:“老姜,你看,部队已进入待机位置。”

姜学鹏看了电报,评论道:“北方团训得不错,卸载宿营干净利落。”

从荣之问:“你看他们的后续决心如何?”

姜学鹏答:“可行!”

从荣之转向张云涛:“那就回复他们,同意他们的后续决心,29日16时撤离待机地域,经安宁、凤凰岭进入银山营地。”

张云涛答:“是!”

16

一支专列从大坳山林间穿行。

在列车卧铺厢内坐满七机部科技人员:有人看书,有人下棋,有人抓老K,唯有黄盈盈呆呆地坐在那里。

黄盈盈身不由已地掏出票夹,一张英俊的军人照片显露出来,黄盈盈偷偷地看了一眼,半年前欧阳平在黄家做客的情景又清晰地浮现在眼前——

欧阳平率队进京接装。

黄国路设家宴款待欧阳平，郑大林和刘愈萍作陪。

席间，他们推杯换盏，十分热闹。

喝到一定时候，黄国路郑重地提出："欧阳，你和盈盈都是大龄青年了，你们相爱多年，该到成婚的时候了，你们准备什么时候办啊？应当有个计划，好让我们有所准备。"

欧阳红着脸望着盈盈，盈盈瞟了欧阳一眼，盈盈明白欧阳的意思："爸，我和欧阳商量了，请你和妈妈定吧！"

黄国路说："我们定不是包办啦？"

盈盈说："我们愿意爸爸包办。"

黄国路想了想，转向郑大林和刘愈萍："大林，目前部队战备紧张，是否在低温发射后办理？请你两口子参谋参谋。"

郑大林说："挺好！到那时风三导弹也该定型了，双喜临门。"

黄国路又征求老伴的意见，老伴道："欧阳和盈盈同意吗？你们要同意，就这样定下来。"

欧阳和盈盈同声说："我们同意。"

郑大林和刘愈萍斟上一杯酒："我们两口子愿做你们的证婚人，祝你们早一天喜结连理。"

黄盈盈正想得入神，刘愈萍走过来问："盈盈你想啥？"

黄盈盈回过神，不好意思地说："没想啥。"

刘愈萍说："别骗我了，你在想欧阳，你正盼着那个日子的到来。"

黄盈盈满面羞红，装出不高兴的样子："还是大姐呢，净拿人家取笑。"

卧铺车厢颠了两下，停了下来。

实验队长吹了几声哨子；"到站了，准备卸车，按照分工，每人要看好自己分管的东西。"

在站台上，停着五台大车，欧阳平站在车前，执行接站任务。

黄盈盈走下卧铺车，她向四周扫了扫，一眼就看到欧阳平，欧阳平也看到了黄盈盈，两人都快步走上前，这一对恋人像是久别重逢，含情脉脉，两双手久久地扣在一起……

刘愈萍走过来，大声道："欧阳平，卸车呢！到时候再亲吧。"

欧阳平转过身，不好意思地给刘愈萍敬了一个礼："刘姐好，怎么装卸，请吩咐。"

刘愈萍说："盈盈这里是十个箱子，还有一些活动餐桌，需要一台车，盈盈指挥，你们干吧！"

欧阳平组织卸车装车。

张云涛陪着黄国路走过来。

欧阳平看到张云涛和黄国路,上去向他们敬礼。

黄国路看到欧阳平,关切地问:“你们几时到的?”

欧阳平答:“前天。”

黄国路问:“连队的同志都好吧”

欧阳平答:“谢谢爸爸的关照,都好。”

张云涛接话道:“黄总啊,什么时候喝欧阳的喜酒啊?”

黄国路说:“等着吧,喜宴少不了你!”

17

白雪覆盖的大坳山连绵不断,如万千玉龙盘旋其间。

站在高处,东川林场同往常并没有什么两样,北方导弹团一个营的装备隐蔽在积雪下,如果不是近前,看不到任何可疑的特征。

在北方团的指挥所内,肖百川召开作战会议:“命令:发射三营及各直属分队:行军纵队编成两个梯队,12 月 30 日 18 时从东川出发,经凤凰岭、安宁向银山基地开进……”

两小时后。

夜幕降临,东川林场四周机器轰鸣,身罩白色迷彩衣的装备徐徐开出掩体,向编队地域开进……

在出发地线,团长肖百川早早到了那里,当装备接近出发地线时,肖百川看看手表:时间正好 18 点。

肖百川挥动有力的大手,一台台装备从眼前鱼贯而过……

第一梯队过后,肖百川加入行军序列……

发射连是第一梯队,欧阳平精神抖擞地望着前方的路况,不时提醒司机注意。

开车的司机是欧阳平同年老兵万虎墩,他虽资格很老,但仍像新兵一样驯服。万虎墩道:“连长,放心,老墩学陀螺不行,开车驾辕咱可是稳妥可靠,万无一失。”

欧阳平说:“是啊,如果信不过万大牛,能让你打头车!”

万虎墩换了一个话题:“连长,听说这次任务之后要办喜事,真的吧?”

欧阳平说:“现在行军,少说话!”

万虎墩还是不停:“到那时,我称新娘为嫂子,喝喜酒可不能落了我。”

欧阳平说:“好!少不了你。”

一道大山岭横在眼前,虽是夜间,但在白雪的映衬下仍然清晰可见。

欧阳平看看表,命令道:“停车检查!”

欧阳平跳下车,用对讲机和后车联络:“2 号!2 号!我是 1 号!”

“我是 2 号,1 号请讲!”

“要过大山岭，停车检查，扣紧防滑链，严防熄火！”

“2 号明白，过大岭，停车检查！”

第一梯队徐徐通过凤凰岭，过岭时装备开大灯前进，远处望去如一条火龙在山间盘旋。

肖百川的坐车在凤凰岭上停下，靠在路边。

肖百川指挥第二梯队翻越凤凰岭……

肖百川命令参谋：“向指挥部发报，发射部队安全通过凤凰岭。”

参谋答：“是！”

在从荣之的指挥所里，从荣之和姜学鹏在谈话，他们谈论的是有关低温试验的话题。

机要参谋来到指挥所，向从荣之报告：“北方导弹团前指来电，发射部队已安全翻越凤凰岭，正朝安宁开进。”

从荣之说：“好！最险地段通过了。”

姜学鹏看了看地图：“现在是零点三刻，还有 40 公里的路程，估计，拂晓三点发射部队即可抵达。”

从荣之说：“我们休息去？”

姜学鹏笑了笑：“好！”

18

一枚白色的导弹竖在发射台上，在周围雪山的环抱下好像矮小了许多。

在发射场上，欧阳平身着防寒服，站在发射场上指挥操作，他的眉毛和胡须上结出雪白的冰霜。

张云涛、黄国路、龚振华、云中山、黄盈盈站在发射场的一侧，全神贯注地观看操作。“报告连长同志，控制系统检查完毕，现象正常，参数符合要求。”

欧阳平命令道：“加注推进剂。”

接着，加注车电机轰鸣，流量计快速翻转……

发射营长请示：10 分钟后进入 30 分钟准备。

张云涛看看表：“继续操作，同意 10 分钟后进入 30 分钟准备。”

张云涛同黄国路绕发射台一周，查看了发射捆绑加固情况，然后离开发射场，进入指挥所。

黄盈盈走出不远，又折返过来，大声道：“欧阳，要沉着冷静，祝你成功！”

欧阳平向黄盈盈摇摇手：“谢谢！”

黄盈盈在场外望着欧阳平指挥操作，脸上浮现出满意的微笑……

10 分钟后，发射进入紧张状态。

张云涛在指挥台上命令道：“各系统注意，1 分钟准备！”

控制车上进入倒计时，欧阳平："10秒、8秒、6秒、4、3、2、1，点火！"

操作员果断地按下点火按钮。

5秒后，导弹尾翼喷出炽烈的火焰，约8秒，导弹拖着长长的尾焰，徐徐升空，然后，带着巨大的轰鸣直插蓝天……

旁白："三日后，第二枚导弹发射成功。"

画面：一枚绿色的导弹离开发射台，直插长空，转弯，关机，消失在天际……

接着，发射场锣鼓齐鸣，丛荣之、姜学鹏、黄国路、李昌、龚振华、云中山也来到发射场，人们载歌载舞，庆祝胜利。

张云涛站在高处不停地摇手，人们平静下来。张云涛大声宣布："我向大家再宣布一条好消息，我们老总的女儿黄盈盈和连长欧阳平在此举行婚礼，让我们一起欢呼，庆祝一对新人喜结良缘！"

欧阳平和黄盈盈胸前佩带着鲜红的礼花，在郑大林、刘愈萍、冯文博簇拥下来到台前，发射场再次响起庆祝的锣鼓声，万虎墩端着一盆糖块，一把一把地撒向人群……

丛荣之、姜学鹏、黄国路、龚振华、云中山望着欢呼的人群微笑着……

丛荣之突然面色苍白，汗水渗出额头，他咬着牙，悄悄退在后边。这情景被龚振华看在眼里，他立即走过去，把丛荣之扶出发射场。

第二十二章

大贤复出委重任　国防从此开新天

1

春天。

云中山和龚振华同机关同志一起植树造林。

休息时登上山头。

云中山说:“时间过得真快,一晃已经八个年头了。”

龚振华说:“但我们是踏便青山人未老。林彪反党集团被粉碎,要恢复我党我军的优良传统,我们可以甩开膀子大干了。”

云中山说:“几年前我曾想,待阵地建成了,部队有了窝就好了。现在阵地基本建成,下去走一走,深有感慨,需要解决的问题多着呢。”

龚振华问:“都哪些问题需要解决?”

云中山答:“有三大问题比较突出。”

龚振华问:“哪三大问题?”

云中山说:“一是生活问题,二是训练场所问题,三是阵地管理问题。部队进来多年了,主食仍然是高粱米,蔬菜总是‘老三样’:白菜、萝卜、土豆。”

龚振华说:“有些条件差的,老三样也保不了,部队一年有七个月吃不到新鲜菜,少不了又是海带煮黄豆。”

云中山说:“因营房紧缺,所有营连上课没课堂。随着部队扩编,龙山训练场最多只能解决一个半团的训练,要解决这个矛盾,必须重建训练场。还有……”

龚振华接过来:“除了你讲的几个方面,还有两个问题也不容忽视:一是连队文化生活枯燥,二是家属就业和子女上学的矛盾。这两个问题和前几个问题交织在一起,时间久了,必然会影响人心的安定,这才是我们最大的后顾之忧。”

云中山听着政委的分析,神情严肃起来:“人无远虑,必有近忧,政委分析的极是,从长远考虑,要使广大干部扎根山沟,必须创造扎根的条件,我们应当从何着手?”

龚振华说:“最近,我一直在思考这个问题,要解决上述矛盾需要做许多工作,非三年两年之功，必须进行第二次创业。”

云中山若有所思：“这个口号提得好，必须进行第二次创业。是否把你的想法讲一讲，整理一个材料，然后提交党委讨论，要进行如此巨大的动作，必须把上下动员起来。”

龚振华答：“好，就这样。”

2

党委扩大会议正在进行。

龚振华说：“我给大家讲三个故事，这三个故事就发生在我们的身边，都是真实可信的。

“第一个故事发生在北方团，而且是发生在团长冯文博的身上。

“我到北方团考察工作，正赶上冯文博的爱人找政委谈话。谈什么呢？原来是冯文博两口子正在闹矛盾。闹什么矛盾呢？冯团长爱人让政委动员冯团长转业。我了解到这一情况，决定找冯文博的妻子很好地谈一谈。我找到冯团长的爱人，问她：冯团长刚上任，干的很好，为什么让他转业呢？

“冯文博的爱人叫冯如雪，刚开始支支吾吾，后来吐了实情，冯如雪说：“政委，你是过来人，我讲了你会明白。我们结婚快十年了，在一起的时间不足七个月，我是教师，平时不能闲休，只有暑假寒假能自由支配。可每年的假期，又是冯文博最忙的时间，有时来队住不了半月就要离队，我们到现在还没有孩子，能不着急么？

“第二个故事发生在北方团一名排长的身上。这名排长姓张，长得很帅，婚前，曾有六七个女孩追求他。他挑来挑去，和县剧团的一名演员结了婚。妻子为找到军人感到自豪，到军营举行婚礼。结婚时也是海誓山盟，曾表示同丈夫天涯海角永相随，可蜜月还没度完，妻子就提前离队了。不久，张排长接到妻子的来信，声称自己犯了狂热病，相中了军人的名誉，过不了军人妻子的生活，如果你能转业，我们还做夫妻，如果不能转业，只能分道扬镳了。张排长收到这封信，马上请假回去，此时的妻子已经写好了离婚协议，投入了他人的怀抱。

“第三个故事发生在我们机关，是王春江处长的事。王春江的爱人叫兰子，也是名教师。基地组建时正赶上办随军，生孩子。王春江调入我们基地，没办法，只有做好妻子的说服工作，让她只身返回家乡。在回家的途中出了车祸，第一个孩子流产了。基地机关建成后，兰子又生了对双胞胎的儿子。今年已经七岁了。可兰子迟迟不愿随军。为什么呢？兰子听说这里教育条件差，怕随军误了两个儿子，基地建成六年了，他们还是天各一方。”

会议室一片寂静，与会人员聚精会神地听着。

龚振华继续道：“为什么讲这三个故事呢？同志们都会作出结论：我们部队正处在艰苦的环境中，这里与城市相差很多，这些问题已经影响了军心的稳定。北方团40多名大学生，随军的只有13人。究其原因都是因为家属找不到适当的工作，有的是怕误孩子的前程。有人说，我为国防献青春，献了青春还要献子孙？如果不正视这些问题，党委提出的扎根山沟闹革命的口号就会变成一句空话。正是基于上述分析，我们搞一个基层建设五年规划，基地党委准备提出进行第二次创业的口号。这次会议专门讨论这个问题，然后形成决议，作为基地今后一个时期指导基层建设的依据。”

随后，云中山代表党委作了《爱山沟，爱阵地，爱二炮，为建设稳固的作战基地进行第二次创业》的动员报告。云中山在报告中指出：为使部队官兵牢固树立爱国防，爱阵地，爱二炮，扎根山沟干革命的思想，党委要求每个连队用三年的时间完成五件事，建一个制式保温的菜窖，建一个保温猪圈，建一个稳产的菜园，建一个洗澡堂，建一个体育活动场地。有计划地改善官兵的文化生活，解决好吃菜的问题，解决好训练和活动场地的问题，解决好家属就业和子女上学问题。

委员们对党委的号召是支持的，但陆仲琦带头反对，他说：“目前，毛主席发出了要认真读书，在全党进行路线教育的关键时刻，我们不讲路线教育，提出第二次创业的口号，这调子与中央的号召合拍吗？家属就业和子女上学是一个社会问题，非军方一家所能及。希望党委斟酌。”

旁白：通过讨论，党委否定了陆仲琦的观点，最后形成决议，通过了加强连队基础建设五年规划，并以党委的名义上报第二炮兵。二炮党委认为，雪山党委提出的问题具有普遍意义，很快上报总后。不久，龚振华被选为人大代表，龚振华会同其他代表把解决边远困难地区军人家属就业、子女上学作为一项议案提交大会。人代会通过了这项提案，并明确了解决这类问题的政策和办法。

3

雪山基地掀起基本建设高潮。

画面一：机关部队开荒种田、种树、种菜、养鸡养鸭、修路、砌猪圈、搭菜窖的场面……

画面二：云中山率后勤部赴青川市研究药材开发问题，讨论部队建药厂的可行性……制药厂的建立解决了60名家属就业问题……

……

画面三：龚振华率群工处、秘书处走访教育局，讨论联合办学的问题。经上级批准成立青岗中学，从小学到中学可以就近解决。

青岗中学成立后，部队一部分家属调入学校教书，为加强沟通，龚振华之妻路大姐任中学校长。王春江的妻子也到这个学校教书。

画面四：龚振华和路大姐商量：东山团地处深山，距城很远，家属无活干，怎么办？路大姐通过她的关系，使东山团和山城印刷厂、纺织厂搭上关系，东山团办起了刺绣艺术品加工厂……

画面五:青川制药厂军队家属身穿白大褂,制药包装药品,质检打合格证。家属在领工资,个个面带微笑……

画面六:冯文博的妻子冯如雪和兰子在青川中学讲课,学生聚精会神地听课。铃声响了,王春江的两个儿子戴着红领巾,跑出教室打秋千……

画面七:欧阳平的连队。整齐的菜地。文化室内有人在读书看报,欧阳平和战士下棋……

画面八:一台轿车向雪山基地开来,在车上,陆仲琦坐在前边,后排坐着二炮的一名部长……

画外音:正当雪山基地基础建设顺利进展,将要进入收获季节的时候,人们意想不到的情况在雪山基地发生了。

4

雪山基地会议室。

党委正在进行批林整风学习,讨论的问题包括反对走后门问题。

龚振华在发言:这个问题毛主席批示过,主席讲:从正门进来的未必都好,从后门进来的未必都坏。批林主要是从思想上分清大是大非,抓住这样的枝节问题不放,谁送了几个兵,开了几个后门,有什么意义?这是上级指出应当纠正的问题。”

这时,陆仲琦领着那位部长进了会议室。

龚振华见是上级的部长,站起来,很礼貌地报告:“白部长,党委正在进行批林整风学习,请指示。”

白部长没有寒暄,开门见山宣布了他的来意:“根据上级的指示,据群众揭发,雪山基地龚振华同志有严重的政治、经济问题,现通知雪山基地,龚振华退出工作岗位,接受审查。在龚振华退出工作后,陆仲琦同志主持雪山党委工作。”

党委成员面面相觑。

还是云中山提出了问题:“这么重大的决定,上级能否跟我们适当说明,不然,下边的同志问起来我们怎么解释。”

在雪山党委强烈要求下,陆仲琦宣布了龚振华的五大罪状:

一、在长征中追随张国焘有脱队脱党开小差的历史问题。

二、在第十次路线斗争中上了林彪的贼船,为叶群选美。

三、重用有严重政治问题的人,打击迫害坚持正义的干部。

四、有严重的经济问题。

五、在国防施工中推行修正主义路线,同中央文革唱反调,反对无产阶级“文化大革命”。

龚振华如晴天霹雳,气愤难忍,昏倒在会场……

旁白:不久,雪山基地接到通知,龚振华留基地接受批判,交代问题。龚振华被隔离审查的消息迅速传遍基地和山城地区,在群众中引起巨大的反响。基层官兵纷纷向上级写信,要上头说明情况。基层官兵在信中指出:龚振华为雪山基地的建设作出了重大贡献,怎么能够不调查核实,仅凭所谓群众举报,就对他进行隔离审查?在以后的岁月里,龚振华受到很不公平的对待,几年后才被昭雪。

5

河南省驻马店农场。

在牛棚里一个中年男子正在给黄牛添草拌料,看动作很熟练。

那男子添过草料,坐在槽旁的地铺上。他取下挂在铺头的烟袋子,撕了一片卷烟纸,从口袋里取出一撮烟叶,放在卷烟纸上,不很熟练地把烟叶卷成一个烟卷,他撕去烟蒂,划了一根火柴点着烟卷。借着火光让人清楚地看到:他满脸的胡须,但神情闪烁,他是被打成“三反”分子的向华。

向华慢条斯理的抽着,烟雾在房间弥漫,他轻轻地咳了几声,仰着脸,注视着窗外。

画外音响起向华的声音:佟玲呀佟玲,五年了,我们天各一方,音讯全无,你和孩子们都还好吗?妈妈好吗?佟玲是向华生死与共的战友加伴侣,是她支撑着向华的家,向华和佟玲分手时佟玲多病,他怎能不思念呢?

此时,他又想起了与佟玲在战火时代的相识、相爱情景——

1940 年八路军百团大战。

向华团长在师指挥部受领任务。

师长李达下达命令:“你们团的任务是攻克名城,消灭那里的日伪军。在名城驻有日军一个中队,两个营的伪军。当名城战斗打响后,驻扎在新口的日军有可能从西南方向向名称增援。为保证名城的胜利,县大队部署在名城西南 25 公里五道口处,他们的任务是:阻击增援的日军,同时围歼名城漏网的突围之敌。”

李达:“向华明白吗?”

向华:“坚决完成任务。我只有一点儿担心,担任阻击任务的力量是否有些单薄?”

李达笑了笑:“你别担心,我们的县大队可非同一般,他们参加过许多战斗,取得许多辉煌的战绩。师部有考虑,县大队如果吃紧,准备把师特务营派过去。来,你和县大队的佟玲同志认识一下。”

师长将向华和佟玲叫在一起:“这是县大队的队长佟玲同志,她可是有名的‘太行山上一枝花’,刘伯承师长还表扬过她呢。”

一位漂亮英武的青春女子立在向华的面前。

向华与佟玲握手,他们互致问好。

名城攻击战。

向华指挥战斗，炮火连天，敌人溃败，部分投降。

五道口阻击战。

县大队在佟玲的指挥下，阻击增援之敌，在县大队的枪弹下，日军留下横七竖八的尸体，退下山坡……

战斗结束后，向华和佟玲激动地握手，他们用敬仰的目光看着对方。

延安整风。

向华与佟玲不期而遇，他们热烈握手，互致问候。

他们沿着延河畅谈百团大战之后各自的经历，交流参加整风学习的心得体会。

向华："佟玲同志，我很赞赏你先立业后成家的思想境界，你能把事业放在第一位，很值得我们学习。但组织上并不把适时地建立家庭看作有损于工作，你已经26岁了，像你这样的年龄，在乡下都领几个娃娃了。"

佟玲一阵脸红，但很快平静下来，站住，反驳道："你和我不是一样吗？向团长快30岁了，你也没有结婚呀。"

向华和佟玲会意地笑了。

1945年春天。

经刘邓首长批准，向华和佟玲结婚了。

他们的新房是一间简陋的小房，窗上贴着斗大的喜字。

第二天，向华接到命令，开赴新的战场。

佟玲为向华送行，她吟诵杜甫的《新婚别》勉励向华："结发为君妻，席不暖君床。暮婚晨告别，无奈太匆忙。……仰视百鸟飞，大小必双翔。人事多错迕，与君永相望。"

向华紧握佟玲的双手，对视良久，再也没讲什么。

向华转身上马，飞驰远方。

佟玲站在那里，久久不肯离去，直到战马从视野中消失。

1951年。

佟玲任四川宜宾任地委书记，她忘我的工作……

向华进南京军事学院深造，他刻苦学习……

向华所在的44师接到命令，赴朝参战。

向华终止学习，从武汉赶赴河北集结地，他临行给佟玲留下了一封信，'时间紧迫，没有时间看望你们，请原谅，我们又要天各一方，家中的一切全仰仗你了。我会

牢记你对我的希望，我们比翼双飞，多为国家建功立业。'

第五次战役，向华指挥作战，44 师首战告捷。

上甘岭战役，向华指挥作战，坚守阵地，击落敌机，打退美军一次次进攻，把敌人赶过"三八线"……

向华在修改战报。

军政委突然出现在向华面前，高兴地说："向华，祖国的慰问团来了，你看，谁来啦！"

向华抬起头，看到佟玲和他的女儿已站在面前，冲他笑。

向华猛地站起来，迎上去，紧握着佟玲的手，惊喜地："玲玲，是你们？谢谢你们！"

佟玲微笑着："我是代表祖国，代表人民，也代表我们全家来看望你，要谢，首先要感谢祖国和人民！"

向华："对！感谢祖国和人民对我们的关怀。"

佟玲把女儿推到向华面前，小女儿喊着"爸爸"冲上去搂住向华的脖子。

向华把女儿抱起来，高高地举向空中，女儿咯咯大笑…

向华的房门突然被推开，回忆被打断了。他抬头看见的是向华的看管人员，这时，看管高声通报道："向司令员，不要喂牛了，军委炮兵派人来接你，传达上级对你的决定。"

向华并没有特别的惊喜，他昂着头走出牛棚。室外，一台吉普车在牛棚前停下来。从吉普车上下来一位军委炮兵的工作人员。他见向华出来，迎上去向向华敬礼："向华同志，你受苦了，我代表军委炮兵专案组宣布总部对你的决定：免除在农场的劳动；恢复党的生活；立即回京等候分配。

向华热泪盈眶："好！马上出发！"

郑州至北京的列车在夜幕下开进。

在卧铺车厢内向华已经躺下，但他睡意全无，五年来被关押劳改的往事一幕幕向他涌来：

叶兆林和林办找他谈话，宣布他隔离审查，向华不服据理抗争，叶兆林召开炮兵批向大会……

罗瑞卿、肖华、彭德怀批斗大会，向华陪斗，"造反派"让他揭发罗瑞卿，向华说："我不知道罗瑞卿怎么反党。""造反派"见向华态度不好，让他坐"飞机"，高呼"打倒二炮司令向华。"

1968 年向华被押往河北农场劳动改造，看管把最累的活让他干，他扛着麻袋装船，向华划船运粮，在激流中翻船，险些淹死，老船工救了他……

1969年向华戴上手铐，被塞进棚车，乘火车被押往河南，在农场种菜、养牛……

不知什么时候，向华进入了梦乡……

向华正在劳动，妈妈来看他，哭着告诉他："儿啊，佟玲被'造反派'推到井里淹死啦！"

向华听到这个消息，如五雷轰顶："妈——！"

向华猛地坐了起来，原来是个梦。

向华穿上外衣，坐在窗前，一轮红日从东方升起。

6

郑州至北京的火车在大平原奔驰。

卧铺车厢的灯已经熄了。但躺在铺上的向华没有丝毫的睡意，他很快就能和家人团聚了。越是接近这一时刻，向华的心却更不平静——

1960年。

向华正在批阅训练计划。

佟玲推门进来，她静静地站在向华的桌旁。

向华抬起头，看到佟玲呆呆的站在那里，发问到："怎么，有什么事吗？"

佟玲走过去，很泰然地告诉向华："我得癌症了。"

向华不相信："瞎说什么呀，别吓唬我。"

佟玲："真的。"说着把诊断书递给向华。

向华看了看："这不可能，肯定是搞错了，你平时身体多好，检查一定有问题。"

佟玲："这是第二次复查了。"

向华："不行，明天我陪你重新检查。"

西安人民医院，向华陪佟玲检查身体。

第四军医大学，向华陪佟玲检查身体。

结论都是：胃癌中期。

佟玲做胃癌手术，向华鼓励佟玲，让她树立战胜疾病的信心。

手术结束了。

主治医告诉向华："手术很成功。"

向华对医生说："我们都是从火线上下来的，我和佟玲都能正确对待生死，请你不要顾虑，把最坏的结果告诉我。"

医生："首长，目前我国治疗癌症的技术还没有特别的手段，手术虽然很成功，但以后能否转移还不好说。从我们统计的情况看，手术过后，能维持三四年的不多,佟玲同志身体素质好,能维持五年是一大关。”

回到家,佟玲鼓励向华:“请你放心,我们是经过生死考验的战士,我能正确对待,只要我还有一口气,这个家都不用你操心,我还有五年时间,希望你放心工作,为国家做出更大贡献。”

画外音:向华被关起来的时候,正是佟玲刚过第五年这个关头。那年准备复查,还未来得及安排,向华就被打倒了。1969年佟玲被遣送到四川。五年中他们互无音讯,这个悬念怎能让向华心安呢?

7

北京。

向华原来的住宅。

在灯下,佟玲让孩子试穿新买的衣服。

女儿问佟玲:“妈妈,不年不节的,买新衣服干嘛?”

佟玲神秘的一笑:“你猜猜。”

女儿:“是不是要参加什么活动?”

佟玲:“不是。”

女儿和儿子:“那是为了啥?”

佟玲的眼里溢出了兴奋的泪水:“你们的爸爸明天就要回京了。”

孩子们听到这个消息,都高兴地蹦了起来:“爸爸回来了! 爸爸回来了!”

北京站。

在站台上停着一台轿车,车旁站着一个年过半百的女人和三个孩子,他们是向华的妻子和孩子。

向华不停地看表,神情有些激动……

广播里传来列车到站的通报:“郑州至北京的……”

郑州至北京的特快列车缓缓进入北京站,平稳地停下。

向华走下列车。

向华看到了佟玲,快步地走上前去:“佟玲!”

佟玲也看到了向华,向孩子们嚷道:“瞧! 爸爸来了。”话还没有说完,佟玲已经哽咽了。

三个孩子看到阔别五年的爸爸蜂拥而上,喊了一声“爸爸!”抱着向华哭了起来。

向华也热泪涌动,他克制着说:“孩子们,你们受苦了。”

孩子们扬起头:“爸爸,你身体好嘛?”

向华说:“好! 好! 没问题。”

向华安慰了孩子，转过身，看到佟玲也是泪流满面，急忙握着妻子的手："佟玲，你受苦了！"说着热泪淌了下来。

佟玲抬起头看着向华，哽咽道："不，你受苦了。"

向华把妻子和孩子们让上车，轿车驶出北京站……

轿车行驶在东西长安街。

向华问道："你们住哪里？"

佟玲答："万寿路，还是我们的老住处。"

向华问："你们何时进的京？"

佟玲答："一个月了。"

向华问："谁接的你们？"

佟玲答："炮兵下的通知，老部队送来的，我们回来后得知是叶帅下的指示。"

向华感慨万千……

8

向华一家驱车来到万寿路。

大女儿买来油条、豆浆，全家匆匆吃了早饭。

几个孩子上学去了。

向华和佟玲依坐在一起，聊起了那段艰苦的日子。

向华握着佟玲的手："五年了，我们天各一方，音讯全无，玲玲，你和孩子是怎么过的，一定吃了不少苦？"

佟玲眼泪汪汪："真正受苦的是你，还是说说你吧。"

向华踌躇片刻，他在想，要不要把发生的一切都告诉佟玲？她能否承受得了？向华想，佟玲是经过战火磨练的人，不会有什么不好，于是把他们别后五年的情景向佟玲一一诉说——

我随张爱萍从南方归来。

刚刚看完勘察报告，正欲关门回家，叶兆林带着林彪的人来到我的办公室，向他宣布上级的决定：对向华进行隔离审查，要他交代反党反社会主义反对文化大革命的罪行。我据理抗争，林办的人不听他的解释，将他关押起来，断绝他同外界的联系，由造反派看着他，对他实施逼供信。

不久，召开批判罗瑞卿大会，让我揭发罗瑞卿的罪行，我据理反驳，造反派高喊'打倒二炮司令向华'。

画外音响起向华的声音：我什么时候当上了二炮司令？

造反派押着向华游街。

向华画外音：造反派把我关押在炮兵大楼，前后有一年的时间，他们不让我和外界接触，我和家人虽然一墙之隔，近在咫尺，却不能相见。造反派觉得从我身上榨不出有用的油水，就把我送到“五七”干校劳动，从一九六八年至一九七二年，我曾在五个农场蹲过牛棚。

1968 年河北某农场。

看管把最累的活分配给我，试图拖垮我。

我扛着 200 斤的麻袋装船，不慎摔倒，造反派冲上去用脚踢我。

我划船运粮，在激流中翻船，在水中挣扎，老船工扔下橹浆，跳下水把我救出。

1969 年战备大疏散。

我被戴上手铐，塞进囚车里，押上火车。

火车在大平原开进，我被押往河南，在郑州下车……

我在看管人员监视下种瓜种菜，满地的西瓜又大又圆……

我在某农场养猪放羊，他养的猪羊腰肥体壮……

佟玲认真地听着向华的倾诉，不时插问：“难道你没有受到精神的折磨和皮肉之苦？”

向华微笑着：“哪能没有，不过，我还算幸运。”

佟玲疑惑地：“幸运？”

向华把他在河南受到的‘优待’叙说了一遍。

“1970 年，我被调往河南叶城，那是我当年战斗的地方。一天，我到一个镇上修自行车，被修车的师傅认出了。他说‘你不是向旅长吗？你怎么在这里？’我把自己的处境告诉了他。他告诉我，他叫刘根，叶城解放时他被反动派送进死牢，反动派正准备枪决他，解放军攻破了叶城，那批死囚得救了。这时不少人围上来，刘根给大家介绍：“他是解放我们叶城的向旅长，是叶城人民的大恩人呀！”围观的人都伸手和我握手，安慰我。这时我的看管走过来，责问：“怎么回事？”围观的群众：“向华同志可是我们叶城人民的大恩人，不管啥时候，只要到了这儿，都是我们尊贵的客人。你们要善待他，不然，叶城人民可不答应你们。”后来我在叶城的消息传开了。从那以后，再也没有遭受看管的虐待。”

佟玲听完，悬着的心得到安慰。

向华把话锋一转：“我们的人民真好啊，他们是能善辩是非的，我真感谢河南的人民。”

向华停了一会儿问道：“你呢？这些年都是怎么过来的？”

佟玲接着讲述了她五年来的坎坷经历——

1969 年战备大疏散。

我和孩子被遣送到四川农村。

造反派知道我身体不好，企图用繁重的体力劳动摧垮我。我识破了他们的企图。我坚信，你是国家的栋梁之材，是打不倒的，乌云遮不住太阳，正义最终还要战胜邪恶。我以顽强的意志战天斗地，同各病作顽强斗争。教育孩子、安慰妈妈，要相信党，相信人民，绝不向邪恶屈服，不向迫害狂低头。

1972 年，当我获悉林彪叛国出逃被摔死的消息后，对孩子做了安排，摆脱专案人员的阻挠，带着大女儿踏上了上访之路。我向总政治部、中央组织部、中纪委、中央军委写信，指出向华是受林彪迫害的，要求组织为向华平反昭雪。林彪垮台快两年了，你的问题却迟迟不得解决。我和你的专案组多次交涉，有的人从中拖延，我同他们进行坚决的斗争。后来，叶帅收到我的信件，他在信上批示道：向华在哪里？要尽快查到，调回北京，落实政策。

炮兵收到叶帅的批示，为你准备了住处。

我带着孩子住进万寿路当年的宅院。

向华又询问了母亲的情况。

佟玲停了一会儿，然后道："母亲由姐姐照顾，你放心吧。"

向华听了佟玲的倾诉，眼里也噙满了感动的泪水："佟玲，我深深地感谢你，你为我为我们的家吃尽了苦头。你在疾病缠身的情况下，不动摇、不气馁，为我的解脱东奔西走，我要永远记在心里，一生感谢你。当初，我担心你熬不过来，没想到你是那样的顽强。"

佟玲抖了抖精神："现在好了，林彪反党集团被粉碎，你要做好准备，我想，你很快会恢复工作，国家多灾多难，要准备迎接新的挑战。"

向华点点头："决不辜负夫人对我的厚望。"

9

1974 年 5 月。

西山叶剑英住处。

一台轿车在叶帅寓所的雨檐下停下。

向华走下轿车，在叶帅秘书的引导下进入客厅。

向华还没有坐定，身材魁梧、满头白发的叶帅走了过来，带着微笑和向华握手："向华同志，我已等你多时了。"

向华立正向叶帅行了庄重的军礼，感动得不知从何说起，泪水湿润了眼睛："叶帅有什么指示？"

叶剑英说："军委研究，准备派你回二炮，仍然任司令员。今天把你请来，一是想告诉你我们的想法，二是想听听你对重新分配工作的意见。"

向华思索后很认真地回答："叶帅，当年林办一个电话我没去成二炮，我与世隔绝八年，思想、知识落后了一大截子，恐怕难当此重任，怕辜负了军委首长的厚望。可否让我当个副职，协助主官做好工作。"

叶剑英说："可我们觉得你做二炮主官是最合适的人选。你当过旅长、师长和军长，做过导弹学院的院长，又担任过一段战略导弹部队的领导。"

向华说："请军委首长能否给我一段时间，让我看看文件，到下头走一走。"

叶剑英和颜悦色地说："好，我等着你。"

10

雪山基地机关食堂小餐厅内。

向华在主宾席就座。今天主持接待他的是陆仲琦和云中山，他知道，他最想见到的龚振华、张云涛正在接受审查。

云中山致词："我代表基地党委、首长和机关真诚地欢迎向华司令员来我部视察工作，我们在机关小餐厅为首长接风洗尘，有失体面，但我们这样安排是想使首长和我们更近些，我们衷心祝贺向司令重新出来工作，希望首长对我们的工作进行检查指导。"

陆仲琦带头鼓掌，对向华的到来表示热烈的欢迎。

向华很兴奋，说："我现在不是你们的司令员，遵照军委首长指示，我这次下来是学习的。今天，我参观了机关和作战室，参观了机关和直属分队的营区建设，听取了云司令员关于战备工作情况的介绍，深深感到，部队建设的形势发展很快，更感到我必须努力学习，不然，将被发展的形势所淘汰。衷心感谢同志们对我的支持，希望你们为我提供更多的学习机会，使我的考察工作能够满载而归。"

掌声。

云中山站起来提议道："请同志们一起举杯，为向司令员身体健康，视察顺利，干杯！"

全体起立，向华和党委成员碰杯……

11

两台吉普车在青山绿水间穿行……

在首车的前边坐着云中山，向华和秘书坐在后排，他们边走边谈。

向华说："东山导弹团团长高署月，名字很熟，是什么样子记不清楚了。"

云中山说："1966年你到山城检查工作，最后去龙山训练场看训练，那时高署月还是发射连的连长，你参观了他们的点火训练，对他给予很高的评价，你说这个连长抓训练有板有眼。第二年发射……"

向华说:"当时的情景还记得,人的模样怎么也记不得了。"

吉普车翻过一道大山岗,拐了两个弯,松川镇展现在眼前:在镇边上是一座由红砖砌成的大院,大院的门口高竖着:"总字八六六部队",在门牌的两侧立着荷枪实弹的卫兵。

两位卫兵看到车牌号码,立正,向军车敬礼……

在大院内,机关全体列队在大道的一旁。

当两台吉普车进入大院,列队的官兵鼓掌欢迎。

向华和云中山走下吉普车。

早已迎候首长的高署月跑步上去,向向华敬礼:"向华司令员;东山导弹团热烈欢迎首长来我团检查指导工作,请首长指示。报告人:东山导弹团团长高署月。"

向华还了礼,:"东山导弹团是雪山基地第一团,你们是导弹部队的先行者,这次到东山团,我是向你们学习的,经过八年的建设你们取得了很大的成就,积累了丰富的经验,同志们辛苦了!"最后一句,向华提高了嗓门。

列队官兵:"首长好! 为人民服务!"

向华在云中山的陪同下,和列队官兵一一握手。

随后,向华在云中山和团长政委陪同下视察各个发射营……

12

晚上。

向华夜宿东山导弹团。

向华在他下榻的房间召开座谈会。

向华下部队时准备了一个调查提纲,每到一个单位他都把这个提纲发下去。调查提纲的内容是:

——阵地工程建设能否满足作战的需要(包括吃、住)? 存在什么问题? 应当怎么解决?

——导弹团的军事训练取得那些成绩? 有什么成功的经验? 存在什么问题? 应当怎么解决?

——林彪极左路线给部队建设带来哪些重大伤害? 现在解决的怎么样? 还存在什么问题?

——部队进驻阵地之后产生的新矛盾是什么? 从长远发展考虑,哪些重大问题需要着力解决?

……

向华和团政委谈话,提出问题,请政委回答……

向华和团参谋长谈话……

向华和高署月谈话，提出问题，请高署月回答……

第三天，向华向高署月辞行。

向华对高署月说："我再到其他团走一走，你们第一批野营我与你们同行，我要了解你们是怎样结合野营进行机动作战研究的，是怎样用正规化的训练要求规范部队训练的，到时不要忘了我。"

高署月答："是！我们一定认真准备，接受首长的检查。"

向华招招手："野营见！"

高署月和团领导一起向首长敬礼。

两辆吉普车离开松川镇，翻过山岗，向另一个阵地驶去……

三辆吉普车在阵地外停下。

团长肖百川陪同向华、云中山等视察坑道。

坑道大门缓缓启动，可以看到大门的壁很厚，明白人可以判断，此坑道具有很强大的抗力。

随行连长启动供电系统，洞内通明，过了两道防潮门，呈现在眼前的是被防潮衣包裹着的装备。

向华为部队的创造感到惊奇，他不停地提出问题，营长一一作答。

向华问："这条坑道全年的干湿度怎么样？包括温度，有什么变化规律？"

营长答："防潮门如果不经常开敞，洞内温度几乎是恒温，常年保持在 12℃ 上下，冬季干湿度为 90%，夏季稳定在 85% 上下。"

向华问："能在坑道生活吗？"

营长答："进行过进驻坑道的演练，是 10 月份，在坑道内生活过一个月。"

向华问："感觉如何？"

营长答："刚进去没什么不适感觉，一周后有时头昏，经检查是缺氧所至。启动通风装置，换上新鲜空气，头昏的现象消失了。"

向华问："你们认为部队进驻坑道能坚守多长时间？"

营长有些为难："这个说不准。"

向华又问："住了一个月，对官兵的身体有无影响？"

营长答："住了一个月，部分同志膝关节和腰部有不适之感，有几个本来患有风湿的同志，病情明显的加重了。"

向华问："那就是说，长期住在坑道是不行的？"

营长答："长期住坑道的确有问题，必须采取防护措施。"

向华翻阅了坑道干湿度记录。

翻阅了装备进出登记……

向华又吩咐营长打开装备防潮衣仔细观看，询问防潮道理。

营长说："靠装备的这一层是新研制的吸水海绵，它可以阻止潮湿空气通过开启孔进入装备，再加上装备车内配有防潮剂，故可以使驾驶室、仪器箱内保持干燥。"

向华问："装备进行换季检查吗？"

营长答："进行，每年进行两次，通常在5月和10月。"

向华问："你们是否进行过装备防腐研究？"

营长答："七机部在这里有长期存放的装备，防腐问题由他们定期检查进行，我们营、连没有这方面的研究。"

向华点点头，"噢"了一声……

向华出了坑道，又视察了该营的食堂、猪圈和菜地，视察了该营的活动场地。

13

向华和云中山夜宿北方团。

向华和云中山谈话。

向华问："龚振华是怎么被停职审查的？"

云中山说："这要从几年前说起……"

向华问"上级的一位部长和陆仲琦一起宣布决定，很明显，这是有来头的，基地党委对此就没有别的觉察？"

云中山说："第二次创业会战开始不久，陆仲琦接到通知，让他参加中央举办的读书班。当时，我们还想，走了一个陆仲琦少了一个捣蛋的，我们的工作更好办。没想到，他在读书班靠上了联络员，得到中央文革的支持，他有了这把尚方宝剑，和我们较量。"

向华说："这么说，陆仲琦是有后台支持的。"

云中山答："这是肯定的。"

向华问："难道就因为基本建设问题引发了这么严重的问题？"

云中山说："据我分析，口号之争只是一个时机问题，陆仲琦在许多重大问题上都和党委唱对台戏。'三支两军'他不执行党委支左不支派的决定，支一派压一派，党委撤换了他，陆仲琦对龚振华耿耿于怀。"

"此外——"云中山欲言又止。

向华问："还有什么？"

云中山说："龚振华支持杨秀雄晋升到副政委的位置，陆仲琦认为龚振华打击他，排挤他，我看出，这件事在陆仲琦心里埋下了怨恨。"

向华问："他们停止龚振华的工作，是怎么审查的，有结论没有？"

云中山说："他们宣布后，在政治部成立了龚振华专案调查组，派出人员对龚振华的五大罪状展开调查，但始终没有作出结论。"

向华问:“为什么?”

云中山说:“他们为了搞臭龚振华,让龚振华在机关干部中检查。龚振华写了一份《我对若干历史问题的交代》,在机关大会上公开检查,不仅没有把龚振华搞臭,却把陆仲琦搞得十分狼狈。”

向华问:“是怎么回事?”

云中山说:龚振华这份检讨名义是检查,实则是对极左路线的笔伐,在批判会上,他讲述了那段鲜为人知的历史——

红军四渡赤水的战斗场面:龚振华率中央电台分队工作在毛泽东和周恩来的身边,不时向党中央和毛主席呈送破译的蒋介石的密电。

龚振华的情报使毛泽东和朱德耳聪目明。

朱德请龚振华吃饭,表彰中央电台分队为红军突围作出了重大贡献……

龚振华率中央电台分队翻雪山,过草地……

中央红军和红四方面军会合,双方拥抱,欢呼胜利……

朱德找龚振华谈话,决定龚振华去红四方面军工作,并且指出:“这是从革命大局出发的人事交流,是增进红军各部间团结的需要。”

龚振华向朱德敬礼:“服从中央的决定,一定做好工作,做团结奋斗的模范。”

张国焘另立中央,公开反对中央北上的主张,党内矛盾公开化。

时间:1935 年 11 月 19 日

百丈决战的场面。

红四方面军身陷重围,国民党十几个旅从东北西三面向红军发动进攻,空中有敌机轰炸,红军奋起反击…

龚振华、路大姐、郑绪红满脸灰尘,繁忙地收发电报,国民党军队攻入百丈,双方发生激烈的巷战,刀枪格斗,血流成河,街头,田间,路上到处是成堆的尸体……

画外音:百丈决战,国民党死伤一万二千人,红军伤亡近万人,双方筋疲力尽,红四方面军由战略进攻被迫转入战略防御。红军放弃百丈,部队转移……

时间:1936 年 10 月

红四方军指挥部队西渡黄河,执行《宁夏战役计划》,

画外音:因情况有变,红四方面军放弃宁夏战役,在河西创立革命根据地……

时间:1936 年 11 月

西路军在河西走廊面临前所未有的困难,奋战月余,西路军减至 1.5 万人。

时间:1937 年 3 月

西路军剩余的部队被国民党围困在祁连山中。

3 月中旬,龚振华等接到上级指示,销毁文件,丢掉重要器材和多余的电台,被编入游击大队。

西路军党组织作出决定,电台的同志可以结伙也可单独到陕北找红军。为逃脱失败灭亡的命运,龚振华和电台的几名同志结伴往陕北找红军。

在奔赴陕北的过程中龚振华一行遭受马匪的袭击被冲散,有几个同志被俘,龚振华逃出包围;龚振华遭受土匪的洗劫,随身衣物和微薄给养被洗劫一空。恶劣的气候使他身患重病,躺在庙宇下。一位藏族老人认出他是从此地经过的红军,送给他一套破旧衣衫,他化装成藏民,以讨饭为掩护到达陕北……

陆仲琦质问龚振华:"你说这些谁能作证?"

龚振华说:"这个问题在延安整风时已经有过结论,毛泽东、朱德、周恩来、叶剑英都知道这段历史,现在活着的知情人还有郑绪红和四机部路彪。"

台下一片哗然,陆仲琦感到形势不妙,只好草草收场。

向华问:"那以后呢?"

云中山说:"他们给龚振华定罪,最关键的一条是跟着张国焘跑,在长征的路上脱队脱党。陆仲琦认为,只要这一条成立,就能搬倒龚振华。为此,他们派出人员调查龚振华这段历史,而且调查的对象选定杨秀雄的岳母郑绪红。他们找到郑绪红,首先指出:'杨秀雄是上了林彪的贼船的,郑绪红如果能帮助他们弄清龚振华的问题,可以看作是杨秀雄立功赎罪的表现。'"

向华问:"郑绪红是怎么讲的?"

云中山说:"郑绪红看穿了他们的用意,解释道,龚振华这段历史在延安时已经有过结论,还整这些干什么?专案组人员说,这是领导交给我们的任务,无论如何请郑绪红能够写出材料来。"

向华问:"郑绪红写了吗?"

云中山说:"写了。把整个经过都写了。"

向华问:"怎么写的?"

云中山说:"和龚振华的'交代'如出一人之手。"

向华问:"那后来呢?"

云中山说:“陆仲琦没有法子,以后再也没有召开批判大会,专案组也没有结论,就这样拖了下来,一晃两年了。”

向华听了十分气愤:“他们就这样对待一位老同志,太可恶了!”

向华问:“说龚振华有严重的经济问题是怎么回事?”

云中山说:“屁,老龚会有经济问题?当初,北方团要办养鸡场,托老龚整了10袋鸡饲料,因为没能及时拉回,存放在老龚家的敞棚里。老龚的一个警卫员不检点,把他退回连队,龚振华专案组去找这位警卫员,这位警卫员就检举‘龚振华经济有问题,他家存了六麻袋大米’。专案组为此提审了机关司务长,提审了农场的场长,没有发现任何线索,索性抄家检查,这一抄不当紧,老龚有经济问题的罪状没有了。”

向华问:“陆仲琦能干到这一步?”

云中山说:“抄老龚的家是陆仲琦点的头。”

向华说:“这是‘造反派’的手段。”

14

在一户农家小院里。

一位头发斑白女人,腰间扎着蓝色的围裙,正在往绳上晾晒山菜。

一台轿车鸣了两声笛,在院门前停下,两位军人推开栈门,走进院子。

白发女人抬起头,用奇怪的目光审视两位军人,其中一位年轻的军人问道:“路阿姨,龚政委在家吗?二炮向司令员来看望你们了。”

路大姐感到惊奇:“谁?向司令员!”

向华走向前,紧紧握着大姐的手,说:“大姐,我是向华呀!”

路大姐用昏花的眼睛辨认向华,她认出来了,一股无法抑制的情感涌上心头:“是向华,是向司令员!你咋来了?你不是……”路大姐再也讲不下去,泣不成声地哭了起来。

向华的眼睛也湿润了:“大姐,不要难过!咱们坐下来慢慢说。”

路大姐把向华引进客厅,让向华坐下,倒上一杯开水:“七年没有见面了,佟玲和孩子们都好吗?你是怎么过来的?”

向华说:“我被打成反革命,蹲了五年牛棚,佟玲和孩子们也都受到牵连,被送回四川老家。林彪垮台了,我刚刚被解放出来,佟玲和孩子们也都回到了北京。六年里,虽然天各一方,但还算平安,佟玲和孩子们也都熬过来了。”

向华的话好像触到了路大姐的疼处:“林彪自取灭亡,你被解放了,老龚却被挂了起来,有人陷害他,说老龚上了林彪的贼船。”说着说着又抽泣起来。

向华劝说道:“乌云遮不住太阳,真金不怕火炼,老龚无愧于国家,要相信组织,一切不实之词都会被推翻。”

路大姐擦干了眼泪，自责道："看，我俩只顾说话，把老龚给忘了。"

向华问："老龚干啥去了？现在怎么样？"

路大姐说："老龚被停职检查，在一段时间里想不通，也是怨天尤人，后来比了比你们，又想通了，不再把停职的事放在心上。后来嫌住家属院闹心，就搬到了这里；又把从西安带来的双管猎枪翻了出来，现在是成天打猎。瞧，门外这些野菜都是从山上采来的。吃过午饭他就上山了，现在也该回来啦！"

路大姐陪着向华走出客厅，让向华"视察"老龚的猎物，在敞棚内挂着野兔和山鸡，路大姐道："这是昨天打来的！"

向华微笑道："老龚胸怀开阔，一般人还做不到这么闲情逸致。"

路大姐心情也好了起来，快言道："老龚头一次打猎时，闹了一个大笑话，跑了一天什么也没打到，下了山，看到河沟里有几只鸭子，老龚乐极了，以为是野鸭，'砰砰'两枪，打死了两只，老龚捡回两只鸭子要走，几个老百姓围了上来：'老同志，你怎么把我们家养的鸭子打死啦'？老龚'啊'了一声，'什么？'老龚没辙了，赔了人家 20 元钱。"

路大姐的故事惹得向华捧腹大笑。

向华和路大姐走出敞棚，龚振华打猎归来了。

向华看到龚振华光着头，穿着一件破旧工作服装，腰间扎着腰带，腰带上挂着弹药盒，枪管上挂着刚刚打来的山鸡。

路大姐看到龚振华归来，大声道："老龚，你看谁来了！"

龚振华用吃惊的眼神看着向华："老向，是你！七年了，你好吗？"

龚振华情不自禁地走向前，紧紧地抱住向华，眼里含着泪："没想到我们在这里重逢。"

15

灯下。

在炕上放着茶桌，向华和龚振华围桌而坐，他们边喝茶边聊天。

向华问："目前，三个孩子的情况怎么样？"

龚振华说："女儿小冬响应主席号召，知识青年到农村，接受贫下中农的再教育，下乡了，她下放到一家林场，后来和一位林业职工结了婚，现在，已有两岁的外孙了。老大龚南在陆军工作，提了干，老二龚军当了三年兵，复员了，现在在铁路工作。"

向华问："他们常来吗？"

龚振华答："老二常回来，老大和老三很少回来。"

这时，路大姐端上四盘菜，一壶酒。

路大姐一边放一边道："你们哥俩多年在一起工作，可总是难得一聚，今天，你们喝点酒，好好地唠一唠。”

向华望了一眼四盘菜，看到都是山珍：小鸡炖蘑菇，烧兔肉……不由打趣道：“没想到我还有这等口福，我可多年没有吃上这样的饭菜了！”

龚振华说：“这也算因祸得福，要不是他们把我吊起来，有谁给你打野味呀！”

向华和路大姐一起笑起来。

龚振华给向华倒上一杯烧酒，两人碰了碰杯，一饮而尽。

龚振华又给向华满上酒，忙着给向华夹菜。

向华说：“不客气，自己来！”

喝了一会儿，向华开口道：“老龚，看到今天的饭菜，你知道我想起了什么？”

龚振华问：“想起什么？”

向华说：“我想起了三年困难时期，我们在渭南农场搞生产自救的情景。一次，我们的党委会在农场召开，也是你打了两只野兔，丛荣之找人做成黄米熏兔，你一块我一块，好吃极了。”

龚振华说：“那时是苦，但我们胸中有目标，班子很团结，虽苦犹乐，哪像现在，你整我，我整你，想起这些真让人心寒。”

向华意识到龚振华触景生情，宽慰道：“这也是树欲静而风不止。同不良倾向的斗争不以人的意志为转移。但我还是那句话：真金不怕火炼，恶有恶报，善有善报，多行不义必自毙。”

过了一会儿，向华又转了一个话题：“你是怎样认识党委与陆仲琦之间的矛盾和斗争的？”

龚振华对此早已胸有成竹，不假思索地道出了自己的看法：“我们和陆仲琦的斗争表现在基地，根子在上层，雪山基地的斗争是上头两种思想两条路线斗争的反映。”

向华问：“根子怎么看？”

龚振华说：“前期，党委与陆仲琦和杨秀雄的矛盾冲突，根子在叶兆林，上头是林办；现在与陆仲琦的冲突，根子在叶兆林和中央文革；对二炮讲，叶兆林是一个大打手。”

向华听得很认真，他虽然不发表任何评论，但有时还是不自觉地点头：“你能讲得再具体一些吗？”

路大姐又进来加菜，打断了他们的谈话。

向华让路大姐坐下。

向华为路大姐斟上一杯酒，端起来：“大姐，借你的酒，我代表佟玲为你们夫妇敬上一个酒，你们老夫老妻相敬如宾，风雨同舟，可敬可贺，我祝兄嫂一生平安，白头偕老。”

路大姐本来是不饮酒的，听了向华一席暖心窝的话，激动得眼泪在眼里打转转："好，谢谢你们全家。"

路大姐和向华碰了杯，喝下一大口酒……

16

半月后。

在绿树环抱的山谷里传出一阵阵哨声、口令声、机器的轰鸣声……

在山谷的底部，一枚绿色导弹平躺在起竖车上。在训练场的周围，除了"严肃认真，周到细致，稳妥可靠，万无一失"的标语牌，在观看台的上方高悬着"用战术队列作业法搞好操作训练"的标语。

在观看台上摆放着几张折叠桌子，向华和导弹学院副院长苏茂生、雪山基地副司令员张云涛、参谋长田广川在桌前就座，在观看台的两侧坐着观摩教学的学员。

在发射场内，连长黄玉栋已整好队伍。

团长高署月向向华请示后介绍道："用战术队列作业法搞好实装操作训练，是近年来我团在实践中创造的一种新的训练方法。为保证装备使用寿命，实装训练受到次数的严格限制，组织不好就会走过场，因而，一些过硬的动作、关键的项目不能得到充分的训练。后来，我们从炮兵战术队列作业法受到启示，经过反复研究，创造了导弹部队实装操作战术队列作业法。"

"什么是战术队列作业法呢？"

"请大家先看操作，然后我们再讨论这个问题。"

在发射场上，连长黄玉栋下达训练科目：

"科目：单项训练，通电操作。

"时间：3 小时

"方法：用队列作业法搞好分段训练

"要求：要认真贯彻团规定的'五定六化'的操作要求，即定人、定位、定路线、定姿势、定手法要领，做到分队行动队列化，操作动作制式化，工具器材摆放序列化，指挥报告军语化……"

黄玉栋下达训练科目后，各排迅速带开，在划定的地段展开训练。

发射分队按"五定六化"要求组织起竖车对接发射台。

对接发射台是过硬项目，进行了反复练习。在练习时排长先讲解动作要领，并有号手配合示范；讲后，新号手练习，练习时排长不时地纠正动作……

控制排在排长组织下，展开地面设备，检查地面设备，方法同发射排……

动力排在发射场的一侧一个木架上练习，展开器材和对接导弹，方法同发射排……

向华对动力排的训练很感兴趣，他走下观看台，来到动力班，观看他们操作，让号手谈体会。

操作手："导弹对接发射台，要求稳妥准确，配合不好就会碰弹，导弹起竖后给我们的时间很短，得不到充分训练。为此我们制作了这个对接架，模拟导弹，在这上边可以练指挥，练协同，练动作，经过模拟训练后，到实弹对接时，我们就能做到稳妥可靠万无一失。"

向华很高兴，他们一个小组的操作训练都体现了周总理的"十六字"方针，周总理的教诲通过严格的训练成了战士们的自觉行动。

一小时后。

连长吹响了哨声："进行第二阶段作业。"

接着，发射场马达轰鸣，导弹徐徐升起……

向华回到看台，和张云涛讨论队列作业法。

向华说："你们队列作业法的分段训练法是一个创造。要很好地总结一下。请你们把这个作业法搞一个材料，回家后我要专门向上级汇报。"

张云涛问："向司令员看后有什么指示？"

向华说："你们战术队列作业法是正规化的一种表现形式，'五定六化'既是标准又是内容，对提高训练质量有很好的规范作用。你们要不断总结，不断完善，在实装训练方面闯出条正规化的训练路子来。"

17

向华正在阅览雪山基地首长机关集训计划。

集训内容是：（一）风三导弹核武器介绍3天；（二）参谋业务7天；（三）外军研究4天；（四）作战运用研究4天。

向华被内容吸引住了。

向华打电话给云中山："你们的首长机关在哪里集训，进行到哪一步了？我想前往看看。"

云中山说："在基地教导大队集训，前三个单元已进行完了，现在正在进行第四单元，关于导弹部队作战问题研究，司令员要去，我陪你走一趟。"

基地教导大队。

在课堂上，教员正在布置作业。

——通过外军研究联系导弹部队实际谈谈你的学习感想。

——你对《关于第二炮兵作战运用问题》的学习有什么收获体会？怎样贯彻到战备训练中去？

教员说："这两个问题，要求每个同志都要写出发言提纲，每个人都要发表自己的看法，这个发言，是评定每个同志本期学习成绩的重要依据，希望大家认真准备。"

一辆轿车在教导大队楼前停下。

向华和云中山走下轿车，等候在那里的教导大队长跑步上前向向华报告："二炮向华司令员，教导大队正在进行首长机关集训，请指示。教导大队长余刚"

向华还了礼，和迎接他的副司令员张云涛亲切握手……

向华和云中山一起步入教室。

全体学员起立，热烈鼓掌。

向华同时鼓掌，招招手示意让学员坐下。

学员展开讨论。

学员甲说："孙子兵法讲，知己知彼，方能百战不殆。通过外军研究，使我们了解了苏美两个大国的军事战略思想，使我们了解了在未来核战争中我们面临的战争局面，使我受启发的问题是：如何提高我们的生存能力，是必须着力解决的问题。因为敌人的方针是先发制人，在战争初期怎样把我们的核打击力量保存下来，才能谈到核反击的问题……"

学员乙说："我认为，在敌空间技术不断发展的今天，我导弹部队要提高自己的生存能力不能采取单一的作战方式，必须扩展思路。一是要设法搞好反侦察，使敌人无法发现我们，比如，我们能否采取综合的伪装手段使敌人'天上难发现'。二是要采取多种作战方式，比如学习苏军的做法，实行导弹的机动作战……"

学员丙说："通过外军研究，使我感受到，我们不能固守固定阵地作战，有条件的必须向机动发射发展。此外，缩短发射准备时间对提高生存力有重大意义，现在我们导弹的准备时间太长，有可能在准备的过程中被敌人摧毁……"

学员丁说："我赞成搞好伪装，我不赞成向机动作战发展。在导弹生存概率的公式中，生存系数被发现为0，不被发现为1，如果不被发现，敌对我方的毁伤概率也是0，可见，隐蔽伪装对提高导弹生存能力至关重要。把固定阵地伪装好，设法让生存系数转化为1，同样可以实现保存生存能力而实现作战目的。我认为，通过伪装达到让敌难以发现是个战略问题，应当解决好。"

教员说："为什么不宜机动作战呢？"

学员丁说："要实现机动作战必须实现四个基本条件：一是在暴露的条件下也能作到隐蔽；二是即使被敌发现也能在敌作出反应之前打出去；三是要有灵便的指挥保障体系；四是在实施机动的过程中必须获得可靠的区域安全保障，就这四个方面而言，同敌人比我们都处劣势……"

学员乙说："固定阵地不被敌人发现固然是好事，但要做到不被发现是很难做到的，故向机动作战发展是必须选择的重要作战方式。目前的装备，指挥手段虽然还落后，但随着我国科学技术的发展是可以解决的，我们不能因为目前的条件而影响我们的思路。"

向华神情专注地听取学员发言，学员门讲解的这些问题和观点，使与部队隔绝多年的向华感到格外新鲜，他意识到，他脑袋里装的东西已经非常陈旧了。研究新形势,引进新思想,寻找正确的作战指导,是取得导弹部队建设发展必须解决的重大的理论问题。

两个月后。向华回到北京。撰写了《关于雪山基地开展外军和作战运用研究情况的报告》,《关于二炮部队批林整风形势和亟待解决的问题的报告》,《关于二炮必须建立宏大的专业队伍的报告》……

18

北京。

一个四合院。

刚刚被解放的张爱萍拄着拐杖,同夫人一起,站在院内,环视一切,他望着已经破旧的房子,感慨万千……

这时叶剑英的秘书驱车赶来。

秘书下了车,快步走到张爱萍面前,向张爱萍敬礼问候。张夫人以为又发生什么事了,不由自主地挽着张爱萍的胳膊,用惊恐的眼神望着来者。

秘书说:“张副总长,叶帅要找你谈话,请你跟我到叶帅那里去。”

张爱萍用惊喜的目光打量着秘书问:“叶帅好吗?叶帅在哪里?他的家不是被抄了吗?”

秘书说:“叶帅很好,现在西山主持军委日常工作。”

张爱萍神情焕发:“好!我跟你去。”

叶剑英在客厅举首静思,不时地望望门外。张爱萍乘坐叶帅的轿车来到西山,司机按了两声喇叭,在叶帅的门前停下,秘书打开车门,请张爱萍下车。

叶剑英走出大厅迎接张爱萍。

张爱萍望着身材魁梧添了白发的叶帅,百感交集,不觉泪如泉涌:“叶帅,没想到,我们又见面了,您身体好吧?”

叶剑英微笑着紧紧握着张爱萍的双手:“委屈你啦!你受苦了!”

寒暄过后,叶剑英把张爱萍让进大厅。

张爱萍坐定,秘书给张爱萍送上一杯热茶,叶剑英在张爱萍对面的沙发上坐下来,开门见山地宣布:“中央已经为你平反,要请你重新出来工作,听说你有不少想法,我代表军委和你谈谈。”

叶剑英首先点破话题,然后询问了张爱萍被关押期间的生活和身体状况。

谈到被关押的生活,张爱萍愤怒不已,叶剑英指出:这些年来我们党和国家真是多灾多难,但值的庆幸的是,主席识破了他们,他们篡党夺权的阴谋没能得逞。

当谈及工作时,张爱萍的怨气还是没有退,他以腿已残疾为由不想出山。

叶剑英向他进一步介绍了国内“文化大革命”的形势,指出:“林彪反党集团虽然被粉碎了,但党内的斗争还异常尖锐,江青一伙把斗争的矛头指向军队,指向周总理，谁胜谁负的问题还没有解决，你如果要急流勇退，可辜负了总理对你的希望。"

叶剑英最后一句话对张爱萍震动很大，他用期待的目光询问叶帅："总理有什么指示？"

叶剑英说："总理讲，在我们党内，在困难时期能够迅速打开局面的人不是很多，张爱萍算一个，要尽快解放张爱萍，我们的国防科技、"两弹一星"不能没有他。"

张爱萍闻听此言，被震撼了，总理领导"两弹一星"的往事一幕幕从眼前闪过——

周恩来接见罗瑞卿、张爱萍等诸将军："毛主席十年前指出，在今天这个世界上，原子弹还是要有一点，要不你说了不算。把"两弹一星"搞上去，关系到国家的安危，这是保持我国在世界格局中大国地位的基石。这是毛主席的战略决策，我们一定要牢记主席批示，要大力协同，做好这件工作。"

周恩来接见张爱萍："张爱萍同志，中央特别委员会决定，由你担任原子弹爆炸的总指挥，这是党和国家对你的重托，是科学对你的选择，让我们满怀信心地挑起这副担子，一起去聆听中国第一声惊雷的巨响。"

联合国恢复中国在联合国的合法席位，周恩来评论说："中国第一颗原子弹爆炸，惊醒了全世界的人们。正如法国总理蓬皮杜先生所言，顷刻之间，中国在世界上的地位发生了变化。美国不得不承认中华人民共和国的那一天已为期不远了。如果没有这一声巨响，就不会有人理睬我们。"

张爱萍眼睛湿润了，他拄着拐杖站起来："请叶帅分配工作吧，我干！"

叶剑英让张爱萍重新坐下，然后道："根据总理的提议，恢复你原来所有的职务，只是把科委的任职改一改。你原来兼科委副主任，这次要去掉副字。总理的意图很明确，就是要你把国防科技的重担挑起来。"

张爱萍说："有总理掌舵，叶帅做后盾，我一定继续战斗，绝不辜负总理对我的希望。"

叶剑英说："不过，你要有充分的思想准备，江青一伙插手科委、工委，插手工厂的生产，把国防工业建立起来的行之有效的制度都废止了，所有单位都陷入派性斗争，七机部成了老大难，怎么扭转这种局面，是要动一番脑筋的。"

张爱萍说："我明天就报到，明知山有虎，偏向虎山行，我先走一走，然后向总理、叶帅报告。"

叶剑英说："你的老助手向华也要复出，他仍然任二炮司令员。向华到部队考察了三个月，给军委写了好几份报告。报告涉及的都是带有方向性的问题，你可以看看，对于你领导科委、协调各方面的工作会有参考意义。"

张爱萍站起来："我都记下了。"

19

向华家。

向华在阅读材料，佟玲给向华端上一杯热茶，向华说了一声"谢谢"，请佟玲坐下。

向华说："我们进京快一年了。好几年没有和家人见面了。我们是否回四川一趟，看看母亲和亲戚，免得他们还为我们牵挂。当年我们答应把妈妈接到北京，应当兑现了。"

向华讲到这里，佟玲的脸沉了下来。

向华有些诧异："怎么啦？"

佟玲再也不能抑制自己的感情抽泣起来。

向华拉着佟玲的手："怎么回事，家有事？"

佟玲哭着道："'造反派'把我们遣送到四川，还不放过我们，天天让我游街。妈妈看不下去，拦街和他们讲理，'造反派'见妈妈不服，也给她挂上牌子游街。妈妈不忍凌辱，一头撞在路边的石头上，当场就气断命绝了。"

佟玲放声痛哭。

向华听到这里，不觉泪如泉涌："佟玲，这么大的事为什么瞒着我？"

佟玲说："你在牛棚里关了六年，我不忍心再增加你的负担。你要重新工作，许多情况需要熟悉，也不能让你分心啊！"

向华说："我对不起你们，没想到还连累了家人。"

佟玲见向华十分悲痛，停止了抽泣，安慰道："老向，这不是你的过错，要把罪恶记在林彪的身上。"

向华擦了擦眼泪："我马上请假，我们明天回四川去。"

电话铃声响了。

向华拿起电话："哪里？我是向华。"

"我是叶剑英。"

向华立正讲话："是叶帅，您有什么指示？"

叶剑英说："你的报告我都看到了，写得很好，你反映的问题都是方向性的问题，我已向有关领导转发了你的报告。"

向华说："谢谢叶帅的鼓励。"

叶剑英说："你已经准备好长时间了，怎么样，可以上任了吧？"

向华说:“到下边走了几个月,我深感已经落伍了,我真担心挑不起这副担子。”
叶剑英说:“不要再讲了,你明天到二炮报到,命令马上就下。”
向华答:“是,我服从军委的决定。”

佟玲问:“是叶帅的电话?”
向华说:“叶帅下令了,明天让我报到,又要当二炮司令了。”
佟玲高兴地:“这是好事嘛!”
向华说:“四川看来暂时回不去了!”
佟玲说:“妈妈如果听到这个消息,在九泉之下也会为你高兴。”
向华把佟玲紧紧地搂在怀里:“佟玲,你与我患难与共,向华终生难忘。”

第二十三章

怒骂瘟神仰天笑　喜看“尖兵”巡太空

1

军委改组第二炮兵领导班子。

会前，叶剑英接见向华和陈浩声。

叶剑英说：“军委早想调整二炮班子，因为多种原因迟迟不能进行。二炮是受林彪破坏的重灾户，打派仗收不住。二炮整风十个月作不出结论。是我到那拍了桌子，采取牵牛的办法，才草草地收了场。后来班子调整了，派性还是消不了。是什么原因呢？还是上层建筑有问题。军委决定由你们二人领班，希望你们能步调一致地解决二炮的问题，齐心协力抓好战略导弹部队的建设。”

陈浩声说：“谢谢叶帅对我们的特殊关照，我们军政一把手一定以党的事业为重，搞好团结，互相信任，互相支持，紧跟军委的部署，把二炮的事情办好。”

向华说：“我们要做团结的模范，齐心合力做好二炮的工作。”

叶剑英说：“马上要开军委扩大会议，按照总理的指示，要找各大单位的主官谈话，就一系列重大问题交换意见，鉴于你们都是刚刚到职，就不座谈了。向华同志已到部队考察了，你写的几份报告写得很好，正是我们关心的问题。军委研究了你的报告，你们到任后，军委会作出批复，逐步解决你们提出的问题。有一个问题不能公开，先给你们打个招呼，关于政治部叶兆林的问题，批林整风以来，我们收到不少检举材料，揭发他跟着林彪干了不少坏事，这些事他一件也没有说清楚。现在，他有事不找我们，都是直接和张春桥联系。二炮的问题之所以很乱，和叶兆林有很大关系。但他背景复杂，还不到解决他的问题的时候。这里提醒你们，你们要把批林整风和整顿组织的领导权掌握在自己的手里。”

陈浩声答：“好！我们明白。”

叶剑英说：“其他问题军委集体接见班子时再谈。”

陈浩声答：“二炮班子已到齐，军委其他首长也到了。”

叶剑英说：“好！开会去。”

陈浩声、向华陪同叶剑英向会议室走去。其他军委首长站在门口，他们向叶帅敬礼，一起走进会议室。

二炮新的领导班子亮相，他们是：司令员向华，政委陈浩声，副司令员杨坚、耿强，副政委刘兴光、陈永军，参谋长贺子章，政治部主任叶兆林，后勤部长郭耀东，他们见军委首长进来，站起来热烈鼓掌。

军委首长就座后，陈浩声宣布大会开始："欢迎军委副主席兼军委秘书长叶剑英同志作指示。"

叶剑英站起来："中央军委命令……"

2

向华在办公室翻阅文件。

参谋长贺子章夹着一个文件夹，敲敲门进了向华的办公室。此前丛荣之病重住院后，贺子章担任了二炮参谋长一职。

向华见贺子章进来，马上站起来："参谋长有事吗？"

贺子章欣喜地说："司令员，你写给军委的几个报告批转过来了，请您看，都是好消息。"

向华接过文件夹，打开，军委首长的批复，一条条赫然纸上："二炮是技术性很强的战略部队，有很多重大课题有待研究，向华同志提出要建立三个研究所是完全必要的，拟批准，请二炮写出正式报告，例行组建手续。"

"战略导弹部队是一个刚刚诞生的新兵种。在未来战争中，怎样组织和其他军兵种的协同，它的地位如何，本身怎么运用，这既是战略问题也是战术问题，到了需要很好研究的时候了。二炮自下而上的主动研究这些重大课题，应以保护和表扬。向华同志提出的几种运用方法可讨论。建议二炮起草一份关于组织一个导弹团的机动作战的研究性演习的报告，拟批准实施。"

向华看完批示，抬起头，询问道："还有吗？"

贺子章说："关于龚振华政委的报告也批了，已送政委批阅。"

向华问："批示是怎么讲的？"

贺子章说："叶帅的批示肯定了龚振华的历史功绩，指出所讲脱队脱党问题早已做过结论，领导导弹基地建设也是卓有成绩的，应尽快解脱。"

向华说："好！好！我们的许多工作可以理出头绪了。"

向华继续道："按叶帅批复要求，请司令部抓紧落实。注意，确定编制一定要注意精干的原则。"

贺子章答："好！"

贺子章走后，向华陷入沉思，他在室内来回踱步。

画外音：成立三个研究所需要一大批专业人才，每个研究所都需要领军人物，这些人从哪来？

向华好像有了办法，回到案前，取出纸笔，快速地写信：

“张副总长：

我写给军委的关于二炮应建立三个研究所的报告军委已批复。这是你当年的意见，要变成现实了。但新的困难产生了：建立研究所需要一批专业人才，几个研究所都需要领军人物，无奈，只好向首长求援了。请副总长能……”

向华正写着，干部部长敲敲门走了进来。

向华停下笔，问：“王部长，有事吗？”

王部长答：“拟从军委炮兵调入二炮的工程管理干部的通知到了，这是拟调入的人员名单，请首长签发。”

向华接过名单，看了看：“好啊，我正发愁呢！也算是雪中送炭呀！”

向华在通知上签上“同意”两个字，把通知退给王部长。

王部长没有接，两眼凝视着向华。

向华有些不解：“有什么问题吗？”

王部长提示说：“请首长再看看，有两个用红笔标示的干部，怎么样？”

向华重看拟调人员名单，红笔标示的是姜立本、顾月秋。

向华抬起头，解释道：“这两个人我了解，在军委炮兵是难得的专业人才。”

王部长说：“听说——”王部长说了半句又停了下来。

向华问：“听说什么？”

王部长说：“据说这两个人在”文革“中还整过您！”

向华这时明白了：“噢，部长有顾虑。”

向华让王部长坐下，语重心长地开导他：“部长同志，二炮批林整风多年了，为什么一直不能取得好的结果？为啥派性总是消不了？一个很重要的原因在于，有些领导不能从党的事业出发选人用人，脑子里有山头主义。另外，总拿自己的好恶看干部。因为这种东西作怪，他们对自己不喜欢的人才采取关门主义。这样做的结果，选了听话的，谄媚的，而一些真正的人才却被他们扼杀了。这是很可悲的结果呀。”

王部长说：“我明白了，司令员不计个人恩怨。”

向华说：“我在整风会议上讲过，在整顿过程中要认真落实小平同志‘要从思想上解决问题’的指示，树立党性，消除派性。为使受害的同志打消顾虑，党委这次明确提出：‘多换思想少换人，换了思想不换人’。有的人虽然整过我，他们是受了林彪的毒害，做了错事，这些同志从本质上是忠于党的。培养一个专业人才不容易，不要因为做过错事就嫌弃他们。只要他们换了思想就要用，不要因为我而废掉人才。”

王部长答：“好！一定按首长讲的做。”

向华送走王部长，他的心并没有平静下来，当年姜立本、顾月秋给他戴高帽、批斗他的情景又浮现在眼前……

3

军委扩大会议。

叶剑英在军委扩大会议上的讲话：我军是毛主席亲自缔造、领导和指挥的，毛主席的无产阶级革命路线始终在我军占主导地位。但是，林彪把持军委日常工作达十二年之久，破坏我军的团结和统一，严重削弱部队的战斗力，对我军建设干扰破坏很大。“九·一三”事件以来，全军指战员在毛主席、党中央的正确领导下，对林彪展开了深入的揭发批判，充分证明，我军不愧是一支忠于毛主席、忠于党、忠于人民的无产阶级革命军队。但是，必须看到，部队建设上还存在着不少问题。党的领导受到削弱，怕字当头，不敢负责，有些领导班子存在着“软”、“懒”、“散”的严重现象；部队臃肿庞大、干部超编、装备落后的情况比较突出。这些问题的存在，主要是林彪的流毒和影响还没有肃清，也有我们工作上的问题。我是主持军委日常工作的，是有责任的。我们必须从各方面采取有力措施，抓住重点，有计划有步骤地解决军队建设上存在的问题。毛主席讲过兵贵精不贵多，仍是今后建军原则之一。

人是战争胜负的决定因素，武器也是重要的因素。我们的国防工作虽然有了一定的基础，但总的看还是比较薄弱的，我军现有的武器装备还不能适应现代战争的需要。全军每年需要节省军费几个亿用于加强军工生产，改善技术装备，把战斗威力发挥出来，更好地完成一切作战任务。搞好精简整编和军队的建设，关键是调整和配备好各级领导班子。必须遵照毛主席关于接班人的条件，按照“五湖四海”和老、中、青三结合的原则，建立一个精干的、敢字当头的、强有力的领导班子，形成坚强的领导核心。

邓小平：“同志们，我们的军队是无产阶级专政的柱石，我们必须解决目前军队建设中出现的“肿、散、骄、奢、惰”问题，这主要靠老同志的传帮带，就是毛泽东同志说的“发扬革命传统，争取更大光荣。”

大会在热烈的掌声中闭幕。

向华和陈浩声随着散会的人流精神抖擞地走出会场。向华突然停住脚步转向陈浩声：“你先走吧，张副总长找我有事。”

陈浩声走了，向华一人等在那里。

张爱萍走出会场，左右扫视了一下，看到了站在门前的向华，大步向他走去。

向华也看到了张爱萍，大步地迎上去，两人亲切握手。

张爱萍说：“你写的几份报告我都看到了，提到的问题很重要。我已向叶帅报告了我的意见，二炮是用高科技武装起来的部队，必须储备大批的专业人才，编制体制也要有别于一般部队。叶帅同意这个观点，但要从编制上解决问题可能还得一个过程。作为二炮的主官,要不断的争取和努力。"

向华答:"首长的指示我们记住了。"

张爱萍说:"要人的信我也批示了,人员调动正在办理。"

向华答:"谢谢首长对我们的关心与支持。"

4

欧阳平在连队给黄玉栋打电话。

欧阳平说:"黄玉栋呀,你的耳朵怎么长的,我是欧阳平,我走了三天你就听不出来了?"

黄玉栋说:"哎哎哟,当了京妞的女婿,口音也变了,什么时候回来的?"

欧阳平说:"回来半月了,这两年挺好吧?"

黄玉栋说:"凑合吧,咱不能和你比,欧阳平是鲤鱼跳龙门,成仙了!"

欧阳平说:"我听说五连丰收啦?收音机不要了,改成电视机了?"

黄玉栋说:"这两年我们采了不少山货,卖了一些钱,我和指导员咬了咬牙,就买了一台。"

欧阳平问:"多大的?"

黄玉栋答:"21 英寸!"

欧阳平问:"听说你们的电视机很有特点?"

黄玉栋反问:"什么特点?"

欧阳平说:"听说放在房子里不行,得装在猪圈里,只能给猪看!"

黄玉栋说:"你就是狗嘴里吐不出象牙,张开嘴就出臭气!住的地方太凹,信号收不到,必须把天线架到猪圈里,没法呀!"

欧阳平问:"听说你们的农副业生产搞的很出色,基地都通报表扬啦?"

黄玉栋说:"你小子,哪壶不开提哪壶!为了买电视机,我们上山割蒿子,下沟抓蛤蟆,送到镇上变成钱,不知道是谁'告'了我,'陆马列'知道了,说这是'小生产'意识,批小生产把我当成了典型,弄得全连抬不起头来。"

欧阳平说:"那你不得好好检讨?"

黄玉栋说:"团里政治处找我谈话,我顶了他们,我说,我买电视是为了让战士关心国家大事,好学马列,哪里错?我不检讨。"

欧阳平说:"行啊,你小子变硬啦!后来呢?"

黄玉栋说:"后来这事又闹到团里,团长挡住了,'陆马列'后来问我们连的情况,团长说,黄玉栋经过帮助检讨了,学好了。"

欧阳平说:"我幸亏离开了东山团,要不,我这'刺头'准是挨整的对象。"

黄玉栋说:"有没有时间?有时间来一趟,我用山珍招待你!箱子里还锁着一瓶泸州大曲呢!"

欧阳平说:“现在去不了,野营时你带上,我出下酒菜。”

黄玉栋问:“你毕业没回家一趟? 黄盈盈怎么样?”

欧阳平说:“学校接到通知,毕业学员不让回家,哪里来哪里去,我就匆匆回来了。黄盈盈还行啊,已经给我生了儿子啦!”

黄玉栋说:“这么说野营得你请客,你要准备两瓶好酒,要不,到时我可找人打你的夯!”

欧阳平说:“OK,我请客!”

黄玉栋问:“北京有什么消息吗?”

欧阳平答:“有! 电话上不好说。”

黄玉栋说:“小声点,没事。”

欧阳平说:“听说上头斗争很激烈,反击右倾翻案风又要打倒邓小平,什么批林批孔,矛头是对着总理的。”

黄玉栋说:“我看这帮王八蛋昏了头,想砍倒周公这棵大树,那等于自取灭亡,全国人民会答应?”

欧阳平说:“还有更尖端的消息,电话不能说,见面再唠吧!”

黄玉栋问:“我这里也有个消息,和目前形势有关!”

欧阳平说:“什么消息?”

黄玉栋问:“彭连柱连长的老婆领着两个孩子找来了,要替彭连柱翻案,听说有新的证据,不是自杀,是被他人害死的。”

欧阳平:“是吗? 细情知道吗?”

电话突然被掐断了。

欧阳平又摇通电话,守机员提示说:“注意,有耳朵。”说罢,切断了话机。

欧阳平怔住了,他似乎感觉到:压城的黑云不只是笼罩着北京,已吹到了全国,吹到了自己的身边。

5

车轮滚滚。

“北京—山城”的火车穿山越岭。

在软卧包厢内,向华和干部部长在谈话。

王部长说:“司令员对姜立本二人调动的指示,我向政委汇报了,政委听了对您很佩服,他说‘向华吃过他们的苦头能那样对待他们,是不计个人恩怨,是从党的事业这个大局考虑问题的,许多人做不到,我们应当向他学习。’政委还讲,当前的批林整风关键是弄通思想,即使上了‘贼船’干了坏事,只要他们说清认错,我们就要把他们拉过来,而不是推下去把他淹死。”

向华说:“政委讲的好,我们要拉人。”

王部长问:“解决雪山基地班子问题,司令员考虑怎么着手?”

向华说:“我和政委都把原则讲清了,应当说方法不是多大问题吧?”

王部长说:“我想,我们先不急着宣布上头的决定,先找党委成员谈一次话,让他们自己先讲,最后我们再碰碰情况,再考虑怎么调整。”

向华说:“大体应是这样,我想,应把解脱龚振华的决定传下去,另外把党委处理问题的原则讲明白,先换思想后换人,换了思想不换人,这样是否更好些?”

王部长说:“是,这样可以使每个人解除顾虑。”

向华说:“咱俩分分工,陆仲琦、张云涛和杨秀雄我来谈,其他成员你去谈。”

王部长说:“好!我们的计划出来了!”

6

张爱萍视察七机部研究院。

院内到处贴着标语和大字报。

张爱萍一个单位一个单位进行走访调查,和研究人员促膝座谈。

张爱萍视察二机部。

在二机部的总装车间,高悬一幅标语“一不怕苦,二不怕死”。

张爱萍对陪同视察的刘忠等人建议:“这里是工作重地,要求安全和质量,应挂上‘安全第一、质量第一’的标语。”

画外音:后来总装厂换上了“安全第一、质量第一”的标语,在反击右倾翻案风的斗争中,又成了张爱萍反对毛泽东思想的一条罪状。

7

七机部某研究院会议室。

钱学森、黄国路、杨政委、马文革坐在沙发上交谈。

一辆黑色轿车在会议室门前停下。

张爱萍下了车,和在门口迎接他的钱学森等一一握手,然后进入会议室。

杨政委说:“欢迎张副总长来我院检查工作,请主任多多指示。”

张爱萍微笑着:“我和诸位六七年没有见面了。林彪垮台了,我被解脱了。出来后身体不好,真想安度晚年,可组织上不同意,还得干。过去科委决策是聂帅,我是副主任,我是背靠大树好乘凉。现在不行了,去掉副字可加了责任。当前,专委、军委、总理对国防科技有许多指示,归结起来就是要把混乱的局面整治好,把业务尤其是重点项目搞上去,把林彪破坏耽误的时间抢回来。而要做到这些很不容易啊!好多年不搞了,脑子里空空的,为了不失误,现在我需要重新学习,向你们学习,向群众学习。到职后,我到一些研究所、工厂、车间走了一圈,了解了不少情况,今天找你们开个座谈会，交流一下情况，以取得一致的看法，然后再研究怎么办。我们都是老朋友了，希望大家畅所欲言。”

杨政委：“张副总长来前发了提纲，大家都看了，议题是：怎样评价当前国防科技的形势？当前影响科技发展的主要问题是什么？把星弹工作搞上去应从哪里入手？‘尖兵’卫星发射屡屡受挫的原因是什么？请大家发言。”

杨政委征求张爱萍的意见：“副总长是否再讲一讲？”

张爱萍说：“问题提得很明确，不讲了，还是大家讲。”

马文革说：“怎样评价当前国防科技工作的形势？我的看法是：可以用三句话概括，成绩不小，问题不少，前途不明。”

张爱萍说：“展开说一说。”

马文革说：“成绩不小是说，几年来我们成功地进行了原子弹、氢弹的试验，武器发展取得了可喜成果；在运载工具方面，中程导弹已完成定型，装备了部队，运载火箭有成功也有失败，还是成功的因素多；我们的东方红卫星上了天，尖兵卫星也要问世。所有这些，成绩是有目共睹的。当然，这是无产阶级‘文化大革命’的胜利。”

张爱萍问：“那问题不少呢？”

马文革说：“总的看，这几年，运载工具的研制步子不快，可靠性降低，同美苏比有拉大距离的趋势。主要原因是：路线教育和政治思想工作跟不上，派性斗争严重，无产阶级革命派的积极性没有调动起来。二是基础研究工作没有跟上，代表现代化趋势的元器件的生产不过关，质量差，上装后影响仪器质量。”

张爱萍问：“前途不明怎么理解？”

马文革说：“怎么解决这些问题的办法还不够明确。”

张爱萍问：“你认为科技战线的问题应当怎么解决？”

马文革说：“关键在于我们的研制工作贯彻什么路线。比如，‘斗、批、改’提出要把科技领导权掌握在工人阶级的手里，工人阶级掌握了吗？”

张爱萍明白马文革的弦外之音，一是指责党委不是政治挂帅，二是担心“造反派”挨整，但又不便说穿，张爱萍转向黄国路：“你谈谈？”

黄国路说：“张副总长是我们的老朋友，你知道科技工作者在想什么，需要什么，我相信，由你当科委主任，国防科技前途光明。”

张爱萍说：“具体地讲一讲。”

黄国路说：“那我讲讲星弹计划屡屡受挫的原因。从技术性分析：一是总体技术方案有需要改进的地方，这个问题总师系统多次讨论过，认识基本一致；二是如文革所言，基础工业没有跟上，必须把材料质量抓上去；三是我们的惯性元件性能不稳定，要提高远程火箭的可靠性，必须解决好这方面的问题。”

张爱萍说：“钱学森同志，你讲讲。”

钱学森说：“好！那我谈谈……”

8

研究院大礼堂。

舞台上方高悬着会标：整顿星弹计划动员大会

张爱萍和钱学森、杨政委、黄国路坐在右侧，马文革和中央文革的联络员、其他院的领导等坐在左侧。在场下，是七机部、二机部、一、三、四机部的代表。

七机部杨政委主持会议。

杨政委宣布了会议的议程与要求，然后宣布：“请中央专委委员、国防科技主任、副总参谋长张爱萍同志作动员讲话。”

张爱萍向会场上点了点头，在热烈的掌声中走到台前坐下，他手里握着一个水杯，什么稿子也没有，台上台下几百双眼睛盯着他。

张爱萍敲了敲麦克风：“同志们，刚才会议主持人已经宣布了，今天的会议有两项内容，一项是星弹计划的安排与动员，一项是国防科技战线整顿动员，目的就是要迅速扭转国防科技战线上的混乱局面，把国防科技和星弹实施计划贯彻下去，让卫星早一天上天回地。这两项计划科委都发了文件和通知，我就不讲了，今天我主要讲讲科技战线为什么要整顿，整什么，怎么整，怎么处理整顿和工作的关系？”

张爱萍喝了一口水，用他耳闻目睹的大量事实描述了国防科技的现状，指出：“虽然大联合多年了，但派性处处都在作怪，由于派性作祟，上下之间和同志之间，面合心不合，不能心往一处想，劲往一处使；严重的单位，是背后告状、‘捅刀子’，生怕对方把事情做好；对于这种局面，我们不少干部是怕字当头，对现实矛盾绕着走，需要他们点头决策的问题却是优柔寡断，迟迟不决；最后，是误时误事误厂误国。再就是，几十年行之有效的管理制度大多被废止了，产品质量存在着严重的隐患，导致星弹计划屡屡受挫。由于上面所讲的原因，当然原因远不止这些，使党中央、中央军委关注的计划不能如期完成；从技术上拉大了我们与发达国家的差距，使我们的战略导弹部队迟迟不能接到应有的装备，同志们，后果严重呀！”

张爱萍停了片刻，提高声音：“正是由于以上的原因，我们必须贯彻国务院和中央军委的决策，为了把国民经济搞上去，把星弹计划搞上去，对国防科技战线必须进行全面的整顿。”

会场响起热烈的掌声。

场下一位中层干部站起来：“主任同志，你怎样评价我们近几年的工作，难道都是问题吗？再就是怎样理解全面整顿？”

张爱萍说：“这位同志提得好。怎样评价目前的国防科技战线呢？前天，和七机部的领导座谈时，他们的一位领导对形势的评价是：成绩很大，问题不少，我很赞成这个结论。请同志不要误解，我指出这些问题并不否定我们所取得的成绩。怎样理解全面整顿，我想，应当包括思想整顿、生产整顿、工作整顿和组织整顿。”

又一位中层干部站起来提问：“这四个方面的整顿的实质是什么？要达到什么目的？”

张爱萍说：“这个问题提得很尖锐。思想整顿的目的是要消除派性，增强党性，把大家的思想统一到中央的精神上来；生产整顿，目的是克服无政府主义和无纪律的现象，恢复有效的生产制度和质量管理体系，建立正规的生产秩序；工作整顿，目的是增强干部的事业心和责任感，树立不怕矛盾，敢于负责、勇于解决问题的作风和精神，消除遇到问题绕着走和互相拆台的陋习；组织整顿，目的是解决班子的软、懒、散问题，查清和林彪集团有牵连的人和事，把那些破坏生产，顽固坚持派性，不下力抓生产的人调离领导岗位；把有朝气、有能力、守纪律的青年干部选进班子，把那些占着茅房不拉屎、捣乱、起横的拿下去。”

又一个中层干部站起来提问：“怎样理解把思想统一到中央和军委的精神上来？中央和军委的精神是什么？”

张爱萍说：“这个问题很关键。我讲的中央和军委的精神是：要抓革命、促生产、促工作、促战备，把国民经济搞上去，整顿军队，准备打仗。”

又一个中层干部站起来：“你准备怎样尽快地把星弹计划搞上去？”

张爱萍答：“从整顿入手。”

又一个中层干部站起来，提问：“怎样处理星弹计划与目前正在进行的理论学习，如批林批孔的关系？”

张爱萍说：“所有这些是‘文化革命’的具体内容，属于抓革命的范畴，按照主席‘抓革命、促生产’的要求，批林批孔要为星弹计划服务。”

又站起来一个干部提问：“有人说，目前在全国全军范围内进行的整顿是右倾回潮，你怎么理解？”

张爱萍语重心长地解释：“同志，整顿是毛主席的指示呀。毛主席在许多场合都讲到整顿。如毛主席接见军委办公会议成员时就指示，林彪十几年搞了许多形式主义的东西，把军队的许多优良传统搞乱了，军队问题很多，要开会，发文件，要整顿。革命是为了解放生产力，不能把革命与建设对立起来，对于一个单位，不要把运动与生产对立起来。我想，我们把星弹计划搞上去是为了实现毛主席的愿望，应该说不会错，至于有人非说是右倾回潮，我们问心无愧，他们愿讲啥讲啥。”

没有人再提问了。

张爱萍站起来:“同志们,建设强大的国防关系到国家的安危,党中央和中央军委给我们提出了很高的要求。时不我待,一万年太久,要只争朝夕。为了完成党和国家赋予我们的使命,我们必须团结起来,扫除派性,为如期完成国家向我们下达的计划而努力。我振臂高呼,凡愿意和我共赴困难、为国图强的同志,请你们站起来,我需要你们旗帜鲜明的表明态度!”

会场上的人群“刷”的一声站了起来,热烈鼓掌。

9

张爱萍办公室。

张爱萍正审阅七机部上报的星弹发射实施方案。

张爱萍看着看着在组织指挥一项停了下来。

方案中写道:总指挥:张爱萍(科委主任)

副总指挥:马文革(七机部负责人)

杨坚(沙洲基地司令员)

技术组组长:黄国路

张爱萍思考片刻召来秘书:“明天召开的星弹发射协调会通知下述单位的领导参加,第一、二、四、七机部,第二炮兵和沙洲基地的领导,同时通知下述人员参加:钱学森、马忠、黄国路参加。”

秘书答:“我马上通知。”

望江楼。

在一个中会议室与会人员正在讨论问题。

马文革说:“鉴于这次星弹计划发射成败影响重大,我想只能成功,不能失败。为了防止在操作方面出问题,我建议:二炮部队不参与这次发射,完全由试验基地单独完成,二炮的同志可以组织参观见学。”

卫星试验队代表说:“我们同意马文革的意见,一个任务两个部队一起操作,不好指挥,出了问题算谁的?请领导决定时考虑。”

马文革发言时,试验基地和二炮的同志面面相觑。

张爱萍问:“大家还有什么意见?”

没人答话。

张爱萍说:“星弹发射意义重大,为保证这次发射顺畅的指挥,技术保障有力,遵照总理‘发射一弹,多家受益’的指示,特作如下决定:

一、关于组织指挥

总指挥由科委副主任马忠同志担任;副总指挥由钱学森和沙洲基地司令员杨

坚担任，钱学森侧重技术，杨坚侧重现场指挥。

技术组组长：黄国路；副组长：姜学鹏、马文革、苏群（卫星总设计师）。

二、按照总理指示，‘二炮部队要参加（星弹）试验，从班长做起，在试验阶段就要把他们教会’，我们要一丝不苟地落实总理的指示。这次发射需要合练三次，第二次由二炮组织。

三、我顺便宣布一个调令，根据军委要搞好试验基地与作战基地干部交流的指示，科委系统姜学鹏、杨坚、刘枫山等十二名同志调二炮工作，完成任务后，立即到二炮报到。”

10

在向华下榻的房间。

向华和张云涛在谈话。

向华说：“你是雪山基地的大忙人，先和你谈，会后，你还要抓正规化集训、搞试点，随后还要组织昆山导弹团的发射，我们要争取时间，不能困着你。”

张云涛说：“听了司令员在党委会上的动员讲话，我心里很明亮，我这个人毛病多，爱冲动，我对自己的不足应很好检讨。”

向华说：“这次我们来雪山基地，着重要弄清和林彪有牵连的人和事，解决思想路线方面的问题。希望你能根据自己的看法，谈谈雪山基地批林整风应当解决哪几个方面的问题？”

张云涛说：“好！我理论水平不高，恐怕说不到点上。”

向华说：“嗯！听说你不是搞了马列军事思想学习小组吗？谁敢说你理论水平不高？”

张云涛说：“让司令员见笑了。过去发生一些冲突，我只凭感觉和人家辩，结果辩不清，我就想，得学点理论。上级要求学习毛泽东军事思想，就把一些文化基础好的组织起来，说白了是请他们给我当辅导。”

向华说：“我们的军事工作必须以先进的军事理论作指导，不然，就没有明确的方向。”

张云涛说：“回顾雪山基地走过的历程，经历了许多的坎坎坷坷，串起来看，这里充满了两种军事思想的对立和斗争。当年，杨秀雄把问题上升到路线高度，我认为是上纲上线吓唬人，现在看杨秀雄的说法是对的，当然，真理不一定在他那一边。”

张云涛列举了党委和陆仲琦、杨秀雄的许多场争论，最后说：“我认为，十年来我们雪山党委是坚持了正确路线的，我们对林彪‘冲击军事’的左倾路线做出了有力的抵制，保证了雪山基地的军事训练和施工在曲折中得到发展。我直言不讳地说，如果没有陆仲琦和杨秀雄的捣乱，雪山基地会发展得更好。”

向华问：“你认为他们主要存在什么问题？”

张云涛正要讲下去，一个女人敲敲门，领着两个孩子走进来。

张云涛抬头一看，是彭连柱的妻子陈娟和孩子，他惊讶地问：“你们怎么来啦？我和上级首长在谈话。”

彭连柱的妻子陈娟突然跪到地上：“他们不管我。听说向司令员是个清官，我们就闯来了。向司令员，彭连柱不是反革命，不是自杀，冤枉呀！”说罢，她和孩子一起呜呜地哭起来。

向华见此情景，走上前：“请你们站起来，你的事我管。”

彭连柱的妻子站了起来，望着向华：“请司令员给彭连柱平反。”

向华和张云涛的谈话无法继续下去，向华望着张云涛，似乎在问：“怎么办？”

张云涛明白向华的意思，向陈娟道：“小陈，司令员答应了，一定过问你的事，是否这样，你先和孩子回去，待我和司令员谈过话再找你。”

陈娟问：“首长不会推脱吧？”

向华答：“不是，你按张副司令员说的，先回去，待我安排了时间，通知你。”

陈娟和孩子向向华行了鞠躬礼，拉着两个孩子走出向华下榻的房间。

向华送走彭连柱的妻子转向张云涛：“彭连柱事件是怎么一回事？”

张云涛把彭连柱事件的始末讲了一遍。

向华听后问道：“既然李政委已经表过态，叶兆林也不再追问这件事，为什么不及时平反呢？”

张云涛说：“林彪垮台以后，七三年彭连柱的妻子就过来了。陈娟找基地，龚振华被吊了起来。又找陆仲琦，陆仲琦说上级有指示，彭连柱是自杀，不宜公开平反，就这样拖下了。”

向华问：“一个女人领两个孩子，又不在家乡，是怎么过来的？”

张云涛说：“她住在一户没儿女的人家，房东二老见她可怜，不收她的房费，还帮她开了一块地，三口靠种地、采山菜过日子。”

向华问：“看上去那女孩不小了，总有十五六岁，上学问题怎么办？”

张云涛答：“女儿十六岁，小子十二岁，大家同情她，就把孩子悄悄地送进了我们和地方联办的青岗中学，女孩念高一，小子念小学。”

向华问：“彭连柱的问题能否迅速查清平反？”

张云涛说：“这个事件陆仲琦和杨秀雄参与调查，他俩知道内幕，如果他俩出面，马上就能大白于天下。”

这件事对向华刺激很大，佟玲哭诉当年挨整的情景又浮现眼前……

11

向华和杨秀雄谈话。

杨秀雄十分悲观:“我作好了准备,准备最坏的结果。”

向华问:“最坏的结果是什么?”

杨秀雄说:“打成反革命,抓起来,坐牢。”

向华说:“为什么这么想呢? 看来你对我和刘政委的讲话不相信。”

杨秀雄说:“我岳父楚天佑上了贼船,是林彪反党集团的重要成员,他已投进了监狱。我是林办的秘书,是楚天佑送我到这来的,我在雪山基地干了不少蠢事,在劫难逃。”

向华说:“你是搞政治的,你应当明白党的政策,你知道周总理对你岳父等人在隔离审查时说了些什么? 做了些什么吗?”

杨秀雄用吃惊的目光看着向华:“不知道!”

向华说:“好! 那我告诉你,看你能否从中悟出点道理。”

向华喝了一口水:“林彪叛逃后,9 月 16 日中央政治局发出《关于林彪叛国出逃的通知》,通知中指出:‘跟着林彪走绝路的只能是极个别的’,要求高级干部和林彪划清界限,不许扩大打击面。9 月 24 日,周恩来召集军委办事组成员开会,宣布对林彪集团的骨干分子进行隔离审查,其中就包括你岳父。周恩来指出,你们跟着林彪干了许多坏事,对党对人民是犯了罪的,限你们十天坦白交待,争取从宽处理。周恩来又补充说‘你们放心,你们的问题是你们的事,你们的家庭和孩子不会受牵连。当年你们整叶帅,连叶帅的孩子你们都不放过。今天叶帅在座,我相信他不会像你们那样做。,叶剑英会意的点点头。林彪垮台快四年了,怎么样?”

杨秀雄的情绪发生了变化:“是那样,还没看到儿女受牵连,他们的子女大多还在工作。”

向华说:“这说明现在以叶帅为代表的军委,掌握党的政策,以国家为重,不计个人恩怨,你怎么还看不到呢?”

杨秀雄问:“我还能重新工作吗?”

向华说:“那要看你自己,只要把自己的事情讲清了,对自己的错误采取正确的态度,党组织是会欢迎的。”

杨秀雄问:“我算不算上了林彪的贼船?”

向华说:“这个问题不用问我,你自己应该能回答。”

杨秀雄说:“好! 我向司令员交代我的问题。”

向华给杨秀雄倒了一杯开水,杨秀雄把他多年来如何想爬到领导岗位整张云涛、整龚振华、如何迫害彭连柱细细地讲了一遍。

向华说:“这么说彭连柱不是自杀,是被叶兆林的打手打死的,你还参与了伪证的制作,批林这么多年了,为什么不向组织交代?”

杨秀雄说:“叶兆林向我暗示,说我没有太大的问题,不要我乱说,他会保证我的平安。”

向华说："你能不能把彭连柱事件发生的始末起因再细谈一下。"

杨秀雄说："彭连柱的文书，现在是某连副指导员，因为提干问题，对彭连柱有意见。所谓彭连柱的罪行材料都是他提供的。彭连柱酒后失言为什么搞那么大呢？当时主要是对着张云涛。彭连柱是张云涛树的典型，把彭连柱打成反革命，就说明张云涛政治上有问题，要整他就有子弹了。"

向华问："你再把迫害彭连柱取伪证谈一谈。"

杨秀雄说："彭连柱被抓，审问时他非常警觉，他就说我爱发酒疯，至于说了什么，一点也没印象，他不承认反党，也不承认反林彪，他一再声明，他的事与张云涛无关。北京来人看他什么也不讲，就向他动了刑。"

向华："动刑时你在场吗？"

杨秀雄："我在隔壁，我们保卫处长在场。他们打彭连柱，彭连柱反抗，高喊：'你们为什么打我？'一个审讯人说：'嗨！还没见过这么硬的小子。你硬，没你的好果子。'随后，我只听到'啊！'的一声，审讯室没了动静。半小时后，审讯的人找我，说彭连柱撞墙自杀，没气啦！我要过去看看，他们说'死了，别看了。'我问他们，人死了，没有结果怎么办？他们说，我们也不好交代。我说不行，死活得有个说法。北京来人半天说了两句：'整个材料，彭连柱是畏罪自杀。'我说材料怎么出？他们拿出已经拟好的假遗书交给我。让我看行不行。我后来和叶兆林取得联系，他说你看着办吧。就这样……"

12

十天后。

雪山基地会议室。

向华召开雪山党委会议。

云中山主持会议："请二炮党委副书记、司令员向华讲话！"

向华："现在宣布第二炮兵《关于雪山基地若干历史问题的决定》：

"一、林彪垮台后，有人举报雪山基地党委书记、政委龚振华同志在历史上有脱队脱党的历史问题和现行的政治经济问题，二炮根据群众举报对龚振华同志作出了停职审查的决定。经审查，龚振华同志的历史问题已作过结论，现实问题与事实不符，所有加在龚振华同志身上的不实之词均予推翻，恢复龚振华同志在雪山基地党内外一切职务。

"二、在1966年雪山基地阵地工程大会战中，张云涛任大会战的总指挥，他按照党委的要求，亲临工程第一线，采取各种措施，率领工程部队进行了工程建设大会战，这次工程会战极大地调动了部队官兵的工作热情，保证了阵地工程按时竣工。但当时的二炮党委成员以大会战冲击政治为由，给张云涛同志作了'犯有路线错误'的结论，并依此免去张云涛的常委职务，并给以行政记大过处分。后经二炮党委复议认为：此结论有违于事实，现对此结论予以纠正，恢复张云涛同志党内常委职务，撤销记大过的处分，并在群众中为张云涛恢复名誉。

"三、杨秀雄同志在雪山基地工作期间，积极推行林彪'政治可以冲击一切'的错误思想，打击诬陷同志，参与了迫害连长彭连柱事件，对雪山基地的建设造成重大损失。但鉴于林彪垮台后杨秀雄能如实地交代自己的问题，检讨所犯错误，并决心悔改，根据党的政策，为教育本人，给杨秀雄同志降职（由副军降为正师）降级和记大过处分，调离雪山基地另行安排工作。"

向华："现在宣布第二炮兵命令：

"一、根据中央军委批准，任命雪山基地政治委员龚振华同志为第二炮兵副政委兼雪山基地政委。

"二、任命原雪山基地政治部副主任于桑同志为雪山基地副政委。

"三、任命原雪山基地司令部副参谋长田广川同志为雪山基地司令部参谋长。

"四、任命原雪山基地后勤部政委孙长林同志为雪山基地政治部主任。

"五、任命原北方导弹团团长肖百川为雪山基地后勤部部长。"

向华："现在宣布雪山党委改组后的组成：

"经第二炮兵党委研究，改组后的雪山党委由龚振华、云中山等十五名同志组成，龚振华为党委书记，云中山为副书记，常委由龚振华、云中山、张云涛、王子芳、于桑、陆仲琦、孙长林组成。"

与会人员热烈鼓掌。

向华："现在宣布第二炮兵几项决定：

一、为推动二炮阵地管理向制度化、标准化、正规化发展，经二炮首长办公会研究决定，一九七五年十月在雪山基地召开阵地管理工作现场会，会上由雪山基地介绍经验。

二、为推广雪山基地创造的实装操作战术队列作业法，推动部队正规化训练水平，第二炮兵决定：1976 年在龙山训练场召开第二炮兵正规化训练现场会，会议的具体开法另行通知。

三、为推动二炮作战运用研究，根据中央军委的批复精神，第二炮兵决定：由雪山基地组织，于 1976 年进行一次一个导弹团规模的机动作战研究性演习。"

与会人员热烈鼓掌。

13

马文革向江青、张春桥写信，状告张爱萍。

马文革的信给张爱萍列了四大罪状：（一）反对毛主席"一不怕苦，二不怕死"的指示；（二）贬低批林批孔的意义，诋毁中央文革；（三）推行邓小平"三项指示为纲"，提出运动要为生产服务；（四）以整顿为名，压制并迫害无产阶级"造反派"，是右倾翻案的急先锋……

张春桥看后极为恼火，打电话给江青：“江青同志，科委张爱萍又跳起来了，杀气腾腾，是典型的还乡团，需要反击。”

江青问：“你收到什么了？”

张春桥答：“马文革的告状信。”

江青问：“什么内容？”

张春桥答：“马文革给张爱萍列了四大罪状，我看不止那四条。”

江青说：“怎么办？请你提出意见。”

张春桥说：“七机部是我们北京的主战场，在那里我们应建立联络部，派出联络员，必要时，以中央的名义派出工作组，指导科技战线反回潮，按照我们的意图搞好那里的斗、批、改。”

江青说：“不行的话，就撤了张爱萍。”

张春桥说：“不行，现在不能撤，我们要通过他揪出他的后台老板。”

江青说：“好！那就派一个工作组，以帮促为名制裁张爱萍。”

张春桥答：“这样好。”

在七机部和研究院墙上贴满了大字标语：“坚决反击右倾翻案风！张爱萍是推行右倾翻案的急先锋！欢迎中央‘帮促组’进驻我院！”

中央文革派出“帮促组”进驻科委和七机部。

许多群众顿足大字标语前，他们议论着：

“乖乖，来头不小呀！中央‘帮促组’，他们要帮谁？”

“这还不清楚，要打倒张爱萍嘛！”

“啊，那又要天下大乱了！”

“乱就乱吧，乱了‘敌人’，害了群众！”

“七机部真是多灾多难呀！”

张春桥任“帮促组”组长，给张爱萍规定：半天接受帮批，半天工作。

张春桥找张爱萍谈话，指出：你执行的是一条右倾翻案的反动路线，必须悬崖勒马，不然，中央文革也保不了你。

张爱萍不检讨，马文革组织“造反派”围攻张爱萍，逼他写检讨：不让他睡觉，轮番折腾他。

一天，前方指挥所打来电话请示工作。张爱萍正接受批判，把电话转到批判间。张爱萍认真听取汇报，心平气和地与前方讨论问题，适时定下决心。张爱萍询问气象预报情况，对方说不清楚。张爱萍批评道：“指挥员应当知天，必须随时掌握天气的变化。”

打电话的是发射总指挥马忠。

马忠报告道:“在待备期间我准备去一趟核试验基地,看看那里的核反应堆。”

张爱萍立即接道:“不行,大战在即,指挥员怎么能随便离开指挥岗位,我想,现在你不要去,待卫星发射成功我陪你去。”

马忠哪里知道,他的决策者正在接受批判,就连“帮促组”的成员也为张爱萍的大度所吃惊。

张春桥和‘造反派’要他检讨,张爱萍经常以不言以示反抗,这次火了:“卫星发射是毛主席交办的任务,我有许多工作要做,你们这样困着我,不感到无聊吗?你们口口声声拥护毛主席,捍卫毛主席,我看全是扯淡!你们要批就批,要斗就斗,我要说的都说过了,要撤职,要坐牢,要杀头,随你们的便!”说罢,拂袖而去。

马文革没辙了,张春桥也目瞪口呆。

14

工人文化宫。

成千上万的人坐满了会场。

在舞台上高悬着“联张批邓反击右倾翻案风”的标语,在会场的后边贴着:不要卫星上天,防止红旗落地。

会议还没有开始,台上台下人们都在议论着。

在台上,马文革正向他的下属布置任务:“当中央首长进场时要带头高呼口号,要呼的口号是:‘向江青同志学习!反击右倾翻案风,将无产阶级文化大革命进行到底!’当把张爱萍押上台时要高呼:打倒右倾翻案风的总头子邓小平!”

在台下,群众在对话:

甲:“听说今天的大会江青、张春桥要参加,还有的说要把邓小平搞过来。”

乙:“这是‘造反派’惯用的手段。”

甲:“张爱萍不是病了吗?”

乙:“通知说,张爱萍带病到会,要向群众做出像样的检讨。”

甲:“张爱萍是钢筋铁骨,他会检讨?”

乙:“那说不准,识时务者为俊杰,身处险恶地,也得把头低。”

舞台上的喇叭被敲了两下,扩音器发出震耳欲聋的音响,接着马文革宣布道:“请以热烈的掌声欢迎江青、张春桥等中央首长进场。”

台上台下响起稀疏的掌声。

紧接着,从舞台上传出:“向江青同志学习!向江青同志致敬!反击右倾翻案风!保卫无产阶级文化大革命!保卫中央文革!”的口号,台下一些人也跟着呼喊……

江青和中央文革的一班人坐定,马文革请江青讲话。

江青让张春桥讲,张春桥:“大家欢迎你,还是你讲。”

江青接过麦克风,像似很谦虚:“今天,我们是来向国防科技战线的同志们学习的,邓小平要翻‘文化大革命’的案,张爱萍是邓小平的打手,他以整顿为名,打击和迫害国防战线上的‘造反派’,要全盘否定无产阶级‘文化大革命’,张爱萍本来就是一个三反分子,某些人却把他解放了。人是解放了,但他不思改过,还要反对无产阶级‘文化大革命’,同志们说,我们能够答应吗?”

江青的问话没有引起反应。

马文革怕冷场,拿起麦克风,大声道:“我们‘造反派’绝不答应,一百个不答应,一千个不答应。”

江青说:“好!我们‘造反派’就是要有这种魄力,还是主席讲的,舍得一身剐,敢把皇帝拉下马,邓小平是土皇帝,张爱萍也是土皇帝,他们不是要翻案吗?好!那我们就要再次把他拉下马。”

舞台上下响起掌声。

马文革大声宣布:“让张爱萍进场!”

张爱萍坐在轮椅上,工作人员推着轮椅上场。张爱萍被扶下轮椅,靠右侧指定位置就座。

张爱萍就座时,“造反派”带头高呼口号:“反击右倾翻案风!保卫无产阶级‘文化大革命’!打倒邓小平!”

马文革示意停下,接着宣布:“联张批邓反击右倾翻案风大会现在开始。”

马文革继续道:“死不悔改的走资本主义道路的当权派邓小平,复出后,以三项指示为纲掀起右倾翻案风,以整顿为名,对无产阶级‘文化大革命’进行反攻倒算。张爱萍秉承邓小平的旨意,以整顿组织为名,打击和迫害无产阶级革命派,把在‘文化大革命’中涌现出来的新生力量赶下台;他以整顿生产为名,恢复旧的管、卡、压制度,重新推行已经被批臭的反革命修正主义路线。张爱萍是邓小平的得力干将,是右倾翻案风的急先锋,是国防战线上的土皇帝,是迫害‘造反派’的还乡团,张爱萍必须悬崖勒马,低头认罪,向革命群众老实检查。”

张爱萍环视四周,笑了笑,用十分平静的语调发言:“同志们,今天在这里召开七千人的‘联张批邓’大会,我的心脏不好,医生不让参加,但我想,七千人为我开会,我不去不好。我主持科委工作,没有把混乱不堪的国防工业整顿好。我是科委主任,难逃其咎,我真诚地向党、向战斗在国防战线上的广大群众检讨。”

讲到这里,张爱萍站起来,向会场两鞠躬,然后坐下来一言不发。

马文革等了一会,张爱萍还不讲话,追问道:“你讲完啦?就这些?”

张爱萍说:“我承认了自己的错误,让同志们讲吧!”

张春桥阴阳怪气地插话:“张爱萍,你这也算检查?分明是在为自己辩解,转移斗争方向,你应当检讨是怎样追随邓小平推行错误路线的。”

张爱萍一言不发。

马文革说:“张爱萍在科技战线把无产阶级‘造反派’赶下台,把一些资产阶级知识分子重新扶上台,就是让资产阶级重新占领国防科技这块阵地,如果邓小平和张爱萍的路线得逞,卫星上了天,红旗就会落地,这是你们路线的要害问题,为什么不检讨?”

张爱萍仍然很平静:“你这位同志发言不妥,怎么能把卫星上天和红旗落地连在一起? 我们的卫星早就上天了,我们的五星红旗不还在飘吗? 我们的卫星在太空播出了‘东方红’,这是中国人的骄傲,世界各国人民更加向往中国。”

江青怒气冲冲地质问道:“张爱萍,你和邓小平的整顿是经过密谋的,请你交代,你在科委撤换了那么多干部,是谁让你干的? 为什么这么干?”

张爱萍仍然很平静:“江青同志,你应当明白,我们搞经济建设如同打仗,要指挥千军万马去作战,必须保持号令统一,步调一致,组织上让我搞国防科技,我只能这么干,这是党组织给我的权力,是我的责任。如果组织认为我干的不合格,可以撤换我。我声明,我做的与其他人没有关系。”

会场上骚动起来,有一伙年轻人站起来,大声道:“讲得好,讲得好!”接着会场响起热烈的掌声。

江青感到十分狼狈,她呵斥道:“张爱萍,你态度恶劣,你蔑视中央文革,是对抗中央!”

张爱萍仍然很平静,坐在那里一言不发。

15

沙洲试验基地。

火箭城处处在高度戒严状态。

发射塔的塔架在缓缓的运动,火箭的弹体慢慢地露在塔外。

在塔架下,身着各种工作服的人员正忙着最后的检查,一些人员背着作业工具快速撤出发射场。

在指挥大厅里,各系统的操作人员都屏息而坐,目不转睛地盯着自己的操作台,等着发射零时的到来。

在指挥室内。

发射总指挥马忠和指挥组成员端坐指挥台的一侧,每人面前都放着麦克风,二炮参谋长贺子章同姜学鹏坐在另一侧。在指挥台上,作战参谋在收集全区的信息,最后发布:“进入5分钟准备。”

在北京指挥所内。

张爱萍和他的参谋人员坐在荧屏前,收听和观看现场准备情况,不时地和坐在他身旁的李天城攀谈。

发射进入倒计时。

在指挥台上，作战参谋盯着指挥台上的时钟，不时回头的请示到："发射系统、观测系统、遥测跟踪系统，一切正常，请示进入1分钟准备。"

马忠站起来："1分钟准备。"

作战参谋盯着时钟："30秒！20秒！10、9、8、7、6、5、4、3、2、1，点火！"

操纵员按下"点火"按钮。

在发射场上。

火箭的尾端喷出巨大的火团，发出震耳欲聋的轰鸣，导弹徐徐升起，20秒以后，火箭由大变小，100秒后消失在天际……

在发射大厅里，观测系统、遥测系统、卫星监视系统都在紧张的工作，从扩音器里不时传来各观测站的报告……

在北京指挥所内。

张爱萍仍然神情严肃，目不转睛地盯着传来的信号和图像。

当前方传来火箭将卫星已顺利推向太空、卫星进入预定轨道的消息，坐在张爱萍身旁的李天城站起来："老首长，初战告捷，你该休息休息了！"

张爱萍突然醒悟："嗨！光顾看，冷落请来的客人了，走，吃饭去！"

张爱萍走出指挥室，突然又折回去，拿起电话接通马忠："祝贺你们初战的胜利，希望大家戒骄戒躁，要按总理的要求，周到细致，善始善终，夺取最后的胜利。"

张爱萍在小餐厅同李天城吃饭。

张爱萍边吃边谈："知道为什么请你来看发射？"

李天城十分了解张爱萍，顺口说："老首长是有事不求人，让我来，是想让我领略一下这大好风光。"

张爱萍说："这回你错了，向华向我要人，我给了他一批，还要挖，我向叶帅建议，你到二炮去，重操旧业，怎么样？"

李天城已有耳闻，回应道："如是回到老首长的手下，我乐意！"

张爱萍说："但现在还不是时候，你可以作些思想准备。"

卫星在太空运行。

张爱萍除了"帮促"时间外，昼夜守候在指挥室。这会儿，老将军轻松了许多，但他的思绪一点也没有闲：他从现实想到了过去，那炮火连天的岁月一幕幕从眼前闪过……

16

三天后。

张爱萍"帮促会"在召开。

张爱萍仰坐在椅子上，闭着眼，嘴里唠叨着，左手扒着右手的手指，像小学生在做算术。

马文革等人在张爱萍的对面：“张爱萍蘑菇什么，你什么态度？”

张爱萍摆摆手：“莫吵！莫吵！让我算算。”然后自语道，“怎么还没结果？”

“造反派”训斥张爱萍。

这时，张爱萍的参谋风风火火地闯进来，他像谁也没有看见：“报告首长，返回舱找到啦！”

张爱萍也忘了自己在接受批判，猛地站起来：“在什么地方？”

“帮促组”的成员要制止他，张爱萍瞪大眼睛：“请你不要干扰我，现在是非常时刻，待我处理过这事，你们怎么批都行！”

“帮促组”的成员也被感动了。

张爱萍转向参谋：“请你具体地讲一讲。”

参谋说：“舱体基本完好，裙部和部分电缆仪器在再入大气层被烧坏. 遥测取得了预定的资料，就是精度不够，返回舱落地偏差远了点。”

张爱萍问：“落点在哪里？”

参谋答：“贵州省关岭铁索桥旁。”

张爱萍对这个地名感到熟悉，但又想不起是什么地方。他拉开作战地图的帷幕，在地图上仔细地寻找，终于找到了。这个地方他怎么不熟悉呢？这是他当年战斗过的地方。那是1935年，中央红军和中央机关在此受到国民党重兵的围追堵截，形势十分严重。彭德怀命令张爱萍率部强行军到达关岭，与敌激烈交战，粉碎了敌人的前后夹击，使中央机关安全转移，受到彭德怀的表扬……

第二十四章

导弹齐射壮华威　喜报道道慰英灵

1

在通往解放军总医院的道路上，一台黑色轿车快速开进。在轿车上，雪山基地医院副院长梁玉洁坐在前排，后排坐着雪山基地司令员云中山和政委于桑。他们刚刚开过科技大会，前往陆军总院看望丛荣之同志。

于桑道："梁玉洁，这次，你们的核防护和防烧伤的救治两项研究成果获得科学技术进步奖，这是你们的荣耀，也是我和司令员的光荣，我们应当感谢你们。"

梁玉洁："于政委你讲错了，是我们应当感谢你们，如果当年不是云司令他们那些老首长有远见，基地一组建就立项，并给我们创造许多接触实践的机会，就不可能出现今天的成果，我们应当感谢老首长丛司令和龚政委。"

梁玉洁讲过，车上平静了片刻。

过了一会，云中山语气沉重地："听说丛司令病的很重，已不省人事了，不知道还能不能认识我们？"

车上又是一阵平静。

解放军总医院。

在特别护理室内：丛荣之躺在病榻上，他骨瘦如柴，吃力地和他的主治医生讲话。

丛荣之："佟岩，感谢你对我的精心治疗，我感觉，我该闭眼了，是不是这样？你老实告诉我。我还有许多话要说。"

佟岩听了丛荣之的请求，内心一阵绞痛，泪水不觉充满眼眶。作为一名医生，此时他只能安慰病人，如果把真情告诉他，无异于雪上加霜，但当他得知病人还有不少后事需要交待，他又不忍心使自己敬重的老首长失去应有的机会。佟岩扭过脸，拭去将要溢出的眼泪，回过头，趴在丛荣之的耳边："首长，你的要求我和主任研究一下，你想见谁能给我讲讲吗？"

丛荣之合上眼睛，慢慢地："我想见向华、龚振华、张云涛，再见见晓兵和小红，让桂姐安排。”说罢，进入了梦乡。

佟岩匆匆走出特护室，大步流星来到会客室。

佟岩看到会客室的场面一震惊鄂。他看到云中山、梁玉洁坐在桂姐的对面。

桂姐很快发现了门外的佟岩，站起来，迎上去：“老从怎么样？你看，雪山基地的老战友来看他。”

云中山认出了佟岩，主动地迎上去和佟岩握手：“佟岩，您好，听说你是从司令员的主治医师，感谢你对从司令员的精心治疗。”云中山转过脸：“来，我介绍一下，这是咱基地的于政委。”云中山又要介绍梁玉洁，突然想起他们是昔日恋人，很不自然地：“这，梁玉洁你们认识。”

佟岩身着军装，向云中山和于桑敬礼，握手，然后走向梁玉洁：“祝贺你梁玉洁同志，你的研究成果我都看到了，你成名人啦！”

梁玉洁开始有点拘谨，但她马上适应了场面，赞许道：“听说佟岩是总院的台柱子，一把刀，你的许多论文我都拜读过，你真是广阔天地大有作为，佩服，佩服！”

云中山见梁玉洁应对自如，微微一笑，补充道：“佟岩，从司令员怎么样？我们代表基地来看望他。”

佟岩让大家坐下，面色严肃地：“谢阿姨和基地的首长都在，我只能把实情告知了。从司令员从昨天开始，断断续续处于昏迷状态，输液已十分困难了，他心里很明白，他要求交待后事。”

桂姐催问道：“老从是怎么想的？”

佟岩把从荣之的想法叙述了一遍。

停了片刻，桂姐问云中山：“云司令员，你们都是老战友，怎么安排？你说。”

云中山看了看于桑：“是不是这样，把从司令的情况马上报告龚政委，机关怎么办他们会做出安排，在他们未到之前，我们先看看从司令员，然后…”

没待云中山讲完，桂姐截话道：“老从的时间不多了，我代表我们全家感谢雪山基地的全体同志。”

梁玉洁抱着花篮陪同司令政委轻轻地走进特护室。

从荣之睡着了。但嘴里还在呢喃着：“洞库…，装载…，平、平反…”

云中山、于桑、梁玉洁怀着深厚的感情在从荣之的病榻前久久站立着，他们不愿离去，还想听听他的声音。

过了一会，梁玉洁把目光转向佟岩，佟岩也正转向梁玉洁，他们对视良久。最后，佟岩向梁玉洁连连点头。梁玉洁好像看懂了佟岩的意思，也连连点头。

画外音：他们都在向对方表示，我尊重你的选择，我们还是朋友，我们没有因为没有结为伉俪而留下落俗的恩怨。

1

向华、陈浩声召开科研领导干部座谈会。

随向华到会的还有二炮副司令员姜学鹏、司令部副参谋长杨坚。

陈浩声："战略导弹部队组建初期，是设有科技这个部门的，而且当时赋予它的任务十分明确。据统计，那时在科技部门从事工作的人员高达五六百人，对导弹部队的发展发挥了重大作用。但是，由于林彪的干扰破坏，后来这个部门被取消了。林彪垮台后，第二炮兵又把成立科技部和研究所的问题重新提了出来。去年我们向军委打了报告，军委很快批准了。同志们应当清醒地认识到，战略导弹部队是用高科技武装起来的部队，技术复杂是它有别于其他军兵种的重要特点。科研部门重新恢复是导弹部队建设史上人们理性认识的一次飞跃，是科学管理思想战胜落后的管理理念的产物，为此，我对第二炮兵科技部门的成立表示热烈的祝贺。"

科研部门的领导先后发言，反映的问题是：人员新，没经验，不知道怎样搞课题。

向华说："军委关于成立三个研究所的批复和指示，确定了各研究所的编制方案，明确了在部队建设中的地位和作用，你们研究所的主要领导也到位了，应当说，我们的庙已经搭起来了。下一步的任务就是要'请神'，把有经验的专业人员调进来，上课题，尽快展开研究工作。怎样上课题，有的同志感到无从下手，其实并不难。去年我到雪山基地走了一圈，感到许多问题有待研究。比如实装操作要不要缩短准备时间，怎么缩短？敌人空中侦察手段日益先进，很小的目标就能发现，那么我们的阵地还要不要隐蔽伪装？怎样伪装？只要深入部队，了解部队关心什么，需要什么，就能发现各种矛盾，就能解决选题难的问题。今年要搞正规化试点，搞机动作战演习，有许多课题有待回答。"

向华正在讲话，值班参谋进来报告："向司令员，龚副政委有急事找你，请你接电话。"

向华说："好！我讲完了。请姜副司令和杨副参谋长讲一讲，他们有经验，请同志们欢迎。"

向华走进值班室，拿起电话："老龚啊，我是向华，什么事？"

龚振华说："桂姐来电话，丛荣之病危，我向政委报告了，政委让我通知你，我们马上赶到医院，我们先走，你从研究所直接去医院就行了。"

向华说："好，我马上过去！"

两辆轿车同时进入总医院。

在病房内。

从荣之已呼吸困难。

桂姐握着从荣之的手很坚强地说："老丛，你要挺着，向司令员、龚振华马上就到。"

从荣之吃力地说："他们如果来不到，就转告他们，老向一定要当好司令，一定要用张云涛。"

桂姐说："记下了，还有什么？"

从荣之说："把晓兵叫来，我问他。"

他过去的警卫员刘晓兵趴到从荣之的床头："爸，你说吧！"

从荣之问："你和小红结婚，是不是可怜我？能幸福吗？"

刘晓兵答："爸，我知道你最疼小红，我和小红结婚是我自愿的，我很早就喜欢她，她也喜欢我，你放心吧，我一定待好小红，治好她的病，让她一生幸福。"

小红也趴下来，含着泪："爸，你放心吧，有妈妈、哥哥，再加上晓兵，咱们家一定很好。"

向华、陈浩声、龚振华走进病房，待小红讲过，三人一起走到从荣之的床前。

陈浩声向从荣之问安："从荣之同志，我代表二炮党委、代表机关、对您表示亲切的慰问，你对二炮作出了重大贡献，大家会时时想念你，你还有什么交代的吗？"

从荣之吃力地坚持着："谢谢大家，我不行了，向华要当好司令，张云涛一定要用。"

从荣之讲到这里，慢慢进入昏迷状态。

桂姐召来医生，医生又给从荣之注射一支急救药，但没有任何作用。

过了一会儿，从荣之嘴里又突然讲起话来："放炮……点火……点火……"

几分钟后，从荣之停止了呼吸，走完了他人生的全部历程。

从荣之的病房传出一阵哭泣声。

2

1976年1月8日。

中央人民广播电台向全国播发周恩来逝世讣告："（略）"

全国下半旗为周恩来志哀。

显出各地悼念总理的画面。

画外音：周恩来是20世纪享誉世界的传奇人物。他以自己过人的才智和顽强的战斗作风，为中华民族的解放和共和国的繁荣昌盛做出了卓越的贡献。周恩来在担任国务院总理期间，兼任中央专门委员会主任十四年，是他团结了中国最广大的知识分子，绘制了中国国防现代化的蓝图；是他领导“两弹一星”科技大军，披荆斩棘，攻克了一个个现代科学的难关；是他亲自组织了第一颗原子弹和氢弹的爆炸，亲自组织战略导弹部队的组建；可以毫不夸张地说，中国国防现代化的每一项重大成就都凝结了周恩来的心血。但是由于保密的原因，周恩来对国防现代化的贡献却鲜为人知。

周恩来虽然离开了我们，但有他提出和形成的“两弹一星”精神已铭刻在中国人民的脑海里，化为大军的灵魂，像号角召唤着中国的科技工作者和战略导弹部队，向更深更高的领域进军。中国人民永远不会忘记他。

在寒风凛冽的东西长安街上：路边挤满了自发的人群，一台灵车缓缓通过天安门，灵车所到之处哀声四起，镜前涌出战略导弹部队官兵、“两弹一星”大军悼念总理的场面……

随着悼念画面的推进，引出哀歌《送总理》，歌词是：

灵车啊灵车你慢点走，十里长街泪水流，总理总理你醒一醒，我们还盼您再招手。“四化”的蓝图是您绘，星弹大军您运筹，赴戈壁，钻山沟，风雨寒暑几十秋。困难时您总是哈哈笑，您把温暖送床头；大军不惧天下难，披荆斩棘扫忧愁。

灵车啊灵车你慢点走，九州大地泪水流，总理总理你醒一醒，我们还要听您展歌喉。大军的精神是您哺育，大军的作风你铸就，爱祖国，强国防，豪言壮语写风流，严肃认真要协同，稳准严细是要求，做事敢为天下先，科学精神要讲究。

灵车啊灵车你慢点走，悲愤的泪水涌心头，总理总理你醒一醒，您对大军还有啥要求？铸好长剑固国防，保驾“四化”上高楼，革命化，现代化，紧跟时代不停留。要把人民的冷暖装心上，大风大浪不低头，我盼祖国边疆永安宁，要把那太平盛世送五洲。

3

第二炮兵会议室。

党委扩大会议正在进行。

叶剑英驱车来到二炮。

叶剑英在向华和陈浩声陪同下进入会场。

参加扩大会议的成员起立热烈鼓掌。

叶帅就座后。陈浩声讲话：“我们敬爱的周总理是中国战略导弹部队主要的缔造者。生前，他对第二炮兵的诞生、发展、阵地建设和作战训练作过一系列的指示，使战略导弹部队在党中央的关怀下健康成长。总理在世时，国事繁忙，日理万机，但他时刻把导弹部队的建设放在心上。就是到了生命的最后时刻，他还念念不忘战略导弹部队。下边，请中央军委副主席叶剑英同志传达周总理的遗训。”

全体起立。

叶剑英讲话："中国战略导弹部队的主要缔造者周恩来总理在生命的最后时刻，指示我们：当我们的民族出现危难时，关键时刻站出保卫国家的，除了人民，我们的陆、海、空三军，还要靠战略导弹部队。导弹部队是我们国家的一把长剑，一定要把战略导弹部队建设好。但现在这把剑还不长。要告诉大家，我们的尖端武器还处在初级阶段，一定要加快步伐，要把我们的长剑铸得更好更长。如果不是这样，我见了马克思也不会安心的。"

重显叶剑英看望周总理的画面，传出周总理的遗训内容……

叶剑英再也无法控制自己的情感，他掏出手帕不停地擦去溢出的眼泪，用颤抖的声音继续道：总理还说，"战略导弹部队我是去不成了，请你们告诉大家，一定要把战略导弹部队建设好。"

坐在对面的一批高级将领全被震撼了。

他们集体向祖国宣誓："牢记总理遗训，万众一心铸长剑，强我国防，维护世界和平！"

4

北京。

战略导弹部队司令部小礼堂在开会。

在主席台上设有主讲台，会议主持人坐在一侧。

在主席台的上方高悬着会标"导弹部队作战运用问题理论研讨会"。

会议由参谋长贺子章主持。

贺子章作了动员讲话，宣布了这次集训内容和安排，明确了这次集训的目的和要求。

贺子章在讲话中指出："这次我们采取以会代训的办法对基地以上的首长机关用半个月时间进行集训。这次集训内容共有三个专题：第一个专题：美苏核战略思想。通过外军分析，明确战争初期我反击作战面临的形势和任务，达到知己知彼。第二个专题：第二炮兵战争初期的基本任务与反击作战的准备。通过这个问题的研究，找出导弹部队在复杂环境下的指导规律。第三个专题：核反击作战演习想定作业。通过这一专题的研究，了解导弹基地（团）战时工作内容与工作程序，掌握指挥核反击作战的基本手段与方法。"

随后，向华作了简短的讲话。

向华首先引用了毛泽东关于建立健全司令部机关的指示。

向华接着指出："指挥核反击作战，是有史以来最复杂的现代化的战争。无论是投入的武器装备，还是采取的指挥手段，都采用了现代科学技术的最新成果。作为指挥这场战争的指挥机关，如果不懂专业、不懂技术、不会使用现代化的指挥手段，就无法挑起指挥现代战争的重担。正是立于这样的认识，过去两年我们对团以上干部进行了普遍的专业轮训，那是以技术为主；这一次我们学习和研究的是带有战争全局的问题，是战略问题，这标志着我们的训练开始向更高的层次发展，即由过去注重技术训练开始向注重技术战术同步训练的转变，这是一个新的起点。”

会场响起热烈的掌声。

旁白：“为了激励战略导弹部队高级机关更深地理解第二炮兵的战略地位，这次学习班还传达了周恩来对二炮建设的遗训和一系列重要论述和指示，举行了悼念总理的活动，使参加集训的全体人员受到深刻的教育。”

然而，“四人帮”出自反党乱军的需要，拼命地诋毁周恩来的英名，否定他伟大的历史作用，谁也没有想到，这一悼念活动却成了“四人帮”整二炮、整向华的口实，战略导弹部队又被拖入更为复杂的政治斗争。

5

北京。

抬着花圈的群众从广场的四面八方涌向天安门广场。他们小心翼翼地把花圈摆放在人民英雄纪念碑的周围，排成一片。

夜晚一批手持警棍、棍棒的人把花圈拆除，拉走烧掉……

1976 年 4 月 2 日。

天安门广场又恢复了昨日的情景：送花圈的人越来越多，有学生、工人、市民、军人、党政干部。整个天安门广场如同盛大的集会，成了花的海洋……

和昨日不同的是，人更多，花圈更多，在花环的四周多了警卫人员。

在纪念碑的一侧，一名来自南京的青年在演讲，用血和泪揭露南京当局对广大师生的迫害，希望北京人民声援南京受迫害的群众。

天安门广场也增加了许多“四人帮”的耳目。一些人立在演讲人员的后边，偷偷地录音录像……

4 月 3 日凌晨。

王洪文在便衣人员的保护下视察天安门广场：用手电筒照着花圈和悼辞、诗词……

王洪文气急败坏地给公安部打电话、下指示：“那些反动诗词你们拍下来没有？不拍下来将来怎么破案？”

王洪文指示公安部立即采取行动。

王洪文派出打手，抢诗牌，砸花圈，驱赶悼念总理的群众……

“四人帮”的无耻行径激起人民群众更大的义愤。

4 月 3 日。

西单六部口。

一千余名群众胸佩白花，臂缠黑纱，他们在二百多台自行车的引导下，抬着三十多个花圈和横幅，沿着西长安街，浩浩荡荡向天安门广场开去。横幅上写着“敬爱的周总理我们永远怀念您。”

这一天，纪念碑上的悼词和诗文更加尖刻辛辣，直指“四人帮”。

4 月 4 日。

由二十多名军人抬着一幅巨大的花圈进入天安门广场。花圈上写着“誓死捍卫周总理！周恩来永垂不朽！”

围在纪念碑四周的人群看到巨幅花圈立即围了上来，他们为军人热烈鼓掌，高呼“向人民解放军学习！”

解放军放下花圈，挽联上显出“战略导弹部队官兵”的字样。

姜立本向鼓掌的群众敬礼，他们发现了冯文博、欧阳平向他们挥手致意……

4 月 4 日晚。

“四人帮”出动警察和民兵，他们挥舞棍棒驱赶群众，拆除花圈，抓捕领头人，群众高呼“还我花圈”、“还我战友”，据理抗争……

6

战略导弹部队司令部。

向华和陈浩声、叶兆林在研究干部工作。

陈浩声说：“需要报军委批准任命的有两个位置，一个是导弹学院的院长和雪山基地的政委，这两个位置的人选政治部提了，我们讨论一下，确定后报上去。”

向华看了看政治部的提名，很长时间没有表态。

过了一会陈浩声问道：“老向，谈谈你的意见。”

向华说：“关于导弹学院的院长有两个人选，一是现在的副院长杨德山，第二个是雪山基地副司令员张云涛，我倾向第二人选张云涛。张云涛经过雪山基地十多年的摔打，积累了丰富的训练经验。他严以治训，一定会严以治校，他如果调导弹学院，三五年后一定会桃李满天下。

“关于雪山基地的政治委员，陆仲琦不是合适的人选。有不少材料举报陆仲琦，揭发他在推行林彪极左路线时做了不少错事、坏事，但他一桩也没有说清楚。据我了解，陆仲琦组织观念淡薄，不按党委意图行事，这是一把手最忌讳的问题。

我认为比较合适的人选是副政委王子芳。王子芳熟悉雪山基地的一切，去了，很快可打开局面。第二个是雪山基地副政委于桑。于桑在七机部多年，任军管会主任，熟悉导弹部队的工作特点，这个人党性强，有工作能力，支左受到军委的表扬。”

陈浩声问：“你们政治部的意见呢？”

叶兆林答：“司令员同志讲的有他的道理。不过，上头对他们的评价和看法却大不相同……”

没待叶兆林讲完，分管保卫工作的高副主任走进来：“报告司令政委，总政张主任的工作组已进驻我部，罗组长要见二位首长。”

陈浩声征求向华的意见：“这两个人选暂不定，以后再议，咱俩马上过去？”

向华说：“好，我们去！”

向华和陈浩声来到会议室。

没待向华陈浩声坐定，罗组长开门见山道：“我今天到二炮没有别的事，是奉命来抓反革命的。”

陈浩声说：“请罗组长明示。”

罗组长说：“这里有录像资料，看过再说吧！”

罗组长指示随行人员放天安门悼念总理的录像。

录像显出姜立本等人送花圈的镜头。

罗组长责令停下来：“看看吧，是不是你们的人？”

放完，罗组长要向华和陈浩声表态。

向华说：“从画面上看，我们这些人是悼念总理。总理逝世时机关在外地拉练，没有赶上参加悼念总理的活动。清明节送花圈悼念故人，这是中华民族的传统习惯，我国民间都是这一天祭祖，这也无可非议呀！因为悼念总理就把他们打成反革命，不妥吧？”

罗组长说：“中央已经明确，这不是一般的悼念活动，是党内一小撮走资本主义道路的当权派精心策划的。他们攻击党中央，反对毛主席，是一场不折不扣的反革命事件。他们的行为早已超过了悼念的界限。陈政委，你是怎样认识的？”

陈浩声说：“我们拥护中央的决定，我们要重新学习讨论，要和党中央保持一致。”

罗组长说：“好，你们讨论吧，我看着你们抓。我代表中央文革正式提醒你们，最近谣言很多，什么周总理临终遗言，传得很凶，你们要注意，不要以讹传讹。”

旁白：向华、陈浩声走后，罗组长召见叶兆林，向叶兆林传达了张春桥的指示，在公安部的配合下，姜立本数名敬献花圈的领头人，被打成反革命投进监狱。四五运动过后，邓小平再次被打倒；“四人帮”在全国范围内追查参与天安门事件的人。“四人帮”的倒行逆施吓不倒人民，人民群众同“四人帮”进行了更为坚决的斗争。

7

雪山基地大礼堂。

机关全体在收听中央人民电台的广播《对资产阶级必需实行全面专政》。

从扩音器传出:“目前的社会主义社会还处于初级阶段,生产还不够发展,资产阶级法权和小生产依然存在。正如列宁所说,由于小生产的存在,每时每刻都在滋生新的资产阶级。因此,在相当长的历史时期内,社会主义社会仍然存在阶级和阶级斗争,存在着资本主义复辟的危险性。为了保持社会主义不变颜色,必须不断地批判资产阶级,逐步铲除产生新生资产阶级的温床和土壤,把无产阶级专政下的社会主义革命进行到底。”

收听完广播,陆仲琦宣布学习班计划。

陆仲琦说:“根据中央的通知精神,今年的政治教育的基本任务是学习无产阶级专政下继续革命的理论。这是思想战线的一次学习运动,对巩固无产阶级‘文化大革命’成果,打退右倾翻案风,具有重大的现实意义。为把这场理论学习搞好,基地准备分批分期,对连以上干部进行集训。

“此外,传达一份总政关于《严防政治谣言在部队传播》的电报指示。总政在电报指示中指出:最近一个时期,一份《周总理临终遗言》在各地广为流传,有的还通过正规渠道传入部队,这是一小撮反革命分子编制的政治谎言,目的是混淆视听,制造政治混乱,企图分裂以毛主席为首的党中央,为死不改悔的走资派鸣冤叫屈。希望部队的广大官兵紧跟党中央的部署,同党中央保持一致,做到不信谣,不传谣。”

陆仲琦接着指出:“这是一条政治纪律,要求各级党组织,如发现有人传谣,一定要一查到底,对造谣者要严加惩处,对传谣者要严肃处理。”

旁白:知情者一听就会明白,这个所谓辟谣的电报指示是指向叶剑英的,最终目的是要封锁周恩来的声音,封杀周恩来对后人的影响。然而,这是徒劳的,蚍蜉撼树谈何易?

8

雪山基地教导大队。

第一期继续革命理论集训班进入讨论阶段。

在昨天的讨论中,参加集训的冯文博、欧阳平等人提出不少异议。陆仲琦了解后,准备进行一次研讨性政治对话。陆仲琦采取这一步骤并不仅是针对这次学习,他还有一个打算,拟通过政治对话,给张云涛组织的毛泽东军事思想学习小组以应有的回击。因为张云涛学习小组成员很不本分,他们总提出一些相反的看法,使宣传人员十分难堪。宣传处王处长虽然参加过读书班,也难说服他们。

王处长号称“王铁嘴”,他是陆仲琦和杨秀雄的得力助手,很受陆、杨赏识。为开好这个会,陆仲琦和王处长进行了充分准备。陆仲琦特别邀请张云涛参加这次会议,辩论会马上就要开始了。

会前,陆仲琦作了简短发言,向大会提出要求。

王处长坐到主讲席,很自信地说:“遵照基地首长指示,为加深对专政理论问题的学习和理解,今天举行一场学员与教员理论问题对话会,学员可以提出问题,可以发表自己的看法,也可以对教员的观点提出反驳,下边开始,请学员提问。”

连长黄玉栋站起来说:“《专政论》提出,在社会主义阶段还存在着资产阶级法权,什么是资产阶级法权?社会主义为什么还允许资产阶级法权的存在?”

王处长说:“首先要弄清什么是资产阶级法权。所谓资产阶级法权就是:要求社会人人平等,但允许事实上不平等的存在。社会主义要求人人平等,为什么还要允许资产阶级法权的存在,因为现在的社会主义还处在初级阶段,经济还不够发达,实行的是八级工资制,因此,要允许资产阶级法权的存在。”

黄玉栋说:“那就是说,资产阶级法权归根结底是生产不够发达决定的。”

王处长说:“可以这么理解。”

冯文博说:“《专政论》引用了列宁的一段话,说在社会主义的初级阶段,由于小生产的存在,每时每刻都在滋生新的资产阶级,因此,要防止资本主义复辟,对资产阶级法权必须在无产阶级专政条件下加以限制。请问,怎样理解限制?限制的实质是什么?”

王处长说:“我的理解是,因为小生产是产生新的资产阶级的土壤和温床,必须大力发展公有制经济,而对小生产的生产方式,包括小生产的意识必须持批判的态度,限制可以理解允许存在,但是不允许蔓延和发展。”

冯文博说:“马列主义认为,要消灭阶级必须大力发展生产,只有物质生产达到高度发达的时候才能最后消灭阶级。而《专政论》只强调专政的作用,看不出经济的决定作用,好像卫星上了天,红旗就可能落地,是这样吗?”

王处长说:“你提的问题涉及到马克思主义的基本理论问题。列宁有句名言:只承认阶级和阶级斗争,而不承认无产阶级专政,还不是马克思主义者,只有承认阶级斗争同时承认无产阶级专政才是马克思主义者。在社会主义阶段,政权掌握在无产阶级手里,我们可以使用专政的手段挫败资产阶级的反抗,保证国家不改变颜色。”

欧阳平说:“马克思认为生产斗争是决定一切的,而《专政论》认为阶级斗争是决定一切的,说阶级斗争制约着社会的进步与发展,关于生产斗争和阶级斗争关系你是怎么理解的?”

王处长笑了笑:“欧阳平,阶级斗争制约生产斗争是马克思政治经济学最基本的观点,你把最基本的观点讲反了,自然会得出相反的结论。”

“那我们看看经典著作是怎么论述的。”

欧阳平引用了马克思和毛主席关于物质与精神、存在与意识的大段论述，精辟地概括出：生产斗争是人类最基本的实践活动，它决定着人们思想意识的形成与发展，阶级斗争是生产斗争的派生物，不是阶级斗争制约生产斗争，相反，是生产斗争制约阶级斗争。如果不是这样认识，就是对马列经典的曲解。

王处长听完欧阳平的阐述，惊讶地问："请你把原著找来，是那样讲的吗？"

欧阳平从书桌里取出几本书送给王处长。

旁白："陆仲琦万万没有想到，这帮一天到晚背专业的人还能引经据典，而且阐述得非常合乎逻辑。陆仲琦不愿置宣传处长以被动，他以休会为名结束了这场对话。在这场对话中，冯文博和欧阳平虽然对自己的发言感到痛快，尽管会前主持人讲了言者无罪的宣言，但冯文博、欧阳平作为危险分子深深地刻在了陆仲琦的脑海里。"

9

金川七月。

烈日炎炎。避暑的人们聚集在村头的大树下侃天，和卖瓜果的讨价还价。

在海边沙滩上人们支起太阳伞，有的在海中游泳……

龙山训练场却是另一种情景。

在发射场上，导弹屹立在发射台上，发射连长一声令下，十几台加注车辆井然有序地进入阵地；车队由一支变成两支，在导弹的两侧摆成加注队形；身着防护服的操作手从车上跳下来，跑步到指定位置，成班横队集合；队伍刚刚站定，身着训练服的教员跑步停在队前，下达口令："科目：单项操作"；操作手们听到科目后"刷"地立正；接着教员明确了训练内容、方法和要求。

在看台上，张云涛和团参谋长冯文博在交谈。

张云涛说："基地已接到通知，二炮队列作业现场会八月下旬在我部召开。参加会议的有各导弹团的团长、参谋长、作训股长和营长。上级要求我们，除了看我们的操作，走的时候要带相关资料的。就是要求我们为代表提供全套的材料。材料准备任务很重，基地决定从各团抽调一批有经验、又有文字基础的同志，组成下一个正规化实装操作教材编写组，担负材料编写，由你任组长。"

冯文博："谢谢副司令员的信任，但正规化不是我的强项，应当由东山团的同志担任更好。"

张云涛说："东山团合适的人选是高署月。但高署月不能动，他要准备九月的作战演习。这次试点部队放在北方团也有这方面的考虑。"

冯文博说："那我就接受这项任务。"

张云涛说："这一套教材，不亚于你改装训练弹，改装弹我给了你三个月，这次只有一个月，请你考虑一个意见，包括调哪些人，需要什么保障，时间紧迫，要马上投入工作。”

冯文博说:“好,我准备一份计划报首长审批。

冯文博和张云涛走下看台,观看加注分队训练。

加注教练员正在布置合练。

加注分队的第一次合练很顺利,基本达到了教员的要求。

冯文博看着加注分队的操作动作很是吃惊,他没有想到,第一年接触装备的加注分队,经过不到半月的训练就接近整齐划一。冯文博感叹道:‘五定六化’不是形式主义,照这些要求训练部队能出技术、出作风。”

张云涛说:“有悟性,能得到你的夸赞很不容易。既然看到了它的意义就赶快干吧!”

冯文博答:“是!”

10

雪山基地作战室。

云中山组织司令部讨论二炮下发的演习准备工作计划。

云中山说:“二炮的企图立案是从防敌突袭开始的。设想,在我导弹阵地遭受袭击之后,基本阵地短时间难以恢复作战能力,根据总部命令,基地率东山导弹团机动到预有准备的阵地实施反击作战。

按照这个想定,基地和导弹团要演练的科目应当是:诱导部队进入战备状态,做好防突袭的准备,遭敌突袭后的行动,组织机动。

为有计划地进入演习状态,基地成立导演部,由司令部抓总,政后的主管和相关人员参加。导演部当前工作是:根据上级的企图立案想定基地和导弹团演习的课题和内容,提出计划与要求。待这些问题明确后,起草各阶级的想定,诱导首长机关和东山团搞好首长机关的演练。”

参谋长答:“好,司令部将尽快拟订出演习准备工作计划。”

11

“山城—北京”的列车在夜幕下奔驰。

在软卧车厢里,陆仲琦神情亢奋,叶兆林打来电话的情景又浮现眼前:

夜晚。

陆仲琦正准备休息。电话铃响了。

陆仲琦拿起电话:“喂,哪里?我是陆仲琦。”

“陆政委呀,我是叶兆林,讲话方便吗?”

陆仲琦听出是叶兆林的声音，马上道："主任你好，我在家里，方便方便，请您讲。"

叶兆林说："有重要情况向你通报。电话不好讲，请你来京一趟。你到京后先住进阳向宾馆，到时再联系。"

陆仲琦问："怎么和您联系？"

叶兆林说："你乘哪趟车事先告诉我，我派车接你，住下后我去看你。"

列车飞车。

从广播室传出报站的声音："北京站到了，请旅客……下车！"

北京。

阳向宾馆。

在一个高级房间里，叶兆林看望陆仲琦。

叶兆林关上门，坐在陆仲琦的对面，没有寒暄就单刀直入："不久前，中央首长视察二炮，张春桥就当前政治形势、怎样开展党内路线斗争、夺取反击右倾翻案风的胜利作了一系列指示。其中还谈到你的使用问题。这次请你到北京来，一来是向你通报一些情况，二来是研究一下如何贯彻中央首长的相关指示。"

陆仲琦听了叶兆林的开场白马上亢奋起来，顺手从口袋掏出笔记本来，打开自来水笔，讲了句："请首长指示。"

叶兆林纠正道："因为党内路线斗争还处在保密阶段，这次谈话我讲你听，不做记录，回到基地没有传达义务，对我讲的，只能领会，不能张扬。"

陆仲琦清楚这是一次非官方接见，他拧上钢笔，合上笔记本。

叶兆林站起来，神情严肃地说："根据中央首长讲话精神，今天给你讲三个问题：目前党内两条路线斗争的形势。中央首长对二炮领导班子的评价与态度。联系二炮实际搞好党内两条路线斗争。"

陆仲琦唯恐疏漏叶兆林的谈话精神，他开动记忆的全部机器，为加深记忆，还不时地向叶兆林请求，请他重复某些看法和观点。

叶兆林和陆仲琦谈话持续了两个小时。

叶兆林告辞了，问陆仲琦还有什么问题。

陆仲琦站起来，用兴奋和坚决的口气道："我向首长表示：我坚定地站在新生革命力量的一边，坚决支持反击右倾翻案风的斗争，以实际行动保卫新生力量，同军内的资产阶级分子进行坚决的斗争。"

叶兆林和陆仲琦握手告别："好，要多加珍重。"

12

云中山正在办公室准备行装和材料。

陆仲琦敲敲门走了进来。

云中山停下手中的事，客气地向陆仲琦让座："有事吗？"

陆仲琦说："还是反击右倾翻案风，部署专政理论的学习问题。"

云中山说："专政理论学习不是告一段落吗，还有什么新内容？"

陆仲琦说："主席最近有新的讲话，党内两条路线斗争仍然十分激烈呀！"

云中山说："主席讲什么？"

陆仲琦说："听说主席找了华国峰、王洪文、张春桥等人，还谈了交班问题。"

"主席怎么讲的？"

"主席讲，人活七十古来稀，他已经八十了，虽然还活着，也该盖棺论定了，他问在场的人，我死后，你们怎么办？"

云中山问："那在场的人怎么答？"

陆仲琦说："没人回答，主席接着说，不能在和平中交，就在动乱中交，不然就会血雨腥风。"

云中山听得很入神，同时，他感到，一场政治风云正滚滚而来。

云中山清楚，这是陆仲琦处理政治问题惯用的手法，他判断，在这个话题之后陆仲琦一定会谈到具体的政治问题。

云中山主动地问道："上级没有具体指示吗？我们怎么办？"

陆仲琦问："有一件事和我们基地有关，我想和你商量商量看怎么处理？"

云中山反问："什么事？"

陆仲琦说："从天安门反革命事件的录像发现有我们的人参加，他们已经被列为审查对象。"

云中山问："都是谁？"

陆仲琦郑重宣布："冯文博、欧阳平，和他俩同往的还有张云涛。"

云中山想到，天安门事件发生时张云涛和冯文博在京参加首长机关集训，有可能去过天安门广场，如真把他们录下，问题就严重了。

云中山仍然有疑问："可能吗？"

陆仲琦说："录像我看到了，不过录像上没显出张副司令员。"

云中山说："录像上没看到，怎么能把张云涛拉进去？"

陆仲琦说："保卫部对学习班人员外出情况进行调查，那天张云涛外出了，还有人在大会堂附近看到了他。"

云中山问："这件事怎么处理？"

陆仲琦答："隔离审查。"

云中山说："这事涉及两位团以上干部，张云涛是基地党委成员，二炮首长有批示吗？"

陆仲琦答："这是从政治口下达的。"

云中山说："不行！这么大的事没有二炮首长的批示不能动。"

陆仲琦说："二炮要求尽快了结。"

云中山说："这样吧，这件事暂时放一放。我马上去龙山训练场，二炮首长都要参加这个会，我把你讲的事向首长请示一下，然后再定怎么办。"

陆仲琦没想到云中山会搪塞这件事，他知道要做这件事必须得到云中山的支持，云中山的意见他不能不考虑，只好勉强地表示同意。

13

八月。

龙山训练场天高云淡。

山上红旗飘飘，山下彩旗招展。

在发射场上，阵阵哨声清脆悦耳，口令声回荡山间。这是昆山导弹团试点分队正在进行操作表演。表演内容是：发射阵地分段作业法。

在发射场的两侧是临时搭起的看台，在看台的背后插着十几个木牌，合成一幅标语：热烈祝贺二炮正规化现场会在我部召开。

在看台上，座无虚席，他们有的手中握着望远镜，聚精会神地观看示范分队的操作。

向华坐在左看台的中间位置，看不清楚，站起来探着头想看个仔细。

云中山从张云涛手中接过一架望远镜，推到向华座位前的桌子上。

向华接过望远镜，操作手的五指都看得清清楚楚。

第二场表演结束了。

操场外响起热烈的掌声。

向华转向陈浩声："上午的操作表演就到这，下边干什么？

云中山提议："这里距海边很近，到海边走一走，我们有件事顺便向首长报告。"

向华："好主意，到海边走一走？"

陈浩声表示支持。

海边。

在阵风的推动下，一波波的大浪向岸边涌来，海浪撞在砥石上，激起千堆雪，发出一阵阵的轰鸣。

向华和云中山沿着海边漫步，他们边走边谈。

向华发问道："陆仲琦说要对张云涛和冯文博进行隔离审查，没问他是谁通知的？"

云中山答："我问了。这么大的事二炮首长有批示吗？他说，是政治部通知的。"

向华问:“陆仲琦还向你讲了什么?”

云中山说:“陆仲琦还告诉我,党内两种力量的斗争很激烈,毛主席找了华国锋和王洪文谈了交班问题。”

向华问:“陆仲琦怎么说的?”

云中山说:“他说主席问,百年之后你们怎么办?天知道。班不能在和平中交,就在动乱中交,不然会血雨腥风。”

向华听了感到吃惊,陆仲琦反映的问题连他都是闻所未闻,在这个传闻背后可能真连着尖锐的政治斗争。

向华停住脚步,对着云中山道:“中山同志,你反映的情况很重大,我需要和陈政委研究一下。我提醒你,一定用脑子想一想。中央的精神我们都不知道,却从小道传了下来,这很不正常。至于张云涛和冯文博隔离审查这也不是二炮首长的精神。这个事情的背后隐含着复杂的政治背景,希望要当心。联系龚振华同志挨整,不是很能说明问题吗?”

14

北京。

解放军总医院。穿着军装和休养服的病人熙熙攘攘。

一辆挂着军牌的黑色轿车驶进解放军总医院。

警卫精神地向军车立正敬礼。

黑色轿车在一高干病房前停下。

向华和陈浩声从轿车上下来,站在门前的一名年轻军人走上前,向向华和陈浩声敬礼:“张副总长在楼上,听说你们要来,很高兴,让我迎接你们。”

向华顺便问了一句:“副总长身体还好吗?”

青年军人是张爱爱萍的秘书,回答到:“身体没有多大问题,主要是心情不好。”

向华和陈浩声来到张爱萍病房前。

张爱萍听到门外的脚步声,没待向华敲门就打开房门,迎接向华和陈浩声。

他们都是被林彪迫害、蹲过牛棚牢狱的同命人,三人见面格外亲切。

向华和陈浩声向张爱萍敬礼问安,三人在会客室坐定。陈浩声开口道:“我和老向刚从龙山训练场回来,听说您住院了,特意来看看您,怎么样,身体还好吗?”

张爱萍叹了声:“哪有什么病?我是没法工作,他们天天开我的批判会,让我揭发邓小平,说我是邓小平右倾翻案的急先锋。我咽不下这口气,心脏病犯了,就借故住进了医院。你们的情况怎么样?”

张爱萍把向华和陈浩声看作政治上的知己,毫不掩饰地讲出了心里话。

陈浩声说:“我们的情况也不妙。张春桥说我们不批邓,对我们冷眼相看。天安门事件,我们的干部送了花圈,要抓反革命,搞得不得安宁。中央有重大活动,各大单位的军政一把手都在台上就座，唯独我们二炮在台下坐板凳。”

向华说：“他们讨厌我们，坐不坐台上无所谓。”

张爱萍气愤地：“贯彻军委扩大会议精神，各项工作刚刚有了转机，反击右倾翻案风，大批判，抓反革命，又把军队的工作搞乱了。”

向华说：“他们这样搞是不得人心的。你就在医院多住一段时间，等形势好了再说。”

张爱萍说：“总理不在了，叶帅的权力也让他们剥夺了，他们的目的是要把邓小平搞掉，推开这块绊脚石。人心不可违，多行不义必自毙，我们就静观其变吧。”

说到这里，向华又把从云中山那里听到的传闻告诉了张爱萍：“我和陈政委都感到不正常。”

张爱萍说：“他们这一帮是权力狂，这对他们是司空见惯事情，他们要夺取党和国家的最高权力，不择手段，不过我断言，他们不会得逞。”

张爱萍又问起二炮的军事工作。

向华道：“第一、二研究所和科技部都建立起来了，已经投入运行。部队在正规化训练和作战运用研究方面取得初步成果。导弹团机动作战演习正在准备中。”

张爱萍说：“组织一个导弹团的机动作战演习是总理生前点头的。总理讲，他看到导弹部队能独立发射，心里才有底数。还说，战略导弹部队是保证国家安全的一把长剑，一定要建设好，不然，他见了马克思也不会安心的。你们一定要下工夫搞好这次演习，要演出水平来，用最好的成绩告慰总理的在天之灵。”

向华说：“总理的遗训叶帅向我们传达了，张春桥说是谣传，在全二炮辟谣。”

张爱萍说：“总理是战略导弹部队的缔造者，是共和国的中流砥柱。他们害怕总理、仇视总理，所以他们想尽办法封锁总理的指示。我相信，周恩来这块丰碑是谁也推不倒的，谁想推倒他必定是搬起石头砸自己的脚，自取灭亡。此外，他辟谣也是对着叶帅的。”

向华和陈浩声连连点头。

15

雪山基地作战室。

长案的一侧坐着雪山基地部门以上领导和各导弹团的军政首长，另一侧摆着茶，坐席空着。与会人员，神情严肃，他们目视前方的军事部署图，等着重要时刻的到来。

向华和贺子章在云中山陪同下进入作战室，全体起立，朝向华行注目礼。

向华、贺子章、云中山在指定位置就座。

向华站着讲话：“我宣布，东山导弹团机动作战演习现在开始。”

贺子章站起来：“现在我宣布第二炮兵第一号作战命令。

雪山基地及各直属分队：据可靠情报，蓝军在我边境秘密部署兵力，通过空中地面对我重要军事目标频繁侦察，战略火箭军已处于待发状态，总部判断，蓝军可能于近期对我重要战略目标实施大规模的核突袭。

为保存我有生力量，命令雪山导弹基地立即进入作战状态，全面做好防敌突袭和核反击作战的准备。"

云中山："依据第二炮兵第一号作战命令，雪山党委定下如下决心：

"一、拟制我部防突袭作战预案，下发各导弹团及相关保障分队。

二、拟制东山导弹团由基本阵地向戈川预备阵地转移的输送方案。

三、拟制预备阵地隐蔽伪装防敌侦察突袭方案，并依此做好器材准备。

四、立即成立预备指挥所，由预备指挥所组织上述准备工作。"

接着，出现在眼前的画面是：

在指挥坑道内开设基本指挥所，通信分队一片繁忙，呼叫对话一波接一波，最先听到东山导弹团报告：'东山导弹团基本指挥所开设完毕'……"

在东山导弹团三营的坑道里，部分人在调整装备，部分人员调整地铺，部分人在擦拭枪支……

在青岗镇的道路上，七八台军车上装着铺板草垫和军人，沿着公路向附近山村镇转移……

在雪山基地办公楼前，停着一个车队，带队的是总工程师雷宇声，他在向云中山请示工作："司令员同志，工兵营做好出发准备，请首长指示。"

云中山说："你们远离基地，构筑四个发射营的预备阵地，时间一个月，任务十分艰巨，请你们发扬工程兵一不怕苦、二不怕死的革命精神，按照设计要求，完成预备阵地的构筑。"

雷宇声立正答道："是！"

雷宇声面向车队下达命令："出发！"

五台工程车离开办公区，消失在万紫千红的大山之中……

16

1976年9月10日。

中央人民广播电台发表讣告：中国人民的伟大领袖毛泽东逝世。

全国下半旗向毛泽东志哀。哀乐恸九州，全国人民以各种方式悼念毛主席。

中央军委发布命令：全军进入一级战备状态。

雪山基地作战室。

云中山和于桑召开作战会议。

参加会议的有导弹团和工兵团的军政首长，到会的每个人左臂上都披戴着黑纱，他们神情严肃。

云中山："根据上级的命令，我宣布基地党委新的决定：

一、北方导弹团基本指挥所由金川转移到作战阵地，于月底前开设完毕，随后组织阵地工程竣工验收，接受阵地后，发射三、四营及相应保障分队于下月25日前进驻作战阵地，发射二营留守金川。

二、东山导弹团继续进行机动作战演习的准备……"

这时，机要处长打了报告进入作战室："司令员同志，二炮特急电报，请您阅示。"

云中山接过电报，电文是：

"雪山基地：鉴于国家发生重大情况，计划中的北方导弹团机动作战研究性演习暂缓执行，请接电后组织部队转入正常战备状态，昆山导弹团部署暂缓调整。"

这个突然的变化使张云涛感到有些沮丧。

云中山连续看了几遍电报，递给于桑，"你看！情况有变。"

于桑看了电报，提到喉管的热情也凉了半截："怎么办？"

云中山接过电报，宣布道："情况有重大变化，上级有新的指示。"

云中山宣读二炮电报。

狄文疆也有点泄气。

云中山最后道："根据上级新的指示精神，关于下步工作基地党委要重新研究，然后再重新部署。"

17

十月。

北京市鞭炮齐鸣，锣鼓喧天。

人民群众以无比喜悦的心情举行庆祝游行，热烈祝贺党中央一举粉碎"四人帮"的胜利。

海鲜餐馆门庭若市，座无虚席。

在这里就餐的几乎是同一个菜单：四只三公一母的螃蟹，水煮，笼蒸或油炸。

服务员忙得不亦乐乎，一边送菜一边擦汗。

在饭馆的一角，冯文博、王春江等七八名军人边吃螃蟹边划起拳，兴高采烈。一位军人说："今天是双喜临门，粉碎'四人帮'真是大快人心，我们要很好地庆祝一番，另外，我们的王处长要调往领导机关任部长，这也要好好地庆贺一番。"

"我听到粉碎'四人帮'，激动得一夜都没有睡觉。可恨的'四人帮'被打倒了，早该如此。"一位军人说。

另一个军人握着一只螃蟹，狠狠地说："'四人帮'，你不是横行霸道吗？老子今天油炸了你，把你撕得粉碎。”说着揭开蟹壳，撕下蟹爪。

一位等着用餐的青年人不满地说：“讲点社会公德，还有很多人排队，等着用餐呢！”

一位军人听了不顺耳，和青年人吵了起来：“谁不讲公德？想吃早点来呀。”

服务员上前解劝道：“大家都是庆祝胜利，不要伤了和气。”

然后转向年轻人：“你吃什么？”

年轻人答道：“烧螃蟹，油炸‘四人帮’。”

冯文博听了很高兴：“年轻人，坐下，坐下，我们是同一个心愿，都是为了庆贺胜利，我们没有理由闹意见。”

年轻人从口袋里掏出一瓶酒，道歉道：“小弟失礼了，我扫了大家的兴，赔罪！赔罪！”说着，打开酒瓶，为冯文博几位军人斟酒，他们推杯换盏，亲如弟兄。

服务员见他们的矛盾化解了，评论道：“这真是酒逢知己千杯少，话不投机半句多！”

18

雪山基地小会议室。

向华向雪山党委通报二炮揭批“四人帮”的进展情况。

向华：“按照军委的部署，粉碎‘四人帮’之后，由上而下开展揭批‘四人帮’和林彪反党集团破坏军队建设的罪行。要尽快查清和两个反党集团有牵连的人和事，纯洁干部队伍，从组织上保证党对军队的正确领导。为了保证这场斗争的健康发展，二炮党委遵照党中央的指示，在组织处理上明确叫响一个口号：‘先换思想后换人，换了思想不换人’。这条原则就是，干了坏事犯了错误的人只要向组织交代清楚，同林彪和‘四人帮’划清界限，组织处理从宽。为了给这些人以改过的机会，党委给他们一段宽松的时间让他们悔过自新。以后的实践表明，党委的这条政策是正确的，在不到两个月的时间里，过去跟着林彪、‘四人帮’干了坏事、错事的人纷纷向组织交代自己的问题，揭发林彪‘四人帮’反党乱军的罪行。但是，以叶兆林为首的几个人陷得很深，不主动交代自己的问题，还极力掩饰自己的错误和罪行。鉴于他们不能正确对待自己的错误，经中央军委批准，撤销了叶兆林‘小帮派’的职务，责令他们停职检查。”

龚振华代表二炮宣布新的任命：

“经中共中央和中央军委批准，任命雪山基地原司令员云中山为导弹工程学院院长，免去雪山基地司令员职务；任命原雪山基地副司令员张云涛为雪山基地司令员；任命原副政治委员于桑为雪山基地政治委员……”

“经第二炮兵党委批准，雪山基地党委由下列十五人组成：于桑、张云涛、孙长林，田广川、肖百川……”

向华补充道："经群众检举揭发，组织调查核实，原雪山基地副政委陆仲琦，追随'四人帮'，诬陷同志，做了许多错事，鉴于本人不能主动检讨错误，决定撤销陆仲琦党内外一切职务，停职检查，以观后效。"

与会党委委员报以热烈的掌声。

接着，龚振华宣布了党委对彭连柱案件的平反决定：根据基地专案组的调查表明，彭连柱是一起冤案，其死亡并非自杀，是原办案人员毒打致死，党委决定为其彻底平反。

与会人员又响起热烈掌声。

陆仲琦低着头，无精打采地走出会场。

19

数支军列在夜幕下沿着铁路大动脉开进……

旁白："粉碎"四人帮"的胜利标志着"文化大革命"的结束。中共十一届三中全会召开后，中国共产党人放弃了以阶级斗争为纲的路线，把工作重心转向"四个现代化"建设的轨道上来。我们的"星弹大军"和战略导弹部队实现了工作重心的转移，以过去少有的热情投身国防建设，经过努力，很快实现了周恩来的遗愿，开创了国防现代化的新局面。"

画面显示：

东山导弹团机动作战演习的场面，四发导弹依次升空，飞向目标，场面十分壮观。

昆山导弹团发射远程导弹成功，官兵们欢庆胜利……

北方导弹团发射'风三'导弹的场面，导弹直插蓝天……

张爱萍指挥洲际导弹发射卫星，运载火箭离开发射塔飞向蓝天……

向华、陈浩声、李天城、贺子章、龚振华、云中山、张云涛、姜学鹏、杨坚仰望长天，人人脸上泛起幸福的微笑。

张爱萍眼含热泪，心潮彭湃，画外音传出张爱萍的心声：敬爱的周总理，您当年的理想已经变成了现实，中国可以扬眉吐气的时代来到了，您可以放心了，安息吧！

跋

我在导弹部队战斗生活了26年。

1993年我怀着诸多的遗憾离开了我为之战斗过的战略导弹部队，一晃，15个年头过去了。但那26年的许多往事，尤其是那些为导弹事业献身的许多英雄模范人物，总是在眼前闪现，使我无法忘怀。于是我定下决心，要写一本书反映那段历史，讴歌为建设导弹部队献出青春与生命的奠基人和创业者。在这个想法的驱使下，我历时3年，九易其稿，撰写了《长剑魂》这部著作。当这本书就要问世的时候我真的感慨万千，既有兴奋又深感不易。

当年，我在部队是从事军事技术工作的，虽然也写过一些学术性的文章，组织过专著的编写，但真正拿起文学的武器还是第一次。这不言而喻，该书的创作过程充满困难。真如朋友所言，完成这一夙愿要准备过好五关，即政治关、艺术关、经济关、审查关、领导关，过不好这五关就难成此事，后来的创作实践印证了朋友的说法。但不管怎样，在众多朋友的帮助下我还是闯过来了，家人和朋友都为我的成功而庆幸。

在《长剑魂》创作过程中真正困扰我的难题有三：一是体裁问题，二是历史事件与人物命运的艺术统一问题，三是政治敏感问题。

最初考虑最多的是采取什么艺术形式。是小说还是纪实文学？我看到，电视剧是千家万户不可缺少的东西，最后决定用影视剧再现那段历史。大方向确定后，选择什么体裁又成了问题，是纪录片还是艺术片？是采用纪实手法，还是采用艺术手法？当初是想搞成纪实体裁，因纪实手法能增强真实感，但实践后发现，采用纪实手法一些敏感问题很难处理，艺术空间也受到很大限制，最后决定采用两者兼容的手法进行创作。如书中涉及国家领导人的重场戏都是纪实的，涉及部队的内容进行了艺术处理。电视剧本成稿后，为扩大阅读面，根据出版社的建议，在电视剧本的基础上又按小说的要求进行了适度的加工修改。现在出版的《长剑魂》有人可能会说有点不伦不类，体裁似乎不好界定，索性称作长篇历史小说。我认为：形式是为内容服务的，只要内容表现能取得好的效果，对形式不必过于刻求。

第二个问题是怎样理清雪山基地所发生的事件和高层领导的因果关系。在消化材料时我感到，如果不理清这个关系，就无法看清决定历史发展的红线，就无法安排那些看起来没有多大联系的事件，对人物命运也不能作出合理的安排。为了解决这一矛盾，我研读了二炮发展史，研读了“两弹一星”文献，阅读了相关高级将领的传记和回忆录，用了很大力气去理清这个头绪。这个问题解决后，我觉得站得高了，像是站在高处观望大河奔流，许多结子应当怎样设置，事件应当怎样发展，应是什么样的结局，都比较清楚了。

对于第三个问题，即政治敏感问题。按照朋友的规劝，最初是尽量回避，或者避重就轻，但创作的实践使我改变了这个做法。因为战略导弹部队的创业过程就发生在“文革”十年动乱时期，如果回避这个问题，脱离了当时的政治背景，就不能真实地反映那个时代的特点，就无法写出人物为时代决定的最为闪光的东西。后来我一改初衷，把政治与军事的冲突作为一条主线贯穿始终，围绕政治分争描写人物，取得较好的效果。这里顺便指出，本书属于历史小说，可以看到许多人的影子，但千万不要对号入座。

《长剑魂》在众多朋友的关怀帮助下，克服了重重困难，总算问世了。回顾创作历程感受颇多，我感受最深的是：要成就一项事业非常不易，除了自己要付出辛勤的劳动，还要争得来自社会各方的帮助与支持。这本书如果不是得到多方的支持，不可能顺利出版。为此，首先要感谢二炮机关，尤其是装备部、军训部，他们为我的创作提供了许多便利条件，提出了一些有价值的意见与建议。其次是感谢“两弹一星”历史研究会对我创作的支持，是他们为我提供了不少有价值的资料，帮助我协调了许多问题。特别要衷心感谢中央电视台张明同志、火箭兵报社张宝贵同志、解放军出版社副总编董保存和编辑钱庆国同志、“两弹一星”研究会的李金果同志、《长缨》杂志社老社长张学忠同志，他们参与了该书的策划，提出过许多好的修改意见，对提高本书的质量起到了重要作用。我还要感谢我的老战友李庆石、王祯才、杨宝斌同志，在创作的早期他们协助我做了不少工作，给我多方面以帮助。二炮第一任、第四任司令员向守志上将为本书题词作序，著名书法家燕霜红为本书题写书名，为本书增光添彩特表致谢。这里，还应感谢我的家人，为成书她们做了大量的保障工作。

此外，还要说明一点，这是我的第一部习作，肯定存在不少问题和不足，敬请广大读者提出批评和指正。

李廷富

二〇〇九年十二月

图书在版编目(CIP)数据

长剑魂/李廷富著. -北京:中国社会出版社,2011.4
ISBN 978-7-5087-3530-6

Ⅰ.①长… Ⅱ.①李… Ⅲ.①长篇小说-中国-当代 Ⅳ.①I247.5

中国版本图书馆CIP数据核字(2011)第042631号

书　　名:长剑魂
著　　者:李廷富
总 审 定:张学忠
责任编辑:向　飞
特邀编辑:钱庆国

出版发行:中国社会出版社　　**邮政编码**:100032
通联方法:北京市西城区二龙路甲33号
电话:编辑部:(010)66016392
销售部:(010)66026806　　(010)66030260
(010)66020531　　(010)66060275
网　　址:www.shcbs.com.cn
经　　销:各地新华书店

印刷装订:中国电影出版社印刷厂
开　　本:170mm×240mm　1/16
印　　张:34
字　　数:660千字
版　　次:2011年4月第1版
印　　次:2011年4月第1次印刷
定　　价:58.00元